島

（上）

第一巻第一号（昭和八年五月）
〜
第一巻第六号（昭和八年十月）

名著出版

刊行にあたって

一、本書は、比嘉春潮・柳田国男編輯『島』第一巻第一号〜第一巻第六号（昭和八年）及び昭和九年前期号を、上下二冊に合本して覆刻したものである。

一、上巻には第一巻第一号〜第一巻第六号を、下巻には昭和九年前期号をそれぞれ収めた。

一、覆刻にあたっては、総目次・執筆者索引を付した。

一、各号に連載された「諸島文献目録」を、利用の便をはかって、下巻末に一括して掲げた。

一、今回の覆刻に際し、比嘉・柳田両氏の御遺族及び、本誌に執筆された諸先生とその御遺族の御厚意をうけた。深く謝意を表するものである。

昭和五十四年十月

株式会社　名著出版

『島』上　目次

第一巻第一号　（昭和八年五月）　　　　一　―　九八

第一巻第二号　（昭和八年六月）　　　九九　―　一九六

第一巻第三号　（昭和八年七月）　　一九七　―　二九四

第一巻第四号　（昭和八年八月）　　二九五　―　三九二

第一巻第五号　（昭和八年九月）　　三九三　―　四九〇

第一巻第六号　（昭和八年十月）　　四九二　―　五八四

昭和八年四月二十五日印刷
昭和八年五月　五日發行

第一卷第一號

嶋

記事要目

甑島記事
漁村語彙
御藏島遊記
對馬の牧畑
高麗島の傳說
陸前江の島雜記
長門六島村見聞記
南島談話會筆記
八百萬島の帝國
隱岐の牧畑
記事目錄
同人寄語

編輯　柳田國男
　　　比嘉春潮

東京　一誠社　發行

學界に獨歩の地位を占むる本誌の偉容を見よ

旅と傳說

昭和三年一月創刊　一部五十錢　送料一錢五厘

東京神田西今川町五　三元社　振替東京七七七五二

第六年四月號要目

年中行事調査標目（二）……柳田國男
文學の中を行く（近松の新釋古事記）……島津久基
暹羅の旅から（繪物語）……西澤笛畝
實相寺と貞德及び嘯山……勝峰晉風
六所起源考……藤原相之助
阿蘇谷の農業土俗……松本友記
岩手農民速製玩具……田中喜多美
フリヤー・ヌ・カム（厠神）……岩崎卓爾
出羽莊內の「タイマツ」祭り……矢澤克己
周防大島の昔話二つ……田村豐吉
屁の話五篇（甲斐）……石川緑泥
大和の傳說と野神さん……崎山卯左衞門
覺書帖から（鳥取縣八頭郡山形村の俗信の呪術）……近藤喜博
備後の挨拶應答語……今村勝彥

年中行事

石見の年中行事……千代延尚壽
大阪豐能郡田尻村の年中行事……洞繁太郎
周防大島の年中行事……宮本常一

正月號要目（好評嘖々）

（本號に限り）定價一圓　送料二錢

婚姻形式論
朝鮮の掠奪習俗に就いて
神代史の構成と婚姻相
古風の婚禮

各地の婚姻習俗

青森縣野邊地地方
秋田縣生保內田澤附近
秋田縣鹿角郡宮川村地方
岩手縣地方
福島縣石城郡地方
新潟縣高田市地方
石川縣鹿島郡地方
長野縣飯田町
長野縣諏訪湖畔地方
栃木縣足利市外の農村
山梨縣上九一色村地方
山形縣鶴岡市附近
神奈川縣津久井郡地方
茨城縣浮島地方
千葉縣銚子地方
千葉縣夷隅郡上野村
千葉縣安房郡地方
東京府八丈島
靜岡縣下田附近
京都地方
滋賀縣高島郡大溝町
三重縣富田町附近
奈良縣高市郡地方
和歌山縣田邊町
兵庫縣家島の唄
兵庫縣加古川町
兵庫縣揖保郡林田方面
岡山縣水內村と府中附近
島根縣波子町（附若衆宿）
隱岐國
山口縣角島
山口縣大島
香川縣高松地方
小豆島四海村
德島市附近
愛媛縣喜多郡藏川村
福岡縣筑前大島
福岡縣田川郡後藤寺附近
長崎縣北松浦郡田平村方
長崎縣北松浦の田平から
長崎縣西彼杵郡江島
壹岐國
對馬國
熊本縣玉名郡地方
熊本縣阿蘇地方
阿蘇の「嫁盜み」の覺え書
宮崎縣眞幸村
鹿兒島縣坊の津附近
鹿兒島縣十島村
奄美大島
沖繩本島
沖繩縣宮古多良間島
八重山列島
臺灣人の婚姻奇話
アイヌの「マチとポンマチ」一雜考
朝鮮の婚姻習俗

第一巻 第一號

（昭和八年五月）

御藏島遊記……佐々木彦一郎（二）

長門六島村見聞記（上）……櫻田勝德（七）

高麗島の傳説……柳田國男（一七）

陸前江の島雜記……中道等（二九）

甑島記事……宮良當壯（四〇）

The Island Empire……R. Ponsonby Fane（五一）

八百萬島の帝國……同上（五三）

對馬の牧畑……弘長務（五七）

隱岐の牧畑……石田龍次郎（七三）

漁村語彙（一）……柳田國男（八五）

島關係記事目錄（一）……金城朝永（九三）

南島談話會筆記（八一）……神津島寫眞（二八）（七二）……同人寄語（八六）

口繪、神津島村落の全景……須田昭義

表紙繪、（雲仙嶽より見たる天草洋）……山口蓬春

第二次同人芳名（五十音順）

赤松秀景
秋月左都夫
東京日日新聞社　阿部眞之助
碧海康溫
石田龍次郎
石田元季
伊藤兵三
伊原宇三郎
今村幸男
今村信夫
岩崎榮
宇宿捷
內田武志
京城帝國大學教授　上野直昭
金關丈夫
門野正雄
貴族院議員　上山滿之進
川口孫治郎
川邊貞夫
木崎盛美

木曾正人
北原阿智之助
北原伊三郎
北原白秋
久世誠一
小泉鐵
貴族院議員伯爵　兒玉秀雄
後藤興善
是澤恭三
坂木善太郎
文學博士　笹川種郎
官內省圖書寮編修課長　芝葛盛
鈴木太良
行政裁判所評定官　關口健一郎
關根康喜
惣慶清
高崎正秀
竹友藻風
武見芳二
橘正一
田中吉鏡
官內省圖書寮編修官　田邊勝哉

坪井忠彦
中來田健一
直井精一
平澤和市
藤木喜久麿
堀尾陸郎
松永安左衛門
松本金治
貴族院議員法學博士　松本烝治
松尾俊郎
眞野恒雄
森繁夫
山口麻太郎
湯澤幸吉郎
吉田吉四郎
吉田健
吉原博見
和田英作
京都帝國大學教授　渡邊庸一郎
小川靜三
小川博

（以上四月十日迄に加盟）

神津島村落の全景

東に山地を負ふた西向の臺地の上にある。正面の白い山は島の最高峰なる天上山。濱の最遠端は港。附近でとれる伊勢蝦の生簀がある。

（須田昭義氏寫）

『島』を公けにする趣意

島の生活の現實相を叙述して、弘く世上に告げ傳へるといふことは、何人にも承認せらるべき意義ある企てに相違ないが、それのみでは我々の仕事は終つたと思はれない。島には尙さま〴〵の明かにすべきものが殘つて居る。第一に島に生れた人たちも、必ずしもあらゆる事實を知つては居ない。外部がどういふ風に自分の島を理解し、又は觀察して居るかを、知らうとしてまだ知らずに居る。同じ帝國に屬する二千有餘の島々が、どこ迄同じ平和を味はひ、どこまで相似たる不安を感じて居るかに至つては、曾て之を考へて見た者さへ少ないのである。彼等の遠望する海外は限られて居た。さうして屢ゝ不備な類推法を働かせて居る。所謂外部の人たちも、今はまだ多くの知識に飢ゑて居る。故に單なる異鄕興味と、限られた比較とを以て滿足することなく、一方には是だけ久しく離れ住む同胞の間にも、尙若干の絕ち切れない鏈鎖があり、否むべからざる强味弱味の共通點あることを悟り、行く〱は自分たちも亦一個の大なる島の島人であつたことを、意識するに至つて已むべきである。我々の記錄は僅かにこの人生の學問の、一部の材料をしか供與し得ないであらうが、此志は必ず繼ぐ者があると信じてゐる。それは日本が世界に類の無い大島國であるが故に。又眞實を愛する國なるが故に。

御藏島遊記

佐々木彦一郎（鎌錄）

我々一行が三宅島の阿古を出たのは、昨年七月十六日の午前十時頃であつた。發動汽船は村長が斡旋して借りてくれた漁業組合所有の二十噸にも足らぬと思はるゝ小さなものであつた。我々一行九人の外に、小學校の先生と婦人と阿古の村長とだけで、村長は御藏島を眺めて暮らすこと四十數星霜、三度渡海して波高く遂に果さず、今吾等と共にはじめてこの志を達するのだといふ。

この日は稀にみる海波靜穩なりと言ふが、我々には相當ひどく感ぜられた。御藏島は終始眼前にあり。二時間餘りで海岸についた。濱は丸石の濱と呼びて白つぽい石がごろ〳〵してゐる。

不定期の船のこと故島人は驚いて岸に群り下る。岸邊は五十米許の海崖を切りひろげて船着き場としてゐる。船は岸より百米許りのところにとまり、船中から手にて漕ぐ眞似をすれば島から傳馬にて船に近づき、我等はこれに乘り移る。傳馬岸に近づくや、島の子供綱を持ちて泳ぎ來たり傳馬に結び付け岸では波の調子をみて綱を引き傳馬を岸へひきあげる。

丸石の濱（沖に見ゆるは一行の乘船）

島の村は里《さと》と呼び、海面より百米ほどの所にあり、岸邊からは傾斜したコンクリートの道がついてゐる。この道は今上陛下御大典記念に改築したものといふ。

海の中の山

村は北を向きや丶窪んだ地形を選み七八段の雛段狀に民家が竝列してゐる。戸數は九十戸（男一八七人、女一九四人、昭和六年末）である。村の頂上に富賀神社があり、（富《と》賀《が》神社は七島至るところにある）神社に至る道が村の街道となつてゐる。家は道路に向つて開いて居り、從つて概して北向きである。

村にはお寺といふものがなく、（もとはお寺もあつたが、こんな小さい所に寺と神社と二つあつては共倒れだといふので、寺は廢止した、明治時代のことである。須田學士談）。全部神徒で、墓場は東方村のはづれに階段にならびまとめられてゐる。

飲み水は山から引き道路の側の二つの井戸にこれをため村人はみな桶を頭にしてくみに來る。水は豐富で又甚だ清冽である。小學校は神社の右下にあり、割合に立派に感ぜられた。村全部は南國の綠濃い植物に圍まれその間椿の花の點綴してゐるのが眼を牽く。

村の收入は村の共有財産なる原始林からとるツゲ（年産二萬五千圓）又は桑（六千圓）で、その外はもち（「しやつとり」又は「しやし」といふ木でこの産額四千圓）これは細工品の原料として東京に出す。この收入のため村には租税なく、且つ伐木運搬の手間賃を役場より吳れる（男は木を伐り女は運ぶ）。村では三十年を一期として常に造林し、造林はあまり伐らぬやうにしてゐる。

この村は明治十五年までは、家は二十七軒に限られ、そこの戸主のみ結婚を認められ、女はそれの配偶者たるもののみ結婚し、他は長女といへども生涯獨身で過し、この掟を破ると嚴重に制裁されたといふ。明治十五年東京府の役人が島をめぐり來た際に、その勸めによつて、この制を廢した。この島の東南に他の唯一の部落たる南《なん》郷の出來たのもそれ以後の人口過剰によるものである。今日でももとの二十七軒は本家として大きな勢力を持つてゐる。村長もその本家の一つである。

耕地は山蔭の斜面を利用して段々畑にし、(風當りを防ぐ、防風林はない)里部落附近は少く(東方墓地附近に少しあるのみ)南郷部落附近に多い。麥、馬鈴薯などが栽えられてゐる。ことに馬鈴薯は味甚だ美味である。蜜柑、柿、孟宗竹あり。

村の子供には役場より扶持米が給與せられ、年に男の子には十五圓、女の子には十圓位である。

島には店屋は一軒もない。

宿屋は一軒しかなく、天井の低い二階建で(二階屋は島では實に珍らしい)小さい乍ら氣持よいところである。宿賃は一圓で、精神的待遇は實によい。今年になつて我我が泊つたのが最初で、イモや小サバなどをくはせた。

風呂に入つてゐると宿の十三位の女の子が、大きな桶に水を一杯充たし頭にのせて運び來り、湯加減をしてくれる。井戸は前記の外に各家に一つ宛天水溜あり、これは雑水に用ふ。

夜半一時朝食を辨當にして宿屋を出發し、島の頂上郷山に向ふ。時に雨あり、道細くして惡く舟の龕燈をさげて道を探しつゝ進む。八五〇米。頂上は平坦で熊笹生ひ繁り海綿を踏むが如くである。頂上をこえて南側の斜面に出る。依然として惡路・四〇〇米も降りる。こゝに大なる澤あり。こゝはカツオドリの群棲地であるトリは燈火をめがけて飛び來る。容易に手で摑むことが出來る。小兒の如く又猫の如き啼聲をたてる。メスは地中に深さ二尺ばかりの穴を掘りて、こゝに卵をいだいて居り、オスは樹上に鈴成りに留つてゐる。その數無慮數百萬ともいふべきか。一時に飛ぶ時は天も見えず、又その海に降りる時は海又蔽はると村人が云ふ。

カツオドリ

こゝで我等はトリを捕へ肉をとる。村人は年に三千羽に限り捕るを許されてゐる。カツオドリは烏《からす》を恐れ烏の目覺める前に海に逃げ去る。烏の去つた後は急に靜かなる仙境となり澤の水の瀧となつて落ちる音のみあたりにひゞき、あたりは老樹鬱蒼として暗く、淋しといふよりこわいやうな氣がする。老樹には龍舌蘭生え繁つてゐる。メスは依然として卵を抱く。卵は鷄卵の三倍位。色は白い。オスは烏が寢てから魚をくわえてメスにくはせる。日の上つた山には蟬がさかんに啼いてゐる。

宿に歸つたのは晝近く、カツオトリの肉を煮てたべる。水鳥特有の匂ひがするけれど、味は甚だ佳である。

やがて宿を辭し村長郵便局長にわかれをつげて海岸に出れば、沖には昨日の船が待つてゐる。

船から最も目立つものは無電のポールである。村の郵便局長は文化に理解深く、私財壹萬圓を投じ村費貳萬圓と共にこれを建設したものであると。

吾等は船にのり島の漁夫を案内に島を一周することにする。

島の周圍は最高五百米に達する海蝕崖にとりめぐらされてゐる。島には大島分け澤と川口澤との二つの大なる澤があり、あたかも島が二つの山でつくられてゐるが如き感を呈す。海蝕崖の下に小さな海濱が發達してゐる。島は他の七島の島々と異なり樹木豐富、從つて水豐かである。懸崖に澤の水がかゝつて瀧となり、島の周圍に五六本の瀧がある。就中白瀧は白布をひいた如く數段に分れて落ちてくる。

岩の膚は赤く黑く美事なる安山岩岩脈《だいく》が迸出して居る。岩脈海に入り岩礁となり、又は海に突出し風景の美を添へてゐる。

五百米の海崖は垂直に海に拔き出で宛かも海の城の如く、その上は壯年期に解析された平坦面となつてゐる。カツオドリは數羽づゝ海上に群れ遊び魚を捕つてゐる。風景は實に雄大といふよりは、むしろ凄いばかりである。二時間ばかりで島を周航し終り、吾等は三宅島の阿古に向け島を去つた。

吾等を案内した村の老漁夫は船より衣服のまゝ怒濤の

中に飛びこみ島に歸つた。勇壯いはん方なし。

我等は南鄕部落（現在は無住）にはゆかなかつたが、こゝは船着きは惡いが平坦面が多いので耕地として適當である。もともとこの村は里の田屋耕作地で時期をきめて住んでゐた。その田屋が子村となつたのである。

島には猫（山猫である。家猫が野生に還元したものである）、蛇、鼠、とかげがゐる。溪流には大うなぎがゐる。牛は二匹ゐるのみ。馬はゐない。

病氣は殆んどないが、醫師を二百圓で三ケ年契約でやとつてゐる。男は女よりも早死にするとか。

言葉は三宅の坪田などよりはよく判る。

七島至る所に朝鮮人が入りこんで悶着を起してゐるが、こゝではまだはいつてゐないやうであつた。

島には舟は二三隻あり、網の干してあるが目についた。

カツオドリの生捕つたのは途中まで生きてゐたが、東京に歸つた時は死んでゐた。今敎室に剝製して保存してある。カツトはそのスケツチである。

六

この稿は當時旅行を共にした國分安吉氏、木内信藏氏など東大地理學敎室の人々の旅行談を綜合筆錄せるものなり。

『伊豆諸島の海蝕崖』（山口貞夫）
伊豆諸島殊に大島、利島、三宅島、御藏島、八丈島等の玄武岩質安山岩の圓錐形火山列にあつては、著しい海蝕崖の發達が見られ、其の崖の高は方向によつて著しく變化してゐるが、山口氏は此の海蝕崖高の方向別變化を島々の卓越風と關連して考察された論文。（「地理學評論」第九卷第二號、第三號所載）

長門六島村見聞記（上）

櫻田勝德

島わたり

夏であると長門峽から青海島へかけての遊覽客をのせた船が、偶〻その途上に散在する六島をも巡るといふ事だから、わけなく渡島出來るであらうが、他の時期では大島を除くの外は誠に渡り難い島々である、一艘傭へば文句は無いが、半日もかかれば泳いで渡れる程の島であるのに、萩から相島へ渡るには人糞と相乘りするより外、どうも便船を得難い。郵便船位ある筈だと思ふが、冬の時化《しけ》時《とき》だつた故《せい》か、その話を聞かなかつた。

私は昨年二月の大雪の日に萩から大島へ渡り、其處から相島に行つて、時化あがりの吹雪の海を發動を取付けた極く小さい和船で、萩まで引返した。その折飛沫をかぶる吹さらしの艫の間に、一時間以上も雪に降られ乍らチョコナンと坐つてゐた。寒さは骨の髓まで徹した。確か此時だつた。小さい汽船が遙か彼方を煙を吐いて地方《ちかた》へ進んで來る。アリヤ何處から來る船だと尋ねると、見島からだと云ふ。見島への汽船は每日萩から通つてゐる由、此時つく〴〵見島は便利な土地《とち》だなあと思つた。油谷《いや》島から川尻岬・川尻、立石、津《つ》黃《おう》、青海島と、トコ〳〵歩いて萩町へ來るまで、北の海さへ見れば、遙か沖の彼方に見島が見えた。何處から見ても此處から渡るのが一番良さゝうだ、サア行かうかと思はずにはゐられぬ山高い島の姿だつた。かういふ沖の島だから、方々で噓か誠か判らぬやうな色々な見島の噂を聞く。あの海邊を故鄕とする人ならば、朝夕みた見島の姿を忘れる事は出來ぬだらうと思ふ。所が六島村とくると至つて地味だ。その所在も目立たねば島の姿も平凡だと思ふ。若し此島が萩と青海島の途中になかつたなら、人はもつと此島を知らうとはしなかつたらうに。

一方六島の人も殆ど海に背を向けて生活《くらし》してゐたのであつた。私の渡つたのは大島と相島だけで、櫃島尾島肥島羽島の小島の事をまるで知らぬが、尾島だけは直ぐ傍を通つたので船上から一見した。此島には人家は六七軒しか無い。さうして之は確かに農家であり、碌に船すらも持つてゐぬらしい。他の三島の事は知らぬが、此島も農業を本としてゐる事だけは確かである。その中ひとり大島のみが偶々比較的船がゝりするに好い土地を有してゐた爲であらう、明治の中頃から追々漁らしい漁をもやり始め、住民は磯の傾斜に密集して漁村らしい外形を持つやうになり、一時好景氣時代には長州の金《かね》島とも噂された由で、見た所農村とも漁村ともつかぬやうな所だが、明治の初めまでは漁業を賤業として卑み、來島した漁夫を笑つてゐたと云ふ事である。

大島の島周大凡三里、それと同じ位で少し小《こ》ぶりな相島は同じ六島村の內でも、今では大島と大部環境を異にしてゐる。大ざつぱに云へば相島は大丈夫十年位は古風だ。大島は戶數二百五十あるが、相島は八十戶しかない。大島と相島の戶數は恐らく以前はこんな隔りが無かつたに相異ない。大島で本軒或は軒名と云はれる、まあ本家格の家は百十七戶で、あとの百三十幾戶は漁業が盛んになり出してから、追々島に充滿し得た人家であらうと思ふ。相島の本軒の數はいくら在るか知らぬが、此限られた僅かの土地を耕やすばかりでは、無暗に家の數を殖し得やう筈も無かつたであらう。漁業を早くやるかやらぬかの相異は（今は相島も大島に鑒みて漁業を盛んにしようといふ希望だけは大いに持つてゐる）磯や船がゝりの地形の相異にも充分あらうが、その點相島は惠まれてはゐなかつた。それに島の船と云へばほんの近頃まで肥《こや》し船に限られてゐたといふから、殊更大金を投出してよい波止を築く必要にもせまられてゐなかつたのである。小生大島から魚を積む發動船を一艘傭つて、意氣揚揚と相島の磯に乘りつけてみたまでは良かつたが、海岸には家らしいものは人糞貯藏の小屋の外一軒も見當らぬ。おまけに十噸足らずの此發動船を寄せる場所もない。致方なしに發動船からだゞ廣い肥し船に飛び移り、それから波の隙間を見て荒磯に飛下りたが、此際汚い物がベツトリとボロ外套に着いてしまふた。毎日漁船のみならず發動の便船が、萩との間を活潑に往復する大島と、少し海が荒れゝば、折角やつて來ても岩ばかりの荒磯のため引返へさゞるを得ぬ相島とは、もう萬事が餘程違ふわけである。

あとの小島に至つては恐らく筑前の勝島といふ地島の如く、僅かの事で非常な不便をかこたねばならぬだらうと思ふ。話がそれるが、勝島の學童は潮の速いたつた四十間ばかりの瀬戸があるばかりに、島人は子供の通學のため代り合つて船を出し、子供は岬の鼻に上陸して、それから山を一つ越して神《かう》の湊の學校に毎日通つた。そんなこんなでもと十二三軒あつた此島は、今は五六軒に減じてしまつたと云ふ。尾島や櫃島の少年達はどんなにして通學してゐるか、到底毎日海を渡る事は不可能である。確か水上小學校の子供のやうに一年生の時から、隣島の厄介を受けてゐると聞いたやうに思ふ。小生はこんな事すらもよく聞いてはおかなかつた。

内陸に近い此島々の人は永年漁にも手を出さず、航海の經驗をも碌に積まぬ生活を續けて來たのであるから、もと〳〵島影に誘はれて目前の海に漂ふ僅かの土地を耕す爲にのみ、此島に渡つたのであらうと想像される。かうした人々は常に地方《ちかた》とのつながりを一倍氣にしてゐたであらうが、氣の毒にも事實は次第に相反して、人々は海に背を向けてしまひ、僅かの海上を物遠い船路にしてしまつたのだと思ふ。さうして近頃の航通の變化は航路を定木のやうに極めてしまひ、島人自身が發動船でも操縱しない限り、かういふ島には至つて恩惠がなかつたので、お蔭で自分は吹雪で白くなり乍ら、見島通ひの船を羨しがらねばならなかつた。尤も兩島は昔毛利藩の遠島《ゑんとう》島《じま》（流刑人を此邊りの人は遠島とか遠島者といふ）であり、此制度は地方《ちかた》との大きな綱でもあつたらしいが、しかし地方側から云へば厄介者を此島に隔離したにすぎなかつたゞらう。

漁と農

話は飛ぶが思ひ出したから網代金分配の事を一寸書かして貰ふ。網代を他所の漁業者に入札などで年期を切つて貸し（多くは三ヶ年期らしい）、その金を土地の者が分配してゐる所も多いらしいが、その分配が公平でないと云ふので悶着を起した例も探してみればきつと多からうと思ふ。私が偶々耳にしたのは長門の仙崎、六島村大島、蓋井島、それに豊前小倉の今は市内になつてゐる藍島、長崎縣西彼杵郡の江島であつた。悶着の通例の理由は、此金の分配に與つてゐるものはいはゞまあ本家筋といふ家で、後から出來た分家新宅又は他所から入つて來た人は分配して貰へぬ。所がそれがもう永い月日の慣例なので、分配される者されぬ者の區別をつける事が今日では甚だ不自然であり、不公平だと考へられ出して、之をどういふ風に按配したら不公平を緩和し得るかゞ問題となり出したが、六島村大島でも藍島でも未だその解決がつかずにゐる。その理由はいろ／＼とあるらしいが、ほんの此頃軒々分けて貰つた者や島の道德習慣をもよく辨へぬ近年來島した他所人らが、島の主《ぬし》みたいな連中と同様な割合で分配に與るのでは、今までよりも公平だとは云へない。つまりどう分配したら良いか程合が判らぬといふので困つてゐる。仙崎や蓋井島は少し事情を異にしてゐたが、かういふ事は網代を他所に貸すから起つたので、此金を分配せずに村の共同事業費に充てるとか、若しくは江島が解決し得たが如く、此網代漁を島の共同漁業とするならば、容易く解決の道をも拓く事が出來ようが、後者についてはもと／＼農をやつてゐた島であるから、資金調達の事もあらうが、漁業技術の點にも亦不安がある。だから中々やれぬらしい。此大島の名切鰤大敷の網代などは近年三ヶ年間に七十萬圓からの收獲をあげたといふが、その利益は他處の人が持つて行つてしまつた。

蓋井島などは海上の山中に入つて、薪木ばかり伐り出してゐるうちに、島の周圍の網代權を地方《ちかた》の吉見や吉母から大部侵略されてしまつた。島では必死にその所有權を主張したが、なにさま此島は地方《ちかた》の村の一字に過ぎず可哀想にも吉見吉母から不賣買同盟をやられて、離島の悲しさ遂に頭を下げてしまつたと云ふ。しかし之も是非ない事であつたらう。海を殆ど利用せぬのだから、所有權ばかり頑張るわけにはゆかなかつたにちがひない。關門の彦島の傍の馬島などは離島でもなく、狭い海の島々の間に泛んでゐた爲め、蕀韮や唐芋などばかり作つてゐる内に、漁業權などいふものは完全に喪失して、同島は農業ばかり營む所だと頭から何の不思議もなく人に思はれて、海は唯厄介な島境になつてゐる。六島の海上はそんなに世智辛くなかつたから、網代を貸してノウ〳〵とその金を頂戴してゐるのである。此滅法長い我國の海岸線に沿ふ村々が、皆漁業をやり出しては、始末がつかぬだらうが、海に背をむける氣風だけは段々やめにしてよい。尤もこつちから希望しなくても六島ではさうなつてゐるやうだ。

　相島に渡つた日は七日目振りにやつと天候の小康を得相島の磯に極く接近して二三艘の小船が磯見をしてゐた。大島の人が之を見ていふに、此島の人は夫婦仲好く磯見に出掛けますと。此風は海人のそれに似通つてゐるが、詳しくは知らぬ。相島では各人勝手に釣つたり、鉾で突いたりはしてゐるが、對岸の市場に積出すほどの漁獲は無いらしい。巖上から鰤の釣れる處もあるが、之も壯快な慰み以上には出てゐない。肥料不足で大業に地方《ちかた》へ肥《こや》しを汲みにゆくのが、此島の華々しい大きな仕事である故、鰯漁でも盛んに行へば好都合だらうと一寸思ふが島の人は青海島の東端の通浦《かよひうら》まで肥し船をのり出して大部分の鰯の煮汁やその腸を買取つて來る。同じ事を繰返す樣だが、此島の磯は直ぐ背後に崕がせまつてゐて、おまけに磯は岩ばかり、船を引揚げておく格好の場所すらもない。漁を始めるならばまづ第一にその船を安全に泛べておく波止を築かねばならぬ所である。それから見ると大島は地の利も良いし、又刺戟も多い。十數年前からは鰯のさし網も始まり、小さいキビナゴみたいな鰯のみならず、オーバ鰯も盛んに捕れるやうになつた。殊に驚いたのは島の青年達が、近年夏はハチコを卷いて海に飛込み採鮑作業をもやりつゝあるといふ事であつた。

　しかし此島でも男はあまり働かず、女がよく働くといふ事になつてゐる。男は漁業及びその網仕事を爲し、それから島外に船を乗り出して農作物の賣却、日用品買入れ、下肥汲取の仕事を受持ち、女は耕作を專らにする。

漁業はつまり未だ大した事は無いのである。玆で興味のあるのは、男が耕作より手をひき、此勞働を殆ど女に押付けて自分は、漁業の外は、專ら島外との交渉に當つた事であつた。つまり男は樂な仕事を引受けて、骨の折れる仕事を女に移託し、おまけに惡く云へば、男は町の居酒屋あたりで一杯引かけて來る機會をも如才なく造つてゐた。凪と凪とを見計らひ、萩、越ケ濱、奈古方面に下肥汲取に出掛ける數十隻の帆船の出船の光景は、相島でも同じ樣、又女の水汲み作業同樣目覺ましいが、之は大島の磯まで運搬する男の最大勞作で、それから之を急坂に在る肥壺の中に納め、肥桶を清潔にし跡じまひするのは女の仕事である。その作業の有樣は何時ぞや「民俗學」に記したから再び玆に繰返へさぬ事にする。之等の下肥は肥壺の中にねせておき之に潮水を混じて用ひるといふ。

六島の島の姿は海上から眺めると、大體六つとも仲好く似通ふて上の圖のやうな形である。濱邊は在つても甚だせまく陸の端は急に海に落込んでゐる。それで大凡そ島の頂上部に最も廣い耕地があり、その頂上に達する急傾面には極くマチの狹い段畑が重なり作られてゐる。尤も相島は人家の在る邊りは窪んでをり、島の內部に足を踏入れてみると、少し地形が趣を異にしてゐる樣に思ふが、細い所はともかく大體はまづ右の如くである。小生が大島を訪れたのは新の二月であつたので、肥壺の兩側に無數に並ぶ急坂を息せき切つて頂上に登ると、其處には廣々とした綠の麥畑がつらなつてゐた。畑の境には一列の松並木が在り、それが遙か間隔をおいて幾重にもかさなつてゐる。之は珍しいのどかな風景であつた。此一列の並木は防風の爲めに植ゑられたもので、風が荒い故直ぐにはのびず磯馴松のやうな枝ぶりをみせてゐる。之をウヱ松と呼ぶ由である。相島にはかゝる松並木を見出さず、風防けの石垣、竹草の生垣を隨所に見、之をフセヂと呼ぶと云ふ。大島の此耕地の中には所々に小屋が在る。小屋といふよりも立派な瓦葺の家で、之を藏《くら》と呼び、藏の如く籾などをも貯藏してゐる。頂上に近い道の邊には櫨を植ゑ、此實を實のまま賣るといふ。大島も相島も現在は麥、芋、大豆を主に

植ゑ、相島では赤い實の黍をも相當に作るらしい。黍稈の箒を可成り地方《ちかた》へ輸出してゐる。相島の麥畑も高低參差し美觀であつた。同島に於ては五斗俵にて七千俵位の麥の收獲があるといふ。此島では以前澤山の藍を作つた。だからアイノシマといふのだと老人は言ふが、隣りの大島でももとは盛んに藍を栽培してゐた。藍は僅か三ケ月ばかりで收獲を見る點は良かつたが、之に肥料を施す仕事が辛かつたといふ。葉に肥しが着くと其葉が朽ちる故、何時も雨天をみて肥料をかつぎ急坂をよぢねばならなかつたからだと云ふ。又大島では以前稻を作つてみたが、地方《ちかた》の田地が降雨多量で不作の年でなければ出來ず、稻が成長してももう一息といふ所で何時も失敗をくり返した故、今は赤穗瀨の裏に少し許り作つてゐるだけである。明治十八年頃大島は大いに困窮してゐ、島の耕地の大部分は對岸の大井、奈古の所有に歸し島人は皆小作人であつたといふが、何か深い理由があるかもしれぬが知らぬ。

さてかうした地勢の故ばかりだとは決して思はぬが、こんな路故に大島も相島も物を背負ふ風習がある。甑島や福岡縣の八女郡のやうな山は無い故か、圓坐のやうな形の藁製のシカタだけを背負つて、物を擔ぐ風とは稍變り、背負ふに一種のオイコを多く用ひてゐる。後に記するトノスが卽ちそれである。しかし大島では「民俗學」に記したやうに、今は人糞の入つた大きな肥桶をも荷擔ふてゐるが、確か元は甑島のやうに之を樽に入れて背負ふたと聞いたと思ふ。此島は頂上平坦部が耕地の大部分故、上へ行つてからは荷擔ふてゐる方が能率が上る所から、あの急坂を大きな桶を荷擔ふて登るやうにすらなつたのではあるまいか。荷擔ふ風と背負ふ風の相異は、頭上運搬の風ほど目立つてはゐぬが、やはり之も容易に他の風に化し得ぬ古來より根差された所のものであるやうに思ふ。話はまた〳〵それるが自分の狭い見聞によると薩摩の出水海岸地方は山が低くなだらかな故か、可笑しいほど荷擔ふ一點張りだと思つた。肥後の南關附近も同じく荷擔ふ一方で、殊に興味あるのは筑後矢部川上流である。矢部川流域と支流の星野川流域では專らカルウ

（背負ふ事）風であるのに、その間に挾まれた笠原川の流域では、高い山から薪木を擔ぎ出すにも、炭俵をはこび出すにも、專ら頑固だと思ふほど荷擔ふてゐる。甑島でも矢部でも背負ふ事をカルウと稱してゐる。だが水汲みだけは何處でも殆ど荷擔ふてゐる樣に思はれる。

磯清水

大島の部落内は比較的水が豐富であり、幾つかの共同井戸と、いまは本村にすつかり接續してゐる赤穗瀨の磯には、淸らな一の流れ川（泉）とがあり、そのほとりには常に二三の婦人が集つて、活潑に洗ひ物をしたり水を汲んだりしてゐた。何處の島でも大凡さうだが、此島でも水汲は女の一日の大仕事である。處が相島だけは大仕事では無い。その辛かつたのはもう昔語りになつてゐる。と言ふのは、いづれの家もその屋根に落ちた天水を樋にうけて、外庭《ほかには》の井戸みたいに深く掘つた池に注ぎ込んでおき、之を專ら日常用水に充てゝゐる。その底は確かセメントであつた樣に記憶し、そのセメントをどうし

て手に入れたかをも聞いたやうに思ふが、どうも他處の記憶も混入してゐるから怪しい。地中から湧く水の在るのは、部落から四五丁も離れた例の船着きの磯のさゝやかな清水唯一つで、他には奇麗サツパリと井戸も泉も無い。だからなまじひに遠く泉の水を汲まうといふ氣は頭から無く、安心して各自勝手に自分の家の前に在る天水池の水を汲揚げてゐる。此水が無くなつたらどうするのだらうと氣懸りだつたが、案ずる程の事も無いらしい。かうするが爲めに此島は早くから瓦屋根になつたのだと島人は敎へてくれたが、それでは草屋根の頃にはどうしたかと、尋ねるとその頃部落はづれに二つの川（井川であらう）があり、之と磯の淸水をわざ〳〵汲みに出かけたのだといふ。然るに此川は雨でも降ると、直ぐ濁つてしまひ甚だ不自由だつた。瓦屋根となつて、完全に屋根の水を貯藏し得るやうになると共に、此川を使用する者が無くなつて、その爲めか今は全く涸れてしまつたといふ。島は薪木山と裏側の松林の外は、殆ど耕地かさなくば牛牧場の芝地で、懸樋を引く術もない。天水專門の地

などに見馴れぬ自分は、大變氣の毒に思つたが、年輩の婦人連は昔の勞苦と比較してか、大變に良くなつたと此點だけは充分に今日を喜んでゐた。大島では相島は水が無く不便極る所だが、尾島は結構な水が澤山に在る良い土地だと聞いたけれど、相島の婦人は隣島の水などに鼻も引かけぬ。小生尾島の噂を聞いて、どんなに良い清水が澤山に在るのかと、島のあたりを見まはしたが、たつた六七軒では一つの良い井戸があれば事足りるであらう。二も三も泉がありさうには到底思はれなかつた。

島の噂をするに、水の多少良惡を比較して、人はよく語るらしい。東松浦の小川島と加唐島なども水で以て島の幸不幸を語られてゐた。小川島は島周僅か一里ばかりの小島であるのに、隣島の三倍も大きい加唐島よりも、人口は却て三倍以上も多く繁榮してゐるのは、勿論水の故ばかりでは無いが、水の爲めのやうに噂されてゐるのを聞いた事がある。又加唐島の家は島の高みに在りながら、墓が低い磯にある故に、汚水が自然と祖先を祀る地に流れ込み、その地を穢す。それで加唐島にはくされ筋の人が多いなど丶、近頃の島の事情をもよく知らぬ人が孤島の肥足病を噂するやうに、不當な噂を語る。しかし加唐島は玄海で最も不幸な島であるらしい。一寸した磯清水が一つあつて、船が丶りさへ良ければ、昔とても船は其處へ寄つて來たであらう。筑前の白島はそれが無い爲か、神の島であつた故か、今でも無人島であるが、大概の人住む島の汀には、不思議とさ丶やかな清水か湛えてゐる所が多い。大きく彼處は水がよいと噂されてゐる島でも行つてみれば、もとはどうやらそのさ丶やかであつたものが噂されたらしく、驚いた事には確か五島の中のあんな孤島である相島の磯清水が、あの邊りで良い水だと噂されてゐるのを、一二度聞いたと思ふ。筑前相島の太閤の井戸、遊女と漁港で有名な平戸の大島的山《あづち》の朝鮮ガハ、殿様ガハ、又五島宇久島神の湊の殿様ガハとか云つた井戸も、磯に在る極く平凡な或は貧弱極る井川だが、歷とした名がそれについてゐるのは、泉の信仰が衰へてからでも尚、之を語つて歩く船人や折にふれてその清さを人に語らす魅力が泉に在つたのであらう。荒海を渡るものには、磯の清水は絲の安息所に相違ない。加唐島などは、さういふものに惠まれなかつたのだ。

『古琉球の武備を考察して『からて』の發達に及ぶ』（伊波普猷）

十五世紀の初頭、尙巴志王が南山の一隅から興つて、國內の武力統一を行ふ迄約百二十年の間、南海の孤島たる琉球は中山南山北山の三山鼎立の戰亂時代であつた。武器を持たぬ民族としてナポレオンを驚かした琉球人も此頃は、決して平和の裡にはなかつた。金甲、金鎧、牛楯、傘鉾等の武器があり、首里城、中城城の如き近代築城術から見ても遜色のない城廓も既に存してゐた。武器は主として日本よりの輸入品だが、亦國內でも製造されたらしい。尙巴志の中山國建設後、百年ならずして王朝は第二尙氏にかはり、國內は平定し、外國貿易は行はれ、第十六世紀の初尙眞王に至りては中央集權を斷行し諸侯を首里に在住せしめ武器を悉く沒收した。かくて次第に平和になれ、武備としては單に和寇に備ふる那覇港口の

砲臺のみとなつた。それで十七世紀初頭の島津氏の來襲に逢つては、其軍勢が僅か二千人に過ぎず、一旦は那覇港口で鐵網と大砲とで上陸をはゞみ得たが、運天に上陸して、而かも新鋭の武器小銃を持つて陸路進撃して來たので、脆くも敗れてしまつた。此の「慶長入り」後は完全に薩摩のために武裝解除が斷行され、琉球國は全くの武備なき國となり、只だ支那への進貢船が、横行する海賊に備へる爲めに薩摩から借り物の大小砲を船中に据え付けた丈であつた。所が、その反面に支那傳來の「唐手」なる護身術が、周圍の事情の爲めに特殊の普及發達を遂げて今日に及んだ。以上は伊波氏がその專攻のおもろによりて考察された琉球の武備の變遷である。おもろにあらはれた戰鬪の叙述、武將軍士の出陣の扮裝、種々な武器、女神官の從軍、堂々たる儀仗等、興味深きものあり、最後に琉球に發達した唐手が、奄美大島との比較によりて、その普及は慶長入り以後に屬することを斷ぜられ、武裝解除された琉球人が空拳を護身の武器として採用するに至つた事を述べられてゐる。琉球の武備武道の發達變遷を記述した唯一の文獻といへる。（「富名腰義珍先生還曆記念詩文集」第一五四、五五頁所載。東京市本鄉區眞砂町卅四番地大日本唐手研究會發行、非賣品）

高麗島の傳説

柳田國男

一

平戸は九州でももうよつぽど西の方の島のやうに考へられて居るが、島の南の志々伎《しゝき》の崎を廻つて、更に三時間も西に向つて航海した所に、宇久と野崎と小値賀《をちか》との三島は鼎立し、今は五島と呼ばるゝ大値賀《おほちか》の列島は、それから又南西の方へ、遙々と棊布し居るのである。この小値賀の島の笛吹の港から、上五島へ渡つて行く船の中で、始めて私は高麗島の傳説を耳にした。次いで下五島の福江の人たちからも、又その隣の島の久賀《ひさか》の村長からも、同じ口碑のそれ〳〵の土に根を下して居ることを聽いて、いよ〳〵以て昔物語が旅を好み、國土の果の涯までを窮めんとするものであつたことを感じたのである。

右の小値賀の島から、ほゞ眞西に向つて四里ほどの海上に、美良島《びりようじま》と呼ばるゝ周圍一里足らずの無人島がある。ビリヨウは古名をコバとも謂ふ棕櫚に似た植物で、此樹が繁茂して居る爲に島の名は生れたのである。全島は切立つたやうな岩山であるが、僅かに東の片隅に一段歩ほどの平地があつて、其濱だけには小舟を寄せることが出來る。いつの頃からか人はこゝを寺屋敷と名け、土を穿つて往々古瓦を出すことがあると謂つて居る。さうして高麗島の傳説は、先づ一つの因縁をこの不思議な遺跡に繋いで居たのである。東の海上から遠望すると、この美良島の左手に竝んで、平島《ひらしま》といふ名の平たい小島がある。今は白瀬の燈標の爲に働く人たちの、退休所に宛てられて居る。白瀬はこの二つの島から、更に四里ばかりも離れた沖中の孤岩であるが、寂しい夜の海を乗りまはした人々ならば、必ず其燈火の光を記憶して居ることであらう。我々の傳説の高麗島は、是から又三里ほども西の方に、曾て繁榮して居て後に海底に沈んでしまつた島だと謂ふのである

二

現在は既に何でも無い只の水面であつて、恐らくは最も精密なる海圖だけに、ほのかに其痕跡を留めて居るのみであらうが、沖松浦《おきまつら》の漁民等は、今でも其場處を高麗《かうらい》瀬《ぜ》、もしくは、高麗曾根《かうらいぞね》と稱してよく記憶して居る。ちようど下五島の三井樂《みゐらく》の濱から、眞北に十里餘りも出た沖といふことで、そこでも此高麗瀬の昔語りを、聽いて居らぬ船子は無いといふ話である。瀬とは謂ひながらも淺い所が引汐に七尋《ひろ》、如何なる大船でも警戒せずに、通り過ぎるだけの深さはあるのだが、爰には鰤《ぶり》が附き又鰒《あはび》がよく育つので、海人《あま》は來て潛ぎ釣する舟も屢々訪《おとづ》れる。さうして還つて來る度にかの高麗島の昔を風説して、いつ迄も口碑を若々しくして置くらしいのである。

高麗島は世に稀なる富裕の島であつたといふ話である。島の人たちは、此荒海のとなかに於て、優れたる陶器を製して生計を立てゝ居た。それが世上に傳はつて高麗焼と稱せらるゝ、と思つて居た人が附近の島々には多かつた。野崎の神島《かうしま》の御山《おやま》の寶物にも、又は名ある宮寺や舊家の秘藏にも、此島で焼いたといふ鉢や皿を傳へたものがあつて、それを眼で見た以上は此傳説だけを疑ふといふことは出來なかつた。島の沈んだ跡の高麗瀬に往つて見ると、今でも數限り無い昔の陶器の破片がぐわらぐわらと底波にゆられる音が、手に取るやうに聞えると謂ふのみか、稀には又漁夫の延繩《はえなは》にかゝつて、引上げたといふ話さへ殘つて居る。

三

此高麗島には大きな一つの御寺があつた。島覆没の難を逃れて、最初には先づ美良島《びりようじま》の片隅に再建せられた。それが寺屋敷の由來であり、又古瓦を掘り出す理由でもあつた。後に漸く衰微して、今度は小値賀《をちか》の本島に移したといふが、其地は何處であるやら、尋ねて見ることが自分には出來なかつた。但し經《きやう》ケ崎といふ地名は高麗島の寺の經卷が、海を渡つて此島に漂著した故跡だと謂ひ、島の淨善寺にはその漂著した御經を、今でも什寶として傳へて居ると謂ふから、一方には美良島を仲に立てずに、直接こゝへ移つたといふ言ひ傳へも有つたらしいのである。

それよりも特に私の心を動かしたのは、島が沈沒するに至つたといふ因縁と、其話だけは海底の水屑としてしまはずに、永く後代の語り草にすることを得た事情とである。多くの昔話には誰が見て居たか、誰が生き殘つて世には傳へたかを、訝《いぶか》らねばならぬものがあるが、此話ばかりはノアの箱船と同様に、立派な見知り人を此世に留めて居る。昔高麗島には靈驗の至つてあらたかな、一體の石の地藏菩薩がおはしました。信心深い人々の夢枕に立つて、我顏が赤くなつたらば大難の前兆と心得て、早速に遁れて命を全うせよといふ御告げがあつた。邪慳の輩《ともがら》のみは却つて之を嘲けり、戲れに繪具を以て地藏の御顏を塗つて、驚き慌てゝ遁げて行く者の魯かさを見て笑の種にしようとしたのであつたが、前兆は尙まさしく、島は一朝に海の底に落ち沈んで、殘つた者の限りは悉く死んでしまつたといふのである。

下五島の本山《もとやま》村には、今でも此島から遁げて來たといふ高來《かうらい》といふ苗字の家が三戸ある。舊記の類は何も無かつたが、古い高麗の鉢を持傳へて證據にして居た。それを棚に上げて置いて落したともいへば、又洗はうとして壞《こわ》したとも謂つて、今ではもう跡形も無くして居るが、見たといふ人はまだ幾らも居る。久賀《ひさか》島の蕨《わらび》といふ部落には、やはり高麗島から立退いて來た舊家で、現在尙その證據の陶器を藏して居るものがある。見せて貰ひに來る人が餘りに多く、中にはごまかしてすり替へて行きさうな者もあつたので、近頃は何と言つても、出して見せなくなつたから無いのも同然だといふ。それよりも更に奇特なことは、この蕨といふ村にはその問題の石の地藏が、どうして渡つて來られたかちやんと渡つて來て、今でも以前の信心者の子孫に、かしづき祭られて御出でるといふ話で、是だけは誰にでも容易に拜むことが出來る。外では見られぬ位に御頸の長い地藏樣であるといふ。

四

島で陶器を燒いて居たといふ話は、次に引用する萬里《ばんり》が島の一例を除いては、とんと他の地方では聞いたことが無い。さうして實物がまだ殘つて居るといふ點から、どうやら其傳來が手繰つて行けさうな氣がするのである。最近に櫻田勝德君が、薩摩の下甑島《しもこしきじま》の旅行で聽いて來た所では、この西方の沖合ひに、曾て又一つのアトランチスがあつて、其名を萬里が島と謂つたさうである。久しい以前に海の底へ沈んでしまつたが、此島でもやはり陶器を製して居たといふことで、現に下甑の瀨々の浦の某家に、その萬里が島燒の茶碗といふものが秘藏せられて居る。內側に細かな文字が書いて居る外に、その糸底には萬里窰の三文字が有るといふから、其道の人に尋ねたら產地もわかり、同時に傳說の年代も知れることゝ思つて居る。

しかも萬里が島の海に沈んだといふ話だけならば、其起りは相應に古いものであつた。以前一度は目に觸れた本であるが、其時は全く心を留めなかつた。本朝故事因緣集は、一向に當てにならぬ書物のやうに思つて居たところ、もうちやんと此話を錄して居るのである。市場直次郎氏の發見によつて始めて知つたが、近年巖谷小波君などの手で編輯せられた東洋口碑大全上卷にも、此大要を書き直して揭げてあるさうだ。但し此二書は共に今手元に無いので、檢めて見ることが出來ぬが、是に萬重島とあるのはどうやら大全の方の誤植らしい。その唐土の萬重島といふ島に、金剛力士の石の像があつて、其顏の色が赤く變ずる時は島が滅ぶ時だと言ひ傳へられて居た。或男が是を知りつゝ自ら朱を以て力士の面を塗つたところが、忽ち山嶽鳴動して島は海に沈み、住民は悉く溺れ死んだとあつて、生き殘つて此顚末を語るべき者も無かつたやうにあるが、其石像が薩摩の野間《のま》の御崎に漂著して、永く崇信せられて居たといふだけは、高麗島の石地藏と似て居る。二つは別々の話の偶合したのもでは無かつたのである。

三國名勝圖會や地理纂考の類を搜して見たが、野間權現にはもう此話は傳はつて居らぬやうである。唯一つの心當りと言つてもよいのは、此御山の神が明瞭に支那から移し迎へた航海の守護神であり、曾て此方面に行はれた自由なる外國貿易の、痕跡と認められて居ることである。野間といふ地名それ自身が、多分は娘媽の字音であらうといふ說もある。始めて祀られたのは天正年間のことかと謂つて居るが、それは領主の公認を受けた時で、起りはそれよりも又大分早かつたやうである。しかも長崎貿易の時代を終るまで、沖を通る南京船は祭を營み、更に又此社の修驗僧が長崎に出張して、護符を授け供物を受くる等、毎年の宗教的取引を續けて居たのである。假に表向きの記錄には現はれずとも、土地の口碑の修飾せらるべき機會は幾らもあつた。所謂甫田《ほでん》の林氏《りんし》の女なるものが、海に入り身亡びて後に神と顯はれたことは、彼土に於ても既に色々の美しい物語と化して居たのだが、爰では又その神女の骸が、この加世田《かせだ》の渚《なぎさ》に漂ひ來り、肌は桃の花の如く麗しく、煖かにして生人のやうであつたと謂ひ、之を葬つて後三年目に、唐から迎へが來て神骨を分けて歸つたなど〻、さも此地を本山のやうに說く者もあつた。しかもその神靈の漂著といふことは、日本が島國である爲に特に發達した、古來著名の傳說の片端に過ぎなかつたのである。

五

同じ九州の中でも薩摩と五島とは、地圖の面では可なり兩隅に懸け離れて居るのだが、其言語などには他のどこよりも近い類似がある。政治上の境涯は丸で異なつて居たに拘はらず、今尙若干の共通點が其習俗の上に認められるといふことは、恐らくは既に忘れられたる海上交通の結果だらうと思ふ。それを論證することは素より容易では無いが、少なくとも傳說が曾て船によつて運び移されたといふことだけならば、かゝる孤島の實例によつて、之を認めずには居られない。しかも今までの我邦の傳說の如きは、未だ陸の上をすらも自由に行き廻るものとして、考へられては居なかつたのである。

石像の面が赤くなつたといふ傳說の起原に就いては、既に市場氏の鄕土趣味講話が出て居るのだから、之を紹介する以上にもくだ〱しく述べる必要が無い。だから只簡單に私の意見の、繋ぎを附けるだけに止めて置くが、日本に此一條を始めて傳へたのは、今昔と宇治拾遺との二つの物語であつて、それも外國の說話の飜譯であることを明示して居る。芳賀博士の攷證今昔物語集卷十には搜神記以前の三つの出典を揭げて居られるが、それと本文の敍述との間には、幾つかの要素の異同がある。今少し尋ねて見たら直接の種本が出て來るかも知らぬが、それは支那の文獻學であつて、私たちの管轄する所では無い。私たちの知りたいのは是が我邦に入つて來てから、如何に改造せられ又は抑留せられて、一個の傳說として半ば信じられるに至つたかといふことである。隣國の三つの舊話では、赤く塗られたものは血であり、石は又城門の石であつた。是が多分は肝要な一點であつたらうと思ふが、今昔の物語では既に山頂の大いなる卒都婆となつて居る。さうして西海の二つの類例になると、再び變じて金剛力士、又は石地藏の現在の傳說と化したのである。腰二重なる老女が朝每に杖を突いて、石の面の赤くないかどうかを見に來たといふのは、日本でも可なり面白

がられさうな繪樣であるが、是さへも後には强ひて說かなくなつて、島が沈んで跡は漫々たる蒼海になつたといふ感動のみが、改めて永く國人の胸に印せられて居るのである。是を單なる傳播であり、保管であると見ることは許されない。別に國内の新たな理由があつて、之を斯ういふ形に進化させたことだけは認めなければならぬ。

六

同じ傳說の分布の例は、現在はまた必ずしも廣く及んでは居ない。仙臺の近くの多賀村には、昔櫻木千軒赤松千軒といふ二つの繁昌の町が、陷沒して海になつたといふ傳說があり、是にも末の松山を浪が越した折に、麓の茶屋の正直な姥だけが、血の石の知らせに驚いて獨り遁れたなどゝいふ話を伴なふことを聽いて居るが、餘り趣向に過ぎる故に私にはまだ古くからのものとは思へない。しかし傳說の古い新らしいは、必ずしも今見る形のみでは決し難いもので、たとへば市場君の採錄した豐後の瓜生島もしくは久光島の陷沒談の如きも、前者は慶長元年

の閏七月、後者はそれよりも二年後の史實である以上は、當然に其前には無かつたと言つてよいのだが、しかも土地の人々にさうも考へさせ、又はさう聽けば信ずる者もあつたといふ原因は、此際始めて現はれたのでは無いのである。大體に傳說が歷史と同樣に、單なる一回の事件を代表する排他的のものであるに拘はらず、とかく地を接して併存する傾向を持つて居ることは、卽ち又その信仰の胞子とも名くべきものが、豫て數多く空中に浮遊して、緣に就いて來り下つて芽を吹いた結果であらう。所謂函谷灣頭《かんたんわんよう》の三四の口碑の如きも、一方がもし眞ならば他はすべて假托といふべきであつたが、實際は甲に促されて乙の夢は結ばれた形がある。阿波でも喜多博士は小松島港外の、お龜磯の舊事を記憶して居られたのだが、別に此以外に津田浦の一里沖に、昔あつたといふ某島の話もあつて、今でも其島から脫出した者の後裔が、安宅《あたか》福島大工《だいく》島《じま》等の苗字を名乘つて、近傍の地に居住するといふことを私は聽いて居る。菊池寬君の「亡兆」はまだ見て居ないが、是とても更に又第三の海面の、異なる空想であつたかも知れぬのである。斯ういふ奇異なる重複は歷史には見られない。以てこの兩者の差別を明かにするに足るべく、又現代の新らしい交通の下に、もはや傳說の生れ難い理由もわかることゝ思ふ。

七

しかも傳說の何によつて遠く運ばれ、如何にして數百年の永い世代を、次々改造せられつゝ存續し得たかといふことは、又一つの困難なる問題であつた。自分などの知る限りに於ては、外國の學者は之を明かにせんとする志は、我々よりも遙かに鞏固であるが、未だ其便宜を得られないかの觀がある。傳說は必ず土地に根を下して、是を他鄉に移し植ゑることの、何よりも不自由な形になつて居るのに、それが時としては全國に數十百の同種のものを、分布して居るのは理由が無くてはならぬ。假に運ぶだけはさうそつきが運んでくれるにしても、土地の正直者等が之を受入れて、自分のものと認めるのは條件があつた筈である。私などの假定では、是は神靈の語を傳ふる者、人を信ぜしむる資格ある者が、夙に文藝家と化して居たことを信者たちが知らなかつた結果、言ひ換へると說話は其外形に於て、稍久しい間古い樣式を其まゝに保持して居た爲に、少なくとも偏阪の土地だけでは、騙さうと思はずとも自ら人が騙された結果では無いかと思ふ。昔話の所謂げな〳〵話、もしくは「有つたさうな」といふ形は、新らしいばかりで無く努力の痕がある。特に聽く者の信を執らざらんことを希望する者でなければ斯ういふ方法を以て說話の傳說化することを豫防しようとはしなかつたらう。實際又信じ得べくんば信じた方が、話は身に沁みて聽かれるのである。

奥州平泉高館《ひらいづみたかだて》の周圍の田舍には、鈴木三郎の子孫と信じて居る鈴木家が幾らもある。下五島本山村の高來《かうらい》氏も同じことで、彼等は自ら其出自《すいじ》を虛構し、たとへば高麗島の美しい歴史を描き出すなどは、敢てしなかつたらう。のみならず第一に其技能が無かつた。たゞ彼等はそんな話が有るならば、假に少々は訝かしくとも、第一次に之を信じ切らうとする人々であつたことは確かである。苗字を教へられて付けかへる位は何でも無い。子孫が既にその前後の事情を忘れたとすれば、斷乎として家の古傳を守るのは義務である。從つて是を義經記や舞の本の致す所だと說かうとする者は、怒られても默つて辭儀をして居るだけの覺悟を以て、暫らくこの歴史と傳說との混亂時代を經過すべきである。それも辛いか知らぬが自ら欺いて居るよりはましだ。

八

そこで愈々最後の問題に入つて、然らばこの珍らしい混亂の發頭人は誰だつたか。活計の爲にせよはた征服慾の致す處にせよ、そんな有りもしない高麗島の話などをかつぎ出して、人を面白く惑はしめたのは何者かといふことになるのだが、此方面に於ては遺憾ながら、私にはまだ一向に心當りが無い。さういふ中にも誤つて自分もしか信じ、もしくは批判も無しに語り傳へようとした者と、作り事は承知だがさう謂つても差支へ無いと思つて居た者と、一つ騙してやらうと企てた者とが、三つ入り交つて其境の明瞭で無かつたことも事實である。現代の作者意識とはちがつて、以前の語り部たちは大か小か、必ず異常心理の下に於て行動して居た。何だか知らぬが斯ういふ風に言はなければならぬと、言はゞ傳統によつて指示せられた部分が、相當に多かつたらしいのである。ボルネオ東部に住む男巫の中には、人から口寄せを頼まれると出たら目ばかりを語るくせに、家に心配事があり子供が病氣でもすれば、やつぱり自分も亦他の巫の口寄せを聽いて、其作りごとを信じようとする者が多いと、白人たちは不思議に思つて居るが、名歌を神に禱つた國の文藝には、いつ迄も此部分が少しづゝは殘つて居た。是が又古い說話の久しく傳はり、且つ容易に傳說に戻つて行く理由でもあつたかと思ふ。

或は全く緣の無いことかも知れぬが、私が遠松浦《とほつまつら》の海の旅に於て、興味深く聽いた話がもう二つある。其一つは高麗島から漂著して來た古い經卷を、今でも持つて居るといふ淨善寺の由緒であつて、是は福江の島に行つてから詳しく知つた。昔の五島家の年若き殿樣が、敵に逐はれて海上に落ちのび、小値賀の殿崎の海邊に上陸して寒さに惱んでござつた時に、そこを通りかゝつたのが、この淨善寺の盲僧《めくらそう》であつた。背に負うて居た琵琶を打碎いて、それを火に焚いて當らせ申した。寺は其忠義の功により、末永く領內の島々を巡廻して、「まはれば百石」といふ收入を擧げることを許されて居たと謂つて居る。我々の目から見れば、是などはたゞ一つの爽快なるローマンスに過ぎぬのだが、事が創業期の開運談に關する故に、其子孫の家が先づ之を信じ、家來の役人たちも少しはうそだらうなどゝ、分析して見る必要を感じなかつた。さうして今となつては他の部分はどうでもよく、琵琶を薪にしたといふ一箇條だけが、麗々と歷史になりかけて居るのである。九州の盲僧は奥羽のボサマとは違つて、四季の土用の荒神祓ひといふ肝要の役目があつた。しかも尙彼等の暗記力が、地方の舊傳の保存に利用せられ、こゝに歷代の誇張と修飾とが、積み蓄へられてあつたことは前者と同じかつたらしく、其上に一旦高められた地位を守るといふ、利害の念さへも伴なうて居たのである。我々の空想の散漫であつて、次々の興味によつて作者すらも、前に言つたことを忘れてしまはうとするに反して、師傳で相承した藝能には拘束があつた。殊に目の見えぬ者が覺え込んだ一言隻句は、容易には消えて新らしいものと入代らなかつたのである。高麗島の奇譚が一度此徒の口の端にかゝつたとすると、それが末永く群島の間を、流れ渡つたことも自分たちには不思議で無い。盲が高麗燒の鑑定を誤つて居たといふことは、必ずしも大いなる不名譽とも思はれない。

九

それからもう一つ、是も小値賀の島で聽いて來た傳説であるが、昔は此島は東西に立分れて、其間は牛が渡るほど近く又淺かつた。それ故に今でも其低みを牛の渡りと呼んで居る。前《さき》の濱の住民がこゝに潮止めを築いて、開いて田にしようとした時に、何度でも其堤が出來ては又崩れる。どうしたものかと評議をして居ると、そこへ紀州の椀賣りさんが一人遣つて來て、是には人柱を立てるより他はあるまいと謂つた。人柱になる人は肩に伏せ繼ぎの布を當てた者と、是も其椀賣りが教へてくれたので、乃ち何百人の衣服を脱がせてしらべて見ると、たつた一人當《とう》の本人の椀賣りの著物だけが、肩のところに伏せ繼ぎをして居た。それで早速この男を人柱に立てると果して堤防は固まつて、今ある廣々とした田が出來た。次の年に椀賣りの息子が、父を尋ねて遙々と紀州から遣つて來た。さうして此話を聽いて歎き悲しみ、上の句は何といつたか忘れたが、雉子《きじ》も啼かずは打たれまいものといふ、一首の歌を詠んで行つたといふことである。

此一條も今はまだ信じられて居るやうだが、是を此島の歴史だといふことは、本を見た程の人ならば恐らくは合點すまい。私も今頃この傳説の分布を説く必要は感じないが、大體に日本の人柱口碑は、何れも旅の者に教へられてその者を入れたことに、なつて居るのが特徴のやうである。地方的の異同をいふならば、北と南の方とが犠牲になつたものが女であり、さうして又多くは母と子であつた。中央部に限つて雉子も啼かずはの歌があり、由なき進言をして身の命を失つた者が親爺であつた。攝津の長柄《ながら》はもとであるが、大和にも同じ地名の村には同じ話がある。肩の伏せ繼ぎは島に來てからの變化のやうで、それだから肩には伏せ繼ぎを當てるもので無いと、今でも此地方では言つて居ることゝ思ふが、上方に於てはそれが袴の横繼ぎといふことになつて居る。さうして九州に於ても豐前山國川の、鶴市明神の物語などは、一方に哀れなる母と子の落命を說きつゝも、尙袴のつぎの提案をして、自身其貧乏鬮を引當てた者が、何の彈正とかいふ武士になつて居るのは、何度も語り繼いで居る間の混亂であつた。つまり全國に流通した神祕なる舊傳に相違は無いのだが、尙この小値賀島に入つて來て居るものは、稍後代の小說化した新型であつた。是がいつ頃のものかといふことも、遠からず明かになると思つて居る。

それよりも自分が面白いと思ふことは、他では一つも例の無い紀州の椀賣りさんが、島では人柱に立つて居る點である。椀賣りは後には黑江からも來たか知らぬが、以前最も多く全國を動いて居たのは、近江の小椋《をぐら》の者、と言はうよりも小椋を苗字とする一團の人々であつた。さうして此人々は昔話が上手であつた。同じ方面に何度でも遣つて來て、今までの由緒を說くのには特別の長處があつた。まさかに此邊り迄も來て居らうとは思はなかつたが、此人たちならば說話の輸送ぐらゐは容易に出來る。是も事によると薩摩の船と同樣に、傳說の系統を尋ねて見る一つの手掛りにならうも知れぬ。

一〇

私の言つて見ようとしたことは、甚だ無細工ながら是で先づみてた。終りに數行だけ、あの當時の思ひ出を書添へて置かうと思ふ。私は昭和六年の五月五日、小値賀丸といふ小さな發動機船を傭つて、晴れて青々とした朝の海を、笛吹から中通島《なかどほりじま》の青方《あをかた》へ渡つた。船の荷物といへば自分と黑い小さな革鞄一つだけであつた。船長は蓆を甲板の眞中に敷いて私を坐らせ、其傍に來てしやがんで色々の島の話をしてくれた。見送りに來た諸君の差圖もあつたからだが、一つにはこの若い船長の稀有の傳承者型であつた爲に、僅か半日の海の旅が、斯ういふ數限りも無い島々の昔を、心付かしめたのであつた。

全體に船の人たちには、取越し苦勞といふものが少ないやうに私は思ふ。發動機が出來てからはなほの事だらうが、昔も順風に帆をかけた朝開きの快さは、出たら直ぐに働く農夫などの味へぬものがあつたらしい。さういふ時刻の心持と雑話とは、私には此上も無くゆかしいのである。小値賀の西に峙《そば》だつ美良《びりよう》島などは、曾て住む人も無かつた樹林の島であるが、此あたりの漁民が之を親しみ友とするの情は、我々の測り知り難い迄である。朝鮮の濟州島は、こゝからちようど眞北に當つて、その航路約十七時間と言はれて居る。それが美良《びりよう》の島の頭が見えなくなつて後一時間と少しでもう著くのだといふから海上では始終是ばかりを目標にして居たのである。口で言ふ場合も言はぬ場合もあらうが、心は絶えず此島のまはりに在つて、今は茫々たる荒浪の底に、沈んで睡つて居る高麗島の繁華なども、屢々幻しの間に去來したことは察せられる。海は恐らくは傳說の沃野であつたらうと思ふ。

神津島寫眞（其の一）須田昭義

若い女の野良着 腰に巻いた白い布は頭に物をのせる時。臺になるまげもの
向つて左端及び三目番の娘の左側に鉈が一寸顔を出してゐるのに注意されたい

陸前江の嶋雜記

中道等

江の島・小島・蛇の島・戀の島・足手島・かけ島・二股島などこれらが所謂江の島群島といはれるもので、此うち人間の住んでゐるのが江の島ばかり、あとのたしか七つは無人島、卽ち地理書には江の島が此群島の盟主だとしてある。そこでえらさうに考へられるが、なに、あの浪の大うねりで今にも磨りへらされさうな小島で、普通の宮城縣管内地圖を開いても、牡鹿半島の横つ腹の東に當つて、やつと目に這入る位のもの、それに江の島の外貌を聞くと、周圍が漸く一里ばかりで長さ七町の幅三町半、盟主がこんな程度ですから、いはゞ半島の岩の截ち屑としか思はれません。この盟主に人と海猫（鷗）と小鳥が棲んでゐるのです。

これが女川《をながは》灣の女川湊から直線にして約六里、金華山からは東北に六里二十四町の沖にあるのです。女川から發動機船が通ひ、二時間足らずで江の島に着く。こゝまで行く間の風景が非常にいゝ。浦、入江、灣、岬、碕、島をどつさりと眺めて、さて江の島へ着くのだが、元來此島は岩礁の削立で圍まれて居るので、舟曳場といふものが無い。一等廣いところといふ十二間ほどの船着場へ上ると、もう眉に迫る高い石段が見える。全體からいふと中央が高くて急勾配と來てゐるから、こんな風に切崩し切崩しして家を建てる、家と家との間、上下と左右、皆此石段を造つて連ねるのだ。住民は石の稜が鈍くなるほど上下してゐる。毎日の船が沖の方から見えて來ると、全島の石段に人が集つて眺めてゐる。一寸奇觀だ。最近の調査だとて聞かせてくれのたに據ると、戸數が百四十四、人口が約一千九十人とある。人は年々殖ゑるし家を建てるとなると困難が伴ふ、どうだ女川の埋立地へ移住しないかと勸めても、いやだとて誰一人動かうともせぬとある。

江の島靑年團の齋藤隆君といつしよに歩いて見たので

すが、島は、門前《もんぜん》・荒藪園《あらやぶかこひ》・堂の上といふ三つの小字に別れ、大小はあるが家は略々一定の格構に作られてある。隣の家へ行くにも、前申した何十段、何百段の石を亙るので、こゝを島の女は、皆、頭で物を運んで歩いてゐる。近頃、稀に島へ來る人々が、寫眞機を立てゝ無理に物を載せさせて撮《うつ》すもんだから、なにか惡い風俗か恥しいことかのやうに考へ出して、頼めば決して特別に見せなくなつたとも云ふが、頼まずともあゝしてやつて來る。先年、島から出て行つた一人の女は、四斗俵一つ位は平氣で頭に載せて歩いたとのこと。それから小學校へ通ふ女の兒、これが學校道具を頭へ載せる。他所から來た先生が、みつともないからよせと叱ると、學校の門から内はちやんと小脇へかゝへるけれど、歸りにはいつかもう頭の上だ。夕方家族といつしよに水を運んだり、魚を運んだりする時には、勿論頭をつかふのですと説明された。

　齋藤君の家で休んで、メロドといふ小魚を焼き、醬油をたつぷりとつけたのを御馳走になつた。これは油揚がよからうといふと、其通りだとのこと、此メロドの話はあとでするが、先づこゝで大體家のさまを一わたり眺めると、入口の土間を廣くとり、これをニハ、ニハから上り框があり、ニハの隣が臺所で板敷、こゝに爐と流し、戸棚があり、左の隣が茶の間となる、まあ茶の間と臺所がいつしよに兼用といふ工合、これを普通にヰマと呼ぶ大抵の來客はこゝであつさりと濟まされるわけ、ヰマの次がオカミ、此所に神棚が南向、佛壇が西向に据へられ舊の六月行つたのに、正月のみづの木に拵へた例の繭玉、延命の小槌、達摩、千兩箱、賽などが黄に、黒に、赤に彩られてぶら下つてゐた。なんでも一年中このオカミの室を飾るのだといふ。オカミの次がザシキ、こゝへ家内中寢る。オカミとザシキは疊を敷く。それから家の前の小魚などを天日《てんぴ》に乾す空地がエノマへ、家の後をセンド。ざつと線で示すとこんな風になる。

　風のあたりが強い爲か、なか〳〵材木も頑丈に仕組み棟を貫く大きな梁《はり》を、ナカウス（中押）とて、これが巨材なれば、家の自慢で、これとウハウス（上押）とシタ

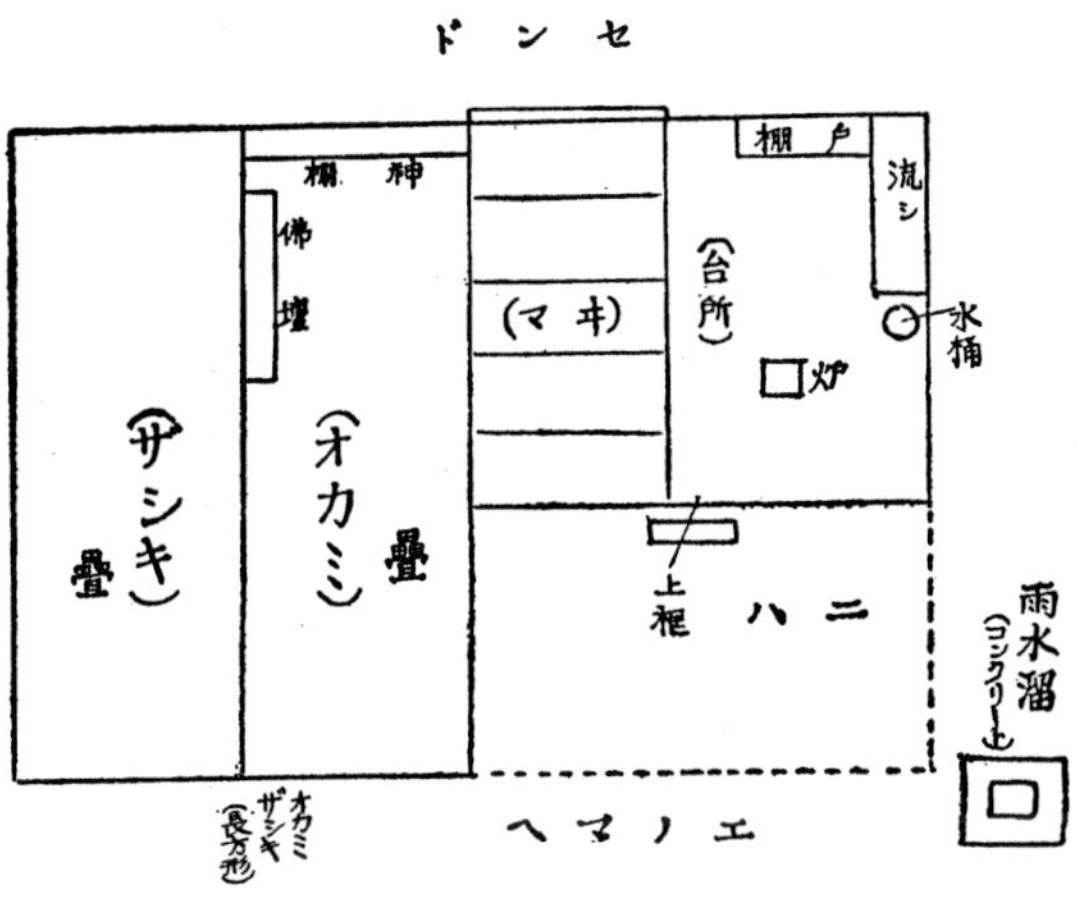

ウス（下押）も釣合ふほど大きくないとひけ目を感ずる。屋根は、まだまだ萱葺と藁葺が多く、これをふきかへる時のヨヒの制度が殘つてゐて、大體これでやつてゐる。ヨヒは「結」で、所謂、牡鹿全郡かけての昔からの契約講といふもの丶名殘なのだ。この講のかきものにもちやんと書いてあつた。これはもうすこしあとに述べて見る。

島が岩礁で出來てゐるだけに、飲用水には悉く不自由を感じてゐる。タゴを持つて集る大きな井戸が一つ、島の中央にあつてこ丶へも何百段を上下して來るのです。徑九尺、深さ十八尺、コンクリートで枠を造つて水を底の方に貯へてゐましたが、順番の來る迄いろ〳〵な世間話が擴げられることです。何神樣、何佛さまの發見やら誰にも分らぬといふ。水には不自由だ。そこで銘々の家ではうまい仕掛をして一滴でも雨水を逃すまいと苦心する。すゝぎ洗濯、雜用、風呂、これなどはみんな天水だ。

一等高いところに佇むと、島が小さいから殆ど周の海が眺められる。松があつて路があつて、墓などもある。段々畑を耕して、麥、芋、野菜を採るのだが、此畑も土を追つて段々に掘下げて海近く行くのだから、試みに勘定した一枚の畑は、十三段、十四段からありました。つまり一段が一畝といふやうになつてゐるのです。

かうして畑作をとるのは主として女の勞力で、男はほんの手隙の時しか手傳はぬやうである。何と言つても島は漁が生命、この邊は著名な漁場だから、鮪でも鰹でもその外の小魚類も極めて豐富に獲れる。六月を耳にすると鮪をとる大謀網が、海のあちこちにきらめいて見えて來る。牡鹿半島の鮎川村、こゝの阿部三郎兵衛といふ人が代々昔からこゝに網を下すとかで、此漁區の網代が一ケ年三千五百圓、これがまづ江の島へ這入るのだ。六月の八日に聞いたところでは、もう七千圓ほど漁をしたといふから、網代だけ折返して儲けたことになる。これは一昨年の話です。そして此六月から大漁期に入るのです。

序でに、漁の話をして見ますと、鮪をとる大謀網《だいぼうあみ》を、牡鹿郡全體では、鳥海彌三郎が此半島へ脱れて來て、そして發明したものと言傳へてゐる。どうも彌三郎から安倍の貞任、宗任、引續いて八幡太郎の話が多い。それはともかく、マグロ、サメ、ブリ、などの漁になると島が非常に忙しくなる。ちよつとした機會を捉へるとブリ五六千もあげるといふから、大抵は想像がつく。然るに今は發動機ばやりの世の中だから、昔風な船頭生活も勿論大に變革して來ては居るが、それでも船ぐらしの人々には、尙昔からの、和船の頃からの漁言葉といふものが殘り、そして用ひられてゐる。鰹船の二番口などゝいふものは、それは〳〵苦勞の多いもので、船頭はまあ大部分は此二番口に任せてしまふ。自分はどんな場合でものつそりと構へ込んで、眞中に置物か何かのやうに貫祿を示してゐる。その目の色、眉の動き方、ちやうど風位や方角、魚群の關係などを、綜合して咄嗟の間に船頭の意を察し、斷じ、命ずるのが二番口の重い仕事となつてゐるので、契約講のケイヤクメシを喰ふ時でも、これもあとで簡單に述べるが、そのオタチメシを勇敢に喰つてのける位の雄々しい男でないと、これは勤まらない。年の若いのに二番口させて、船頭まさりの苦勞する――又、工夫するとも――といふうたのあるのは、此邊の消息を云つたものだらう。さて、江の島邊の漁師の言葉、つまり漁に出かける時の慣語となつてゐるものを一寸書いて見る。船がだん〳〵と沖へ漕出される。

イカシ　江の島イカシ掛けとて、海上一里位の沖、イカシの前といふところあり、これをたとへて引取つていふ。

モリ　やはり大森、中ノ森といふところあつてモリになると一里半

ガバ　海底にガバ草あるところ、金華山もやうやく遠くなる。但し此語、界隈にて一般に用ふ。

クロコヂ　クロコは小鮫の一種、卽ちクロコの居る地へ來る。この頃江の島、地平線下に沒す。

メ　ヌ　ケ　メヌケのゐる沖、メヌケ鯛。金華山の燈臺に水乘つて　もう見えず。

三ノ御殿　山（金華山）の三の御殿に水乘る。

二ノ御殿　同じく二の御殿といふ邊に水、見えず。

ニヨボシ　金華山．小さくなり恰も乳穗の如し。

ヤマナシ　もう一望何も見えず。

ヒ　ナ　カ　日半日の行程．但し艫で漕いで沖へ出る行程。

ヒステナカ　ヒステ、一日、ナカ半日、ヒナカの行程にてその時々を勘定すべし。

まづ、こんな風になる。附近の半島入江の村々では、これと少しはちがふ點があつても、大體これで通つてゐるものらしい。

前に一寸「契約」といふ事を述べたが、こゝで昔からやかましい島の團結について語つて置くのが便宜のやうだ。今、江の島を六區に分けて、區を統轄する三年制のトウガシラ（當頭）があり、此の頭が何か事件が起れば各區の區長なる者と協議して決定することになつてゐるが此間の規定が、其本文條の以外に隨分とやかましくたとへば春秋二度の大寄合にも、船で出稼してゐるのがあつても、北は陸中の唐丹《たうに》、南は相馬の原釜、この線內に出漁してゐる者は、是非この寄合に間に合ふやうに歸つて來ないといけない。春は舊の三月十五日、秋は十一月十四日大寄合があるのである。此寄合日も、昔から赤魚《あかう》の漁時でもあるのでいろ〳〵と變更されたことがあつた。どうも此やかましい不文律は、所謂、昔からの契約講に據くものだと考へられる。

そんなら其契約講とは、何だといふと、こゝに文化三年以來、明治十二三年頃までのかきものを探し出したのがあるが、今の言葉でいふと、講の根本精神なるものは「契約之次第、定」といふ文化三年度の文字で明白になる。長いから玆には載せぬが、これには、島、濱、村の住民共が一致和合してその實を擧げて來た往古以來の契約の次第を守り、さうして「若者のしめくゝりと義理を勤めさせる」ことに重點を措き、敬老と慈幼、他人の爲に骨を折ること、などを力說してある。文化三年の寄合が、三月廿五日と十一月十一日、但し頭共の集合日がこれより少し早く三月十日と十月廿五日、この間に江の島と半島との間に於ける漁區の出會といふものがある。そして「南は鹽釜、北はとふに濱」から是非寄合ふこと、と記してある。屋根のふき替へは、頭共の寄合つた時に申出て、みんなして之に助力せねばならぬとある。死人のある時のことも、契約日限中の忌といふ一條で決定せられた。

契約の條文では、村へ引酒、引菓子することを禁じ、これを犯すとそれ〴〵過料金を出さねばならぬし、又、契約連中として

「何れ大慾を離れ契約を致候様、先々の通に可レ致候、右不レ用者は、七日、連中え入寺等萬々申付可レ致事」

ともあつて、即ち、契約者としての責任を果さぬ者は、此あたりから入寺といふ罰があつた。一旦入寺の仕置にあふと、七日は他との交渉を絶對に禁じられる。それに彼奴は入寺もんだ、とて爪彈きされるし、一番不名譽なことゝせられ、其上嫁をやらうとも聟にしようともいはれなくなる。ところが今以て、牡鹿半島には、此入寺者といふ言葉が使はれてゐる。あれは入寺もんですぞ、などゝいふ。これは面白いことだ。

一、火之用心、並に濱にて何船成共、大風波立の砌者、他人親類之無二差別一、急度骨を折可レ申事。(文化三)

江の島ではこれが今日でも嚴重に守られてゐるのだ。大風波立の砌でなくとも、緣故の有無にかゝはらず、舟三嘉(三艘)をかたづけねば自分は家へかへつて休まれぬとしてある。尤も風波の難に互助することはいふまでもないが、これはまことによい風だと思ふ。畑の物を蒔く時でもこれを「よひ」だとして實行するさうだ。だから島全體に和やかな氣が溢れて見える。こんな離れ島だから、さうでもせぬと安心して暮しては行かれまい。そして江の島青年團が又新しい文章で此ことを述べてゐるさうだ。

契約講の變革のことは他日折を見て別に語りたいと思ふ。ともかくかうして講の根本精神が、所謂「往古」から大切に守られて來てゐることを分つて貰へばそれでいい。今日は尙昔の如く男滿十五歳から四十二歳までは、

現役として講に加入することになつてゐる。一寸言ふことを忘れたが、此契約講は、明治になつてから名を神風講と改めた。神明さまの掛圖をかけて一同これを拜し、それから前にいふた春秋二季の大寄合協議會が始まるので神風といふ名を冠せたと說く人があつたが、此名になつてからもやはり昔の契約講當時の如く、其年の受持頭が「御條目」を讀み、おふるまひの膳につく。こんな時にもいろ／＼と面白い話が殘つてゐるが、長くなるから玆には述べぬ。さて此寄合が講であつても、後には此振舞が「ケイヤク」のやうに思はれて、現に私などは十二三になる迄、ケイヤクとは餅を食ふおふるまひのことゝ思つてゐたものだ。こゝで先刻申したオタチメシが强ひられ、二番口になり得る人材かどうかゞ分る。いはゞ苦しい試驗なのでした。

　オタチメシはオタチするメシで、あの邊では充分に飮食して、もう澤山ですといふのに、いかゞですも一杯おたちしては。おたちしておあがんなえ。などゝ好意で强ひることを言ふが、源《もと》は旅立のタチと同じ意だらうか。其人に好感を持たせて充分といふ以上に食を持たせる。ところが右の若者連中へのオタチメシを與へるのは、好意が變じて故意になつてる。無理にやらせる。さう來るのが分つてゐて、オタチを容れるだけ膳の上一通りの食事を、腹八分はどに控へて置かうとすると、頭共の眼が光つて、こら゛ずるいぞ、と呶鳴られる、いや泣きながら無理に詰め込んだといふ話でした。ケイヤクメシ（卽ちオタチも含めて）を喰はねば一人前といはれなかつたとは、腹も他人でないから辛かつたらうと思はれます。

　享保年間に書かれた封内風土記卷の十三、傳へていふ藥師の堂、何時の創建なるかを詳かにせず。この堂が江の島にあつて、不思議なことには、此藥師さまは、犬と鷄とを悉くお嫌ひといふことです。日詰五郎俊衡がこゝへ持つて來て安置したなどゝいつてますが、これとても貞任や彌三郎から脈をひく話、さて禁を破つて犬や鷄を飼つたら最後、島全體がひどい目にあふ。そこで病人があつても卵さへ食はれない。つい先年のこときかぬ氣の若いのが、なにそんな莫迦なことがあるものか、迷信も甚しいとてわざと石巻とかから犬を連れ、おまけに鶏を飼ふと、さあ大變　毎日〱の巨浪と海鳴、第一年寄が默つてゐる筈はない。こんなに時化ては漁に出られない。若者も年寄に叱られる前から少々恐しくなつてゐた。悪うがしたとお詫をして、其二つをどうにかしたといふことですが、島から影を隠すと一拍子に、海はからりと晴れて、ずつと沖ばかり片日和だつた。かういふ驗もあるからと、學務委員の木村太吉さんのこれはもの語り。

　成程どこにも鶏犬の聲がしない。其代りに目白と鶺鴒と鶯だけが、家のセンドへ飛んで來た。海が遠いか島が暖いか、どこへも離れず樂しく囀つてゐるといふ。お伽噺のやうな氣がする。鳥といへばあのウミネコ、これは又江の島の周圍だけで、二十萬羽といふ凄い殖ゑぶり、青森縣鮫のウミネコ同様、これも天然記念物になるとかならぬとかといふ話であつた。

　海には此海猫の外に、此邊で鼻高といふ奴が鳥のやうに黒々と群飛してゐる。ハナダカは鵜の一種だと説明されたが、あとであれは善知鳥《うとう》だといふことであつた。どつちでもよいが嘴の上の、まあ鼻といへばいはれる邊が隆起してゐるのでそれでハナダカ、島の守護神たる久須師神社（もとの藥師さま）立派な社殿だが、こゝから海を見ると、鷗に交つて黒々と飛ぶハナダカ、まことによい風情であつた。

久　須　師　神　社

此海猫と鼻高と人間とが協力して、鳥の方からすると人に協力されて困るのだが、魚を捕るといふ話を江の島で聞いた。ところが、山島の渡から金華山へ行く海上で私はこの話の光景を實際に見たのです。

　ハナダカの好む小魚は、重に鰮やメロド、メロドといふのは例の干してシラスボシとなるのゝ大きい奴で、つまりシラスの少し大きいのがコナゴ、又はコーナゴ、此コナゴのも少し大きいのがメロドとなる譯で、メロドとなるとあまり大小は無く、まあ普通の小鰯位の四五寸ほど、銀鱗美しいものですが、海で見るとくつきりとうす赤くなつて見える。ハナダカは目早く此メロドの大群を發見する、それ、といふので群飛する。メロドはハナダカに逢ふと狼狽してやゝ圓形になつて海へ深く潜る。それを其圓形のなりにハナダカがやはり水に潜つてせり立てる。何時迄も潜つては居られぬから時々呼吸をする爲に、上へ上へとせり上げながら水面へ浮いて來る。從つてメロドの群も水面へ近くなる。ハナダカは息を吐きながらせしめるといふ兩得がある。

ハナダカの浮沈を見て轟々とやつて來るのがウミネコだ。ハナダカが下からせり立てるところを、素早く捕つて喰ふのだ。これが樂なやり方だが、さてウミネコの活動ぶりを見て早速船を漕出すのが人間だ。

船を寄せるとすぐさま網を入れて捲く。やがて苦もなくメロドの圓陣を掬ひとるのだが、一寸の間に二艘一杯位は獲れるといふ。もつと捕りたいが入場がない。こんなことを言ふ舟もあつた。鼻高は地味な役、海猫は派手に舞ひ、人間が一番樂な得をするといふ、海の上だけにいつもこんな浮世は面白からう。鼻高は江の島から南東へ一浬の足島が根據であつて、未明から暮れて星の出る頃まで稼ぐ鳥で、秋から夏へかけて滯在するさうな。又海猫の方は江の島、これから十數間の蛇島・戀の島、小島の無人島へかけて群棲、初春に渡つて來て、八十八夜前後に產卵、九月の末に何處かへ行つてしまふさうである。どちらも人から見て、協力する鳥故にいつも大切にしてゐるとのことです。

島の男たちは、いはゞ一人殘らず漁師なのだから、大概出漁をする。北海道から沿海州へ、房州から遠州灘へも出て行く。人にもよるがざつと五月から十一月にかけて出漁する。大した意氣込みだと思ふ。

牡鹿郡の郷土史家の一人は、大同二年の古碑があるから、江の島の開發は古いのだと言つたが、果して人がいつ頃來て住んだのか。舊幕時代には此所と出島《いづしま》、網地《あぢ》島などは、仙臺藩で流人を送る一種の鬼界ヶ島となつてゐたものだ。齋藤外記といふ男などは、下女の仇討に助太

榮存神社

刀した迄はよかつたが、公許なくしてやつた科でこゝへ流された。最も凄いのは石卷から流されて來た榮存法印で、笹町といふ石卷の地頭を呪ひ殺すために手燈を焚いて死ぬ迄祈りつゞけ火の玉となつて石卷を燒き、それから遺言して逆さに死體を埋めさせたとも傳へられる。元來が無實の罪であつた。此榮存はなか〲の傑僧だつたが、ふとしたことから江の島に怨恨を止めてしまつた。死んだのが延寶八年の二月六日、正保二年に石卷へ來たといふから三十六年目だ。延寶の初に流罪になつたといふ、して見ると江の島には五六年ゐて一心不亂に呪咀の行をやつてゐたのである。いろ〲と怖しい遺言だから、島の人々は今でも榮存さまのことを話し、そして石碑を倒して置かぬと不漁だとも言つてゐるのは、恐しい力だと思ふ。

太平洋の大うねりを苦もなく蹴つて、物を與へに毎日發動機船がやつて來る。島の經濟狀態からすれば、もとより今では文字通りの孤島ではない。又、孤島としては生きて行けないだらう。昔も契約があつて向ふの半島と手をつないでゐたのだ。そして尚、女は頭で物を運んでゐる。ちやうど時勢の進み工合と、島の風俗の保ち工合とが、兩方から歩みよつてこの島の頂で落合つたやうな形になつてゐる。だからいつまで持ちつゞけられるものか私らには見當がつかない。私の十四五の頃と比べて變つてるのは、第一にゴム靴の流行と、着物の陸風になつてることだ。こんなのは當然だとしても、もつと住民の

心持を探つて置かねばならぬことが澤山にある。たとへばラヂオがしきりに有がたがられてゐる。といふのは、島では和洋合奏も三曲もいらない、一番の必要は氣象通報なのだ。島で聞く天氣概況、近い石巻より釜石測候所の方がふしぎとよく的中するとのこと、これを私が、青森測候所長の猪狩さんに話すと、膝を叩いて何ごとか感心されたものだ。ともかく斯うして手近に學問の恩恵が來てゐる島で、心が變化せぬことはあるまいと思はれる。

江の島へはこれからも出來るだけ行きたいと考へるので、そこでまづ此島の外貌だけを書いて見た次第なんです。

『二神島の研究』（菅菊太郎）

菅氏が昨年九月伊豫史談會の同人數氏と同島に遊んだ時の見聞と研究を録したもので、（一）總説、（二）二神島てふ稱呼、（三）二神島出自及び盛衰、（四）安養寺及び安養寺所藏大般若經奥書、（五）神社と寺院の事（六）蛇傳説其他、（七）親類結婚の七項よりなる。二神島は愛媛縣溫泉郡に屬し、三津濱町から四里の海上にある周圍二里半、半農半漁百七十戸弱の小島である。此島はもと松島といつたが二神氏流寓して二神島と改稱したといふ説と、八幡社と嚴島大神の二神が鎭座してあるので舊くから其の名ありといふ説と島名に就て二説あるが、菅氏は後説を支持される。第二以下第五までそれ〴〵の記述の中に其傍證がある。第六には山上の妙見神社で毎年行はるゝ大蛇封じの神事の由來と、大章魚に媼を取られた翁がおばゞ返せと呼んだおんばがへし岩の傳説が採録され、第七には古來他島他地方と通婚しない風習、朝鮮役の時の歸化朝鮮人の一家が北島に現存する事が記述されてある。

（伊豫史談第七二號所載―愛媛縣松山市勝山町伊豫史談會發行）

甑島記事

宮良當壯

一、甑島の名稱

南島方言の北堺を決定する目的で、私は昭和四年五月種子・屋久二島に渡る前に、甑島に渡つて、その南北方言の調査を行つた。

甑島は鹿兒島縣管内の島嶼で、薩摩郡川内川口を距る西方二十餘浬の所に在つて、北に上甑島、南に下甑島がある。上甑島の西南部は、滿潮の際に二箇所ばかり斷絶して潮水の東西に通ずる所がある。この斷絶に依つて生じた中央部分が所謂中島で、北が上甑本島、南が中甑島であり、又、上甑本島と中島との間を「ヘタノ《ン》串」、中島と中甑島との間を「沖ノ《ン》串」と稱して居る。尚、中島の南部は稀に最高潮の場合に斷絶するので、これにも丸山島の名がある。

ヘタノ《ン》串、沖ノ《ン》串は所謂串瀬戸で、島人の話に據ると昔、こゝに甑に似た大きな岩があつて神樣が降臨せられたので、これから甑島の名が起つたと云ふことである。こゝを串瀬戸と云ふのは卽ち甑瀬戸の義であらうと云はれてゐる。九州語の一つの特徴としてコシキ（甑）をコシッ〔koʃit〕と云ふから或はそれが九州古音でクシッ〔kuʃit〕と云はれ、語尾の促音が無くなつて「クシ」になり、串の文字を宛てたのかも知れない。これから考へると、日置郡の西北隅に在る串木野（一に櫛木野）の串木は甑と音が似てゐるから、或は古から甑島と特別の交渉のあつたために稱した名でなからうか。

甑島の名稱は果して串瀬戸にあると云ふ甑形の岩から起つたものであらうか。私はその岩を見たいと云つたが島の漁師の一人は、今、そんな物は無いと云つてゐた。若し漁師の言の如く、實物が存在しないとすれば、この名稱に就いて、一考する必要がある。

抑ゝ甑島の名は續日本紀に神護景雲三年（七六九）、「薩摩正六位下甑隼人麻比古に正六位上を授く」、また寶龜五年（七七四）「遣唐第四船、來泊薩摩國甑島郡」とあるのなどが初見で、異稱日本傳には「子敷」に作り、箋注倭名類聚抄には「古之岐」、新撰字鏡には「許之伎」、本草には「古之幾」と註してある。甑は今云ふところのセイロウ（蒸籠）で、古は瓦製で、底に細孔を穿つてあつたと云ひ、後に木製に變つたので「𤮍」・「橧」の文字を用ゐるに至つたと云ふ。南島方言では、

クシィキィ〔kusïkï〕　八重山郡波照間島
クシィキィ〔kusi̥kï〕　八重山郡石垣島
クシキ〔kuʃi̥ki〕　八重山郡鳩間島
クシキー〔kuʃki:〕　沖繩島糸滿町
クシチ〔kuʃitʃi〕　沖繩島首里・那覇・其他
クヒキ〔kuçiki〕　八重山郡竹富島

などと云ひ、最南端の波照間島までもコシキ系の言葉を用ゐてゐる。南島の甑は瓦製では無く、天然物を利用したものである。卽ちクバ（びろう、蒲葵）の幹を三尺ほど切り採つて、中を剜り、底に竹の簀を敷き込んだものである。下部が稍ゝ廣がつてゐる爲に、鍋の上に据ゑると都合がよい。胸部よりも腹部の大なる體軀を俗にクシィキィドゥー〔kusï̥kï-du:〕（甑胴）を云ふのは、この甑の形から來たのである。

私は甑島を北端から南端まで眺めて海面から直に斷崖山嶽が聳え立ち、大體に於て臺地《テーブルランド》であるのを見て、この島の名が矢張り甑の形を髣髴せしめるところから命名したのでないかと考へた。

二、甑島渡航

私の調査は主として言語方面に屬し、土俗學的問題は充分聽取するに至らなかつた。最近柳田國男先生の許に、此方面の資料を提供した人があつて、馬頭觀音に酷似した面白い話などがある。今後、色々の目的を以て、この島に渡る人が多くならうと思ふからそれに就いて一言したい。

甑島に渡るには、鹿兒島市方面から行く場合には日置郡の西南岸なる串木野、熊本方面から行く場合には出水《いづみ》

郡の南岸なる阿久根から汽船に乗る方がよいとせられてゐる。私は往きは串木野、歸りは阿久根と豫定して出掛けた。併し船は實際は串木野の海には見えず、これより東方約十町のところに在る島平《シマビラ》の浦から出るのであつた。島平の前には木蔭に朱塗の鳥居の見える照島と云ふ小島があつて風光明媚である。定期船は大川丸（一六四噸）と福山丸（一一四噸）で、九州汽船株式會社の船である。天草下島の南端なる牛深町を起點として長島の指江《サシノエ》、阿久根、串木野等を經て甑島に向ひ、里、江石、中甑、平良、蘭牟田、長濱、靑瀨等に寄航して手打に至ることになつてゐる。私の乘つた大川丸は午後一時島平を出帆して同四時に上甑島の東北端なる里に着いた。また、歸路は朝六時に手打で乘つた福山丸は六箇所に寄港して十時半に里に着いた。距離からすると、里は島平と手打とのほゞ中間に在る。

船が小さい爲に、島の近くを往くことが出來た。尤も甑島は海面から屹立した所が多い爲か、海岸に淵瀨のやうな深所が多い。全島餘り高からざる山のやうで、山間《やまあひ》の狹い土地に民家が出來、後の山を切り拓いて畑とし、甘藷や麥や百合などを作つてゐるのが見える。海から見る濱の美しさは石や砂である。里の濱邊は悉く拳大の石が打寄り、江石や中甑の濱は一變して銀のやうた白砂を以て敷き詰められてゐた。手打などもさうであるが、波浪の荒きほど石の粒が大きいやうである。薩摩半島の西南端なる野間岬の東岸に漬物石ほどの大きな圓石が一杯で、海潮の淸冽さは山上の湖水のやうである。（最近、伊豆山溫泉に旅行して、同じく圓石ばかりの海岸を見たが土地の者の話に依ると、夏になると、これは悉く白沙に蔽はれて、一面白布を延べたやうになると云ふことであつた）

かう云ふ所であるから陸路の險惡なることは言ふを俟たない。車馬の通じ得る所は極めて僅かで、徒步山道を攀ぢらねばならぬ所が多い。それ故、陸路は健脚を誇る者のみが行き、多くは海路を執る。併し海路は天候によつて危險が多いのみならず、隨時出發し得ないから不便である。

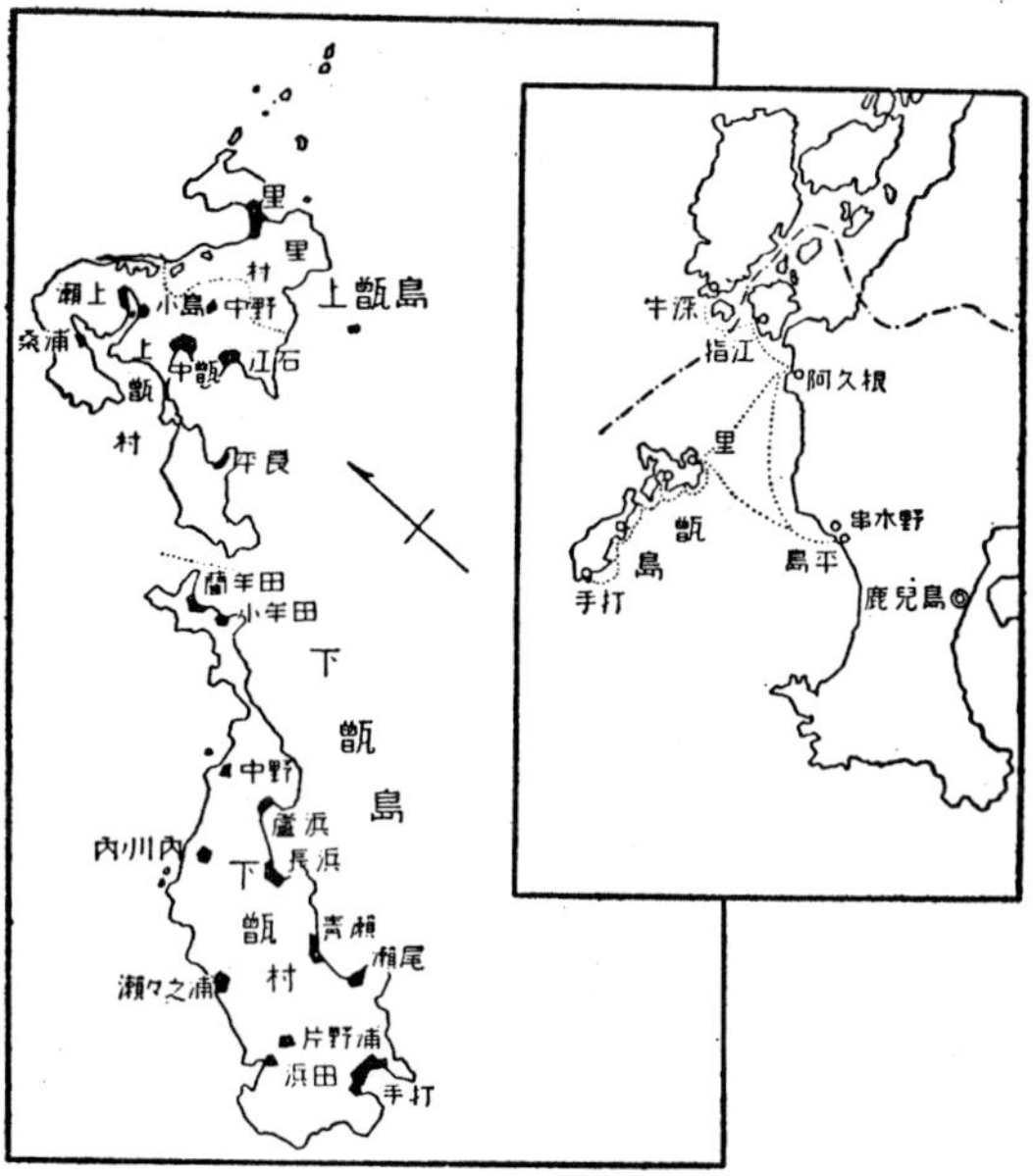

三、島人の挨拶ぶり

船が里の浦に着くと、小舟が迎へに來た。都歸りの客は、先づ履物を小舟に放り込んでからそれに飛び下りる。小舟は竿で岸に押しやられる。濱邊に立ち並んだ大勢の村人、初めて見るまれ人ではあるが、背を貸して濱に下して吳れる。半圓を描いた細長い街の中央に菊屋と云ふ旅館がある。客は滅多に無いと云ふ。島を訪れる者の多くは親戚知己を尋ねて厄介になる。島人は都の話を聞くことが嬉しく、客を待つてゐる樣子である。

私は柳田先生から惠まれた紹介狀を携へて島の舊家梶原仲吉氏を尋ねた。梶原氏は數年前、東京に出て勉强中病を得て歸省靜養してゐられる篤學の青年で、在京中柳田先生を私淑した人である。今は病も癒え、里外に出て食用蛙の硏究に沒頭して餘念が無いと云ふ。

島人の挨拶は實に慇懃である。案内の者が、

チョット　キキ　モスガナー、カジワラサン　ノ　イェーナー　ドゲン　イキ　モスカ〔tʃotto k̥iki mosugana:、kaʒiwarasan no je: na: dogeŋ iki mo-suka〕（一寸聞きますがねえ、梶原樣の家はどう行きますか）

と聞くと、通り掛りの女の人は

シー　モーサン〔ʃi: mo:saŋ〕（知りません）

と答へた。少し歩いて角の家で聞くと直ぐ分つた。

ゴメン　ナイモシェ〔gomen naimoʃe〕(御免下さい)

ニシャー　オイ　ヤイ　モスナ〔niʃa: oi-jai-mosu-na〕(主人はお出ですか)

と聲を掛けると、内から

ホイ、オイモスドー〔hoi, oimosu-do:〕(はい、居りますよ)

と答があつた。私は鎌倉武士の家を訪づれてゐる感がした。梶原氏は丁度昨年の今頃(昭和三年五月頃)まで門外不出で、八年目に貴方に會ふと云つて、村人となつかしさうに挨拶をされた。又、村の古老を訪づれる途中で、出會つた人との挨拶ぶりを見ると、必らず對者の名を呼んでから、次のやうな挨拶がなされる。

キュー　ワ　ヨカヒヨイ　ヤイ　モスナー(今日は良い日和ですねえ)

ソゲン　ヤイ　モスナー(左樣ですねえ)

標準語の挨拶の「今日は」は、かう云ふ原形があつて、下略され、吾々は日常無意識に之を口にしてゐることがわかる。挨拶をする前に對手の名を呼ぶと云ふことは、八重山の老人間にも行はれ、濃厚なる愛情の發露を意味するものと考へられてゐる。

挨拶が終つて、談話に移る。色々驚嘆に堪へない新事實の存在が耳朶を掠める。この感情の衝動を發露する爲に、吾々は或種の音聲を發して、高潮した感情の均勢を保つ。吾々はホー、ホホー、ヘー、ハー、或は「ン」と「ンー」との間に有氣音を挿入した“m”、“m:”、“ŋ”、“:ŋ”(同輩又は目下に)などを用ゐるのであるが、里の人々はポー、ポーと、p音を用ゐ、手打の人々はバー、濱田の人々はボー、瀨々之浦の人々はアバーと、b音を用ゐる。八重山などでもベー、アベー、イベーなどが用ゐられる。

感謝の意を表明するのに、關西地方では、「オーキニ」(大きに)と云ふ副詞を用ゐ、鹿兒島では「ゴワシター」「グヮシター」、「ヒャシター」、「ヘシター」「シター」(御座いました)などと云ふ自動詞を用ゐる。これに對して甑島では「アイガトゴザイモーシタ」(有難うございました）と云ふ。尤も別に、同輩若くは目下の者に對して「ダンダン」、目上の人に對して「ダンダンサマ」と云ふ言葉がある。これは「段々と御世話になつて、有難うございました」と云ふ意味であらうと考へる。宮古島の「プカラッサ」や石垣島の「フコーラサ」などは「誇らしや」の轉音で、「御厚意に浴して誇らかなり」と云ふ意味である。「誇らし」と云ふ言葉は、平安朝時代の源氏物語や古今集、其他に於て盛に用ゐられたもので、その源流を奈良朝時代以前の布久流（皷、肥、脹）に求めることが出來よう。

次に「左様なら」（然らば）と云ふことを里の人は「ダーチー」（同輩若くは目下の者に）、「ダーツー　ヤイェモシェ」（目上の人に）と云ふが、これは「達者に」、「御達者を祈る」などの意味であらうか。南島方言の「行け」、「行かむ」の挨拶とは少し違ふやうである。これが手打では「サンバヨ」（同輩若くは目下の者へ。さらばよの義なるべし）、「アシタ　デ　ゴザイモーソー」（目上に。明日で御座いませうの義）と云ふ。

四、島の子供

子供は大人の生活を最もよく表示するものである。子供を靜かに觀察してゐると、色々の暗示を與へられる。歩みに疲れた旅人は、涼しい木蔭などで、大勢集つて遊んでゐる子供等に依つて慰められ、教へられることが多い。子供は大勢であれば、旅人に對して少しも畏怖することなく、開放的に話して呉れるもので、吾々は恰も庭から障子を取外づした夏座敷を見るやうに、自由に何でも聞くことが出來る。かう云ふ機會を捉へて、路傍で採集することは、まことに印象の深いもので、終生忘れることの出來ないものがある。

甑島の子供達の純樸さ、無邪氣さは、會ふ人毎に敬禮を拂ふ一事に依つても知ることが出來る。私は上陸早々澤山の子供の友達が出來てしまつた。子供の一人は、私を「コーチョシェンジェー」（校長先生）に似てゐると云ひ、もう一人は、自分のトト（父）にガッツイジャ（そつくりだ）と愛嬌を云つて笑はせる。私が路傍の草を採つて名を聞くと、異口同音に直ぐ答へて吳れた。これに依ると、かたばみ（酢漿草）はコガネグサ（黄金草）、おほばこ（車前草）はドンキューグサ（蛙草）烏瓜はカラスンダンゴ（烏の團子）、のげし（苦菜）はンーマンムッチョー（馬の餅）、だいわう（大黄）はヂゴクンネ（地獄の根）と云ふ。こゝでは、大黄は大根卸でおろして酢と交ぜて塗れば陰部濕疹が癒ると云はれてゐる。

南島でナザギィと云はれてゐる力芝（狼尾草）は、こゝでは「ナッキー」と云はれて居り、トージィ（草接骨木）が「タカ・ターチ」、ダディフ（鬼葦）が「ダテーク」カニフン、カニブ、カネーブなど云ふ野葡萄が「ガネーブ」、シィメー（虎杖）を「スーミ」、アフチィ（樹木名）を「アクーチ」と云つてゐる。

島の子供達の間には次の如き言葉の戯れがある。即ち早口に、正しく言ひ得るを勝とする。

ミゾベ　ノ　ゴボー　ワ　ヒゲゴボー　ケゴボー

（溝邊（地名）の牛蒡は鬚牛蒡毛牛蒡）

ユベン　キャカー　カコ　クヮン　キャッヂャッタ

（昨夜の客は柿を食はない客であつた）

かう云ふ早言葉の外に隱し言葉や倒さ言葉などもある。

次に幼兒の言葉で異色あるものを少しばかり記して見る。

着物　ベンベン　屎　ンコ
甘諸　ンーボ　魚　ブーブー
猫　コッコー　水　モーモー
風呂　チャッチャ　左樣なら　デャーデャー

倘、御禮をアッチャと云ひ、そして手頸を握つて上下に振りながら云ふ場合には「テンノコ　テンノコ　テンノコヤ」と云ひ、拇指を屈伸させて云ふ場合には「ギッチン　ギッチン　ギッチン　ヤ」と云ひ、更に頭を輕く叩きながら云ふ場合には「ハッチン　ハッチン　ハッチンヤ」と云ふのである。

五、島人のなりはひ

海沿ひの山の中腹以上に、所々小さな櫓が造つてある。

これは「イヨ・ミト・ダナ」（魚見棚）と稱するもので、魚が群をなして接近して來るのを監視する小舍である。こゝから見下すと、可なり隔つた所までわかると云ふ。魚が群をなして近づく時には、水面にまで亂舞するやうに浮び上る。或は鷗の如き海鳥が、之を捕食しようと競つてゐると云ふ。かゝる魚の群を發見した時、島人は早速魚見棚に合圖の旗を掲揚して村の者に報告する。村の者はこの合圖を受けて、直に小舟に艤して少し沖の方へ漕ぎ出で、それから魚の群を追ひ廻して、兼て用意してある網の中へ入れる。網は口が廣く、入るに從つて段々狹くなり、そして最後に何處へも逃げることの出來ないやうな仕掛になつてゐるから、追ひ詰められた魚は、悉く容易に捕獲することが出來るのである。この魚見棚に登つて見張りする者は、村人の中から交替に出るのだと云ふ。

　團體的漁法に依らない者は、獨木舟に親子二人ぐらゐで、島近くの深所で漁をしてゐる。かう云ふ漁をする者は、「イヨ・ミー・メガネ」（魚見眼鏡）と稱する物で海底の魚貝を探してゐる。魚見眼鏡は一尺四方に高さ一尺五寸ぐらゐの箱の底に硝子を張つたもので、これを水中に少し入れて上から覘くと、海底の物が白日に曝されたやうによく見えると云ふ。一つ鉤の銛や三つ叉の「マソー」などを以て衝き刺すこともあり、網や絲に依る場合もある。絲を垂れる時には、天蠶絲やヨマ（紐類の總稱）の先に釣針《ツイ》を附け、それに船蟲《アマメ》や蟹《ガネ》などを餌とする。

　この近海からは鰤、鰮、鰹、鮪、烏賊、珊瑚、海螺などの産が殊に多い。

　里の民謡に、「段に上れば、駄馬《ダンマ》が五匹、里の牧山九十九匹」と云ふのがある。里の牧山と云ふのは、里村の東部市之浦に面した遠見山の麓で、この一帶は昔牧場として甚だ好適の地とせられ、島津氏の直領であつたと云ふ。

　島人は大體に於て農耕を以て生計を立てゝゐると云つてよろしい。漁業に專ら從事してゐる者は極めて僅かで農業を兼ねてゐる者が多い。畑に甘諸や麥、田に稻を作つて暮してゐる。併し平野は廣からず、人は多くなつて來るので、山林を切り開いて畑にしなければならないやうになつてゐる。平野の畑で使用される鍬と山林地帯の畑で使用される鍬とは自ら形も用法も違つてゐる。

村の後方の山地が段々になつて麥がみのり、赤い鹿子百合が美しく咲き亂れてゐるのを見ると、何となく畫中を行く心地がする。山には百合科に屬する天門冬、枳殼山歸來などの藥用植物もある。また、至る所に椿が自生して、花時には山野を飾り、その實からは純良な油が採れる。百合の根は遠く支那、南洋、米國などに輸出され島を潤すもの丶首位にあると云はれてゐる。その百合の根などを脊負つて運搬するものを「カイコ」と稱するがこれは「カルコ」の訛つたもので、他所で「ショイコ」と云ふやうに、脊負ふ籠と云ふ意味である。收穫期を「アーキドーキ」若くは「シノードーキ」と云ふ。前者はアキ時、後者は收納時の義である。アキは秋の語原となるべき言葉で、收穫することを云ふのである。收納は近代の言葉で、純粹の農民語ではなく、役人から傳つた言葉である。島の農民は穀類を、漁民は魚類を出して、島外から來た商人の素麵、鹽、砂糖など丶交易する風習が未だに殘つてゐる。併し多くの場合は金錢を以て交易するやうになつたと云ふ。從つて物品よりも金錢を貴重視するやうになり、家婦などは「へそくりがね」を「チョカガネ」と稱して、不用の土瓶に金錢を貯藏する風があると云ふ。

六、島のならはし

正月元日には、「ゴシューギ　モーシ　アゲモース」と云つて、「天下太平、日月晴明、奉御年徳神」などと大書した吉書を贈ると、お年玉として天保錢を呉れたと云ふ。また、正月十四日を孕み節句と稱して、花嫁の居る家に行つて、「内方を打たせ」と云つて、杖を以つて花嫁の臀部を叩く。また、舊曆四月八日を「アメガタ・ゼーク」と稱して、飴を食ふ。これは健康を祝福する爲であるから、誰でも必らず食はなければならないと云はれてゐる。序に島獨得の菓子に「ヤヲヤ」と稱するものがある。メリケン粉を卵で練つて、中に餡を入れ、栗の實の形を象つてある。また、甘諸と糯米とを一緒に煮て、搗き交ぜたものを手打では「シッタレ・モチ」（下垂れ餅）瀬々之浦や片之浦では「カイモン・モチ」（唐芋の餅）と云つてゐる。農民の間では果物を「クヮシ」と言つてゐるが、菓子の原意そのまゝであると考へた。

十四五年前まで、結婚式の日に、花婿は逃げて姿を隠し、決して其席に參列せず、式が終つてから歸つて來て一緒になつたと云ふ。婚禮を婿方では「オミャー・モチ」〔里〕、「オメー・モチ」〔手打其他〕（嫁持ち）と云ひ、嫁方では「ヨメイー」（嫁入り）と云ふが、また、「サンビャー・ケー」と云ふ言葉がある。三杯食へか、三杯替へかと云ふが、はつきりしない。

七、神や佛

島人のまらうどに對する最上級の接待は先づ緋の座蒲團をすゝめることである。三尺豐かの厚い深紅の座褥は本願寺の長老様以外には坐る者がないと云はれてゐる。湯飲茶碗も並の茶飲茶碗と區別してボンサマヂャワン（坊様茶碗）と云はれて居り、これも滅多に人に出さないさうである。

島の北部には淨土宗が少し行はれてゐたが、今は廢れて全島に眞言宗（西願寺、香福寺、本福寺、大性寺、常樂寺）が非常に勢力を張つてゐる。十箇所に說教場が設置されて大谷派の說教僧が布教に力めてゐる。里在では島人は何事でも僧侶に相談してやると云ふ。易者などは全く影を見せない。

神社は北端の市之浦に講本大名神、里に新田八幡宮、瀬上に春日大明神祠、中甑に六王大明神祠、長濱に敷瀬神祠、青瀬に大明神祠、内之浦に矢房大明神祠、瀬々之浦に大多羅姫宮（末社山神社、蛭兒社）などがあるが、佛教の勢力に押されて少しも顧る者がないと云はれてゐるが純粹の農業生活者の間にはまだ神を全く見捨てゝゐないやうである。

海の神様を祭る行事を「イェベスマツイ」（恵比須祭）と云ふ。この祭の供物は御酒、鹽の外に毛髪を供へる。また舟にはフナダマドン（船魂殿）と云ふ神様がゐて、舟を守護すると云はれて居る。更に海で死んだ人の亡靈（モーレー）は山のやうな船の形になつて、進路に立塞がることがあり、或はまた船を沈沒せしめる爲に柄杓を要求する。かう云ふ場合には底に孔を明けてから與へるものだと云ふ話がある。

因に、前記瀨々之浦の大多羅姫宮と內之浦の矢房大明神祠とは、御神體として靈石を四個安置してある。こゝは神功皇后が三韓征伐の時に軍船を大內之浦《オテノウラ》に泊繫せられたので勸請し奉つたと云ふ。また民間の傳承に依ると大內之浦の海岸をミタライガハマ（御手洗濱）と云つて神功皇后が御產を遊ばされた所だと云ふ。

尙、片野浦（カタヌウラ、カンヌウラ）の東郊に石碑があつて、俗に「テンドーバカ」と稱してゐる。これは「天皇墓」で、仲哀天皇の御墓所であらうと云ふことである。また、手打の在なる巡田《メグンダ》には貝塚があつて、種々の發掘品があつたとて、色々見せられた。

五〇

甑島に就ては昭和六年一月、二月『國學院雜誌』に「甑島方言の音韻に就て」、同年三月『鄕土研究』に「甑島の淚石」などを發表した。最近、九州帝國大學講師吉町義雄氏から贈られた『九大國文學』第二號（昭和六年十一月）に、敎授春日政治氏の「甑島に遺れるマラスルとメーラスル」と題する貴重なる論文の發表がある。

（昭和八年三月六日）

The Island Empire

By R. A. B. Ponsonby Fane LL. D.

Truly may Japan be described as the Empire of many islands, but I shall make no attempt to compute the actual number; let us say Yao Yorodzu no shima no Teikoku.

History tells us that the Japanese Empire was started by the formation of a small island called Onogoroshima, and that from that island the divine ancestors gave birth to the numerous islands now forming Japan proper, and, curiously enough, since the creation the territorial acquisitions of Japan have, with one exception, for I exclude leased territory, all been islands and even that one exception, Chosen, though not itself an island, has more than 500 islands dotted along its coasts. In history one reads of Dai Nihon Hasshu, and their names are duly recorded in the Kojiki, but to the man in the street Japan proper consists of Honshiu, Kyushiu, Shikoku and the Hokkaido.

Yet what interesting history some of the smaller islands have seen. There is Awaji, with the abode of Isanagi no mikoto and the misasaki of the unfortunate Emperor Junnin, and there is Sado also associated with an Emperor in misfortune, and containing some of the principal gold mines in the Empire.

Then again there is Tsushima, which might with propriety be termed Densetsushima, though rich also in historical episodes of the first importance, for here the Emperor Tenchi built fortifications; here descended the full force of the Mongol invasion, and here too in later days came the embassies from Chosen.

There is Tanegashima believed to be the first place where intercourse with the west was inaugurated, and guns were first manufactured.

Then there is the Goto group, which will for ever be associated with Christianity, and where to this day dwell many old Christians who still cling to the old faith handed down in greatest secrey from their ancestors, and who disdain the ministrations of the modern priest.

There is Hachijojima the sad home of many as exile, of whom the most famous is perhaps Minamoto Tametomo.

Then in the inland sea is the lovely island sacred to the daughter of Susanoo no mikoto, where no one may be born or die.

Then on the west coast is Oki, where that versatile and able monarch Go Toba, owing to the sacrilege of Hojo Yoshitoki, died after many years of weary exile, a fate likewise intended by Takatoki for Go Daigo, who, however, escaped and ended the Hojo tyranny.

Then there is Hirado for many years in turn the headquarters of Portuguese, Dutch and English trading houses, and there is, or rather was, Deshima, an artificial island constructed by the Tokugawa Bakufu, where, for over 200 years, the Dutch were confined. Here during the Napoleonic war, for a short time, thc Dutch flag flew when even in Holland itself it had been hauled down.

I must pass by Okinawa, though I cannet refrainfrom recalling that during many years it was a double vassal state, for it paid tribute, not only to China, but also to Japan, or, rather, not to Japan proper but to the Daimyo of Satsuma, and only passed finally into Japanese hands in the Meiji era.

Then of later acquisitions there is the great island of Taiwan ceded, it is said, by Li Hung Chang after fhe China war, because he believed it to be nothing but a sourse of trouble. Here, nearly 3 centuries earlier, the pirate chieftain, Koxinga, born of a Japanese mother, had founded a dynasty which had ruled the island for 3 generations.

Then there is the northern outpost of the Empire, Karafuto, ruthlessly grabbed by Russia in supposed exchange for Chishima, earl yin

Meiji, and even yet but half in Japanese possession.

Finally, though I could with ease name another 100, fully as interesting as the few I have catalogued, I must pass to the Empire's latest possassion, or, rather trust acquired but 10 years ago, the Nan-yo Inintojichi extending all the way down to the equator. Both at Porape and the small island of Rero at Kusai are "iseki" whose riddle remains unsolved. As yet no one can say what these ruins represented, nor to what date they belong, but there are people who attribute them to Japanese.

It is moreover of intrest to note that in the Marshall islands, the ancient and aristocratic game of "Kemari" is a popular pastime.

Yaoyorodzu no shima no teikoku banzai.

Shima no zasshi mo banzai.

八百萬島の帝國

ポンソンビ・リチヤド

大日本は事實多數の島から成つてゐる帝國であると申しても間違ひではないと信じますが、今私は玆にそれらの島の數を算へてみようとは思ひません。たゞ大日本は八百萬の島の帝國であると謹んで申しませう。

歷史には磤馭盧《オノコロ》島と呼ばれる小さい島が大日本帝國の御本《モト》であつて、御祖《ミオヤ》の神々がこの島から今日のいはゆる日本本土を成してゐる島々を御生み遊ばされたものであると言ふことが見えます。不思議なことでありますが、伊弉諾尊、伊弉冊尊が日本國土を御生み遊ばされましてから、帝國が加へられました土地は一つ許りの例外を除きまして（租借地は含みません）全部島の領地でありました。この一つの例外は勿論朝鮮であります。そして朝鮮は島ではありませんが、その海岸にはあちこちに島が五百以上もあります。

歷史には大日本八洲と云ふことが見えます。そしてそれらの島々の名は古事記、日本書紀等に出てゐますが、大體の人は大日本と言へば本州、四國、九州及び北海道だと思ひます。然しながら他の小さい離れ島等にはいろいろ面白い歷史があります。

第一に神代より伊弉諾尊御自身の御住所でありましたかの淡路の島があります。この島には恐れ多くも天運に惠まれ給はなかつた淳仁天皇の御陵があります。新潟縣の佐渡ヶ島も皇室と關係が御座います。數年の間順徳帝は眞野と言ふ處に御住ひ遊ばしたと言ふことであります。その島には日蓮聖人その他色々の名高い人々が流された事があります。佐渡の金銀銅山は昔から有名でありまして、今でも三菱の相川の鑛山は盛んであります。

それから對馬といふ島が御座います。この島は傳説の島と言つても惡くはないと思ひます。例へば葺不合尊は數年の間この島に御住ひ遊ばしました。安徳天皇は六十四歳の御時對州に御渡り遊ばして、三年の後御崩れ遊ばしたと云ふ傳説があります。傳説は多いのですが、本當の歷史も澤山あります。此處には天智天皇が新羅に對して、城塞を築かせられました。またこの島には蒙古の大艦隊が一番初めに攻めて來まして、幾千人と言ふ多くの島民を虐殺しました。徳川幕府時代には朝鮮からこの島に使者が來まして、宗の殿樣に貢物を獻じました。かの日露戰爭の際この島の沖で、露西亞の大艦隊は東郷元帥のために擊滅されました。

それから鹿兒島灣の南には種子ヶ島があります。この島に於いて初めて日本と西洋との交通が行はれたさうでありますが、兎に角その名の通り、種子ヶ島銃の發祥地であります。それから五島列島があります。この列島と耶蘇教との間には深い關係が御座います。今日に於いても尚、先祖から極く祕密に傳へられてゐる昔の信仰を守つてゐる耶蘇教の信者があります。この信者は今時の神父の禮拜奉仕を斷然拒絕いたします。

次に伊豆半島の南には流罪に處せられた人々の住み家であつた八丈島があります。これらの流人の中で恐らく源爲朝が最も有名なものでありませう。その直ぐ側には絶えず噴火してゐる三原山を擁する大島があります。また瀬戸内海には數多くの島々が散在してゐますが、その中でかの日本三景の一として普く知られ、且つは素盞嗚命の御娘市杵島姫命の御住ひ遊ばされ、又平淸盛が非常に好まれたと言ふかの有名な宮島があります。この島では生れることも死ぬることも禁じられてゐます。

それから日本海にある隱岐島に就いては何うしても思ひ出さずには居れぬことがあります。此處は恐れ多くも有能多藝に在せし後鳥羽法皇が北條義時の瀆神罪のために流され給ひて、數年のあぢきなき流人の御生活を遊ばされた後崩御あらせられた所であります。その後百年ばかりの後、再び恐れ多くも後醍醐帝は高時のために同じ樣な御境遇にあらせられましたが、幸ひ天皇は隱岐島から御逃げ遊ばして、北條氏は全然滅亡しました。

數年の間かのポルトガル　オランダ、イギリス等の貿易の本營であつた平戸と言ふ島があります。豐臣時代及び德川時代の初期には甚だ盛んな島でありました。長崎灣にあつた出島も同樣な關係にありました。德川幕府は他に多くの島があつたにも拘はらず、この島をわざ〱オランダの商人のために造りました。二百餘年の間と言ふものは、オランダの商人は此處に閉ぢ込められてゐたのであります。オランダ人は每年將軍に貢物を獻上するために江戸に上つた時の外には、特別の許可がなければ、年中この犧牲島に住みました。面白いことには、ナポレオン戰爭のとき、彼のためにオランダとオランダの領地とが全部占領された時、オランダの國旗は數年間この出島の外には何處にも見えなかつたのであります。然し明治の初期出島は壞されました。

琉球列島の沖繩には色々面白いことありますが、こゝは永年の間二重の屬國でありました。即ち每年貢物を支那ばかりではなく、日本にも獻じたからであります。日本と言ひましたが、事實は薩摩の屬國でありました。琉球は明治の初年遂に大日本帝國の一部分となりました。

次に帝國の最北端には樺太島があります。幕末には帝國が弱かつた爲に、ロシヤは樺太を奪ひ、千島の權利を日本に讓りましたが、日露戰爭の媾和會議の結果、ロシヤは樺太の南半を日本に割譲しました。

比較的近世に於いて帝國が領有しました土地の中に臺灣と云ふ島があります。これは日清戰爭後、かの馬關平和會議のとき、淸國の全權李鴻章が臺灣ばごた／＼の本源地であるから、日本に讓つたのであると言ふ話であります。こゝには三百餘年前日本人の生母を有つコクシンガ（國姓爺）と云ふ名高い盜賊が島を占領し、その後三代の間獨立に治めました。今ではこの島は非常に盛んな島となりました。

これまで列擧しました樣な島は少くとも百はありますが、帝國がその領土の中に最後に加へました島々に就いて一言述べさせて頂きませう。

今から十年程前に日本は列國から太平洋の南洋諸島卽ちマリヤナ、カロリン、マーシャル等の群島の委任統治權を受けました。この群島は小さい無人島等を加へますと、一千五百にも達します。さうして、赤道より北緯二十度の間に散在してゐます。東カロリン群島のポナペとレロと言ふ島には專門家にも未だに不明な珍らしい遺跡があります。各國の學者はこの遺跡の調査研究に參りましたが、かの尨大なる石は城跡であるか、宮の跡であるか、それとも墓の跡であるか、又何時の時代のものであるか、誰も解らないのであります。ある說によりますと太古日本人が建造したものであると言ふことです。

マーシャル群島では日本の宮樣や公卿樣等が致されましたかの古い貴族的な遊戲蹴鞠が行はれてゐますことは甚だ興味のある事であります。

八百萬島の帝國萬歲!!

島の雜誌も萬歲!!

對馬の牧畑

弘長　務

一

對馬は朝鮮と內地との津島であつて、丁度佐渡と淡路との中間の大きさの島である。博多港を午後一時半に出る定期船は午後八時過ぎには嚴原港に入る。今でも、すこし時化ると五百噸前後のこの船は休航し勝であり、又島內は山岳重疊して、海陸共交通は至つて不便、このためか、古く開けた國でありながら、古來の風習は、破棄されずに殘つて居るもの多く、民俗學の研究者など、用意された眼で見るときは、その收穫は蓋し、夥しきものがあらう。

新しい農業技術も輸入される事が頗る遲れ、綿や麻を今日尚栽培して、自ら紡ぎ、織つてけ着を作つて居る位であり、又一般の耕種方法は何れもお話にならぬ程原始的で、そこ、ここには燒畑の火入を見る事も出來る。この幼稚な農法を見ると、農業史に興味をもつて居る筆者は、數千年來の農が辿り來た道程を目のあたり見る事が出來た心地がして大變なつかしさを覺へた。これ等のことは何れ又紹介する機會があらうと思ふが、玆では、昨年十一月この島で筆者が見つけた牧畑について概略を報告する。

從來牧畑式農業經營は本邦に於ては、隱岐國のみに行はれる獨特の珍しい經營方式として理解され、農業經濟學者、地理學者の視聽を集め、數多のこれに關する報告を見、最近には錦織英夫氏が丹念な調査を發表された事は讀者の記憶に新しいところである。

然るに隱岐のみでなく、牧畑は昨年まで對馬に於ても存在してゐた。勿論隱岐程に廣汎に分布して居らず、只一ケ所に限られてはをるが。この牧畑は鷄知村大字今里にある。樽ケ濱から、發動船にのつて　對馬人士が最も誇とする絶景淺海灣を、島山の四十八谷を右に、二つの白い巨岩が山頂に聳へる白嶽を左に見て、一時間半ばかり船にゆられて、芋崎を過ぎると、やがて今里の深いフヰヨルドに似た入江に着く。牧畑のある所はこの今里の小部落から一里ほど距つてゐる。小さい山徑は急峻で仲仲歩きにくい。丁度淺海灣の口を扼する郷崎の、朝鮮海峽に面する海岸から山地にかゝる一帶を占めて、指顧の間に朝鮮が見へるし、秋晴れの日には濟州島もかすかながら認める事が出來る。

筆者は牧畑と假に名づけてゐるが、今里では牧畑と呼ばれてはゐない。從來は、例へば「對馬島誌」にも單に牧場として紹介されてゐる如く、牧畑の機構を具へたものとして學界に報告された事はない。上に述べた樣な隔絕した所に位するためにその牧畑としての存在を一般に認識せしめなかつたのであらう。筆者はこの島の特殊な土地制度である土地籤替制度の調査のため問合せ中、この部落の根〆岩男氏から牧畑の存在する報告をうけ、再度渡航の際、今里を訪れた。同氏は、わざわざ、牧畑まで、小さいが、併し山路に強い島馬に乘せて案內され、夜はおそくまで、色々珍しい話を聞かせて下さつた。この報告の書けるのも全く同氏の御厚志によるものである。ここに特記して謝意を表したい。

二

今里の牧畑は、その構成に於て、その起原以來種々變移してをる。その事情は五章に讓り、ここでは變態の形ではあるが、最後の段階にあつた昨年の牧畑構成について述べよう。隱岐の牧畑は「山野を木柵を以て四區に分ち、その四區間に於て、作物の作付と牛馬の放牧とを交互に輪轉して行ふ『耕牧輪轉』畑地を云ひ、第一區には粟・稗（五月中旬より九月中旬まで）を作付し、第二區には大小豆（六月中旬より十一月上旬まで）第三區には大小麥（十月中旬蒔付）第四區には大小麥（前年より六月中旬まで）及び大小豆(六月中旬より十一月中旬まで)を作付し、順次之を右四區間に輪作し、五ケ年目に再び上記の作付狀態に復歸する。而して共間作物を作付せざる間を牛馬の放牧に利用する機構」である。

然るに、對馬の牧畑は只三區に區分されてゐて、その各區分の地名と段別は次の樣である。

第一區　志　口　　百拾町歩
第二區　小志口　　八拾町歩
第三區　大《オホ》　連《ツラ》　　百參拾町歩

（備考）大連は又大面とも書き、志登幾を含む。ここにあげた面積は目測された、通稱のものであるが、大連のみにても、實測面積は二百五十町歩に及ぶといはれる。

外海に面した斷崖、及びほとんど攀ぢる事も出來ない急傾斜地と相當廣い地域に亙る森林地を除いて、隱岐の牧畑に見る如き、段畠が海岸及び平坦地から緩傾斜の山頂に至るまで美事な階層をなしてつくられてゐる。山と山の中間の平坦地は普通畑が拓かれてゐる。その反別は小志口に屬するもの約三町五反餘、大連に屬するもの約五町歩に及ぶ。對馬島産牛馬要覽にはこれ等平坦地の普通畑及び段畠兩者併せて約十三町歩と記してあるが、あまりに尠きに失する。根〆氏は前述の三區合計面積の約三分の一を段畠、普通畑の面積と見るべきと告げられた。

この地域の耕種、牧畜、及び休閑の輪轉樣式は多少の例外と錯雜とは免れぬところであるが、大體次の樣にあらはされる。

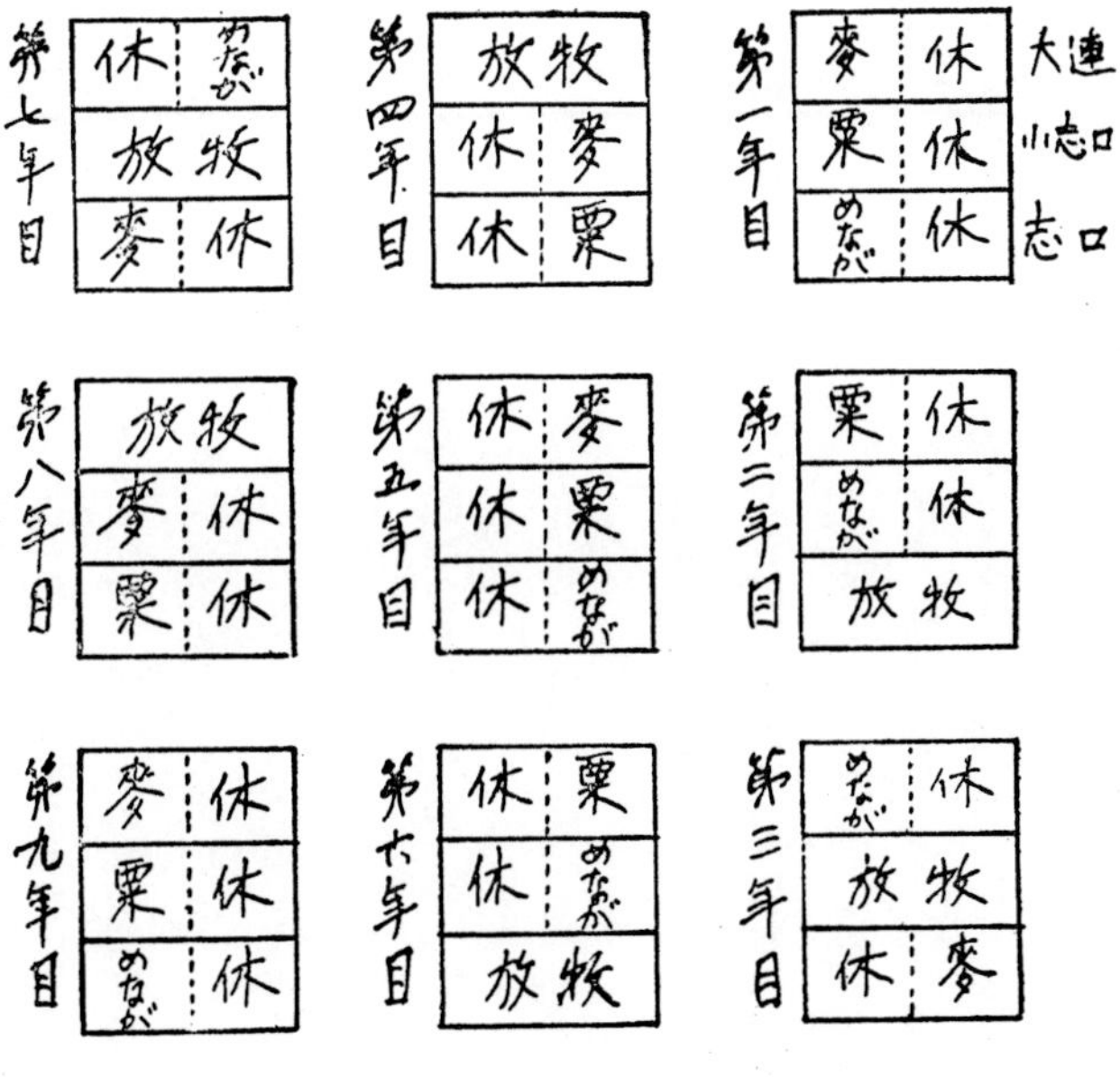

（備考）中央の點線は大連、志口、小志口の夫々半分宛について、耕作に用ふる事を示し、放牧の際は、牛馬は休閑地にも侵入する。

各區は四ヶ年毎にその約半分について割替を行ひ、抽籤によりて、耕作者を決定し、耕作者は夫々割當地を三ヶ年連續耕作し、四ヶ年目は絶對に耕作が禁止せられ、放牧地として作付を放棄しなければならない。その後三ヶ年休閑し、專ら牧草刈取に利用せらる。

この表式に依れば、最近の牧では、第一年目及び第五年目には放牧地が見當らない。その解決方法については經營管理方法の章に述べるから、これを參照されたい。沿革を叙べる際紹介する事ではあるが、過去において、この三區分の外に鄕崎の一區が加はり、これで完全な牧を形成して、放牧不可能な年のない機構になつてゐた。

放牧は一ヶ年間年中放牧で、本牧・補助牧の如く、進んでゐない。栽培作物は大體に於て表式に見る如き、第一年目に大麥、第二年目に粟、第三年目に「めなが」を栽培する順序となつてゐる。或特定の場所に大麥が栽培された後、再びその地に大麥が仕付けられるのは九ヶ年目である事がわかる。大麥、粟、めながの三者が仕付けられる年は五ヶ年目に來り、その他の年は麥と粟、麥とめなが、めながと粟のみが栽培される。これは隱岐に見る如き、地力維持を考慮した好輪作關係をなしてゐない。

山間の普通畑、及び段畠の一部分は休閑されず、一年目大麥　二年目粟、三年目めなが、四年目放牧の順序になり、この際は表式中の點線は不要なことになる。

作物の栽培によつて奪取された肥料分は牛馬の放牧による家畜の糞尿と、休閑とに依つて補給し、地力の回復をはかる耕種、養畜の有機的結合をなしてゐる。

三

牧畑の管理方法を耕種と放牧とに分つて叙べよう。耕地の割替は次章に譲るが、耕作者は新暦八月配當地の決定があると、普通畑及び一部段畠は直ちに牛耕され、其の他は、休閑中に繁茂した雑草、灌木等を鎌にて薙ぎ倒し、「ほぐり」と稱する鋤にて、木の根を避けてすき、次に山鍬にて草木の根を掘り起し、「岸おとし」即ち崖の草木をおとし、それ等の枯れるを待ちて、無風の日を選びて上方より火を放つて燒く。翌日は直ちに大麥を蒔き牛犂にてすき込む。故に山頂まで牛耕に適する様に階層をなしてゐる。急傾斜地や、勞力不足のために割當地の一部を耕作し得ざる等の理由で、灌木が殊に繁茂する所はそれ等を伐り倒し、火入を行つて、牛耕する事なく、種子を蒔き、山鍬にて土を掘りかけるのみである。傾斜地では所々に立木を殘し、それを横たへて（スラと呼ぶ）種子の下降するを防ぐ。かゝる處まで利用する事がある。火入れは官憲の立會を得て、共有者全部、或は五人組等で手もらひ（相互扶助）して行ひ延燒防止につとめる。古來行はれる木庭、即ち、燒畑式耕作が殘存してゐるわけである。天明年間に藤子光が著はした「土功緒言」（寫本）に「平野曠野少きを以山林之土厚き所は草木を伐掛草芥を燒候灰糞を以山地を致耕作其名を木庭畠と號片下成作地」とあつて、極めて粗放な耕種法である。

　放牧した牛馬の糞尿と、この木灰が主たる肥料となる。平地の畑には尚この外に海藻が時として用ひられる位である。作物は大體、十月から翌年五月迄大麥、五月から十一月迄粟、四月から十一月まで「めなが」の順序で栽培されて三ケ年間利用する。僅に平地畑には以上の例外として豌豆や甘藷（對馬では孝行芋と稱す）等が栽培される事がある。粟や「めなが」も草を薙いですき込まれる。粟はもちあわである。かゝる强制栽培が行はれるのは、牧畑が遠隔の地にあつて、同一作物を栽培すれば、部落民の共同勞作が行はれうる便宜があるために、勝手な作付をする者がすくない事が習慣となり、制度となつたものと思はれる。「めなが」といふのは小豆の一種で、福岡地方では「がにのめ」と稱せられる。これがひろく栽培される理由は、如何なる粗放なる管理にも耐へ、すべての雜草に打克つて成長する事が第一、小豆は一ケ年の貯藏に耐へるのみであるが、味に於て劣つてゐても「めなが」は二ケ年以上も貯藏が出來る點が第二、次に實をとつた殼は對州馬の最も好む飼料の一である點にあると言はれる。

　播式は何れも散播で、從つて播種量は多量にして、大麥の如きは反當一斗以上に及ぶ。中耕、除草等は殆んど行はれぬと言つてよく、稀に、百合、辛子等の目に立つ雜草類が除かれる位である。

收穫にあたつては、大麥及び粟は、ここでは根刈りにされて（對馬では所々に中刈、穗切りされてゐるのを見る）海岸に集められ、各自の船に積み込まれて、鄕崎を廻つて今里まで搬ばれる。約二時間以上を要する。もし荒天が續けば、船を出す事が出來ず、海岸に堆積された大麥の腐敗し去る事も多い。以上の如き粗放なる管理に依つて、良好なる結果の得られる筈はなく、一戸當り平均收穫量は平年に於て、大麥四俵乃至六俵、粟は二俵位、「めなが」は落花後、降雨があれば收穫皆無の事もあり、收量は當にならない。大麥は播種量の約三倍位の收穫量が普通とされてゐる。上述の樣に牧畑の耕作は燒畑式の極めて粗放なもので、隱岐より一層原始性をもつてゐる。

舊暦十月十五日になれば、「めなが」其他の收穫が未終了であつても、耕作はその日强制的に停止を命ぜられ、共有者は全員擧つて、牛馬を引き連れてゆき放牧する。又その日よりおくれて放牧する者もある。全一ケ年放牧される年中放牧である。地域内に斷崖と森林があるために降雨、降雪の際などには、そこを避難所としてゐる。又海岸であるから、夏期には、水浴もし適量の鹽分も攝取する事が出來る。水吸個所は志口に三ケ所、小志口に一ケ所、大連に四ケ所あつて、淡水にも決して困らない。

牧草は、「くづ」「ちがや」「ひらくさ」及び冬期でも靑々とした良牧草とである。（萱に似たもので、名稱は判明しないが九大農學部の丹下敎授は良い牧草と言はれた）これ等は全然自生するもので、栽培されたものでない事は言を俟たない。時々の火入もあるためか、牧草の生育はこの島の何れの村に比しても極めて良好で、隣村など羨望に堪へず時々失敬しに來る者がある位である。

對馬では牛は朝鮮牛で專ら農耕に用ひられ、馬は所謂對州馬で運搬用に供せられる。故に農家は牛一頭、馬一頭は大抵舍飼して常備してゐる。牧畑にはこれ以外のものが放牧される譯である。昨年今里の農家では、多きは牛二頭、馬三頭をもち、すくなきも馬二頭をもつてゐる。牛馬を私有し得ない貧農も、富農の牛馬を「もちわけ」

(牛馬の小作)して自用に供するに事缺かない。昨年は放牧の出來ない年に當つてゐたので、頭數は減少してゐたが、牛三十一頭、馬九十九頭を示してゐた。(放牧の不可能な年は牧畑に放牧する牛馬を繫牧する。今里は部落附近に共有山林廣く、好個の繫牧場となる、又個人所有の山畠にても作付休止後は、そこに誰が繫牧しても抗議が出來ない慣行をもつてゐる。故に牧畑に餘裕のない年でもさした痛痒を感じない。繫牧は早朝に、牛馬を牧草豐富なる個所、主として傾斜地に繫ぎ、夕方牛馬が眠るに都合よき平地におろして、繩を結び更へるのみで、年中野繫である。今里では――對馬の諸所に見られる慣行で、敢て今里の特色とは言へないが――春產れた牛馬の子は秋十一月十五日までは、普通田畑に、作物の栽培中と否とを問はず、又私有地・共有地の差別なく、放牧する慣行がある。美しく實つた蕎麥畑・孝行芋畑・大根畑を小馬がふみにぢり、又食ひつゝ飛び步いてゐても、土地の人は舊來の慣行であるから何とも思つてゐない。だが大切な蔬菜畑の周圍には嚴重なる垣牆が設けられてあるのを見受けた。十月十五日になれば、必ず繫牧しなければならない。延寶五年の御郡奉行所よりの次の如き「御條書」に見へる禁令は、ここには行はれなかつた。

「通り牛馬附繫掛馬牛作物喰候ハ爲科代其喰候物之一倍ニ而取可申候牧出網切牛馬喰候物は其喰捨程取可申候」

放牧された頭數は牛馬合せて普通四五十頭で、多き年は百五十頭にも及んだ。放牧權利者は原則として土地共有者、即ち農中組に限られてゐるが、併し、一頭につき二圓乃至三圓の料金を支拂はしめて、共有者以外の人の放牧を許可した事もある。

放牧する牛馬には次の如き制限が設けられてゐる。即ち、三歲以上の男馬、二歲以上の男牛は野合をさけるために放牧する事が禁止されてゐる、放牧中に子供を生む事もしばしばあるので、この制禁は必ずしも嚴守されてゐない事がわかる。

ここには、隱岐に見る如き、牧畑の管理人たる牧司は居ない。その必要がないからである。農中組員は、放牧の權利をもつと同時に、牧畑の周圍及び各區の通路に牧柵を構設し、又修理する義務をもつてゐる。

牧の通路にあたる所には丸太で釘付けに組立てられた丈夫な木戸が必要で、志口に四個、小志口に三個、大運に二個設けられる。畑の周圍につくる垣は、特に垣牆材を他より運ぶ事なく、山頂を傳つて伐り殘された樹木を折り曲げ、伐り倒して構設される。放牧の行はれる舊暦十月十五日前に於て、共有者一同にて全一日費して設けなければならない。牧司がゐないために、その修理は垣牆の破損せる事を最初に發見せる人に依つて全農中へ傳へられ、緊急修補が必要と認めらるれば、不定時に構設の際と同様に、全員一日掛りで修理に當る義務を負ふ。各個人の牛馬放牧頭數によつて義務に大小は發生しない。

以上牧畑の耕作方法及び放牧について、その一斑をのべた。更に次章には牧畑の土地制度について若干のべる事にしよう。

四

隠岐の牧畑は主として私有地で、耕種は、自作又は小作の關係の下に營まれ、一定期間だけ、特定の部落民が共同放牧權に依つて放牧する入會地となる。今里の牧畑は反之、土地全部、部落戸數六十戸のうち、農中組と呼ばれる三十六戸の共有地である。

對馬では寛文十二年、土地均分政策「地分け」が行はれ、農戸はほゞ均等なる耕地・山林を分與され、之を請持つて强制的に耕作せしめられ、同時に均等なる公役と貢租とを負擔せねばならなくなつた。戸數を增加すれば、一戸當りの配當地積は減少し、又その割替は繁雜なる手數を要するために、戸數は嚴重に制限され、ほとんど、現在も當時より增加してゐない。この特權農民が農中と自稱し、本戸と稱せられて、移住者に對して絕對的に封鎖的で、矜持をすらもつてゐる。今里も例外ではない。牧畑は所謂「村抱の地」であつて、古來共有地である。ここに土地割替制度が施かれてゐる。(土地割替及び籤替制度の起源考證其他については、近く發表する拙稿、「對馬の土地籤替制度について」に詳細に說いてある故參照

されたし）

　今里部落の農中組は、牧以外に、共有畑をもつて居り全般に亙つて、一定年限即ち、三年、四年、七年、毎に抽籤に依つて、耕作者を交替する制度を今尙傳へてゐる。この共有畑に採られてゐる籤替制度とも稱すべき制度に對して、牧畑には文字通りの割替が行はれる。

　割替權利者は、農中組の「公役人」とよばれる戸主で十六歲以上に達すれば、その長男が代理する事が出來る。外來の移住者は勿論、給人（鄕士）・被官・名子（一種の農奴）等一切加入し得られなかつたし、藩制廢止後も加入出來なかつた。農中組員會議の一致した贊成を得た時には、次男に、自己の配當地の半分を與へて、分家を新設する事が可能とされてゐるが、實際には極めて稀有の例に屬する。一戸當りの配當量は一株と呼ばれ、前述の分家は半株と呼ばれる。現在の總株數は三十一株で、二十六戸は一株宛、十戸は半株宛、都合割替權利者總數三十六名となる。

　各公役人の配當量は一株及び半株については、夫々均一なる分配をする平等割で、持分は株の外に「當り前」とも稱せられる。各當り前は、畑、段畠共に夫々一ヶ所にまとめられる。志口、大連には普通畑が介在するために、各戸共二ヶ所に當り前を持つことになる。

　割替は定期的に四ヶ年毎に行はれる。普通畑及び段畠の一部にあつては四ヶ年目だが、段畠の大部分は、半分宛分割されるために、同一の段畠の割替は、從つて八ヶ年目になる事が多い、牧が四區の時は毎年割替が行はれたが最近は、一ヶ年割替のない年が出來る。共有畑の籤替日は收穫の終了する舊曆十月十五日に決つてゐるが、牧畑では木庭伐り（今尙この言葉を用ふ）の必要があるので新曆の八月に行はれるを例とする。

　割替のために、特別に役員を設ける事はないが、選任された、任期一ヶ年の區長及び區長代理が事務を掌り、割替の日には、農中組全員牧畑に赴き普通畑と、段畠とにつき夫々、合議して、各配當地に不公平なき樣に、均等に、全一日費して分割す。土地の良否、耕作の便否即ち、嶮岨であるか、或は緩縵か、山頂か、山麓か、放牧牛馬の糞尿の多少、或は雜草、灌木繁茂の情況、及び前年の收穫高の多寡等々が、一株の地積の廣狹を決定する基準として考慮される。

普通畑は石に依り、段畠は立木叉は石によつて、當り前は境せられ、夫々に番號が附せられたる後、各自抽籤して愈々持分耕地が決定される。抽籤には對馬の何處にも見られる、圃上の小石が用ひられ野趣が深い。一戸當り畑地は志口では一反位、大連では約一反半、段畑は一ケ所で、廣きは五反歩、狹きは三反位といはれる。地域內全部が耕作適地でないために狹い事になる。

割替の日は農中組員にとつては忘れ難い樂しい年中行事の一日であつた。一同で、各自燒酒一瓶、及び膾をつくつて持參し、朝鮮をはるかにのぞむ山野で、賑はしい酒宴を催した。これをくじとりおみきと呼んでゐる。

用役方法については、三ケ年間不文律になつてゐる大麥、粟、「めなが」の順序の耕作強制と、四ケ年目の放牧場としての作付絕對休止に農中組員は抗議し得ない。配當地を勞力不足のために耕作し得ざる時は、農中組員相互に援助して耕作する美風をもち、最近は一部分を耕地として利用せずに草木の成長するにまかす事態も發生した。配當地をその期間中、小作、賣買、讓渡、書入、質入する等何れも嚴重に禁止されてゐる。

ここに、牧畑に行はれる尙一つの共同勞働を附加しておく。放牧の年が終れば、しばらく休閑する事は敍べたが、この間に、この地に生長する雜草を舍飼の牛馬の冬期の粗飼料とするために、新曆十月中に、最も草が成長せる頃を見料らひ、各戸より一人宛出役し、全四日間に亙り、共同草刈を行ひ、各自の能力の不均等にも不拘、刈採つた草を平等に分割し、抽籤によつて、各自の所得とする事が行はれてゐる。この例のみならず、今里には土地が共有なるために、各種の農業勞作に協同が行はれてゐる。

五

對馬に於ける牧の歷史は古く、舊藩時代には所々に牧が設定されてゐたことは平山棐の「對馬紀事」に次の記事があることに依つて知られる。

「續日本記云文武帝四年三月令諸國定牧地放牛馬本州亦此時定牧地乎海東諸國記云對馬島馬城四所可四千餘匹馬多曲脊按當時馬城四所今不知何處中山在佐護池田在廻長崎在横浦有明峰在國府等當時牧馬所乎近世牧地在與良郷之東北是謂長崎牧界横浦賀谷濃部蘆浦小船越鴨居瀬大山之地以爲 牧場東西二里南北二里十八町 造防門五所千尋藻浦底横浦長崎鴨居瀬中山小船越西漕手濃部緘崎也此地秣少不便 蕃息依享保九年 甲辰五月 移于國府 西北有明峰至於白嶽麓也鳥淵内管外管大阪大黑白岳大手謂上牧有明納鹿小山深際根山 御曹子謂下牧也 又享保十四年 巳酉閏九月爲各郷定馬城於月輪在欅根然不堪駕駄故寶暦三年癸酉三月廢之各村有畜牛馬之地」 これでは牧畑の事情は判らない。

今里の牧畑が何時から存在するかは之を斷定する文獻がないが、牧に關する文字を、寛保元年大石阿吉が今里村の下知役就任中の村政を記述せる文獻中より次の如く拾ひ上げる事が出來る。「八月九月兩月は作間ニ而御座候得ハ伐リ詰之牧をあけ候年ハ麥仕付所すきかやし等隨分と仕」（寶暦六子年八月より御郡中吟味役お佐治軍吾へ被仰渡候以來之覺書、寫本） これに依れば牧畑が當時存在したと思はれる。

牧畑は筆者の推測に依れば寛文十一年以降に發生した。同年、一切の土地を國有として宣言し、租税、公役の増徴、確立をはかるために、各村農家の數を一定し、土地の均等たる分給を斷行した。今里の如き耕地面積廣き村は、對馬に於ける農家の一戸當り分給地よりも分給地廣く、且つ餘剰を生じた。この地を「村抱」と呼んで村民の共有地とし、この地にも一定額の貢租を課したために、村民は否應なしに土地の配當と耕作を强制せしめられた。牧畑地區は全部この村抱地であつたためにこに、耕牧輪轉土地割替の制度を立つる機緣となつたのではあるまいか。

而して「御物成帳」（寛文十一年、對馬支廳所藏）によれば村抱地の地目はほとんど木庭であり、大麥、粟、「めなが」は古來木庭一般の作付順序で、これと、木庭あとに旺んに生育する野草を牧草として利用する家畜の放牧とを結びつけたものである。

牧畑は古老の言ふところによれば、往古四區から成つてゐた。既述の三區に、鄕崎なる一區劃反別七十町歩が加つて四牧を形成した。故に毎年放牧が可能であり、毎年一區毎に割替が行はれたのである。現に四ケ年毎に行はれる割替はその遺制であり、一定した作付順次も、從來のままであると傳へられてゐる。實際に鄕崎には他の三牧同様な段畠を充分認める事が出來、單なる傳說でないことがわかる。

その一牧が崩壞した理由は、鄕崎に都々智神社を勸請しその地を神域とした事に依るといはれるが、その年代が明瞭でないのは遺憾に堪へない。

更に明治十六年に、今里部落の農中組中八戸は希望に依つて、大連に移住し、農漁を業とし、この地百三十町歩を分割讓渡された。ここに於て、牧は志口小志口の二區に減じ、加ふるに、明治二十一年には鄕崎は買收されて國有地に編入され、牧畑へ再編成の機會が全然失はれた。

志口・小志口の二牧となつてからは、耕牧輪轉、作付順次等は舊法を維持する事が出來ず、極めて、便宜的とならざるを得なかつた。一般に牧を希望する年には、合議して放牧場とする風に、便宜な方法をとり、又割替は四ケ年目に行はれる舊法も、時には三ケ年目に行はれる等頗る亂脉に陷つた。

然るに一方大連に移住せる八戸は、主として漁業に走り、農耕を放棄し、その結果、生活は逼迫し、移住する者を生じ、大正十四年には四戸となり、大連の土地全部を抵當とする負債を今里農中組が肩替りし、四戸は再び今里に復歸するに至つた。

ここに上述の三牧の復活となつた。この組織も今年限りにて更に變更する事になつてゐる。卽ち大連區は今年より長崎縣の縣行造林地となり、普通畑は苗木仕立所となる決定を見、殘りの二牧は、縣の補助をうけて牧場としての設備をとゝのへる事に決つた。今後一年交替で耕、牧する計畫がある。

以上牧畑の起原及變遷を略述したが、これに依り「對馬島産牛馬要覽」に明治十七年牧場の創設とあるのは何かの誤である事が判明しよう。

農業が自然に制約される事の强きは言を俟たず、牧畑の成立にも、ここの自然的事情があづかつて力があると思はれるので、ここに簡單に附加しておく。これ等はまた牧畑を存續せしめる力ともなつてゐた。

對馬は島全體山岳重疊し、しかも概ね嶮峻で辛うじて燒畑とはなり得ても、牛馬放牧に適する土地はすくない。仁田村、琴村等では際《サヰ》々に柵を構へて放牧地とする位で山地は利用出來ぬ、然るに大連、志口等は傾斜の緩漫な地及び平地も相當廣く、牧として使用し得るのである。この地形の制約が第一に隱岐の如く、對馬全島に牧畑を成立せしめず、ここのみに成立せしめた要因である。地位が、交通不便なこの島のうちでも特に邊陬に位する事は既にのべた。この事は肥料を運搬し施す事の困難なこの地にとつて、放牧牛馬の糞尿が頗る合理的施肥となつた。

地質は中世層の水成岩で、土層は頗る薄く、瘠薄である。休閑・放牧・耕作の輪轉が土地利用上有利となる。

次に氣候であるが、海洋性氣候である事は言ふまでもなく、氣溫は冬暖く、夏涼しく、降雨は比較的冬期に多く、一ケ年總計二二八六粍に達す。霜もすくなく、雪も小量である。この地の氣候狀態は、嚴原測候所の觀測の結果による外はない。この氣溫、及び冬期の多雨は、冬期にも牧草の繁茂する牧草まで生育し、年中放牧を可能にする。特に他村に比して良好な牧草生育狀態を示す。

北に面して北風强き爲か、矮性の灌木のみ成長し、從來、植林の適地とはされなかつた。大連は南向の斜面である故、縣行造林は成功すると思ふが、他は造林の利を得る事は困難であつて、牧畑を最も合理的な經營方式としてゐた。

以上の自然的諸條件は相關聯して牧畑を成立せしむる素因となつてゐた。

既にのべた舊藩時代の土地政策上、戸口は限定されて人口は增加せず、勞働力の不足は、この牧畑を集約的な普通畑として利用する事を阻止した。古來よりの傳統への執着力は、他に比類を見ない位强力で、牧畑の面目を維持して來た。

享保、寛政兩度の木庭作禁止にも、ここは海に面する故を以て、燒畑を存續せしむることを得た事は「鄕村御下知覺書」（寫本）に「雨水の海に流れ入り候所之中木庭下木庭迄も仕來之通木庭ニ仕置候事を願候村有之候はゞ其分は奉役聞屆候迄にて可差免儀に候」とあるによりて知る。如斯、農政上からも牧畑は存續を許される狀態にあつた。

六

以上、對馬の牧畑について概略をのべた。隱岐の島前に於ては今尙廣汎に亙つて、牧畑經營が存續し、かつては島後に於ても支配的地位についてゐたが、對馬に於ては過去、現在を通じて、恐らく今里一ケ所のみに止つて居るであらう。加之、今里に於ける牧畑は、この部落の農業經營の主要部を占めてゐない。これを見ても隱岐とは比較にならない。

錦織英夫氏が隱岐について指摘された如く、對馬のものは、土地政策がその成立を刺戟した事は否めないが、自然的條件を見ても、それ自身牧畑を成立せしむべき素因を具備してゐる。この自然的條件に類似性をもつてゐる五島に於て牧畑類似の耕作法を殘存せしめてゐる類推は果してその實在がその確さを裏書きした。

今、對馬のそれは三區より成立つが、過去に四區であつた事はその組織に於て隱岐と同じである。併し乍ら、對馬に於ては、その耕作方法は燒畑式を出づる事遠からず、作物は三種の輪作に過ぎないで、しかもめながの如き原始作物を交へ、又放牧後數年は休閑し、本牧、補助牧の區別を備へて、有効に土地を利用する隱岐に比すべくもなく、一層原始性をもつてゐると言へる。併し明治三十七年に至りやうやくその廢止を見た、全島に亙る木庭作に比すればより合理的な經營法たる事疑ひない。土地制度は前者が、土地そのものが主として私有にして、放牧が地役權的入會權に依つて行はれるに對し、後者は土地が共有でその耕作地としての用役にあたつて割替を行ふ差異がある。

要するに、今里の牧畑は對馬在來の木庭作に放牧を加へた、極めて粗放な原始的農業經營である。

附　記

牧畑所有地が郷崎要塞に接してゐるために寫眞をお目にかける事が出來ません、錄取につきましては對馬要塞司令官大内牧多少將の御配慮をわづらはしました。尙錦織助教授からは種々御教示を忝うしました。ここに特記して御禮を申し上げます。

伊豆七島歌謠集　上下二卷　（上篇本山桂川、前田長八共篇、下編本山桂川編）。上篇は新島下篇は三宅島、神津島、御藏島、八丈島、大島の歌謠を載錄す。編者本山氏が昨年それ〴〵の島にて採集されし分に、新島の前田長八氏の採集並に藤木喜久麿氏の採集をも加へたもの。各歌謠を分類し、必要の分には解說なり、註なりが加へられてある。未だ採集し殘したのもあると、編者は序に述べてゐられるが、一應纏めて刊行されたのは、誠に結構である。

海島民俗誌　（本山桂川著）第一卷は伊豆諸島篇で既刊の第一分冊には第一章伊豆諸島の構成と其過去及び現在第二章人口狀態と其の特性、第三章信仰及祭祀、第四章統治及び行政、第五章財政及び經濟で、附錄第一は史藉集覽中の「伊豆七島調査」、口繪として寫眞地圖等あり、第六章以下は第二分冊として刊行の豫告あり。（右二書共、千葉縣市川町、日本民俗研究會發行、非賣品、豫約頒布）

十島圖譜　（白野白雲著）同人寄語欄に紹介がある。
（川崎市通三二　單美社發行　定價一圓五十錢）

神津島寫眞（其の二）　須田昭義

神津島の裏山では炭燒が行はれる。圖はその竈。目下燒炭中のところである。

（其の三）

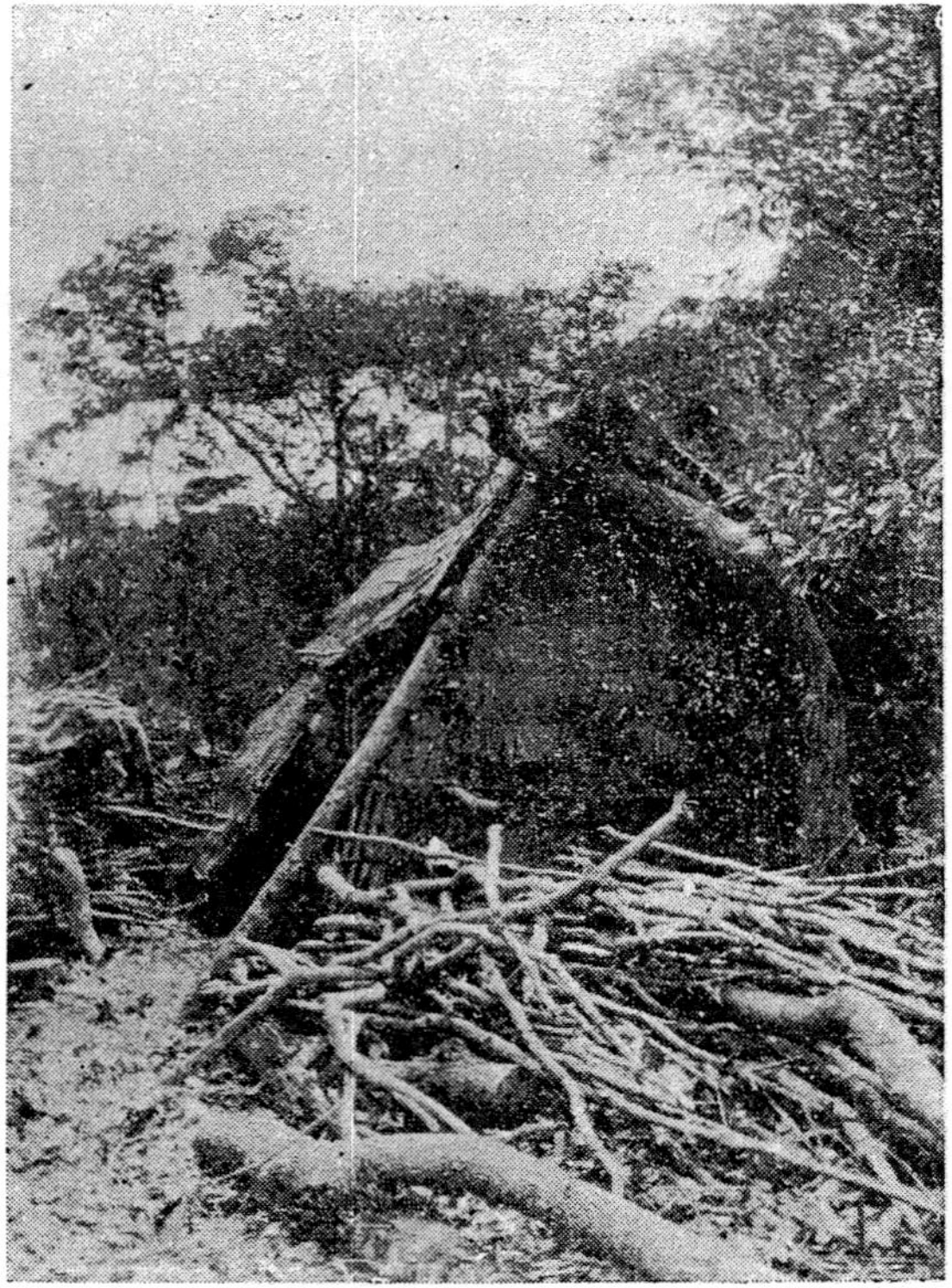

同じく裏山にある。炭燒從事中に居住する小屋。

隱岐の牧畑

特にその生成と崩壞の過程

（錦織英夫「島の農業形態」紹介）

石田龍次郎

隱岐に牧畑といふ四圃式農業が今日も猶存續してゐることは、種々の方面から興味のあることである。著者錦織君は東大農學部助教授、その專攻さるゝ農業經營の方面から牧畑について研究された大略がこの小冊子である。私は農業經營學については全く門外漢であるが、數年前隱岐に數日を費して牧畑に關する見聞記ともいふべき二つの小論を地理學評論に載せたこともあるので（それは全く環境説的なもので、今日では大變不滿なものであるが）錦織君の近著を紹介してみたい。

島の研究の意義

著者が隱岐の「島」にその研究フィールドを求めたのは、海が交通をさへぎる時代には島は永く自給自足經濟であり、航海技術の進歩した時代には流通經濟が容易に島に到來するのであつて、海といふ自然的條件の意義・價値が他の場合より著しい變化を示す。從つて島の農業もそれが倚つて立つ自然的諸條件を基底として經濟的條件の影響、農業の發達等が織り込まれて出來るのであるが、島なるが故に古きものと新しきものとの交渉が目立ち農業地理的研究の舞臺として興味があるからである。但し本著に於いてはかゝる島の農業地理をまとめられたのではなく、かゝる觀點より牧畑式農業經營を研究されたのである。

こゝで一寸横道に入ることを許されるならば、新しい時代の島、流通交換經濟に入つた島は、センプルやホラビンの説く様な交通の大道に面するものであらうか。勿論渡り得ぬ海によつて封鎖されてゐる時代よりは交通は容易であることは明かである。自然的條件は歷史的、社會的、經濟的諸要因と共に地域に影響するのであるが、そのなかでも海を環らすといふ海の島の自然的條件はブルユンヌのいふ高山の島、沙漠の島、森林の島、平原の島とは異つた力、制限を有してゐる。特にそれが小さい孤島の場合にはより多く働くであらう。即ち環境説に墮せず、機械進歩の影響を克服してはじめて眞の島の姿を見得るであらう。

牧畑の特質と經營の變化

第一章にては牧畑の構成と特質をあげてある。牧畑といふのは四圃式農業にして、土地を四區に分け（粟山、空《ク》無《ナ》山、秋山、麥山）各々垣柵をめぐらし、各區ともある季節は作物を栽培し、ある期間は牛馬を放牧するのでこれを回轉させ四年に一巡する方法をいふのである。この牧畑の構成につき耕作、牧柵、放牧、牧司を説明し、土地制度を述べて、牧畑の特質として、一、强制耕作にして牧畑地の所有權に拘束なきこと、二、耕地及び作種の分散、三、粗放的なること、四、牧柵、牧種の共有性五、土地の所有、耕作、放牧の相互關係をあげてある。

第二章は牧畑經營の基礎的諸件であつて、牧畑についての、一、存在の理由、二、存續の理由、三、崩壞の原因を述べたものである。第一の隱岐に牧畑が存在する理由は自然發生的に生じたものとの假定をなし、この假定を充すべき自然的諸條件の存在することを位置、地形、氣候、地質、土性、植性等よりフヱーブルのいふ如き可能性と解する。そしてこれに社會經濟的條件として人口職業、耕地、生産力、總生産額等をあげ、これらより牧畑は他産業との關係に於いて、即ち諸産業の文化低く、經營も未分化なる狀態に於いて存在し得るものなることを説いてある。

第二の牧畑存續の理由として牧畑がかゝる土地に於いて地力を維持し永續的耕作をなし得るものであること、普通の耕作及び漁業の兼業的又は附隨的な農業經營であることをあげ、第三の隱岐牧畑の崩壞の原因についてはその關係を明かにする爲に表示するならば、

一、個人主義的思想の發達……　牧畑の總有的性質と相容れない

二、交通機關の發達……食糧自給の重要性が減じ農業事情が變つた、その結果

イ、養蠶の發達……勞力を牧畑より養蠶にとられる、桑畑が牧畑に侵入する、桑畑の肥料をとる爲牛馬を放牧せぬ

ロ、林業の勃興……杉の成長が速なる爲牧畑より有利である。

三、島外離村……勞力の不足を來す

第三章には結論として農業經營上牧畑の改良すべき點をいくつかあげてある。

さて以上で錦織君の著書の大略の內容を紹介した積りであるが、一二の氣付いた點を述べてみたい。

自然發生とその過程の問題

牧畑の生成起源を自然發生的なものとするのは錦織君の假定であるが、これには著者のいふ通り多くの見方がある。錦織君の主要とする論點はこれではないが、一、現在は隱岐にのみあるが、古くは日本到る處にあつたといふ見解や、二、朝鮮方面より移入されたといふ見解もあり得る。例へば弘長務氏の對島の牧畑と關係の有無なども問題であらう。然しこれは極めて多くの土地に於いて昔あつたといふ資料か、或は他よりこの牧畑を隱岐に移入したといふ直接的な資料（後者はあり得ないと思ふが）でも發見されぬ限り當分問題とはなし得ないことであらう。たゞ柳田國男氏の言葉として引用してある「牛馬の通路をそのまゝ利用して段畠とする」（一四頁）といふことであれば自然的發生として考へることが、難しくないといふよりは有力な手懸りである。このことは他の牧畑類似の耕地に於いてはどうであらうか。注意して見たいと思つてゐる。

次は牧畑の發生を自然的とみるとしても、その發生及び崩壞の順序について考へて見たい。牧畑は今日四區分されてゐるものが普通であるが、あるものは三區になり二區になり、遂に一區（牧山）になつて崩壞しつゝあるのである。錦織君はこの逆に一區より二區に、二區より三區、四區と生成したのではないかと說いてゐる。（四十

七頁）これについて文獻的裏付けをして見たいと思ふ。以前「隱岐牧畑の起源に關して」といふ小論を發表する考で、原稿紙に書きつけたまゝ數年を經過し、今日ではそのまゝ出す積りもないのでその大略を拔萃してみるのである。

隱岐の文獻

まづ今日までに知り得た隱岐の地誌旅行記をあげると

隱州視聽合紀（齋藤弗緩撰）寫本一、寬文七年（二三二七）

續々群書類從（地理部）及出雲文庫第二編（大正三年）に復刻あり

隱州記（著者不詳）寫本一、貞享五年（二三四八）

隱岐のすさび（島風水撰）板本一、寶永二年（二三六五）

隱岐の國記（藪屋北昆撰）寫本一、享保五年（二三八〇）

笈埃隨筆（百井塘雨撰）寫本一、寬政（二四四九）以後

隱州舊事雜記（大西教保撰）寫本二文政六年（二四八三）

內に隱岐古起集、遠紀古記集とあり

遠起古集（著者不詳）寫本一、文政十年（二四八七）以後

內に遠起古紀集とあり、前者と同じやうな名なれども內容異る。

隱島巡狩錄（景山修撰）寫本二の內前冊、文久三年（二五二三）

後冊には附錄として水無瀨氏成の隱岐記あり

隱岐誌（小泉憲貞撰）明治三十五年

島根縣史要（藤木充安撰）明治四十年

隱岐の家包（隱岐島廳）大正五年

島根縣史（島根縣內務部編）大正十一年

概觀島前地誌（隱岐地理學會編）昭和七年

右のうちあるものは他の古地誌と同樣に極めて詳細に各村の神社佛閣、名木巨岩をしるし、道程を記載してあるが、その土地一般に慣行さるゝ牧畑などに關しては殆んど記すところがない。又男女人數はのせてあるが、牛馬頭數は記さず、米石高は計上してあるが、麥粟畑物については記さない。卽ち古地誌といふある一定の型に從つてゐる。かゝる意味に於いて古地誌より旅行記の方が

その土地の特性を描き出してゐることも多く、今の特別の目的には役立つことも多い。又明治以後の刊行にかゝるものは統計は詳しいが、耕作地は牧畑の説明に必要な分類をとつてない。これは明治十二年以後の島根縣勸業統計書についても同じである。

文獻に見える牧畑

とにかく、これらの文獻の斷片寸章から牧畑がどんなに示されてゐるかを見ることにする。(歴史的研究といふのはかゝる古文書的渉獵のみではなく、大部分發達史的な研究をいふのであることは、特に斷るまでもないであらうが)

一、牛馬に爲踏候來夏麥畑古代より引立來候得ば云々

(遠起古集)

これは牛馬に踏れた畑(卽ち牧畑)の租税に關する江戸への伺ひ書であるが、これによれば文政頃には牧畑は既に古代よりの慣習とせられて居り、これより百二十年溯つた寛永二年の旅行記には

當國の牛馬は人馴にして大雪といふ時はをのおの牧牧より迎來り、さしかけなどして是れをたすけ、晴れて、又はなつとや、山山四分づつにわかちをきて、其一分の所に牛馬を入、一年を經て又一分にうつし、その土の肥えたるをもて穀を作る、されば四年づつにして畑となり又牧と成。惣じて此境、牛馬の外餘の獸あらざるがゆへ、ものにそこなはるゝの恐れなくして、いづれの山々もみた牧なり云々(隱岐のすさび、三十八丁以下)

これは文書として牧畑の構成を説明してゐるものでは古い方であらう。大日本風土記の記述もこの「隱岐のすさび」の文章によつてゐるらしい。これによれば牧畑の構成は寶永には既に四區分のものが最も普通とされてゐたことを知るのである。慶長十二年(二二六七)及十八年檢地帳にも牧畑を四區に分つといふことありといふが私は未見である。錦織君は隱岐海士村で畑の部に三つの牧の名をあげてある檢地帳を見られたといふ。(十三頁)これは牧畑の發達の順序については重要なことである。

文書に見える牧

そこで牧畑はとにかくとして、牛馬はいつ頃からどういふ風にゐたかといふに、

三穂碕のこなたなる多須美といふにつく、是より一里ばかり山をこえて北浦に出る、此ところに穴深磯、麻爾祖の牧あり、山はさながら麻尼のことく海濱にはなれ立て星を伴つて圓なり、隱州より渡るところの牛馬を先づこの牧にはなちをけば人來て求め去となり云々（隱岐のすさび）

更に古くは遠起古集に慶長十二年檢地のことを述べ次に和泉國境（註、今の堺）より田中新兵衛、茜兵衛、仁兵衛と申者公儀願出牛皮役差出皮を取る

と記されてあり、牛皮が多少商業的にも出たものであらう。更に溯れば承久三年（一八八一）後鳥羽上皇隱岐に渡らせられた時、路上に牛の角つきあふを臺覽あり、鬪牛の技これより起ると記したものもあり、最古のものとしては東鑑にのせられてある文治四年（一八四八）の敎書案に、犬來、宇賀牧の名があることであらう。又隱岐の言ひ傳へに（出雲祕史、隱州記・大江廣元日記）宇治川先陣の名馬池月（生唼）は島後津井の產であるといふが如きも、牛馬の產地であつたことを示すものであらう。但しこの池月のことは恐らく附會の說ではないかと思ふ。嘗て私は能登島の一神社で池月に關する頼朝の墨附といふものを見たことがある。頼朝公御十三歲の時の頭蓋骨と同じ樣に、名馬になると產馬地より引手あまたであつたのであらう。

增補島根縣產牛馬沿革誌（大正元年）を見ると牛馬の產地として相當古いことも知られる。

隱州記の牧と牧畑

故高木利太氏が家藏地誌目錄で隱岐の地誌として最も完全なるものとせられた隱州記には次の如く牧の名がのせられてある。

來牧《クルマキ》（中村）津井牧、原牧、（津井村本郷）杭野牧、大畑牧（同村飯田）福浦牧（東鄕村）

右の外、犬來村の條に

　山林なし、但百姓畑の邊小松少々あり、犬久村の山林古來より入來る、其故山林入口の木戸釜村、犬來、飯田三ヶ村より調來る、木戸の所を尾道と云

とある。「山林入口の木戸」といふのは牛馬の出入を防ぐ爲に山林の入口に作る木柵をいふのであり、それを三ヶ村の共同勞作によつて作つたといふのである。この方法はわが國の牛馬產地では極めて普通のことである。柳田國男氏は佐渡の紀行のなかで說いて居られる。（秋風帖）

　地誌としてはまことに懇切詳細を極めたこの隱州記の記錄であるから、恐らく上記の六つの牧以外に牧と名付けられたもの、（卽ち牧場であり、これが後に牧畑に變移した）がなかつたのではないか。もしかりに然りとすれば右の牧の所在は全部島後であり、しかもその周吉郡である。卽ち當時の國都に近い諸村にのみ牧を見得たのではなからうか。然しその他の村では牛馬を飼はなかつたとは考へられない。それらの諸村では山林卽ち放牧地であつたので、犬來村の記載と同じであつたのではなからうか。そして前記の國都に近い諸村のみが牧場專用地又は牧場兼耕作地（卽ち牧畑）をもつてゐたのではなからうか。もし然りとすればこれは牧が全部で六つであること（卽その組合せの如何）と共に、牧畑の起源について考ふべきことであらう。

　然し右の說はいくつかの假定を持つて居るから如何とも決し難い、或は隱州記の撰者がその國都に住居してゐて、日常の見聞多きため近村のみは特に詳細に牧の名を揭げたのかもしれない。他の記事についてはかゝる記事內容の精粗は見られぬが、もし然りとすれば前說の假定は成立しないわけである。

隱岐農業の三遷

　諸種の文獻等より見て隱岐の土地利用、農業經營は慶長以來三遷してゐると私は思ふ。卽ち

　第一期は慶長檢地帳にある時代にして、畑は牧畑と麻畑の二つに大別され、牧畑といふのは四分せられたものもあつたであらうが、大部分は牧場であつて、牛馬はそ

の外にも麻畑及び人家を除いて山林等にも放牧せられてゐたのである。

第二期はその後五十年頃より初まり、牧畑（牧場）と年々畑とに分れ、後者は麻、麥、野菜類等を栽培してゐたもの。

第三期は更に五十年位後、即ち「隱岐のすさび」の撰せられた頃よりであつて、年々畑と輪轉式四圃農法の牧畑とよりなるものである。

以上によつて牧畑の生成は山林又は草地への放牧よりはじまつて、二區、三區、四區と進んだものではないかと思ふ。そして又牧畑における耕作と牧畜との關係は元は耕作が主であつたのが、今は牧畜を主としてゐることなど考へ合せて、今日の崩壞は四區より三區、二區、一區と生成の逆であり、場所的には牧畑が山林と桑畑になつて行くのであり、近年畑の潰廢段別の多きこと（拙論、地理學評論、第五卷第六號）などこれを示すものであらうと思ふ。

私は自分自身の興味にまかせて多少饒舌にすぎたかも

知れない。これは錦織君の研究フィールドが農業經營の方面から非常に興味あるものであると共に、人文地理學からも又歴史的立場からも興深いものであるからであらう。特にそれが「島」であることによつて。私は昨夏今一度隱岐へ行かうと思ひつゝ果さなかつたが、錦織君の著書を讀んで再びその願ひを新にしたことを述べておかう。（昭八・三）

（錦織英夫著『島の農業形態―隱岐の牧畑式農業經營に就て』……鄕土科學パンフレット第四輯、菊判七十七頁、刀江書院發行　定價金三十五錢）

南島談話會筆記

―「島と旅」―

本編は南島談話會第八回例會の談話大略である。行文を簡略にする爲め、談話體は凡て口語式文章體に變へた。

（金城朝永）

柳田　例の通り私から話の皮切りをしやう。最近川口孫治郎君のノートを讀んだが、その中には蛇の生活に關する話が多い。……山に行くには牛を先にする。牛は黑であるためで、蛇は黑を恐れるからである。……まむしも黑を恐れると謂はれるが、內地では紺を恐れると云つてゐる。黑を恐れると云ふのは、烏が蛇を喰ふといふ話から出たのかも知れぬ。……又大きな蛇が餌をさがす話などがあるが、大木にクル〱輪になつて卷きつき鱗を立てゝじつとしてゐると鱗の合間々々に無數の蝿がたかる。その時パツと鱗を閉めてそれを食ふのだと云つてゐる。……今晩島出身の諸君も大分見えてゐる樣だからゆつくり島に傳へられた話など聞いて見たいと思ふがその前に、最近早川君が旅行から歸つて來てゐるから、旅行中の見聞からでも話して貰ふことにしませう。（早川氏を指名）

早川　今度の旅行は鹿兒島の半島の一小部分、山川港から開聞嶽の下まで行つた。初めての旅で豫備知識もなく、あたりの美しい景色にみとれながら歩いたので報告する程の收獲はない。鹿兒島でも聞いた話であるが、福岡への途中、大宰府に參詣した所、大宰府の町のどの家にも大抵小さい籠が吊してある。大抵は砂が入れてあつて、シホテゴといつてゐる。籠でなくて竹を桶の形に切つて柱に懸け、砂を入れてあるのもある。春と秋の祭の日に取つて來ると云ふ。その砂で淸めるといふ所もあり、旅立する時に後からふりかけることもあるらしい。熊野の勝浦の附近でも矢張どこの家にも桶がかけてある。手の長い桶も、小さい桶もあり水が入れてある。紀州串本邊にもあつた。（串本地方並に田邊の話では雜賀貞次郎氏が『民俗學』三ノ一に「淸めの潮」と題して報告してある。金城朝永附記）飛島に渡つた時も見た様な記憶がある。斯う云ふことを段々注意して集めて行けば何か信仰上の大切なことが分つて來るのではなからうかと思ふ。海を渡り南の方へ行けば色々あるかも知れぬので之に就いて御聞きしたい。……それから入物の桶をシホイと云つてゐた様に思ふが、坊の津にはソーケとかショケとか云ふ珍しい竹細工もある。三河にもキョメヲケと云ふのがある。

柳田　現在分布してゐるのはその外にもある。壹岐は普通の家はどこでもこの桶がある。手の長い桶で誰でも氣が附く。朝々家の主人、現在は子供が海岸に行き海を拜み、潮を掬んで持つて歸り、松の葉で家を淸める之をオシホイと云ふ。「潮の井」の意味に當地の人々は感じてゐるが、このイはモノイミのイの意であるらしい。福岡縣の海岸では、一年中に何日と極つた日に海岸に行き、砂を掬つて籠又は箱に入れる。筥崎の海岸では其砂は少しづゝ殘してある。オシホイと矢張云つてゐる。石見の海岸では砂でなく海藻ホンダワラなどを採つて、之を持つたまゝ神に參る。石の上に置いて歸るが、その石をシホイイシといふ。この石の上には何時見ても海藻がある。鹿兒島の方は以前やつて居て今になくなつたのだらう。と思ふのは『三國名勝圖會』にも出てゐる此國の或海岸に、京都から流された七歳か八歳の宮樣を祀つたところがあるが、之を迎へた家は或年の除夜に海岸に出て潮水を汲んで居て此船を見つけたと言つて居る。此風習が以前はあつたに相違ない。

山本　伊豆七島の新島ではお盆の時、海岸から拾つた新しい砂を墓にそなへてゐる。

伊波　琉球では尙家の年中行事に砂撒きがあつて城の庭に撒いた。スナマキ又はウロマキと云ひ山内翁の註によると正月元旦に海岸から砂を拾つて來た。奄美大島でも正月と盆には濱から白い砂をとつて撒く風があつた。

仲原　沖繩の久米島では正月、海岸から黒と白い砂をとつて來て屋敷内に撒く。

敷根　寶島では潮水を入れる桶をシホバナと云つてゐ

る。

伊波　琉球でも舊藩時代は潮できよめをする儀式があつて、この役人は泊の天久に住み、シュバナ・ツカサと云ひ、王家に潮水を汲んで持つて行つた。組踊にもシホバナを汲むことが出てゐる。

數根　寶島では海水で沐浴をする。朝行く。朔日十五日にはどんな寒い日でも浴びてから潮水をシホバナに汲んで持つて來る。

柳田　『串本町誌』にもシホバナと云ふ語が見えてゐたやうに思ふ。……三河の山住は海岸から二十里程もあるが、一年に一度の祭に、潮を四斗樽に一杯天龍川の二俣附近まで汲みに下り、清めに使ふ。これもシホイの形ではないかと思ふ。

早川　三河邊では病人があつて病氣が長引くと天龍川の岸から砂を採つて來て撒く。

數根　寶島では、人が死ぬとシホバナに潮を汲んで來て、親子は百日、兄弟は四十五日、從兄弟は三日たつと、このシホバナの水を竹の葉又は笹の葉で體にふりかけるばかりでなく、之を飲み、かくて死人との關係を離れる。親しければ親しい程澤山飲む。死人と關係の溥い人はちよぴり舌で嘗める位ですむ。その人は誰々とシホナメの關係だなどと云ふ。親子、兄弟、親戚はその間公衆の席上にも顏を出さなければ神社・佛閣にも參詣しない。

伊波　沖縄本島では、化物などを見た時、シュンカン（大きな御飯茶碗）に鹽水を入れて、清めをする風がある。之をシュー・ミヂ・ハンチュンといふ。

島袋　沖縄本島の北部國頭邊では、葬式を濟ますと普通海に行く。海の遠い所では川に行く。そこで手足を洗ふ。大宜味では龕を擔ぐ四人の者がゲーンを一つゞ持つてアーチ型に立てると、一方から一人づゝ海に下り潮を手先きで三度彈き手足を洗ひ、歸りには今一方のものを潛つて來る。潮氣がかゝつたことをシホバナがアガツタといふ。この儀式をシューキーと云つてゐる。

柳田　中國邊ではお產があると、三日に一回必ず手を洗ふ。最初の潔齋をミッカ・ジョーと云つてゐる。桶に最初水を入れ、それに鹽を入れた。穢を拔ふ時に潮で洗ひに行くことは他の土地でもしてゐる。沐浴よりずつと簡單な方法で齋戒をするといふ風は極めて廣い。

島袋　正月の元旦に椀に鹽を盛つて飾るのは之と何か關係はなからうか。火の神にも上げるが神棚には茶椀でぬいて飾る。

比嘉　鹽を盛つたものをウプクと云ふ。婚禮の式の時は之にカラシュ（仔魚の鹽辛）を添へる。

柳田　今度は少し旅の話でもやつたらどうか。（山本靖民氏を指名）

山本　今度本山桂川氏と新島利島へ渡つた時のことであるが、新島を私達が立つ時、送別の宴を催してくれた。その時島のお婆さんも私達の旅行と渡海の平安を祈るために即興歌を謡つてくれたが、之を聞いて本で讀んだ沖繩の八重山島の話を思ひ出した。この歌詞は本山君の「伊豆七島歌謡集」に編入すると云つてゐた。

柳田　送別をする場所の名はないか。

島袋　瀬底島では集つて見送りをするモー（岡）をサカンケー・モーと云ふ。こゝからは沖を通る船がよく見え、村出身の出稼人や入營兵の乘つた船が那覇港出帆後大抵晩方この沖合を通るので、ティラシ（烽）を上げて見送の意を表す。それでフィータティ・モー（火立て岡）とも云つてゐる。

金城　フィタティモーに就いては、五十嵐力氏編輯の國語讀本の中にも出てゐた樣に思ふ。

柳田　伊勢灣の神島でも煙を擧げて船に合圖をする。對岸三河の伊良湖崎まで來て、此村の山を借りて火をたくと、迎の船が來るのである。

敷根　寶島でも火をたいて通信をする。寶島と小寶島との間ではよくやる。例へば舟を持つて來いと云ふ時とか、病氣で死んだ場合など。死人のある時は夜おそく擧げて知らせる。火の數などによつて見分ける方法はないが、あらかじめ打合せて置いてやるから間違ひはない。

伊波　沖繩では舊藩時代冊封の唐船渡來の時、慶良間島近海で之を初めて見た島が烽を擧げ、之に應じて次々に島々で烽を上げ、首里王府に知らせた。之をティラシと云ふ。

漁村語彙（一）

柳田國男

（序）四十年餘りも前に、幸田露伴氏の水上語彙といふものが、神戶の智德會雜誌の別册附錄として出たことがあつて、私なども久しく其本を藏して居た。再版せられてはどうかと勸說したこともあつたが、增補が容易で無いからといふことで承諾せられなかつた。先生は自身東國の河と海とを採集せられたが、他の地方にはまだ同志が至つて尠なかつた。さうして彼集の主たる資料となつた「物類稱呼」の單語が、是ほどまで變化無く今も行はれて居たことは、あの頃はまだ之を確めることが出來なかつたのである。

其後私は齋藤要八といふ人に勸めて、伊豆の伊東附近の漁村語數十を採集して貰つた。それは鄉土硏究の大正五年六月號に載せてある。面白い企てだと評した人は多かつたけれども、可なり骨折な仕事だから繼いで起るものも無く空しく又十數年を過ぎてしまつた。昭和六年の一月に、木下虎一郎君の「紀州漁夫の言葉」が公にせられ、それと同時に「相州漁夫の言葉」が三年ほど前の神奈川縣水產會報から轉錄せられたといふことは、我々に取つては又新たなる一刺戟であつた。私の漁村語彙なども是に力づけられて、再び蒐集を始めて見る氣になつたのである。

二三同種の計畫は、他でも今進行して居るらしい、行く〳〵は協力によつて、大きなやゝ完全なものになる見込は確かにある。雜誌「方言」三卷二號に揭げられた內田武志君の靜岡市近傍漁業語彙を最近のものとして、尙幾つかの地方的採集が發表せられて居る。私は出來るだけ其採集の結果を此篇の中に統一しようと試みたが、現在ではまだ著しく西國方面に偏つて居ることを免れない。此頃思ふやうに旅行の出來なくなつた自分に代つて、既に三十五六の離れ島と數十の沿海部落を歷訪してくれた櫻田勝德君が、福岡市を根據として自然に其近國を精探して居る爲に、斯ういふ結果を見ることになつたのである。櫻田氏の採集は一々に記載するも煩はしい。本文中特に出處を揭げぬものは殆ど皆同氏の觀察に基づくといふことを、こゝに一括して明示して置けばよいであらう。

單語は參考の爲に一二の古記を引用した以外、悉く現在使用せられ又は理解せられて居ることを確め得たものゝみを揭げる。此集が他日增補せられて、各地各部門に行渡つた曉には、此中から拔出して別に置かねばならぬものが、現在は尙若干はまじつて居る。川や湖沼のほとりに住む人々が、漁業の爲に使つて居る言葉などがそれである。是は比較の爲に或は必要かと思つて、暫らくは竝べ揭げて置くのであるが、一つには現在の語數がまだ所期の五分の一にも達せず、あんまり景氣が惡いから先づ斯うして見たので、島や岬の村々でもし同じ語が行はれて居ないとしたならば無論しまひには取除けなければならぬ。但し山村の地形名などの中には、海邊と共通のものが相應にある。爰にも濱の方から携へて入つた言葉が、偶然に再び顏を合すやうな場合か、必ずしも無いとは言はれぬのである。

アイザメ　東南の嵐をいふ。駿河富士郡の海岸で（風俗畫報三四六號）。又正南の潮風をイナサメと謂ひ、イナサは此邊では南風のことだから、是もアイの風の雨を伴なふものを意味するのかも知れぬ。

アイノカゼ　日本海側の諸縣に於て最もよく知られた風の名。古語である。アユ又はアヒノカゼとも謂つて居た。日本海側は中國北陸のほゞ全部北は青森縣で太平洋側にも及び、主として北がゝつた風。土地によつて東北もあれば西北の風をも謂ふが、地形から推すと常に海岸線と直角に吹く風、卽ち色々の寄り物を吹き寄せる風と解してよいやうである。アユルといふ語にもさういふ意味が有つたかと思ふ。

アイモノ　又アエモノ。鹽魚乾蝦鰹節イリボシの類、すべて貯藏用の海產物の總稱、弘く行はれて居る。中國では相物の字を宛てゝ書く例が多い。アヒモノが正しいかと思ふから共項にいふ。

アオ　鰤（ぶり）のことを、陸前石卷などで謂ふ（石卷辨）。

アオビガネ　鮑を搔き起す鐵の器具、鮑鐵である。土地により色々の名がある。次のアハビヲコシの條を見よ。

アカフジヨウ　海で働く者の一般に戒愼する血の忌。主として妻が產をした場合の穢れで、或期間出漁の船に乘ることを避ける。家に死人のあつた場合の黑不淨に對して、是を赤不淨と謂ふのは九州北部の漁民の習ひである。

アカミ　魚群の往來を遠望する者が付けた名で、アカミナグラの下略であるらしい。太平洋の沿岸は北の方まで、內海にも九州の海邊でも聞くが、又讚岐の直島のやうに是をイロと謂つて居る處もある。アカミも赤色で魚群の大きい時、魚見役の感覺に赤く見えるからの名であることは疑ひが無い。日向の都井岬附近では鰯のアカミ、腹白(鰤)のアカミ等色々の名があり、タコ即ち黒鯛のアカミになつて下る頃は椿の花盛りだといふさうである（川口孫治郎君）。

アグリ　熊本縣の各郡で、網の針をアグリと謂ふ。男がほしい場合の女の子の名を、アグリと附けるのとは全く關係が無いと思ふ。

アゲイヲ　靜岡縣燒津地方で、漁から歸ると其漁獲した魚の一部を、氏神に供へることをいふ（内田武志君）上げ魚である。鮮魚を直ちに神に上げる風は弘く行はれて居る。常陸の大洗磯前神社などは、社地の濱から最も近い一端に此魚を供へさせる木の臺が置いてある。勿論社の方でも早く之を處理しなければならぬのである。

アゲニ　濱の船から走り運ぶ荷、揚げ荷である。一人役を十二貫とし、是を二里又は三里と持場を切つて、手代りに急いで山方へ運ぶのである。但し此方式は魚類だけとは限らなかつた。是を定量以内又近距離に、運んだものが小揚げである。

アゴ　網子即ち網曳の共同作業に働く者を、アゴと謂つたのは古語であるが、近い頃まで各地に普通り行はれて居た。たとへば秋田八郎湖の濱に於て、冬魚の網を曳く者は七人一組が通例で、其内の六人をアゴと謂つて居た（氷魚の村君）。ムラギミの條參照。

アゴキタ　九州は人よそ一圓に、アゴと謂へば飛魚のことである。北部では此アゴの捕れる盛りに、毎日のやうに吹く北風をアゴ北と謂ふことは、物類稱呼以來今も共通りである。

アジバ　網場をさういふのはアジロバのつまつたのでは無いかと思ふが、都邑の地に於ては往々にして魚市場のことをもさう謂つて居る。

アジロ　中國九州には弘く漁場をアジロといふ古語が殘つて居る。網を引く場所といふ意味であらうが、大隅では單に海濱といふ意味に之を使ふ（高橋文太郎君）。是はまだ以前の網代だつたからとも解せられるが、伊豫の興居島附近などは、沖の釣場をさへ亦アシロと呼んで居る（ホトトギス八卷二號）。

アタシ　薩摩の下甑島の瀬々ノ浦では、しび網のイワ即ち錘だけをアタシと謂つて居る。

アタリ　地引網の配當のことをいふ（南紀土俗資料）。

アヅケ　又アヅキ、宮城縣沿海で初漁のことだといふのは（牡鹿郡誌）、初漁に行くことでは無くて初度の漁獲である。やはり神に上げ人も亦祝して食つたことゝ思ふ。釜石地方にも同じ語が、同じ意味に用ゐられて居る。陸の狩獵の場合にもアヅケといふ者があるさうだ（山本鹿洲君）

アテ　薩摩では海上で働く人々が、我舟の所在を知る爲に利用する目標。たとへば山上の木と或岩鼻とを一直線に見る所といふ樣に、三つのアテによつて自分の居る所をきめる。魚の附く瀬などもすべて此アテによつて記憶するさうである。アテといふ語には必ず土地土地の異稱があらう。併し方法は皆是に一致して居ることゝ思ふ。

アド　佐渡の金丸八幡等に於て、白魚を捕る小さな四ツ手網を使用する棚をアド又はアゾと謂ふ。足跡の義なるべしといふが（佐渡方言集）、其說明はまだ合點が行かない。

アナジ　風の名、又アナゼともいふ。近畿以西、西日本の殆ど全部に於て、主として西北の方角から來る惡い風、稀に東北風を謂ふ所があるのは、海が其方に向いて開いて居る地方だけである。さうして東南即ちアナジの逆に吹く强風を、オシアナといふことも普通である。既に公表してある自分の解說では、アナは驚く折の感歎詞に起り、シ又はセは素より風である。しばしば船をあやまつ惡い風である故に、今も筑前の漁民などは、アナゼが吹き出すと艫押は睡ることがならぬと謂つて居る。古代の風の神、纒向や和泉の穴師神の名と、關係のあることは疑ひなきのみならず、更に上世史中の穴門國、穴の濟などの地名も、基づく所は是に在つたらうと思ふ。タマカゼの條參照。

アバヅケ　是も下甑島の瀬々ノ浦などで、漁から歸つて來た時に行ふ一寸した酒盛りをさういふ。アバは網に附ける浮木を謂ふことは全國的である。ツケとは酒を飲むことらしいと櫻田君は謂つて居る。

アハビヲコシ　蚫起し。筑前鐘ケ崎の蜑女が、携へて海に入る銕製の平たい棒、大小の二種があつて小は五寸位、大は二尺二寸ばかりで上端に必ず大の字を彫るを特色とする。この大の字はアヤツコであるらしく、又彼女等の頭に纏く白手拭にも繡せられ、共に魔除けの力が有ると信じて居る。對馬の曲（マガリ）能登の舳倉島（ヘクラジマ）の海士などは、之をアマジョーと謂ふさうだが確かで無い。又ヲコシガネと謂ふ土地もある。

アヒモノヤ　中部地方一帶に、干物鹽物海藻類、蒲鉾竹輪の如きものを販ぐ店をいふ。東京でも以前は知られて居り、文字はどういふわけか四十物商の書いて居り信州では鮮魚までも取扱ひ、越後では乾物屋のことをさう謂つて居る。中世以來「間物」といふ字で書現はして居るのを、まじへる物の意かと解した人もあつたが是はやはり中間の食物、即ち新鮮なる物の手に入らぬ間の、アヒの物であつたことは確かである。雪國では野菜も鹽藏する必要があつた。此名が海産物以外に及んだとしても、少しも不思議で無い。

アマガネ　前にいふ蚫起しと同じもの、長門の仙崎の男蜑たちはさう呼んで居る。又蜑は肥前呼子の系統に屬する。海人の使ふ銕器だからアマガネといふは解つて居る。尖は鋼銕であり全體に女蜑の持つものより重いが、是にも大の字を刻し、海に潛ぐ前に之を以て舷をこつ〳〵と敲くことも他の地方と同じである。

アマゴモリ　是も筑前鐘ケ崎の蜑女たちの間に行はれて居る舊六月十五日の祭。式の內容をまだ自分は知らない。尙五月のうちにも海人の休む日があるといふ。對馬の曲では同じ日であるが之を祇園祭と謂ひ、筑前志賀島の弘では、海人の祭は六月二十一日、龍宮様の掛軸を掛けて、各自の家で之を祭るといふ。

アマダツ　駿河の燒津などで、雨の降る時船に苫を葺く爲に、常から立てゝある木、双木又は一本棒（內田君）。

アマム　奄美大島以南の島々では、「やどかり」のことをアマムといふ。紀州其他の海村では船蟲のことをアマ、尙この以外にも幾つかの小動物が、アマと呼ばれて居ることは注意に値する。

アマヤド　福岡縣の海岸諸村に於て聽く語で、海人の女たちの勞働組織の名かと思はれるが、既に衰へて居てその詳しい事實を觀察することが出來ぬ。

アミコ　伊豆の内浦の漁業組織に於ては、網子をアゴと謂はずにアミコ又はアンゴと謂つて居る。こゝでは親方・村君・網子の三階級があつたといふ。

アミヒキガモ　肥前下五島の玉之浦などで、「あいさ」を網曳鴨と呼んで居る。「きびなご」の群を襲うて貪り食ふ鳥である（川口君）。即ち此鳥の行動を見て魚群の所在を知り得たのであらう。

アンカソラセ　薩摩の上甑島に於て發動船の船ばた前面に鋲板を張つた部分。アンカ即ち碇を是から降すといふ意味で、新語である。

アンコ　大阪府下の方言、魚を捕る道具とのみあつて、どんな形のものかまだわからない。

アンゴ　伊豆で網子をアンゴといふことは、前にアミコの條に述べた。此方が古いやうである。又オーゴといふ土地もある。

アンジヨ　奥州外南部で、網すき用の麻絲を謂ふ。又アジョロとも發音する者が有るやうだが、本來はアミソであらう。ソは多くの纖維類の名に用ゐられて居る。例へば縫絲をヌヒソ、富山縣で「からむし」をヤマソ、伊豆の伊東で馬の尾毛をマナソ。

アンド　伊豆内浦では網代をアンドと謂つて居た。アンド持ちは即ち津元の家のことである（旅と傳説五卷七號）

アヤカシ　九州北部の海上には此語は今も活きて居る。或は海幽靈など〻同じやうに解せられ、杓子の底を拔いて貸すべしといふ話、鹽と水とを以て供養すれば消えうせるなど〻いふ話がある。人の感覺を異常ならしむるものとも釋すべき語である。

アラカブ　薩摩の海岸で、かさご（魚）のことをさういふ。

アラミ　岡の上から魚群の去來を遠望して通知する人。伊勢の度會郡その他各地で謂ふ。沖縄で鱶を見る力ある人をアラミといふのとは直接の關係は無いが、アラは元來外境といふことらしく、此點で意味は行通うて居る。紀伊日高郡では沖の方をアラケ、村里の外側をアラトといふ語も方々に有る。岩手縣の山村では、北上川の平原をアラミと謂つて居た。

アワシホ　泡鹽。肥前伊萬里などの鹽田で、鹽釜泡棄場の石炭がらを濾過浸出して、煎り上げた粗鹽をいふ。（鹽業全書卷一）

アヲキタ　九州各地に行はるゝ風の名。瀬戸内海でも屋代島などには此語がある。島原半島では秋吹く北風だといひ、大隅内ノ浦では九月十月の頃に吹く北風、筑前鷹屋では昔帆船が北海道から歸つて來る風だつたと謂ふ。日向の細島でも、秋風二三日吹續き、海も空も青む時をいふと謂つて居る（周桑郡郷土彙報）

アヲビガネ　蚫起しに同じ。長門向津具半島の大浦蜑などが此語を用ゐて居る。上端に大の字を彫る事は他と同じく、又潛水に先だつて、是を以て船の小べりを十度ばかり敲いて、魔よけの法だといふことも一樣である。

イカスヅリ　信州の千曲川などに行はれ居る川漁法、種粕を口に嚙み、それを竹の管を通して絶えず水面に吐きかけながら、竿を上下して釣る釣り方である。鉤針は黒褐色の小玉を附けたガリの無いものを用ゐる（上田市附近方言集）。是で見るとイカスは種粕のことをいふやうに思はれる。

イキツナ　蜑が潛水する際に、船から垂れて置く綱。息綱である。一端に重さ四貫目ぐらゐの分銅が附けてある。其重みを利用して水に下るのである。男蜑の之を使ふ者は、息が苦しくなると此綱を引くのであるが、長門の大浦の女蜑などは、水底に達すると分銅を放してしまつて仕事をする。

イケマ　漁舟の中央部にある魚の生洲、海水を通ずる。マといふのは船の區劃のことである。此語は九州南端から、島根縣の海岸まではたしかに行はれて居る。

イサバ　東日本では一般に、魚屋又は其商品を意味して居るが、九州では行商に使用せられる船の名であつて其方がもとであらうと思ふ。白野夏雲の七島問答に、

「此方行商の專ら行商に用ゐるイサバ船なるものあり。やゝ大にして賴むべきに似たりと雖、其船甚だ堅牢ならず、且つ費用を厭ひ水手を減ずるが爲往々過ちあり云々」とある。其イサバといふ船の名は、甑島でも五島でも知られて居る。イサバは多分此船の普通の貨物を意味するイサバモノの下略であらう。但し佐渡ではイサバモノは漁者や其家族、轉じては輕佻者の意味に用ゐられて居る（方言集）。飛驒ではイサバウリといふのは魚行商のことである（荒垣秀雄君）。

イサリ　此古語も尙限定せられた意味に於て行はれて居る。たとへば備後東部の海岸では五月端午の前の頃、夜分磯に出て魚を捕る場合のみをイサリと謂つて居た（福山志料卷一）。

イシコブ　筑前藍島に於て「ほや」を石瘤と謂ふ。食用にして居る。

イシナゲンジ　肥前江島で、五月霧もやの深い晩に漁をして居ると、突然大きな音がして、附近の岩が崩れ落ちる音をきく。翌朝そこへ行つて見ると、何事も無いのが常である。深山の村でいふ天狗礫、空木覆しなどゝ同じ耳の迷ひである。

イシヲコシ　多分は谷川に限られたる漁法。手網を下流の方に置き、その附近にある石を搖り起して、魚を其網に追込むもの、馬入川の上流地方で石起しといふ（鈴木重光君）

イシヲヒク　漁民間の隱語である。鰯網場の鰯を盜むことを筑前神湊邊では石を曳く、又めを引くともいふ。他の地方で弘くカンダラといふものと同じであるが、蘆屋の商家では所謂マスボリにも、石を引くといふ語を使つて居る。濱の方が元であらう。

イセチ　是も風の名、主として丹後以西の日本海岸に行はれ、ほゞ東南の內陸から吹く風をさういふ。出雲では是をイセツ、又イセイチとも發音せられるが、すべて其方位は東南であつた。ところが東海道の方では三河でも尾張でも、共に西南方をイセジといふ語がある（碧海郡誌、愛知郡誌）。乃ちイセチの語の、伊勢から吹く風であつたことか察せられるのである。

雜誌掲載

島關係記事目録（一）

（伊豆七島・小笠原群島・八丈島・附、江ノ島の部其一）

金城朝永

△本編の目的は本邦發刊の主要雜誌に掲載された島に關する論文記事の目録を作製せんとするにある。

△最初島名五十音順に排列する積りであつたが便宜上、行政區分に從ひ先づ關東地方の島々から始めることにした。

△掲載雜誌は本稿に於ては編者の一身上の都合に依り、止を得ず左記のもののみ整理した。爾餘の重要な學術雜誌の分は次號に載録する積りである。切に讀者の寛恕を乞ふ。

郷土研究。史蹟名勝天然紀念物調査報告（略名・史蹟名勝）。太陽。旅と傳説。風俗畫報。文藝倶樂部（略名・文クラ）。民族。民俗學。（誌名五十音順）

△右の外に 方言、方言と土俗、民俗、を調査したが記事不載。調査は總て初號より當月（三月）迄とした。

△本稿の編輯には學友大藤時彥氏の助力による所が多い。

伊豆七島

（大島・利島・新島・神津島・三宅島・御藏島）

一、ソファイトンの歌　山本靖民（郷土研究 六ノ三）
一、伊豆大島の古代遺蹟　谷川盤雄（史蹟名勝 一ノ三）
一、伊豆大島・下田・三島間旅行記　佐々木皎堂（同 五ノ九）
一、大島風物　高橋城司（同 六ノ一）
一、南島紀行（伊豆・小笠原）　關口弄雷（太陽 三ノ二五）
一、伊豆大島行　長谷川天溪（同 一三ノ一）
一、島々の物語（大島）　柳田國男（同 一五ノ六）
一、島々の物語　同（同 一六ノ五）
一、南島紀游（伊豆大島）　遲塚麗水（同 一八ノ九）
一、大島の自然　大野隆德（同 二九ノ八）
一、美術の七島（スケッチ紀行）　横井弘三（同 三三ノ一二）
一、伊豆の大島　佐々木弘之（旅と傳説 一ノ八）
一、伊豆大島の民謠と傳説　豆南生（同 一ノ八）
一、伊豆七島の傳説（一）（二）（三）（四）　藤木喜久麿（同 一ノ二、三。二ノ一、七）

一、島日記(伊豆七島)　本山　桂川(同　五ノ七)
一、伊豆七島圖繪(增刊)　(風俗畫報二五四號)
一、大島の風俗　小島亥德(同　四三四號)
一、伊豆大島の話四篇　藤木喜久麿(民族　二ノ四)
一、伊豆諸島の日忌祭の傳說　同　(同　四ノ二)
一、伊豆諸島に於ける祭石の事例　本山桂川(民俗學四ノ七)
一、伊豆諸島に於ける牆壁の採集　同　(同　四ノ八)
一、利島・新島　同　(同　五ノ一〇)
一、伊豆新島の話(一)(二)(三)　尾佐竹猛　(鄕土研究四ノ三、四、五)
一、伊豆新島　保科　孝一(太陽五ノ一七)
一、新島に於ける子守のこと　藤木喜久麿(民族　二ノ四)
一、伊豆神津島正月行事　同　(鄕土研究六ノ一)
一、伊豆神津島年中行事　同　(同　六ノ三)
一、神　津　島　西村醉夢(太陽　一三ノ一三)
一、伊豆神津島の二十五日樣　藤木喜久麿(民族　四ノ二)
一、三宅島の話　辻村太郎(鄕土研究二ノ九)
一、三宅島御鞠の神事　藤木喜久麿(民族　三ノ二)
一、三宅島の忌の日　同　(同　三ノ二)
一、三宅島の若者組合と女組合　同　(同　三ノ六)
一、伊豆御藏島雜記　本山桂川(民俗學　四ノ九)

小笠原群島

一、小笠原島の話　中村留二(鄕土研究二ノ六)
一、小笠原島の話に就て　土居曉風(同　二ノ九)
一、小笠原島管見(上)(下)　兒玉九一(史蹟名勝一ノ一一、一三)
一、小笠原島紀行　坪谷水哉(太陽　三〇ノ一三)
一、島巡り八丈と小笠原　同　(同　三二ノ八)
一、小笠原島の蠵龜捕獲法　大久保萩外(風俗畫報一五四號)
一、小笠原島名物　鶖石　酒徒(同　一三八號)
一、小笠原遊覽圖繪(增刊)　(同　二六〇號)
一、貝と蕃人の刺文(小笠原)永井　隆(同　四〇九號)
一、新島探檢餘談　佐藤　傳藏(文クラ　一一ノ一一)

伊豆七島新島のことに非ず、小笠原群島中の父、母、硫黃島のこと。

八丈島

一、八丈島の民謠　佐々木繁（郷土研究一ノ二）
一、八丈島の史蹟（一）（二）（三）　稲村坦元（史蹟名勝二ノ四、六、九）
一、八丈島見聞録　保科孝一（太陽五ノ四、五、六、七）
一、南島紀行（伊豆・小笠原）　鬮口弄雷（同　三ノ二五）
一、菊地謙齋翁（小笠原）　岸上質軒（同　六ノ一一）
一、療痾地としての八丈島　向鷗逸人（同　二ノ一三）
一、海島地理の話（八丈、母島）辻村太郎（同　一五ノ七）
一、八丈島案內　豆南生（旅と傳說一ノ九）
一、八丈島と爲朝傳說　藤木喜久麿（同　三ノ一一、一三）
一、八丈島の玩具　同（同　三ノ三）
一、八丈の民謠　遠畑眞琴（同　三ノ九）
一、八丈風景　MM生（同　三ノ一三）
一、八丈島の婚姻習俗　小島林司（同　六ノ一）
一、八丈島の嫁娶　永井甃石（風俗畫報七五號）
一、八丈島（同　三九四號）
一、八丈島の獻盃　雪明（文クラ　七ノ五）
一、八丈島の話　小寺融吉（民族　一ノ六）

江ノ島

一、江島神社の辨財天像　柴田常惠（史蹟名勝一ノ八）
一、江島神社古額に就て　永峰光壽（同　二ノ八）
一、杉山校撿和一（江ノ島）　島田筑波（同　四ノ二）
一、江ノ島と御岩洞窟　脇水鐵五郎（同　七ノ一）
一、江ノ島所在杉山撿校墓所の疑問に就て　永峰光壽（同　七ノ五）
一、江之島祭禮の記　二橋生（風俗畫報五三號）
一、鎌倉江の島名所圖繪（增刊）（同　一四七號）
一、江ノ島（鵠沼・逗子・金澤）名所圖繪（增刊）（同　一七一號）

其の他

一、犬猫の居らぬ島（三崎城ヶ島）古田源之助（風俗畫報　四六九號）
一、仁右衞門島の仇討（千葉縣）上野邦夫（旅と傳說五ノ四）

同人寄語

此欄の名稱は、もし好いのが見付かつたら取替へてもよい。同人の寄せ書きするを欄だけは、是非とも永く續けて置きたいと思ふ。記事の注文乃至は批評訂正、それからたゞ單なる報知紹介の類まで、成るべく數多くの、こゝに載せられるやうな通信を送られんことを希望する。

××

最初に私が一つの話題を提出する。島に住せざる人々の『島』の興味を喚び起すべく、更に島々の人に外から見た我島を知らしむべく、私はこゝに

島から來て居るもの

といふ問題を掲げて、各地の同志諸君の氣輕なる答を懇請する。貴君の家又は近所によその島から何が來て居るか。手紙か寫眞かはた產物か。それと一列に見るのは相濟まぬが、或は又旅人が來て遊び、もしくは職業の爲に久しく留まり、言語風習其他の無形のものを、移し入れては居ないか。問ひの範圍は相當に廣い。場合によつては「私が來て居る」といふ類の、御報導も亦面白からうと思ふ。其の意外な多くの變化に先だつて、皮切りに私が自分の家の中を見まはして見る。最初に氣がつくのは、何處の家にも有るかと思ふ宮島の小さな杓子、それに三錢切手を貼つたのが本棚の端に載つて居る。いや是は宮島のでは無くて、伊豫の大三島から山田正紀君が、去年の夏半ばに出してくれられた郵便物であつた。それから少し引込んだ窓側に、根のある篠竹が三本、束のまゝでまだ立て掛けてある。是は鹿兒島縣十島村の村長助役が、わざ〳〵携へて來られた中ノ島の山の竹であるが、やがて杖にこしらへて突かうと思つて、ステッキ屋を尋ねて居る所である。其竹の鄰にある南洋の踊り櫂、黑と白との鱗形に塗り立てた四尺ばかりのもので、是は誰にでも目につき產地を問はれるが、持主は却つてもう誰が持つて來たかを忘れて居る。ヤップの島のでは無かつたかと思ふが確かで無い。十六七年も前から私の家には來て居るのである。次には東の方の本棚の隅に、藤木喜久麿君の贈られた八丈島の紙雛と、三宅でハゴイと謂つて居る竹製の追羽子がある。島でも之をこしらへる老人が段々少なくなるといふやうな話で、ちよいと茶筅の形をした奇拔なものだ。現代の子供たちは之を伯父樣のおもちやと認めて、幾人やつて來ても是ばかりは持つて行かうとしない。書物は大體に島に關するものでも、皆こちら製ときまつて居るが、私の持つて居る八丈仙鄕志の初版本だけは少なくともあの島から戻つて來た本である。それから沖繩に關する三四種の舊記は、曾て伊波氏の好意によつて、島の圖書館から島の紙に、島の人たちの手によつて寫し取つたものである。（柳田國男）

××

此雜誌が後年その最初の讀者の手で、製本し且つ保存せられるであらうことは、我我の今から豫期して居る所であるが、其記念の爲に今一つの計畫に、諸君の贊同を得たいと思つて居る。これは今までの雜誌に於ても、幾度か企てゝ果さなかつたものであるが、今回は旅行のすきな讀者も多いことであるから、多分は簡單に實現しようかと思ふ。私は旅の印象の中で最も早く消えてしまふもの、年を隔てゝ再會することの何物よりもより困難なもの、即ち

人の顏

を集めて見たいのである。尤も是には製版の技術もあることだから、滿足出來るかどうかはやはり覺束ないが、編輯者は最善を試みるつもりである。どういふ人の顏が入用なのかは、口や文字では言ひ現はしにくいけれども、兎に角に島や海のほとりの村村をあるいて、心に留まつた顏が我々にも懷かしい顏である。たつた一つの要件は自然であること、即ちわざと取り澄まさせたのは歡迎しない。寫眞が多く集まつて選拔しなければならぬ必要があれば、同人の中から泉鏡花氏、畫家の伊原宇三郎氏と山口蓬春氏とが、選者になつてくれられる約束が出來て居る。其他の寫眞に就いても亦此等の諸君が、いつも我々の爲に意見を述べてくれられるやうに、猶御願ひ申したいと思つて居る。（柳田國男）

××

白野夏雲翁の七島問答は、一昨年永井龍一君の手で謄寫版に付せられ、我々も其頒布を受けたが、同じ旅行者の手に成つた十島圖譜といふ畫卷が、今度は又直接に自筆本を縮寫して、福原清八君の單美社から出ることになつた。是も永井君の大いなる骨折の結果であるが、更に感謝しなければならぬのは、この大切な原書を世に知られない島々の爲に、自由に利用せしめられた鹿兒島圖書館の好意である。白野夏雲翁はこの當時、縣の勸業課長として働いて居た人で、有名な麗海魚譜の著者でもあるが、その前半生は恰も其姓名の示す如く、漂渺として有無の間にたなびいて居る。バチエラー老師以前のアイヌ語研究者の一人であつて、日本の地名を之によつて解いて見ようとする一派の、恐らくは開祖と言つてもよかつたらう。明治十七年の十島探險の際に於ても、遠き北境の毛人等の思ひ出が、絶えずこの老旅人の胸の中を去來して居たことは、七島問答の文字の中からもよく窺はれる。圖譜は其當時の心境を飾りのない筆に托した、我々にとつては最も懷かしい一つの記念物である。（柳田國男）

××

「房州の地誌」の著者を以て知らるゝ房州鴨川町、縣立長狹中學校教諭尾崎虎四郎氏が自ら生徒を指導し陸地測量部の地形圖を原として各地方の標式的な地形模型をつくらしめて居られるが、その出來榮は商賣人跣足である。殊に櫻島、三宅島、新島の如きは實に美しく書齋の飾にもなる。全くの實費で頒けられる由。御希望の向きは同氏にお問合せ下されたし。（佐々木彥一郎）

一、『島』は日本をより詳かに知らうとする人々、殊に旅行者の話相手となる以外に、又島の住民をして互に知り合はしめる仲介機關を以て自ら任じて居る。だから學者の獨占に歸するやうな六つかしい議論は、よほど平易に書き改めなければ出さない。

一、しかし將來の研究者の爲に參考となるべき事實は、努めて集錄して保存する考へである。だから他の多くの普通の雜誌とは反對に、時がたつ程づゝ其價値は加はつて來ること ゝ思ふ。

一、さしあたり掲載しようと思つて居る記事は次の通りであるが、是は追々に範圍を擴張するであらう。

（イ）各島生活誌記述。（ロ）島の地理的生物學的研究。（ハ）交通の現狀と新らしい紀行。（ニ）水產農林其他の產業實狀。（ホ）島の沿革と口碑。（ヘ）習俗及び諸制度。（ト）言語事實の調査。（チ）古記錄類の捜索及び紹介。（リ）諸島に關する文獻の索引目錄。（ヌ）特色ある寫眞スケッチ等。（ル）旅行案內その他。

編輯後記

○本誌刊行の計畫發表と共に、此擧に贊せられ、參加せられた同人は既に二百有餘名に達しました。第一次百六十五人の芳名は、趣意書頒布と同時に報告し、其後御加入の分は目次裏に掲げて感謝の意を表しました。

○本誌の內容は上欄に掲げた通りですが吾が國の島の數は本州所屬の分だけでも二百數十、朝鮮南洋を加へると實に千を以て數へる程で、本誌が所期の計畫を實現するには、多數の同人各位の協力に俟たねばなりません。島に居住の方々、島出身の方々、島に關心を持たるゝ方々の御加盟を切望する次第です。

○四月に創刊號を出す豫定でしたが、家族に病人があつたりして遲刊致しました。偏に各位の御寬恕を願ひます。

○菅菊太郎氏の「伊豫の島々の產業」、岩倉市郎氏の「喜界島昔話」其他は誌面の都合上次號に載せます。尚ポンソンビ氏のは英和別々に起稿されたもので、飜譯でないので兩方載せました。

○原稿其他編輯に關する御用件は東京市杉並區高圓寺一の四五八「島」編輯事務所に願ひます。尚趣意書御入用の方は發行所へ御申越下さい。（比嘉）

月刊 島 每月一回發行

定價 一部 金三拾錢 送料二錢
半年 金一圓七拾錢 送料共
一年 金參圓四十錢 送料共

廣告料 表紙四、金七拾圓。表紙二、金五拾圓。表紙三、金參拾圓。普通頁、一頁 金貳拾圓。

注意 誌代は必ず前金のこと。御送金は振替東京七五九七六番を御利用下さい。

昭和八年四月二十日印刷
昭和八年五月 五 日發行

東京市麴町區四番町九番地
編輯兼發行者 足助たつ

東京市芝區南佐久間町二丁目九番地
印刷者 松坂兵吉

東京市芝區南佐久間町二丁目九番地
印刷所 山浦印刷所

東京市麴町區四番町九番地
發行所 一誠社
電話 九段 二二五六八
振替東京七五九七六

大賣捌所 東京堂。東海堂 大東館。北隆館

柳田國男 新刊三著

女性と民間傳承

早川孝太郎編

四六判・三三〇頁
コロタイプ一
寫眞二二枚
價二圓
送二十一錢

早川孝太郎氏の「編者として」の一節

「……『女性と民間傳承』は問題の及ぶ範圍は汎く、民俗生活に殘存する資料を採つて、それに聯絡を見出し、綜合的多角的に問題の檢討を加へられ、他面には周到なる反省を繰返されて終始科學的方法を以て、人間生活の基調に觸れてゆかうと爲された事を充分に窺ふことが出來ます。從うて之を研究書として見れば一個の藝能巫女史であり、民俗學に於ける問題の綜合編でもあり、更に平易懇切を盡したその叙述は、民俗學入門書でもあります。之に依つて私共は、一段の史學の照準を匡し、文獻の持つ地位と意義の範圍を知ることが出來ました。更に民間傳承の性質と態容を指示されたことに依つて將來のこの學問の方向を識つて、民俗採集事業の意義と目標を定め得るのでありま す……………」

地名の話その他

最新刊

菊半截判
約二百頁
價八十錢
送四錢

柳田先生の述作の中で最も平易に且つ組織的に講述されたものであつて、斯學に關心を有つ靑年諸君の好適な教程にして伴侶たるべきものであり、民俗採集者の必らず一讀を要すべき指導書でもあります。

1 地名の話　2 名字の話　3 家の話　4 旅行の話

秋風帖

梓書房發行
岡書院扱

四六判二
四〇頁
地圖三枚
裝釘清雅
價一、五〇
送、二一

海南小記、雪國の春を知る人なら、秋風帖は久しい待望の書でありました。北の國津輕の深浦から、この細長い海上の國土を縱斷して、南へ南へと、遠く沖繩の島から、八重山の果の珊瑚礁に、歩みを運ばれた日の紀行、恰度その中間に當る部分がこの秋風帖であります。落葉をわけて遠ざかるあし音を聞き殘したやうな愛惜を、一面に抱かせずには措かぬ、さうした魅力がこの書の至る處に潛んでゐると思ひます。

東京市神田區
駿河臺町(明大前)
岡書院
電話神田二七七五番
振替東京六七六一九番

祝發刊

仕事は早く　値段は安く

柏谷製本所

柏谷秀二郎

小石川區高田老松町十二番地
電話牛込六五四五番

各種整版印刷

共働印刷生産組合

小石川區林町四十三番地
電話 小石川 三三四八番

活版石版
各種印刷

文成社

神田區錦町三丁目二十五番地
電話神田(25)〇三四五番

祝發刊

書籍雜誌

如何なる活字の指定にも應じます。

山浦印刷所

芝區南佐久間町二丁目十八
電話芝二一八五番

祝發刊

組版・印刷一切の御下命をお待ち
して居ります。

和交社印刷所

小石川區關口水道町四六
電話牛込一六〇二番

文學士　齋藤清衛著（最新刊）

南北朝時代文學新史

● 本文四百六十頁人名索引附
● 菊判總クロース裝函入
● 定價三圓五十錢送料二十一錢

著者がこの數ヶ年を我邦中世の文藝意識の研究に沒頭してゐられたことは學界周知の事實であつた。一年單位の文學史を唱導して國文學史の上に全く新らしい研究方法を開拓されたこともまだ人々の記憶に新しいことである。抑〻この中世といふ時代が封建前期にあつて諸般の文化發展の萌芽を含んでゐる一つの大きな混渾期であるが、今日の國文學界の注意が漸次この方面に向けられて來たことはまことに當然のことゝいつてよい。然し吾々は今一步突き進んでその中世文學の更に先行文藝たる南北朝時代の文學を研究してゆく必要を痛感さゝれるものである。而もこの時代の文學は從來の如何なる國文學史にも閑却視されてきたところのものである。全く日本文學史に於ける滑稽なるブランクであつたのである。然らばこゝに吾々は考察すべき何等の價値をも見出さないかといふに、寧ろ歷史の重要性は忘れられたるところにあつたことを氣附かざるを得ないのである。この意味に於て、著者が新らしき文學史學の立塲から發掘されたこの著述こそ、正に日本文學史への新發見といふことが出來るであらう。御淸鑑を乞ふ所以である。

發行所　春陽堂

振替東京一六一七一番
電話日本橋五一六四一
東京・日本橋　通三丁目

日本民俗學論考

◆最新刊◆

中山太郎著

菊判布装箱入三百餘頁 定價參圓 送料廿二錢

民俗學は新興の學問である。殊に我國に於いては、こゝ二十年間に發達した若い學問であつて、從來の記録にのみ重きを置いた史學や、遺物にばかり傾いた考古學に對して、記録に無い傳説や、遺物に見えぬ信仰やその他の慣習、風俗、方言、俚諺、民謡等を基調として、祖先の生活――特に心の營みを考覈するのが、此の學問の目的である。それ故に民俗學と他の文化諸科學との交渉及び限界は、實に參差交錯してゐて、質に於いて深く量に於いて廣いものがある。加之、此の學問が餘りに急速なる發展を遂げたので既成諸科學の領域内に突入して、その境地を攪亂したとまで云はれてゐるが、併しこれは此の學問が一個の體系的内容を有する科學として、完全に成立することの可能に對する理解を缺いた言にしか過ぎぬ。祖先の生活――換言すれば祖國の全貌は、獨り民俗學に由つてのみ、その眞相が把握され、その再檢討が達せられるのである。

著者は、日本民俗學建設者の一員として、二十年來、獻身的の考究を續け、前人未踏の我が學界の一分野に、研鑽の犁鋤を打込んだ勇者である。見聞の該博なる、記述の簡明にして然も論斷の穩健なる尻此の新興の學問の驚異として推奨措かざる所である。從來の文化諸科學に對して慊焉たる諸彦は此の新興の學問によりて、記録にも無く遺物にも無き事象から、光輝ある日本精神の傳統的脉搏を感じ、併せて遠き祖先の無韻の聲に耳を傾けよ。

東京市麹町區麹町九番町四地番

一誠社

振替東京七五九六七 電話九段二五六八

嶋

昭和八年六月一日發行　第一卷第一號

記事要目

天草島覺え書
伊豫の島々
喜界島昔話
長門六島村見聞記
伊豆諸島の日忌祭
東風と死人の頭痛
翁長舊事談
梵鐘を鑄る
針突圖誌
漁村語彙
島と旅
同人寄語

編輯　柳田國男
　　　比嘉春潮

東京　一誠社　發行

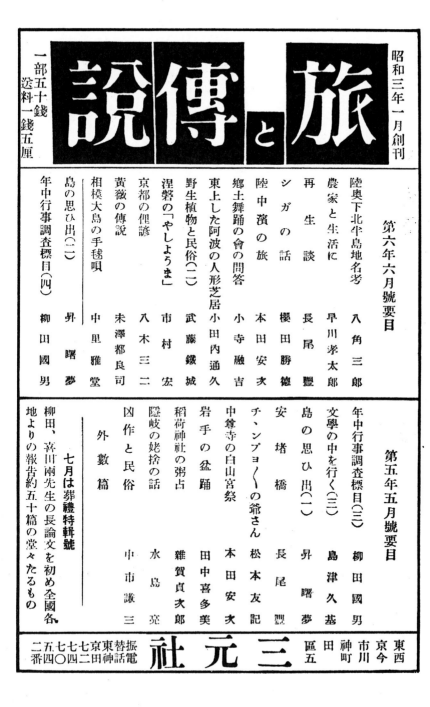

昭和三年一月創刊

旅と傳說

一部五十錢　送料一錢五厘

第六年六月號要目

第五年五月號要目

七月は葬禮特輯號

柳田、喜田兩先生の長論文を初め全國各地よりの報告約五十篇の堂々たるもの

東京市神田區西今川町五
三元社
振替東京七七七五二
電話神田二四〇四番

第一巻　第二號

（昭和八年六月）

天草島覺え書……八木三二（二）

伊豫の島々（上）……菅菊太郎（一五）

喜界島昔話……岩倉市郎（二三）

長門六島村見聞記（中）……櫻田勝德（三一）

伊豆諸島の正月廿四日行事……山口貞夫（三九）

東風と死人の頭痛……伊波普猷（五一）

翁長舊事談……比嘉春潮（五七）

梵鐘を鑄る……藤原與一（六五）

針突圖誌……小原一夫（七八）

漁村語彙（二）……柳田國男（八一）

島關係記事目錄（二）……金城朝永（九三）

島の數（一）……隱岐黑木村の駄追（四）……陷沒した島（五六）……島と旅（八九）

隱岐へ渡るには（八〇）……同人寄語（九四）

口繪、隱岐黑木村の駄追……眞野恒雄

表紙繪、（雲仙嶽より見たる天草洋）……山口蓬春

第三次同人芳名（御加入順）

大岩正仲
田所一誠
倉野憲司
中島郷夫
小磯善一郎
上條錄郎
小原傳利
柴田達夫
胡桃澤勘内
新清一
大宜味朝德
八幡靜男
鮫島麟太郎
桂又三郎
新美直
中桐確太郎
大內武次
鈴木修次
天野義郎
外山且正
梅原末治
齋藤富三郎
西岡虎之助
森銑三
豐川昇

前田長八
矢野宗幹
松川弘太郎
鈴木榮太郎
田口謙藏
箱山貴太郎
安間清
山口吉一
松澤勇雄
原祐三
菊池山哉
本間瀨策三
加賀治雄
土橋里木
山下久男
栗田峻
彌富破摩雄
井上通泰
松岡映丘
佐々木喜善
北山長雄
柴谷與助
塚田芳太郎
深井英五
最上孝敬
深澤多幸

大坊善章
牧口常三郎
泉英七
佐藤功一
內藤好春
藪重孝
山本修之助
藤原與一
吉井太郎
藤久政利
出木場森藏
大河內宇太郎
德山清寶
井原甚四郎
吉田元龍
元田正熊
赤羽五郎
東幸郎
森忠吉
八田三郎
今井富士雄
吉田一穗
野村傳四
奧里將建
野中健一
永江土岐次

島袋盛範
宮島茂久
比嘉良篤
翁長つる子
安次昌子
久志芙沙子
池上喜作
佐藤謙三
松岡榮治
中川太郎
島村一美
川上忠吉
小池安右衛門
杉谷俊吉
川本達
北村漁士
池ノ內好次郎
辻井浩太郎
目良龜久
小原一夫
西龜正夫
青柳秀雄
小川五郎
雨田禎三

（以上四月廿五日迄御加入の分）

隠岐・黒木村の駄追　眞野恒雄氏解説（一二一頁）

島の數

日本に島の數は全體幾つほど有るのか。帝國統計年鑑には屬島の數、總計で二千三百七十二と報ぜられて居るが、是がまだ頗る心もとない。先づ南洋の委任統治領が六百二十三、關東州の租借地に百二十八、其大部分は名も知らぬから、我々は勘定して見ることが出來ない。是を除くと殘りは千六百二十一、內樺太が二つに臺灣澎湖に屬するのが七十七、朝鮮半島を繞つて一千十八の島が有るといふことも意外である。是を列擧して數字の精確と否とを檢することは、恐らくは容易であるまい。所謂舊日本の屬島五百二十四、是だけは五十年來の踏襲だから、略根據が有るものと認められるのだが、實は只まあさう思つて居るといふに過ぎない。言はゞ此數よりも少ないことは無いといふ位の話であつた。第一に周圍が三・九二七粁以上のものといふのも、實は昔の一里以上の換算であつて、是が既に目分量であつた。次に周圍一里以內の島でも、人が住み又は望標の用を爲すものは算へるとあるが、斯んな標準は時と共に變るのみか、近年薩摩の櫻島の如く、島で無くなつたものも時々はあると同時に、新たに人が入つた小島なども加除せられず、この範圍は誠に漠として居る。我々が日本の島を綜覽する爲には、斯ういふ計數を離れて箇々の島の名を知り、又其存在と實況とを明かにして置く必要がある。高頭氏の日本山嶽志が三十年以前に、日本の山々に就いて企てたことを、新たに遠近の島に試みなければならぬ。島は山よりも、形と大小との差が更に著しく、其上に人が住み且つ複雜に利用して居る。それを此樣な空疎なる計數に、一任してあつたのは誤りであつた。我々は先づ日本の幾つほどの島が、既に世に知られて居るかを尋ねて見る義務があつたのである。

天草島覺え書

八木三二

昭和六年の夏、公務の序に、天草へ僅か二日旅行したことがあつた。

西鶴が、その雜著『一目玉鉾』に

——天草名物、鐘の柄樫、砥石出る——

と云ひ、日羅字彙、平家物語等の天草本の板刊された舊文化の一中心でもあり、又かくれ切支丹の異國情緒のエキゾチックな香のまだその一隅にうせぬ地である。

時によな曇りのために天日がをゝわれて、多少內省的になる山島の阿蘇にくらす私が澄み切つた紺空に、入道雲の烈日の光にブラン・ダルヂャンに映えて、ヴェル・エメラウドの海の色と、褐黄《オークル・シヨン》や白色の島の土や岩との色彩の對比に、青松や奇巖の布配、サン・サンと陽光の氾濫する海島の風光をば心構へて、渡つたが、心にくゝも、

その雨天續きは、あいにくにも、私の期待をうらぎつた。

そして今手許に、その時の一冊の手帳のみがのこつてゐる。以下はそのメモランダムからの、たんなる拔き書きである。

一

天草島の特異な、幾多の地塊運動をうけた地形と、その日本地帶構造にしめる役割の重要性が、二日程で、自動車にて、下島を一廻りして、阿蘇の任地へ歸へらずにすぐ東京へ行かねばならぬ限られた時間しかもたぬ、私の地理學的興味を、特にそゝつたので、豫じめ天草島の五萬分の一地形圖を數葉はり合せて、その讀圖《マツプ・リーデング》に便なるやうにと、二週間程前から、レイヤーを採色して得た、豫備知識で、この極く短時間の中に自動車を利用して地形を概觀しようとの大それた考へを起し、その參考にもと思つて、地質の文獻を調査して見た。今それを悉く列記して置かうと思ふが、一寸目を通したのはその極く一部分であつた、おそらくこれで天草島に關する邦人

の地質文獻は全部であらうと思ふ。

一、地質學雜誌

第八卷（九六號）矢部長克、Note on three upper cretacious Ammonites from Japan, outside of Hokkaido.

第二十八卷（三三七號）江原眞伍、九州ノ和泉砂岩層。

第二十九卷（三四一號）長尾巧、天草ノ地質略報。

第二十九卷（三四三號）江原眞伍、天草白堊紀層。

第三十卷（三五二號）長尾巧、天草島ニ於ケル Nummulite 層ノ新發見。

第三十一卷、長尾巧、九州ニ於ケル白堊紀層ト古第三紀層ノ境界ニツイテ。

S. Ehara: Cretacious Trigoniae from Amakusa.

二、地學雜誌

第一卷（八號）原田豐吉、九州の對曲。

第十七卷（一九四—一九六號）金原信泰、天草下島煤田

第三十四卷（四〇一號）、伊原敬之助、天草下島の陶石。

第三十八卷（四四五—四五四號）
第三十九卷（四五六—四六五號）
第四十卷（四六七—四七二號）
} 長尾巧、九州第三紀層の層序

三、地理學評論

第二卷一號、矢部長克、第三紀及其直後ニ於ケル九州地史ノ大要。

四、地球

第十四卷四號、上治寅次郎、天草下島。

五、東北帝國大學理科報告

第九卷第三號、Nagao: Paleogene fossils of the Island of Kyushu, Japan. Part I.

第十一卷第一號、Nagao: Paleogene coal-bearing formations of the Islands of Kyushu.

第十二卷第一號、Nagao: Paleogene fassils of the Island of Kyushu, Japan. Part II.

Nagao: A Summary of the Paleogene stratiaraphy of Kyushu, Japan with some accounts on the fossiliferous zones.

六、日本地質學地理學輯報第二卷三號

S. Ehara: Cretacions trigoniae from south-western Japan.

七、その他

地質要報（明治三十七年第三號）熊本縣天草炭田調査

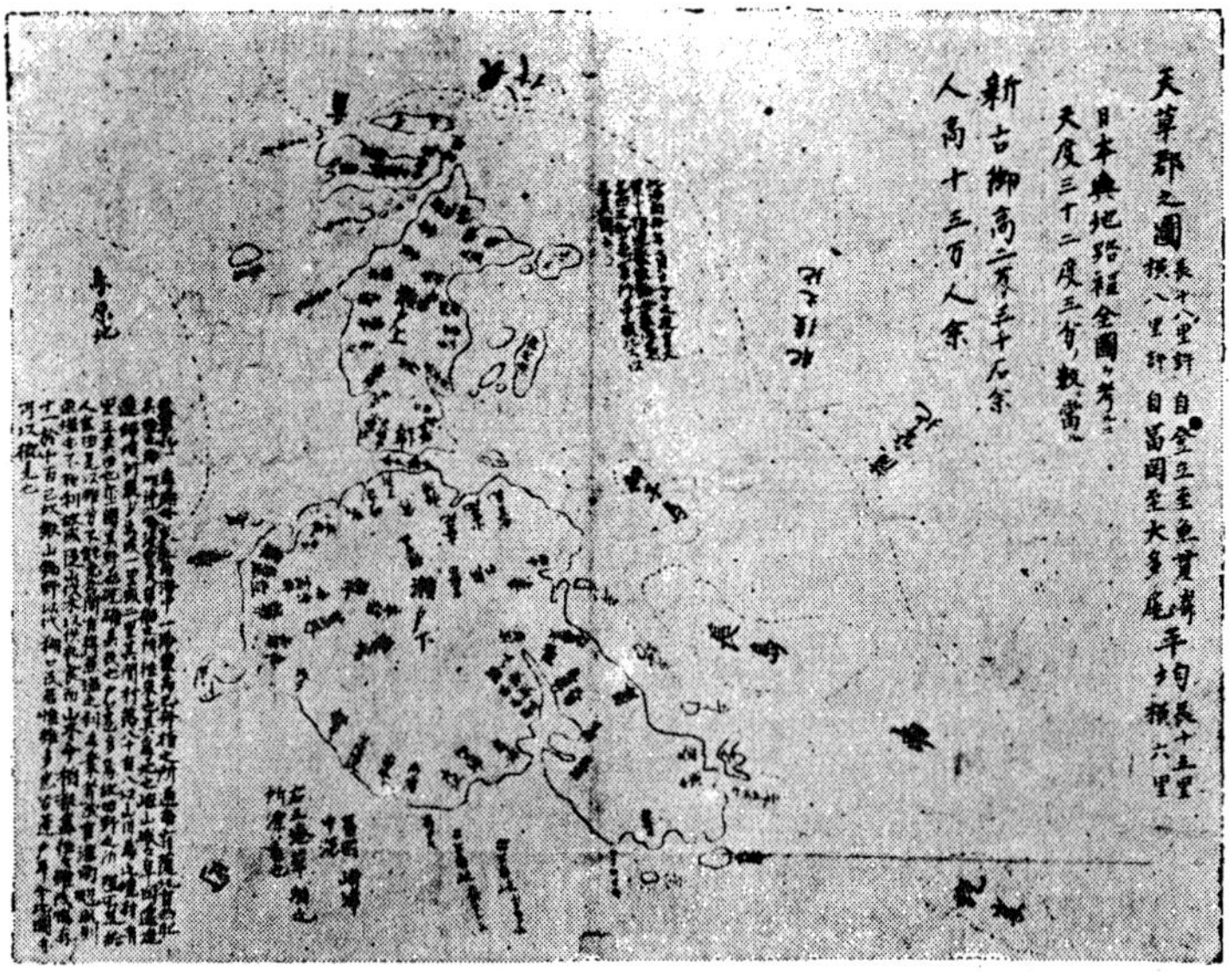

第一圖　上田宜珍翁著天草備考に附せし略圖

報告文
Dr. Yabe : Recent stratigraphical and palaeontological studies of the Japanese tertiary. (Special publications of Bernice P. Bishop Museum No. 7. 1921.
金原信泰、大日本帝國二十萬分ノ一地質圖、人吉圖幅及び同説明書。
納富重雄、大日本帝國七萬五千分ノ一地質圖、天草(三〇四號)圖幅及び同説明書。

二

同島へ渡る前に、增補校訂肥後國誌下卷所收の天草島鏡を瞥見して行つた、德川の末期の地方の郷土地誌に共通に名付けられた『鏡』類の一つであるが、本居門下の同島高濱在の國學者上田宜珍翁のものせられたものである。天草を見る事二日に、上京して、上野の帝國圖書館で、初めて同翁著の寫本、天草備考略圖附の存するのを知つて、借覽しその奥書に文化七年夏日於天草寫之　青木氏との文字のある一本を見た。此の寫本の原本の天草及び熊本に現存する由は未だ寡聞な耳福に接せぬが、又

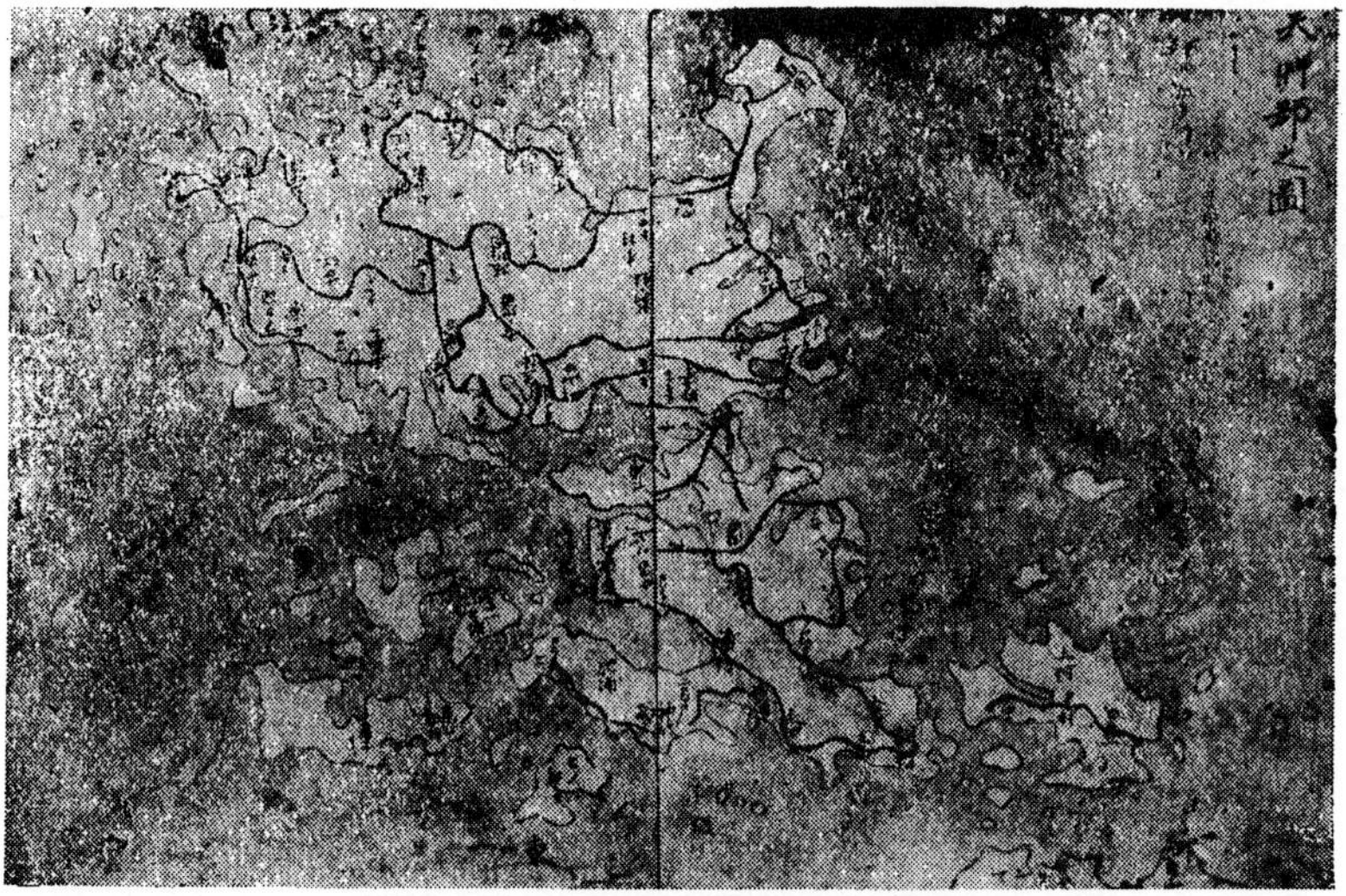

第二圖　肥後國誌略圖式所載天草郡之圖

同館に、肥後天草見取圖の所藏されてゐるのも知つた。

　そして同時にその天草備考の略圖のデプリケートを一葉作成したが、九月歸蘇して、先年大阪より入手した、鹿子木氏藏本との書入れある天保頃までに先に誌した肥後國誌の簡約本肥後國誌略（熊本圖書館藏）の附圖として作成されたと考へられる、肥後國誌略圖式（全）中所載（四三ウ―四四オ）の幼稚な天草郡の地圖に比較して見ると、後者にはその目的上――藩公の命によつて恐らく軍事的利用のために作成したと思はれる――交通路の詳細な記入があるのを別として、兩者はその地圖表現の上から、又その精密度よりして、差があり、上田翁が同島の人なるにも拘らず、表現と正確の點に於て、多少は劣るも、その地名の記入はそれに比して遙かに多き樣である。たゞ上田氏略圖には上島に對して瀬戸上、下島に瀬戸下との記入あるが、これは本戸瀬戸（又、龜川瀬戸――大日本地名辭書西國）を境としての名稱である。この上田氏略圖と同一系と思はれるものが、有名な長久保赤水の寛政三年版扶桑六十餘州大名國分圖の天草の部分で、肥後國

誌略圖式のそれは　天明三年長崎富島屋文治右衛門板九州繪圖の天草の部分と同一系統に屬する様に思はれる。

一方ほゞ同時代にかの伊能忠敬が、精密な科學の力によつて、同島の測量を行つたのが文化十年のころであるが、ほとんど現在の陸地測量部二十萬分の一地形圖に近い正確度で作成された顚末は、天草郡教育資料に所收されてあるが、以上の諸地圖と此の伊能忠敬のそれと、現在の陸・測五萬分の一のそれ等を時代順の一系列に置く時、我が國測圖史及び地理學史の一斷面が思ひ浮かばれ、地圖作成の圖學的進歩と實測による實證の正確度が併せて考へられるのである。

三

今手許に、あの時の心せはしい旅を思ひ出すよすがになる三枚の自撮の、旅のスナップが殘つてゐる。

一は富岡、一は崎津、他は牛深。

上田宜珍翁も其の略圖に（第一圖）富岡、崎津、牛深、右三港華舶の漂着所也ともしるしてゐる。

それを此處に順次に掲げて、簡單に解説を加へよう。

富岡の町は、富岡城趾のある唐見島と下島と、此の兩者をつなぐ三部分から構成されてゐる。

別な地形學的な言葉で表現すれば、此の陸繫島《トンボロ》（Tombolo; Land-tied Island）と陸の一部分が富岡町である。

島原半島の口の津にある有名な原城に對して寺澤志摩守廣高が築いたと云ふ城山城趾の中腹の稻荷様の石段から南の、この陸繫を作つた砂嘴の上の聚落を撮つたものである。

此の砂嘴の上に作られた富岡町は九州には珍らしい村落《コーレム》個景をば呈してゐる、ダイヒケッテンドルフ（Deichketten-dorf）である。

即ち砂嘴の西部は西の卓越風のために、外洋の天草灘——賴山陽の雲耶山耶呉耶越耶・水天髣髴青一髮、萬里來泊天草洋、煙横二蓬窗一日漸沒、瞥見大魚波間跳・太白當レ船似二明月。——の波濤が直接に強く嚙むのに反して、東部では、比較的穩に東方よりの沿岸潮流と合して磯をうつので、夏季は暑熱の熊本の休養地帶に利用せられて、海水浴場として利用される。

第三圖　富岡町を城山より見る

それ故砂嘴上の聚落の中心は、その東部に偏し、砂嘴の中央を通ずる道路より東よりである。

從つて道路は此の砂嘴の形態に制約されて、帶狀となり、その中央部を通り、聚落もその道路に面して街村《ストラッセ・》的《ドルフ》に直線狀に配列し、道路より西は、海岸にそつてその磯うつ波濤の爲に比較的聚落發達せず、多少土地利用が粗笨的なるに反して、それより東はその集約的に利用せられてゐるために、道路一本をへだて、面白い文化景觀の對比が見られる。

先づ、東部は海岸線に平行して、帶狀の蔬菜等の栽培景が見られて、東風をさえぎるために、バサラ竹の垣にて圍むか、又石垣をこづんでかこんでゐる、此の栽培景をへだてゝ、それに平行に、聚落が直線狀に發達し、入口取び採光用の窓は海岸を背にして設けられてゐる。東風の吹き込むのをさける爲である。

この直線狀の聚落と道路に面してのそれとの間に、此の兩者に對して直角に間道があり、その兩側に向きあつて家屋が配列し、採光の窓と入口は此の間道に向つてひらき、この間を格子型に分割して、此の間道《ガッツェ》は道路と海岸に通じてゐる。

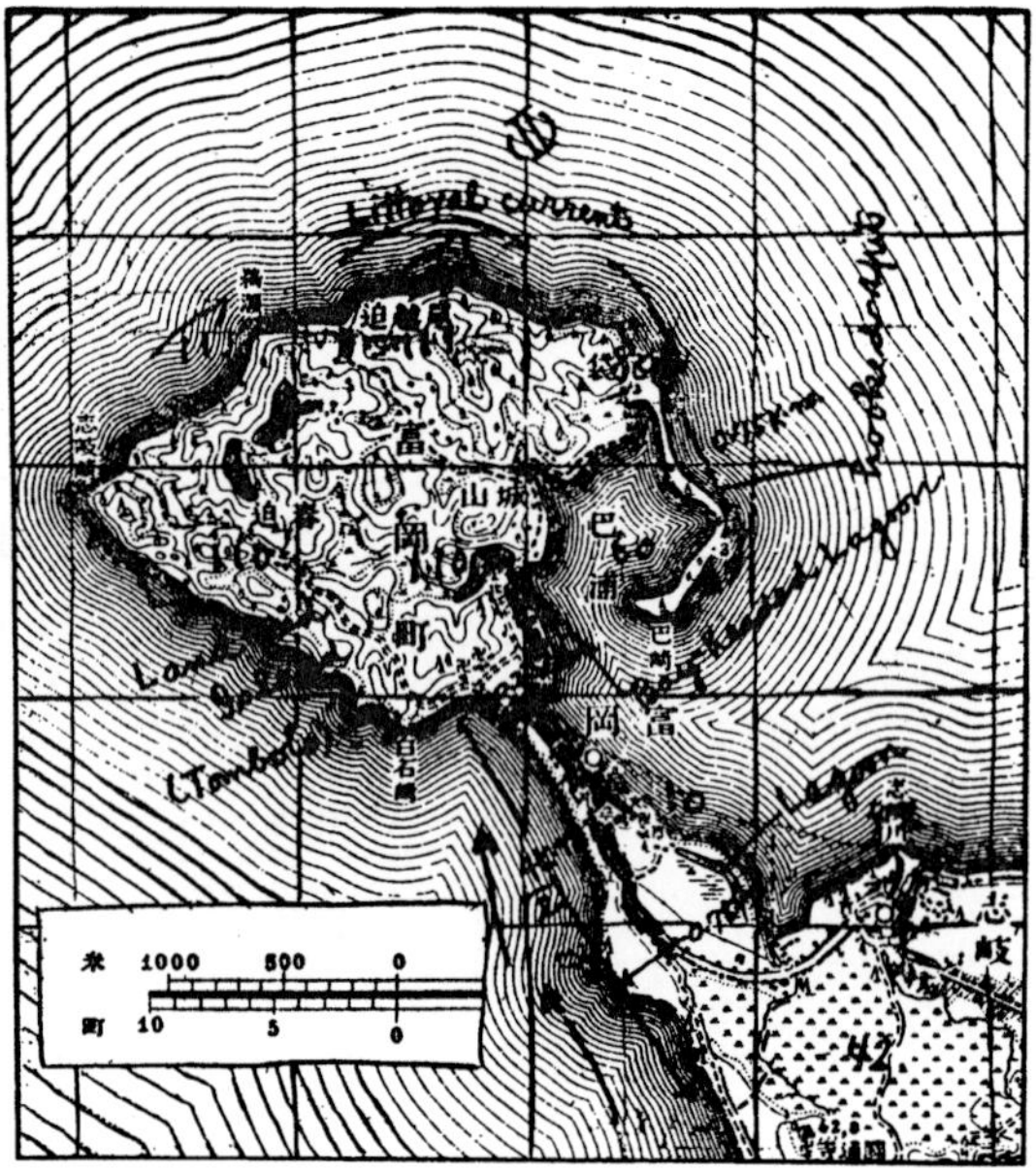

第四圖　富岡陸繫島。（陸・測五萬分の一地形圖）

そして、濱は或時には此等の聚落を構成する人々の職業が漁業なるため、網干場納屋等に利用される。屋根上には、裏日本の海岸等によく見られる丸い大きい石が載

一〇六

せられてあるのは、明かに强風に對しての防禦である。かゝる地割にしても、聚落にしても、此等の所謂文化景觀の形態は、此の富岡町の場合、完全にその自然景觀性の制約のもとにあることを知るのである。

四

富岡より南、後年山陽をして憶㆘起當時狂波蹙沓自㆓八閩㆒來盪㆗吾胸次㆖也（題㆓天草洋夜泊詩後㆒文）と云はしめた。天草灘に面する斷層海岸の急崖下に通ずる新道路をドライヴしながら、大海の男性的なすがたを賞し、海中に存する奇巖上の樣々な姿態をよろこびながら山陽のかの一韻到底格の古詩絕を口づさみつゝ稼行のやんでゐる炭坑の廢坑に多少の哀をおぼへて高濱に出で、下島の主軸をなす天竺山、角山、十三野山、の一嶺の背斜軸《アンティクリン》をのぼる途中、七月の半《ナカバ》なるに、大河內附近で田植をしつゝあるのを見た。天草の「河內《カワチ》」地形の入り込みでは、可成り田植の晩い地方もあるときいた。此の嶺《トウゲ》の頂上での、高濱の聚落の美しい展開相は未だに眼底にちらついてゐ

第五圖 崎津之浦

る此の第三紀の砂岩及び頁岩互層の背斜軸の構造線にほゞ直角に切つてゐる副次的な構造線の作る先《アン》行性《テシーデント》な葛河《ツヾラカ》内《ワチ》の谷を下つて、一町田の釜に出て、その一粁もある幅の廣い構造的な谷を發動機船で下り、崎津へついた。

ハイヤ・ハイヤで

今朝出た船は、何處の港へ入れたやら、

(囃子) エッサ、崎津の浦には瀬が四ツ

思ひ切るせ(瀬、夫)と、切らぬせと、

又來て逢ふせと、逢はぬせと。——ハイヤ節

(崎津にて採取)

と唄はれてゐる、日本海から入り込んだ内浦の奥まつた避難港である。

天草は上述の如く、地塊運動がはげしく、地形もよく晩壯年に開析され、此の下島の南端崎津牛深附近は沈降をなして、所謂沈降海岸地形を示し、その形成後に隆起の現象があつて、各溺谷の灣頭に一寸した洪涵原を作つてゐる。崎津の海驛もかゝる地形を利用したるもので、溺谷なるため水深七尋乃至十尋、低潮時僅かに四尋であるが、地形圖及び寫眞(地形圖の△印より北方をうつす)で知る如く、各方面の風をさけることが出來て、シケ時の入り船を待つのである。

崎津の沖からやつて來た
新造か、白帆か、白鷺か
よくよく見たれば、わがぬし（又つま）さまか
（崎津にて採取）

第六圖　崎津附近の地形圖（陸・測五萬分の一地形圖）

船靈様に、その生命は托しても港々に女ありとの情趣に生きる、彼等も人間である。長い時化の續く時、此の崎津の娘は、この灘に働く荒男の假り妻となる。又旅から旅へと行く人の一夜妻ともなる。此處には數軒の旅籠屋があるが、何れにも、宿屋の女中らしい女中がゐない。宿にをちつけば『お女中様は如何で……』とのおかみの劈頭の挨拶で、その求めに應じて、民家より娘を斡旋するのである、その手數料は一割ときく。このお女中が、客の身の廻り萬端より夜の伽までする、專屬的なサーヴィス振りだが、食事丈は客から云はねば絕對に共にはせぬ、その度ごとに、自宅にかへり、自宅で食するのである。度重なれば、旅籠屋の仲介を經ずに直接自宅へ案内し、客は入り聟的な立場となり、總て同家の生計をもつてやると聞く。

偖て、女中をたのまぬ時には、身のまわり、食事以外は客自身でせねばならぬとの窮屈振りである。

背は山で、前は海邊の極く僅かの面積に、密集した部

落は、前の海に出るより他に方法はなかつたが、その磽角な地と、避難港との要素が組合つて、かゝる民俗が生じ、その民俗のもとにこの村が生活を營んで行かねば、立つて行けぬと云ふ。牛深も嘗ては、斯かる制度であつたが、今は公娼密集主義になつて、僅かに、此處にその餘燼をとゞめてゐる。

　こんな娘をシンギントリと呼んでゐる。「新銀とり」の字をあて、ために薩藩の新鑄造銀の入り込むことに由ると云はれてゐるが、筆者は率直に「寢銀（又、眞銀）取り」でないかと思ふのである。現在はかゝる娘はその部落の二歳丁稚《ニセイデッチ》の若者《ワケーモン》達より——恐らく、自分の村の娘と後家は自分達の所有物《モン》、それに拘らす、寢銀（眞銀）をとつて、商賣人《ショウバイニン》となつて、他所者《ヨソンモン》に……との若者組のもつ意識のもとに——指彈されてはゐるものゝ、村一般からは、かせぎ手だ、眞銀をとつて、村の經濟機構の中樞となる重要なプリマドンナ達だと認められ、働くのがいやになれば前借制度でないために、自分でさらりと寢銀稼業をやめて、立派に理解のある男の胸にとび込めばいいと考へられてをり、官憲の風紀上の視點からの多少の壓迫があるにも拘らず、村經濟の立場から、あらはな、隱れ里として存するのである。

　邦人に先驅して、地表上の各地に、その前哨として、散在する天草女の海外發展とその母國への送金、特に唐芋までも、その常食として、アウタルキー的に、その限られた島と云ふ封鎖空間で生活をせねばならぬくるしさに、環海と云ふ條件が刺戟して、海をものともせずかせぎに出て故國へ送る、同郡の財政經濟への援助としての貿易外受取勘定の多額なる事實、又あかるい陽光でまばゆく反射される白壁作りの土藏が、瘠せてはゐるが、可成りの斜傾面までも集約的に利用してゐる耕地の一隅にある時、嘗ては海外に出て一稼ぎして老後の安樂にたてた家々だと思ひ合せる事實等の基礎は、かゝる感情のもとに、やしなはれたものであらう。

　偖て、當地方の旅籠屋では、朝食が夕食と同じほどの御馳走であり、生のお魚等の食膳に上るのを經驗した、今日の門出のさいさきを祝ふためである。一夜の客にも發足する時、船のり場まで送つて來る、彼女達の心ゆかしさ、又時には、別れの涙にぬるゝまつげが、次第に陸《クガ》よりさかる船中の遊士の心に殘ることも一再ならずある、そぼふる雨か狭霧で姿のみえなくなるまで、送つてくれる情趣も崎津特有のものである。

こんな反面に、邊陬であるのと、島國と云ふ封鎖國的孤立環境に保持されて、隠れ切支丹の遺物や古文書のトルソが存し、同村の教會の老佛人宣教師の手許に一部が保管されてゐるが、その中にほそ長き片假名書きの小紙片の殘存されてあるのを見せてもらつた。

徳川時代、諸民一般が歸佛して檀那寺を各自持たねばならなかつたが、表面上此の地方の隠れ切支丹達が、盂蘭盆葬祭等の場合に佛僧に讀經を行つてもらつても、眞に佛を信ぜないため、深夜四隣の寢しづまつた時、水方——切支丹への洗禮を行ふ時、水をもつて信者の頂に濺ぐ、彼等の長——のこの佛經の功徳消滅の所謂『經消し』の羅典文の祈禱文か、次第に口承傳受されたるものの、筆錄されし文書で、次第の口傳のために訛轉に訛轉

をかさね佛人すら反譯し得ないとこぼしてゐたが、僅かにイエス（Iesusイエス）スピリトス（Spiritus 聖靈）パーテル（Pater神父）等の單語を知り得るのみであつた。

五

牛深町、天草下島南端の今なほ榮える魚港である。外船の來航其他の警備のために、此處と先の崎津と魚貫《オニキ》と他の一ケ所に番所があり、見張番の臺が置かれてあつた。

名物は雲丹、鰯。

今はなき父君への家苞に、此の雲丹の同島產の陶土でやいた水平燒の一壺をば持ち歸へつたが、その壺の側面に『牛深三度行きゃ、三度土產』と錄されてゐた言葉の本歌を、先の崎津で採取した。

牛深崎津へ行つたなら
　鍋釜賣つても杯きゃして來い。
（囃子）牛深三度行きゃ　三度裸か
　もどりゃ本渡のかちわたり。

町の入口のトンネル附近にめづらしくも玄武岩が露出

してをり、又町の附近の大部分が安山岩で出來てをり、下須島と同じく、殆んど日本外帶の第三紀層の水成岩よりなる天草には珍らしい火成岩の存在であつた。

第七圖　牛深の港

西鶴が、天草名物鑓の柄樫、砥石出ると、元祿の昔記した名物も、富岡の南、福連木より出る白樫は、今も官林のもとに保護せられて、林中老幹森々、樹木端正と記されてはゐるが、封建制度自體の崩潰でこれも忘れられ他方砥石も一時その始新層中の砂岩の中粒のものが採切され荒砥として市場に出で、又リソイダイトも天草砥と云はれて搬出されたが、共に急激に變色するため販路不振となつて、此等の名物も自然と忘却のかなたへすて去られたが、その火山國たる我國にもまれな、水成岩の侵蝕作用と幾多の地塊運動が作り出した樣々の景觀美にみちあふれ、その限られた空間に充塡された人口が作る土地の集約的利用化の文化景觀と海を伴ふ風光の卓絕とは肥後の東の火山景觀の國立公園たる大阿蘇の西の一翼をなし、北の雲仙のそれに呼應して、世界の島の公園日本の、西端の一聯を構成するものである。　—昭八・四・三—

隱岐黑木村の駄追(口繪解說)

眞　野　恒　雄

牧畑に於ける耕牧輪轉法

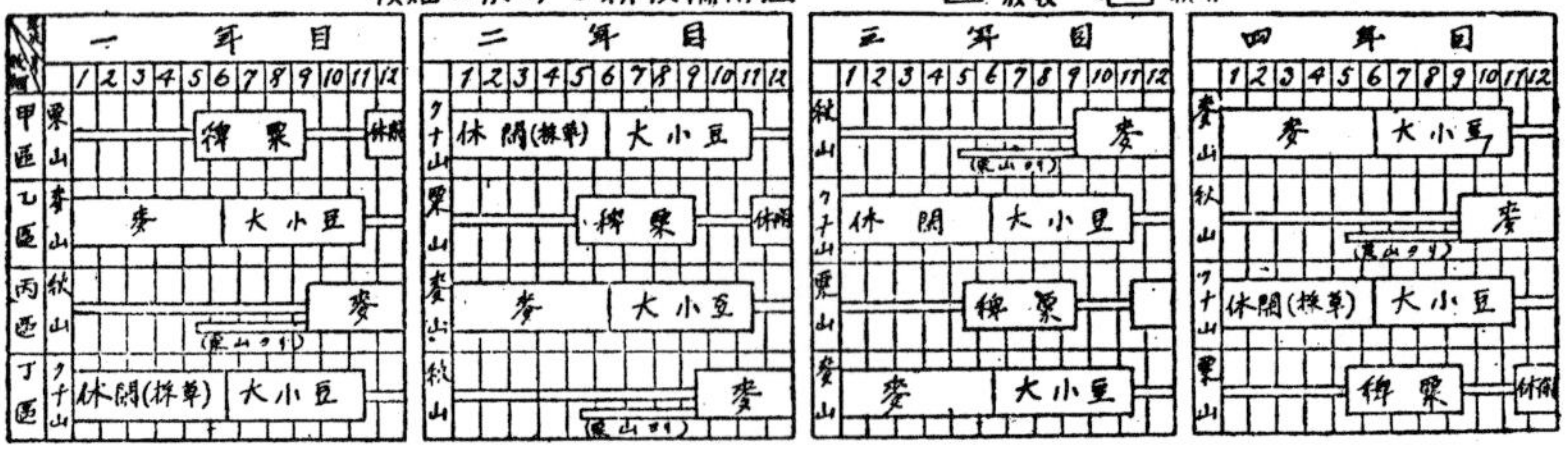

一牧場より他牧場へ移すに、各自所有の牛馬を捕へて移す場合と、部落共同して全放牧牛馬を追ひ移す場合とあり後者を駄追と稱す。駄追は、何時の頃より行はるゝに至りしか詳ならざれども、牧畑式牧場の起ると共に、牧場輪轉上、[1]春季粟稗播種の際の如く、二牧場に放牧せる牛馬をその內の一牧場に移す場合、牧場交替に强制を要する爲め起りしものならん。[2]

(註1) 上圖を見よ。

(註2) 九月中旬及十一月中旬の牧場替は共に、已に牛馬の芻草を喰べ盡せる牧場より、芻草豐なる新な牧場に移すなれば、各自競ひて所有の牛馬を移すなり。

駄追を行ひ多數牛馬を一個所に集むる事は、各自彼我の牛馬を比較品評するを得て、改良の刺激ともなり、亦牛馬の發情を誘起せしむる等の利ありと稱せられ、何時しか一の行事となり、當日は酒を求め餅を搗きて祝す。牧場交替の時期に至れば牧司は吉日を撰び[3]部落民に布達すれば、部落民は一戶必ず一人宛出で、牧司の指揮のもとに全放牧牛馬を一個所に追ひ集め、多くの場合海岸に追ひ集め、(海水中に一度追ひ込む。これ家畜の寄生蟲たるダニの驅除に、海水の效ある爲めか)。牧司は放牧牛馬數の點檢、及他區牛馬の混入の有無を檢し若し、頭數足らざる時は、直に調査して所有者に通知す。然る上所定の牧場に追ふなり。

(註3) 本島に於ては牛は三月中旬より十二月末迄馬は年中放牧にして自然の力に賴ること大なれば勢自然條件の良好ならんことを念じ自然を人格視し自然の意志に逆らはんことを恐れるの意なるか放牧牛馬の取扱には日を撰び卽ちシヤク日と云ひて一月及七月の三・九、一五、二一、二七日。二月及八月の二・八・一四・二〇、二六日。三月及九月の一、七・一三、一九・二五・三一日四月及十月の四・一〇、一六、二二、二八日。五月及十一月の五・十一、十七、二三・二九日。六月及十二月の六、一二、一八、二四、三〇日は牛馬を取扱はざる日あり。是の如くなれば駄追を行ふ際には特に吉日を撰ぶ牛馬の神の故を以て伯耆大山神社の祭日舊曆四月二十四日に行ふを例となせしが近時は養蠶業との關係上多少遲れて六月上旬吉日を撰び行ふ所多し。

駄追は春季牧場交替の時(粟山より秋山に收容する場合)にのみ行はれ其他の時には行はず寫眞は、今海岸に追ひ集め牧司の點檢を終り、これより秋山に追はんとする所なり。

伊豫の島々（上）

―その總括的地歴觀産業觀―

菅　菊太郎

一　伊豫の島々と其名稱、群別

瀬戸内海の島嶼の數は三千と稱せられて居るが、伊豫に屬するものにても二百餘に達する、是等の伊豫の島々は大體三のグループに分別して觀察することが出來る。

（A）**第一群島**――は豐後水道に屬する島嶼であつて、所謂リアス式海邊に沿ひ、何れも不規則に散在して居るものである。土佐に面する伊豫南端の鼻面《ハナヅラ》沖の方から順次に之を擧げて見る。

當木《アテキ》島、能地《ノヂ》島　（何れも無人島）

鹿《カ》島　（周回二里廣さ〇、二五方里最高二〇〇米、舊宇和島藩主伊達家の私有に屬す。人家は無い。舊藩主折々の遊獵地で猿と鹿が棲息して居る。鹿は純野鹿で天然記念物となつて居る。但し播磨灘の鹿島の野鹿との區別は知らない。又一大洞穴（長三十間）ありて有名）

横《ヨコ》島、（無人島）　大《オホ》島（周回八丁最高十米　嚴島神社が奉祀してあり。綠樹鬱蒼、平城灣に於ける美景をなす。）

大猿島、小猿島、（共に無人島）

（以上南宇和郡に屬す）

御《オ》五神《イツカミ》島（最高二〇五米）　竹ケ島（人家あり）黑島、

日振島（周回五里三十三町廣さ〇、三〇方里最高二〇〇米　豐後水道の最大島にて昔天慶の亂の頃伊豫の椽藤原純友の根據地であつた所、今人家四五百を有する一大農漁村）

横島、戸島（周回四里廣さ一、一方里、最高二〇〇米、人家三四百を有する一農漁村。土佐中村の一條家四代兼定と五代内政が此に終り、其墳墓がある。）

嘉《カ》島、遠渡《エト》島、高島、（人家あり）

九《ク》島（周回四里三町、面積〇、二五方里、九島山は凡三〇〇米の高度を有す。戸數三四百を有する一農漁村。島内に名刹願成寺あり、天正十五年黑瀬城主西園寺公廣の難を避けたる所として知らる。）

野島、大良《オホラ》島、黑島、喜路島、

（以上北宇和郡に屬す卽ち宇和海上の諸島嶼）

佐田岬半島の北方には島嶼は無いが、南方母陸の沿岸には二三の小島がある。八幡濱の港に近く黒島、鳥島、佐島、（前方銅鑛の精煉場があつた）があり、南方に大島、（眞穴《マアナ》村に屬し、人家五六十戸あり、僧行應の出た所で有名）

地《チ》ノ大島（人家あり高度四百六七十尺）あり。

（以上西宇和郡に屬するもの）

（B）　**第二群島**――は伊豫灘及安藝灘に散在するものであつて、喜田郡に屬する靑島（長濱港より三里距、漁家三四十戸）を除いては、他は全部溫泉郡に屬するものである、就中大なるものは、

中《ナカ》島（王朝時代には忽那《クツナ》島と云ふ、中島の稱呼は興國三年の記に初見。周回七里三十一町、面積一、二二方里最高二八九米。今東中島村西中島村の二村十數部落戸數千五百九十三戸あり。農牧業盛なり。舊松山藩領の時代、越智郡の上島七島に對應して、この中島を中心とする群島を下島七島と稱せられたるものであつた。其七島の中には、この中島の外に次の諸島があつた。）

睦月《ムツキ》島（周回二里十四町、面積〇、五七方里、最高二一八米。睦野村役場あり、戸數二百四十三戸、農業及行商に從事す。）

野忽那《ノグツナ》島（周回二里十七町面積〇、二五方里、戸數二百二十七戸。住民元祿義士の姓を以て姓とするも一奇）。

怒和《ヌワ》島（周回三里十三町、面積〇、七八里、神和《シンワ》村の役場を置く戸數三百四十五戸、上怒和、元怒和の二部落あり。主として農を業とす。）

津和地《ツワヂ》島（神和村の內、周回三里四町、面積〇、五一方里、最高二〇〇米、戸數約二百七十戸、農を以て業とす、幕末、松山藩長州征伐の時軍船の屯したる所）

二神《フタガミ》島（周回二里十六町、面積〇、五四方里、戸數百七十餘戸、農を以て主業とす。名族二神氏の據りし所なり。）

之に柱《ハシラ》島が加はつて下《シモ》島七島となつて居たと思ふが、之は今安藝國に分領せられて居る。其他の有名なる島嶼には、

興居《ゴゴ》島（周回六里二十四町、面積〇、九七方里、最高二八二米興居島村なる一村を作り、戸數八百七八十戸。桃、枇杷等の果樹栽培に成功して居る。）

釣島には有名なる釣島燈臺（伊豫灘の目標、光達距離二十浬）あり（興居島村に屬す、周回二十六丁、面積〇、〇二方里、三十戸。）

安居《アイ》島（周回三十町面積〇、〇二方里、百〇三戸、北條町に屬

す。小安居島に對し、大安居島とも云ふ。齋灘《イツキ》の海心に隔在、古來帆船の碇船地として知られ少數の人家に古來の遊廓を交ゆ。）

人烟たきは小安居島、由利島、鹿島（鹿島神社あり、神鹿棲む。戰國時代の城趾あり）館場《タチバ》島（大小）、犬頭《イヌガミ》島、四十《シシユ》島（共に無人島）。

（C）**第三群島**——は備後灘及燧灘に散在するものにして所謂藝豫海峽に於て其主群を有す。世に藝豫叢峰又三島群島（小西氏瀨戸内海論）の稱あるもの。舊藩時代松山領の上《カミ》島七島なるものは、大三島を中心とする、其四周の島々、岩城《イハギ》島、生名《イキナ》島、大下《オホゲ》島、小大下《コオーゲ》島、岡村《ナカムラ》島、弓削《ユゲ》島等を指したものであるが、是等七島以外の島々に今治藩に屬したる島嶼もあり、三群島中にて最も面積も廣く人口も亦多く顯著なる伊豫群島の集團とす。今日の行政區劃にては大部分越智郡に屬し一部分は新居郡に屬す蓋し「七里七島、五里五島」の語を其儘の日本内海の多島海地である。

大三《オホミ》島（周回十四里三十一町、面積三、四八方里、最高四四一米、伊豫の最大島にして、現在五ケ村二千五百の戸數を有す。島内に伊豫一宮國幣大社大山祇神社の鎭祭さるゝを以て有名なり。）

大《オホ》島（全島殆んど花崗岩、周回十里面積二、二五方里、最高三八五米、現在四ケ村二千の戸數あり。王朝時代より戰國時代にかけ海賊方村上三郎左衞門義弘の根據地にして、能島城趾は島内宮窪村にあり。）

伯方《ハカタ》島（周回十里五丁、面積一、一二方里、最高三〇五米、現在二ケ村千有餘戸、木ノ浦鹽田有名なり。）附屬に宇島（人家あり）見近島等あり。

岩城《イヘギ》島（周回三里、面積〇、五五方里、最高二五〇米、一村をなす。往時は帆船の碇泊地にて王朝時代古歌の名所なりき）附屬に赤穗根《アカソネ》島及津波《ツヘ》島あり。

弓削《ユゲ》島（周回五里一丁廿間、面積〇、六七方里、花崗岩より成る最高三〇〇米、一村を作る。島の頸部に愛媛縣立弓削商船學校あり）附屬島嶼に百貫島（燈臺あり）佐島（人家あり）あり。

生名《イヤナ》島（周回三里二町、面積〇、三五方里、弓削島より小なれども一村を作る。因ノ島長崎ドックに對向するを以て經濟的に惠まる。昔は松山藩の流罪地）附屬に部内島、雀島あり。

岡村島《オカムラ》（大下島《オホゲ》、小大下島《コオホゲ》と共に一村を作る關前村是なり。周回二里十七町、安藝の御手洗島と對向す、人家約三百）

附屬に柏島《カシハ》、肥《ヒ》島あり。

大下島《オホゲ》（周回一、三〇方里、關前村の內、人家百五十餘、大下瀬戸に面して燈臺の設けあり）

小大下島《コオホゲ》（周回〇、三五方里、岡村島と大下島の中間に挾まる。人家二三十、關前村に屬す、石灰岩の産出を以て有名。）

四阪《シサカ》島（片麻岩より成る丘陵地、二三小島連結、住友鑛業所精煉場あるを以て有名。大島の宮窪村に屬す、）

魚《ウヲ》島（燧灘の眞只中に孤懸す、最高一八〇米、一村を作る或は沖ノ島とも唱へた。南北朝時代興國三年九月の世田山城の戰敗れて篠塚伊賀守が遁竄したるは此島かと云ふ其墓標あり）屬島に高井神島《タカヰカミ》、小島、江ノ島等あり。

津《ツ》島、來《クル》島（戰國時代來島出雲守の城趾。）

馬島、小島（以上來島諸島は波止濱《ヘシハマ》町に屬す。）

豐《テ》島、平地《ヘイチ》島等多少の人家あり、平地島と小平地島は櫻井町に屬す。

比《ヒ》岐島諸島（今治市に屬す）

其他　中渡《ナカト》島（鳴門とも書く、城趾）、蟲島（武司とも書く、

城趾）は大島に屬し、大横島、小横島、瓢箪島、等には人家なく大三島に屬す。

以上越智郡に屬する島嶼總面積一〇方里、其人口約七萬人、一方里平均七千人と云ふ多數。尚ほ新居郡に屬す島嶼に、

大島（村上義弘の發祥の地と云ふ周回二里。）

御代《ミヨ》島（周回一里）黑島（製鹽を以て聞ゆ）等がある。

二　伊豫の島々と其歴史的價値

文北東漸の仲繼所——瀨戸內海に於ける其三千餘の島々の中にも、伊豫の島々ほど、我國の文化史乃至權力史の上に重要な役目を演じて來たものは無かるまいと思ふ。それは藝豫海峽の如き中國と四國の咽喉部に群在（第三群島）して、內海の要衝を扼して居ると、又豐後水道に通ずる要路に當りて、而も四國島九州島と相策應し得る近距に群在（第一群島、第二群島）して居ることが、しかくあらしめたものと思ふ。

我國の文化が九州より發軔して、東漸したことは、何

人にも否定は出來ない歴史上の大きな事實であるが、伊豫の島々は皆其當年に於ける自然の道筋乃至踏石の如き布置を取つて居る、自ら古き文化の發祥地として誘導地として存在したことが爭はれぬ。是れ吉田東伍博士の如きが、伊豫大三島に鎭座の大山祇神を以て、普通史傳となつて居る、仁德の朝に於ける小致命（越智）の國造言賜の時に起らずして、既に遠く先史原史時代に屬すべしとする如きがそれである。

水軍の建設と其勢力――早くも仲哀の朝に小千宿禰三並（伊豫河野の祖）が筑紫征服に、又新羅征伐に武名を擧げたる如き、先づ伊豫水師活動の片影と考へらるゝが、是等が因となり果となり、更に伊豫の島々の水軍的重要位置が最も明白に證明せられたのは、王朝以後の事である。天慶の亂に藤原純友が伊豫の日振島に據りたる如きは、當時所謂伊豫海賊なるものが、其島々の要所々々に巣ぐふて大勢力を有したるを語るものであつて、伊豫の椽たりし彼としては、其邊の消息を能く熟知せるが故に伊豫海賊に投じたるものなることが知られる。（純友以前の海賊の巨魁たりしものに、佐伯是重、小野氏彦の如きあり、この海島による。）

奈良平安朝時代の所謂海賊はやがて、源平鎌倉時代より室町以後には海上の强勇者卽ち海軍の意味に化し、海賊衆、海賊船と稱したことは海上警備の軍人、又軍艦と異名同物と見做され、越智郡大島に四頭八尾の城壘を築き其本據を構へた所の、海賊大將軍の村上義弘の如きは今の海軍大將にも匹敵すべきものにて、世上の尊敬と畏怖を受け、海島の其處此處に尙ほ數十ヶ所の城砦を設け居然たる內海の一王國を作つて居た。自ら源氏も平氏もこの一族を味方とせんが爲に、其守本尊と云はれた大三島神に貴重なる寶物を奉獻したことさへある。平氏の壇浦敗戰の如き三島水軍が源氏に味方した爲であり、河野道有が元寇を討つて殊勳を奏したるも三島水軍を率ひた爲であり、延て南北朝時代に至ては、伊豫海島の武將、村上氏、忽那氏等が征西將軍（懷良親王）の宮を迎へ奉りて、南朝存續五十七年の偉績に對する殊勳を擧ぐるに至りたる如き、尙ほ降つては弘治元年九月嚴島の戰に、陶晴賢が毛利元就に敗れたるは、三島水軍が後者に味方した爲であつたことは史上に明らかである。伊豫の島々が當年軍事上の價値に於て百パーセントであつたことが知られる。彼のラッチェル博士が「島嶼は其地積の狹小なる割合に數倍の歴史を演じて居る」と云つたのは、是等の事を云ふのであらう。

海外文物産物の輸入——足利氏の初世海内一時靜謐に歸したるの時、彼等海賊方には髀肉の嘆あり、輕舸を以て遠く西支那海まで乘り出し、支那、朝鮮の沿岸を剽掠したことは、是れ「八幡船」の名に於て能く知られた史實であり、彼等は進んで南支那より馬剌加地方までも進んだ。

斯の如きことは單なる征戰劫掠とのみ見るべからず、彼等が支那の文化を我に植え、我國の文物を彼に傳へたること少なしとせず。而もそれが彼等の足場たる我瀬戸内海により中次せられたることは、内海島々の文化が寧ろ母陸に魁して、眞先に進みたる因を爲せるものと知るべく、彼の溫州《うんしゆう》密柑の如きは、其當年先づ伊豫の島々に傳へられたる證左は、大三島の某神職家に五百年以上の密柑の老樹ありたるにて知られ、之より母陸と内海の各地（紀州の如き）に傳はりたるは爭はれず。三島文書の中に永正の頃三島大祝より、國主河野氏へ「ミツカン」の獻上を傳へたる書簡あるにても知らる。

牛馬牧として發達——伊豫の島々には殊に王朝時代より特設の牛馬牧設置せられたことも、我國産業史に於ける重要資料とすべく、他の一面には伊豫の島々が天然風土の上に、夫等の利便の多かりしに座する所たくてはならぬ。三代實錄に曰く、

「貞觀十八年伊豫國言、管風早郡忽那島、馬牛年中例貢、馬四疋牛二頭、今其遺馬三百餘疋、牛亦准之、島内水草既乏、蕃息滋夥、青苗初生、風　踏破、翠麥時秀、群入食損、百姓之愁莫甚於斯、望淸検非年貢之餘、皆悉沽却、以其價直混合正税、詔從之」

忽那島（今中島）が有名なる牛馬牧であつたのみならず、尙ほ越智郡に馬島あることも考へ合はさねばならぬ。

古記錄古器珍生物の保存所——島嶼が尊い記錄や寶器

及び生物の特別なる保存所であることは云ふまでも無いことであるが、伊豫の島々には分けて爾うした方面から見ても大した價値を有して居る。大三島大山祇神社に存する百二十餘點の國寶物（全國々寶の八割强）の如き、嘗て志賀重昂氏が之を以て「帝國第一の古物館」と激賞したのも故あることである。伊豫の島々の内に鹿島《かしま》が二ツあつて溫泉郡の鹿島にも神鹿が居るが、南宇和郡の鹿島に群棲する野鹿は、特種のものとして天然記念物に推定せられて居る。鹿島附近のおぢ島には蒲葵の天然林があり、其他榕樹、眞柏、イスの木天然林等の存在は大に研究する價値がある。

新作物の傳來——母陸と島嶼たるを問はず四國、中國地方の農民に取つて大切なる主要食糧は甘藷であるが、元來甘藷を薩摩より傳來したるは享保の青木昆陽を推すも何ぞ知らん、之に先だつ二十餘年既に正德二年に於て大三島の人下見吉十郎なるものが薩摩より傳へて、伊豫の島々其他內海の所々に傳へたる的確なる史實もある。此にも是等島人の活躍振を見るのである。

落伍したる優秀民の隱れ場所——伊豫の島々を開發したる祖先には、母陸に於ける武將及び高貴の人々の自發的又他發的（遠島流謫の類もあれば又史記の「田横懼誅、而與其從屬五百餘人入海、居島中」の類もあつたらう）に流れ込んで來たものが多いのも、其等島民遷移を特徵づけるものであると云つて良い。先づ大三島には菅家の遺蘖もあれば、大島伯方島には村上家の子孫が居り、中島は二階堂信濃守入道謫居して、其子孫忽那と稱すと俚諺集に出て居る（又一說藤原道長の裔孫前右大臣藤原親賢遠流に處せられたる所と云ふ）野忽那は安和年間に多田滿仲の遺臣が北條より移住したとの傳說もあり、二神島の二神氏は長州武士の開發した所であることはまぎれも無い證左がある。是等は何れも研究に値すべきことで、島々の人々の習俗の上に特種のものを存置して居ることや、優良なる門地の故に案外「みやびやかな」習俗などを存して居る。自ら其血族中より飛び出し母陸に向つて活躍し、地方のリーダーとなり莊官となりて蕃衍したなど、皆其原因を此に存することを思はざるを得ない。今はこゝに其大要を錄するに止める。

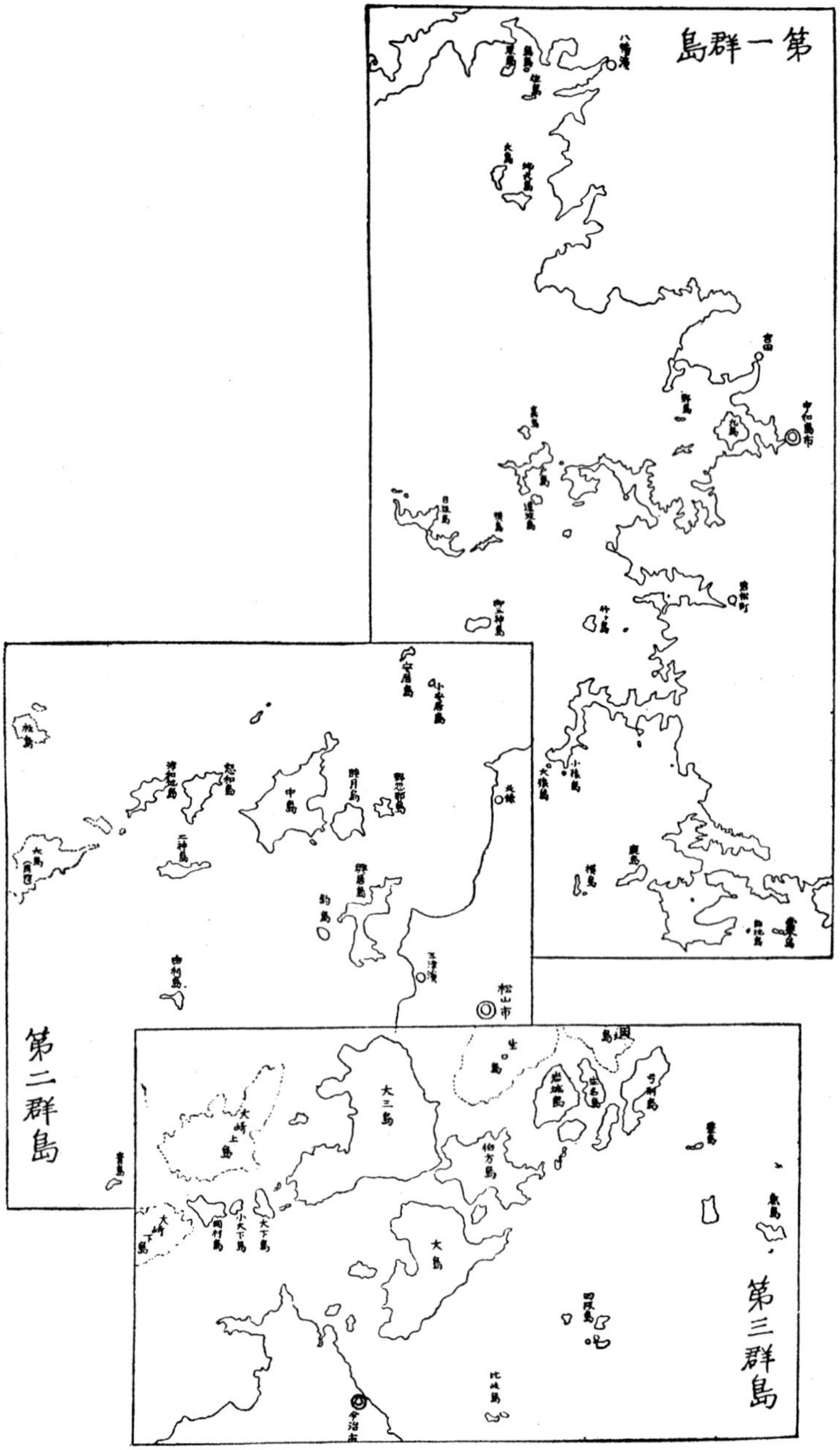
第一群島
八幡浜
大島
吉田
宇和島市
九島
竹ヶ島
御五神島
岩松町
鹿島
第二群島
安居島
小安居島
津和地島
怒和島
中島
睦月島
野忽那島
二神島
興居島
釣島
由利島
北条
三津浜
松山市
青島
大島
第三群島
大三島
大崎上島
大崎下島
岡村島
小大下島
大下島
伯方島
大島
岩城島
生名島
弓削島
因島
魚島
四阪島
比岐島
今治市

喜界島昔話（一）

岩倉市郎

前書き

昭和六年の秋から翌年の春にかけて、越後南蒲原地方の老人達から五百話程の昔話を聽いて、內地の昔話が大體どんなふうに話されるかを味つた私は、それから一直線に鄉里喜界島に歸つて、早速昔話の蒐集を始めてみました。

嘗て柳田國男先生が、喜界島は昔話に充ちた島であると謂はれた事がありましたが、私は自分の幼時の僅かな記憶や、島の言語や生活様式や、それから過去の交通狀態などから考へて、獨り昔話のみが特別な共通を保ち得たかどうかと單純に考へて、あまり多くの期待は持つて居りませんでした。

處が此の考へは間もなく一掃され、喜界島はやはり昔話の島でありました。私は約一ヶ月の間に「猿聟入」「運定め」「はなたれ小僧(類話)」「播磨の絲長殿」等の意外な話を、ちやうど越後の老人達が話すやうに、同じ感覺で同じ情調を湛へて話されるのを聽取る事が出來ました。島の老人も今ではもう「昔話聞《ムカシバナシチ》かちたぼうらんな」と言へば、「昔話な――」と言つて一笑する程になつてはゐますが、それでも話す興味はまだ充分に持つてゐるらしく、折や氣分さへ叶へば、そして聽く者が熱心でさへあれば、「話ちみろうか」と言つて喜こんで話してくれます。殊に老人が若い者に話す心持は、單に話す興味といふばかりでなく、何か敬虔な責任からでゞもあるやうに、其態度の嚴肅で眞劍なのには畏伏させられるものがあります。

或るかなり澤山の話を持つてゐるらしく思はれた一人の老婆は、私に十數話を話してから病臥しました。死の數日前に見舞ふと、二人の話はまだ終らんが――と言つて、話し果てなかつた事を大變殘るさしてゐました。又私の大叔母は「昔の八月踊にはこんな節もあつた」と言つて老いの亂れた音調で歌を歌つて聽かせた翌々日、突然死んで行きました。島では、死んで行く人はよく其やうに何か語り殘して行くものだと言つてゐます。

喜界島にも昔話は澤山あると知つて、だが若し話の不公平な輸入などがありはしないかとの懼れから、全島から平等に蒐める考へで、私は面積四方里の島を六つに區劃して、其中の或部落々々から昔話の老人を捜す事にしてみました。然しこの方法は實際となると仲々思つたやうにならず漸く四區劃から二百餘話を蒐め得たに過ぎませんでした。

蒐集の方法は柳田國男先生の「昔話採集者の爲に」に從つて、正確に多く蒐めるやうに努めてゐます。やはり話を澤山知つてゐる老人を捜すのが最も效果的で、筆記は中根式速記法に依つてゐますが、方言速記は標準語の場合に比べて大分能率が低められます。喜界語はあまり標準語とかけ離れてゐるので、記載方は標準語に依るべきですが、話の氣分を傳へようとの意圖から、却つて一種異樣な文體に書き上げてしまひました。

一、蒐集地及び主なる話者

鹿兒島縣大島郡喜界村浦原　富　實　禎（六二歲）

同　早町村阿傳　福　元　常　有（六七歲）

津　田　豐　信（六一歲）

東　オ　メ　ト（六八歲）

同村志戸桶　濱　畑　行　英（七〇歲）

同村小野津（但出生地）　岩　倉　ス　エ（五七歲）

其他十餘名

一、蒐集期間　昭和七年四月より十一月迄

一二二

鶏の恩返し

昔有《ア》たる事ヌ――。

主人がマヤー（猫）飼《カ》なて置《ウ》ちヤりば、其《ウン》マヤーがいつン間《マド》にかヒン逃《ニ》て居《ウ》らず、何處《ヂャー》にヒン逃たもんぢやろうかと、アマ・クマ（彼處・此處）探《ト》めヱて見たが、とう〳〵探めヱり出す事が出來らず、して見ちヤ處《ドン》が有《ア》たる日の事、其家《ヤー》の雌鶏が時を知らした。――歌はん筈《ハン》の雌鶏が歌つた。それで主人はいつぱい（大變）氣味《チビ》惡う思つて、これはきつと家内《ヤウチ》に何《ヌー》か惡い事の起るに別條《ビンヂュー》無ヱらん、斯樣な鶏は一時も飼なては置《ウ》からん――と、言つて、其鶏の首を捩《ム》でゝ泊の中にハン投ぎた（拋棄した）。

泊には恰度何處《ヂャー》ナかの大船が潮掛イ（風待ち――寄泊）してゐた。夜中頃になつて、其船の綱をヤリ〳〵搖つて、ホーイ〳〵と聲を掛ける者がある。船頭が出て見ちヤりば、一向人間の樣子もあらん。不思議に思ひながら、暫く船の中に入つてゐると、又むホーイ〳〵と叫びながら綱を振るので、今度は船頭が氣を利かせて、綱ウバ引上げて見た。上げて見たら死ん掛《カー》りた雌鷄が縋り付いて來て、恁ふ物を言つた鹽梅《アンベー》である。私は此の上の村の何某の家に飼なはれてゐる鷄であるが、同じ飼なはれ物の猫が、かねてから主人バ取らち（取らうと——命を）考へて、此の間から何處へかヒン逃て、いゆ〳〵明日《アチャ》か明後《アサテイ》か戻つて來るに就いて、自分は主人に恩《グン》戻すは今《ニヤマ》ぢやと思つて、歌を歌つて知らしたら、却つて勘違ヱされてこんな事になりました。ぢやが一時も早く此の事バ主人に傳言しらち思ふから、どうか頼ンまツて下さい。マヤーが家へ戻つて來て、主人の茶々碗を跨いだら、其の茶はオーゲム（決して）飲《ヌ》でヱならん、ちゆう事ウバ屆けてたぼうり——と言ひ果ツてゝ、鷄は其のまゝ目落ちヤ（落命した）。船頭は頼まれた通り、曉のうちに船を下りて、村の何某といふ人に傳言を屆けた。

果して其の日の眞晝間の茶飲頃（shânungunuchi）に、ヒン逃マヤーが戻つて來た。どんな事するか見ちユらず——と思つて、主人が知らん振りしてゐると、案ぬ如く猫は主人の茶々碗を跳び越へた。和郎（野郎）待たミ——ち言《イ》ゆが最後、猫を摑まへて打ツ殺してしまつた。茶々碗の中を見ち見ちヤりば、ガツツイ（恰も）中の茶は墨のやうに眞黑になつてゐた。

鷄が命ハン投ぎて奉公《フークー》したウ蔭ぢ、主人は危ヱ命取らり遁《ヌガ》アた——ちゆう話である。

猫の恩返し

此れも家に猫飼《カ》なて置《ウ》ちヤりば、此の猫は又いつぱい良《ユ》カ猫で、かねては少しもネィバリ（くひしんぼう）しないが、有たる日御馳走の魚を取つて食つたばかりに、主人が肝出ぢて（立腹してchimu-ijiti）火箸バ投ギて追つたら、過つて其火箸が猫の目に打ち込まれてしまつた。猫はギャー〳〵泣いて、外へ出て行つたふうぢヤたが、それ切り家へ戻つて來なかつた。主人はデーンナ（氣の毒な）事したと思つて、近所を探したりしてみたが、皆目行方が分らなかつた。

それから幾年振りかに、主人が旅しらんばならん事になつて、何處《ヂャー》ナカの遠い處へ行つて歸つて來る途中、いつぱい廣い原で夜幕《ユンク》らした。暗くて歩きもならんので、困つてゐると、良カ都合に向ふの方に明りが見へる。其明りを尋《タ》ンねて行つてみると、ツマイ(甚だ)立派な構イの家屋敷である。ホーイ〱と聲掛けて見ちヤりば、中からミッチョー(片眼)の女が出て來た。今晩宿は貸《へ》らちたぼうらゝんナと言ふと、女は喜こんで家の中へ案内して、いつぱいの取持(歡待 tuimuchi)をして吳れた。それから暫くすると其女が、旦那様々々々、あなたはまだ私が分りませんか――とスツト(不意 suttu)に訊ねるので、旦那様は見た覺イの無い女であるから、何も分らんがと答へると、私は永らくあなたの家に厄介になつてゐた猫です。コレ此の目は、いつかあなたに火箸打ち込まれた目です。然しそんな事は何とも考へては居りません。實は此の家といふのは、我等同志等が集つて人間を取つて食ふ處で、家のグルイには澤山の猫が見張イしてゐます。今の拍子に早く遁げ出して下さい。先へ行つたら石雨が降りますから、決して倒《トゥ》りらんヨウジョウ(用心)して走つて下さい。若し過つて倒れたら、命はそれ迄です。私はあなたに恩を送る爲に、此の事を打ち明けましたが、明朝にもなれば同志等から打殺されるは決《キマ》イです。トウ早く遁ぎるナツシ(遁げる様に)して下さい――と言つて、猫の女は主人を庭迄送り出して、自分は其場で舌《スバ》を噛んで死んだ。

主人は猫の家からドン〱遁げて先へ行つたら、果して猫の女の言つた通り、石雨がバラ〱と降つて來た。其の中をテン棒返らん様にして走つたので、無事に家へ歸る事が出來たといふ事である。

猫の歌

だん〱猫の話があります――。

爺《アチー》と婆《アネイ》が二人暮してゐたそうだが、有たる日爺が海へ魚捕りに行つて婆が一人家に居ると、其家の飼猫が婆の側へ來て、婆々我が歌しらば聞《チ》ちユみ――と言ふ。婆は面白いと思つて、歌が出來るなら歌つて見りと言ふと、猫はフビンニヤベーと言ふ八月踊りの歌を、大變良い聲で歌つて聞かした。そして婆に向つて言ふには、自分は婆に歌を聞かしはしたが、若し此の事を爺に知らしたら命は無い物と思《ウム》イよ——と口止めしてゐるうちに、海から爺が歸つて來た。婆がそれを見て、爺々アノ——と言つたら、猫は自分の事を言はれると思つて、後は言ヤしムしらず、いきなり飛んで來て、婆の喉に食ひ付いて殺してしまつたといふ事である。

黒鐵の彈

昔有《ア》たる事には——

猪射りの上手な人があつて、——昔は鉛彈ちゝ（と言つて）、鐵砲ん彈は皆自分々々で熬《タ》いたものであるが、其人も鉛に油《アンバ》を付けて、ジル端で彈を熬いてゐると、家に飼なてある猫が主人の側《ハタバシー》に來てからに、目《ミ》ン玉をジル／＼させて、造り上げた彈を一々足で轉がしたり返したりして見てゐた鹽梅ぢや。三十彈ばつかい造つたが、やつぱい猫は熱心に轉がしたり返したりして、恰度我々が物を數へる時の樣な格構してゐた。胸に來《ク》らん事する猫ぢやが——と不思議に思ひながら、主人は兎も角其の次の日は山へ行つた。

だん／＼山奥かい（の方へ）入《イ》ツち行《イ》ぢヤりば、向うの大きな木の股に、何とも言《イ》やらん化ヱ物が坐り込んで提灯の程《ヒダ》もある目ン玉をギル／＼させてこつちを睨《ニ》ャみつけてゐる。

此の和郎一射ちに射ち落ち吳りらず——と言つて猪射りが鐵砲射つたら、立派に當つた筈ぢやつたが、化ヱ物は少しも應イらん樣子である。そこで又射ち／＼、とう／＼三十彈スツコイ（スツカリ）打ち果てゝしまつた。其時化ヱ物が、どうぢや、彈はもう射り果ツてたゞろう。我は(wanô)昨日迄、汝の(dâ)家に飼なはれてゐた猫ぢや。下りて來て汝バ食《カ》まうか、上つて來て我《ワン》に食まれるか、と喚《ア》び崩《クン》だした。ぢやが此の男も名代《ナデー》の猪射りで、こんな事もあろうと、いつも懷中に黒鐵《クルカネ》の彈ちゆう物を匿してあつたから、その彈を塡めて、此れを食らつて見り——と言つて最後の一發を射ち込んだ。化者も此の彈にはいかれた。ミツチエー(額)を射ツ通されてバターンと地鳴打たち落ちて來た。

黒鐵の彈がなかつたら、主人は自分の飼ない猫から、命取られる處であつた。

姉妹と鬼

これも浦原に例イて話しませう。昔浦原に女の子二人と母《アンマー》の三人暮しゝて居《ウ》て見チヤ處が――有たる日母が原へウム(田の芋)取りに出掛けて、坂の下の田で芋を取つてゐると、上の山から鬼が出て來た。鬼は母を見附けて我《ワン》に芋食《カ》まし――と言ふので、母は怖ろしさに芋を澤山遣つた。鬼はそれを一口に食つてしまうと、又芋食ましと言ひ、食ましば又食ましと言ひ、見ン見るの裡に田の芋を皆んな食《カ》ん果《バ》てゝしまつた。鬼はそれでも腹《ワタ》が滿かず、とう〳〵母を食べて、今度は自分が其母に化けて、二人の女の子を食ひに家へ遣つて來た。

化けた母は、家へ來ると夕飯のオーレー(仕度)を始めた。處が家の中の勝手が少しも分らないので、コレ〳〵子供等味噌甕は何處だつたかね――と訊ねた。妹がそれを聞き咎めて、母はいつも自分で出してゐる癖に――と言ふと、鬼の母は、ウンそうぢやつたねと言つた。其夜鬼の母は姉を前に抱いて、妹を後にして寢た。夜中頃になつて妹が目を醒まして、そつと母の脊中を撫でゝ見た處が、恐ろしいガブー(瘤)がある。イユ〳〵これは本當の母やあらん――と思つて、妹は何とかして遁げ出さうと、インマ〳〵(姉)便所へ行き度いと言つて姉を起した。處が鬼の母が目を醒まして、夜中に便所へ行く者があるかと叱つた。そこで妹が、母は私が毎晩便所へ行く事を忘れてナ――と言ふと、鬼の母は又、ウンそうだつたねと言つた。妹が姉を起して便所へ行こうとすると、鬼は二人に遁げられては其のまゝだと思つて、二人の帶に長い綱をつけて、自分は其端を摑んで、トウ(サア)早よう糞まで來《ク》うョーと言つた。屋戸を明けて外へ出ると妹は姉に向つて、あれは本當の母やあらん、鬼が母を食つて化けて來たのだから、二人は今のうちに遁げ出さんば又食まれぢや――と言つて綱を解いて庭の木に結び付け、一生懸命に走つて山の三十三尋ある松の木に登つた。

鬼はいくら待つちむ〳〵二人が戻つて來ないので、永か糞まりぢやと思つて綱をヂイ〳〵引張つて見た。一向手應へがない。いよ〳〵遁がしたかと思つて外へ出て見ると、綱は木に結んで二人の姿は目にも掛らん。何處へヒン逃《ニ》たかと其處らを探してゐると、丁度傾いた月が山の三十三尋ある松の木にかゝつて、松の木の蔭が庭に寫つてゐる。よく見ると、木の端《ハナ》に二人の姉妹が匿れてゐる樣子である。鬼は喜こんで、ドン〳〵山へ走つて松の木の下へ來た。二人が雜作なく見付かつたので、汝等はどうして此の木に登つたかと尋ねた。そこで智慧のある妹が、手と足に油を塗つて頭《ハマチ》サーシー(さかさ)なつて登つたと答へた。鬼は手と足に油を塗つて、頭をサーシーなして登つて見たが、一足登ればや辷り落ち一足登ればや辷り落ちして、どうしても登り出來らん。それを見て足らない姉が笑つて、さかさまになつて登らりるものか、あの枝摑んで此の枝摑んで、エンサ〳〵と登るのよ——と言ふ。鬼は喜こんで、あの枝摑んでこの枝摑んでエンサ〳〵と登つて來た。今にも二人の處迄屆きそうになつたので、妹はもう天とう樣にお賴みする外はないと、懷から白羽扇ちゆう物を取り出して、それを擴げて

愛《カナ》さらば絲《イチュ》ン綱《ナ》
憎《ネタ》さらば灰《アク》ン綱下《ウル》ちたぼうり

と招いた處が、其願叶つて天とうからヅラ〳〵と絲ン綱が下りて來た。姉妹は喜こんで其綱に縋つて天とうへ上つた。後に殘つた鬼は、これも二人の眞似をして、愛さらば絲ン綱、憎さらば灰ン綱下ちだぼうりと言つた處が、今度は灰綱が下りて來たので、鬼はそれに摑まつて上つて行くと、天とうの中途でプツツと綱が切れした。鬼は其《ウ》ンまゝ竹山の中へ眞逆樣に墜ちて、竹の切り口に刺されて死んでしまつた。

それを見た姉妹二人はり下て來て、死んだ鬼の腹を裂いて母を取り出し、息の切れてゐる母に、交る〳〵息を吹き込んで、やつと息を取ン戻した。それから三人は大喜びで家に歸り、一生愛《ハナー》さして暮したといふ事である。

福本久雄の話は、大體似てゐるが稍簡單であつた。鬼の母が家へ歸つて味噌甕は何處だつたかと訊く條、姉妹を縕

で括つて外へ出す係はない。姉妹は家の裏の木に逃げ登る。鬼は天とう様に祈る詞は、愛さらば金の綱下ちたぼうり。鬼は薄《ス・キ》山に墜ちて死ぬ。薄の根の赤いのは、鬼の血が染つたからだとなつてゐるが、姉妹が天から下りる條はない。

勇精吉の話では、鬼は天とうから下りて來て母を喰ふ。姉妹が家の裏の池の端の木に登る。鬼は池の中の小蝦を見附け、陰毛を抜いて羂を造り、蝦を取つて食ふ。それを見て馬鹿な姉が笑ふ。大體右福本久雄の話に似てゐる。

岩倉すゑの話では、鬼は池の影を姉妹と思つて水を飲み乾す。最後は、鬼は竹山に墜ちて、竹の切り口で長骨（脊柱）を刺される。それを見て、姉妹は天とうから生鞭死鞭を貰つて下りて、死鞭で鬼を殺し、生鞭で母を活かす。

王様と落し子

王様が落し子をして、見らず知らずにして置いた。子供は母に死なれてアネイ（祖母 'ami）に育てられた。有たる日、王様が何かの用事で此の村を通つた。村の人は皆跪いて御禮《グリー》したが、子供の祖母丈は見らん振してハンスー（甘諸）を掘つてゐた。王様はそれをとがめて、外の人は皆頭下げるのに、汝一人はなぜ下げないか。その罰に我が用を濟まして歸る迄に、汝は鍬を幾度振るかハンチョーて（算へて）置け。それが出來なければ頸を斬る——と言つた。婆は心配して家へ歸つた。婆が心配相にしてゐるので、七つになつた子供は、どうしたのか婆と訊いた。實は斯々の事だが——と言ふので、そんな事なら何も心配《シワ》はいらん、と言つて二人は連れて畑へ行き、王様の歸りを待つた。

王様は還つて來て、鍬を幾振り振つたかと訊ねた。そこで子供が、王様は今迄幾足踏みましたかと訊き返した。これには王様も詰つて、今日はこれでよいから、と言つて二人を家へ還へした。其の後王様は子供を呼び出して、又難題を出した。（難題は失念）。それを子供が解き、反對に王様に難題を出して困らせ、素性が分つて王様の後取りとなつた。

長門六島村見聞記（中）

櫻田勝德

住、衣、食、

漁が盛んになつてからであらう。大島の人家は稠密して、今では壁と壁とを突き合せてくらしてゐるが、母屋の前にはやはり廣場をとり、その脇には牛小《だ》屋《や》も在る家が多いやうだ。しかし牛小屋は道路を通つたゞけでは、一寸知れぬ。厠はすぐさま肥料貯藏所故、道路から直ちに汲出して運べるやうに出來てゐる家が多いやうだが、之も道を通つたゞけでは氣付かぬやうにうまく出來てゐる。道路にはよく石が舗かれ、下水の溝にも石が詰められてゐる。殊に軒と軒との間の極く狭い、人の這いられぬやうな所にも溝を作り、汚水の停滯をあまり見ぬのは感心である。相島の方も人家は一ヶ所に集つてゐるが、家の周圍には餘裕が在り、家の脇、部落の周圍の畑の隅などに、一坪二坪の墓原が散在してゐる。家毎に一のムショバを持つてゐるらしい。大島の墓原は部落はづれの松林の磯に唯一つあり、墓前には水仙、樒等が供へてある。墓原中、數本の老松もあるが、以前澤山在つたといふススメドウが皆破壞されてしまつたといふから、昔の俤は殘り少なになつてをらうが、自然石の墓碑も割に多い。さて相島部落は土地に高低があり、路は山行きの路にすぎぬ故、大島の如き舗石の整然さは無いが、トノスやオイコを背負ふ往還には一向差支へはない。

大島の家も瓦葺が多い。さうして追〻二階造りも多い、二階造りの所では、その下を土間の納屋或は納屋を半分仕切つて床《ゆか》をつけ、疊を敷いて常住の室に充てゝゐるやうで、如何にも漁業納屋らしい感じであるが、二階には都會風な床の間、脇床などをつけた座敷を造つてゐる。これは近頃の流行で、漁業に關係のある少し懐の豊かなものゝみの試らしい。此方は目立つが、他の家は一見普通の四間造りの家であるやうだが、家やその間取について話を聞く機會をもたなかつた爲め、記述する何物もない。相島も同様である。只相島の人家の全姿を見下せる岡に立つた時、此地は大凡貧富の差の殆ど無い土地であると感じた。いづれも一樣に稍大振りな瓦棟の家で、その中にまじる小型な隱居所も大してないらしい。本家と分家の差などはまして感ぜられぬ。まづ附合などのやり易い平和な里と思はれる。所が大島の方は上から覗いて見るわけにはゆかぬが、貧富の差は漸く大きくなつて來たやうだ。いはゞ町の風になつて來たのである。夜の灯の點でも兩島はもう相異してゐる。大島では信用組合が火力で電力を起し、少し暗いが電燈は部落內に行きわたつてゐる。その發電には徵兵前の青年が三名傭はれて從事してゐる。相島には電燈が無い、此處はランプ時代で、それに手に提げる角行燈が用ひられてゐる。之をアンドウと云つてゐる。どういふわけか提灯を見なかつたが、懷中電燈は使はれてゐた。しかし相島では當分電燈の必要はあるまいと思ふ。大島は少し電燈料が高くても、鰤大敷の根據地になつたり、自らも鰯の夜漁に出かけたりするから、外はともかく湊の電燈だけは是非今は必要であらう。

服裝の點でも、兩島は以前は殆ど同じやうであつたらうが、今はやはり違ふ。

大島で目立つた服裝は、婦人が本式に激しい作業を始めた時、つまり偶〻私の眼に觸れたのでは、下肥運搬作業の際の身裝であつた。此仕事だけは今樣町風で行ふわけにはゆかず、やはり親達と同じ姿になつて甲斐々々しく働く。尤も全く以前と同じではないらしい。足中は地下足袋と代り、鉢卷の手拭は半分位タオルに變つてゐる。だが肝腎の三巾前掛や甲がけは流石に元のまゝと思ふ。大島ではかういふ服裝は、かうした作業の際にのみ着る取つて置きの衣服に今はなつて居り、旦那方の娘の中には、未だ一度も三巾前掛を帶びた事の無い者も、確かに今はあると思ふが、相島に於ては三巾前掛、甲がけ(手甲をもいふらしい)は婦人の通常着で、殆ど常の日は起るから寢るまで、此服裝で押し通してゐる。小學校に通ふ少女らも、未だ學齡に達せぬ幼な子も、その母の如く三巾前掛をしめて嬉々としてゐる。殊に此服裝の幼女が、背に小さいトノスを負ひ、母に手をひかれて山に行く姿は、感動せずにはゐられなかつた。こんなすばらしい育兒法、敎育が、何の不安もなく行はれてゐるとは、有りがたい島である。最も可憐なのは小學校へ通ふ少女達である。銀杏とやらいふ可愛らしい髷（繪にある牛若丸が結つてゐるやうな稚髷《ちごまげ》の事）をちゃんと結んで、三巾前掛をしめ、數名が一列乃至二列に並んで（路がせまいから）、學校に向ふ。その子らが私を眺めてポカンと立上り、目をくるくるさせたり笑つたりしてゐる。此愛らしい姿ぐらゐ素朴なうるはしいものが、又と此世にあらうかと思つた。

それから島に渡つた翌日、突然島の信仰の中心であり、島人から「アナタ」と敬ひよばれてゐる大日如來の御堂で、お籠りがあつた。それがすんで夕靄の立つ頃、人々と一緒に歸つて來ると、かの少女らの數名が、美しく髷を結ひ脂粉を裝ふて、お正月のやうに門口で遊んでゐる。之はどういふ理由《わけ》ですかと尋ねてみたが、島人は往々かうやつて遊ぶのだといふ。此返事では滿足出來なかつたが、之以上知る事も出來なかつた。思ふに此日は門毎に

風呂を沸し、之に入つてお籠りに出掛けたのだから、子供達も學校から歸つて來ると風呂に入り、此飛入りの節の日の裝ひをしたのであつたらう。全で魔法にかゝつてゐた少年の日の眼で、此現の世を見てゐるやうな氣がして、今でも忘れる事は出來ぬ。だが子供達は銀杏ばかりを結つてゐるのではない。恐らく之は他處行《よそゆき》の髷で、少女達は學校へ行く事を、晴の他行の氣持で幾分居るか、或は每朝髷を結んでやる母や姉に、いくらかさうした氣持が存してゐるのかもしれぬ。女の子たちの中には、圖のやうな頭にしてゐるものも澤山に在つた。

相島の媼達は今も尙黑々と齒を染め、やはり銀杏とやら云ふ髷（子供の銀杏とはちがふ）を結んでゐる者が多い。大島では此地の噂をして、もとは老若を問はず婦人は髷に赤いテガラを用ひてゐたといふ。大島でも中年以上の婦人に此の髷を結ひ眉を剃り齒を黑めてゐる人が、未だ少し殘つてゐる。髷の事をよく知らぬが、町の銀杏返しと同じ

ものだと思ふ。大島の男の服裝はよく判らぬ。一定してゐないやうだが、相島では男も女も木綿の筒袖を着てゐる。その着物の襟と背の肩の所とには、着物の柄よりもずつと荒い絣の布をつけ、時節が寒い頃であつたので、同じ此着物を何枚も重ね着してゐた。相島では殆ど仕事着と常用着との區別が無いのではないかと思つた。青年達は他處で晩着《ばんぎ》とかよさり着物とか云ふ類のものを、持つてゐると思つたが、冬の故か他の人には殆ど見かけなかつた。唯男の磯着にツヾリ又はツヾラと呼ぶ絆纒或は胴着に似たものがあり、之は今日木綿絲（凧をあげる時使ふ白い太い絲）を買ひ、自ら織る由であるが、以前は自ら苧をうんで製したといふ。此地にも大島同樣、地下足袋は入つてゐるが、之は極く近年の事だといふ。高値の上にさう修繕が利かぬので、さ程人望もないらしく、足中や草履の使用の方が多い。下駄などは私の泊つた家には一足も見當らなかつた。

　私が厄介になつた家はお百姓で、宿屋商賣をしてをらぬが、稀に來る旅人は此家の牛小舍の二階に泊めて貰ふ

一三二

事になつてゐる。又此家は酒をも賣つてゐる。それで此家の爐端は村唯一の居酒屋と化し、世間咄の一番はづむ場所らしいが、あいにく私の渡島した日に、久しぶりに新聞が入り、上海事件の噂で沸騰し、此夜は朝の三時頃まで戰爭談で夢中だつた。翌晩もやはりさうであつた。寄ると觸ると此咄ばかりであつた。此島には小賣店らしいものはない。晝間物を買ひに行つたとて、誰もゐぬ樣な店ばかりであつた。大島の方には何でも賣る本式の店が一軒は在る。もと此家の爐邊も話の中心地で、夜何時までも話し込まれて迷惑したので、爐を廢し酒の燗だけは斷つてしまつたといふ。それで今は桝で一氣にやつて行く者の外は、店で飲む者はなく、從つて大概は一合二合と買ひに來る者ばかりになつた。其結果は大體に於て飲酒の量を減じた事になつてゐると云ふ。それは恐らくさうであらう。隨分水の入つた酒ではあつたが、相島のあの爐端では澤庵を唯一の酒肴に、茶碗でがぶ〳〵飲んでゐた。戰爭の昂奮が手傳つてゐたにはちがひないが、一升位の酒は見てゐる間になくなつてゐた。

食事の事はよく判らぬが、大島では麥を最も多く食ふといふ。相島でも恐らくさうであらうが、ふと偶然見た相島の飯の色は非常に赤かつた。あの頃の相島の食事回數は一日に四度で、早朝のものをお茶と呼び、午前十時半頃の食事をおひるといひ、午後二時頃にひるめし、夕方六時頃にようめしを食ふと云ふ事だつた。黍餅を嚙つてゐる幼な兒に向つて、その母が、澤庵をあげようかと云つた處、いや鹽の方が良いと答へて、鹽で餅を喰べてゐたその子の姿も、相島の思ひ出である。之がもし大島の子であつたなら、鹽でなく砂糖をくれと答へたであらうと想像した。

大島と相島と何れが幸か私には判らぬ。唯大島の人は相島に對し優越感を抱いてゐるらしい。恐らく之は大島の生活が萩によりよく似てゐるからであらうと思ふ。しかし一方ではかういふ逼迫した世の中では、相島の方が內實は裕福に暮してゐると、大島の人がいふ。尤も此語の裏には、世の波のあまりとゞかぬ岸だといふ事も含まれてゐた。所で相島側は、漁業を盛んにして大島の如くならうといふ希望も、相當に強いやうだが、大島の新しがりやを冷眼視してゐる風も確かにない事はなかつた。同じやうに肩を並べて海に浮ぶ島であるのに、心うたれる事である。

出稼流人

出稼については大島で聞く所は無かつたが、船に乘り合せた娘達や下肥運搬のさまを見ると、娘の町奉公は盛んであると想像される。暫らく荷擔はなかつたから肩が痛いなど云ひ乍ら、頰を赤くして、急坂の肥壷に幾度か肥桶を運ぶ娘達がゐた。相島では出稼があまり盛んでないと聞いたが、想つてみると此島では若い娘の影を一度も見なかつた。多くは馬關方面へ行くといふ事であるから、やはり町奉公であらう。恐らく通浦や大島のやうに人數が澤山ではなく、近頃盛んになつた風故、それであまり盛んではないといふ返事を聞いたのかもしれぬ。大體此邊りでは歸鄕した者の跡へ、入れ代つて新しい者が行くといふ方法を採つてゐるやうで、此島でも矢張りさうであるといふ。かの地方でシガと呼ばれる魚振賣人の多く出る處では、あの人達も奉公先を見付る役をしてゐるらしい。相島では酒造、醤油造の杜氏もいくらか出るといふ事である。此風も此地方では追々に在るやうで、黄《き》波戸《はと》の傍の茅刈、矢ケ浦からはテゴを率ゐたオヤヂが、大部出て行くといふ事である。相島では二月二日が男の出入り、三月二日が女の出入り、大島では三月五日が出代りと聞いたが、その詳細をしらぬ。

さて兩島共舊藩時代には流人島であつたと云ふ。尤も角島もさうであつたと云ふから、廣く島々に厄介拂ひしたものとみえるが、島の方ではさぞ迷惑であつたらう。相島では幕末頃遠島(流人の事)があまり多く入り込んだ爲め、非常に不安を感じた事さへあつたと云ふ。大きな島では流刑者を部落から切離してをくといふ設備もゐつたらうが、相島などは殆ど雜居であつたらしい。それで遠島が來れば地下《ちげ》は順繰りに世話をしなければならなかつた。此當番に當つた家を濡れ草鞋《ワランヂ》と稱したと云ふ。福岡方面時報第五號を見ると、昔博多では外來者(寄留者)

を名子又は濡草鞋、濡草履とも云ひ、容易に町内仲間つきあひを許さなかつたと云ふが、相島のそれと博多のこれの間には一脈の繋りのある事を思ふ。相島の地下では家毎に遠島小屋といふものを構へ、此設備の無い家が濡れ草鞋に當ると、奥の一間でも貸さねばならなかつた。之は大變な事であつたらう。此流人の中には勿論旦那もあれば襤褸《ぼろぎ》着もあつたが、彼等が來島すると、先づ濡れ草鞋に地下一同を招いて馳走し、披露と挨拶をした。之を顔見《かわむ》せと稱したと云ふ。いはば流人は仲間入りの酒みたいなものを買はされたわけで、或は博多の寄留人よりも却て親しく附合はれたかもしれぬわけである。何故といふに名子ぬけ或は名子洗ひの酒は、餘程苦勞をした揚句でなければ買ふ事が出事なかつたと云ふ事だから。所で濡れ草鞋には無論扶持が下つたと云ふ。扶持と云つても遠島米《エントウマイ》といふ最も惡い米があてがはれ、流人は之を自炊して喰つたといふが、その頃島人は毎日何を喰べてゐたらう。恐らくは最も惡い米だつて、喰ひはしなかつたであらうに。

流人が地下人に惡い事をすれば、島換へになつたといふが、時には庄屋が地下の若者に命じ、性惡者を竹の簀の子卷きにして、懲しめた事もあつたと云ふ。又遠島同志が爭つたり、彼らの中で惡い事をしたものゝあつた場合には、遠島仲間中の制裁があつた。中でも滑稽であつたのは、尻かぶと（尻のわれめ）に大きな灸を据えた事で、熱くて苦しがつてゐる者を取りまいて、他の者は灸の火で莨などをふかしてゐたと、その頃幼少であつた老人が語つてくれた。大島では流人に算筆を習ふ者もあつたと聞いたが、他に記すべき事もない。

大日堂

大島は曹洞宗、相島は淨土宗、氏神は兩島共、その邊りの地方《ちかた》同樣八幡であるが、相島には大日堂があり、それが島人心の一の中心を爲してゐるらしい。相島の人は此島に醫者の必要のないのは、大日如來が在すからだと堅く信じてゐる樣子で、病を治すにもその護摩の灰を以てするといふ。尤もその灰だけでは事足らぬ事も確かに在つたらしい。先年全島淨土の此地へ、フクダといふ婆樣がやつて來て、その一部に天理教を布くに成功したのは、專ら之を信ずれば、病を癒して貰へると云ふ所に在つたといふ。

だが大日堂は氏神でも在しさうな地點の、神の森の中にあり、石の鳥居もちやんと立つてゐる。御堂につゞく拜殿の中には、爐が切つてあり、鐵の自在鍵がそれに下つてゐた。此處で島人は折にふれ御通夜を行ひ、重大な寄合をもやるらしい。御堂の十二體佛は、昔正月四日に一枚の大板の上に乘つて、此島の磯に漂着せられたので此日と七月の十六日に祭るといふ事であつた。尤も今は二度の火事で燒けたとて六體しか安置してない。御像はどういふものか、他の地誌でも確か二三度は見た事のある天笠摩伽陀國毘首羯磨といふ者の作だといふ。命日の正月四日には、地下一同が此堂に會し酒盛が行はれる。此際生大根の輪切を膳に供へ、三合入の黑椀に酒をなみなみと注ぎ、之を一氣に飲干すが作法である由、此椀には裏白《モロムキ》と楪のついた正月注連繩の模樣がついてゐた。又此日のみ御神體を拜み得るので、それも御鬮を引いて拜んでもよろしいといふ鬮に當つた人だけが、拜めるのだといふ。島人は如來をアナタと構へ、日月の神だと感じてゐるらしい。此宮番は極く下積みの老人であるらしいが、中村といふ怪しげな由緒書を保存してゐる土地の有力者の家が、特別に此佛と緣故が深いと思はれてゐる。私も一緒に御通夜した時、八十人ばかりの人が此處に集り、ナムアミダブを合唱した。此時中村が最先に坐して彼の前に置いてある鉦を時々ガアンと叩いた。ナムアミダブ百遍か百十遍か位に、一度ガアンとやる。力强い聲が堂内に滿ち〳〵て嚴かであつた。それでも一際高く美聲を張り上げる信心深い老爺がゐるかと思ふと、その傍には屈託なささうに太つた中年男が、欠伸まじりに合掌して聲を和してゐる。今日の御通夜には島中が半日休業して、是非一戸から一名づつは列席せねばならぬやうだつたから、致方なしに出て來てゐる人も、此外二三名ではないらしかつた。各人自由勝手といふわけにはゆかぬ島生活であるから、かういふ人も觀念して、合唱しゐたのだと思ふ。

『南島雜話』（永井龍一編）本書の如何なる本であるかは小出九大教授が編者永井氏に寄せられた書中に「最初は畫圖一册雜記一册全圖一册より成り、續一册拾遺一册を添加せるものなりといふ。風俗逸事など見聞に任せて筆錄せるもの、及、文政十一年に成れりといふ詰役の報告を合編し、尙天保年間に至りて追加補錄せるもの少なからず、完本の傳はらざる事惜むべきも、甚だ尊重すべきものとす」とあるので判然する。幕末頃の奄美大島の生活の各方面――制度、習俗、產業、動植物からその時々の出來事に至るまで――一切の見聞を文章と繪圖を以て實に描寫した貴重な文獻である。本書の原本はもと大島々廳にあつたが現在では鹿兒島高等農林學校、鹿兒島圖書館、大藏省文庫に寫本として一部を藏するに過ぎない由。今回永井氏の苦心と努力によつて同好の士に頒つ樣になつた事は慶ばしい事である。尙右の外沖繩圖書館にも一部ある。之は十數年前大島々廳所藏の原本から寫取つたもので、或は完全なものであるまいか。今回の頒布の分にない繪圖が一二あつたことを記憶する。（東京市神田區西今川町三元社取次、定價普通版二圓、特製二圓六十錢送料十八錢）

『海島民俗誌』第一卷第二册（本山桂川著）前號に紹介した第一卷第一册に續くもので、第六章伊豆諸島の住居及建造物第七章伊豆諸島服飾の二篇が收めてある。本篇は思ふに著者の得意とする研究方面で、之に加ふるに口繪の彩色入りの繪圖、自撮の寫眞より、本文中の多數の挿繪に至る迄、同氏獨自の印刷技術の効果を發輝したものと言ふべく、誠に好著である。附錄の「八丈筆記」（寛政九年）も又興味深き讀物である。（千葉縣市川町、日本民俗研究會發行、非賣品、豫約頒布）

伊豆諸島の正月廿四日行事

山口貞夫

伊豆諸島には正月廿四日に行はれる日忌祭と云ふ行事があり、之には日忌様の傳説が伴ふて居る。廿四日行事に就いて報告のあつた島は、大島　利島、新島（及屬島式根島）、神津島、三宅島、御藏島の六島で、八丈島及其の屬島に關しては未だ何等の記事あるを知らない。尤も本行事は暦の改正以後、元の儘の舊正月に行ふもの（神津島）、新正月に直したもの（大島、新島）更に二月に繰延べたもの（三宅島）等があるが、此等は別に問題とはならぬ。要は廿四日を重要視したと云ふ點を注目すべきであらう。偖日忌様の傳承に就いては、各島間、更に一島内の各村毎にも相當差異がある様で、之を比較考察の端緒として、以下二三の卑見を述べよう。

大島では此の行事は泉津村と岡田村で現に行はれて居るが、岡田のは殆んど泉津の御附合ひと云つた程度に過ぎない。從つて順序として大島泉津村の日忌様の口碑を藤木喜久麿氏の御報告（民族、第四卷、第二號、伊豆諸島の日忌祭の傳説）によつて紹介する。

（一）昔泉津村に代官があつて非常に暴虐であつたので同村の血氣の若者廿五名が相謀つて、正月廿四日の夜陰、暴風雨を幸に惡代官を襲ふて打殺し、其夜の中に波治加麻神社の杉の木を切り倒して丸木船を作つて、夫れに乘つて海上へ逃去つたが、途中風波の爲に轉覆して全部の若者は溺死した。此等若者の亡靈が廿四日の夜五色の旗を立てた丸木船に乘つて、海上より來ると云ふ。或は又右の廿五名の者、丸木船に乘つて漕ぎ出し利島に至つて事情を話して上陸を願ひしも、利島にては後難を惧れて上陸を拒みしにより、神津島へ流れ著き上陸せりと。後此の惡代官の亡靈が廿四日の夜海上より襲ひ來る。故に利島神津島も共に日忌をなすと云ふ。

とある。即ち廿五人の亡靈が來るのか、惡代官の亡靈が來るのか旣に不明であつて、泉津村誌には前說を取つて居り、本山桂川氏の「伊豆大島の追憶」（海島風趣、大正十五年）には後說を擧げられて居る。實際はこれはどちらでも宜しいので、海を渡り來る惡靈があると云ふ考へが根本をなして居るのである。大島では此等惡靈を一名海難《カンナン》法師又は海難坊と呼んで居る。

日忌祭が最も嚴肅に行はれ、且つ村民が畏怖の念を持續けて居るのは神津島が第一であらう。本島に就いても藤木氏が民族誌上（第四卷、第二號、伊豆神津島の廿五日樣）に詳細に報告せられてゐる。此處では日忌祭を別に廿五日樣と呼んでゐる。藤木氏の御報告によると、

（一）廿五日樣の傳說に就いて島民は廿四日の夜神々樣が伊豆の島々を傳つて此の神津島に上陸し、夫から三宅へ渡られるのだと云つてゐる。それで人間が其の姿を此の神々に見られるが最後卽座に息が絕えると一般に信ぜられてゐる。

又同氏は本島に行はれる他說をも擧げて

（二）又一說には昔或る高貴の方の末裔であると云ふ亂

暴者があつて隣島新島に流されて居たが、其の亂暴に新島でも困り果てゝ神津島に移す事になつた。其際も船中で暴れ廻るに大釜を頭から冠せて來たが其船が神津島北端返濱《カヤス》近く迄來た時轉覆したので、右の男は溺死した。（中略）或は又此の返濱に男を上陸させて（中略）此處に生活して年月を經て死せしとも云はれて居る。（後略）

そして此の祀られた男が廿五日樣であると云ふのである。卽ち本島には二つの說明譚が並び行はれて居るのを知る。（二）の說の殊に其無事に來島した者を祀つたと云ふに至つては餘りに平凡の樣であるが、要するに海の彼方から渡り來る者と云ふ點に重心を認むべきであらう。伊豆の諸島は山焼け、津浪等の爲に古文獻の殘る者が少いから、廿四日行事がどの位古く行はれて居るか知る由もないが、各島々の傳說、行事の比較考察によつて、代官制度が確立されたり、或は遠島流罪地と規定させらる（建久四年、一一九三年）以前から存したものであらう事は想像出來よう。而も（一）は惡代官の懲戒譚であり、

（三）は恐らく遠島者の物語りらしい。後で述べる様に（二）の思想が最も古い信仰の表現であると推定し得るならば、明かに此の（一）と（三）は後來の附加要素である。最近讀んだ松崎實氏の「吉利支丹信女の遠島」（人情地理、四月號）は（三）の說明譚を考へる上に大いに示唆を受けた。駿河大奥の女中であつた「おたあジュリア」は異教信仰の廉で大島へ流謫せられ、新島へ移され次で神津島へ廻されたとなつてゐる。大島におたあ大明神が殘つてゐるからには（松崎氏、同文、及小杉三郎氏、島の傳說）神津島新島にも何等かの口碑を期待するのはあながち無理ではなからう。然し單に之丈の理由で（三）がジュリアの說話であると斷ずる意思は毛頭無い。たゞ（三）が流罪人の事蹟から起つた話である事を此の實例からも推量し得ると考へる迄である。

神津島の隣島新島では、廿五人の若者達の船が神津島へ流れて行くのを閑流しにした故とも（藤木氏、伊豆諸島の日忌祭の傳說、前揭、或は單に大島、泉津村と同じく代官の亡靈を恐れる故（尾佐竹猛氏、伊豆諸島の話、郷土研究第四卷、及郷土會記錄、大正十四年）とも云ふ。何れにしても大島の說話が運ばれたに相違ないらしい。

三宅島は便宜上後へ廻して、其の南の御藏島に就いて見るのに、

（四）往昔大島にて司人以下五六人漁船にて出たる儘行方知れず、故に此の日を忌の日と名付け、此日遠く出づれば神隱しに會ふと云ふ。（藤木氏前揭）

之だけで見ると、御藏島の忌の日は全く理由も何も無いのである。五六人の難船事故なら殆んど數へ切れぬ位伊豆諸島にはあつたらう。それもわざ／＼大島の事故迄心配しなくとも良い筈である。之なぞも明かに大島の話が持込まれたもので、それが極めて不完全な形骸を止めてゐるに過ぎない。殊に注意すべきは後半で、神隱しに合ふと云ふ事、此は元々存在した別の信仰で、其の日に神が少くも島の近くに來て居るが故であらう。（二）と云ひ（四）と云ひ何れも神の來臨を物語る話と考へても恐らく單なる想像ではあるまい。以上の二三の事例からも推量し得る事は、神降臨の信仰が元々あつた所へ、惡代官の

懲戒譚流罪人の持餘し譚或は難船譚等が結び付いたのであらう。而も神降臨と直接此等說話が結合したと想像するには、信仰の數段の飛躍を豫想せねばならない。從つて此等飛躍を埋める信仰系統があらねばならなかつた。幸ひ三宅島の忌の日は價値ある傍證の役を勤める。

偖三宅島には三つの忌の日の說明譚が行はれて居り、面白い事には夫等が何れも上記(一)、(二)、(三)、(四)と符合しないのである。三宅島神着村では

(五)何時の頃の事か壬生氏の家の妻女、神着村の首山《カツペ》と云ふ丘の方へ向つて小用をなし、其丘に棲める馬に見込まれた。妻女は汝の頭に角が生えたら望みを叶へさせてやらうと云ひしに忽ち馬の頭に角が生えて女は遂に取殺された。其馬を祀つたのが首神社で女を祀つた社をこばし神社と云ふ。(中略)島では今も正月廿四日の夜は「神に會ふ」とて戶外に出ず、(中略)翌日廿五日には油で揚げた餅を供へる。

(辻村太郎先生、三宅島の話、鄉土研究、二卷、九號、及鄉土會記錄)

と說かれてゐる一說がある。此は日本民俗叢書中の民俗怪異篇にも載せられて居り、柳田先生も「山の人生」中に觸れられて居る。佐々木喜善氏も其の研究中に本問題に言及せられた。(馬首飛行譚、鄉土研究、五卷、一號、馬首農神譚、同卷、三號)馬を祀つて何故に首神社と云ふかには、佐々木氏も述べられる通り馬首を斬落す段か何かゞ缺けて居るのであらう。而も馬が古くから三宅島に居た根據はないのであるから、後世と云つても可なり新しく持込まれた說話に過ぎない。而も注意すべき點は、伊豆諸島中養蠶の行はれたのが三宅島神着と八丈島だけらしい事である。三宅島坪田村長も、神着村に八疊間が多いのは養蠶の關係からであつたと語られた。春駒の行事又は單に其の評判だけもが、當島に運ばれなかつたと決める事は出來まい。此の首樣の話が廿四日行事に結び付いたのは、神降臨の信仰が一段下落して惡靈に近くなつてゐたが故にであらう。斯く考へて來ると首樣の傳說は別として(五)の思想は先の神降臨の信仰と代官云々等の附加要素の中間のものと云ふ事が出來よう。

廿四日行事は尚本村では蛇退治の傳說とも搦み合つて居る。詳細な報告は辻村先生の前掲文及本山氏「三宅島から」（海島風趣）の記事中にあるが、直接關係の無い點は省略して簡單に要約する。但しこゝでは廿五日の事となつて居り本島では忌の日と呼んでゐる。

（六）事代主命が蛇退治をされた時御子神並御后神等と飛行して島々の頂上に集り神謀りした時を祭ると云ふ。（壬生氏書翰）

と云ふ事である。此の大蛇退治の談話は、酒に醉はせて三段に切り捨て美女を助ける等殆んど素盞雄命の簸川の神話と似て居り、同じく出雲出身の國津神なる伊豆の開拓者事代主命を主役とする點極めて興味深いものがある。更に蛇體の分身して飛ぶくさりも、多く大蛇傳承に伴ふ部分で、何れも別に考へて見たい問題である。要するに三宅島の大蛇傳說は三宅島に蛇が住まぬと云ふ實際現象の說明譚となつて居る。たゞ（六）で奇妙な事は、正月六日から神主が蛇切丸を持つて島地を一週し八日に伊豆村御祭神社社前で蛇退治の時其他の神事の古式祭を行ふ。其時辻に御幣を立て淸め祓ひをして、神主は鈴を持つて廻る。其時神主に會ふ者は必ず命を落すと云はれて居る。

これは大蛇傳說（a）が神飛行譚（b）に接合して之が廿四日行事となり、一方其の蛇退治の神事と別れて了つたらしい。所が後の蛇退治の神事も實は單なる蛇退治だけの式（c）と降臨さるゝ神を迎へる神主を畏怖する念（d）との二要素から成立してるのでは無からうか。此の事は後述する如く神津島で神主を恐れる事との比較によつて考へ得る點である。混交が極めて複雜であるが、以上（a）（b）（c）（d）の四要素は元々（a）と（c）、（b）と（d）とが一つの者であつて、後者が元來の廿四日行事の姿であるものと見たい。こう考へて來ると（六）は甚しく歪曲された形で、若し（b）（d）の組合せを、（六）とでもすれば、此が本來の貌であらう。こゝで（b）は神飛行譚であり、（d）は神主畏怖の思想である。卽ち此の、（六）（b）は明かに（五）より古い思想である。たゞ問題となる點は（五）の一つ前の信仰である神降臨と神飛行の二思想の先後である。私は後者を自由な思想であるが故に一段と古いものであつたと考へる。而も後に述べる様に後者から前者の思想へ移つたものと想像した。

（二）で記した如く神津島で神降臨の姿を見るのを恐れるのは、既に之を恐れざるより稍信仰の下落を示すものであらうが、更に神迎へを成す神主を恐れるのは之に次いで起り得る思想であらう。三宅島の（六）（d）は此の階程を示して居る。神津島でも後述する様に辻堅めをなす神主をいたく畏怖する風があるが、即ち此處に二段の信仰段階が共存して居るのである。三宅島神着村では更に第三の説明も行はれて居る。

（七）（前略）又此日（廿五日）は雄山の山頂八丁平に神々が集つて羽根を突き鞠をとるとも云つて、此日は雄山の方を見るなと云ひ傳へて居る。（後略）（藤木氏、三宅島の忌の日、民族、三巻、二號）

三宅島には元御鞠の神事と云ふものがあつた。（藤木氏、三宅島御鞠の神事、民族、三巻、二號）此は明かに道祖神祭の一形式であるが、又其の日には羽根突の行事も結び付

いて居た。此が神飛行譚に付加したもので、（七）は本質的に（六）（b）と同一性質のものである。尚此の序でに三宅島の他村の模様を藤木氏の前掲文から要約して見る。

伊豆村で廿四日夜御祭神社境内の藥師堂で神々集つて諸事を神謀りし給ふと云ひ、社家の年男が濱で水垢離を取つて神々の坐り給ふ机を七脚おく。伊ケ谷村では其の傳説は不明なるも廿五日は沖を見るなとも神津島の方を見るなとも云ふ。坪田村では廿四日夕刻東山に神が集ると云ひ山へ行つた者も早く歸村する。廿五、六日は下山に神々が集つて鞠遊びをする日と云ひ下山へ行かぬ。阿古村に就いては何事も報告されて居らぬが、以上四ケ村が何れも神々の集まられる事を説いて居るのは興味深い事である。此が神降臨の思想と共に最も古く且つ最も根本的で、廿四日行事の原因であつた。神々飛行に就いては新島大觀（前田長八氏著、本山桂川氏複刻）に白濱記を引いて「……第二は神々集ひ島を造り給ふべきを詮議ありし島なるが故に神集島と名付く……」とあつて神津島島名の説明譚ともなつて居る。こうして神飛行の思想が最も

古いものであるとすれば、伊豆村に於て神の座を設け之を御迎へするのは一段後の信仰でなければならぬ。而も其の神降臨の場處は決して濱邊ではない。大島或は神津島の如く之を濱邊に御迎へするものとの間に信仰時期の先後があるものとは思へない。同一階程のものであり乍ら單に其の御旅所が山か濱かの相違なのであらう。海南の島々には尙ほ此の生きた信仰が少なからず認められるらしい。沖繩本島汀間のニライ神かなしは初夏の曉の靜な海を渡つて來られるのであり、宮良のニイルピトもニイルは常世の國で遠くから來る神の事である。(柳田國男先生.海南小記)

こうして遂に濱邊へ降立たなかつた三宅島の神は、信仰の下落によつて亡靈化しても、海難坊などには緣がなく却て首樣等と一つになつて了つた。而も何故に三宅と他島の間にこうした差異があるのか不明である。御神火を神聖視し、山、從つて島全體を一個の大いなる神として崇敬する點は、何れの島に於ても共通な現象であつた。(本山桂川氏、海島民俗誌、一號)琉球の島々にあつても一島一村內に此の二元性が認められる。それが如何なる理由によるものか今の私には解らない。

以上の如く見て來ると各島の信仰の變遷には數段あつたやうであり、夫れが一島內にも現に共存してゐるのが見られる。簡單に整理しておいて次へ進まう。先づ第一段はⅠ神飛行の思想であり、之が稍進むと人間の特に設けた聖所へ御迎へする神降臨の思想となる。之には三宅島伊豆村の如く山へ御迎へするものと、大島其他に於ける如く濱邊へ御迎へするのがありⅡA ⅡBとして區別しておこう。次が神主を神の乘移れる者として畏怖する階程でⅢとすれば、これが信仰の低下によつてⅣ惡靈となり下り、最後に現實的な代官、流罪人、難船者の亡靈と變化する。之をⅤとして以上五段の信仰系統を各島に就いて何れが殘れるや列記して見る。

三宅島、神着村、　Ⅰ、Ⅲ、Ⅳ
同　伊豆村　Ⅰ、ⅡA
同　伊ケ谷村、田坪村　Ⅰ
御藏島　Ⅰ、Ⅴ

神津島　　　　ⅡB、Ⅲ、Ⅴ
新島、式根島　　Ⅴ
大島、泉津村、岡田村　ⅡB、Ⅴ

この表からも認められる事は、古い信仰が三宅島だけに殘つて居る點で、本島或は此の祭の發生地なるやを疑ひ得られる。其等のもつと確からしい推定を試みるには、更に行事其者を省察するの必要がある。

先づ本山桂川氏によつて大島泉津の行事を紹介すると(伊豆大島の追憶、海島風趣)

(一)當日は飼牛を山間の海の見えぬ所へつれ行き、或は牛小屋の周圍を蔽ひ隱し、夕刻になると家毎に固く戸を閉し、節穴の隙間は目帳りをしたり布を詰めたりして塞ぎ、更に外部には網を張り、鉈、鎌などを据え丁字、にんにく、柊木、とべらの枝などを入口に挿し其上に笊をかぶせて置く。又神棚には廿五個の餅を供へ靜かに之を見張り、便所も此日に限つて屋内に用意し、家内一同戸外に一寸も出ないばかりでなく少しの物音も立てず、お互に言葉も發せず

して夜明を待つのである。かくして翌朝は常よりも遲く起き出で、始めて戸を開け言葉をも交はし外出もする。若し此夜戸外を覗くか物音を立てるかすれば、必ず不祥事が起ると云はれて居る。廿五日になれば物忌は明けて平生と異る事がないけれども此日は他村の人を一切村に入らしめず、若しそうした他國人が入込んでも屋内には入れず、腰さへも掛けしめず、袋を蔽ひ頭を打つて追戻す。其時には元來た路を再び通らぬ様にして歸らねばならぬ。若し之に背けば其の人に災があるとされて居る。

之で見ると當日の行事は全く惡靈除けの目的ばかりに見え、內地で行はれる御事始又は御事納の行事と全く類似してゐる。江戸の御事始は守貞漫稿第廿三編や東都歳時記等にも見え、其他諸地方の同じ行事は度々多くの雜誌に報告せられた。更に武州比企郡川島村の墓地では、新葬の地に目籠をかける由である。(山中笑翁、共古隨筆)同地では目笊は惡靈が目の數多きを見て恐れると云ふ說明が行はれて居るが、要するに目笊と云ひ、鎌と云ひ、

叉臭いトベラ等を用ひると云ふのも悪靈の防禦になる事は間違のない點である。尙門口に綱を張ると云ふ事も注連の元の形で攘災の意味がある。（柳田先生、ネブタ流し、鄕土研究．二卷、五號）然し泉津の行事は（一）に說く丈ではないらしく、泉津村誌によると

（二）廿四日晩には廿五靈が舟に乘り五色の旗を立てゝ泉津を訪れると云ひ、舊家門井家の主人が深夜衣服して獨り濱に至り、其處に神酒を供へ、廿五の靈を迎へると云ふ。門井家は廿五靈の宿と云はれてゐる。

とある。卽ち神降臨を期する行事がこゝに姿を見せてゐるのである。一方家內に於ては著しく火音を忌んで攘災の限りを盡しつゝ、他方こうして濱迎へを成すのは未だ新舊の信仰が同時に併存する證據である。新島では先にも示した樣にVの信仰しか殘つて居ないから、行事は單に惡靈除けだけに過ぎない。卽ち

（三）此日は門戶を閉ぢトベラの枝を入口に挿し其上に笊を被せ、平素は便所が外にある家も此夜は屋中に之を準備し、一切戶外を覗かず叉物音をもさせず、外の見えぬ樣にして夜明を待つ。（尾佐竹猛氏、伊豆新島の話）

新島の屬島式根島は極めて新しく新島から移住した人人が住んでゐるので、其の行事も全く新島のまゝである。

神津島、行事は最も嚴重らしいから大體（一）（二）と重複するけれども、簡單に藤木氏の民族所載の報告と私自身の聞書きとを合せて述べておこう。

廿四、廿五日は大忌と呼び靜肅にして音を立てず點燈せぬは勿論であるが、旣に廿日頃より村民一同餘り遠方へ出かけない。廿三日は金具類は皆片付け廿四日にはイボヂリと云ふ者を門口や神棚に立てる。此は生竹二節半位の長さのものを皮を剝いで千段卷の如くに作り、先へ藁を付け燻したものである。夕方神主は濱を掃除し、竹及榊を一對宛三段に立て〆繩を張る。此は丑の刻に神々御達の乘船の着く場處なりと云ふ。神官は其後辻々の道祖神、庚申塚等にて祓ひを成し、所謂辻がためを行ふ。此晩道で神主に會ふ者は命を落すと云はれて居る。廿五日には門口に鎌を竹竿の上部に斜めに結び付け、竹の先

端に目笊を冠せたのを立て、前日同樣に明るい中に戸締りをする。廿六日は小ダマリと云ひ矢張り充分謹愼する。

即ち神津島では前日の廿四日に神迎へを成して廿五日に惡靈除けをなすのであつて、大島泉津の行事が二日に分れて居る事になる。此は前にも述べた樣に神迎へ(ⅡB)と次で、神主即神と考へて畏怖する思想(Ⅲ)とが、遂には之を亡靈(Ⅴ)視するに至つて、而も其等が共存して居る證據である。

三宅島の行事に就いては口碑を述べるに當つて簡單に記しておいたが、もう一度摘要しておこう。首樣の傳說に結び付いたものでは、其夜は神に會ふとて外出しないと云ふ。蛇退治に結び付いたものでは、正月六日夜神主は御幣を立て清め祓ひをして鈴を鳴して廻る。その神主に會つては命を落すと云はれて居る。首樣を恐れるのは惡靈畏怖から出たのであるが、本島には別に惡靈防禦の行事は無い樣である。こゝで序に擧げておき度い事は、播州御亥巳籠りの事である。(旅と傳說、第四年・十月、第五年、十二月)此は一月の亥の日亥刻から巳の日巳の刻までを云ひ、一切の喧騷を避け神主が鈴を鳴して參られる點更に餠を燒いて食べるくだり(後述)までが三宅の正月六日行事に類似して居る。私は寡見にして未だ他地の夫れを知らぬが何等かの關係あるべきものと思ふ。神主が鈴を持つて廻る點も、元は山路の笛の曲等と同じく、神が人間界に往來し給ふ所の警蹕の音であつたらう。

三宅島神着村では前にも述べた樣に、神々飛行して島の頂きに集り神謀りし給ふと傳へてゐるが、此日祭典には十二個の油燒餠を富賀神社の三柱神に對して三座として獻ずる。神主壬生家では餠廿四個を獻じ奧座敷神前にあつて祓ひを讀み、晝時頃神飛行し給ふ頃を拜見と稱し、此時神主は神前を退去する。(壬生氏書翰、及藤木氏、三宅島の忌の日)此日は雄山の方を見るなと云ふ。是が最も古い思想であるらしい事は前段にも述べた。伊豆村で藥師堂に神謀りの座を設けるのは其の次の階程に相當する。たゞ三宅島では問題がいくつかに分れて複雜な形を取つたのである。

三宅島神着の壬生家では餠廿四個を上げる事になつて

ゐるが、同じく他島でも皆餅を供へるらしい。大島泉津村では廿四日神棚に廿五個の餅を五五に飾る（泉津村誌）。神津島では廿四日に供餅を上げ之を廿五日に椿油で揚げて神棚に供へる。（藤木氏 伊豆神津島の廿五日様）。然し此の場合餅の數は決つて居ない様である。三宅島壬生家の廿四個と云ふのは廿四日行事との關係より寧ろ、伊豆諸島の式内社廿四座（延喜式神名帳）と關連するものではなからうか。大島で廿五個の餅を用ふるのは青年廿五名を象つたとも云へようか。例へ其等は不明としても、要するに此等の例は神の送り迎へに餅が伴ふた事を裏書する。即ち「心臓の形を模した餅を神に供へて恭謙の心持を傳へると共に、其の魂の形をしたものを自らも食ふて神様にあやからうとした」（柳田先生、餅の話、東朝、昭和八年一月一日、同・食物と心臓）のである。

以上で大體伊豆諸島に行はれる日忌祭の説話並に行事を述べたのであるが、こゝで其の行事の分布及移動の問題を簡單に再記して見よう。最も古い神飛行の信仰が三宅及御藏にだけ存する事は、三宅が或は本説話の起源地ではないかと思ふ。三宅伊豆村では神迎へをなすが之は神社境内であつて濱邊ではない。他方大島、神津島では濱邊へ神の降臨を待つのであつて、私は之を伊豆村の神迎へと同一階程の信仰と見た。然し濱邊への降臨思想は神飛行譚からのデリバテイブではないらしく、別個の系統ではないかと疑はれる。假りに一歩譲つて三宅の行事が運ばれたとしても、兩者の間には信仰上の大きな差異があつたわけである。一度此の行事が大島、神津島等に運ばれた後の信仰變化には三宅島と殆んど緣は無かつたらしい。神津島で神主の夜行を畏怖するには相當の理由があるのに、三宅では蛇退治傳説と混合して極めて曖昧なものになつて了つた。其等は時代の進行に伴ふ信仰の下落によつて段々分派の開きを大きくして行つた樣である。三宅では首樣の話に接合して馬首の惡靈となつたのに、神津島、大島等では海難坊に變じたのであつた。更に神津と大島丈を比べて見ると、此の行事は明かに前者から後者へ運ばれたと想像しても差支へないであらう。それは神津島で行事が現在まで極めてよく保存されてゐて、亡靈化する迄の中間信仰も缺けて居ないからである。愈此處まで來て次に大島と神津島とは別の道を辿る事になつた。卽ち大島では代官又は廿五名青年の亡靈と變化したのに、神津島では流罪人又は其の亡靈と變化して了つた。恰も一つの樹木の樣に、信仰系統の枝分れした狀態が見られる。利島、新島、式根島等で單　代官の話だけを傳へてゐるのは、これが最も新しく大島から運ばれた島だと云ひ得るのである。御藏島に於ては、三宅と同じ古い思想に、新しい大島の傳承がぎごちなく結合して居る。今は之以上の想像は不可能である。大島なども、廿四日行事の存する泉津村は、波浮港村と共に大島では最も新しい村（柳田先生、島の物語、太陽、第十六卷、第五號）らしいのに、他村に此等の行事のないのは何故であらうか。あつても最近に消えたのかどうか、八丈島に於ける同行事の存否と共にしらべて見たい問題である。

　最後に考へておき度い事は、何故に正月廿四日が斯くも伊豆の島々で大切な日であつたかと云ふ點である。尤も三宅島神着村でこそ廿五日となつてゐるが、之は明かに元の廿四日のすれたものに過ぎない。內地で同じ廿四日に行はれる行事を探して見ると、地藏祭が皆その樣である。奥州恐山の夫れは六月廿四日、（菅江眞澄、奥の浦々）であり、中國大山明神も每月廿四日に祭がある。（小牧實繁氏、大山博勞座の事など、地理論叢一輯）其他廿三日の夜は御大師講とて小豆粥を煮て御祭をする日であるが（柳田先生、日本傳說集）其他淨土宗では特に謹愼する日であつた相である。（柳田先生談）柳田先生の御考へでは廿四日の前晩は下弦の月の出る日であつて、古くから神下りの思想があつたと伺つた。從つて八日と云ふ日の前晩は反對に上弦の月が出るので之も凡俗ではない。御事始又は御事納の行事は之によつて解明せられるかも知れぬ。然らば伊豆諸島で行はれる行事が廿四日なる事と、大島及神津島でのいたく御事始に似た風習の存在とは、こう云ふ大きな問題に關連する材料となるであらう。

東風と死人の頭痛

—沖繩島と鬼界島との交渉—

伊波普猷

古琉球語では、二三月麥の穗の出る比をわかおれづみといつた。この語は若夏《わかなつ》（四五月稻の穗の出る比で、農民は之を夏口《なつぐち》といふ）若晝間《わかひるま》（九ツ時分にいひ、早晝間《はやひるま》ともいふ）と同構造の語で、わかは初期の義に用ゐられてゐるが、おれづみの語源ははつきりしない。露は舊曆二月頃から下る故、ことによると、それはおると緣を引いた語かも知れない。俗に舊曆三月頃をおりづんといふが、耳遠くなつてゐる。おりづん南風《ぱえ》といふ軟風が吹く頃から、島人は一重物を著け始める。暫らくして、强烈な東風が吹きすさみ、數日も續いて、粉の樣な松の黃花を吹き飛ばすと、野良も田の面《も》も黃色を呈して、所謂夏口《なつぐち》に入る。頭痛を催させる蒸暑い不愉快な風で、皮膚病や精神病などが、覿面に惡くなるところから、農民は之に特別な名を與へてゐたやうに思ふが、一寸思出せない。

もうこの頃になると、今年竹はかなり高く延びてゐる。其處ではそれに匍ひ上る蝸牛と競爭して延びると言はれる位、竹子の生長が早いので、從つてそれに關聯した民間傳承も生長した。

子供の時分、能くきかされた話だが、髑髏の下から孟宗竹が芽を出し、ぐん〳〵延びて、髑髏を一丈餘も突上げた時、その亡靈が、

東風《こちかぜ》の吹けば　み頭《からづ》の痛《や》みゆり　さんか珍しやや
だぬもならぬ

と口號んだ、といふことがある。一首の意は、こんなに高く上つて、東風に吹かれると、頭痛がして、氣持はよくないが、でもあたりを見廻すと、さんかが珍しくて、實に何とも言へない、といふことである。このさんかは、今日の口語には無く、韻文にもこれ一つしか見えてゐないので、意味の全くわからない語だが、たゞ思付きで山河《さんか》の義に解してゐる人が多い。

數日前、岩倉市郎君から送つて來た『鬼界島の方言集』の補遺の原稿に、琉球語を書入れてゐるうちに、「サンカ或はサンカン、亡者（死の國の者）が、人界を呼ぶ語といふ。サンカ・ヌ・ムン（サンカの者）は、彼等が人間を指す」とあるのを見て、端なくも年來の疑義を解き得て喜んだ。といふのは、この語は散界《さいかい》といふ佛語の下略であるからだ。それは鬼界の方言には、鬼界《きかい》がキキャ、チチャとなつたやうに、語尾のイが落ちたり、折目《ヲイミ》がグンミになつたやうに、イのンに變じたりする例があり、古琉球語にも、御位階《おゐかい》がおゐか（四百五十年前の尙圓王の歌に見ゆ）となり、海賊《かいぞく》がかぢよく（三百八十年前の金石文に見ゆ）となり、鬼界《きかい》がききや（オモロ双紙に見ゆ）となつた例があるから、最早疑ふ餘地がない。散界《さんかい》は定界《ちやうかい》に對する語で、下界の同義語だが、夙に南島に入つて、さんかに轉訛し、慶長以前から使用されてゐたことが明白になつたから、之によつてあの歌の意味も、よりはつきりして來るわけだ。

だが、死人が歌をよむ筈はあり得ないから、ある歌人が口ずさんだものが、傳承されていくうちに、だん〳〵

と變化して、あんな形になつたに違ひない。これに就いて例の方言集はよき理解を助ける。其の中にまた、「フチャラベー、舊暦三月頃に吹く東風。この風が吹けば死人も頭痛を起すといふ。古歌に、ふちやらべの吹けば　み頭《かまち》の痛《や》みゆり　北風《にしかぜ》の吹けば　氣味《きび》のよたしや」（岩倉君の母堂は、この歌を死人の歌だ、と言はれたとのことである）とあるのは、注意すべきことで、フチャラベーはおりづん（同方言ではウリドゥン）の頃に吹く東風になつてゐるが、外に「アラベー、梅雨の上つた頃吹く強い南風」といふのもあるから、フチャラベーは吹《ふき》（或は東風《ふち》）荒南風《あらばえ》の義で、幾分南がかつた東風ではないかと思はれる。髑髏に「み頭の痛《や》みゆり」とこぼさせた東風《こちかぜ》も、同じ風であつたに違ひない。それから、オモロに見えてゐる「おれづんけむりや」（三月の燻りの義）もそれであらう。（因にいふ。鬼界島では、南風が吹くと、海の魚も頭痛を起して、喰ひ付きが惡い、と言つてゐるとのことだ）

これで、沖繩島でも、その風が吹くと死人も頭痛がする、といつてゐたことがよくわかると同時に、それから竹子が髑髏を突上げた民間傳承が生長して、民衆が死人の代作をしたいきさつがよく窺はれる。かういふのは、南島の他の島々にもあると思ふが、これについて各島の郷土研究者諸君の報告に接することが出來たら何よりである。

それからこれに似通つた話を今一つ紹介しよう。祖父の亡靈が夢枕に立つて、鼻が痛いから一寸來て見てくれ、と告げたので、翌朝早速墓場へ行つて見ると、髑髏の下から生えた竹子が、口から入つて鼻から出てゐたといふ話だが、これが前の傳承と共に、近代的墓制の發達しなかつた四百年前の風葬時代（沖繩島の東海岸に碁布せる小島等には、一時代前までその遺風があつて、之を後生藪《こせうやま》といつてゐた）に發生したことは言ふまでもない。（雜誌「民族」三卷の五號六號所載．拙稿「南島古代の葬制」參照）これらの傳承は巫女が髑髏に物をきく風習とも緣がありさうに思ふ。

序に、さんかに對するはんさといふ語について、少々述べて置きたい。二百四五十年前、仲島のよしやといふ名妓の亡靈が、樓主（恐く女）が毎日のやうに墓場に來て慟哭するので、遂に

生《いき》ちよたる間《エダ》や　我粗《わんそ》相《さう》にめしやうち　死ねば
かんしやうぢやうに　通《かよ》て何《の》しゆが

と詠じたといはれてゐるが、生きてゐた間は、わたしを虐待しなすつて、死んで了つてから、カンシャヂヤウに通つてどうする、といふ程の意である。このカンシャヂヤウは、これまで墓地の名稱のやうに考へられてゐたが例の方言集に、「ハンサ、亡者の國。サンカに對する語でアヌユ（あの世）又はグシユ（後生）と言ふに比べて、嫌惡の情を以て呼ばれる」とあるので、すぐ解けるやうになつた。鬼界島の方言では、Kは屢々Hに變ずるから、ハンサ（老人は多分ハンシャと言つてゐるだらう）がカンシャウ（或はカンシャ）と同語であることは言ふまでもない。その語源はわからないが、ことによると、佛語であるかも知れぬ。それから、「ハンサ・ミチ、ハンサへ通ずる道。又一定した墓地へ通ふ道」ともあるから、カンシャヂャウはハンサミチと同じもので、それには墓地への道若しくは墓の門の義のあることが知れる。南島語のヂヤウの第

一義は道路で、第二義が門であることについては、語音翻譯釋義「門、ヂャウ」の項にあらまし述べて置いた。

以上は沖繩島と鬼界島との交渉の一端を述べたに過ぎないが、『鬼界島の方言集』には、兩方言が五千語近くもそして幾分かは大島、德之島、沖永良部の方言をも、かうして比較對照してあるから、同書出版の曉には、南島の方言及び民俗の研究に新しい光を投ずるに違ひない。そして所謂三十六島中、鬼界島が九州に最近いので、その方言が一等日本化してゐると考へた人も、その「餘りに琉球的」なるを見て、一驚を吃するであらう。

言ふまでもなく、南島人は根本的には同種で、共通の言語民俗をもつてはゐるが、交渉の親疎によつて、後世沖繩島の搾取階級を中心として發達した、所謂琉球文化の影響を受ける度合に、自ら濃淡の別のあることを知らなければならない。三百年間も道づれをして來た大島諸島（沖繩人が大和へ上る途中に碁布してゐるので、道の島ともいふ）が、慶長役後間も無く島津氏の直轄になつて、それから三百年も經過してゐるにも拘らず、絶えず琉球王の治下で育まれた宮古八重山諸島よりも、いまだにより琉球的であるのは注目に値ひする。これは特に祭祀に關する民俗及び方言を調べるとよくわかるが、早い話が琉球音樂の曲名を一瞥することだ。

二百年前の琉球の文藝復興期に、琉球音樂を大成したといはれる屋嘉比《やかび》朝寄の工工四《クンクンスー》には、百十七の曲節が收めてあるが、各村落各離島の曲節の取入れられた事は、曲節の何れもがその發生地の名で呼ばれてゐるのでも知れる。さうしてその中には、大島諸島のが八曲見出されるのに、宮古八重山のは各一曲しか見出せない。それより百年前（卽ち慶長役より二三十年後）に現れた、湛水といふ音樂家の曲節の斷片が、七曲ほど傳へられてゐるが、それには大島のが一つ見出されるに對して、宮古八重山のは一つも現れてゐない。大島のは多くは交渉のあつた慶長役以前に取入れられた筈だから、屋嘉比の工工四中に見えてゐる八曲は、無論この人の工工四中にもあつたと見て差支なからう。それから大島の歌がやはり八八八六調で、その謠ひ方も沖繩のに似通つてゐるに對して、宮古八重山のは、それとは音數律を異にし、謡ひ方も趣を異にしてゐるが、その點から見ても、所謂道の島が盛に琉球文化に浴して、發達しつゝあつた頃には、南端の先島はまだワイルドで、道の島の弟分であつたやうに思はれる。

だから、大島諸島が、琉球文化傳播の目安であり、琉球の事物で、慶長役以前のものであるか、それ以後のものであるか、を判斷すべき目印であるならば、宮古八重山諸島は、琉球文化を組成した素材と同種類のものを陳列した古物博物館ともいへよう。

附記、この稿を草し終つた時、島袋源七君の『山原の土俗』に「唄を歌ふ髑髏」の話が出てゐたのを思出した。昔大宜味村喜如嘉《きじよか》の樵夫が、山奥の大川ペークといふ所で木を切つてゐると、二三間程後の方で、女の歌が聞えて、

東風《クチヤペー》の吹けば　み頭《からう》の痛《や》むい　三日《さんか》水《みつは》欲しやや　飲みもならぬ

といふ文句までわかつたが、振りかへつて見ても、別に人のゐる氣色《けはい》がしないので、不思議に思つて、木の上を見上げると、小枝に鼻の穴を貫かれた髑髏が懸つてゐるのを見て、腰を抜さんばかりに驚き、思はず合掌したとのことだ。例の歌を謡つたのはこの髑髏で、一首の意は、東風が吹くと、頭痛がするシマア、三日《さんか》水《みつ》（死水）を飲まうと思つても、それさへ飲めない、といふことだが、さんかの意味が訣らなくなつた時、「さんか珍《めづ》しや」が「三日水欲しや」にすげかへられたのは面白い事である。所謂死人の歌と之に附帶した傳承との、種々の形式で散布してゐることは、これでも略窺はれよう。それから、木の上の髑髏に就いては、薪木を採りに行つた喜如嘉の女が、毒蛇《ハブ》に咬まれて死んだまゝ、發見されずに白骨になつたらしい、と言傳へられてゐる。

少々話は違ふが、それには、羽他村の眞喜屋《まきや》の漁夫が、灣内の奥武《おう》といふ小島で舟子に暴行を加へられて死んだ女の亡靈の、「屋我地《やがち》前《ぬ》の黒潮《くろしゆ》　渡らぬ黒潮」と上句だけ二三回も繰返して謡ふのを聞いて、「七《なゝ》の橋架《はしか》けて渡《わた》ち給《たぼ》れ」と下句を附けてやつた、といふ話が附加へられてゐる。

陷沒した島

前號柳田先生の「高麗島の傳說」の一齣（二十三頁上段）に「阿波でも喜田博士は小松島港外の、お龜磯の舊事を記憶して居られたのだが、別に此以外に津田浦の一里沖に昔あつたといふ某島の話もあつて、今でも其島から脫出した者の後裔が、安宅《わたか》福島大工島《だいくじま》の苗字を名乘つて近傍の地に居住するといふことを私は聽いて居る」とあります。で、それについて私の見聞をいささか記して見ます。

沼島千軒お龜千軒といふてゐたが、お龜は陷沒して沼島だけになつた。

陷沒の知らせは島の神社四所明神の高麗犬の眼が赤くなること。

島に在つた四所明神はいま德島市福島本町字福島に遷されてをり、德島市役所の「神社臺帳」には次のやうに書がれてある。

德島市福島本町字福島　　　　郷社　四　所　神　社

一、祭神　武甕槌神　天兒屋根命　齋主命　比賣神

一、由緒　舊藩崇敬社ニテ元大龜島ニ鎭座ノ處大同年間ニ當所ニ遷座奉ル明治三年郷社ニ列セラル

一、本殿　縱二間四尺　　橫一間五尺五寸

一、幣殿　縱二間　　　橫一間四尺

一、取合　縱六間　　　橫三間

一、拜殿　縱五間半　　橫三間

一、境內　四百坪　　官有地第一種

一、氏子　千四百八十六戶

四所神社（一般には四所明神さんと呼ばれる）は福島本町字福島に在ることになつてゐるが、其處は福島本町と安宅（アタケ）町との境界で、安宅町の北隣が大工島町である。附近の福島本町、福島郷町、安宅町のほとんどは四所神社の氏子です。

福島の苗字を名乘る家がかなり多く、安宅（アタギともいふ）を名乘るものが二三あり、大工島の姓は不幸こして未だ聞かない。

お龜磯に舟をうかべてゐると、空が晴れて潮のよく澄んだ時には海底に沈んだ屋根瓦の破片が見える……といふ漁夫もある。

以上は柳田先生のお話により順序もなく書き列べたに過ぎませんが、何かの御參考になりはしないかとも思ひます。序ながらお龜磯は河擶航路の要衝なのでいま燈臺がそのうえに建てられてゐます。（德島・山口吉一記）

翁長舊事談（一）

比嘉春潮

沖繩の一農村に於ける舊い話である。翁長《おなが》は現在では中頭郡西原《にしばら》村の字になつてゐるが、その頃は西原間切《まぎり》翁長村《なら》といつてゐた。丁度日清戰爭が終つた頃、間切の稱は廢されて村となり、舊來の村は字となつた。

翁長の位置其他を説明するかはりに、私の記憶による地圖を終の方に出しておいた。十七歳まで居た鄕里ではあるが、其後幾十年間と一度も行つて見ないので、現在とどう違ふか、可成の相異があらうと思ふ。

天然痘流行のこと

明治の中頃、沖繩に天然痘が流行つたことがある。發病地は那覇《なは》港の左岸の垣花《かきのはな》であつた。

新聞などのない時代であつた。甘藷を賣つて茶煙草素麵のやうな日常品を買ふ爲めに部落《むら》の女達はよく那覇や首里《しゅり》の市場《まち》に通つた。この人達はニュースの傳達者であつたが、この天然痘發生の噂も彼等が持つて來た。

時は丁度夏の初頃で、甘蔗の手入が濟んでもう一二月後には大豆や稻の收穫が來るといふ、暫くの農閑期であつた。

噂が傳つて一二日すると、村屋《ならやー》（現今の字事務所）の小使《かと》が垣花に清瘡《きよらがさ》が流行つてゐるから那覇の市場《まち》に行くのは法度《はつと》だと觸れて廻つた。

續いて家の內外を綺麗にすること、來る何日には「掃《そう》除《ち》廻《まわ》り」（淸潔法施行）をするとの達しがあつた。

垣花の方では益々猖獗を極めてゐるといふ恐ろしい噂は、其後も首里や與那原《よなばる》の市場に行つて來た女達によつて傳へられ、今にもこの翁長の村《しま》にもやつて來るかのやうに、皆が不安に襲はれた。

家々では「風氣《ふうき》返《かへ》し」（惡疫除《よ》け）の御願《おぐわん》をする。部落《むら》としては村お願《むらおぐわん》があり「島クサラシ」があつた。「風氣検《ふうきあらた》め」といつて頭《かしら》といふ役目の者が、各戸を廻つて病人の有無を檢べた。飲料水の監視の爲めに「井戸番《かーばーん》」なるものが置かれた。

天然痘は清瘡《きよらがさ》（又美瘡と書く）といふて沖繩にも昔からあつた。その流行は「十三年《ねん》廻《まはる》」ときまつてゐた。十三年目毎に痘苗を福建又は鹿兒島から貰つて來て流行させたものであつた。といふのは、この天然痘は誰でも一度罹らねば濟まぬものであり、それには四五歳から十二三歳の間がよく、三歳以下では高熱の爲に死亡率が高いし、十八九歳以上になると矢張り熱が高く、其の上皮膚が硬くなつてゐてあとに痘痕が殘つて醜いマージャーになる事が多い。それで「公事《こうじ》持《もち》」（政府の事業）として十三年毎に痘苗を輸入することになつてゐた。この痘種を將來することを「お申受《おまうしうけ》」といひ、醫師を福建又は鹿兒島の流行地に派遣し、患者中の體質强健で病氣の輕いものを選び、その瘡蓋《かさぶた》を貰ひ受けて來る。携え歸つた瘡蓋は細粉にして竹の管で强健な小兒の鼻の穴に吹き込む。すると數日にして發病する。二三回同樣な方法を繰り返すと後は、自然に那覇・首里・田舍・離《はなれ》（島々）と沖繩全體に傳播したさうである。この天然痘に罹ることを「清瘡《きよらがさ》お願《ねが》ひ」又は「清瘡《きよらがさ》お迎《むか》へ」といつた。

一旦流行すると、子供は殆んど全部が一時に患者となり、大人は悉く看病に忙殺され、暫くは凡ての生業が停頓の狀態を呈したとのことである。醫療の術もあつたには相違ないが、無理に熱さましなど用ゐては却つていけないと言ふので、唯だ熱のひどい時に卵の白味や芭蕉の莖から搾つた澁汁で體を拭く程度のもので、自然の經過を待つだけであつた。それで天然痘流行となると、一時に幾千人の人が死んださうである。

伊波先生所藏の『疱瘡歌並口説集』は嘉慶十年（一八〇五）乙丑正月吉日求之と表書きのある寫本で、歌七十餘首、口《く》説《どき》五六篇載錄されてゐる。これを讀むと今から百數十年前の沖繩人が、如何にこの惡疫を見てゐたがわかる。これは明治の中頃まで大して變りはなかつた。

先づ痘種を齎らす醫者の乗つてゐる船を「清《きよら》がさの神《かう》の御船《おうね》」といつた。その「御船」が來て程なく清瘡が流行すると、小兒のゐる家ではこの神様を迎へる爲に門や家を清めた、「緞子金襴の縁取《へりと》りの莚《むしろ》、敷《し》かば入《い》りめしやうり御疱瘡御神《おほそおかみ》」といふて迎へた。小兒がいよ〳〵天然痘に罹るとそれは「清瘡の神」の御入來であるから、あらゆる款待をした。歌にも「伽羅沉香御座に焼《た》き」とあるやうに、匂のよい香を焚いた。それからこの神は赤い美しい色が好きだといふのであつた。「清瘡の神の御船」が赤旗を掲げて那覇港に着くと、子供達に眞赤な着物を着せて赤い旗を押立てゝ通堂《とんどう》（波止場の名）に迎へたといふ事である。患者の小兒には凡べて赤い着物を着けさせ燈心までも赤く染めたのを用ゐ、或は窓や壁に赤い幕を掛ける家もあつた。又音樂や舞踊がお好きだといふので病人看護の爲めに寢ずにゐる「夜伽《よーとぎ》」や「夜起《よおき》」には男達は一室で靜かに三味線を彈き歌を謠つた。「里《さと》の里毎《さとごと》に時行《はや》る歌《うた》までも、輕《かる》く清瘡《きよらがさ》の御願言葉《おねがひことば》」（里毎に流行してゐる歌までも、清瘡が輕くあれかしの祈の言葉である）と歌つた通り、『疱瘡歌並口説集』も大半は其時の即興歌を集めたものであらう。「清瘡《きよらがさ》の御神《おかみ》躍《をど》り好《す》きでもの、躍《をど》てお伽《とぎ》さは輕《かる》くたぼうり」（清瘡の神は踊がお好きだから、踊つてお伽しましたら、輕くして下さい）と、病兒の看護は同時に神様款待のお伽であつた。この様に直接疱瘡神に祈る外に、かるめ森御神、虚穴藏菩薩、御伊勢御神にも祈つた歌がある。「かるめ森御神《もりおかみ》」は又かるめもう御すい」とも申し「かるめ森」といふ拜所《をがみじよ》があつたと見へる。其の名のやうに輕るくといふ意味で祈つてゐる。「かるめもう御《お》すい御守《おまも》りよめしやうり、御名《みな》のごと輕《かる》く三粒《みつぶ》たぼうれ」（かるめ森の神様、御守り下さい、御名のやうに輕く三粒だけ痘を下さい）。虚穴藏菩薩は圓覺寺だが、御伊勢御神は何處に鎭座ましましたか不明である。なほ「大庫理《おほぐり》も香《かば》しや小座敷《こざしき》も香《かば》しや、相良《さがら》左武《さん》□□（助の二字か）御宿《おやど》めしやいさ」（大きな座敷も小座敷も香がよい、綺麗である、だから相良左武助が御宿をなさるのだ）、又「すだし親《おや》がなし、どく御《お》さうずめしやうな、さゝらさんすけの御側《おそば》だいもの」（いとしい親御よ、餘り御心配なさいますな、さゝらさんすけのお側近くですから）と相良左武助又は、ささらさんすけといふ疱瘡除けの偉物を詠んだ歌が二首あるが、これは丁度痲疹に於ける鎭西八郎御宿と同様のことらしい。が、私は之に關する傳説を知らない。

　病兒は「三日《みちや》やむて三日《みちや》に水《みつ》かみて三日《みちや》や、金《きん》み入《い》り揃《そ》ろて引《ひ》くが嬉《うれ》しや」（三日間催し（發熱）て水腫となり、三日すると、黄色になり十分膿を持つて、だん／＼退いて行くのが嬉しい）といふ經過を取り「思《おちひ》やもて居《を》たる清瘡《ちよらがさ》も輕《かる》く、水撫《みつな》でゝ今日《けふ》や千代《ちよ》の御《お》祝《よはひ》」（遣念してゐた清瘡も輕く、床上げをする今日は長命を祈る御祝である）といふことになる。「水撫で」は床上の祝の式をいふ。

　かういふ風に天然痘の神は非常に恐れられ、その機嫌をそこなはぬ様に努められた。心中嫌やな恐わい奴と考へてはゐても、蔭口など勿論きくものはなかつた。この神のことを、語るには誰でも言葉遣ひを丁寧にするのであつた。

　一體、天然痘や痲疹が、誰れでも一度は免かれないものと考へられたその頃の沖繩人にとつては、それは絶大な權力を持つ神であつた。吾々は唯その機嫌をとり寛容を乞ふ外はなかつた。傳染病ばかりでなく、大抵の病氣は「惡風《やなかぜ》」の齎らすものであつた。道の辻などで冷い風がきて首筋がゾツとしたり、何となく肌に粟を生ずるやうな寒さを感ずるのは、この惡風《やなかぜ》に出會はしたのだと考へられた。かういふ場合は、急いで家に歸つて神棚や「竈《かま》の神」や「雪隱《ふる》の神《かみ》」に香を上げて「風氣《ふうき》返《がへ》し」を祈るべきだとされた。

　さて喜《き》舍場《しやは》朝賢《ちやうけん》翁の「東汀隨筆《とうていずゐひつ》」には、「四五十年以降牛痘流行し天然痘跡を絶つ」とあつて、明治初年頃から種痘の法があつたといふことだから、この時の流行は所謂「御申受」によるのでなく、場所も港に近い垣花であるから、鹿兒島か大阪からの傳來であつたに違ひなかつた。

　種痘の効果を信じ又一般に毎年種痘も行はれて、從來の「御申受」時代は既に二十年の昔に過ぎ去つてゐたに拘らず、矢張り「年廻り」即ち天然痘は十三年目に必ず來るといふ考が人々の心に强い力を持つてゐた。凡べて人間社會には運數なるものがあつて、大抵の社會現象は三、七、十三、廿五、三十三の數を周期として起るものと信じられてゐた。暴風旱魃地震海嘯の如き天災地變から彗星日蝕月蝕の如き異象、或は海川井戸に於ける溺死等の如きも此年數を周期とする年に同様な事變が起るとされた、それでその時の流行に就ても老人連は矢張り「年廻り」によつて當然のことしてゐるやうであつた。

垣花に清瘡が流行してゐるとわかると、先づ子供達は首にシ、ダマ（川穀《じゆずだま》の實）を絲に貫いて珠數に作り首に懸けた。シ、ダマは平常でも子供達の首飾りとするのであるが、この時は殆ど全部が之をかけた。これも矢張「風氣返し」の一つであつた。この首飾には更にウーヲー（硫黄に似て赤味を帶び、硫黄より硬いもの）や寺より貰つて來た符札《ふーふだ》（佛名を書いた紙片）など入れた赤い小袋を附けた。ウーヲーはまた細粉にして小兒が外出の時など額に付けてやつた。

家の内外や、屋敷の隅々まで、それに通路は平常よりも念入りに清掃された。竈《かまど》とフル（沖繩特有の便所兼豚小屋）と井戸は特に清くされた。門や戸口には毎朝竈の灰を一線に蒔いた。そして門には更に竹竿や箒を横へた。門に灰を蒔き竹竿を橫へることは、天然痘流行の時だけではない、普通の傳染病の時でも又豚鷄等の家畜家禽の流行病の場合でも之をなした。更に葬式が御前を通る時にもやつたことで、つまり灰や箒や竹竿には惡魔の入り來るのを防ぐ魔力があつた。又門の兩脇、籬の四角にはグシチ（すゝき）を三本束ねて葉先を結んだものを挿した。これも魔除けである。

門口や戸口には時々硫黄を焚いた。

他の部落《むら》からの來訪者、或は他部落まで行つて來た家人には、家に入る前に戸口の所で鹽水を指先で三度振り掛けてやつた。この鹽水の椀は神棚佛壇或は戸口のところに置いて、いつでも使へる様にした。

蔓延の噂が傳はつて來ると、「村持ち」即ち部落全體の施設として、部落《むら》の各入口に大きな手桶に鹽水を入れ、竹の枝を束ねたものを添えて置いた。通行人は自分で三度鹽水を身體に振り掛けてから部落に入つた。しかし更に噂がひどくなつては、その所に番小屋を作り青少年が一二人づゝ交替に監視して通行人に之を強いた。

泡盛は又、「風氣返し」に效くと信ぜられて、訪問客でもあると茶は出さなくても、必ず之を一杯進めた。平常は絶對に飲まない女や子供も一寸づゝ嘗めた。酒の臭で惡疫が退散するとされて、飲むばかりでなく顏や手先などにも塗つた。

家々では又「風氣返しの御願《おぐわん》」をした。神棚、佛壇、竈、雪隱《ふろ》、井戸、屋敷の四隅《よすみ》と中央及び門に、酒米を供へ線香を上げて惡疫退散家内安全を祈つた。之には凡べて其家の主婦が當つた。

部落《しま》全體としては「村御願」なるものを行つた。嶽々《たけく》、井々《かはく》、其他の拝所を部落《むら》の役目《やくめ》（總耕作《そうごうく》、耕作當《こうさくあたり》、頭《かしら》）が、矢張り酒米を供へ線香を上げて祈願した。御神屋《おかみやー》と稱

せらるゝ部落第一の拝所にはノロ（部落の神官）と右役目の人々の外に部落の最高役の掟《おきて》も參拜した。ノロと掟はこの時、夫々の禮裝をした。なほ部落全體としては「島クサラシ」といふ事もあつた。儀式の詳細を私は知らないが、豚を屠つて神前に供へ、その骨の小片とトベラ（樹液に惡臭ある木）の小枝を左綱《ひだりんな》に挾んで、部落の各入口の道路の上に張り渡した。左綱は左綯ひにした藁繩のことで之は魔除に使ふ綯ひ方であつた。

序でに、その頃の疱瘡に就て一寸述べて置きたい。種痘の法の傳來に就ては「東汀隨筆」には醫師濱川某が鹿兒島から傳來したとあるが、又西洋人が直接傳へたと言ふ話もあつた。その西洋人も單に那覇に寄港した西洋船から來たといふのと、耶蘇教傳道に來た西洋人だといふ二つの話があつた。

私の子供だつた頃は、痘苗の入手が困難だつたのか、或は他に理由があつたのか、種痘の時には各村（現今の各字）から强健な小兒を選定して番所《ばんじょ》（現在の村役場で

牛痘を植えた。數日立つてから醫師が之を檢べ、その中の發疹のよい小兒を種として各村屋《むらやあ》で部落の小兒を集めて種痘を施した。其法は出來た痘の膿を採り之を人乳に滴下し、各兒童の兩方の腕上に針で種ゑた。

最後に、この天然痘流行と關聯した一つの挿話を書いておかう。その時は小祿《おろく》、豐見城《とみぐすく》と那覇には蔓延して可

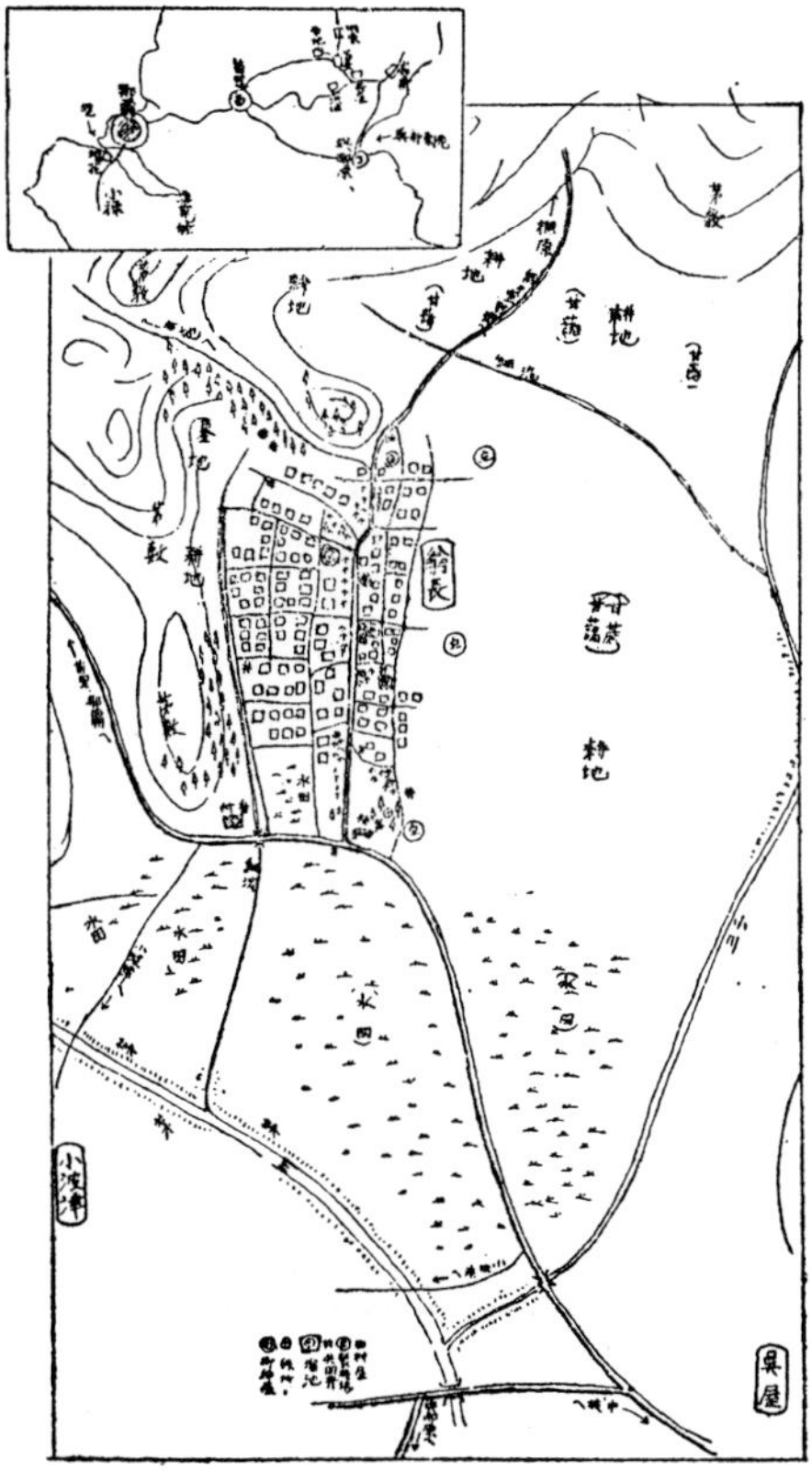

其の頃の翁長

なりの死亡者を出したさうだが、西原邊にはたうとう來ないで濟んだ。處が流行最中に變た噂が傳はつた。今度の天然痘は大和人《やまとんちゆ》が流行らしたのださうだ。大和人が各地で井戸に瘡蓋を投じてゐるさうだといふのであつた。此の噂は急ち各地に擴がつて唯さへ不安に襲はれた人々に非常なショックを與へた。

翁長の部落《しま》では直ぐに「若者揃《わかちのぞろい》」「組揃《くみぞろい》」（青年集會、組の集會）が催された。井戸の側には番小屋を建て青年が一人又は二人宛六尺の樫の棒を携えて、交替に晝夜見張りをすることになつた。各戸の臺所に近く屋外に据えてある水甕も用心することになつた。平常は往來の人は喉が渇くと路傍の民家に立寄つて一寸聲を掛けておいて、勝手に柄杓で飲んで行くのが常態であつた。しかし怪しい大和人が瘡蓋を携えて徘徊するとあつては安心は出來なかつた。柄

杓は家の中に仕舞つて置く、水を乞ふ者には監視附で飲ませるといふことになつた。

「喜《き》納井《なーがー》」といふのは民家から一二町離れた森蔭にある古井戸であつた。或る日怪しい人間が番人の隙を窺つて此の井戸に近寄つたといふので忽ち大騒動となつた。指笛を吹く、銅鑼を叩く、部落中の男が何れも六尺棒其他の得物を手にして現場へ驅け付ける。全るで戰場の樣な騷ぎ。併し附近は四半里も離れた隣部落《むら》の呉屋《ごや》まで續く甘蔗畑で、甘蔗は身の丈よりも高い。殆んど半日を部落中の者が大騷ぎをしたが、怪しい人の影も捉える事は出來なかつた。番人の若者は青い着物を著た大和人らしい者を慥に見たといふ。しかしたうとう見附からないで事件は結局有耶無耶に終つた。

こんな事が其後も一二回あつた。疑心暗鬼の結果であつたに相違ないだらう。後では誰も一場の笑話として回想する事だが、兎に角その當時はそんな事もあつた。

『傳説補遺 趣味の喜界島史』（竹内讓著）

喜界島は奄美大島の東方海上にある小島で、鹿兒島縣大島郡に屬してゐる、島には爲朝渡來の傳說、平家落武者の遺跡もあるが、歷史が較々明かになるのは琉球服屬以後である。本書の第一章傳說時代、第二章源平時代は主として傳說により島の沿革を述べ、第三章琉球服屬時代、第四章薩藩治下時代、更に第五章現代は，夫々記錄によりて制度沿革を詳記し、第六章に於て宗教敎育等の諸沿革、第七章人物傳記は傑出せる人々の事蹟、第八章は神佛の由緒記、第九章は年中行事となつてゐる。各時代の產業制度も相當記述され、吾々は之を讀みて、島民が如何に苦難の途を辿つたかを見る事が出來る。薩摩の政策が島民を奴隸化した事、明治に入りてさへ六年大藏省の「砂糖勝手賣買」の達しが人民には達せず、十數年を經た明治廿三年に兇徒聚集として爆發する原因をなした如き、島の歷史は島の共通の苦難を語るものである。今一つ驚くことは四百年間も直接の政治的交涉がなかつた喜界と沖繩が、その言語に於て民俗に於いて多くの共通點を持つことである。第七章にある歌、第九章の年中行事は沖繩人に取つて決して他鄉のものではない。これは夫々の研究家の興味を惹く點であらう。

喜界島史としては從來永井氏等篤志の人々によりて謄寫刷や單なる稿本で極めて少數の人に讀まれた丈であつたが、竹内氏が本書を公刊された勞は多とすべきであり、且つ其の「喜界島代官記・舊家の系圖家譜古文書類に直接資料を求め、位牌を檢め墓石を探り、古老の言傳へに就ては一々證左を求め舊蹟等は殆んど實地に踏査し」た著者の熱心な態度に敬意を表する。（東京市京橋區銀座西三ノ五對鶴館發賣　定價金一圓，郵稅八錢）

梵鐘を鑄る

藤原與一

私は自分の故里である。瀬戸内海の一島……愛媛縣越智郡所屬の大三島の北端の一寒村、鏡村大字肥海におこつた寧ろ奇聞的だとも思はれる、懷かしいこの事實譚を報告し樣とする。そして私自身は、この一篇の內容に多分の愛著をおぼえることはもとよりであるが、かうした記事を報告することとそのことにも、何か意味がありさうにさへ思はれるのである。それは、一行事なるものが餘りにも心にくきまでに村の生活を、その村に生息する人間の心持を表示してゐるからである。私は、以下の事實を全く天眞爛漫な愉快 民族生活の一斷面乃至焦點的發表と見たい、眞劍な話で。だから、かうした文化資料(恐らく誇張的な言辭ではあるまい)を人に知つて貰ふことは、餘程大切なことの樣な氣がしはじめ、且つ放つておいて埋沒さすのは惜しい樣にも思はれたのである。思ふに必ずしも單なる好事ではあるまい。實はこの一くさりの話に附け足して、前以て主張したいことは澤山あるのだが、何をどんなに云つてよいのか、餘りにも私の頭は混雜しすぎてゐる。又餘り云ひすぎるのも、辯解がましく聞える樣なことがあつては殘念であるから、今は兎に角、仔細に事實を綴つてゆく。

所と時と行事と　瀬戸の海の群がる島々の中でも伊豫に屬する大三島は、早くから歷史上の因緣につながれた島があつた。周回が約十五里、高繩半島の尖端が一度海に消えて、又あらはれた樣な所に位してゐて、瀬戸內での最狹部を扼してゐる。その島の北端にある鏡村の大字の肥海は、全く安藝の國の海べりに押せまつてをり、而もその間に湖面以上に穩やかな海を抱いてゐて、島の南側が海岸にせまり切つた山で、愛媛縣の今治方面との交通をむづかしくさせる來島《クルシマ》海峽に面してゐるのと對照的な姿勢をなし、隨つて大三島の文化上の一切の交渉が、藝州の方に向つてより多くなされる（或はなされた）ことを物語つてゐる。この島は史實の上から云つても全く古いらしく、宮浦《ミヤウラ》の里には大日本總鎭守國幣大社大山積神社が、早くから御座あらせられてをる。扨てこの宮に纒はる傳說奇聞は云はずもがなであるが、その大山積命のお鎭りました遙かに後に、神功皇后の三韓征伐があつたと考へて、その御途次もお立寄りになつたのであらうし、更に下つて藤原純友の亂の頃、或は源氏に追はれた平家の西走の道すがら、さてはあの倭寇の船出、それらに係はり、或は係はりなく巢喰つた豪族或は海賊、かうしたものに關してそれは澤山の話が、落され種付けられてゐるにちがひない。それらを措いて、私は今この島の北端に位置する肥海の村におこつた、右の樣な話に比べれば、極く片端的でもあるかの樣な事實を述べようとするのである。恐らく淸新な意味を擔つてゐるだらうから。

　時代は大して遠い昔のことではない。明治十三年の出來事であつた。それであるのに村の今の中老の連中でさへも、この行事の樣子に就て一向に何も語り繼いでゐない。丁度それだけ皆の生活意識が飛躍して、近代的になつてゐるわけだと思ふと、猶更一時代前の村を擧げて鐘を鑄た聖なる行事が、人間的なありがたい一つの大きなはたらきであつた樣に、考へられてならないのである。

この村は島の村によく見る樣な、海邊の蔭に寄つた村とは異つて、濱からは十町も奧まつた所から人家がはじまる。その十町の間と云ふものは、兩方に山が逼つてゐて村がはじまると同時に土地は奧で擴がつてゐる。その擴がりの右の袋の隅を、更に奧へ入ると、恰も眞東に向つて入ることになり、これ又先の十町あまりの間よりも、一層高い山が、更に更に狹まつてゐて、東に入つて右側がオンヂ、左側がサーシと呼ばれてゐる。

　この土地では日當りのよいサーシも、濕地のオンヂも共に山の下十分の三の所まで昔から開墾されてゐるが、村の檀那寺（曹洞宗）海藏山金剛寺の釣鐘は、全くこのオンヂの適當な斜面の所でつくられたのだ——村の右奧を外づれること約一町の所で。

　この一箇の鑄造行事は鼓腹擊壤をこれ事とした、平和郷に起つた劃期的な二大行事の一つであつて、第一の事件、明治十年の西南の役……村人はこれを西郷騒動と云ふが、これに武器おつとつて出征した村人のいくさばなしの、まだほとぼりのある頃に起つたものである。そして、古老はこの行事を決行するに至つた原因について、次の二つをあげてゐる。

二つの潮時　その一つは、西郷騒動による金錢《かね》の入りであつた。村人は西郷戰爭は日本はじまつての人氣だと云つて、大騷ぎしたさうである（して見れば、この事件はよほど各地の隅々までも聳動させたものと見える）。そして日本に金錢《かね》が散らばつた時だと、思つてゐたらしい。日本的に散らばつたか散らばらぬかは兎に角、村に景氣よく金が入つたことは事實だつた。『鐘を鑄るなら今だ』。實際この鑄造作業一切には多額の經費を要する。思つてはゐながら仲々手のつかなかつたのもそのためだ。では敢て自分の村でつくらなくとも、その筋に誂へるなり買ひ込むなりすればよかつたのに。そこがワン・ジェナレイシャン前のことだ。人間の心の動き方がまるで違ふ。（そこが今の我々に愛著を起しめる所以であり、尊い民族文化の資料だと思はしめる所である）――我々は我々の手によつて、聖なる擧式のもとに村人の生命を鑄込めた梵鐘をつくらなくては、と云ふのか當時まであり來つた村人の心根の總計であつたらしい。今學問的に考へて見ても慥に意義深いことだ。

鐘を鑄るに至つた今一つの、しかも先のよりも大切な潮時をなしたものは、肥海村にあつた自治的な土地制の廢止に伴ふ豐かな收入であつた。と云ふのは、我々の島では（松山藩下）どの村にしても、藩治の頃にはならし一代と云ふことが行はれてゐたものである（その一代の年數は區々であ　たらしいが）。結局上司に對しては、その村に割當てられた年貢だけ上納すれば足りたわけであるから、土地を如何に人に按配するかと云ふ樣なことについては、各村毎に自治的に取計らふことが認められてゐたものと思はれる。それで私の村のならし一代の制度は、次の如くきめられてゐたのである。

——先づ肥海の村の全土地の內、山と畑とはそれを併せて二十四株にわけられた（田地は今の話には大した關係もないから略しておく）。次に各株毎に四つに割られ、その一つを四つ組と云ひ。その四つ組に十六の細分が行はれて、この一細分が一人の持前となつたのである（但し貧富の差により、細分されたものを幾つもつかゞきまつたことは勿論である）。而もその所有の權限ある期間を四十年間とし、それだけの年數を經ればその土地は一旦村へ返納されることになる。此處で又その土地は細分毎に村民に配り直される。この時此の前に比較的歩の惡かつた人が、今度は歩のよい所をもつと云つた工合に、可及的公平に土地の分配が行はれる。その按配方を村民の納得のゆく様にやつてのけるのが、代官と庄屋と組頭（今の、村惣代）と株親（二十四人あるわけ）とその他の有志であつた。これらのものが、合議によつて實地檢證をしながら決定して行つたのには、ちつともそつがなかつたとは古老の述懐である。それもその筈であらう、今も昔語りになつてゐる先の時代の二人の物識りの如きは、所謂有志連中の錚々たるものであつて、圍爐裏に胡座をかいたまゝ、どこのどの山の境界は斯々〱で、山林の狀態は斯々であると、村の土地全體を暗識してゐたさうであるから。（田畑の品位隨つて作物の出來工合についても同様だつた。）

扨て四十年を經て、代變りとなつて田畑がとりかへられる。それには大した未練もなかつたであらうが、思ひ切りの惡かつたのは山地である。それもその筈であらう。自分で折角仕立てた立木は、次第に生長しつゝあるのだから。すべてムカシノヒトハ、マツダイガマシイ（昔の人は考へ方が繼續的で、常に末代のことを思ふと云ふ風であつた）かつたのであるが、そんな昔の人は右に述べた様な、山林の育ちかゝつた立木をあつさり坊主刈にして、剝げた土地を次の人に渡すと云ふ短氣損氣な制度には逢着しないで濟んだ。つまりならしが行はれても一畝當り十本の種木……松の樹に限る……をとつておいてその土地を次の人に讓り渡し、畝當り十本の松の木の所有だけは依然としてもとの人によつて繼續されたのである。かくしてそれら殘された松の木には、幹の根に近い部分に切り目一つが施され（これをキリコ又はキッカと云つた）一代木と稱せられる。かうなると自分の山でない山に、自分の木がたつてゐると云ふわけであるが、又々次の代變りがくると、先の話の一代木のある山は更に第三人目に廻ることになり、その土地には一畝歩について云へば、今度二代木になつた第一人目の松十本と……これには新らしいキリコが今一つつけられて、二つのキリコで二代木なることを示す……新らしく一代木となつた第二人目の松十本と都合二十本の他人の木があるわけである。かうなると第三人目の人はその山地をあまり利用するわけにはいかなくなり、ほんに下刈りをし得る程度にすぎなくなる。こんなことが代變り毎に昂じると、代木の持主が木を伐らぬ限り、遂には人が山地を新らしくうけついでも恩澤を被り得る地面はちつともないことになる。それではいけぬと云ふので、キリコ三つまで卽ち三代木までの存續が限度的にゆるされたのである。それが村の規約だつた。かうして三代木よりも古いものは先づなかつた。所が假令三代にした所で、山林が複雜になつて行つたことは容易に想像し得る通りであつて、家によると息子がまだ充分家督の案內をうけぬ內に、親爺が他界すると、自分の代木《ダイキ》を方々で探し出すのに困つた。それでも當時の人は正直だつたから（實際倫理化された社會だつたのである。でなくてはこんな制度もうまくゆかなかつたゞらう）家が斷絕する樣なことがあつても、萬兵衞山乃至萬兵衞松等の稱呼のもとによび殘されてきて、誰の所有にも屬さない山林がふえてきた。此處らで舞ひ起つたのが維新の風雲である。

　御一新になると土地制は今までとは變つてアランカギリノスワリ（有らん限りの据り）となつた。素破大變、代變りがない樣になれば滅多に人の土地に物は置かれぬわけ、そこで村の相談は一決して一代木二代木三代木すべて、どの山のものも五年の間に伐つてしまへと云ふことになつた。皆伐つた。すばらしい材木のおびたゞしい山が村の海岸こ築かれ、或は仰山な薪割木が積み重ねられて、次にこれらが姿を消した頃には、肥海の村には喰る様に（土地相應に）金錢《かね》が入つた。代木《ダイキ》の收入で肥海の村は金錢で唸つた。正に好況時代。『鐘を鑄るなら今だ』。

　以上二つの潮時、と云つても要は金錢が入つたと云ふ一事かも知れぬ。けれども入り方がちがふ。やつぱり二つの潮時だ。彼等は隱忽自重して、かくまで金の入る時をまちうけ、そして雄々しく彼等自身で彼等自身の鐘を鑄たのであつた。——そうすることが一番勿體ないことであつたのである。當時の村の生活では。

鐘を鑄るため　資金はできた。愈々梵鐘を鑄造してこれを櫂那寺に寄進し奉らうものと、時は明治十三年の夏（舊暦）先づ備後は尾道奥のウヅト村へ使が飛ばされて、こゝから鑄造の職人（イモジヤ）を迎へることになる。職人は都合三四人（正確に員數を知つたものがない）、鑄造に要する道具一切は先方が持參してきて、扨て前述の「村の右奥の端を外れること約一丁の所のオンヂ側の適當な斜面」に適當な場所がトせられて、こゝで營々の準備工事がはじまる。その出來上つた設備の概略を圖に示せば次の如くである（古老の談話を筆者が圖化したもの）。

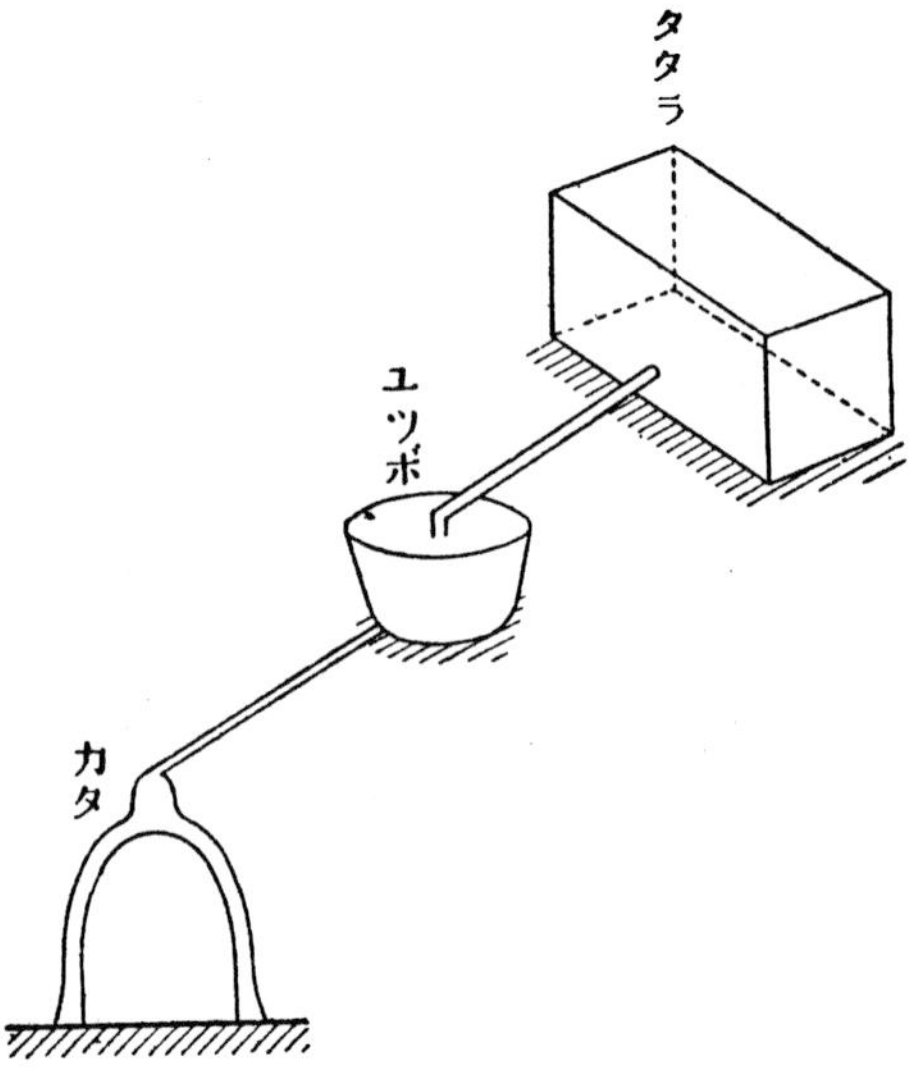

第一圖　一般圖

先づタタラ、次にユツボ、次にカタと云つた順序に高い所から次第に低所へと配置せられ、この三者が管によつて連結されることになるが、この全體的な勾配は丁度水が流れるほどの勾配である。隨つてオンヂ側の適當な斜面が選ばれたわけなのだ。

　タタラのことは委しく後述するとして第一にユツボで

あるが、これは全く材料を沸かす釜である。厚みのとてもごついもので大きさは俗稱三尺ドーガエシ卽ち直徑、深さ共に三尺と云ふ代物。この釜へはタタラから送氣管と云つた割合のくだが上から曲り込んでをり、この釜の下口からは鎔けたカネを流す恐ろしい管がでてカタの上部へ匐つてゐる。第二の、カタは、勿論二重で、今のアルミニューム製以前のトースケ（銑鐵）製の鍋をつくる場合と同じことださうだ。この型の材料も矢張先方から持參してきたもので、素材は泥。これをねつて望みのカタにつくり上げると云ふ寸法。つまり彼等は方々の鐘を請合つては鑄造して歩き、そこ〳〵でカタをねり上げたものだ。二重のカタで、內側の分こそ何の造作もないとしても外側のカタは仲々厄介である。各種模樣的な凹凸はもとより銘も入れねばならぬし、就中面倒な吊手も一度に上の方へ鑄繼がねばならぬ。又折角カタになつても愈々カネの湯を流しこむ時に萬一のことがあつては（外側のカタは薄いもの故）と云ふので胴じめが施されるかくて內外の兩カタの下部は平滑な鐵板の上にきちんと水平におかれる。そしてユツボからきた管は外側のカタの吊手の部分の最上部に開いた穴に連なる。

　所で難物は一番高い所にあるタタラだ。これは鑄造工の適當な指示をうけて、肥海の大工がつくつたのであるが、まあ全體的な感じから云へば蓋のない、直方體の木製の箱と云ふ所であり、その效用は全くのふいごだ。つまりタタラと云ふのは猛烈な風を急速に湯壺へ送り込みカネの鎔解を容易ならしめんがために特別に考案されたふいごにすぎぬ。長さが約二間で幅が約一間。深さ幾許。その箱へきし〳〵にすつぼり入る蓋を想像したらよい……そのふたの眞中筋へ（縱長と垂直に）鐵の心棒を固著する。その鐵の心棒に直接して下側に七八寸位の高さの板製のセキを附着させる。するとおちこんだ箱の蓋は七八寸のセキの板の高さだけ底面からはなれる。その位置の所で鐵の心棒が箱の兩側へさゝつて丁度シーソーの心棒の樣な役をする。こゝまでを圖示すれば左の如くである。

　そうすると箱の深さは、踏板の一方をふみつくした時に、他方がはね上つて箱より外へ出ると云ふ樣なことの

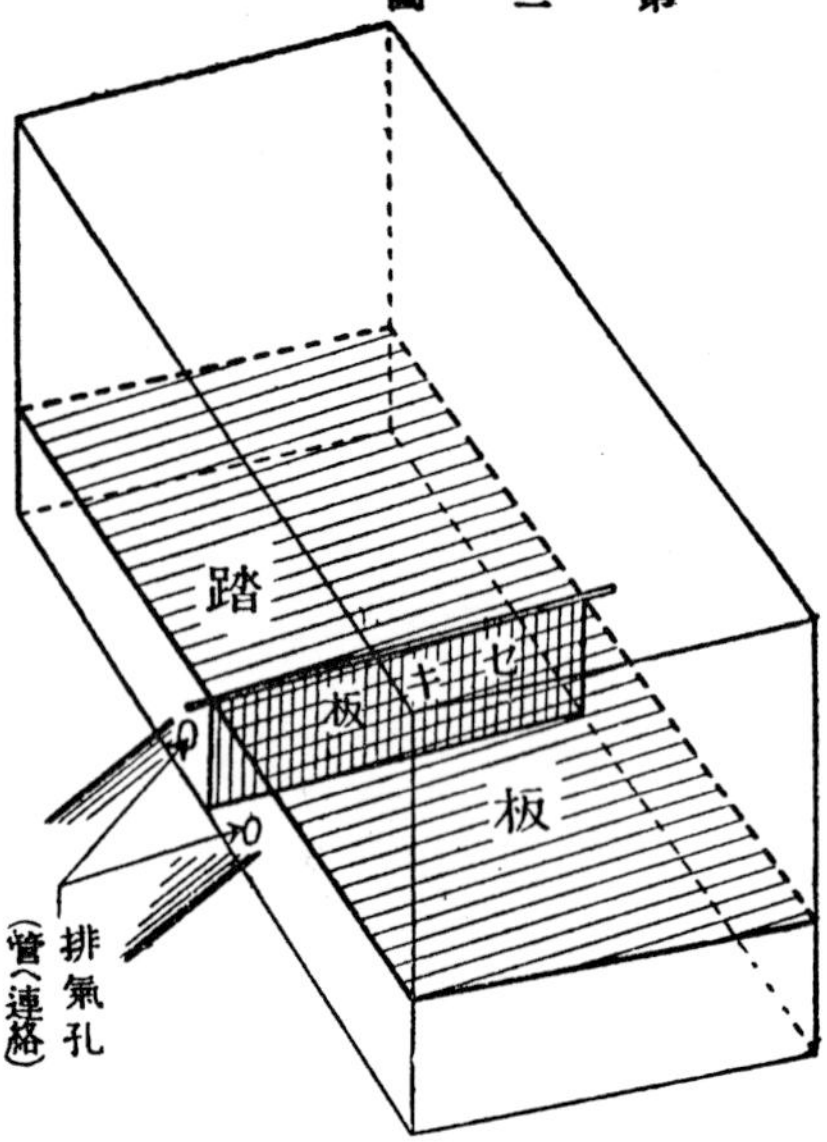

第二圖

ない程度に深められなくてはならぬ。だから結局この直方體樣の箱の中にはセキ板を堺として二つの空洞がつくられるわけであつて、あたかもシーソーの如くに踏板の兩側を交互に上下せしめることによつて、兩空洞互に强烈な空氣

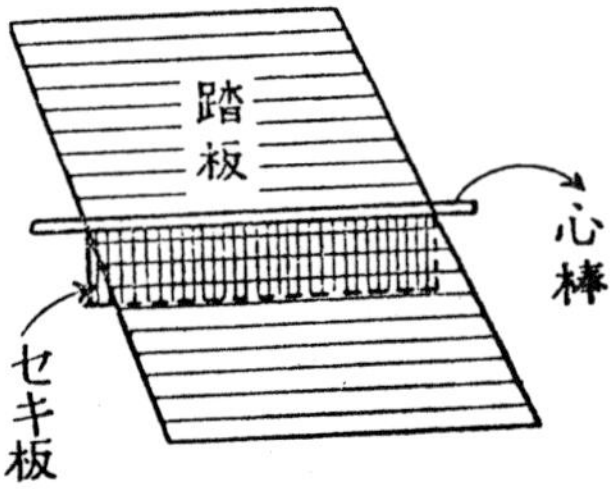

第三圖　踏板同上

を生じ、これを排氣孔を通してユツボへおくることができるのである。而もこの踏板を交互に上下せしめるのはタタラフミと稱して、實は人の足の力によつて、動かさんとするものである。隨つてこのために左圖の如き補助設備が要るのである。つまり踏む人は、桝形の木組みの横桁につけられてある下げ繩につかまつて、兩端互に飛上つてはふみつけ〳〵する樣になつてゐるのである。

――これであらがたの設備は終つた。あとは鑄造式當日の式場を構へればよいのだ。

材料は？　既に職人が村の委囑をうけて、慥か今治又は尾道から主材料である銅材をたんと買つてきてゐる。

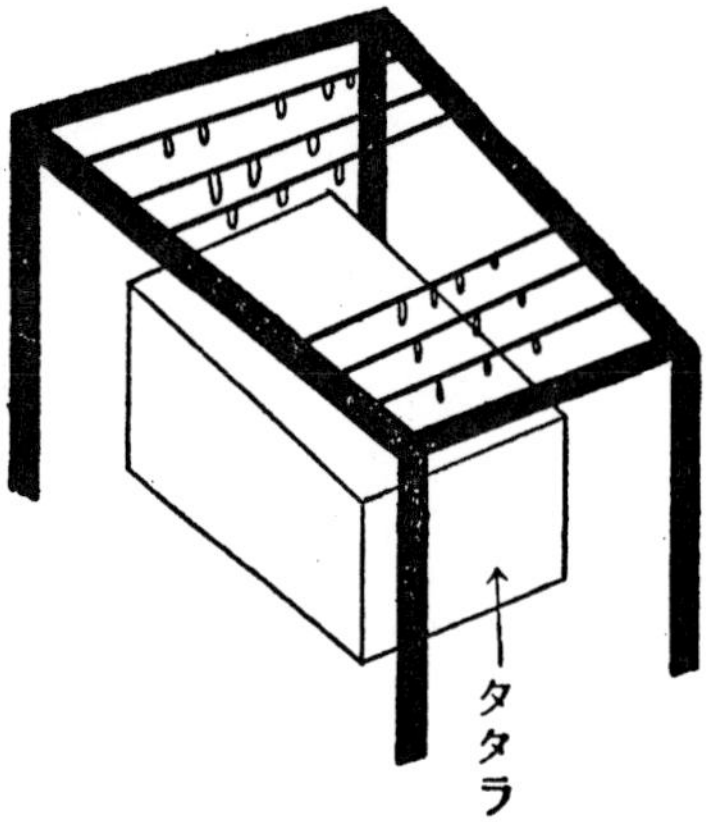

第四圖

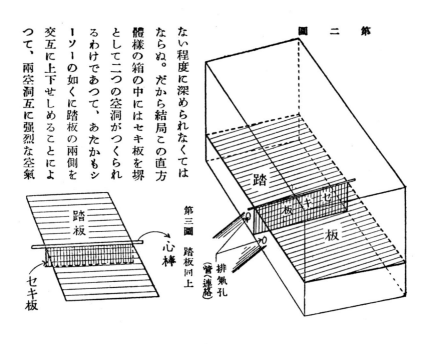

梵鐘を鑄る　陰暦八月――畑は作附けのないお休み時だ（昔はかうした大行事もちやんと農季に適合させてゆける餘裕がある、のんびりしたうるはしい生活であつた）その月のある日、今日こそ我らの鐘の鑄上げられる大事な式日。とてもよく晴れた早朝、鑄造場の周圍には早や人垣が十重二十重。式場を中心にして約三町ほどの左右に、長い地區に人は黑山なす騷ぎ、式場より山手も下手も。これらの人の中には大三島の他村はもとより、瀬戸内の他の島々、はては藝州の諸方から夜明をかけて、やつてきた見物人が決して少くなかつたとのこと。何樣かゝる行事は滅多に拜むことのできぬものであつたので、我も／＼この聖なる式場に馳せつけたのである。そしてこの聖なる式をあげて、他の行事では決して見られぬかゝる大群集をよせつけることが、全く村としての最大の誇でもあつたのだ。

扨て、鑄造場の棧敷上段の中央には、時の金剛寺住職大道十三世が端坐してをり、その他、村の組頭以下の役目役目の人はちやんと席について、今日こそ鑄造師頭日の苦心の報はれる日、先づユツポに材料が入れられはじめる。大部分は銅材、それに木炭等がほうり込まれていざと云ふので點火される。愈々タタラフミがはじまる。

タタラをふむと云ふのは、つまりばタタラの踏板を踏むと云ふことであるが、それには仲々の技巧が要つたものか、この式日の一月も前から寺の庭で、夜々にタタラフミの稽古が行はれた（一つはタタラフミの音頭の稽古もあつたどらう）。扨てこのふみ方と云ふのは、頭上の横桁の垂緒につかまつて、相手先の一組とこちらの一組とが互に他と反對に、反動を利用して、垂緒に縋りつゝ飛上り飛降りするのである。そしてこの踏み手には、當時の青年は全部參加したものである。一度にタタラの上にあがる人數は、心棒の兩側に兩者互に內向に向ひ合つて先方に十人、こちらに十人と云ふほど。その當日の扮裝はと云へば、背丈三尺內外のカンレイシャの襦袢で、その背中には紙製で金剛寺を象徵する㊎の紋が入れられ、頭には揃ひのキーロバチマキ（黃色の鉢卷）が横ねぢにくゝられた。――『火が入つたぞ』『やれ、ふむのだぞ』パタ、パタ、パタ、パタ。最初の内はゆつくり〳〵と、而も威勢よく悠々とふまれてゆく。その度毎に排氣孔からはスー〳〵〳〵とかすかな音をたてゝ、風が匂配の管をユツボへと下つてゆく。カネの湯ができるのだ。見るとユツボの中は次第にごちや〳〵と混雜しはじめてゐる。觀衆の興味は今更云ふまでもない。こゝらで綺麗な咽喉の音頭取のタタラフミの歌がひゞき出す。

タータラ　フーメーフーメーヨ――　ナーカーフー
メーターターラヨ――。
ナーカヲフーマーネーバーヨ――　ヤーレー　カー
ニャーワーカーノ――ヨ――。(タタラ踏め〳〵ヨー
中踏めタタラヨー。中を踏まねばヨー　ヤレ鐘《カニャ》は沸
かぬヨー。)

かくて中へよつてふむほど、タタラはパタ〳〵とより敏速にシーソー的運動をはじめ、風は彌が上にも猛烈に送られることになる。丁度ふみ手の草臥れはじめた頃、『おい、行くぞ』とばかりに交替が飛上る。續いてぴよん

ぴよんとび上る早業、流石は一月も練習したお蔭とは云へ修練の物凄さ。かくて交替班が全部上り了へて新手が一しきり高い歌聲でふめ〳〵とばかりにふみしきる。中でも音頭取りは盆踊でも見るごとく交替なしの重職、此に加へて巧みなふみ手も常連と云ふわけで上つたきりにすべて力を用ひることなしに常時巧者にふんでゆく。實際ふむことの下手な人はおもしにこそなれ爲にはちつともならなかつた筈だ。そして、今云ふ交替班と云ふのは三四交替の用意ができてゐたらしい。

この休養中の交替班の面々は、正に當日の主潮をなす若きヒアロウ達であつた。と云ふのは次の如きことによつて彼等が眞正面から、聖なるべき儀式の意義を發揮したから。卽ち、休養中の一同は當日の許多の群集の中を縫つて、許多の人のクリキを求めたのである。そのために前以て直徑六寸ほどのミソコシ（竹で編んだ飯を盛る籠）の、四五尺の長柄をつけられたものが用意されてゐた。これを差揚げて皆人の寄捨を促して廻つたのである。然らば何故かうすることが、聖なるべき儀式の意義を發

揮せしめることになつたか。それには次の如き信仰が行はれてゐた。——我も我もと喜んで寄進したゼニを鑄込めてつくつた鐘ほどよい音色を出す。世話をする人々のクリキ（勤勞奉仕）と、あまたの人の寄附によつてのみ眞の名鐘が得れる。但し鐘は非常にケットーヲイム（血統を諱む……その人の性質を問題にすると云ふ意）から高慢な言を弄し不敬の所爲あるものが、假令天保錢一文出してもその金は鎔けぬ、と。結局優れた梵鐘を鑄るためには、人の快き寄進をうけることが、是非必要だつたのである。故に單に鐘を鑄ることとそのことが一大神聖行事であつたのが、このあまたの人の善心に訴へると云ふことで、更に儀式の（當然もたらされてしかるべき）神聖味を發揮させることになつたのである。だから事の前に大三島内は勿論、既に隣りの島々である伯方島、大島、生名島、岩城島（以上すべて豫州）、果ては向ひの藝州の島嶼、地方（ヂカタ……本土部）の方までも寄附をつのつて廻つたものである。（當日の觀衆が遠方からも拜觀にきたのは實にこのことによる）。そこで當日とても、見物の人々はかねて用意の穴開き錢を出すわ〳〵。中には持ち合せのない女達、已のクシ、コーガイなどをミソコシに投込む盛況だつた。この當日の喜捨でも大變なものだつたらしい。それもその筈で時の群集は號して何千何萬と語られてゐる。人氣は正に西南戰爭の時と同じであつた。ある店屋の如きは五丁《ちょー》の酒を賣上げたと云ふ。かくまで大がゝりないみじき限りの行事だつたのである。（すべて女などは月經のあるものと云ふ廉で、近くの方へはなるべくよつて貰ひ度くなかつた、と云ふのもその一證左にふさわしいものである）。

その群集が一番見度く思ひ且つ狂喜するのは、愈々カネの湯をカタに流しこむ時の實況であつた。湯の沸くにつれて、タタラは次第に早目にふみしめられてゐる。一體カネが沸くときはプーと沸いてこなくては駄目で、粘つたら始末が惡い。それだから沸き出すとしきりに踏まなくてはならない。かうなると、交替も仲々容易でないが、そこが稽古の功德、『おい代るぞ』『よし』と云ふので、上の者はタタラの自分の側が下降した時にとび降りる。直様タタラの上昇に呼吸を合せてとびのり、次に下降する際は早や一人前にふみつけてゐると云ふ工合で、全く目にもとまらぬ位の所である。かくてふみにふまれ風を吹きこめるだけ猛烈に吸きこんで、遂にカネは全く鎔けてどろ〳〵の湯の様になる。これからユツボの下ロをぬくまで暫時の間をおいてやすませる。こゝで職人の棟梁（イモジヤ）は南無首尾よくと瞑目して念じたことであらう。『ぬくぞ！』……素破と云ふので群集は一段と間近に押寄せる。だが職人の手元は仲々愼重だ。まかりまちがへば人も型も大怪我をする。やがて職人の顔に固い確信の波が動いたかと見ると、次の瞬間には！　火の川だ！灼熱の流だ！　流れるカネの湯は次々とカタの内部へ呑まれてゆく。……カネはカタに入れるだけ入りこんだ。カタは微動だにもしない。出來た!!　職人《いもじや》はやをら背を伸して、心もち昂奮しながら程よく出來た旨を宣言する。萬歳！　萬歳！　役ある人々も全觀衆も、總立になつて一大歡呼が絶叫されたのである。（その當時、やはり萬歳と云つてゐましたかと古老に尋ねたらはつきりしないがまあウァーィ〳〵と云ふ所だつたらうとのことである。）

——その鐘は、型の中で熱をさますために二三日の間そのまゝに置かれた。

鐘が出來た　三日ほどたつと、鐘は全く冷え切つた。時分は、よしとイモジヤは、さしものカタをとり去つてカネの湯の流入口の所（即ち吊手《ツリテ》の最上端）を鑢ですり切る。何と申分のない出來！　見よ、鐘の面には「海藏山金剛禪寺」それと對蹠の位置に『現住十三世大道代』と立派に銘が浮き出てゐるではないか。ユツボのある下地は一面に、カナハダの樣になつてゐて、土地はちんちんと堅い。實にこの釜では必要量以上、ゆつくりあるほどの分量が猛烈に鎔かされて行つたのだ。

鐘は全く完成した。いざ奉納と云ふ段になると、村をあげて大振舞の御馳走がつくられた。村中が皆なお客さんである。その一日は臨時に車輿（ダンジリ）がつくられ、村中の通れるだけの道は皆ひきまはした。云はずもがな、そのダンジリには、作り物の辨慶が件の實物の大鐘を背負つた形がしつらへられてゐたのである。

大詰は愈々お寺へ奉納、次いで撞き初め《ツキゾメ》と云ふことになる。村のこの鐘は誰か一番澤山の喜捨を捧げた人がツキゾメをしたとか。(因みに我々の方ではある橋の通り初めの際に、一番澤山寄附した人が通り初めをしたと云ふ例が近來にある)。かくて純朴な愉快な村の全生活の表現としての、或は島の文化の代表としての梵鐘鑄造の大行事は大團圓を告げたのである。

餘聞　私はこの肥海の村の梵鐘鑄造を、極く幼少の頃に見物した他の島の人の口から、圖らずも一奇譚を聞かされたと云ふのは梵鐘をつくる際にはすべて一枚の湯卷を鑄込まなければ本當の鐘にならぬ、が反面又湯卷をとりあげられた當の女はきつと死災に遇ふと云ふ。そこで誰しも湯卷はとられたくないから皆これを隱しておく。と云つて鐘のためにはそれが必要不可缺である。隨つて否でも湯卷一枚盜み上げなくてはならない——そこで盜みに廻る。『湯卷は人前に干すべきものでないと云ふのはそこだ』とその人は言つた。現に鐘を鑄る職人の棟梁のことをイモジヤと云ふてをるではないか——と云ふのだ。

所が、肥海のある老人の話によれば、成程イモジを一枚入れると云ふことがある。そしてそれを入れると、その女は何とかだとの話はある。がイモジヤはイモノヤで云はゞ今のイカケヤ（鍋、釜の修繕等を業とするもの）である。（なるほど、さう云つて見ると銑鐵《トースケ》の鍋などを作るのはカタを使つてゐて鐘を鑄るのと同調子だ）現に土地の人はイカケヤのことをイモノヤとも云ふではないか。勿論肥海の鐘はイモシなど入れなかつたゞらう。月經をもつことのあるべき女の近寄ることすら諱んだのだから——とのことである。

兎に角このイモジヤの一件も、傳説的な興味は多分にもつてゐるが、もとより穿鑿すべきほどのことでもあるまい。今はたゞ古老の話を忠實に書きとめたゞけのことである。

(1)

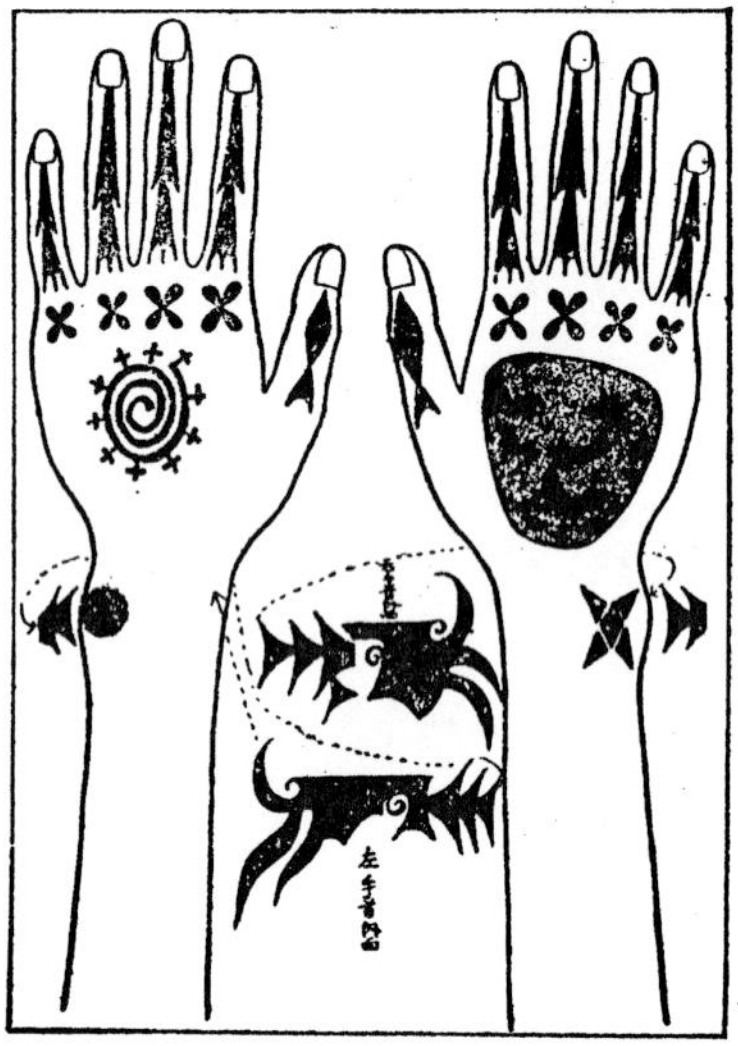

(2)

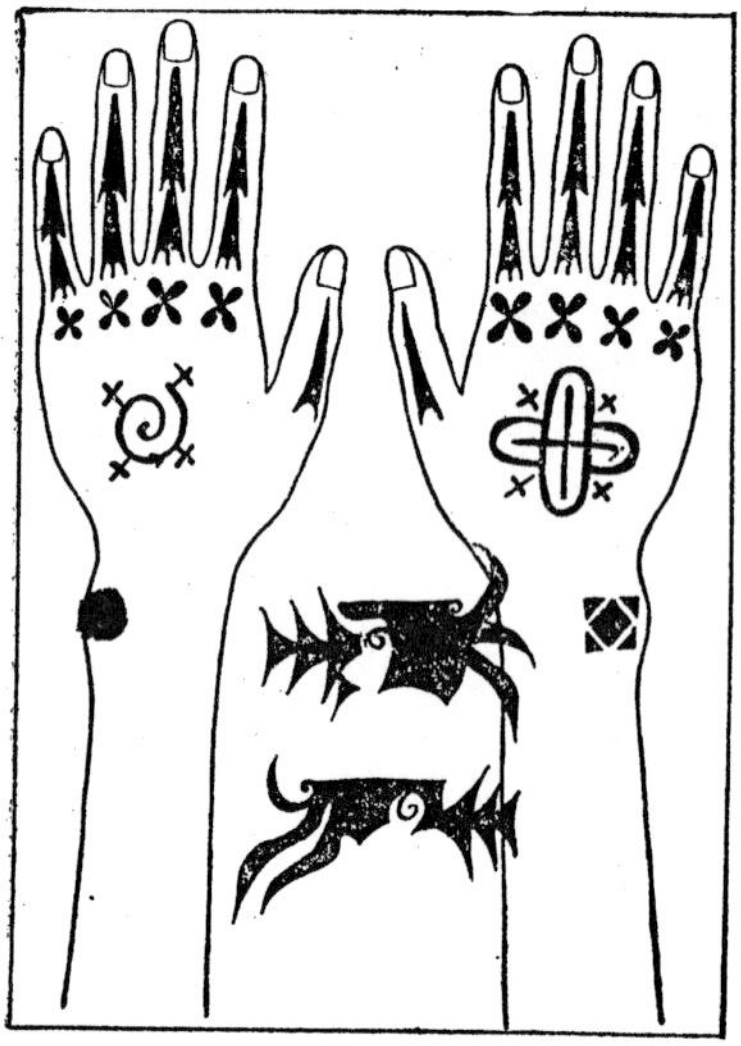

一七六

針突圖誌（一）

―奄美大島の部―

小原一夫

「南」と云ふ字を見ると、なんとなく我々の胸を打つ響が傳はつて來るのは、あながち南の國に生を受けた故ばかりでもあるまいと思はれる。その神秘的に思はれる懷古的な習俗や、烈しい光、濃い水の色、知られないそして知りたい、知らねばならぬ何物かゞ、潜んで居ると確信せらるるが如き豫測、それらのものが我々の魂に迫つて來るからではあるまいか。

この南の島々に、未だ殘されたもの丶中で針突は、我々に大きな興味を呼び起させる所の、あるがま丶の祖先の生活形態の一つの殘存である。よく云はれる「入墨」「黥」「文身」の中に含められた意味が、こ丶に云ふ「針突《はつき》」を表はして呉れる。

(3)

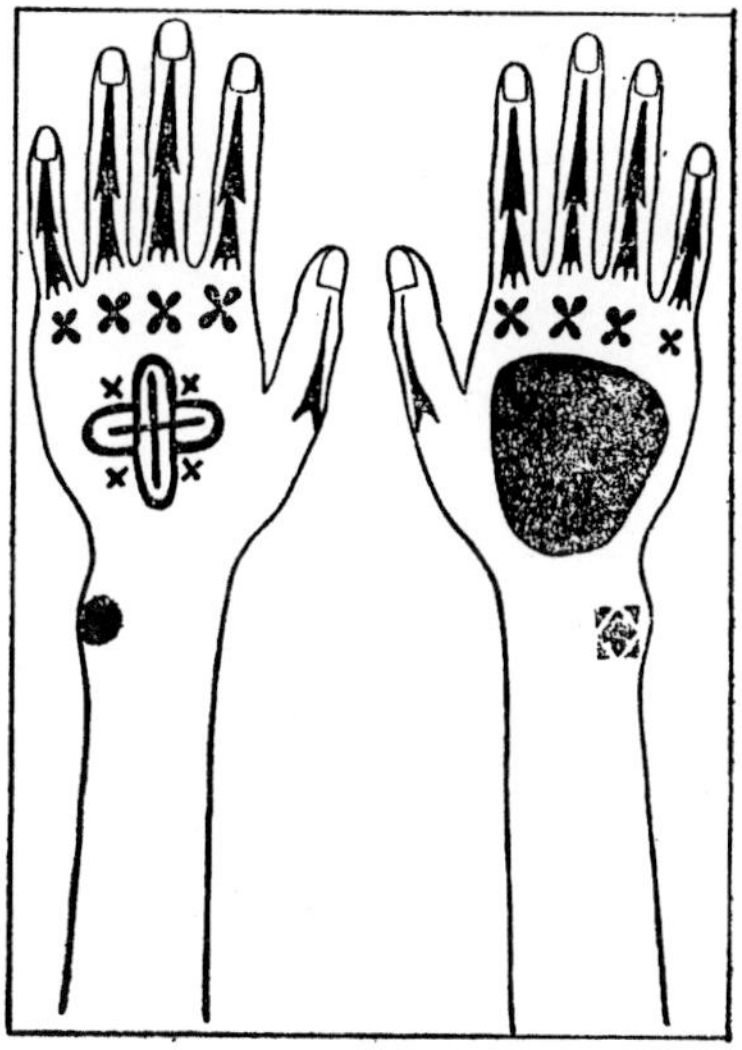

(4)

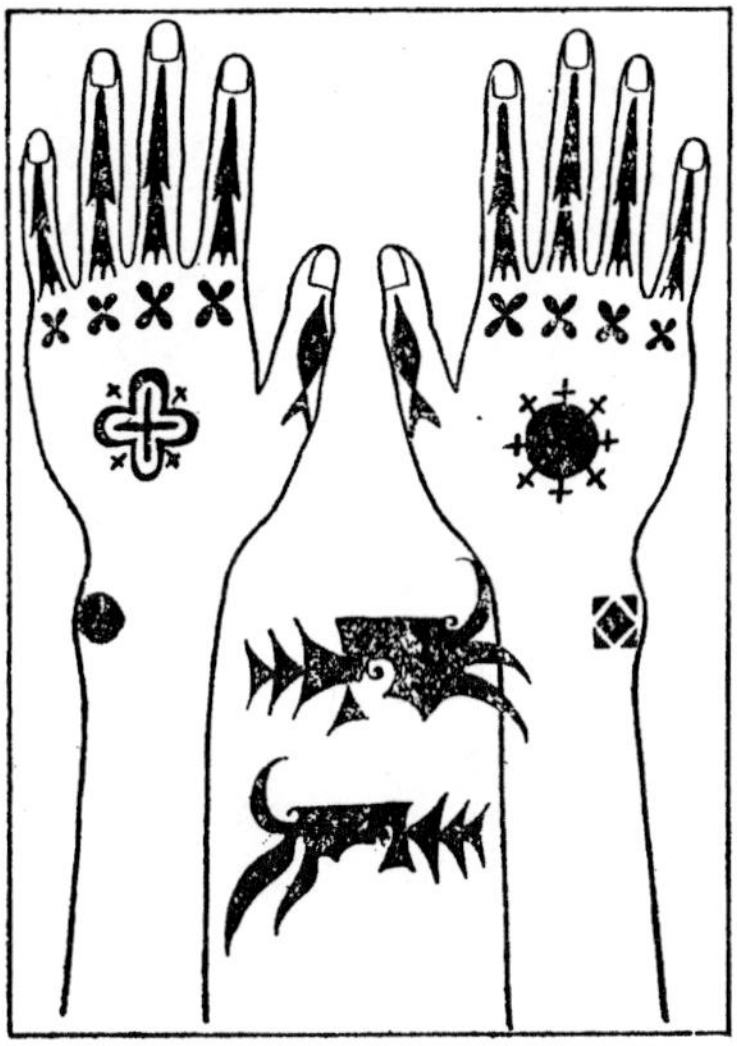

「針突」は、この島では「ハヅキ」又は「彩ハヅキ」と呼ばれて居る。

第一圖は七十四歳になる婦人の手甲の「ハヅキ」であるが、これほどの美しい「ハヅキ」を行つてゐる人は少い。

第二圖は名瀬の七十五歳の婦人。左手手甲部の模様は「ゴロマサ」、同じく左手莖狀突起部のそれは「イチュカ」と呼ばれ、右手の手甲部の「アジバヌ」、手指背の模様は「ヤ」、第一關節のを「ナノパナ」と呼ばれる。

上質の墨を、揃へた針の先ではねる様にして突く、十三歳で初めて行ひ、米一斗をその代金として「ハヅキ」を入れて呉れた人に拂つたと云ふ。

手首内面の「ハヅキ」模様は「カニ」と呼ばれ、渦巻になつた部分を「メ」と呼んで居る。

第一圖、第四圖の拇指背の魚形の模様は「サカナ」と呼ばれ、この模様を突いてゐると、魚がよくとれると信ぜられてゐる。

隱岐へ渡るには

隱岐への汽船は松江から出る。

松江を出帆した船は、境と美保關に寄つてから隱岐に向ふ。

航路は各港線と直航線の二つになつてゐて、**各港線**は松江を發し、境、美保關に寄航し、島前の知夫、浦郷、別府、菱浦及び島後の都萬（又は津戸）の各港を經て西鄉に至る航路で、都萬と津戸には交互に隔日寄港することになつてゐる。松江を午後八時に出發、翌日午前九時三十分西鄉に著く。歸航はその反對の順路で、午後七時西鄉發、翌日午前六時境、同八時松江に歸著。

（航路圖）

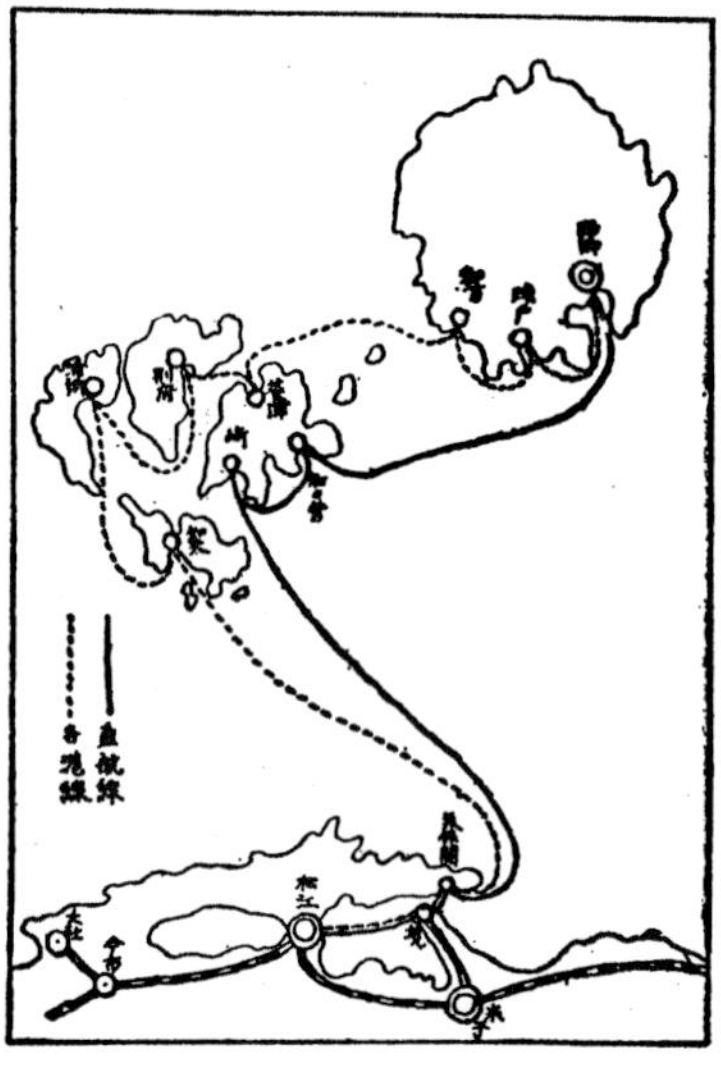

直航線は、同じく松江を發し、境、美保關に寄航することは各港線と同じで、島前の崎、知々井を經て西鄉に到る航路。復航はその反對の順路。松江を午後八時に出帆して翌日午前七時西鄉著。歸りは午後九時西鄉發、翌日午前八時松江に著く。直航の方が二時間乃至二時間半、時間が短かい譯である。但し船は各港線の方が大きい。松江西鄉間は毎日一往復をなし、各港直航隔日交互である。

（時間表）

					各港便（隱岐丸）
後8.00	發	松江港	着	8.00	
11.00	發	境港	發	6.00	
12.00	發	美保港	發	……	
前4.00	發	知夫	發	前1.00	
5.00	發	浦港	發	11.30	
6.40	發	別府	發	10.00	
7.00	發	菱浦	發	9.30	
8.30	發	津戸	發	8.30	
8.30	發	都萬	發	8.30	
9.30	着	西鄉	發	後7.00	

					直航便（第二隱岐丸）
後8.00	發	松江港	着	8.00	
11.00	發	境港	發	6.00	
12.00	發	美保關	發	……	
前4.00	發	崎	發	前1.00	
5.30	發	知々井	發	12.00	
7.00	着	西鄉	發	後9.00	

船は隱岐丸と第二隱岐丸の二隻。前者は主として各港線、後者は直航線に充てられてゐる。

		旅客定員特等	一等	二等	三等
（各港線）	隱岐丸（五〇〇噸）	二人	九人	三一人	一一五人
（直航線）	第二隱岐丸（三二七噸）	〃	二	一六	九七

船賃は兩線共松江西鄉間片道、一等五圓五十錢、二等三圓六十錢、特別三等二圓五十錢、三等一圓九十錢である。

漁村語彙（二）

柳田國男

イソガネ　前にいふ「蚫起し」をイソガネといふ土地もある。例へは筑前志賀島の弘部落など。對馬の曲（マガリ）では是をたゞカギと謂ふ。

イソカブリ　筑前鐘崎の海女、額卷きの布を磯被りといひ、褌卽ち他の地でモツコベコといふものをイソベコと謂ふ。又テグリ襦袢を磯ギモンといふ。

イソギ　安藝の佐木島でも沖着物を磯着といふ。

イソマゲ　志州の和具の海女、海水に潜ぎ入る時の髮、強く束ねる故に上に直立して居る。此上に白の手拭で後鉢卷をする。其手拭は最も大事にする。或は絹の切れを用ゐて居るものを見た（人類學會雜誌三四號）。能登の舳倉島で觀音髷と謂ふのも、形はこの磯髷と似て居るかと思ふ。

イソミ　石見の鎌手村で和船の一種をいふ。特徵を知らず。

イソヲナゴ　九州の海岸には處々に此妖怪の話がある。たとへば肥前の宇久島では、磯女は乳から上は人、下の方は幽靈のやうに流れて居るといふ（旅と傳說五卷八號）。島原半島にも磯女の話がある。同國加唐島では昔トウボウ船が纜を引揚げんとして居た時に、磯女が現はれたので鉈で其綱を斫つて遁げた。其以後此種の船だけは今も「ともづな」を取らぬと謂ふ。薩摩の上甑島に於ても、漁船は他所の磯岸に泊する際、亦決して纜を取らぬ。それは磯女が此綱をたぐつて、船に乘込んで來る處があるからといふ。

イタダキ　濱の女の頭に物を載いて賣りに來る者を、イタダキと呼ぶことは弘く知られて居る。瀨戶內海ではカネリカベリの名と入交つて居るが、讃岐高松でも是をイタダキといひ（宮武省三君）、伊豫松前村などのオタタも其變形である。阿波では那賀郡阿武村の物賣女を、阿武のイタダキと謂つて居た。亭主は家に留つて薪水の勞に服し女房が籃を頭に載せて、ツヒジキや小アメやアラメは入りなさらんかいと賣りあるく（風俗畫報八號）。加賀では金澤市中へ魚を賣りに來る阿北郡根布の女たちをイタダキと謂つて居る。魚桶を頭に載せ伊豆新島とよく似た髷輪を使つて居る（人類、一七二號）。越後の直江津にもイタダキといふ名が近い頃まで殘つて居た。爰では百數十年も前に既に天秤棒を用ゐて籠を載くことは已めたのであるが、尙且つその棒で擔うて魚を賣りあるく女をさう呼んで居た（頸城郡誌稿）。

イタツケ　奄美大島の瀨戸内海方面で盛んに使用せられる一種の小舟、前後に特色の多い繪模樣に彩つて居る。是を板附といふのは刳舟に對する語であつて、現に今尙淺い刳舟を臺とし、前後左右に板を打附けて居るのである。沖繩で「とぢ舟」又は「はぎ舟」と謂ふのも趣旨は同じで、樣式の進化には勿論少しづゝの差等はあるが、何れも刳舟用材の缺乏に促された改良に他ならぬ。ユトリ即ちアカトリの形狀も、舟と伴なつて變つて居る。刳舟のユトリは一木を窪めて作り、板附舟のユトリは箱になつて居る。此序に附言するが、德島縣で板附といふのは、東京でいふ蒲鉾のことである。

イトコハンダ　常陸の海上で、鰹が鰯の群にまじつて共に狂つて居るのをイトコハンダといふ（茨城縣方言集覽）。イトコは東北九州ともに弘く一族親類を意味する。ハンダは奧羽全體にかけて、動物の母殊に馬や雞に謂つて居る。鰹が魚群の親方のやうに見えたからの名とすれば、此ハンダは兩方無關係で無い。

イナサ　關東地方で水陸ともに最もよく耳にする風の名であるが、其分布は遠く瀨戸内海四國までに及んで居る。僅かに例外を除けば略一樣に東南から吹く風を意味する。サは多分風のこと、イナは南のミナミなどと共に、すべて海上を意味するウナといふ語から出て居ると思ふ。海のウミは南方の島々に於てはインである。

イナダカセ　海上に斯ういふ名の恠物があると、福島縣の沿海に於ては傳へられて居た。イナダは船中に用ゐる水の杓で、それを貸せと言つて來るものが海に居るといふのである。他の地方では多くは是を船幽靈と稱へて居る。それに行逢つた船では、必ずイナダの底を拔いて貸して遣らねばならぬ。さうしないと忽ちのうちに、船が海水で一ぱいになつてしまふ（焔取錄）。

イハムシ　佐渡では砂蚕、スムシのことだと報ぜられて居る。筑前の島々で岩虫と謂ふのも同じものらしい。「ごかい」に似た虫で少し小さい。磯の砂利を掘りかへして之を捕り、鯵とか「いさき」とかを釣る餌にするといふ。

インコロシ　薩摩の西海岸に行はるゝ一種の船の構造。天草島南部から傳播して來たやうにいふ人もある。タテキ卽ち「みよし」が長く幅狹いともいへば、艫の部がしほつて（細くなつて）居るので速力は早いが搖れ易いとも謂ふ。犬殺しと名づけわたけは不明である。下甑島の手打などではインコロ作りと謂ひ、同藺牟田のみは是をトンカキと謂ふよし。

イレガヒ　蚫の製法の一つ、丸のまゝ鹽をして一夜置き、翌日之を煮て絲に繫いで乾したもの。筑前の志賀島などでは是をイレガヒと謂つて、元は熨斗蚫の他に一種の獻上品であつたが、今はもう製して居ない。イリガヒの轉訛であつたことは疑ひが無い。魚の煮付の汁氣の無いものを越前では今もイリモノと謂ふ。元は普通の標準語でもあつた。甲州の韮崎の町などは、現在もどこから來るか、盛んに此あはびを食つて居る。土地では是を煮貝といふ。

イロミ　イロが瀬戸内海で魚群を意味することは、既にアカミの條にも敍べてある。播磨の家島でも同じくイロと謂ひ、魚群の過ぐることをイロガシテヰルなどゝいふ。イロミは卽ち其イロを見張りする役である（玉岡松一郎君）。

イワイシ　漁網の周縁の鎭みに附けるものを、イワと謂つて居る區域は弘い。肥前平戸の志々伎浦などでは、現在はすべて土製品を用ゐるが、尙この物をイワイシ又はホゲイシと稱へて居る。卽ち岩石の意であつて、古くは岩の小破片の穴などあつて結はへ附け易いものを、用ゐた名殘としか思はれない。但し土の素燒の中に穴を明けたものを、發明したのも新らしいことで無いと見えて、信州などの石器遺跡からも發掘したことがある。沖繩の糸滿人は、專ら子安貝の最も大きいのを是に利用して居る。其名は何といふかまだ聞いて居ない。

ウエ　是は河川の漁業に用ゐられるもので、竹を細く割つて筍狀に編んだ籠である。魚の往來の路に是を伏せて置いて、魚が一旦入ると出られぬ樣な裝置になつて居る。各地樣式大小の差は有ると思ふが、奧羽その他で最も廣くドウと謂ひ、關東などでウケ又はオケといふものと一つらしい。ウエといふのは飛驒の神通川水域であるが、是も右のウケと同系の語らしい。或はイエとも謂ひ、又逆魚筍サカウエといふ語もある（北飛驒の方言）。越中の有峰でもウイ、小石にて魚の路をつけ、流の下流に向けて瀨を登る魚を捕る。夕方浸けて夜明に引上げることは（風俗、三一二號）、他の地方のドウやオケも同じであつた。

ウキタノキ　上總の長生郡に於て「くさねむ」の木をさ

うといふ。釣絲の浮きにする木故に此名がある（林天然君）。此邊では浮木をウキタといふらしいのである。

ウグイ　又エグイともイグイとも謂ふ。備前邑久郡などで、魚筌卽ちモドリの簾のついた竹籠を謂ふ（岡山文化資料一卷一號）。ドウジリとは別のやうに考へられて居る。又ヤシロイグイといふ語があり、イグイの方が正しい樣に言ふ人もあるが、是と前にいふウエ・ウイ、もしくはウケ・オケと言葉としては別系ではあるまい。

ウグイシ　魚の腮の下の三角形になつた部分を、薩摩の海岸ではウグイシ、日向も肥前五島も共にウグルシ、博多の魚商間にも鰤のウグヒスといふ語があつて、腮を切り落したあと三角の部分が、鶯の形と似て居るからといふ說明もあるが、それはまだ安心のならぬ說明である。消費者の側では食つて最も美味だから、名前がある樣に思つて居るが、出水郡の海人はカケ木を以て魚を捕るのに、多く此部分を狙ふ故に此語を記憶させられて居る。下甑島の片野浦では、是をメウトビレと謂ふ。此部分に二つの小さな鰭が、片假名のハの字の如く附いて居るからである。

ウゲメ　壹岐でも肥前の小値賀島でも、又其以外でも九州の北部では、海幽靈のことをウゲメと謂つて居る。ウブメと同じ語であらうと思ふが、陸上のウブメには又違つた特徴がある。

ウケカハ　岡山縣の沿海低地部には、河尻の水田と鹹水との中間に、マス又は内川と稱して堤を設けて淡水を溜めて置く處が多い。其マスの中に發生した鰡などを入札に付して一手に漁獲させる風がある。是をウケカハと謂ふのは請川の意である（岡山文化資料一巻五號）。

ウスコン　魚の喉の下、前にいふウグイシの背後に、是も三角形をした臍のやうなものがある。是を下甑島の瀬々浦ではウスコンと呼んで居る。

ウタ　海濱の地名に折々ある。土佐の宇多松原は古く文獻に見えて居るが、長門の海岸にも幾つかの同じ例がある外に、遠く北方に離れて蝦夷の渡島の浦々にも又何ノ宇多といふ地名が多かつた。濕地を意味する九州のムダ、東國のヌタや近畿地方のウダとは關係が無く此方はタの音澄んで歌に近い。さうして砂濱のことのやうである。菅江眞澄の紀行松前江差の間に、「宇多とはなへて崎より磯つゞきたるをもはら謂ひて、奥の海のところ／＼に多くぞありける」とある（えぞのさへぎ）。獨り奥の海だけで無く、越後西頸城の海岸の歌、又讃岐の歌の津・歌の郡なども此宇多かと思ふ。

ウタリ　靜岡縣の海岸には渚をウタリといふ語がある（縣方言辭典）。志太郡燒津では磯の波と濱の波との中間の波靜かなる處をいひ、靜岡市外の長田村では、入海になつて居る處をウタレ、同大里では波が引いた跡、海水の殘り溜つて居る處がウタリだと謂ふ（内田君）。

ウチコミジホ　打込潮である。前に引いた菅江氏の紀行に、「かみ潮に下潮の入合ふことあり。之を打込潮とてよからぬ潮とぞ謂ひける」とあるが、無論松前近海のみに限つた語であるまい。

ウヅ　常陸方言。錨の形をした魚を吊つて置く道具のこと（風俗四二五號）。魚つりの約かといふ。

ウテマツリ　薩摩日置郡の海岸の村々で、舊二月四日に鎭守の社にて行ふ祭典。當年五歳の男の兒ある家では祝宴を開き、一尺五寸ほどの船を造つて鄕社に奉納する。此日行事には船歌をうたふのが古例だといふ（風俗三一〇號）。

ウド　遠江の榛原郡で、波打際をウドと謂ふ。前のウタリと關係が有るのかも知れぬ。駿河では有度濱は古名である。肥後の宇土郡も地形は似て居る。

ウナハヒキ　鵜繩引き。是も馬入川の上流地方などに行はるゝ漁法である。繩のところ〳〵に鵜の羽を挾んだものを、水中に曳き廻つて魚を追ひ詰め、枝網で撈ひ取る方法である（鈴木君）。魚を脅かすには必ずしも鵜の羽たるを要すまい。必ず鵜の羽として效ありとした點に、一種の呪術思想が有るやうである。

ウミカブロ　佐渡では海獺を方言で海カブロと謂ふ。兩津の港附近に住み、よく人を誑すと傳へられた（佐渡志巻五）。カブロは髮の形、髮をカブロ形に剪つた童子である。是は水の恠を河童といふと同じ考へ方であらう。「かはうそ」も川の獺だが、地方によつては是を童子とする心持が、少しづゝ言葉の形を變へて居る。たとへば佐賀ではカワッソウ（方言語典）、又カブソといふ土地もあつた樣に記憶する。

ウミガワク　魚群の海面に集まるのを、筑前相ノ島では海が湧くといふ。海の湧き方によつて、鰺か鯖の群かゞ望み知られるといふ。

ウミノカミ　肥後の北部で海の神といふのは河童のことである。人家に産があると、何よりも先に白飯を炊き、急いで椀に盛り小皿で蓋をしてそれだけを膳に載せ、産室の次の間に置く。是を海の神さんに供へると謂ひ出來るだけ早く斯うして祭らぬと、河童が赤子を貰ひに來るとも謂つた（旅と傳說五巻八號）。産だから或は産みの神では無いかとの想像もあるが、九州では一般にナゴシといふ六月晦日の祭には海を拜むので、それを怠るときにも祟をするものは河童である。

ウミナリコボウズ　海鳴小坊主、能登の氣多神社の森が鳴るのを、土地の人たちはさう謂つて怖れて居る。昔上杉謙信に攻められて、海に投じて死んだ僧兵の亡魂のわざだと傳へられる（民俗學一巻三號）。

ウミニヨウバウ　出雲の外海で知られて居る海の恠女、前にいふ磯女の類。現在是に關して傳へられる口碑は、よほど牛方山姥の昔話と近くなつて居る（郷土研究一巻七號）。

ウミネゴ　海猫、普通には鷗の一種と考へられて居るが岩手縣の海岸には是を雨虎即ちアメフラシの別名として居る（大槌郷土資料）。さういへば形が少しばかり猫と似て居る。此邊でも食料にするらしい。

ウミヲンナ　福岡縣北海岸の漁民たちの幻覺。水面を女があるいて居るのを時として見ることがある。海女房の如く害をするか否かはまだ確かめない。

ウラギミ　筑前志賀島に於て、今も尊敬せられて居る八軒の舊家。磯鹿海人名草の後裔なりといふ。志賀海神社の例祭毎に、御瀬神海に於て贄の魚を漁して、之を神前に進獻するが古例であるが（筑豊沿海志）、現に他の地方で漁業の特權をもつて居る「村君」といふ家と、同種のものか否かは明白で無い。兎に角に言葉はよく似て居る。さうして浦君といふ舊家のあるのも、志賀島だけでは無いらしい。

ウラヂヲツク　駿州の燒津で、四月卯の日の浦祭をさういふ。神官が來て祈禱をする。以前は濱に竈を築いて湯をわかし、船で使ふ長柄の杓を以て、其湯を掬んで船に灑ぎかけた（内田君）。

ウラビヤクシヨウ　浦百姓。山口縣の以前の制度では、海邊の村に往する人民を本百姓　浦百姓に分けて居たことが、長門周防の近世の風土記に見えて居る。浦百姓と謂つても漁人のみで無く、其他に商人も職人もあつた。本百姓も農人のみでは無かつたやうである。一例大津郡通浦、土地少なく人多し。

竈數	二百四十八軒	
本百姓	二十一軒	但し農人ばかり
門男	十六軒	同上
浦百姓	二百十一軒	但し
漁人	百六十軒	
職人	十一軒	

商人　四十軒

エエミヅ　三河吉田の鹽濱で、潮水のことをさう謂つた。例へば鹽田に潮水の充溢するをエエガノツタ。鹽田内の溝渠をエエミゾ、撒砂に海水を撒くことをエエウツ、つぼに於て鹹砂を浸出する際海水を注ぐをエエヲカケル、稀薄鹹水卽ち二番水をシタエエ。

エガヒ　肥前名護屋邊の男蜑、蚫が小蚫を背負つて居るものをエガヒと謂ひ、之を捕ると幸ひ多しとして神に供へ神酒を上げる。

エギ　餌木。大隅の內ノ浦などで、烏賊を釣る擬餌にする木をエッと謂ふ。樟桐・あまき・たら等の木を之に用ゐる。白花の「くさぎ」最もよしといひ、又野猪のかぢつた木で作つた餌木には烏賊がよく附くと謂ふ。薩摩坊ノ津では、黑い筋の通つたタブの木がよいといふ(高橋文太郞君)。

エギリ　江切と書くべきであらう。福岡市附近、那珂川多々羅川等の川口で、毎月滿潮の候に網を張り切り、海に還らうとする魚を捕るをいふ。今は若干の入場料を徵して居る。盆の十六日の江切を「蓮の葉江切」といふ(あられ六卷七號)。

エグリブネ　秋田の男鹿半島では、丸木舟をエグリブネを謂つて居た。卽ち沖繩などのクリ舟である。

エツチユウベコ　長門向津具大浦の女蜑の用ゐて居る褌。筑前鐘崎でモツコベコと謂ふものと同じ。紺の布に白い絲を以て刺したもの。

エテカゴ　土佐の與津浦などで、餌鰯を入れて置く籠。餌を此邊ではエテといふらしいのである。餌の日本語は本來はエであるが、是が發音しにくかつたと見えてその後に種々の音節が添はつて居る。たとへば東京ではエサ、近畿その他ではエバ、九州ではエドともエサともいふ人がある。エテ籠のエテも其一例かと思はれる。

南島談話會筆記

―「島と旅」の二―

本編は南島談話會第九回例會の談話大要で、話題は前回の續きである。例により行文を簡略にする爲め、談話體は凡て口語式文章體に變へたことを御斷りする（金城朝永）

比嘉　それでは私から昔の沖繩本島に於ける旅行が如何にしてゐたかをお話しよう。私の話は四十年程前のお話である。その頃は勿論人力車などは無いし、駕籠はあつたが、之は役人や身分のある人の外は病人又は首里那覇の婦女子だけが乘るもので普通の人（平民）は徒歩である。服裝も平常と變りなく草鞋は履かず裸足で、男女共裾を端折り杖を持ち、一日の行程が、三・四里乃至七・八里であつた。食糧は凡べてこれを携へたもので、芭蕉の葉に當日分の辨當（米飯と油味噌）を包み生米は風呂敷又は袋に入れて携えた。神詣の時には、特定の宿泊所があつて、互に親戚のやうに交際した。私の居村西原《ユシバル》から今歸《ナキ》仁までは十五里程の旅程であるが、四五日もかゝつた。大抵七八人隊を組んで出かけたものである。その場合の宿として土地の舊家を借り、米は自分で出し、お茶はその家で出す。その謝禮としては持つて來た茶や煙草や素麵などを置き、金は拂はなかつた。その外正月と盆には贈物をする。たまにはこの家から酒・肴などが出て、三味線を彈き隣人なども來て、遠來の客に對するさゝやかな慰勞の宴を張ることもある。このかゝりつけの舊家をヤド（宿）と云つてゐる。

役人なら首里《シユリ》から宿道《シユクミチ》と云ふものを通る。西原中城を通るのが東宿《アガリジユク》、浦添北谷を通るのを西宿《イリジユク》といつた。首里から一里道の西原の番所《バンジユ》（今の村役場）では夫《プー》（人夫）が駕籠を持つて迎へ三里程の中城《ナカグスク》まで送る。其處から又美里《ミザト》・具志川《グシチヤー》……と云ふ風に宿道を番所・番所から出した夫《プー》が送り迎へをする。役人の旅は全部官費であつた。

首里の女が旅をする時には番所などには泊らぬ。泊る事は出來ないのである。（男だと役人でなくても身分があれば報酬を出して役人待遇で番所に泊る事も出來た）それで女は番所の指定した民家に泊る。道中駕籠を欲する時は、矢張り番所が人夫を指定して呉れるが、勿論自辨である。

身寄のない旅行者又は出稼人が病氣になつた場合、卽ち行路病人は宿《シユク》次で鄕里に送り屆ける。假令へば島尻《シマジリ》の者が國頭《クニガミ》で病氣になつたとすると、山駕籠に乘せて間切《マギリ》(村)の字《アザ》から字へと十數里の間を順送りに送り、手當その他一切その村々が各々之を負擔して、鄕里まで送り屆けてやつた。

海の旅の方は私は知らないので他の方に願ひする。

島袋　先に比嘉さんからお話のあつた役人の旅行の場合島から島へと巡行する時大抵歡待宴を催し、シヌグとかウシテーク等を觀せた。津堅《ツケン》島ではシヌグと云ふ舞踊があつて、之は役人を歡待する爲めに始めたものであると說明してゐたが、それは他の地方にもあつて祭式舞踊の感があるから、そうのみとは思はれない。ウシデーク(臼太鼓)踊りを見たことがあるが、田舍の娘の裝ひとしては奇麗過ぎる程で、必ずしも村一番の美しい娘達ではなかつたが美しかつた。こんな舞踊で歡待した。

海の旅の話で、これは山原《ヤンバル》船の船頭から聞いた話であるが、方向を失はない樣にする時には、大抵部落の一寸目印になる岬や松を目當てにしてゐる。沖合で松が何尺位見えるかによつて距離方角を知つた。勿論星を見ることはやつてゐるが、島傳ひの航海には斯ふ云ふ目じるしを用ひてゐる。

小林　私の鄕里は瀨戸內海に面した愛媛縣の最北の岬であるが、大三島に島の四國と云ふのがある。村の生活で最も大きな旅は番所巡りだが、今は二日間で二十五ケ所が巡れる。又若い者は「才山《サイヤマ》ヲ越エテ來ル」と云つて石槌山に登る。先達は山伏で、黑河と云ふ冷い泉で行をして一泊する。頂上までに三ケ所鎖で上る所がある。容易に登る路が別にあるが、わざ〳〵鎖で登つてゐる。平時惡い事をした奴は「天狗ガホウル」と云ふ俗信がある。昔はこんな事も信仰上からの旅行であつたが今は娛樂化してゐる。

大宜味　沖繩の移民は出稼に出かける場合三味線を必ず

持つて行くが、私が南米に行つた時に見たのだが、南米の土人達も旅に出る場合、矢張りギターを携へてゐた。その類似な風習が面白く思はれた。

柳田　旅行と樂器の關係は單にうさばらし以外の深い理由があつたらしい。日本では昔は三味線でなく笛も持つて歩いた。旅と云ふものは今の樣に宿屋の無かつた時は非常に困難なもので、島ではその例を知らないが本土では、親代々知り合ひの家（血緣にあらず）が宿見たやうなもので、親類又は大家と云つてゐた。東北では長者の家のヒロシキには何時でも誰か旅の者が居て、長者の形容に「ヒロシキに三味線の音が絶えたことがない」と云ふ句さへある。下人が晩はそこへ集つて遊び、主人の子供は立見などをしてゐた。一番玆に歡迎せられたものは盲法師の座頭で、中には旅商人もゐた。その時樂器は缺くべからざるものであつたやうだ。宿賃の代り見た樣な氣持だつたかも知れぬ。或は手形の樣なものであつたかも知れない。三味線の傳來も、是が媒になつて旅を圓滑にしたであらう。兎に角盲と旅と三味線はトリオであつた。盲は西の方も旅行したであらうが東程ではない。琵琶は琵琶函に入れて座頭が持つて歩いた。「京へ上るなら琵琶函おいて行け」等の樣な歌が色々あるが、樂器を携帶して旅に出る風は、本土では沖繩程甚だしくはなかつた。宮良君などの留學の時の荷物の中に、蛇味線があつたのを見て皆吃驚したことがある。（一同笑ふ）

宮良　旅行者の持つて歩く物であるが、八重山の役人はブンダイ（文臺）といふ一尺七八寸位の箱（服・書類入）を携へてゐた。島々に渡るには小さい丸木舟に乘つたので難破した時、水に浮ぶ仕掛けになつてゐる便宜な品物である。この役人が離島に渡ると、必ず其處にミヤラベと云ふ妾を作る。ミヤラベが役人に贈る品は各島によつて決つてゐた。例へば與那國《ヨナグニ》では花染手《ハナゾメテ》拭《サヂ》と云ふことになつてゐたし、川平《カビラ》ではオー・ノ・ラフタイ（豚肉）、竹富島《タケトミ》では芭蕉布の褌《サナイ》、大濱ではアコン・ボン（芋を煮て握つて作つたもの）であつた。子供の頃見たものに竹富島から持つて來たアー・ノ・ゴン（粟の御飯）と云ふ蜜柑形の平く握つたのがあつた。少し身分のよい役人の妾になつてゐるものだと、之に米《マイ》を混ぜた握り飯を持つて來た。我々は三度三度芋ばかり食べてゐたので、旅の人が、この握り飯を持つて來るのを待ち遠しくしてゐた。そしてそう云ふ握り飯を持つて來る島を憧れてゐた。或時其島から來てゐる少年に誘はれて父の財布から五錢とつて二人の旅費とし、だまつて竹富行きの舟に乗り、石垣《イシガキ》との間のクラグドウーを渡つて夕方着いた。この島には祖父の代からの妾の家が何軒もあつて、そこを引つ張り廻され、線香をたかされたり、オガンと云ふ杜を拜まされたりした。夜は宿の主人に起され酒屋に連れて行かれた。酒屋と云つても普通の家で一杯入れた酒甕を大きな柱に結付てあつた。酒は十時まで賣り以後は賣らぬ事になつてゐるのを無理に起して一緒に飲んで夜明した。この竹富島は田がなく粟を作るが米は少しも出來ない。それで西表《イリオモテ》には田があるので、そこへ舟で行つて稲を作つてゐた。これは木棉が芭蕉布よりも珍重されてゐた私の十歳頃の話である。

柳田　旅行中の家人にカゲ膳をそなへる風はないか。

一九〇

宮良　石垣では之をヤーブルマイと云つてゐる。

柳田　甑《コシキ》島ではヨコ膳と云つてゐた。加計呂麻《カケロマ》で見た時聞いたらカゲ膳と云つてゐたが之は大和言葉らしい。

宮良　ヨコ膳は横膳の意ではなくて、二ノ膳のことを云ふ様に思ふ。

柳田　カゲ膳の外に、眞澄遊覽記によれば、家人の伊勢參詣中は門口に新らしい草鞋を出して置き、歸途についた頃には向きを變へる。これに毎日水をかけると旅をしてゐる者が疲れないと云ふ。秋田縣は今でも戸口に草鞋を置く風があるらしい。

『琉球の山岳』（宮城久起）

琉球の山岳殊に其處に棲息するハブに就いて記載されて居る。火山岩の島には住まず水成岩の島に棲み、其の猛毒の恐るべきが描れてゐる。（「山と溪谷」第十九號所載）

雜誌掲載

島關係記事目録 （二）

金城　朝永

本稿は「人類學雜誌」第一號（明治十九年二月）より當月までを調査して、伊豆七島・小笠原群島並に八丈島に關する記事を整理したものである。數日を費して、これほど僅少しか見出し得なかったのに竊からず失望したが、又島に關係する記錄が、斯の如く閑却せられてゐたのを知つて、益々本誌の使命の重大にして且又意義ある事がつくづく感銘せられた次第である。

（伊豆七島・小笠原群島・八丈島の部其二）

一、伊豆大島通信　　　　　　　　　篠原　とら（三〇/二六八）
一、伊豆初島ニ遊ブ記　　　　　　　三浦謹之助（四/三五）
一、伊豆初島旅行記　　　　　內田銀藏（二六/二八一—三二・四）
一、伊豆初島の遺跡及土俗　　　　　玉置　繁雄（二九/三三）
一、伊豆新島婦人の現況　　　　　　水越　正義（九/九六）
一、伊豆新島のヤカミシュー　　　　鳥居　龍藏（一〇/一〇九）
一、伊豆新島の土俗　　　　　　　坪井正五郎（一〇/一二三）
一、伊豆國新島土俗を調査して本邦古代の
　　遺風多き所以を論ず　　　　　　水越　正義（一五/二七）
一、伊豆新島探險の友　　　　　　　水越　正義（一八/一〇〇）
一、伊豆利島の土俗　　　　　　　　水越　正義（一一/二六）
一、伊豆利島の佳民　　　　　　　　水越　正義（一五/二六四）
一、伊豆御藏島方言及び盆歌　　　　栗本　俊吉（二/二六）
一、御藏島人の頭形　　　　　　　　鳥居　龍藏（一六/二八一）
一、小笠原島風俗記　　　　　　　　加茂　元善（四/三六）
一、八丈島の婦人頭髮の長き理由　　坪井正五郎（三/二七）
一、八丈島俚諺　　　　　　　　　　浅沼　禎一（三二/二八六）

一、伊豆諸島にて行ひたる人身測定成績の一つ
　　　　　　　　　　　　　　　　坪井正五郎（三/二六）
一、伊豆諸島に於ける人類學上の取調・大島の部
　　　　　　　　　　　　　　　　坪井正五郎（三/三三）
一、伊豆大島土俗觀察の記　　　　　山崎　直方（二/二八）
一、伊豆諸島の石器時代遺跡（雜報）　　（一六/二六六）
一、伊豆大島の婦人　　　　　　　　篠原　とら（三二/二八六）

同人寄語

「東風と死人の頭痛」一篇を草して、沖繩島と鬼界島との交渉の一端は述べたもの丶何だか履を隔てゝ痒を掻くの感がして、郷里にゐた時分、この方面を具さに觀察して置かなかつたことを後悔すると共に、氣象を中心として郷土を觀察する篤學の士が出て、本草の發育狀態・鳥類昆蟲の生態・寄り物の具合・住民の心持ち、祭祀の模樣・民間傳承・民謠俚諺を編込んで、くはしい月令日記の形式で書くとしたら、學界に貢獻するに違ひないといふことを感じた。旣にこの處女地に鍬を打込んだ人はあるかも知れぬが、一寸思付いたまゝを御參考までに。(伊波普猷)

島から來てゐるもの　私の手許には南の島と伊豆の島々から、トランクで運ばれて來た數々の品がある。多數の寫眞と書き物とを除いて、數へて見ると先づ澎湖島の眞黒な土人形と菩提樹の實をつらねた首飾それから花蓮港の竹筏の模型がある。サイパンのキャノーもあつたが之は人に讓つた。

與那國島での採集品には、クミヤーやヤーハン、勾玉や管玉などがある。これらのものに就ては拙著「與那國島圖誌」に書いて置いた。クミャーは後に柳田國男氏の御所望により家内に模造させて差上げたが、これは確か宮本勢助氏のところに行つてゐる筈だ。當時十圓で求めた島の上布は、先年某氏に寄贈した。石敢當の拓本も一枚とつた。

八重山では石垣島の岩崎卓爾氏に頂いたメンサと、コーロ染め、結繩の標本が六種カカンの標本もある。織立ての紺のボスボーを切つてもらつたのはとんだお土産だつた。八重山島規模帳の一册と「ひるぎの一葉」も其折に貰つた。

那覇では張子の玩具を數多く集めたがもう殆ど人にやつたり壞れたりしてしまつた其中にはモーヤ・ズリグワ(尾類踊)やチンチンマ(飾馬)、ウッチヤリクブーシ(起上り小法師)などもあつた。

ジーファーはアルミと牛角と竹製のが各二本づゝ、布製の煙草入、素燒の盃、それに各種の小壺がある。壺といへば、「蝸牛考」にも書いてある蝸牛で干し固めた壺を八重山で見たが、手に入れることは出來なかつた。クバ團扇は今でも夏になると持出して使つてゐる。伊波普猷氏の「沖繩女性史」も彼地の書店で求めたのであつた。

首里でとつた石敢當の拓本や、更に眞珠湊碑文、國王頌德碑、崇元寺前の下馬碑もとつた。下馬碑は支那風の人造石に、例の

あんしもけすもくまにてむまから
おれるへし
但官員人等至此下馬

と兩面一行に刻んだ大明嘉靖六年七月廿五日のものである。

八重山から持つて歸つたクバの釣瓶は、途中で滅茶々々になつてしまつたが、幸ひ寫眞だけは殘つてゐる。

此外元那覇刑務所の黒田氏に贈られた刳舟の模型もある。

曾て或る冬、島で出盛りの胡瓜や甘藷を送つてもらつたが、案外島で食べた程甘く

はなかつた。

伊豆の新島では、島の女達が今も明け暮れしめてゐるナカガタの鉢巻。今はもう子供等に顧みられぬジョーロンゴ。島でハナといふ正月の削掛け。椿の實。椿油や椎茸やクサヤの乾物は季節々々に送つて來る。これは「新島大觀」の著者前田長八君の厚意である。前田君と云へば同君の令弟は目下日本橋の或處に寄寓して明大の夜學に通つてゐる。去年新島から携へ歸つた石斛は霜にもめげず芽を吹いて來た。

三宅島では又別の削掛けを採集した。坪田村のオンバッコは十數年以前、或る人に贈られて珍藏してゐる。同村特産のモノシ織は最早手に入らぬ。藤木喜久麿氏はこの織物でこしらへた衣物を一枚、故淡島寒月翁に讓つてもらつて所持してゐられるさうだ。

大島の俗にソーメンしぼりといふ鉢巻も島では既に求められなくなつた。尾佐竹猛氏は以前島の鉢巻を蒐集されたことがあつた。

神津島では秩父山の奥で珍らしい椿の寄生木、ヒノキバヤドリギを採集して標本に作つた。各島で渚に寄する海藻類も、數種集めて標本にした。本邦產百合科の王座を占める御藏島のサクユリがほしいものだと思つてゐる。

島の甘藷は「ニイジマ」の名に呼ばれてよく八百屋が持つて來る。千葉の幕張あたりで作つてゐるらしい。三宅の木炭も炭屋には來てゐる。こゝと八丈の榊も、靈岸島の河岸に積上げられて、其日の內に東京市內の家々の神棚に供へられる。便船毎に其數量は夥しいものである。利島や八丈の島繭も早出したものが特便で東京に移入される。魚河岸ものは、一層島からの運送が頻繁である。（本山桂川）

三十幾年か前に、上田博士がP音考の形式で波行原音考を提唱された當時は、二三の反對論も出たが、この説は其後橋本進吉君のPF變遷の時代的考證と新村博士のFH變遷の時代的考證とを經て、十分に裏書きされた。

私もかつて南島方言にPFHの配列されてゐる具合を調査して、南島語が國語三千年の歴史の横斷面であることをかいまみ、試みに之を圖の如く表したことがある。これが其他の音韻・單語及び語法の場合にあてはまるかどうかは、十分研究した後でなければ言へないが、民俗の場合には略々あてはまるやうに思はれる。それから、南島

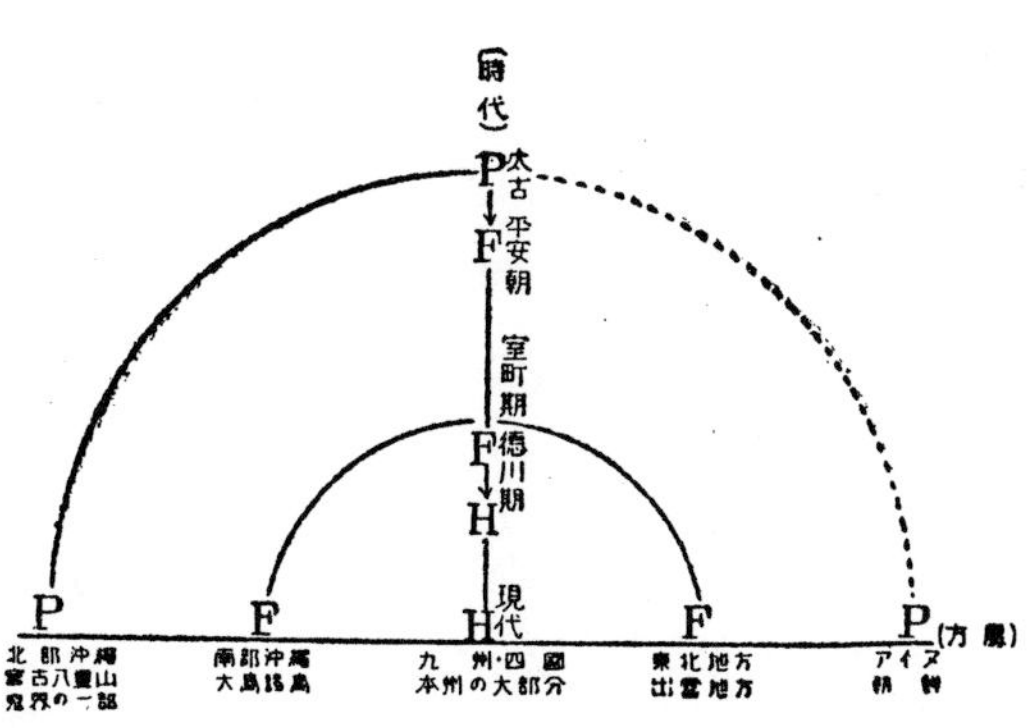

で推古式及び室町式の建築の二樣式を發見された伊東博士が、二者がこのＰＦと並行して存在するところから、Ｐ藝術、Ｆ藝術の名を與へられたのも、注意すべきである。

南島の事物を無理にこの圖式にあてはめるのは危險だが、之を念頭に置いて、當つてみる必要はあると思ふ。（伊波普猷）

佐々木彥一郎氏の御藏島遊記の一節、カツヲドリとありますのは、嘴と鼻の形から學名鰹鳥ではなくてオホミヅナギドリ（土佐の蒲葵島などにも來遊する）でありませう、尤も御藏島の民俗があれを鰹鳥といつてゐるかも知れませんから、それなら俗稱鰹鳥といつて差支ないことですが。（川口孫治郎）

島の通信法に就いて　沖繩では昔唐船が歸帆する頃には、それ〴〵の地點に番人が居て「唐船が見えた」ことを速報する仕組みになつて居た。唐船が風の都合で伊平屋島の沖の方からやつて來る。伊平屋《イヘヤ》島の後地《クシヂー》の島の高い所に煙があがると、それを前地《メーヂー》の高い所で受次ぐ。その煙を次には本《モト》部《ブ》の宇江城森《ウエグスクモリ》で受次ぐ。宇江城森で煙があがると、瀬底《セソコ》島の濱番（濱番屋といふ濱の番小屋が小生の少年時代までありました。今もあるかどうか？）がそれを見て、早速瀬底島のサンケーモーにかけつけて煙をあげる。それを恩納岳《オンナダケ》で受けつぐ。恩納岳の煙は首里城の物見で見える。この速報が首里に達すると、船が本部渡久地《トグチ》港に着いて拔き荷するのを防ぐために、首里から急使が陸路本部へ下つた。――といふ話を中學時代に瀬底島の濱番の老翁に聞きました。（サンケーモーに立つと伊江《イエ》島、水無《ミンナ》島が手にとるやうに見え、恩納岳は海を隔てて極く近く見える。以上の地點を結びつける首里への最短距離を、無線通信した昔の人の通信法が面白く思はれます。）

本部から首里へ公用で往復する賦役などは、急ぎの場合は食糧としてはユーヌク（麥こがし）を持つて居た、といふことも年寄から聞いたことがあります。（仲宗根源和）

島人の顏　海南の旅中私のカメラに收めた島人の顏は、「海南小記」や拙著「南島情趣」「與那國島圖誌」等にも數種出てゐる。石垣島の岩崎翁が、わざ〳〵持つて來られたテランネンポーズといふ植物を宿の女中の手に持たせ、この草丈けを寫眞にとるのだとごまかして、實は彼の女の全貌をパチリとやつたのは、これも岩崎翁の入智慧だつた。

テラネンポーズ　ヤマカイ
ツカイシ　ツカイシ
ヤマネンポーズ　テラカイ
ツカイシ　ツカイシ

此の植物に因んだかうした童謠なども敎へてもらつた。これは八重山に產する多年生寄生草本、リウキウツチトリモチ（Balanophora Kuroiwai Makino.）で、其一種にシマツチトリモチ、一名、ヤヘヤマツチトリモチといふのもある。內地でも之にヤマデラボーズといふ異名があり、地下莖から鳥黐がとれる。

まんまとカメラにとられた丸屋の女中は

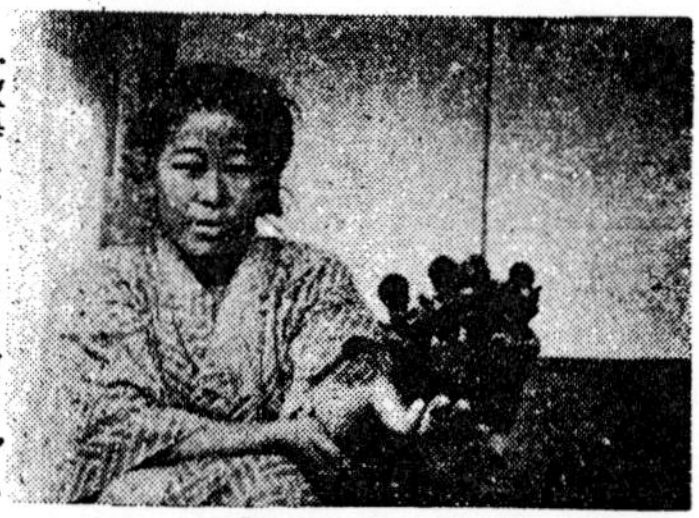

皆がカメルーと呼ぶので、眞似をして私もカメルーと聲をかけたら「ウー」と應へた。だんだん訊ねて見ると、「龜壽」と申す勿體もない名であつた。

寫眞はテラネンボーズを持たされた其龜壽である。今以てこんな寫眞がとられてゐようとは、御存じないのである。（本山桂川）

御藏島の扶持米　前號佐々木彥一郎氏筆錄の「御藏島遊記」の內、四頁上段に「村の子供には役場より扶持米が給與せられ、年に男の子には十五圓、女の子には十圓位である」といふ記載がありますが、あれは事實甚だ相異して居ります。御藏島村の豫算書を見ればわかる通り・其第十六款扶持米費、第一項扶持米給與費といふのがあり、年額二、四九八圓が計上されて居ります。

これは子供ばかりに給與するのではなく、同村民全體に左の如く給與されるものであります。

男　七十八人　一人ニ付年額十一圓
　此金額八五八圓
女　九十七人　一人ニ付同　十圓
　此金額九七〇圓
子供百三十四人　一人ニ付　同五圓
（十五歳以下の男女）　此金額六七〇圓

尙此制度の沿革に就ては「民俗學」（四ノ九）拙稿「伊豆御藏島雜記」にも書いて置いたし・拙著「海島民俗誌」第一卷第一分册にも詳しく說明して置きました。（本山桂川）

昭和二年五月から伊豆の大島で每月三回（六ノ日）「島の新聞」が發行されてゐる同紙は大島を中心に伊豆七島全般に亙る記事を滿載し內地や世界の電報のやうなのは載せてゐない。我々が讀んでも實に面白い新聞である。（新聞紙四半分四頁。一部五錢半ケ年九十錢　發行所東京府大島元村島の新聞社）（佐々木彥一郎）

隱岐に琉球人の墓　隱岐の黑木村別府に俗に唐人墓といつてゐる墓がある。戒名自覺法潤信士、文化六年八月十六日五十五歲、琉球國之內伊平屋島伊是名村、俗名東江筑登雲、とあるから明らかに沖繩人です。この墓は足の病の者が詣る樣です。信仰の起りは、數十年前、別府の扇谷カメといふ女の兒が、足の病で難儀してゐたが、母親が足の病は主のない墓に詣ると癒るといつて、草に埋れた前記の墓を程良き處に安置し、朝夕大切に信仰したところ、不思議にも全治したので、其後人々が詣る樣になつたとの事です。母親はもう死にましたが、女は其後結婚して今は釜山にゐるさうです。併し現在では信仰する人も少なく時折順禮の詣るのを見受ける程度です。（濱中龍麿）

編輯後記

○創刊號は表紙其他印刷上の不備がありました。が、非常に氣持のよい雜誌だ、內容充實してゐる等の讚辭も方々からありました。これからも體裁內容の改善に努めます。忌憚なき批評で御指導下さい。

○表紙は同人山口畫伯の御揮毫で、題簽は前號は橘逸勢の筆でしたが、本號は御覽の通り變へました。舊鈔日本書紀皇極紀中の壹岐島の條の所から寫したものです。

○同人にはなりたいが原稿が書けないからと申される方が間々あります。同人は必ず原稿を頂くといふのではありません。この擧に贊成の方は誰方でも同人ですから續々と御加入を希望致します。五百以上の參加を得ましたが、本誌の健全な發達にはこの倍以上の同人の援助が必要です。どうか御勸誘下さい。趣意者は申越次第送ります。

○創刊號は五月上旬に品切となり、折角の御申込に對し雜誌發送が遲れて相濟みません。其後增刷致しましたから御加入の方には初號から送ります。

○「伊豫の島々」の菅氏は伊豫史談會同人でこの方面に造詣深き方、現在は城邊の農學校長、「梵鐘を鑄る」の藤原氏は倉敷實業校に、「天草島覺え書」の八木氏は阿蘇高女校に夫々敎鞭を採つてゐられる。「長門六島村見聞記」の櫻田氏は福岡市の人、西南方面の諸島に足跡治ねき民俗硏究家。「伊豆諸島の正月廿四日行事」の山口氏は地理學專攻の若い學者。「東風と死人の頭痛」の伊波氏は琉球古典おもろ双紙硏究の權威。「喜界島昔話」の岩倉氏は昨年「加無波良夜譚」を著した篤學の士、近く伊波氏と共著で「喜界島方言集」を出される。小原氏は早大在學中に南島を洽く踏査して將に跡を絕たんとする入墨を採集した人、目下靜岡の見付中學校に勤務。以上本號に執筆の方々を一寸紹介致しました。

○前號編輯後記中の島の數は非常な誤算で柳田先生に笑はれました。成程沖繩だけでも五十幾つ、瀨戸內海だけでもあんな僅かの數ではない。誠に迂濶な話で全く赤面の至りです。

○批評感想等「同人寄語欄」に寄せて頂きたし。原稿 寫眞、資料等續々と御送りを願ひます。編輯に關する件は凡べて東京市杉並區高圓寺一丁目四五八、「島」編輯事務所宛に願ひます。(比嘉)

一九六

月刊 島 毎月一回發行

定價
一部 金三拾錢 送料二錢
半年 金一圓八拾錢 送料共
一年 金參圓五十錢 送料共

廣告料 表紙四、金七拾圓。表紙二、金五拾圓。表紙三、金參拾圓。普通頁、一頁 金貳拾圓。

注意 誌代は必ず前金のこと。御送金は振替東京七五九七六番を御利用下さい。

昭和八年五月二十日印刷
昭和八年六月 五 日發行

編輯兼發行者 東京市麴町區四番町九番地 足助たつ
印刷者 東京市芝區南佐久間町二丁目九番地 松坂兵吉
印刷所 東京市芝區南佐久間町二丁目九番地 山浦印刷所

發行所 東京市麴町區四番町九番地 一誠社 電話九段二五六八 振替東京七五九七六

大賣捌所 東京堂。東海堂 大東館。北隆館

理學士 辻村太郎先生序
理學士 綿貫勇彦先生著〔新刊〕

聚落地理學

上製函入全壹冊
挿圖 百二十餘圖
色刷地圖 十六頁
別刷寫眞 十二頁
定價 金二圓五十錢
送料 金十四錢

新興地理學の
海に棹して

多年の研鑽が凝り成せる綿貫理學士の新著『聚落地理學』は、果然斯學界に新しき衝動を與へました。聚落の研究が人文地理學の中心問題であることは、今更に言ふまでもありません。眞の地理學の扉を開かんと欲する者は、先づ聚落地理の門から入るべきであります。

而も聚落の研究は、史觀を交錯したる地理的研究にスタートを置き、其の地理的特性と歴史を調べ、地形・氣候・位置より、其の形態に及ぶべきでありますが、本書は此等をいくつかの章項に分ち多くの圖によりて詳説し、更に進んで山村・臺地・扇狀地・冲積平野・干潟・岩濱・砂丘等に於ける聚落を數十節に分ち、一々圖を添へて敍述し、頗る懇切を極めて居ります。

されば古き殼を脱して逸早く新興地理學の海に棹し、彼岸に達せんと欲する人々は速に本書を一讀すべきであります。

發行所 東京神田表神保町 振替東京四一二三番 中興館

牧野富太郎
根元莞爾 共著

訂正増補
日本植物總覽

（最新刊）

脊皮金字押カンバス
菊大判二千頁横組新活字
定價金貳拾五圓・送料四十五錢

理學博士牧野富太郎、根本莞爾兩氏共著なる日本植物總覽舊版の發刊されるや、當時既に最高の學的定評ありしは贅言を要せず。蓋し兩氏二十年努力の結晶として他に其の匹儔を見ざる國民の寶典なるは世の均しく認むるところ。爾來日進月歩の今日にあつて斯學の進歩發達誠に驚くべきものあり。著者等は此間從來の精進を繼續し、いやしくも世に發表せられたる研究の結果は細大漏らさず網羅して餘す所なく、舊版中に掲げられたる植物の種類約一萬に加ふるに更に一千を以つてしたり。尚又舊版中の誤脫を補充し記述の不充分なるを完備せり。その結果玆に新版毎頁の字面舊版に五百を增したるに拘らず頁數は却つて增加し、かくして約七百頁を增補したる計算となる。以つて新版の內容の如何に豐富なるかを約し得べし。今や本書に對する世の渴望實に切なり。學界永劫の權威書として敢て江湖に推薦する所以である。

發行所 東京・日本橋通三丁目 春陽堂 振替東京一六一七

柳田國男 新刊三著

女性と民間傳承

編 早川孝太郎

四六判・三
三〇〇頁
寫眞二圖
コロタイ一枚
送價 三〇
二・三十一錢

早川孝太郎氏の「編者として」の一節

「……『女性と民間傳承』は問題の及ぶ範圍は汎く、民俗生活に殘存する資料を採つて、それに聯絡を見出し、綜合的多角的に問題の檢討を加へられ、他面には周到なる反省を繰返されて終始科學的方法を以て、人間生活の基調に觸れてゆかうと爲された事を充分に窺ふことが出來ました。從うて之を研究書として見れば一個の藝能巫女史であり、民俗學に於ける問題の綜合編でもあり、更に平易懇切を盡したその叙述は、民俗學入門書でもあります。之に依つて私共は、一段の史學の照準を匡し、文獻の持つ地位と意義の範圍を知ることが出來る更に民間傳承の性質と態容を指示されたことに依つて將來のこの學問の方向を識つて、民俗探集事業の意義と目標を定め得るのでありますⅡ……」

地名の話 その他

最新刊

菊半裁判
約二百頁
送價八十錢
四

1 地名の話
2 名字の話
3 家の話
4 旅行の話

柳田先生の逑作の中で最も平易に且つ組織的に講逑されたものであつて、斯學に關心な有つ青年諸君の好適な教程にして、民俗採集者の必ず一讀を要すべき指導書でもあります。

伴侶たるべきものであり、

秋風帖

梓書房發行
岡書院扱

四六判二
四〇〇頁
地圖三枚
裝釘清雅
送價一・五〇
二、

海南小記、雪國の春を知る人なしら、秋風帖は久しい待望の書でありました。深北の國津輕の細浦から、この國土を縦斷して、長い海上の歩みを南へと、遠く南珊瑚礁に、八重山の島から、沖縄の果の中紀運ばれた日の行、恰度この間に當る部分がこの秋風帖でありますⅡ。

落葉をわけて遜ざるあし音を聞きかせるやうな愛惜をした措力がこの書の至る處に潛んでゐると思ひます。

岡書院

電話神田二七七五番
振替東京六七六一九番

東京市神田區
駿河臺町（明大前）

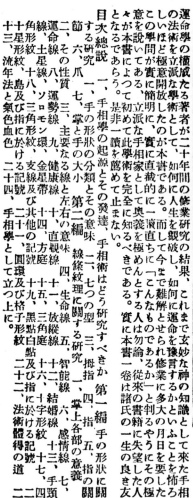

竹越與三郎著

西園寺公望傳

陶庵公

逐鹿場裡小閑を偸んで
斯翁の高風を學ばずや

四六判總布裝
木版手刷廿枚
定價貳圓九拾錢
送料拾貳錢

四朝に歴任して純忠識見の卓拔、常に時流の尖端を歩み少壯新思想の急先鋒となり老來「憲政の常道」を確立す。風俗高朗、曾つて寸毫の汚染を許さず，政界溷濁廉恥地を拂ふの秋、秀麗富嶽を偲ばしめるもの、實にわが陶庵西園寺公望公である。蓋し公の正傳としては此書の外にあり得ない。本書公を主とするも、水戸烈公以下幕末より大正に至る俊豪偉傑、若しくは處士野人の面目を緯として絶好の錦繡を織り成し、逸話佳話、奇談の未だ世に傳はらざるものを傳へてゐる。敢て江湖の愛讀を望む。卷頭を飾る印譜二十枚は公愛藏の印章中より拔萃。

發兌

東京麴町區四番町九
振替東京四二八八九
電話九段二五六八

叢文閣

本邦唯一の專門報導機關!!
全國文學徒の座右に備へよ!!!

國文學新報

毎月十日・十五日發行

顧問　吉澤義則　上田萬年　松井簡治　佐々木信綱

一部金拾錢　半ヶ年金八拾錢　一ヶ年金壹圓五拾錢

贊助員　數十名

內容大要
- 國文學趨勢の明示
- 研究發表の綜合展望
- 研究者の純正指針
- ニュースの迅速報導
- 學界人相互の消息詳報

特設欄
- 學界權威論文隨筆執筆
- 文檢國語科應試者の爲に
- 國文參考新刊總覽
- 雜誌要目
- 新刊紹介・其他種々

東京・本鄕二ノ二九
國文學新報社
振替東京一六〇二一番

日本民俗學論考

中山太郎 著

菊判布裝箱入三百餘頁　定價參圓　送料廿二錢

◆最新刊◆

民俗學は新興の學問である。殊に我國に於いては、こゝ二十年間に發達した若い學問であつて、從來の記錄にのみ重きを置いた史學や、遺物にばかり傾いた考古學に對して、記錄に無い傳說や、遺物に見えぬ信仰やその他の慣習、風俗、方言、俚諺、民謠等を基調として、祖先の生活——特に心の營みを考覈するのが、此の學問の目的である。それ故に民俗學と他の文化諸科學との交涉及び限界は、實に參差交錯してゐて、質に於いて深く量に於いて廣いものがある。加之、此の學問が餘りに急速なる發展を遂げたので既成諸科學の領域內に突入して、その境地を攪亂したとまで云はれてゐるが、併しこれは此の學問が一個の體系的內容を有する科學として、完全に成立することの可能に對する理解を缺いた言にしか過ぎぬ。祖先の生活——換言すれば祖國の全貌は、獨り民俗學に由つてのみ、その眞相が把握され、その再檢討が達しられるのである。

著者は、日本民俗學建設者の一員として、二十年來、獻身的の考究を續け、前人未踏の我が學界の一分野に、研鑽の犁鋤を打込んだ勇者である。見聞の該博たる、記述の簡明にして然も論斷の穩健なる夙に學界の驚異として推奬措かざる所である。從來の文化諸科學に對して慊焉たる諸彥は此の新興の學問によりて、記錄にも無く遺物にも無き事象から、光輝ある日本精神の傳統的脉搏を感じ、併せて遠き祖先の無韻の聲に耳を傾けよ。

東京市麴町區四番町九番地
一誠社
振替東京七五九七六
電話九段二五六八

言語誌叢刊

我々の民族生活は、その有する言語の發達と變遷の中に反映される。この時代と共に絶えず分化し、轉化する言語を記錄保有し、更にその地理的分布を調査し、史的關係を明らかにすることは、普ねく社會文化の研究にとり、最も新しき寄與である。

藤岡博士、新村博士、柳田國男氏等に依つて企てられたこの「言語誌叢刊」こそは、日本各地方の方言並に、東方民族の言語に就きての最も系統的科學的成果であると信ずる。

第一期刊行書

山口麻太郎著 壹岐島方言集 價一・六〇 送料〇・一四
東條操編 南島方言資料 價二・〇〇 送料〇・一四
柳田國男著 蝸牛考 價一・六〇 送料〇・一四
三矢重松著 莊内語及語釋 價一・三〇 送料〇・一四

第二期刊行書

金田一京助著
國語音韻論
定價二圓二十錢 送料十四錢

本書はアイヌ研究の權威金田一先生が國語學者として、否言語學者としての蘊蓄を傾到して書かれた國語の音韻法則論で、われわれは玆に始めて日本語の音韻組織とその傾向とに關する權威書を得たといふべきである。

大田榮太郎編
滋賀縣方言集
定價一圓五十錢 送料十四錢

本書は滋賀縣各郡の敎育會の調査報告を基礎とし、更に大田氏が夥多の方言集を參酌して編纂せられたるもの。これに依つて京師に近き近江方言の全豹を窺ひ得るといふも過言ではない。

小倉進平著
仙臺方言音韻考
定價三圓 送料二十二錢

仙臺方言の音韻組織はわが國語のうち一種特別なものに屬する。仙臺出身の小倉博士は其特質を詳かにし、其傾向を明かにせられたが、本書は又わが國語の一般特性の考察をも兼ね國語音韻組織の研究者にとり必讀の好著。

荒垣秀雄著
北飛驒の方言
定價一圓五十錢 送料十四錢

飛驒は方言研究上重要な地で極めて珍しい言語現象を殘してゐる。本書は北飛驒出身の著者が、亡父彦兵衞氏の遺稿に筆を加へ、增補整理せられたもの。本書の出現に依り、今後北國方言の研究は大いに進展するであらう。

東京・神田 聖橋通
刀江書院
振替東京七三一一八
電話神田三二七一
三一八九

桃太郎の誕生

柳田國男著

四六判クロース装
六百頁入
定價二圓八十錢
送料十二錢

本書は我が國傳承の昔噺に對する新しき註釋書である。これは近來勃興せる郷土研究により、日本國民の感受性、特に聽衆としての文藝能力は實に素晴らしいものであつた。これは近來勃興せる郷土研究により、日本國民の感受性、特に聽衆としての文藝能力は實に素晴らしいものであることを證明してゐるに見ても明らかにしてゐる。従つて日本國民がこの耳の文藝によりいかに養育せられて來たかの跡を辿り、この豐富なる資料を蒐輯し盡して前人未踏の新地に足跡を印するは、獨り神話説話等資料不足の寫廬々々行き悩んだ外國の諸學説に對しても鑿定の指針を與ふるのみならず、又從來國學者に等閑視せられて來た古史に對する考察の上にも、極めて重大なる意義を投げ與へるであらう。かくして本書の一面が、ふも本書の一面が、廣く學界の御試讀を乞ふ。

内容目次

桃太郎の誕生
一 知られざる日本
二 民譚二種
三 童話の起り
四 童話と其記錄
五 桃と瓜
六 赤本の災厄
七 桃太郎の本の姿
八 桃と瓜と妻もとめ

犬子噺
あくと太郎

海神少童
一 はなたれ小僧樣
二 薪を探る翁
三 龍宮の奉仕
四 貧者の女性
五 海の神の贈りもの
六 設話の成長素
七 しこ名と醜い容
八 興味と敎訓
九 善玉懸玉

十 將來の神話學

延命小槌
嘉手志川
籠宮小僧

瓜子織姫
一 昔話の分布
二 瓜の中からお姫樣
三 瓜と桃
四 申し兒の靈驗
五 鷲くべき成長
六 瓜子姫の敵
七 瓜子姫の援助
八 動物の援助
九 瓜子姫の復活

諸國の瓜子姫
天之探女
黃金の瓜

田螺の長者
一 吾切雀と腰折雀
二 蛙の王子と蛇の王子
三 小泉小太郎と泉小次郎

四 タミナの智とツブの長者
生きて居る小太郎
五分次郎
かしこ淵

田螺智入
鄭の寢太郎
一 治水拓士の功績
二 長者の智
三 奧州のならず者
四 沖繩の睡磯
五 物草太郎の草子
六 せやみ太郎兵衞
七 博打智入の事
八 信州の信の宮

山田の露
妻に助けられて

繪姿女房
一 桃寶殿樣
二 黑川能の起りと瓜子姫
三 エンブの果報
四 安禮山の斃次郎

和泉式部の足袋
一 熊の子鹿の娘
二 孕瑠璃御前の生ひ立ち
三 鹿母夫人
四 南無藥師
五 雨乞小町など
六 醫頭寺と鳳來寺
七 滿少納言の亡靈
八 橫濱の禰宜

米倉法師
一 笑話の分布
二 盲と文藝
三 斷蚓の歌
四 盲をからかふ話
五 餅と座頭
六 狐と座頭
七 狼と座頭
八 水の神に仕ふる者
九 信仰から文藝へ

狼と鍛治屋の姥
一 犬梯子と猫の智慧
二 鍋被りとさ釜の蓋
三 猫と狐と娘
四 木加門の妻
五 朝比奈氏の祖先
六 狼と赤兒
七 荒血山の物語
八 良辯僧正の杉
九 古屋の漏り

狼と鏡と火

古屋の漏り

狼と鏡と火

般若寺の磐若姫
四 般若寺の磐若姫
六 六十六本の扇
七 殿樣の無理難題
八 白介の翁

東京市神田區神保町
振替東京三一五五五番

大阪市西區阿波座下通
振替大阪八一三〇〇番

海水浴は船に乗って
房州 - 下田 - 三崎へ
新造遊覧船 + 葵丸 + 就航
（案内書進呈）
京橋越前堀…電話・京橋・3101番
東京湾汽船

東北の土俗

日本放送協會東北支部編

四六判絹來クロース裝　定價壹圓五〇錢
二八八頁　箱入美裝　送料十二錢

●本書は、昭和四年六月以降前後二十囘に渉つて放送した土俗講座の集録したものであります。

●此の土俗講座は、主に東北に深い關係を有つもののみでありますので書名を特に「東北の土俗」と題しました。

●土俗學に關心を持つ人々の一讀を要するものと深く信じてゐます。

是非御一覽の程を賜はらんことを。

東北土俗講座開講に就て……佐々木喜善
屋內の神の話……佐々木喜善
網地島の山猫……三原良吉
二老人の話……佐々木喜善
南部恐山の話……佐々木喜善
秋田三吉さん……中道等
下北半島の鹿の猿……佐々木喜善
誘拐民譚……中道等
子供遊戲神の話……刈田仁
東北と鄉土研究……佐々木喜善
こけし遺子に就て……柳田國男
村の家……天江富彌
東北は土俗學の寶庫……中川善之助
民俗藝術家としての東北人……中山太郎
東北文學と民俗學との交涉……森口多里
平內半島の民俗と傳說……折口信夫
言語と土俗……中道等
巫女と座頭……金田一京助
書かない手紙……金田一京助
農民の文學……藤原惟庵……佐々木喜善

（收錄は放送順による）

發兌　一誠社

振替口座東京七五九六七番　東京市麴町區四番町九番地
電話　九段二五六八番

島
昭和八年七月五日發行
第一巻第三號

嶋

記事要目

南洋群島の椰子タブ
宗像沖の島雜記
牡鹿の地の島
八丈島流人帳
伊豫の島々
佐渡が島
針突圖誌
漁村語彙
記事目錄
喜界島昔話
翁長舊事談
周防祝島方言
長門六島村見聞記
南洋群島旅行案内

編輯　柳田國男
　　　比嘉春潮

東京　一誠社發行

第一巻　第三號

（昭和八年七月）

八丈島流人帳……柳田國男（一）
牡鹿の地の島……山口貞夫（一三）
宗像沖の島雑記……竹内亮（一七）
伊豫の島々（下）……菅菊太郎（二四）
周防祝島方言……石山但信（二九）
佐渡が島（上）……ロバート・ホール（四三）
南洋群島の椰子タブ……戸塚皎二（四九）
南洋群島旅行案内……古本泰（五六）
長門六島村見聞記（下）……櫻田勝德（五九）
喜界島昔話……岩倉市郎（六九）
針突圖誌（二）……小原一夫（七六）
翁長舊事談……比嘉春潮（七九）
漁村語彙（三）……柳田國男（八五）
島關係記事目錄（三）……大藤時彦（九三）

島の個性（一）……千島の春（三八）（六八）……新著紹介（七八）……同人寄語（九六）

口繪　沖繩婦人の針突施術……小原一夫

同人芳名錄（第四回發表）

久保田　滿明
鈴木　一郎
正宗　敦夫
西原　紅秋
藤野　和
高橋　文太郎
岡本　貫瑩
松浦　晋
薄金　兼次郎
渡邊　赳夫
川野　愛水
田中　兼治
佐知　弘文
直原　妙
阪口　保
細谷　則理
江崎　政忠
藤里　好古
小林　林之助
佐々木　勇太郎
岩谷　惠則
石井　宜一
東　次吉郎
石垣　用知
蒲原　隼雄

別技　篤彦
宇津野　國雄
若林　尙
加納　富次
藤森　芳夫
戸田　稔
德田　安儀
屋部　憲重
今村　勝彦
桂　又三郎
宮內　悅藏
森下　修
石崎　又造
中里　龍雄
小島　武勇
關　敬吾
毛呂　清春
福田　茂郎
穗積　忠
本間　吾八郎
丸茂　武重
田邊　正男
鳥居　一正
山下　光秋
岡本　良知

佐藤　良雄
三浦　逸雄
八木　三二
須川　邦彦
森　直太郎
黑澤　隆次郎
向田　實治
中山　泰昌
多田隈　豐秋
野口　三郎
白井　一二
豐田　珍彦
伊習院　富芳
重乃　實保
初保　芳俊
富喜　和幸
大澤　和夫
宮本　延人
馬淵　東一
天　橡府
泉　英七
竹內　亮
山田　光男
阿部　壯次郎
松崎　功

井手　清馬
日野　清三郎
五領田　元太郎
梅野　明
塚本　虎三
淺野　陽吉
伊藤　健次
熊懷　武文
篠原　正一
當　邦太郎
中村　三藏
發知　神太郎
結城　次郎
磯貝　勇
安部　福重郎
市場　直次郎
近藤　信
波多野　宗喜
石原　茂一
飯田　圖書館
堀內　民一
野口　孝德
安里　永昌
奧島　憲慶
金城　宮直

沖縄婦人の
刺突施術

縫針を十數本束ねたものに上等の支那墨をつけて刺す。煎豆を嚙んで痛さをこらえる由。明治十何年か縣會で禁止して今實際は見られない。此の寫眞は小原氏が苦心して撮影した模擬施術である。着物は芭蕉布の夏もの。

夏期 國語學講習會（於松本市）

講師及講題（時間割は聽講券の裏面に印刷す）

國語史論　柳田國男

國語學に於けるアイヌ語　東京帝國大學助教授　金田一京助

國語學に於ける朝鮮語　東京帝國大學教授文學博士　小倉進平

歴史的批判的日本文法　京都帝國大學教授文學博士　新村出

日本辭書の現實と理想　京都帝國大學教授文學博士　新村出

主催　國語學講習會

後援　信濃教育會東筑摩部會

期日　自七月廿六日至七月廿九日　四日間（第三日夜講師を中心とせる有志懇親會を催す）

會場　長野縣松本市女子師範學校講堂

會費　金參圓也（申込と同時御拂込の事）

募集人員　二百名

締切期日　七月二十日

宿舍

一、指定宿舍　淺間溫泉　玉の湯、坂本の湯、鷹の湯

一、宿料　一泊　二圓　三食付、會場迄の交通費を含む、茶代等一切不要

但希望條件を附して御照會有之候はゞ可及的御便宜を取計ひ申上ぐべく候

本講習會用松本市淺間溫泉要圖は御申越次第進呈可仕候

申込所

（松本）松本市大名町東筑摩郡聯合事務所　東筑摩教育部會内　國語學講習會事務所

（東京）東京市神田區駿河臺町一ノ八　岡書院（電話神田二七七五番　振替東京六七六一九番）

夏・海行かん
島を訪ねて
國立公園
瀬戸内海
南紀州へ
海水浴に
觀音寺・鞆・宮島
田邊・白濱・串本へ
御入湯に
別府・道後
白濱・湯崎・勝浦へ
―案內書進呈―
大阪商船
東京
橫濱
名古屋
京都
大阪
神戸
門司

島の個性

單に天然の條件に由つて類別するならば、是ほど數多い我邦の島々でも、大よそは五種か六種かに概括せられてしまふだらう。絕えたか獨り生れたか、浮んだかはた周圍が沈んだが。其外にはさう色々の原因が推測し得られないからである。島の大きさや形をきめようとする力、風の方角や水の行くへ、さては國地との距離といふが如き、細かな特徵を列擧して見ても、尙似寄つたものゝ幾つかゞ連ね得られる。それで居て同じ一つの幸運が、未だ曾て二つの島を併せ惠んだことは無かつたのである。今後も恐らくは或共通の法則によつて、島人の生活を指導することは六つかしいであらう。島の歷史には澤山の偶然があつた。是も暗々裡に支配するものが、背後に潛んで居たことを見出すかも知らぬが、第一に始めて入つて來て住んだ者の故鄉が、それ自身既に區々であり、又其時期も一樣で無かつた。島の移民は必ずしも漁民とは限つて居ない。土を愛する者も亦水天の間の、山陰の綠を望み慕うて居る。此兩者の何れが先づ上陸して、濱の空地を占めたかによつて、一島の面貌は永く固定する。農民は普通交易の必要が急でなかつた爲に、外から忘れられて久しく孤立することが出來たやうである。次いで來る者が幾ばくの年處を隔てたか、どの方角から來て其數がどれ程、前から居る者の友であつたか否かによつて、島の歷史は無限に變化して居たのみならず、未來の約束も亦一を以て他を測り得なかつた。人を悉く概念の標準人と假定して、其生活ぶりを推理せんとする方法は、境の混亂の尠ない各島に適用して、殊に速かに其弱點を示し易かつたやうに思ふ。日本の島の數が假に一萬あらうとも、尙且つ吾々がその個々の者の名を知り、一つ〳〵の素性と美德、永年養はれて來た得手と不得手、どこに相慶し相戒めなければならぬ幸不幸の習癖があつたのかを、明かにしなければならぬ道理は爰にある。一度に多くの島を知ることは却つて不利である。出來るだけ詳細に且つ精確に、具體的なる觀察を公けにして、同志讀者をして輕々しく記述の單調を訴へさせぬ樣にしたいと思ふ。漠たる綜括論は我々には益が無い。

八丈嶋流人帳

柳田國男

一

近藏富藏が人を殺して、伊豆の八丈が島へ島流しになつたのは、今から算へて百六年前、文政十年四月二十六日の事であつた。江戸は永代橋の川口から船が出て、途中三崎に寄り三宅島で永い日和待《ひよりまち》をして、島に到着したのは閏六月の某日であつた。海上に八十日ばかりの日數を費したことになつて居るが、此時代の航海には是は珍らしいことで無かつた。

同じ船中の流刑囚が、富藏の他に尙八人あつた。その一人は僧で、本郷丸山本妙寺の寺中、本立院の光學といふ者、是は罪名は女犯とある。それから上總木更津《きさらつ》の百姓久兵衛、常州高久《たかく》村の百姓鶴松、下總金江津《かなえつ》村の百姓才助、何れも罪は博奕又は貸元胴取であるが、徒黨でないと見えて別々の日に入獄して居る。殘り四人の武藏阪戸村無宿金太郎、曲ヶ島村無宿龜次郎、下總淸水村百姓吉藏、武州內藤新宿旅籠屋喜十郎召仕伊助も、多分は同様に博徒であつたらうと思ふが、其罪名は記入せられて居ない。多分は金太郎を除いた他の三人が、島に着船の翌月早々に、前からの流人四名と共に、脫走をしてしまつた爲でないかと思ふ。その四名の相棒といふのも、三人迄は人足寄場遁去者卽ち功を經た無賴漢であつた。

此等同船者の運命は悉く近藤とは異なつて居る。阪戸の金太郎は七年居て島で死に、木更津の久兵衛は天保九年の七月に、他の拔舟組に加はつて島を脫出した。日蓮僧の光學は十一年の島住居の後に死んだ。殘りの鶴松は弘化四年に、才助は明治の元年に、赦されて國に還つたのみならず、死んだ光學にも拔舟者の伊助にも、同じ際に赦免の狀が下つて居る。遠島囚の記錄はそれ程にも不確實なものであつた。其結果としては近藤富藏が、たゞ獨り最後まで島に取殘され、他では見られぬ様な綿密なる八丈島の流人帳を、我々の間に保存してくれることになつたのである。

二

私は他日如何にもして、此帳面を印刷にして置きたい志がある故に、今は單に興味ある二三の事實を紹介するに留める。八丈島の流人はかの有名な關ヶ原役の敗將軍、浮田中納言の一家眷屬を以て始まると傳へられるが、それはたゞ其の以前のものに、記錄が無いといふことをしか意味しないやうである。記錄は其以後といへども態と公けには殘さなかつたものもある。たとへば浮田一件より六年後の慶長十七年に、禁裡の上臈二人流されて此島に來り、十六七年を經て赦に逢うて還つたことは、八丈年代記には之を錄して居るが、この流人帳の中からは略いてある。尤も最初は皆臨時の行政處分で、其數も僅かなものであつたから、斯ういふ帳簿の如きもの丶入用は無かつたのである。京都の女性が赦されて歸つた後、浮田の一類も唯兩名の子息を殘して、他の十一人はすべて死歿した頃、寛永十一年に高木休菴父子從者五人の遠島があつたのが、此流人帳の先づ初筆である。それから中二十八年を置いて、寛文三年には堀田市郎兵衞以下五人の者が流されて居るが、この兩度の科人は休菴一人を除いて、何れも程無く赦されて國へ還つて居る。無期流刑の最初と言つてもよかつたのは、越後高田騷動の荻田主馬、永見大藏、及び渡邊大隅守三人の島送りで、是が又十八年後の天和元年の事であつた。翌々三年には引續いて、小栗甚之丞父子を始め九人の武家が流され、それと同じ船で出家が三人、町人が二人送られて來て島で死んだ。遠島が一つの定まつた刑罰の制度となつたのは、八丈島に於いては此年を以て始めと言つても差支へ無いのである。

此年以後明治三年まで、百九十年ほどの間は多いか少ないか差はあるが、間斷無く流人は八丈の島へ入り續けて居た。流人帳に名を錄したゞけでも、其數は既に二千に達せんとして居る。さうして其中には近藤富藏の如く、六十年近くも島に居て死んだ者も稀にはあつた。人口が始終七八千人の間を上下して居た孤島としては、是くらゐ迷惑な話は無かつたこと丶思はれる。それが善惡ともに格別大きな影響を與へた樣子も無く、島人は終始彼等に對して寛大であり親切であつて、しかも略平和に島固有の生活を持續して居たといふことは、考へて見ると一つの奇觀であつた。是には何か特別の事情の、單なる一卷の流人帳の中からでも、窺ひ得られるものが有るのかも知れない。斯ういふ推測が更に此の古記錄の價値を高くするのである。

三

それで私は稍今までとは違つた方法で、此史料を取扱つて見たのである。近藤富藏が流されて來た文政十年の閏六月には、八丈には前々から流人が二百十六七人ほどたまつて居た。去年の十一月には恩赦があつて、古い罪人の數十名が、御免になつて出て往つたのだけれども、まだ斯んなに澤山の俊寛僧都が、殘されて島にさまようて居たのである。是を島流しの最盛期と言つてよいか否かは知らぬが、兎に角に近年送られて來る者の數が少しづゝ多くなり、其上に所謂甘諸政策の效果でもあつたか、

流人の生存年限が幾分か長くなつたらしい形跡が見える。一番の古顏は芝無宿入墨の長吉、是などは安永二年の流徒で、島に五十七年居て文政の十二年に死んで居る。其次は江戶も組の火消人足、兩替町一丁目の清次郎といふ男で、是は天明八年に來てから四十三年生きて居た。幾つの歲に流されたのか知らぬが、兎に角に長命な流人ではあつた。

此頃の流人の中には、無宿入墨といふ類の者が最も多く、只の百姓と言つても罪狀は主として賭博であつた。古い分には罪名は注記して無いけれども、名前や肩書から過半は此徒であつたことが察せられる。斯ういふ無賴の輩を平和な島に送り付けたといふのは、島人たちに對しては思ひ遣りの足らぬ處置であつた。事件はいつの場合にも大抵は此連中が引起して居るのである。其實例は尙後段に述べるとして、爰には先づ他の少數の異分子に就いて說いて見る。右の二百十何名の現在流人のうちで、最も目に立つのは苗字のある人たちであつた。罪科は銘銘に異なつて居るが、その殆ど全部が武士であり、且つ

多くは幕臣であつたことが注意せられる。伊豆の島々が此種危險性ある士人の置場として選定せられたのは傳統である。それに中頃から市井の惡漢どもを、附加することになつて、流人の數は激增したのである。旗本御家人の端くれだと言つても、島へ遣られるやうなのは何れ碌な者で無かつたらうが、それでも博徒や寄場人足の間にまじると、おのづから鷄群の一鶴といふ趣があつたのであらう。別圍《べつがこひ》と稱して最初から待遇を異にせられたものも若干はあつた。さうして或年限の後には、大部分は赦されて國地へ還つて居るが、是は必ずしも罪が輕く、又は改悛の情が著しい故で無く、恐らく江戸の故舊の救濟運動が、比較的效を奏し易かつた爲かと思はれる。兎に角に島に送られて來た數の割には、永く留まつて居る者は少なく、近藤氏の來た頃に島に居合せた者は、大小引きくるめて二十四五人に過ぎなかつた。

四

是は島役人たちの考案であつたらうと思ふが、八丈では彼等の取扱に關して、ちよつと氣の利いた便法を設けて居たことが、今ある流人帳の面からも窺はれる。流人は此通り明白に上下の二種類があつたのだが、さて差別の待遇をしようとすると、是といふ標準が立てにくい。文政の初頃から、個々の流人に書き判をさせることにしたのが、自然にやゝ身分ある者を標出する手段になつた樣である。成るほど是は賢明な思ひ付で、華押でも持つて居る程の者なら、先づ一通り敎養ある者と見て差支へ無く、此等を寛大に遇しておけば、他は比較的手荒に監視しても、物議を釀さずに濟んだわけである。さうして又斯んな僅かなことでも一つの慰藉となつて、優種をしてやゝ自重せしめたことゝ思ふ。

右の書き判階級の中には、又醫者があり僧侶があつた。前者は其の數が至つて少しだが、他の一方は中々多く、又遠く内陸の社會相を反映して居る。天和三年に但馬出石の勝林寺、奥州會津の長泉寺、羽州庄内の廣濟寺の三僧が流されて來た以來、前後百八十人近く出家が、此帳に名を留めて居る。是にも一所不住の乞食坊主から、數義の爲に殉じた高僧まで、玉石混淆して居るらしいが、多くは年をとり又生活力が弱かつたと見えて、長く活き殘つて赦に會うた者は少ない。此中には本當兩山の修驗僧も少なからず、又稀には普化宗の薦僧もある。法華の門流の數多いことは事實であるが、果して世間傳ふる如く、專ら政策の迫害に出でたものか否か、是だけの材料ではまだ何とも言へない。淨土宗も來て居れば禪宗眞言の僧も可なり澤山に送られて居り、その近代の多くの例は、罪名が何れも女犯であつた。不受不施派の日蓮宗の流刑は、寶永六年八月の船で、守玄院と其弟子の元昌といふ者とが流されて來た例がたゞ一つ見える。島で此致義を立て通すことは中々の辛苦であつたらうと思ふが、それでも此僧だけは二十年餘りも、露命を繋いでから終つて居る。

五

女の流人は文政十年の頃には、全島に僅か十九人しか居なかつたが、それから幕末までの四十年間に、更に二十九人送り込まれて居る。前後記錄に名の見える者が、通計して六十七人である。浮田氏從屬の二人の女中は別として、始めて正式の流人として來たのは、吹上御廣敷茶之間の仕女、よせ・さきの兩名であつた。是などは或は既に世に知られて居るかも知れぬ。京都の女官が宥されて還つてから、百十年ばかりも過ぎた元文二年の出來事である。それからはぽつ〳〵と女も八丈の島へ遣られるやうになつたが、最初のうちは是も士分の家の者に限らうとしたやうに見える。それが久しからずして百姓町人の母女房や召仕、更に所謂飯賣女、酌取女の類、又無宿女などをまじへ送ることになつて來た。あの時代の司法官の裁量は存外に自由なものであつたのである。無宿女といふのは博徒や盜賊の妻であつたかと思はれる。流人の社會も段々と複雜化せざるを得なかつた。

新吉原の遊女が一人づゝ、七回ほど此島に流されて來て居る。其中の三人は罪名が書込まれてあるが、何れも火附けの罪であつた。他の四名も恐らく別の科では無かつたらうと思ふ。豐菊といふ女は此の仲間の中での初入であるが、是は文政四年の春送られて、島で丸二十五年の苦界を勤めてから、弘化二年の六月に拔舟をした。さうして沖合で召捕られて十一日目に死んで居る。寳禪といふ淨土宗の坊主、阪本茂三郎といふ小普請組の幕士、その他三四人の博徒が此企てに加擔し、發覺して半分は沖で死に、他の者は吟味中に皆死んだ。二度目の遊女流人は花島といひ、是は近藤富藏の次の年に島へ來たが、罪名は放火で齡が僅かに十五歳であつた。二十六の年に村上無宿の萬吉、下總佐原村新田百姓喜三郎、大倉村無宿茂八等と共謀して、拔船を試みて是は成功して居る。其一條は後に色々のおまけを添へて、面白をかしく講釋師などが語つて居るらしいが、佐原の喜三郎は實は二年足らずしか八丈には居なかつたので、島に來てから斯ういふ女を知つたのであつた。彼等の絶望に瀕した生活には、可なり陰慘で又奇恠な情景も有つたらしいが、そんな背後の事實までは、流人帳の上には錄せられて居ない。

六

島拔けは享保七年に、與兵衛萬之助の兩名が島人の漁船を盜んで、行衛知れずになつたのを最初にして、前後十三回ほど行はれて居る。此以外にも三宅島の日和待ちの間を利用して、脱出した場合も何度かあり、それも時々は海に溺れ又は發覺して殺されて居る。八丈から遁げ去つた者にも、國地へ到達し得なかつたのが多かつたらうと思ふが、其消息は勿論傳はつて居ない。明白に失敗したのは前の遊女豐菊を中心としたものが一つ、もう一つは萬延元年の十月に、三十人ばかりの者が徒黨をして、官船を奪つて飛出さうとした事件がある。是が最終であり又最も兇暴なものであつた。原因は飢渇の爲だと稱して居る。豫期の日取りの前の日に發覺し、突嗟の間に樫立村の名主兵吉の家を襲ひ、その父子を殺害し、鐵砲を盜んで山中に遁げ込んだが、村民に攻立てられて大半は自殺した。殘つて捕へられた者も痛め吟味に弱り、又は病を發して十日ほどの間に悉く死んで居る。流人の罪を重ねる者は島でも始末に困つた。補理牢に監禁して見ても給養が容易で無い。或者は島替《しまがへ》と名けて今一段惡い島、即ち小島とか青が島とかへ送つて居たが、是は住民が少ないから、愈々以て制御が困難になつて來る。つまりは成るべく早く死んでくれることを、誰もが念ずるより他は無かつたのである。

島には赦免花といふ迷信が出來て居た。それは一本の大きな蘇鐵であるが、其木に花の咲いた次の年は、必ず御赦免の沙汰が有るといふのである。幕末の頃には八丈の流人は段々と數を増し、政府も色々の機會に之を減らさうとして居たやうだが、其標準といふものが立つて居たわけでも無かつた。中には死んだ者又は島抜けをした者へ、年月を經てから島御免の狀の到達することもある。それ程にも名簿は不精確であり、又選拔も出鱈目に近いものだつた。天運を宛てにする氣になつたのも止むを得ない。しかしさういふ中にも罪狀が惡く、島へ來て後も色々の不始末をして、一段と人氣を失墜した者どもが、絶望に陥り暴擧を企て易かつたらうことは想像し得られる。博徒無宿の類が數多くなつてから、島抜けの事件が始まつたのも、或は其爲であつたかも知れぬが、原

因は必ずしも一通りでは無かつたらう。何といつても素人の海上知識が、年と共に少しづゝは進んで居たのである。其上に或者は秘密に外部との聯絡があり、又は隱して若干の金でも持つて居たかと思ふ形跡もある。たとへば嘉永七年の六月十一日夜、松五郎逸平其他數名の島抜けの如きは、青が島の御船水手三人を召連れて出帆したと言つて居る。即ち彼等を抱き込んで共々に身を隱してしまつたのである。

七

以前の流人は大抵は境遇の激變によつて、忽ち頓挫して意氣地の無い者になつて居たらしい。是が前通りのしたゝかなる惡者で居られたとしたら、島の社會は到底是だけの平穩を保つことを得なかつた筈である。前に掲げた萬延元年の名主殺しを除いては、島で大騷動といふのは元文二年の、佐野新藏事件だけであつた。是も記録は簡單なものしか殘つて居ないが、其目的は只の島抜けでは無く、或は保元物語の八郎爲朝のやうなことを夢みて居

たのでは無いかと思ふ。小普請組に屬して居た幕府の士が四人、醫者に坊主に厚鬢《あつびん》の彌兵衞といふ町奴らしき者までが加擔して、役人の宅に火を掛けて討入らうとして居たのが、やはり未然に露顯して悉く召捕られた。しかも死罪に行はれたのは其內の四人だけで、他は靑が島と小島へ島替になつて、一人の外は皆相應の長生をして死んで居る。

島替の流徒の行つた先で暴れた例は、小島には天保五年の御藥金次郎一件といふのが、八丈島仙郷志に見えて居る。御藏島へは近藤啓次郎といふ下級の士が、文政四年に八丈から島替になつて居るが、是が神主名主の不在に乘じて、長い間惡い事をして居たといふことである。此二人は共に最初から身を脫する謀は無くて、捕手が押寄せると早速に首を縊つて死んでしまつた。島の天然は永く惡人を生存せしめ得なかつたやうに思はれる。生きて殘つて居る者は少なくとも無害になつて居た。

さうかと言つて自殺をする者も別に多くは無かつた。記錄の表に現れて居るのは、貞享元年に小島傳兵衞といふ者が三宅島まで來て水に飛込み、元祿二年には中性院といふ僧が自火滅をした。同十年に太田七郎右衞門自水し、同十三年には僧孝順が首をくゝり、享保三年には僧宗文が亦水に投じて死んだ。同じ年に金井六右衞門といふ幕臣が、書置を致し行衞無しとあるも自殺であらう。內藤新宿の淨圓寺の僧寂忍は、享保三年に流されて來て三年の後に首を縊り、本所松阪町の平右衞門といふ男は、同十八年に島に送られて、二十二年も居つてから身投げをして居る。見落し書き落しもあるのか知らぬが、それから以後の百何十年間には、ざつと見渡した處一人も自殺したといふ者が無いやうだ。生きて居りにくかつたであらうが存外によく生きて居る。

八

其代りに變死といふ例は相應にあつた。たとへば寬保四年二月六日磯にて相果、無宿盜人四郞兵衞。元文元年十二月晦日磯にて死、無宿乙三郞。同三年十二月四日磯にて波に拂はれ死、神田無宿金藏。寬保三年四月十六日、出磯へ落死、甲州小澤村山伏覺法院等の類、是は說明が無くては其理由が判らぬかも知れない。流人の最も働きの無い者は、海邊に出て行つて流れ寄る物を拾つて食つたのである。それ故に斯うい ふ最後は冬分に多い。冬は農家の貯へも薄くなるから、自然に餘裕を流人等に頒つことが出來なかつた。ひよろ〳〵と磯をあるいて食物を求めて居た者は、餓えて始めから生きる力が乏しかつたのである。

餓死と帳簿に記留された者も、以前には少なくは無かつた。百姓で始めて此島に流されて來た武州石神村の七郎右衛門と傳藏は、十五年ほど活きて居て元祿の十四年の春、二人相次いで餓死して居る。八丈年代記を見ると此前年は島の大凶年であつた。度々大風が吹いて麥作は悉く荒され、救助の船が間に合はないで普通の住民も多勢死んだ。流人が其の難に殉じたのは、寧ろ平生は助けられて居たことを意味して居る。が兎に角に此冬から翌年にかけて、彼等の餓死した者は十人に越え、脩孝順の自殺も此の苦しみに基づいたものらしいのである。

是と同樣の災害は六十六年を隔てゝ、明和の三年四年にも再び出現して居る。此時にも島民は可なり多く死に、流人も亦二十人近く餓死して居る。薩摩芋の恩惠の承認せられるに至つたのは、この悲痛な經驗の完成してから後のことであつた。天明三年の凶作の後には、幕府は三年ばかり八丈へ流人を送ることを見合はせて居るが、この明和の年にはまだ其の手加減をせず、前々通りに島船に囚徒を積出して居る。それが大部分一年餘りの內に死んでしまつたのは、恐らくは又食物の關係であつたらう。

九

全體に流人の衣食に對する政府の手當が、八丈では最初から行屆いて居なかつたやうに思はれる。西國の島々には扶持附き流人の制度があつて、自活の出來さうも無い者には最少限の保障をしたのだが、此の島などはそんな慣例のあつた樣子が無い。別圍ひや牢舍の者には勿論飯米が給せられ、又特別の場合だけは所緣の者の仕送りが許されたらうが、他の大部分は自分で努力して、食ひ且つ着なければならなかつた。島が大きいから何とか出來さうなものだ位に思つたのであらうが、もと〳〵一人殘らず商賣違ひの者が、何等の計畫も無しに轉住させられたのであるから、新たな職業の見つからぬのは當然であつた。島でも少しづゝは稍似合ひの仕事を授けようとした樣だが、それは醫者とか手習ひの師匠とか、限られた需要のあるものばかりで、耕地なども元からの住民にも幾分か不足であり、其他は荒くれ男にも開墾しにくい處だけが殘つて居た。乞食に近い生活より外には、流人を迎へる空席は無かつたのである。幸ひに一般の暮しが安易であり、物吝みをせぬ者が多かつたからよいが、一朝凶年となると乞食では到底活きて行けなかつたのである。

意外な一つの拔け路は島の女との婚姻であつた。島では女はよく働いて、男に食はせて貰はうといふ考へが少ない。從つて緣が有れば流人の嫁にもなつて、家を持つて夫に明日は何を食はうかの、苦勞をさせなかつたのである。女護島の昔語りは全くの虛誕であるが、島の人口はいつも少しづゝ女が餘分であつた。しかし唯それのみでは此種の婚姻は說明しにくい。何か其以外に男を選ぶ者の心理に、働きかける力が潛んで居たのである。島では斯ういふ流人の配偶者を水汲みと呼ばせて居た。安永三年の御代官の達しでは、水汲は子を生み島に止まり、いとゞ不足なる島の食物を食ひ減らすから、今後は斷然水汲みを置くべからずといふことであつたが、左樣な不自然な禁令がいつ迄行はれよう。其後の流人たちも依然として可愛の水汲みを持つて居た。近藤富藏なども浮田中納言の第二子、小平次殿の後裔といふ一女と連れ添うて、何人かの娘や孫を八丈の島民にして居るのである。

この有形無形の支援者が無かつたら、遠島の罪人等はもつと容易に絶望し、且つ兇暴となつて愈々其の罪を重ねたことであらう。島の恩愛には感謝の情が交つて居た。是が眼に見えぬ首枷手鎖となつて、どれ位惡徒を無力にしたか知れぬのである。萬延元年の島拔け暴動團なども、多くはその水汲みに助けられて、島脫出の隱謀を進めて居た。秘密は一つでも女房たちの口からは漏れなかつたのである。巨魁の一人の久那右衛門といふ男は、もう一度子供の顔が見たさに、そつと我屋に戻つて來て、内に入れないので咽を突いた。島に仇する者すらも最後まで島の家を愛して居る。多數の流人を平和なる永住者にしたものは、必ずしも制度の力では無かつたのである。

一〇

少し話が長くなつたから、殘りは手短かに切上げる。近藤富藏の流された文政十年以後に、八丈へ送られた者の數は六百足らずであつた。其のうち約半分が島で死に七十人ばかりが拔舟を企てゝ、失敗し又は成功して居る。殘りの二百人餘りが赦されて還つたわけであるが、其記錄は完備して居ない。幕末の流人の中には變り種が少なくなかつた。たとへば岩戸開《いはとびらき》その他の著者、賀茂規清《のりきよ》こと梅辻飛驒なども其一人であるが、是は弘化四年に來て一年足らずで死んで居る。鹿島則文翁なども、父の罪に代つて慶應二年に此の島に流され、明治元年に赦されて還

つた。帳簿の上には塙《はなは》五位と出て居るが、近藤の著はした八丈實記の序には本名を出して居る。其他若干の文才があつて、下手な狂詩や發句などを殘した僧も何人か居る。八丈寝《やたけのね》覺草《ざめぐさ》の筆者なども、斯ういふ中の一人であらう。

明治元年には大規模なる恩赦があつて、舊い流人は殆ど一掃せられた觀があつたが、二年と三年には又若干の流刑囚が送り込まれて居る。斯ういふ中にはほんの少しばかり、新しい時代の風に吹かれて居た者があつて、それが吹きまくるので島の空氣は動搖したが、幸ひに新しい流人には年期があつたのみならず、多くは其の終りを待たずに喚還された。

私の所にある流人帳のうら表紙に、近藤は斯んな事を書いて居る。曰く赦免花、明治七年に咲き同八年に十一人、同九年に咲いて同十年に十九人、同十一年七月に花咲きとあつて、其後は空白である。島の流人帳と中央の控へとが齟齬して居た爲に、彼は忘れられて最後まで取殘されたのである。

牡鹿の地の島

山口貞夫

中道等氏が本誌初號に書かれた陸前江ノ島に關する詳細な記事の後で、同じ牡鹿の島に就いて私が至つて粗雜な話をするのは誠に御恥しい次第である。然し東北の地を踏む事の少なかつた私としては、今度は全く短時日の豫察旅行であつたと云ふ點、及び近い將來の再遊で補足するの責任を感じてゐると云ふ二點から各位の御宥恕を得たいと思ふ。

先づ旅程から申上げると石巻港から日航船で田代島へ渡り、數時間で引上げ隣島の網地《アヂ》へ轉じた。其處に止まること二日で對岸鮎川へ移り翌日金華山詣でを成した。それも船の都合から二時間餘で本島を去り、陸路を渡波《ワタノハ》經由で女川町へと赴いた。當地一泊の上で出島《イツ》や江ノ島へ行く豫定であつたが、前日の猛烈な自動車の動搖で身體の調子を害ひ大事を惧れて早々に歸途に就いた次第である。

私の乘つた船は石巻を出てから一旦大原村へ立寄つて、次に田代島の仁斗田《ニトダ》へ向けて走るのであつた。此の邊りの海上には所々に櫓の立つてゐるのが見られる。此は大謀網と云はれる漁法で、木組を浮かせた櫓の上には魚見《イヲミ》が一人居て海中を睨み、張廻はされた網の周圍には船が數艘待機して魚群到來の報を待つてゐる。是のもつと小規模なものに淺い海中に定置して小魚を取るのがある。櫓は無く一定時間每に見廻りに來るだけである。大謀網は直徑百三十間程ある大きいもので、其の一ヶ所が開いて這入つた魚を櫓の下へ追込む樣になつてゐる。此の網は現に田代島に三つある相で漁業權は一人の獨占であると云ふ。年二千七百圓で借りてゐるが、其の費用が三萬五千圓もかゝると云ふのは少し大き過ぎる樣である。主に鮪鰯等を獲る。其他島

の地元漁業權も少數人で獨占して居るとの事である。大謀網に從事する漁師は島の南端三ツ石崎に小屋懸して合宿してゐるが、可なり他國人も入り混んでゐるらしい。大謀以外に卷網と云ふのが此の島に四十程ある。此は大謀網の漁業區以外なら何處に打つても構はない事になつてゐる。トロール船も數隻持つて居て鰹釣の遠洋漁業に出かけてゐると云ふ。磯漁としては鮑やふのりが取れ漁業組合で買上げる。子供が生鮑をおやつに噛つてゐるのも面白い點景であつた。一切の漁獲物は石卷や鹽釜と直取引をして居る。元來此の田代島は荻ノ濱村の管轄に屬し、役場まで海上二里半を渡らねばならぬ。而も郵便物は一定の手數料を拂つて大原村に委託してあり、毎日一回の郵便船が往復して居る。もう一つ大原との關係は村社の祭典に其處から神官が來ることである。かうして夫々目的によつて田代は三ヶ所の土地と交渉を保つてゐる。

大謀網漁法

　此島の名は恐らく田の代が多い所から來たものであらう。何しろ周圍二里程の小島で川と名付ける程の流れも無く湧泉も豐かでないらしいが、谷と云ふ谷は皆階段狀の水田にしつへてある。粘土質の土壤は天水を可なり浸透させずに保つとの事である。勿論此の島だけの米では半分にも足りないので、不足分は野菜と共に石卷から購入して居る。其の代り麥は至つて豐富で、全島汎く麥畑か然らずんば豆の畑である。五萬分一圖には桑畑が大變多く書いてあるが今日は夫程養蠶は盛ではないらしい。夏秋蠶を多少やる位で植付も極少い。田代島には北方に大泊と云ふ部落がもう一つある。此方は人家も五十軒程で仁斗田の半數である。仁斗田は明治四十二年の大火で五十七軒を燒いたので今日見ても部落は可なり粗末な建物が多い。古く殘つて居るのは茅葺の四阿作りであるが新しい家は大抵杉皮葺の石置屋根である。皆平入で入口の取付きは土間である。之に次で臺所があつて此處にはゲンバと云ふ一種の莚を敷く。臺所の土間寄りの所に爐が仕切つてあるが其四周の名稱を横座、客座、爐尻と云つてゐるのは他處と變らぬ。爐は次の茶の間にも室の眞中に作つてあるのが多い。此の間は一名オカミとも呼び十二三疊敷で一番奥のザシキは六疊又は八疊が普通である。

　此の邊りの風で目立つのは女が皆風呂敷を被つてゐる事だらう。之を單にフロシキとも又カブリモノとも呼んで居た。網地島や半島部でも野良仕事には必ず用ひてゐる。冬が暖かで雪は五寸も積れば大雪ださうだから、之も防寒具と云ふより虫害除が目的であらう。從つてモンペも牡鹿郡では一度も見なかつた。若い娘などは色物のフロシキを用ひてゐるが概して黒が一番多い。其の外女は寒い時ツンヌキと云ふどてらの樣のものを着る。

× ×

田代の仁斗田から網地島の長渡《フタワタシ》に行く海上にも多くの立網や大謀網の櫓を見る事が出來た。此島でも上陸するには艀に乘換へねばならなかつた。田代では艫の外に櫂と、櫂の幅の廣い樣なカヂスゲ（舵助？）を使つてゐたが、此處では夫等は見當らなかつた。船を引上げるのに使ふ枠形の木組を田代ではイソと

田代島から網地島を見る

呼んでゐたが網地ではナミスと聞いた。或は別の物だつたかも知れない。長渡は美しい村であつた。家は殆んど寄棟平入で屋根の下手寄りに採光兼煙出の天窓《テンマド》が付いて

長渡村

ゐる。瓦屋根切妻の家も間々あつたが是にも天窓は欠けてゐない。間取は田代と大した相違は無いが、土間を下屋《ゲヤ》、茶間を中間《ナカノマ》と云ふのが普通である。座敷は多く二間に仕切つてゐる。其の前と横を廻つて廊下を具へてゐる。他地で大黒柱と云ふのを中柱と申してゐる。下屋の上の屋根は別に葺下してあつて大抵杉皮石置であつた。此島の家には別に納屋を持つものが多い。夫れが主家の下座に接續してゐる場合は之を出《ダ》し家《ヤ》と呼んでゐる。出家と主家とが直角に交つて其の間に庭を持ち、おまけに屋敷の前面に中門を具へてゐるのが少くない。之は茅葺土壁で眞中を通用門とし兩翼は物置として使はれてゐる。此の地以外に中門は牡鹿半島の付根に當る萬石浦の北岸の折立、石巻の西の蛇田、更に西北の鹿又の三ヶ所で認める事が出來た。其の他東北本線小山驛から遠くない間々田でも瞥見したが、詳しく分布を採つたら面白からうと思ふ。尙屋敷内には八幡様の小宇が勸請してある。田代は未だランプであつたが、此の島には電燈が來てゐる。これは鮎川から海底を引いてあるのだ相である。大謀網は全部で五つ、大字長渡濱に二つ、大字網地濱に三つある。其の他、大引網、タナゴ網など目的によつて夫々使用し、江島には落し網といふのがあるとの事であつたが見たわけでもないから解らぬ。大謀も近頃はシト（魚の溜る所）を上手に作

るやうになつて魚見が居なくとも這入つた魚は出られぬ構造を取り、櫓の無いものに變らうとしてゐるとの事だつた。鮑ふのりは此の島でも盛に獲れる。タナゴも餘程獲れると見えて宿では朝から晩まで之を食べさせられた。數年前羽後の飛島で鮑ばかり供せられた事に比べれば腹をこわさなかつただけでも幸と思ふ。どういふわけだか長渡の方では漁業組合が鮑だけ頭をはねるが網地ではふのりや海苔にも頭をはねる相である。漁獲物は總て直接に石巻又は鹽釜へ運ぶ。

網地島には雷神社と大金神社の二社がある。大金神社祭禮は四月の中の巳の日で、神官は金華山から渡られると云ふ。土地の人によると金華山の黄金山神社は實は小金山神社で、昔は網地島で四月初の巳の日に祭典が行はれてゐたのが、先方が縣社に昇格してから今日の如く反對になつたのださうである。所が金華山の方では古くから金が取れた爲だと兩方尤もらしい解釋であつた。兎に角此の邊は今でも金に緣があると見えて、鮎川村の長渡を除いた三つの大字即ち鮎川、十八成《クグナリ》、網地では細々ながら金の採掘が現に行はれてゐる。

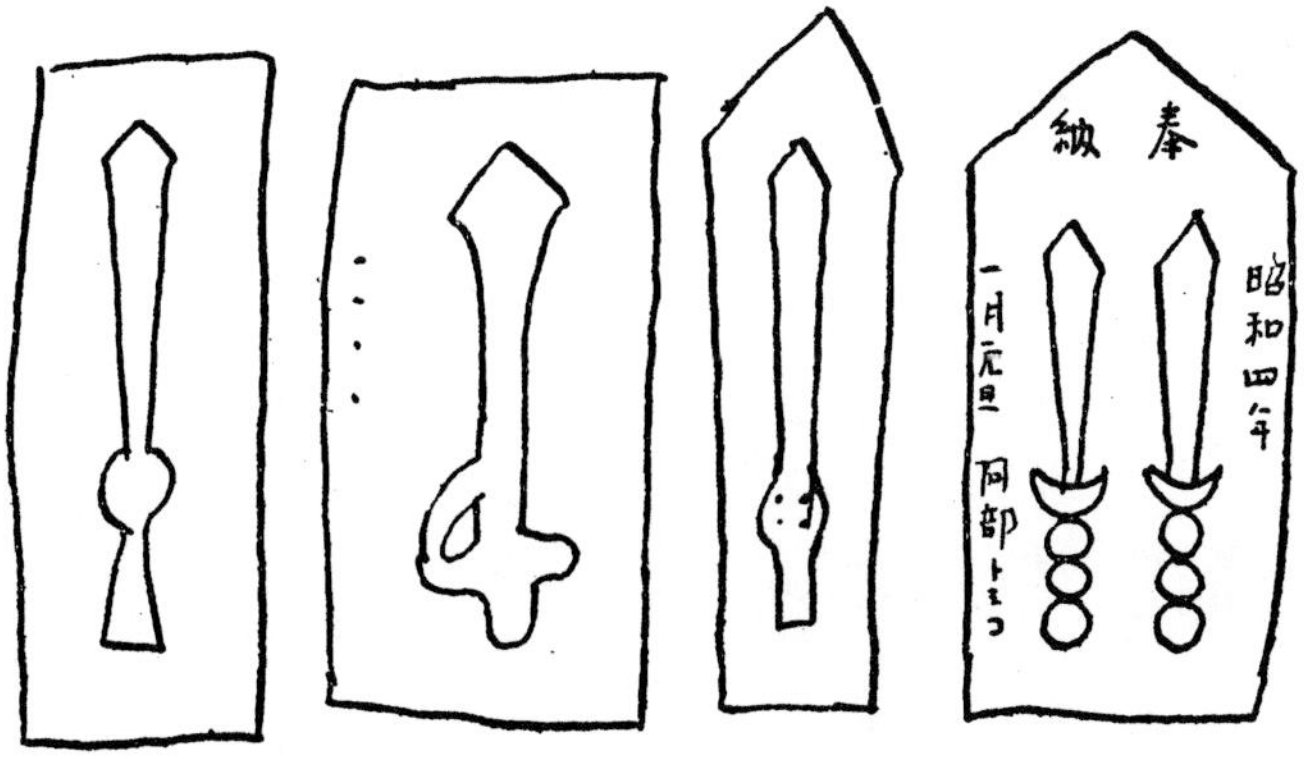

網地島　　鮎川

大金神社の堂宇には鐵で作つた劍の様のもの（上圖右二つ）が數個奉納してあつたがこれは金物を海中に落すと漁に祟りがあるとて奉納するとの事であつた。他方鮎川の藥師堂にも同樣な鐵製又はブリキ製の物（上圖左二つ）が献ぜられてゐたので、聞いて見ると願かけして病の治つた御禮だと云ふ。勿論刄物を落す事は宜しくないので、其時は落した物と同じ刄物か又はそれを畫いて奉納するとの事であつた。どの話も網地島と鮎川で喰違つてゐるやうである。長渡では正月に未だ年木を飾つてゐるらしい。年棚も此の島では吊す由で、注連を張廻した中ノ間に辰巳へ向けて下げると云ふ。年木は直徑二寸長さ一尺餘の檜作りで神棚に飾る。頂部を十文字に切つて之に御幣を挿む。門松は師走の二十八九日頃山へ行つて取つて來る。一般に赤松を雌松と呼んでゐるが之を家の前へ立てゝ注連を渡す。門松は十五日の曉一時頃取除くので、此等の古いのは一切神社へ持つて行つて納めて來る。

御寺は禪宗と眞言宗の二派あるが村民は別に宗教心は持合せてゐない相である。人が死ぬと位牌を二つ作り野邊位牌は之を墓場へ持つて行つて置いて來る。勿論土葬である。內位牌は家に置いて三年程經つてから新たに立派なものと更へて之を寺へ預ける。葬式の時は棺を叩いて號泣するくせに、一旦家へ戻ると平然と談笑して悲しみを忘れた如くであると云つて禪宗の和尚さんは不思議がつて居た。盆には寺に預けてある位牌を十三日に持歸る。精靈棚を飾るは他地と同じく其等は十五日に一切海へ流し位牌は寺へ再び戻す。

禪宗の御寺には圓鏡の付いた卒塔婆が立つてゐたが、此他に圖の如く車の付いた卒塔婆が子育地藏の前においてあつた。名前を聽いても解らなかつたが一種の地藏車であらうと思ふ。車軸の一方に小石を入れた籠を下げ他方に鐵輪を懸けて車を廻すとの事であつたがはつきりしないのは殘念である。

此島には古來有名な山猫話が多く三原良吉氏は其の幾つかを「東北の土俗」(日本放送協會東北支部編)中に紹介せられてゐる。田代島にも山猫の話は少くない樣で民族二卷四號にも田原千稻氏の短い報告があつた。其他海坊主などの話も少くないらしい。海坊主に腕を捕へられ

て濱の方へ引張られたがやつと船に捉つて、片袖だけ奪はれつゝも止る事の出來たなぞと海坊主の上陸した話もある。又出漁して居ると難船者の亡靈が海中から現れて柄杓を貸せと云ふ事、底を抜いて之を與へねば水を滿される等西の海で櫻田氏が澤山報ぜられて居る様な話もあつた。今から四五十年前には海岸に實際河獺が澤山居た相で、劫を經たものは坊主に化けたりしたと云ふ。因みに當地邊の船に祀つてある船玉様は賽ころと大麻を紙に包んであると聞いた。

× ×

鮎川は立派な村落で商家の數も可成り多く宿屋も大いのが三軒もある。昔は金華山詣の客が必ず當地に一泊したと云ふが、近頃は船便がよくなつて石卷との間を一日で往復して了ふ爲にすつかり客が無くなつた。成程今の三軒は村の大きさに比べて釣合つて居ない。村の家は中門の見られぬ以外は網地島で見たのと違ひはなかつた。

鮎川は何と云つても捕鯨で持つてゐる土地である。其の臓物を干す匂と之に集る異常に多數の島の喚聲とは旅人の心をいくらか害ふものであらう。土佐捕鯨會社の船長であり鯨館の設立者である志野德助氏に色々鯨に關する話を伺つた。が此等は全部省略しておかう。

話は違ふけれども此處で金華山の入漁場の事を語つておき度いと思ふ。金華山島周圍は牡鹿郡殆んど全部の入會漁場になつてゐて、鮑、のり、ふのりを採取出來る。地圖で地名に圓を描いたのが此の入會部落で鮎川村に三、大原村に九、荻濱村に八、女川に十五となつてゐる。毎年の入漁料金と部落名とを表記して見ると次の如くなる。

鮎川村	長渡濱	三五（圓）
	網地濱	三七
	十八成濱	一五
女川村	女川	二
	宮ヶ崎	二
	石濱	四
	桐ヶ崎	六
	尾浦	一〇
	出島	六
	江ノ島	六
	塚ノ濱	一六
	飯子濱	六
	野々濱	三
大原村	大原濱（給分小淵外大原）	九
	谷川濱	一〇
	鮫浦	一〇

寄磯	一七	桃ノ浦	五
泊濱	二三	折ノ濱	三
新山濱	五	大石原	二
小網倉	二	横浦	六
		高白	六
荻ノ濱村		鷲ノ神	四
田代濱	二〇	御前指	三
福貫浦	七	狐崎	五、五
月ノ浦	三、五	竹ノ濱	一〇

地元の鮎川は入會部落三ヶ所に過ぎないが入漁料は八十七圓で最高を示し最も漁獲に與る事の多いのが解る。女川町は部落數が多い爲に總數に於て第二位を示すが各部落別の料金は少い。各村の一部落平均入漁料は鮎川、大原、荻ノ濱、女川の順で利用程度に著しく差のある事が解る。

鮎川でも矢張り年木を飾つてゐる様であるが年棚は最早吊すことをせぬらしい。年木は十四日の晩にかぢの木で作り長さ一尺二三寸にして之を神棚に上げる。尚十四日には男の子供が柄杓で物を貰つて歩く。「明きの方からチヤセゴに來た、後の伊勢詣りの御苦勞さん」と云つて呼ばはりつゝ歩いた相である。集つた食物は各自家へ持歸つて食べたと云ふ事で其以前はどうであつたか聞く事が出來なかつた。同じ十四日晩に年配の女達が三々伍々顔を隱して唄を歌ひ踊りながら餅を貰つて歩いた。之を「思ひ付き」と云つて居た。十五日に年木の棒を持つて他家へ入り誰でも構はず「御祝ひ申す」「御祝ひ申す」と呼ばつて打つ。女などは「男の子を生む様に」と云つて打つたさうである。此棒をハラメと云つてゐる所から見て明かに嫁叩きの棒であつた。是等棒や門松は一切神社へ納めて了ふ。二月四日の節分に豆撒きのあるのは他と同様であるが二月一日を小正月と云つて矢張り門松を立て四日間餅を食べたと云ふ。三月三日の節句は磯まつりと呼んで女共が濱へ集つて草餅などを食べ賑かに祝つたが之も可成古くから無くなつてゐる相である。七夕は他處と變りは無く六日の晩に笹竹を飾つて七日早朝海や川へ之を捨てるのである。御盆は七日に墓掃除をなし十三日に施餓鬼棚を立てる。又互に懇意な家に佛を拜みに行く。夜は松で迎日を焚く。十四五日には餅を搗いて供へ、精靈棚の供物の一部を墓へ持行き供へる。歸つてから供へ物一切を菰に包んで船へ乗せて捨てる。船は五軒十軒づゝ組になつて麥殻で作つた。其晩は盆火を

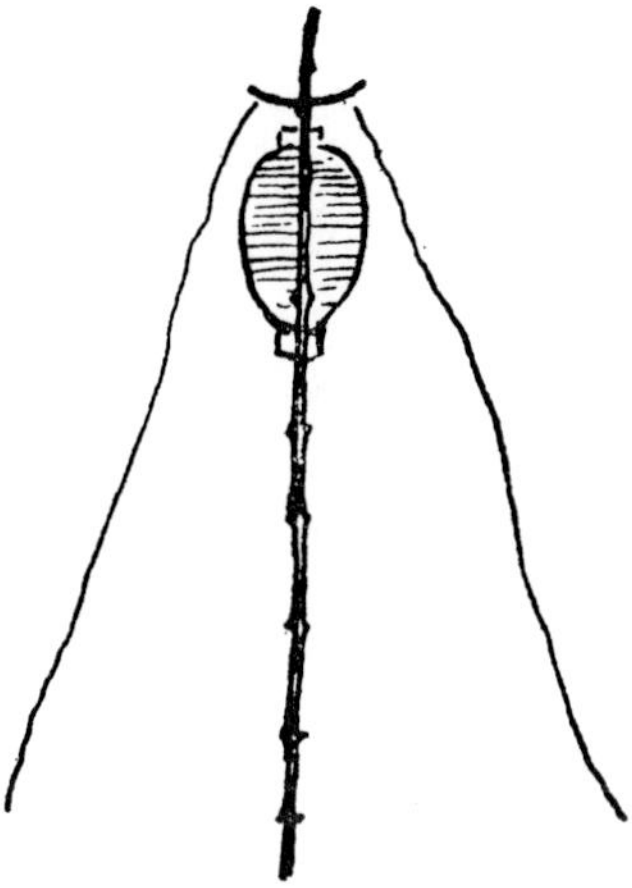

とーろー

焚く。其他新佛のあつた家では死後三年間は家の表にトーローを立てる。此は十三日から立てゝ月末の送り盆の墓詣が濟んでから下す。此處では網地島の様に位牌を寺へ預ける事はしない。

鮎川には眞言の寺だけしか無いが、墓には卒塔場に圓鏡のついたのもあつて二三禪宗の檀家もあるとの事であつた。眞言の方の墓には普通の卒塔婆と外に七本佛を立てゝゐる。當地では五日ふるまひと云ひ沒後五日に初七日から七七日近の振舞を一纏にして之を立てる。其他生《イキ》付穴《ツキアナ》が墓の上に立ててあつた。此は竹の節を抜いたもので上は細く削つて輪にしてある。高さは六尺位で棺の上に立てるのである。勿論死者の蘇生を慮つて行ふ習慣であらう。此等は皆右の寫眞に出て居るから御覽下さい。

偖元の年中行事に戻ると、十一月の一日は刈上げと云つて田地を持つ者は餅を搗いて祝ひ田地を持たぬ者にも配つてやる。其他五月五日の節句には赤飯をたき、六月十五日天王様の祭には餅を搗き、九月九日熊野神社の祭禮には御輿が出る。因みに熊野神社は同牡鹿郡の女川町にもあつて丁度私の行つた五月十三日は其の祭典日であつた。東北の此等港町に於ける熊野社の存在は重要視すべきものかと思ふ。

此の鮎川部落には鎌倉の氏人が東海道平塚から背負つて來たと云ふ藥師が一つある。こゝで申添へておき度いのは大塔宮は實は鎌倉で弑せられることなく當地へ落延びてこられたと云ふ傳承がある事である。此の事は筱舍漫筆にも一寸出てゐた。先に觸れた志野氏の家祖であると同時に聞香の開祖でもある志野宗眞は宮に從つた家來であつたとは氏自身の御話であつた。兎まれ其の後裔が勇壯な捕鯨業に携はり乍らも龍涎香の香を嗅いで祖先を偲ばれつゝあるは奇しき取合せであらう。

此の藥師には大小の鰐口、ハラメ棒、先にも述べた鐵の劍様のもの等が奉納せられてゐる。其他小石に穴を開けたケイと云ふのも下げてあり、眼病平癒の祈願者が奉納するとか云ふ事であつたが、眼の惡い和尚さんに念をおす勇氣を持合せなかつた。尙金華山で出す椀も穴を開けていくつか献じてあつたが、此方は耳の聞ける様との願掛けのしるしだと云ふ。

× ×

金華山へは昔は鮎川から峠を越えて山鳥の渡しを渡つたものである。今では鮎川から山鳥渡へ行く自動車道が出來たが、舊道を歩いて見ると杉と檜の相當欝々たる樹林であつた。峠の頂上は丁度金華山の正面に當り此處に一ノ鳥居が設けられて居る事から、確かに此方が正式な參拜道であつた事を示して居る。峠附近の井戸には水神が祀つてあつたが、それは二尺程の竹の頭を切つて御幣を挿み注連の代りに單に繩を輪結びにして其竹に結へてあつた。地圖で見ても解る様に此の峠は著しく東海岸の方へ片寄つて居て、山鳥の道は船から眺めると見上げる様な急坂である。客が來ると此の渡船場で旗を掲げて金

黄金山神社

華山の方に碇泊して居る發動機を呼ぶ事になつてゐる。

金華山は赤い鳥居や鹿の三々伍々遊ぶ様など奈良の春日神社を小さくして之に海の背景を加へたものと思へば良い。

金華山の講には今普通講と永代講と云ふ二種がある。永代講は昭和七年に始めたばかりの新しいもので年額一人一圓を納めて各年度の春期祈願を捧げ、秋期奉賽の意を表することになつてゐる。之を献膳料と稱して居り本來は各人春秋祭典に參列すべきであるが、代參、郵便爲替でも良い相である。而して祭典に及んで神符、神饌を參列者に授與するは勿論、參列なき者には是等を郵送してやる事になつてゐる。講加入者は既に一萬人を算してゐると云ふ。

普通講は元來の金華山講であつて之は參詣した時に御初穗料を献ずれば良い。金二圓を献じたものは單に献膳と呼ばれ、三圓、五圓及び七圓以上に應じて中、大、大大献膳と名稱が變り、授與せられる御札にも大小、板、紙の區別がある。以上の祈禱御初穗料を納めた者には直食と云ふ食膳の饗應を受け無料宿泊參籠を成す事が出來る。此方の講は千組程あり信仰者は十萬近いと云ふ。廣く各地に亘つてゐるが殊に多いのは地元の宮城を始め岩手、山形、福島の四縣である。又漁師の信仰を引付けてゐる事も非常なもので、船は遠く九州、新潟、富山、北海道からも漕寄せて來る。概して太平洋岸に數多いやうである。船參詣は他國からのものは七月から十月が多いのであるが、之は金華山沖が鮪、鰤、鰯、等の漁場になる故であらう。其他の期間には近在の船が主である。陸から來る者は都會人は主として夏休を利用するのが多いが在鄕の者は夫々生業の隙を見て渡島すると云ふ。金華山の參詣者數は祈禱料を納めずに歸る者の人數は記錄せられてゐない。從つて正確な數字は不明であるが昨年度の分だけ寫取つて來たから多少無趣味であるが表にして掲げよう。夫以前は記錄がラフであつたし統計も整理せられてゐず、時間の餘裕が無かつたから知る事を得なかつた。

縣名	人數	講中	船數	縣名	人數	講中	船數
宮城	五〇八九	二一〇	二九八	茨城	八九		三
山形	四九三	三一〇		北海道	七四	二	
福島	三七四七	一二六	四二	新潟	三三	二	
岩手	一六〇八	二〇六	四六	神奈川	二六		三
青森	二四三		一〇	栃木	二四		
秋田	二一八	三二		埼玉	一三		
東京市	二一六	一	一	千葉			二六
靜岡			二四	和歌山			四
三重			一九	愛知			二
德島			一六	大分			一
高知			一六				
富山			一六	其他	三一四		

更に宮城、山形、福島、岩手の講中多い四縣では郡市別の數字が知られてゐるから之も序でに掲げておかう。講數の書いてないのはそれがない土地である。

宮城			山形			福島			岩手		
郡市名	人	講	郡市名	人	講	郡市名	人	講	郡市名	人	講
仙臺	七九三	三	山形	二三四	四	福島	二一〇八	二	盛岡	八九三	
刈田	一五三	三〇	米澤	九四	一	若松			岩手	九	
伊具	一九一	三	南村山	三三八	三	伊達	二八一	一三	紫波	二五	
亘理	一四九	五	東村山	三一五	二七	信夫	八二	六	稗貫	二六	
柴田	六七	九	西村山	三七五	三〇	安達	二三六	三	和賀	五四	三
名取	一〇七	三	北村山	二三三	一八	安積	八六	一	膽澤	三七三	三八

黒川	八四	三	最上	四六九	二九	岩瀬	八六	一	江刺	二六四	四一
宮城	一九二	三	飽海	二		南會津	一		東磐井	三二四	四五
加美	六六	二	東田川			北會津	一		西磐井	三八六	七一
志田	五三	一	西田川	九		耶麻	二四	三	氣仙	七五	一
玉造	三二	五	西置賜	三八七	三六	河沼	四	一	上閉伊	二六六	七
遠田	一四三	四	東置賜	四〇〇	五〇	大澤	四	一	下閉伊	三	
栗原	三五八		南置賜	一八五	二〇	東白川	三		九戸	二	
登米	二〇四	四三				西白川	二		二戸		
桃生	一六四	四				石川	一六	一	磐中		
牡鹿	八三	一				田村	二六七	三			
本吉	二五九	八				石城	一〇〇一				
						双葉	六三	三			
						相馬	四五三	三			

×　×

金華山の歸路は團體客の仲間入をさせて貰つて山鳥から自動車で陸路を渡波へ向つた。通過した村々の家は茅葺が主であつたが、十八成、白濱、給分、大原等南方のものに杉皮葺石置屋根が多かつた様に思ふ。家は皆南向きで其爲に海岸に背を向けてゐるもの、ひどいのになると全く背面を向けてゐる、例へば小積の如き部落があつた。部落背後の丘陵には耕作は未だ充分行はれてゐるとは云ひ難い。それでも小さい谷は殆んど階段栽培が爲されて居り多くは上方が麥畑になつてゐて下方殊に海岸低地に水田がしつらへてある。小淵などでは海岸を埋立て、低い浪除けを作り水田にしてゐた。網地島の圍《カコヒ》（小字）にも浪入田など云ふ處があつて、かうした事は當地方では普通の事である。大原村の小網倉では海岸に石置の納屋の如き小屋が並んでゐた。これは本當に小網の倉かも知れない。

渡波と女川とは著しく相似た町であつた。双方とも港町式の汚れた家が多く、至つて粗末な造作で、道路に面した妻入の二階建が多く、屋根は大抵石置であつた。此點半農半漁の鮎川など遙かに小さい村ではあつたが家構へもどつしりと落着いて大變清潔な感じを受けた。萬石浦では東北として珍らしくも牡蠣の養殖と製鹽とをやつてゐる。あちこちに牡蠣殻が山と積まれて居り海中にはかき船が澤山浮べてある。鹽田は渡波附近で北岸寄りに僅かにあるに過ぎない。それでも鹽田獨特の風景は遺憾なく發揮せられ木組で支へた土管の煙突、屋根の頂上に煙出しの付いた茅葺の釜家、それに必ず附屬してゐる二三のツボと呼ぶ小屋、更にタマと云はれる圓錐形の泥塊なぞである。ツボとは圖の如き多少傾斜した茅葺の小屋で、其の中に鹽分を濃くした海水を溜める赤土製のツボがあるからである。其他萬石浦には小魚を取る爲にスダテが定置してあるよしずで作られてゐて一度入口から這入ると元へは戻られぬ構造になつてゐる。

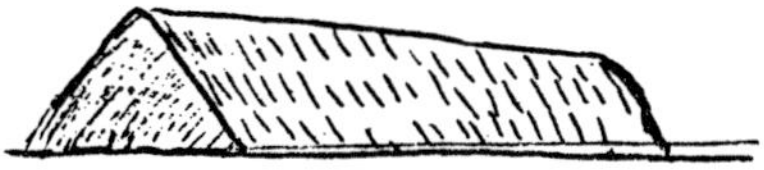

ツボ

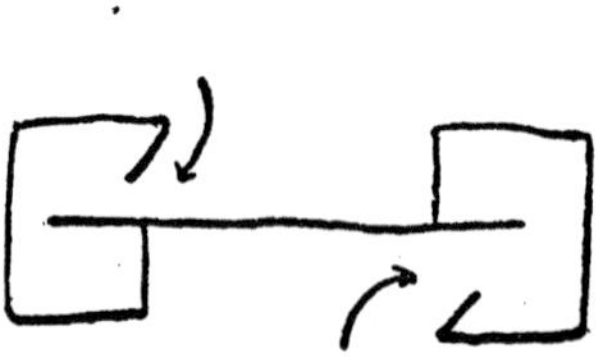

スダテ

女川まで行きながら眼前の出島、江ノ島に渡らなかつた事は殘念であつた。何れ再遊を待つて詳しく調べ度いと思ふ。

牡鹿郡地圖

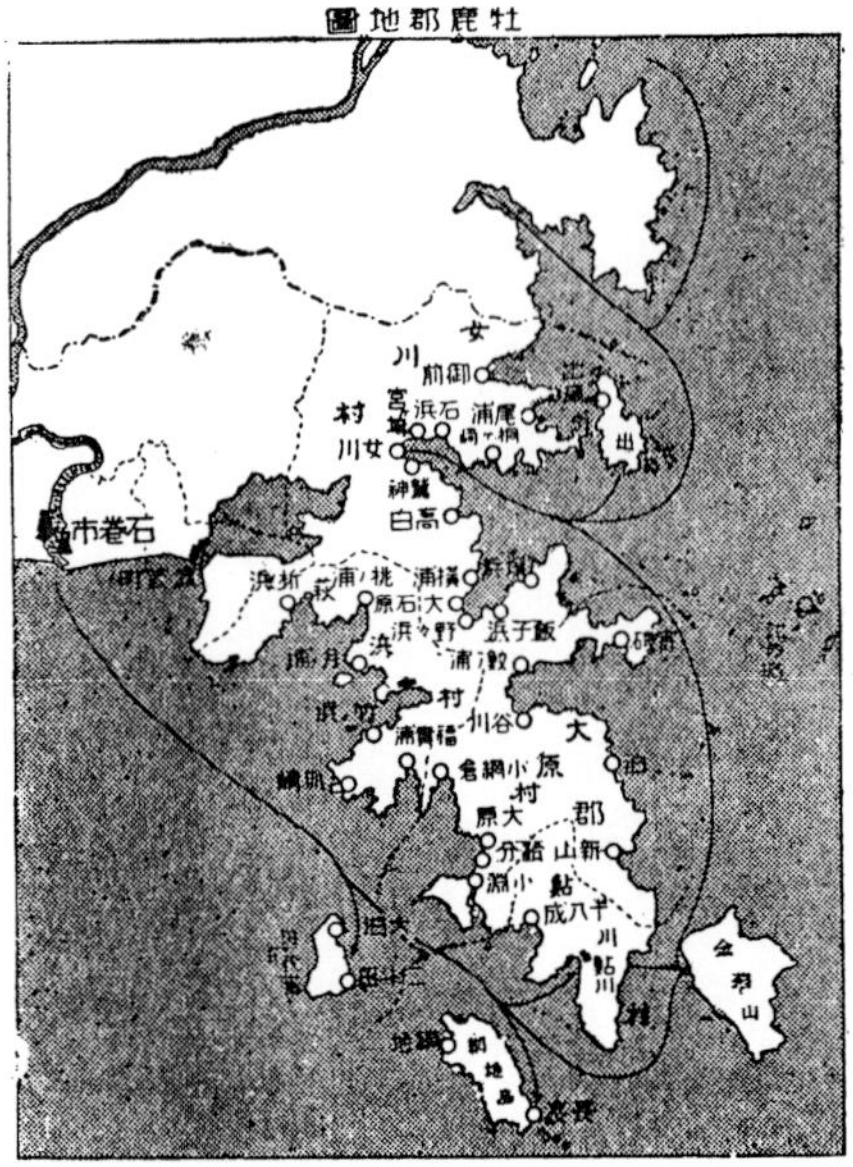

宗像沖の島雜記

竹内　亮

沖の島と云ふ島名は可成方々にある樣であるが、こゝに紹介しようとするものは福岡縣宗像郡大島村に屬するから、特に宗像沖の島と呼んで區別することにする。

同島は東西約一粁、南北約半粁周廻約四粁の小島で、略北東に頂角を向けた不齊三角形を呈して、玄海灘の殆んど中心にあつて、南約一粁にある小屋島、御門、天狗鼻の三小巖と共に一群をなして、紺青なす對馬海流の海波に浮んで、海拔二四三米の高さで聳え立つ樣は、實に森嚴の極めである。

島は官幣大社宗像神社の三社の内（宗像神社の三社とは田島なる邊津宮、大島なる中津宮、沖の島なる沖津宮を云ふ）の沖津宮の鎭座まします靈地で、朝野の尊信厚く古來不言島（オイハズ）とも稱せられて來た神秘の靈境で

ある。現今全島の原始林相は暖帶林相の一標本として、天然記念物として指定されて居るものである。

筆者は昨年、多年の宿志を達して同島に夏秋二季に二回、前後通じて二週日を送つたので、少しく見聞する處を記して見たいと思ふ。

一、地形と地質

先づ地形の概要に就いて記すと、島卽ち山で最高峯一の岳は海拔二四三米に達し、島の長軸に沿つて走る脊梁の中央より少しく西偏して聳えて居る。その東に順次二の岳（約二〇〇米）、三の岳（約一八〇米）及び白岳（約一五〇米）が並立し、それ等の峯々の南側には裸出した灰白色の高い岩壁が連なり、一の岳では比高約五〇米であるが、東するに從ひその比高を増し、白岳では實に一五〇米に近い。しかるに北側の斜面は、普通の平凡な急斜面で頂上迄鬱蒼たる常綠濶葉樹の原生林で被はれて居る。

山側には谷の見るべきもの殆んどなく、偶々淺い小谷があつても流水は極めて稀である。島を通じて概して水

が少ないが、海岸近くに間々少量ながら不斷の湧泉があつて、用水を供給して居る。

海岸線は南側及び南西側は、概して巨岩の累積せる荒磯で、僅かにその南西隅の一部鐘崎附近に狹い細礫の濱があつて、前面に小防波堤があり、さゝやかな舟溜をなして本島唯一の上陸地點をなして居るが、その他には殆んど舟を寄せる場所がない様な險阻な海岸である。殊に北西側から北東側にかけては、殆んど連續した絶壁で比高一〇米乃至五〇米に達して居る。それ等の絶壁は、直ちに深海に臨み、島周に海蝕棚の發達は甚だ貧弱である。

次に地質に就いては、從來文獻のよるべきものが殆んどなかつたが、昨秋筆者等と行を共にせられた理學士島山武雄氏の踏査により初めて明かにされた。同氏によると島の南西部から南斜面の下部は、中生代の粘板岩で長門、對馬、南朝鮮等に分布するものと同時代のものらしいが、他の大部分は石英玢岩と名づくべき新噴出岩で、島の高處の岩壁はすべてこの岩から成つて居るとのことであつた。

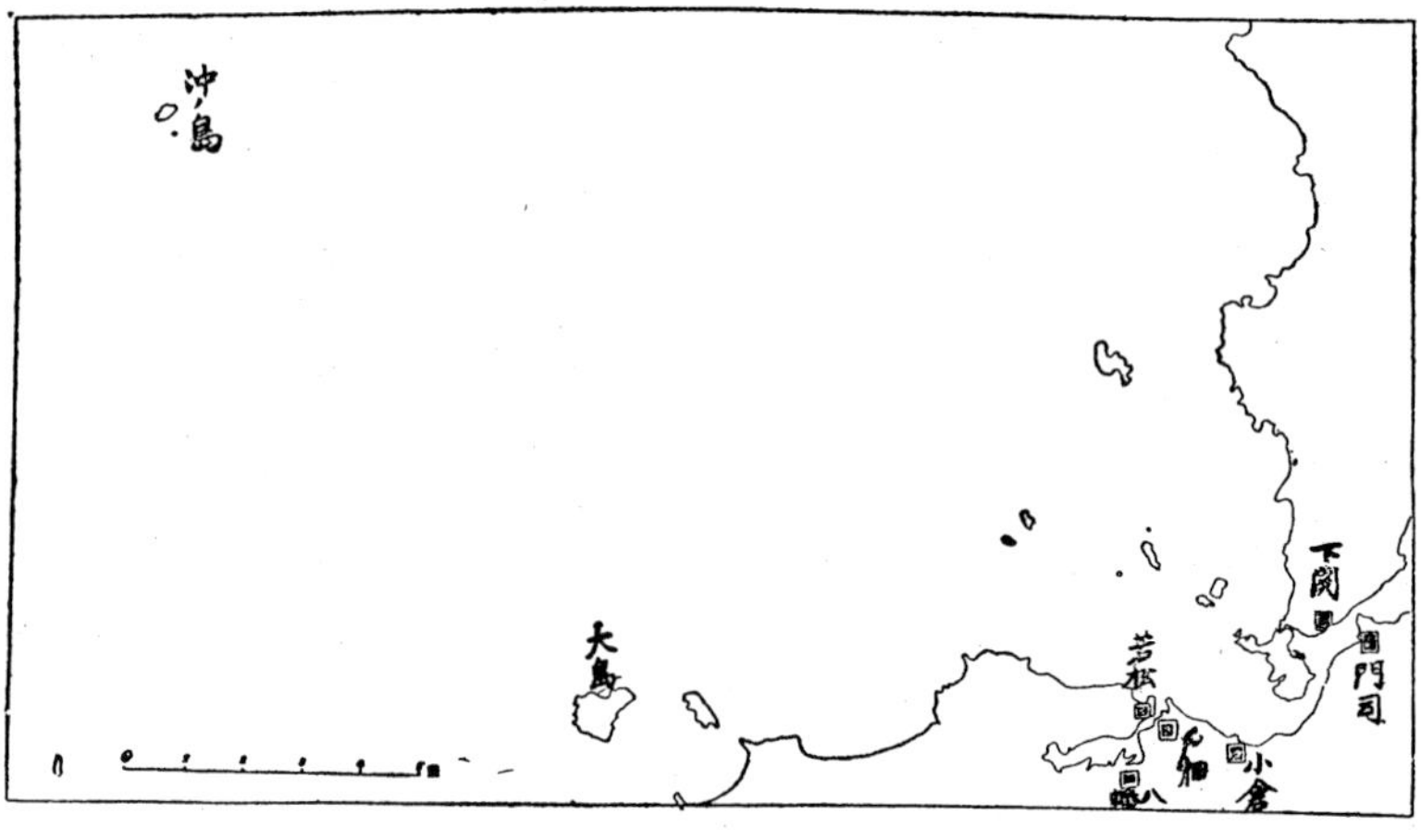

二、島内の人文と島外との交通

沖の島は全體が沖津宮の境内に屬し一の岳頂上の燈臺と神社關係の人々が交替で勤務さるゝ他は、定住する人のない一種の無人島である。前記小舟溜の磯

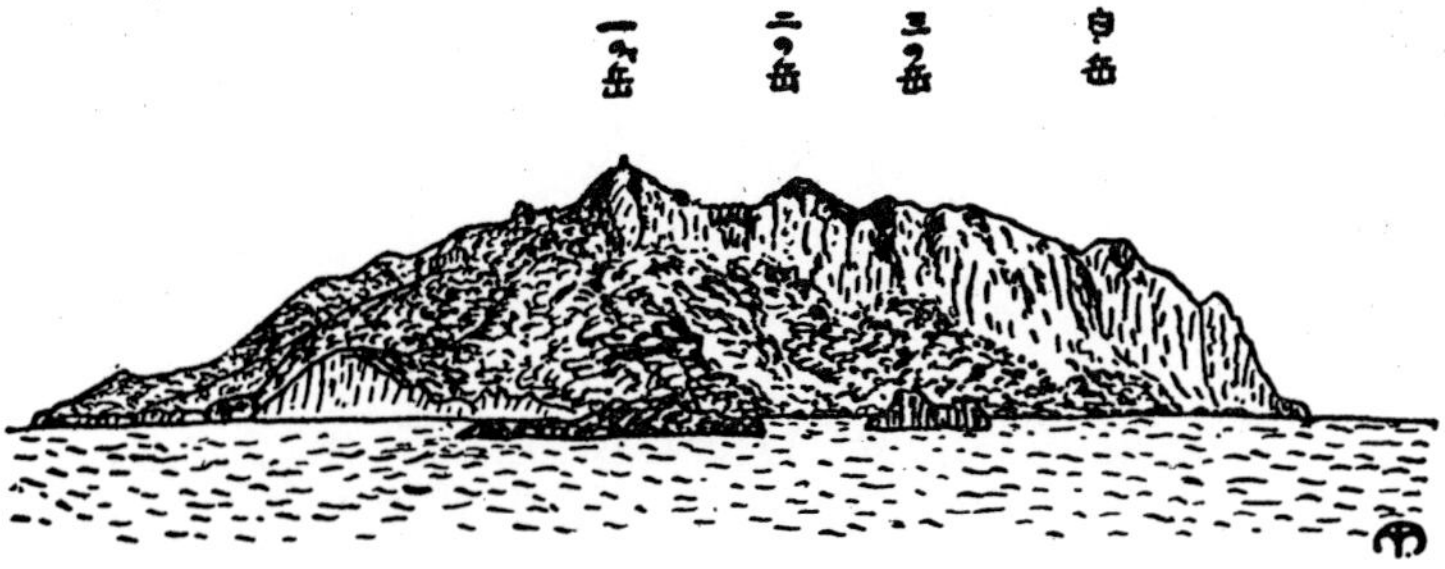

南より望める沖の島（手前の小島は左より小屋島・御門・天狗鼻）

には社務所附屬の小屋が二棟あつて、秋冬の候の漁季には漁夫の一時的滯在を見る。崖の危道を登つて崖上に出ると、小平地に正三位社の小石祠があり、その背後にさゝやかな社務所があつて、三四人の神職の方々が起居されて居る。それより急峻な山路を少しく登ると、一の岳の南東中腹にある小平地に、樹林の中に三箇の巨巖を背にした沖津島姫を奉祀するさゝやかながら壯嚴な社殿が拜せられる。社殿は昨年改築されたもので舊社殿に比して一層の莊重さを加へたものである。社殿の背後を廻り、更に山路を登ること十數分で、一の岳頂上に達する。頂上には白堊の沖の島一等燈臺があり、又二等電信局が併置され、社務所との間には電話の連絡がある。

島内の路は、この上陸地點から燈臺に通ずる一線が主で、他に神社の附近から上陸地點の東に近い鐘崎の海底電線の揚陸地に通ずる岐路が一線と、燈臺より北東側の谷に下る一線とがあるのみで、他には上陸地點より島の南側を白岳下に達するもの、北西側のポンに出るもの、一の岳より尾根傳ひに白岳に達するもの等の、かすかな踏み分けがある位のもので、他には殆んど路らしいものはないと云つてい〻。殊に東側より北東を廻り、北西側にかけての海岸線は到底普通では通過し得べくもない。

それから近海一帶は有名な漁場であり、殊に秋冬期にはブリがとれるので、その頃には大島から漁業家が多數の漁夫をつれて出漁滯在する。從つてその期間には、前にも記した様に、上陸地點の磯の二棟の小屋は、それ等の人々の住居にあてられる。漁獲物は電信によつて、北九州及び山口縣方面の各地市場の相場を照會し、最も高値の處へ急送するといふ方法をとつて居るのは、絶海の孤島としては不似合な便宜である。

島外との交通は、定期船といつたものが全然ないので、渡島せんとするものは神社又は燈臺關係の一ヶ月一二回の不定期な便船によるか、漁船を利用するか、若しくは大島から特に船を賃して行かねばならぬ。しかし何人と云へども、漫然たる渡島は許されず、後に述べる様な一定の掟に従はねばならぬことは、一般の島と異なる點である。

三、島の掟

島は古來神聖なる靈地としていろ／＼な掟があり、今でも嚴重に守られて居る。島の祭神が女神樣でいらせられるので、女人は今でも絶對に禁制であるから、島に渡ることの出來るのは、勿論男に限られる。渡島參拜せんとするものは、先づ田島の邊津宮で修祓を受け、次に神湊から船で大島に渡り、そこの中津宮で又修祓を受け、そこで初めて沖の島へ參詣する資格が與へられる。昔はこゝで一週間の潔齋を絶對必要としたもので、靑柳種信の防人日記にもそれが記してある。大島からは海路二十八浬の荒海を乘り切るわけであるが、やむを得ない事情で渡島の出來ない者のためには、海岸に沖の島遙拜所があつて、海上遠くに浮ぶ島影を拜することになつて居る。大島からの船は、凪の關係から大抵夜半に出航し早曉沖の島に着く。しかし風と波の工合では、折角島の附近迄來ても舟溜に入れずに、又大島に引返へすことが決して稀でないとのことである。

幸ひ凪に惠まれて舟溜に入れて上陸することになれば、夏冬の別なく、一定の禊場で海水に浸つて身體を潔め、あらかじめ用意した新らしい草履をはいて上陸參拜し、燈臺迄登つて、すぐ同じ船で歸航するのが普通であるが、乘船の際には草履は島に脱ぎ棄てる習になつてゐる。蓋し古來からの掟により、島内のものは砂一粒、木葉一枚と雖も島外に持ち出すことを絶對に許されない、偶々過つて持ち歸へることがあれば、必らず神罰があるものとさるゝによるものである。唯島から持ち歸へることを許されるものは、海産物と御神水のみである。御神水は社務所の背後の斜面の湧水で、萬病に神効あるものと信ぜられ、又決して腐敗しないと云はれて居る。

又島内では兩便は全く禁ぜられ必らず波打際で便ずることに定められ、唾することも絶對に愼まねばならぬ。

斯様な嚴重な掟があるので偶々漁船等が舟溜に假泊することがあつても、漁夫等は決してみだりに上陸することがないと云ふことである。

四、島の地名二三

島の地名とその起原だと云はれることの二三を聞いたまゝ少しく記して見たい。

島の高地の峯々は一の岳、二の岳、三の岳、白岳と云つて居るが、白岳は灰白色の大岩壁が聳立するためと云はれるも、一説には白岳は四の岳である筈で、唯四の音を忌んで白岳をあてたといふのがあるが少しく穿ちすぎかも知れぬ。島では丸い巨岩をマルヤと呼ぶが、舟溜の一隅に太鼓マルヤといふ巨岩がある。この岩は潮が滿ちると波が岩底に寄せて、太鼓に似た響を傳へるによると云はれる。上陸地點から少しく右によつた突角を廻つた處をサブサと呼ぶが、その起原はこの突角に出ると急に風當りが強くなつて、誰でもつい「サブサ」（オゥ寒いの義）と云ふからだといふことである。又島の北西側にボンといふ處がある。大きな岩稜が海中に斗出して、その西側に巨大な海蝕洞がある。で穴がボンとあいて居るからだと云ひ、又波が洞内に寄せてボンボンと云ふ響を傳へるからだとも云はれる。又大きな岩が峙つから大岩（島の南東部三の岳下）と呼び、岩に割れ目があるから割れ岩（白岳頂上）と呼び、岩の割れたハナだからワレノハナ（島の東北端）等の地名がある。

五、島の生物

島の動物には、鼠の外には哺乳類は居ないし蛇、龜、蛙の類も見ないが、ミミズが非常に多く全島の土壤は一度はミミズの腸を通過したものらしく、一帶に小粒狀を呈して居る。海岸を歩いて居ると時々岩上に一面敷きつめた樣に、多數のミミズが干からびて死んで居るのを見ることがある。夏になると非常にたくさんのアブが出て、處嫌らはず人體を刺すので一寸の間も油斷出來ぬ。水溜りは少ないが蚊は可成多い。小屋にはノミ、シラミ、南京虫等一通りの吸血虫が揃つて居るのは、漁夫が持ち込んだものであらうが、有りがたくないおみやげだ。

島の海岸にはウミウが飛んで居る。樹間には夏秋の候にはメジロが多く、鳴聲が際立つて高くさえて居る。それから、島の北寄りの斜面には俗稱オガチと云ふ水鳥の巣穴が掘られて居る。オガチはオホミヅナギドリのことであるが、土地に穴を穿つからオガチであらうと說明する人があつた。雌雄必らず同穴に棲むと云はれて居るがどうであらうか。しかし情の濃やかな鳥らしく、夜ギヤオ〱、ピイ〱と必らず雌雄鳴き交はしながら、樹間を飛んで居るのは一寸悽愴な感がする。巣穴の特に多い處は島に三ヶ所許りあつて、一は北西端の大麻畠、北側の中央部一の岳のスロープ、北東端に近いシユロ谷の上の斜面等の樹陰の小平地で、その一帶は下草を全く生ぜず地表裸出して居る。

植物は割合に種類が少なく、維管束植物の總數は約一八〇種にすぎない。島を被ふ森林は古來人爲的に荒らされたことのないものと考へられ、タブを主としナタオレノキ、セゼンマユミ等の珍らしい喬木を多生して居る。本島の植物生育相には、分布上注意すべきことが少なくない。先づ本島には暖帶地方の森林に極く普通なるカシ、シヒの類が全くなく、又シンパクの一種を除く他アカマツ、クロマツ、その他の針葉樹種を全く產しない。しかも、シンパクも北西側のボンの岩稜に少しばかり生ずるのみであるが、元來本種は高山性の灌木である點で、分布上注意すべきものである。(シンパクは玄海灘をめぐる島、例へば對馬、壹岐等に稀に海岸に生ずることがあり、中井博士は高山性のシンパクの海岸性變種として取扱つて居られる)又海岸の草原にはクサフヂを生ずるが、これも大陸から日本內地では高原地に生ずるもので、海岸に生ずることは北部九州では珍らしいことである。

一方又本島には、古くから暖地性の植物の多いことが知られて居るが、ビロウ、オホタニワタリ、カウシウウヤク等はいづれも分布の北限地であり、かつ北九州地方では唯一の野生地として注意すべきものである。

ビロウは青柳種信の防人日記によると、島の北東部のシユロ谷と稱する處に多生すると記して居るが、先年鍋島與一氏の調査では、五株を認め内一株は枯株であつたと記されて居るが、昨年筆者の實査によれば三株のみであつた。位置は島の北東端ワレノハナの上の尾根で、海拔約五〇米の高處の常綠濶葉樹林中に集つて混生し、内一株は高く他樹を抽いて遠くからでもよく見えて居る。珍らしい木であるので、附近を航行する漁夫等の好奇心をひくものと見え屢々舟を寄せてビロウ樹を訪ふ様である。唯見物する丈ならばいゝのであるが、心なき彼等は樹幹に月日や姓名住所を多く彫り込んで居るが、そのままに放置すれば全部の枯死を免がれないであらう。全島の原始村が天然記念物であると云ふことが徹底しないにしても、すでに神域であり今少しその木の存在の重要性を徹底させて、かゝる心なき行爲を自發的に止める様にさせたいものである。蓋し、位置が偏在してるので到底監視の眼はとゞきかねるからである。

次に、この原始林に於て特に注意すべき現象としては、處々に樹木の集團的枯死の現象を認めることで、特に島の南西側及び北東側の、夏及び冬の季節風のよくあたる側に於て著しいことである。しかも枯死の割合は海岸に近づく程、露出程度の甚しい程多いことが認められる。筆者の考へでは、これは恐らく大洋中に孤立する小島であるので、一朝暴風に襲はれると全島忽ち潮風に包まれ、それによつて樹木の枯死を招くものであらう。島内には原始林であるにしては巨大な古木が少ないこと等も、かゝる原因により樹林の更新が頻繁にくり返へさるるものではなからうかと思はれる。（八・五・二稿）

伊豫の島々（下）

――その總括的地歷觀產業觀

菅　菊太郎

三　伊豫の島々と其產業一瞥

伊豫諸島嶼の三ツのグループがそれ〴〵異彩ある各種の歷史的發達を遂げて居ることは、前章述ぶるが如く、先づ以て一奇とすべきであるが、夫等の地理、地勢の相違と、歷史的發達の相違が自ら又夫等島々の產業狀態の相違となつて現はれて來て居ることは不思議である。余は之を各群島毎に總括りにして一瞥を與へたいと思ふ。

第一群島　水產業主體區

このグループに屬する島々は太平洋を流るゝ暖流の一部が流入する地域にあり、從つて外洋性の水族も集り來る所の南宇和海の好漁場に位置して居るから、是等島々

住民の生業も自ら水產業に傾かざるを得ない。

本群島中の最大島は日振島で、之に次ぐものは戸島であるが、男子は悉く漁業に從事し、女子は雛段式の山畑を耕して、麥と甘藷を栽培すると云ふ行方である。水產は鰹・鮪・鰤・烏賊・柔魚・鯖・狗母魚等もあれど鰮の漁を以て其主なるものとする、春夏秋冬に亘りて是等の漁業は行はれるが、冬季を以て鰮漁の最好時期とする。近來は發動船を先に立て二三艘の網船を曳かせて遠海の網代に出で、夜を徹して漁撈に從事し、朝方に至りそれ〴〵の漁場に引上げて來る、漁場に陸上げせられたる鰮の漁獲は其漁場に待つて居る幾人かの製造者の入札に附せられ相當代價を以て賣渡されるのである、其賣揚金は網元（資本家）と漁夫との間に大體折半せられる。

さて製造人は買入れたる鰮を臨時雇入れの婦女子を以て撰別させる、鰮には「ウルメ」（眞鰮とも云ふ）「頰垂《ホタ》れ」「中葉《チウバ》」の三種類があるが、ウルメを最上品とする。

次に撰別せられたる鰮は二時間程鹽水に浸して後引揚げて、荒莚の上に並べて乾燥する、之を「カシ干」と云

ふが別に竹の串に貫いて乾燥するものもある、之を目刺《メザシ》と云つて居る。

以上の製品は直に商品となつてそれ〴〵市場に運ばれ、全國の都鄙至る所に販賣せられ行く。鰮の小形なるものは之を煮乾鰮（普通にイリコと云ふ）として販賣せらるゝ。關西地方では鰹節の代りに專ら之を總菜の煮出しに使用する。

九《ク》島《シマ》の漁民は、鰮漁（又大敷網）でなく別に「這ひ繩」漁に從事し雜魚を漁る、九島一島にて年額十萬圓の收獲を擧げると云ふ、其他沿岸一帶の地に石花菜・海苔の產出もある。かくて島方の漁村は存外豐かであるが、飲酒が烈しく行はれるので其割合に餘裕がない、最近日《ヒ》振《フリ》島（昔の純友の根據地）では識者の指導に依り、禁酒申合せが効を奏し、同島每年一ケ年の消費量九十樽の酒を節約して六十樽とし、更に三十樽とし、其節約し得たる積金を以て學校道路等の文化設備を整頓して、島生活の面目を一新して來たと云ふことである。

第二群島　果樹園藝と牧畜業主體區

第二群島中の主島は中島と興居《ゴヾ》島とである、而して是等の群島區は松山市其他中國九州に通ずる定期航路圏に包含され、市場接近の便宜が多いものであるから、是等島々の人々はそれに相應しい生業に向つて動いたのが、即ち果樹園藝業となつた。殊に伊豫第一の海門高濱港と一葦帶水にある興居島の如きは、最初林檎の栽培に從事したがやがて棉虫の害を防ぎ得ないのと、朝鮮もの、奥羽もの、北海道物に對抗の出來ない關係上、近年桃と枇杷とに更新して來た、興居島の風土氣候は桃の栽培に好適し、上海水蜜、白桃の上物を生產し始めた、枇杷は茂木、田中の種類であるが、之も今は夥しき生產に上つて居る、同島の泊部落、由良部落の農家は全然之を以て主業とするに至つた。

中島は柑橘栽培に於て近年著しき進出を見た、又品質も瀨戸內海隨一の評がある、同島吉木浦の福島万平氏は一反歩溫洲蜜柑百本の果樹園に於て、千二百圓の收入を得たことさへあると云ふ、如何に島人たちの經營振が集約懇切なるものであるかゞ察せらるゝでは無いか。

中島の牧畜殊に牛畜育成は歴史的に發達して來たことは、前章にも述べた如くであるが、近來は共同搾乳に成功し、其餘乳に加工し牛酪を作る、而して其生乳は毎朝汽船便にて松山市中の顧客に鬻いで居ると云ふ活動振である。島人は盛に甘諸（作附反別一千町歩）を作つて居るから、其蔓はエンシレージとなして、又は乾燥して牛畜を養ふから牧畜業は自然有利であることが察せられる。

中島の特産物として記せねばならぬものに、中島薑がある、作附反別四十七町歩、收穫量二十萬貫に及ぶ。其他玉葱の生産も亦夥だしい。睦月《ムツキ》島と野忽那《ノグツナ》は共に睦野《ムツノ》村としての一村落をなして居るが、面積合計〇・八二方里即ち一方里に足らざるものにして、人口は合計五千人と云ふ最高密度を示して居るので、柑橘栽培も相當盛んであるが、農業では立ち行かず前者には渡海船（六七十艘）により行商（立石縞を鬻ぐ）が行はれ、又後者には朝鮮海其他への遠洋漁業に出かけるものも尠なくない。

〔三〕　第三群島　特用作物と鹽田業主體區

大三島を中心とする藝豫海峡に密集する諸島嶼は一部分秩父古生層と大部分花崗岩より成立し、耕地は其沖積層であるが、氣候溫熱にして雨量少なき關係より煙草の栽培に好適し、十數年來この方面の農民は煙草（米國種）の栽培に成功して居る。殊に大三島の如きは全島五箇村何れも半ば以上の畑地を煙草作に提供して居る、煙草作は苗の仕立、本田移値、虫取、摘葉、乾燥、及荷作り等に非常なる勞力を要するも是等島方農民の如き勞力の剰餘ある所にては是等の集約農業が寧ろ好適するものゝやうである。自ら島内第一の大村岡山村の如きは一箇村に百町歩を目蒐けて進み、他の村藩も十町歩を下らない、自ら村の收入は、多きは二十萬圓少なきも三、四萬圓を下らない。伊豫母陸の米麥作本位の農村に較べて、是等島々農村生活の裕福さを示して居るのは、それが爲であつて、更に除虫菊、薄荷等を栽培する農家も相當多い、除虫菊は煙草の如く勞力を多く要せず、多少摘花と乾燥とに手加減を要すれど、養蠶地帶ならざる該島嶼部には業務繁閑の調節を得て是れ又農家に取り多大の收入財源をなして居る、尤ゝ除虫菊は煙草の官營收納なるに拘らず、外商に賣込むものなる故、値段には亂高下は免れず、一貫目五、六圓を唱ふるかと思へば二、三圓に落ちる時もある、されど値下りの時も反當百四五十圓の收益を得べければ、大體有利なる作物である。薄荷は主として伯方島方面に栽培され一時は薄荷油の採取まで進み、農家の收入を潤して居た。

元來島嶼部は面積に比し人口過多なる爲、是等特用作物なかりせば到底衣食の料を得ず、今大三島の中心地宮浦村を以て例示せんに、農家一世帶當り田反別は一反七畝十四歩、畑は三反八畝十歩にて合計五反五畝二十五歩に過ぎず、愛媛縣の平均七反四畝十九歩よりも一反八畝二十四歩少き過小農なれば、米麥作などの單純農業にては生活不可能なるを知るべし。是に於てか特用作物の栽培行はれざる島嶼部にては出稼の外農家の生活資料を得る途なき爲め一種の出稼的技術により生計を助けるのである、即ち杜氏《とじ》と稱するものがそれである、酒釀造所の技術家となり、伊豫母陸、讃岐、阿波方面の酒造家に雇はれて、一定の給銀を得て自家の經濟を助くる仕掛である、相當多人數出稼ぎある村では、一村當り毎年約二、三萬圓を稼ぎ來るさへあり。其他この地區は賴山陽の所謂極東の桃源ではなく、今は柑源とでも云ふべき、安藝國柑橘栽培本場大崎島に近接の關係上、昨今柑橘園も増加しつゝあり、斯くて多角形農業は求めずして發達しつつある。

尙ほ是等島々は瀨戸内海十州鹽田の班に伍するものにして、古歌にも「いよの海岩木の島は我なれやあふことかたき鹽のみぞやく」とある如く古來より鹽田業盛に行はれ、今も大島津《ツ》倉《クラ》濱鹽田、伯方島木浦《キノウラ》鹽田、大三島井《キ》ノ口《クチ》、宗方《ムナガタ》、口惣《クチスボ》濱鹽田等有名にて、農家の働き盛りの男女が農閑を利用し鹽田の勞役に服して、賃銀を得るに適す、之を濱子《はまこ》と云ふ、かたがた附近農家の生活を裨補することと多大なるものがある。

尤も是等島々の農家は今日其主要作物としての麥と甘藷を古來より捨てず、麥の如き「島麥」と稱し品質良く、甘諸も亦地質に適し甘美であるから、中流以下の農民は常食として三度が三度甘諸を缺かさない、嘗て高岡農學博士が彼等の一日の生活費を三錢五厘と算出したのは、主として常食の甘諸代であつたが、今日では生活が向上して居るから、元々のやうでは無い、米食も大分行はれて來た。併し主婦が夕方佐伯ジタミ（笊といふ）に甘諸をしたゝか丸洗ひにし、朝方釜蒸しにして、之を家族が終日の食とするは大體變りは無い。母陸の人の惡口に「島の甘諸《イモ》喰ひ」と云ふ臺詞があるが這邊の消息を語つたものに外ならない。（完）

一二三四

千島の春（一）

橋浦泰雄

多になると、島の人々は大部分が地方《ちがた》へ引きあげて、島の村々には僅かの留守番しか殘らない。海岸は氷に閉されて航路は止まつて仕舞ふ。

それが四月になると又々航路が定期的に開始されて、蟹漁を手初めの仕事として、人々は島へ島へと渡航する。

建築家兼音樂家の友人Tと私とは、四月下旬その定期航路第三回目かの船客となつて、國後島東岸留夜別《ゐやべつ》の瀬石《せせき》に上陸した。此處の海岸には溫泉が湧出し、浴場があり旅宿があるが、いづれも屋根に石を乘せたたゞの掘立小屋である。西海岸の有名な材木岩の一端が、此處の海岸にも露出してゐる。

爺岳《ちやちやだけ》は見事な二重噴火の休火山である。此の山には野生の牡丹があると里人は話してくれたが、後に札幌のその道の人は芍藥の誤認ではないかとも云つてゐた。

（大正十三年四月所見）

周防祝嶋方言

—山口縣熊毛郡上關村—

石山但信

衣食住の部

着物　キモロ

晴着　ソヨイキギモノ

筒袖　テッポーソデ

袖無　ドーマル

袖　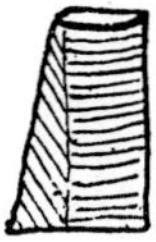　マキソデ

むつき　カイマキ（大きなもの）シメシ

肌着　ハタジバン

襦袢　ジバン

褞袍　タンデン

袢天　ハンブク

綿入着物　ヌノコ

股引　パッチ

尻端折　シリカラゲ

腰紐　コシオビ

男褌　ヘコ

女褌　ヘコ

兵兒帯　タクリ、スコギ

洋傘　コームリガサ

足駄　ボクリ、サシゲタ

駒下駄　ショレン、ジキバキ

裁縫　ヌイモノ

前かけ　マイダリ

すげ笠　パッチリガサ

食事　朝　六時—七時　アサメシ

晝　十二時　ヒルメシ　ヒリメシ（古）

二時—三時半頃　チャ

夕　八時頃　コーハン　バンメシ

（冬季はチャをとらぬ方が多い）

副食物　サイ
糅飯　マゼメシ、マデメシ
雑炊　ドースイ
味噌汁　オツ
刺身　ツクリ、オツクリ
　刺身にする　ツクル
蒲鉾　カナボコ
糠味噌漬　ヌカヅケ
菓子　カシ
餅　供餅（鏡餅）　イワイ
　搔餅　コーリモチ
　牡丹餅　オハギ
　餡餅　アンベン
　餡（餅、饅頭の）　アカ
炒　コガリ
草屋根　ワラヤ
庇　オダレ
柱　大黒柱　ダイコクバシラ
　オダレバシラ、ゲバシラ
　トコバシラ
部屋　玄關　アガリハナ
　客間　オモテ
　茶ノ間　ナンド
　寝間　オク
爐　ユルイ
爐の座席　主婦座　シモテザ
　客座　カミテザ
爐緣　ユルイノハタ
臺所　カマバ、タキバ
流し　ハンリ、ハシリ、ハシリバ
竈　クド、ヒドコ
井　カワ、ツルイ
小屋　牛小屋　ウシノダヤ
便所　チョーヅ、センチン
湯殿　フロバ
下水　ドーミズ
床の下　スノコ

押入　トダナ
引窓　テンマド
雨戸　ト
庭　ハナニワ
家の前　カド
土間　ニワ
上り口　アガリハナ
燃料　タキツケ
薪　ワレキ
大枝
小枝（松葉のつきし小枝）　センバ
マッチ　マチ、スリツケギ（古）
松葉　スクズ
陶器　カラツ
椀　カサ
茶椀（御飯をもるもの）　チャワン
（お茶のみ茶碗）　チヤヂャワン
飯杓子　シャクシ
擂鉢　カガチ

擂木　レンギ
爼板　ギリバン
徳利　トックリ、トク
七輪　ヒチリン
釜　ハガマ
茶釜　カンス
笊（種類により）　チョボ（直径七寸—一尺位 深二寸—三寸）
バラカゴ
竹ノ目マラシ（径一尺五六寸—二尺 深一尺—一尺六寸）
マイラセ（径二尺 深一寸—一寸五分）
ヒタメ（径二尺—一尺七八寸 深五寸—七寸）
ミツデ（径一尺二三寸 深一寸）
（圖の如き手あり）

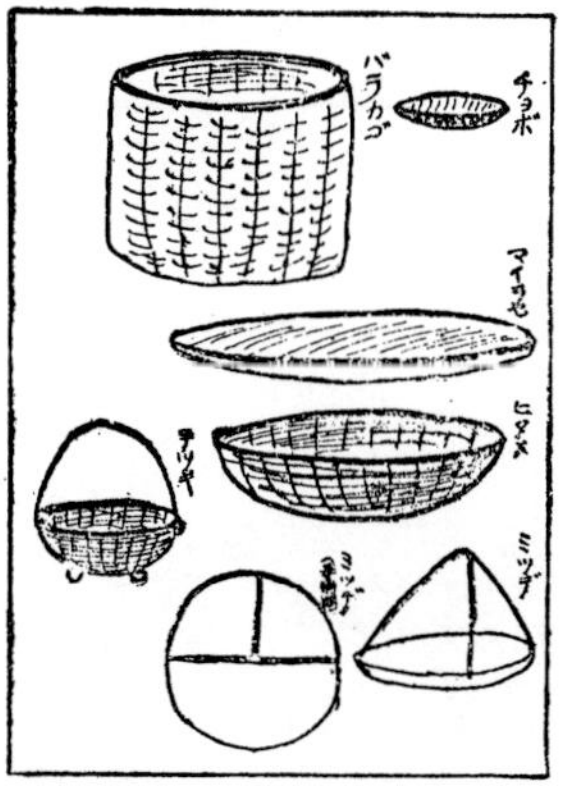

テツキ
束子　ソーラ
水甕　ミヅツボ

桶（種類により）

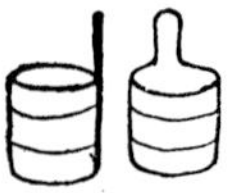

テカイゲ（上圖の如き柄のあるもので徑五六寸深七八寸）
ハンギリ（徑三尺、深二尺位）
擔桶　ニナイ（又はミヅダコ）
肥料桶｛コエタゴ
　　　　タメ（肥桶の中で二石入り位の大きなものを云ふ）
一斗入ノ桶　ケンチ
踏臺　アシアゲ、フミアゲ、ウマ（最多）
拂塵　ウチハライ

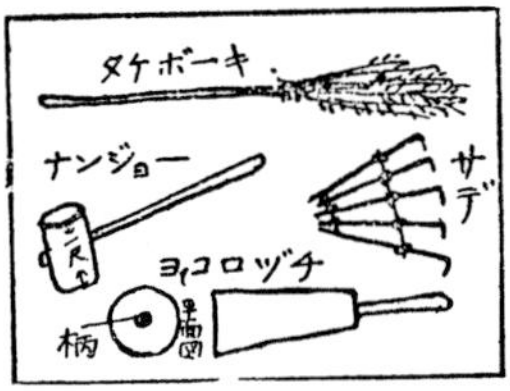

箒（種類により）　テボーキ（長さ二尺位、カヤ、キビの穗にて作る）
　タケボーキ
細杷　ガンデキ
熊手（柄のなきもの）サデ
槌　ナンジョー（木槌にて柄は三尺位頭は徑五寸長さ一尺位）
　ヨコロヅチ（一本の木にて作る、長さ二尺位藁を打つに用ふ）
鋸　ノコ
盥　アシダライ（洗濯用）

二三八

チョーダライ（テダライともいふ顔を洗ふに用ふ）
天秤棒　オーコ
卷紙　便箋　テガミガミ
箍（たが）　ワ

補遺

ボケット　オトシ、カクシ
爐の上の物置棚　アマダナ
澤庵漬　コーコー
菜の漬物　ハヅケ、ツケナ
松毬　マツガサ
具（ごもくずし等に混ずるたね）カヤク
枯枝　カレコン
乾芋（生のまゝうすく切りほしたるもの）カンコロ
乾芋　煮てほしたもの）ニボシ
乾鰯（煮　ほしたもの）イリコ、イリ
香　カグ
ゆげ（湯氣）ホケ
煙突　ポンポラ
篩　トーシ

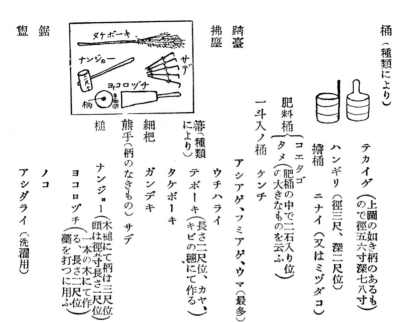

佐渡が島（上）

ロバート・ホール
矢澤大二（譯）

ホール氏はミシガン大學の地理學教授で、吾が國の聚落に非常に興味を持ち、一九二九年に夫人と共に來朝、各地を見學、更に一九三一年に再び同大學々生六名と共に來り東海道五十三次聚落の變遷、簸川平野、大和平野、飛驒白川鄕などの民家を研究した。柳田先生の御案内で砧村喜多見の舊家をも調査された人である。同氏は「佐渡が島」の外に「大和平野」「日本の聚落形態」（これは佐々木理學士が鄕土教育七號昭和六年五月に紹介してある）などの論文がある。

日本の第八十四代目の天皇、卽ち順德天皇が佐渡へお流しにあはせられ給ひ、彼の地で御住ひになり、遂に崩御遊ばされた、といふ點に於ては、佐渡も亦日本の「エルバ島」と稱せれるであらう。佐渡には又、萬人の崇拜の的となつた僧日蓮や、その他の、彼程には評判ではなく、又高貴の身分でもなかつたが、矢張り多くの人達が監禁せられたのであつた。南方に於ける濟州島の如くに孤立して居る土地は流刑地としての機能を一段と強むるものである。

佐渡は、新潟市及び越後平野の西方約三十二哩の日本海上に橫はつて居る。僅かに三百三十六平方哩といふ僅少なる面積を有するに過ぎぬが、島の形がカナトコのやうな形をして居るから、その周は百三十哩に及んで居る。二つの深い灣入狹い平原が、兩方から向ひ合つて居る。二つの平原を分つて居り、その平原の兩側には、二つの平行な山脊が伏して居る、これが佐渡が島である。この平原、及び廣く擴つた海岸にそつて約十一萬一千の人々が住つて居る。

歴史的背景の概略

他の島々からは無論のこと、日本人一般の生活の潮流からへだたつて居るために、その島獨特の文化的發達がなされたとは云へ、矢張り日本の色彩を濃厚に含んで居るものもそれ等の中にはある。佐渡は、ずうつと以前から日本の土地であつた。それは昔から云ふ日本八島の一つである。濟州島は政治的にも、文化的にも朝鮮になつてしまつたし、又對島はたとひ政治上では日本のものであつたが、朝鮮と接して居つたので大變その影響を受けた、といふやうな例とは異つて、佐渡はその氣風や又實際上などの點からしては、何時も日本的であつたのである。

　國史のどの時代もこの島に印象を殘したし、多くの昔の風習が、本州ではもうとつくに過ぎ去つてしまつてから、盛んに行はれたのであつた。佛教時代からは、崇高なる寺院のならびや、四層をなす美事な塔などが遺されたのであつた。佐渡に於ては、宗教上の信念が非常に强いが、恐らくこれは彼の日蓮の指導に基く所大であらう。神道はかなり古風な形に於けるものは、かなりに侵害せられてをり、その神の華麗といふ點からすれば、佐渡にはかなりに奇異なるものがある。佐渡の方言は、古の Kansi 或は宮廷の言葉と殆んど同一である。此處に於てか吾々は、彼の順德天皇及び京都の貴族達のこの島への影響を見ることが出來るのである。ある一つの形が何時までも變らないでゐるといふことは、孤立せる地域に於ては相等しいことである。封建時代の面影は、古い館の廢墟や、政治的分裂の限界や、濃厚なる地方主義などの背後に殘存してゐる。一般人の服裝に就ては、多くの昔の日本の慣習は、本州に於けるよりも、佐渡に於ては、ずうつと明かにかはらないでゐる。例へば青い股引きとか、婦人が胸をはだかにさせて居たり、歯をおはぐろで染めたりすることである。

　他の一面に於ては、佐渡は日本の全文化に對して大なる貢献をなしたのである。佐渡帽子、佐渡をけさ、をけさ踊り、佐渡の磁器等、これ皆民俗的文化の集合體の一部分なのである。

　佐渡は恐らく有名なる相川金鑛あるが爲に海外に最も良く知られてゐるであらう。これは帝國の金鑛中での最も古いもので、三百年以上にもわたつて斷えまなく採掘されてゐる。長い間、相川鑛山は佐渡の生命を支配してゐたし、多くの地方的な祭や慣習が皆鑛山に相關聯してゐるのである。

歴史的事實としては、王政復古後間もなく、夷港が對外貿易を開いた事が、重大なる意義を有するのである。この港は新潟港の外港となり、そして今でもある商品に對しては、その機能を保有してゐるのである。このことが佐渡を現代に於ける西洋化へのいち早きスタートを切らしめたのである。

地名としての「佐渡」の起原は、今でも尚ほ不明である。乾上つた沼といふことを意味するアイヌ語の satsu と云ふ語が、これまでしばしば想起せられて來た。他にまだこの島にはアイヌの地名がある。主要港である「夷」がその例である。沖積層の中央平原を瞰下してゐる現今の洪積臺地の周邊に、古代アイヌの住居地の非常に多くが發見せられて以來、“satsu” なる言葉は恐らく重要な意味を有するに至つたであらう。

狭まい門、といふことを意味する日本語の「Sato」にその起源を發してゐると信じてゐる人もある。これは二つの山系を分つてゐる中央の狭い平野に直に適用せられることである。又、“Zatsuta” といふのが、かつてこの島を含んでゐる郡の名前であつたことから、「Zatsuta」といふのがその起源であると主張する人もある。

地形

佐渡は、山脈として北東から南西へと擴がつてゐる長く續いたゆがんだ二つのドームから出來てゐる。この山脈の間には狭い低地があつて、その中央の部分は、今では堆積物で覆はれてゐる。佐渡の大體の地表の方向が、それに接近せる本州のそれと平行であることは特筆すべきことである。越後平野の背後を取り巻いてゐるやうにみえる皺曲山脈の第三期地層は、佐渡の眞直ぐ北にある小さな單傾斜をしてゐる粟島のそれと大體一致してゐる。少くとも佐渡の第三期の地層が粟島のとつながつてゐること丈はわかるであらう。

海圖を見れば尚はよくわかる。佐渡と本州との間の水路は向斜をなしてゐるらしい。それで、佐渡の二山塊は背斜をなしてゐるだらうし、その間には向斜の低地を占めてゐる平原や灣が介在してゐる。併し、地質學中殊に地層の研究の末に、この兩山塊ともその端の所は斷層のために落ち込んでゐることがわかつた。島の北海岸及び南海岸には明瞭なる地層が見えるけれども、中央平原の周邊をとり卷いてゐる崖は、その高さは水準面以下でもあり、そして境界線は大部分、堆積物に依つて全く覆はれてしまつてゐる。

山脈が上屈し、中央平原が沈降することは今もなほ盛んに行はれてゐる。このことは二三の方法に依つて示されることである。地質時代以來、新しい海蝕面の上昇の結果、二三の烈しい地震があつた。山地をつきとほしてゐる谷は、二三の若返りを示してゐる。多くの場所に於て狹まひ階段々丘の連續が谷の兩側を大變奇妙ならしめてゐる。中央平原を取卷く山脈にある沖積扇狀地は全く解析の初期にあるのである。中央平原に於てはどうしてあんなに早く沈積がなされるかと言へば、これは勿論沈澱に依る差引きであるためであり、表面は殆んど水準面の所で止まつてゐる。恐らく最も著しい地形發達は、佐渡に於ては海岸段丘の形であるだらう。どんな段丘もその背後はすべて直接の海岸崖である。こゝでは五つのレベルが區別でき、これらは海からの非常な大きな段丘として共に所々に起つてゐる。なほまれには明瞭な海岸平地の展開などがあるときもある。一般に、比較的低い段丘は、美事な若年期の洪積層であり、その中をくさび形の谷がつらぬき通つてゐる。第二段丘は、それよりやゝ古い洪積層であり、そして屢々早期の解析中のものもある。第三段丘の上層は第三期の殼、分解されかけた砂岩及び他の岩石よりなる。

所に依つては洪積臺地は表はれてはゐない、そして第三期層が水準面一寸上まであがつてゐる。こゝでは流れの幅が大變廣い、即ち刻谷である。上部の第三期層の段丘は階段狀の谷の側面の可成りの著しい展開を見せてゐる。

北部の山地は一段と高くなつてゐて、これは大佐渡と呼ばれてゐる。金北山はその高さ千百七十三米に及び、この島での最高峰である。その附近には高さ九百五十米を越える山がその他二、三あるが、高さはどちらの方向にも急速に減少してゐる。南部山地は小佐渡と呼ばれ、高さの最も高い所はダイチ山で、その頂上は六百四十六米である。どちらの地域に於てもその主分水嶺はその海岸と、大體に於ては半島の中心部に平行してゐる。どちらの地域も共に、二種の地形に依つて特徴づけられてゐる。第三期の丘陵は釜の様な形をしてゐる。それらの頂上は、前週期の低い起伏の廣々とした表面を有して居り現今の嶮しいスロープとは著しい地形上の不一致を示してゐる。安山岩及び石英粗面岩の丘陵は錐形である。石英粗面岩の丘陵は殊にさうである。どんな形態も山頂の扁平形に依つて特徴づけられてゐることはない。

中央平原は次の五種の地形面に依つて出來てゐる。

(一)水面上に僅か上に横はつて居り次第々々に南西から北東へ、中央から周邊へと高まつてゐる沖積層の中央のやゝ平らかなる平原。

(二)非常な幼年期にある沖積層の段丘、この段丘は沖積平原より一米か二米位高い。

(三)海面上四乃至六米高い壯年期の段丘と、幼年期の段丘とが兩方ある。この二つはその附近の岡よりも異つて見え、これが加茂湖の西方の平原の幅を廣く作つてゐる廣汎な帶である。

(四)二つの山地の內側の麓にある沖積扇狀地の初期に刻まれた斷續的な周邊

(五)兩海岸の平原の幅を擴げてゐる砂丘

中央平原の北東端にある加茂湖は長い砂嘴のために海から分離せられてゐる。元々この湖水は淡水湖であつたが、約三十七年ばかり前に、その砂嘴が波の作用のために切斷せられ、それ以來といふものは鹹水となつてしまつた。その切斷された口は、この湖水を港としようといふ考へのもとに擴大せられたけれども、今では唯僅かに非常な小さな舟がそこにかゝつてゐる橋をくゞつて出入することが出來る丈である。

佐渡は Köppen の Cfa 氣候に當つてゐる。概してその附近の本州の西海岸と同じ形式が特異なものである。尤も氣候は幾分溫和であるが、同じ様な冬に於ける降水量の極大があるし、比重の重い雪が降ることがある。第一表は新潟と佐渡にある測候所との比較降雨量に就ての材料を書いたものである。

北海岸は冬の季節風に曝らされてゐる事、南海岸では對島海流の修成的な影響を受けてゐることが、土地利用並に自然植物界に於ける差異に依つて表はされてゐる。南海岸地方では密柑、無花果、枇杷、竹等が繁茂するがこれらは北海岸では決して繁茂しない。桑の木やそれに伴ふ養蠶は南海岸に於てははるかに優勢である。

田植えも北部の方が一週間ばかり遲れる。收穫物を冬稻田でかはかすといふことは、南部の田舍に於ける著しい型であるが、北部に於てはこれはまれである。以下示す差位は、この二つの海岸に於ける自然植物に就て記せられたものである。

	一月	二月	三月	四月	五月	六月	七月	八月	九月	一〇月	一一月	一二月	年
新潟市	180	131	111	105	85	131	164	122	197	171	188	234	1819
小田（北岸）	114	95	96	119	65	34	104	115	162	138	149	184	1425
羽茂（南岸）	182	104	93	80	76	116	69	93	133	136	130	158	1370
雨津（中央平野東端）	223	168	135	148	102	189	120	129	235	182	172	313	2116
中沖（同西端）	120	85	67	69	69	137	114	85	148	121	101	146	1262

北岸	南岸
1. 潤葉樹は少數しか無し欅、茶、つぶらしひ無し。	低地は多し特に欅や茶及びつぶらしひ。
2. 松柏科豐な自然生。	自然生は少きか又は無し。
3. 松及び落葉潤葉樹の混合林。	か丶る型式の混合林なし。
4. 竹は庇護地にのみある。	竹多くあらゆる地に存す。
5. 熊野みづまと呼ばれる廣い葉の水木が低地にある。	高地にのみある。
6. 巨大な水欅がある。	小さい欅のみある
7. 小さい茅あり。	大きい茅あり。

南洋群島の椰子タブ

戸塚皎二

椰子が南洋か、南洋が椰子かといはるゝ程、椰子は南洋に附きもので、之を缺いた風景が南洋の色彩乏しく、椰子を交へぬ南洋の生活に、野蠻の魅力が無いのは、何人にも異存のない所である、こと程椰子は南の島と共住民の生活を表徵するに重要なものである。熱國の晝は彼等島の男女達にとつては、休息安眠の時で椰子の木蔭に華胥の國に遊ぶ。夕闇迫り空に南十字星が強い光を放ち始める頃、彼等に生命の血が脈動し始める。夜こそは彼等にとりて、眞實生の歡喜の時である。千古の椰子の密林に「メリエール・ア・ブイエル」（明月の夜の散歩《（ベ）》）や「ングロイク・ア・ブイエル」（明月の夜の踊《（ベ）》）が試みられ、男女各倶樂部員が數十人宛組を爲して「クラカラル、」（交換歌《（ベ）》）を唄ひ「エモ・アニ」（椰子タブ《（マ）》）の歌を唱ひ、興至れば椰子葉を交はしつゝ歡樂夜を徹し、又男女對向の競舞に疲るゝを知らぬ。

自分の年齢さへも記憶せぬ幸福な無智の島民は、嬰兒・少年・青春・壯年・成人・老人等の年齢的區別を、椰子果實の成熟の程度によつて表現する。例へばパラオ島では、「ムグル」と云へば椰子水が稍甘くなり、コプラが軟柔となつた時代の椰子實のことで、又青春期の女子をも指すが如きである。彼等の日常生活には、椰子は必要缺くべからざる對象物である。それは最重要な食料品であり命の糧であるばかりではなく、所謂「椰子タブ」として彼等の精神生活の指導目標となり、蒙昧の民を性の紊亂から、又疾病の危險から救ひ、性の道徳原始的衞生規範として、社會の統制種族の保存に役立つこと、頗る大なるものがある。

「椰子葉のタブ」は惡魔の偉力をもつて、マジークな又ミスティークな觀念に生きる未開の住民を支配し指導するばかりではなく、又「マナ」の表徵として神聖犯すべからざるものゝ地位（酋長の職位）を保障する。パラオ語で

「アヅイ」とは椰子葉のことで、同時に酋長の職位を意味する。例へばパラォの北部大酋長の「アヅイ」はアリクライと呼び、南部大酋長の「アヅイ」はアイバドルと稱する。普通テンレイとかエラケツといふのは現酋長の名前に外ならぬ。アリクライは何代經つてもアリクライで、アイバドルも幾代續いてもアイバドルである。アヅイは神聖其物である。パラォの大酋長新任式は壯嚴且つ複雜で、全島之に關聯を有し、數日間のやかましい行事が續けられる。殊に北方專制國の君主アリクライやンガラルト村ガボクトの大酋長アマズの就位式は、南方の共和國大統領アイバドルやンガレケアイの大酋長アルグルンバイの就任式とは、少しく趣を異にして、式の終局として組合(「カルデベケル」)の手によりて首狩式が行はれ、爲めに全島住民は驚愕震撼する。斯くも壯嚴を極めた酋長職位式に於て、新任酋長を聖化し戰爭に於て不死身ならしめるものは、椰子葉其物である。呪文を稱へ詛呪をこめて結ばれた椰子葉が、年若き酋長の頭に冠せられた瞬間、新酋長は神聖不可犯の偉大なる力の所有者となる。

神聖に結ばれた椰子葉よりも、剝り出された白い果肉(コプラ)の方が尊重せられ愛好さるゝ半智半開の島の住民に就て「椰子タブ」を云々する要はない。未だ見ぬ異郷人に好奇の心を抱き、遠き國々の人を心から歡待するを忘れない「ガストフロインドシャフト」の情を持つ男女の住める未開無垢の島嶼は、尙多く我が群島管内には殘されてある。其處には「椰木のタブ」は嚴しき掟として、住民間に強き支配力を持つてゐる。常住坐臥タブを離れることはない。彼等はタブの金縛りに遭つてゐるといふた方が適當である。それは未開の島ほど甚しい。南洋群島中最低級未開の生活が展開され、民俗學者研究の好適の地と謳はれてゐるヤツプ及び其離島は、全くタブの島と云ふべきである。筆者の友人は、此の絶海の孤島周邊三里に足らぬ小卵島サトワルに檳榔實を嚙み、エバツクルを肩に裸體の土人生活を續けて居る。彼氏の時々の通信は悉くタブに就て書かれてあり、タブに亘らぬ島の生活描寫は、極く稀である。それ程に我が南洋はタブの國である。

ブント氏は其名著『民族心理學』中にミクロネシアを論じ、酋長制度とタブ掟制とをミクロネシア文化の二大特徴と述べてゐる。オーストリアやメラネシア其他の原始社會に濃厚なトーテミズムスの文化は、我が群島ではキヤストシスティム、酋長制度のために解消されて其色彩を失ひ、僅かに其殘骸を留めてゐるに過ぎない。ドクトル・クレーマー氏等によつて唱道された「ダラサカ」といふ言葉は、單なる魚禁食の意味の外なく、トーテムには該當しない。妣母祖神を表徴し、强き戒愼の意味を含めたる眞の意味のトーテムなる言葉は「カシンゲル」と稱し、僅かにパラオの南方島嶼ペルリューに遺存してゐるだけである。此島に在るンガルドロロツクといふ村はパラオに於ける二階級トーテミズムスの遺風「ビッタン」ーシスティム(二分組織)發祥の地といはれてゐる。

斯くもトーテミズムスの文化稀薄なるに反し、タブの掟は極めて嚴重であり、全く南洋は「椰子タブ」によつて代表されてゐると云つてよい位である。殊にミスティークなマジックな思想の强い未開の島嶼程、タブの掟は嚴格である。而して其等の未開島嶼の住民に物其物の善惡を判斷する道德的能力はないが、共團の榮辱を以て說けば、行の良否を辨別する力は持ち合はしてゐる。彼等は個人の意志によつて動かされることは少ない代りに、社會の掟や神の掟には絕對に服從する。あれほど怠惰であると歐洲人に非難されてゐる原住民も、酋長の命令や組合の規約には違はず營々として勤勞する。亦淫猥無拘束性交乃至紊亂生殖とまで惡口されてゐる彼等にも、性のタブは殊に嚴重で、成女式の濟まぬ女——一人前にならぬと信ぜられてゐる女——を犯すことは絕對禁忌、之を敢えてせるものは一生結婚を忌避される。又族外婚の制を破つて近親相姦を爲すものは、トラック島では「ププルム・ピッグ」(豚結婚)として嘲笑され、パラオでは「モノゴル・アンランラ」(侮辱卽興詩)として全共團に物笑のコーラスを傳波せられる。共團によつて嘲罵されることは、集團生活を生命とする彼等にとつては死に勝る苦痛で、徒らなる罵倒が全氏族によつて血の復讐を誓はれたことが、屢々あつた位である。

無智蒙昧な住民の無軌道的生活に一種の制動機として役立つタブの掟を表示するに、我々の郷國では多くシメ縄を使用する。南洋では椰子葉を以て之を表はす。檳榔實咀嚼に珍重されるキンマの蔓草の周圍に竹の柵を設けて、こゝに結んだ椰子葉を懸けて置く。村端れの路傍の人目に掛り易い木の枝に、これを下げて疫病發生の警告に代へる。されば この「タブ椰子葉」こそは、現代の所有權思想や衛生觀念の起原をシムボライズするものである。人類到る所醫術あり衛生ありの古諺は僞らぬと謂ふべきである。

椰子タブ

總ての未開民族のやうに、群島の島民も生・産・病・死等の生命觀は、全然神秘的な魔術觀の領域を脱しては居ない。受胎の生理を知らぬ彼等は、神が女の腹内に子供を入れたのだと考へてゐる。男の精液が女の腹の中に入り、これが凝まつて子供になるとの說明は、多少現代的教養を受けた島民のいふ言葉であつて、受胎に睾丸や精液の必要を辨へてゐる位なら、子供好きな彼等が去勢術を行ふ《(ホ)》筈がない。出産の理を識らなかつた往昔、パラオの島民は姙婦の腹を竹篦で割いて胎兒を出産させた。勿論縫合する術を知らず、母子共に死ぬのが常であつたが、偶然の機會で放任しても子供の產れることを知つた彼等の驚愕は大なるものがあつた。これを敎へたのが蜘蛛神であつたから、この神を後に出産の神、子授け神として崇めるやうになつたといふ傳說が殘つてゐる。

彼等によれば、病も惡い神の仕業で、治癒させる爲めには此の惡神と妥協出來る方法をとらなくてはならぬ。惡神と仲直りし、病を追ひ出す爲めに呪文詛術のマジックを行ふ。治すもの醫師即神であることは何れの未開民も同様である。神は治術を行ふて其報酬を受ける。パラオ人はこれを「オコラウル」といふ。其額は頗る高價で五圓以上數十圓に及ぶ。されば所謂神と稱する術者は、立派な家に住み豪奢な生活をする。彼等が共團に持つ勢力は絕大なものがある。獨逸領時代(一九〇六年)パラオ島アルコロン村に起つた暴動は、獨逸東洋艦隊を數回廻航せしめて、威壓鎭定せしめた位の大騷を演じたが、其主動者は同村に居住する最勢力ある醫術者(「マンゲリル」)であつたので、政廳は彼をサイパンに追放した。今日も尙彼等は結社をつくり偉大な勢力を揮つてゐる。

マリンゲル(神即醫術者)の家
壁にアバイ(集會所)の風の浮彫が裝飾されてゐるのが巫家の特色である。中央に立てる老婆はパラオ島舊ガスパン村の巫女。其左側に立てるは友人。

病氣の診定をなし治るかどうかを判斷するに、種々な方法があつて、巫術者が人無き山上に登つて雲の姿を觀たり、木の葉に止まる小蟲の動きを以て豫後を察したり、數字の計算に依つて診斷をする。クバリー氏は二十餘の呪術方法を擧げて居る。未開の治術も今は漸く進歩して、草根木皮を使用するものが頓に多くなつて來た。其種類名稱を知らんと試みる異邦人に常に祕密の帷が下ろされてゐる。結社の一員になるか又其準社員として信ぜられなければ、決して其內容を明かされない。治法は各地各人異つて其專門の途も違つて居る。詛術呪文を家法とするもの、神水を祕法とするもの、浸劑を家傳とするものあれば、又マッサーヂ療法を主とするマーシャル地方に對し、患者を各地に運び廻つて診斷するを常習とするトラック島の如きもある。

一般に何處の土人も傳染病や流行病を神業として非常に怖れ、多人數雜居の地を避け、爲めに入院中のものは自宅籠居をする爲に歸宅を強要しさへする。

カロリン群島民には重症の老人を家族の者が、死に放任して藥餌を與へない習慣がある。家族から死を宣告された家長は食も藥も要めず、心靜かに死に直面する。彼等程安死的種族は少からう。此の原因に就て歐米人は泰西文物の輸入による種族精神の廢退を說いてゐるが、然し此の風習はずつと昔にもあつたし、反つて昔は此風習甚しく、屢々老病人を絞殺したことさへもあつた。外國との交渉の殆んど絶無なニウ・ギネアの蠻人も老病人を

樹上家屋から落して、立上ることの出來ない老人は廢用者として助けない風習がある。我國の山窩種族に老人殺しの習慣——掟が昔から儼存して、大遁走《おほのり》の時には必ず此掟を嚴守することは、三角寛氏の說である。此の原因が母權社會に於ける男子の地位の不遇にありとの說を爲すものもあるが、此說に對しては老女の重症者も同一の取扱をされるし、又父權國ヤップにもかゝる習俗があることで、其謬は容易に立證される。これは「マナ」の觀念と集團生活に於ける個人生命の價値少なきことゝ、住民の人口多く鬪爭絶えざりし昔の、老人不要視的思想の遺存に其原因を索めることが正しくはなからうか。

神祕的魔術的思想の強い種族に、特にタブの行爲の多いのは著しい現象で、從つてパラオよりもヤップに、ヤップ本島よりも其離島にタブ規範が嚴かましい。ヤップ離島の東端トラック境に近き絶海の孤島サトワルには次のやうなタブの數々が存在してゐる。

兄妹・姉弟の間で、顏が似て居ることを云ふことの嚴重禁忌であることは勿論であるが、其他に互の間で、フェ

(性交) ファル(抱擁) アマレヌ (情人) パ (糞便) シリ(尿)等の語は決して發してはならぬ。女が其兄弟に對して守らねばならぬのはモゴ(食) ユヌ(飲) ピーピー(見)マユル(寢)等で、之等の語を用ふる場合は必ず其代用語を用ひる。勿論女ばかりで露骨な情事を唄ふ歌バーイ(ヤップ本島のクチオールの如き歌) は唄ふことはまかりならぬ。

又女は兄弟の吸掛けた煙草を吸ふことや、兄弟が汁を吸つたり一度口に吸つて吐出した鍋皿の物を食することは、女にとつては永久の忌物である。又兄弟の褌、頭にのせた輪飾、一切の寢具、蓙、枕、蚊帳、手提籠が女にとつては禁忌となつて觸れることを許されぬ。例へば兄弟の手提げに入れた煙草は口を附けたものでなくとも吸ふことはできぬ。

兄弟の寢所も女にとつて禁忌で、一家の中で寢るときは、必ず中央に一本の丸太を横へておくのを常の法則として居る。

女は兄弟が坐り、又臥てゐる近くで立つことが出來ない。兄弟の坐つてゐる近くを通らねばならぬ時は、先づ相手に掛聲して立つて貰ひ、然る後其近くを通るので、而かも腰をこゞめて靜かに歩かなくてはならぬ。若し兄弟が立たない場合は、女は極めて低くしやがみ或は手をつき四ツ這になるでなければ、其處を通ることは出來ない。女は兄弟に腿の文身を見せ、又見られてはならない。男は姉妹の腿の黥を見てはならない。

之等の禁忌は性のタブの他に、男尊女卑の父權的思想が加はつてゐること勿論である。トラック、ポナペの如き母權國では父權的ヤップの影響を受けて、幾多の父權的色彩が混融してゐる。

兎も角も、南洋は「椰子タブ」の國で、就中性タブが最も強く、數多く存在して居る。そして彼等の共團は此の「椰子の葉の力」で統制が保たれて居るのである。繰返していふ。南洋は椰子で代表されると。

(パ)はパラオ土語、(ポ)はポナペ土語、(マ)はマーシャル土語を表はす。

南洋群島旅行案内

吉本泰

群島の交通

南洋群島の航路は、命令航路であつて、現在は日本郵船株式會社と南洋貿易株式會社とが其の受命會社である。郵船會社は主として內地と群島の主要地とを連絡し、南洋貿易株式會社（群島に於ては南貿と稱す）は其の主要島間の離島の連絡交通をなして居る。

郵船會社航路

全線神戸を基點とし、門司を經て橫濱を發船地とす。

航路線	年就航回數	船名	寄港地	片道所要日數
東廻	六	近江丸（七月のみ笠置丸）	サイパン、トラック、ポナペ、クサイ、ヤルート	二四
西廻	一六	橫濱丸 山城丸	サイパン、テニアン、ヤップ、パラオ、アンガウル、ソンソル、トコベ、メナード、ダバオ	二三
東西連絡	六	春日丸	ポナペ、クサイ、ヤルート	二六
サイパン	一七	筑後丸 天城丸	二見、サイパン、テニアン	一四

大阪、テニアン（サイパン線を除く）、アンガウル、ソンソル、トコベ、ダバオ、メナードには寄港しないことがある。

船舶噸數

橫濱丸は六千噸級で、他は三千五百噸乃至四千噸級である。

所要日數と船賃

橫濱より各地に至る所要日數及三等旅客運賃

主なる經由地	到着地	所要日數	運賃
（直行）	サイパン	六日	三〇圓
サイパン	ヤップ	一一日	四一圓
同	パラオ	一三日	四七圓
（直行）	パラオ	七日	三七圓
サイパン	トラック	一一日	四四圓
同	ポナペ	一四日	五三圓

同	クサイ	一六日	六一圓
同	ヤルート	一九日	七一圓
パラオ	トラック	一二日	五五圓
同	ポナペ	一五日	六四圓
同	クサイ	一七日	七二圓
同	ヤルート	二〇日	八二圓

其の他の所要日數表

發船地	到着地	所要日數
神戸	門司	二日
門司	横濱	三日
サイパン	テニアン	三時間
同	ヤップ	四日
ヤップ	パラオ	一日
パラオ	アンガウル	五時間
同	トラック	五日
同	メナード	四日
サイパン	トラック	四日
トラック	ポナペ	三日
ポナペ	クサイ	一日
クサイ	ヤルート	三日

南洋貿易株式會社航路

本航路は前記郵船の寄港地を起點として、其の間に於ける離島を聯絡するもので、約二、三百噸級の汽船又は帆船を使用してゐる。

乘船に關する注意

各交通船は神戸を起點とし、門司を經て横濱に着き、横濱より始めて南洋に向つて出帆するから、豫め乘船地を決定せねばならぬ。

乘船地に到着の上、一先づ旅館に投ずる者は、乘船に關する一切を旅館に依頼する事が出來るが、旅館に入らない者は、直に其の地に在る郵船支店に至り、汽船乘込に關し照合する方が便利である。

渡南準備・一般的注意

本群島は熱帶圏内に位する故、一年を通じて室外は相當高溫に昇るが、室内は大抵華氏八十二—八度を出ないから、內地の盛夏の候に處する心得を以て準備する事を

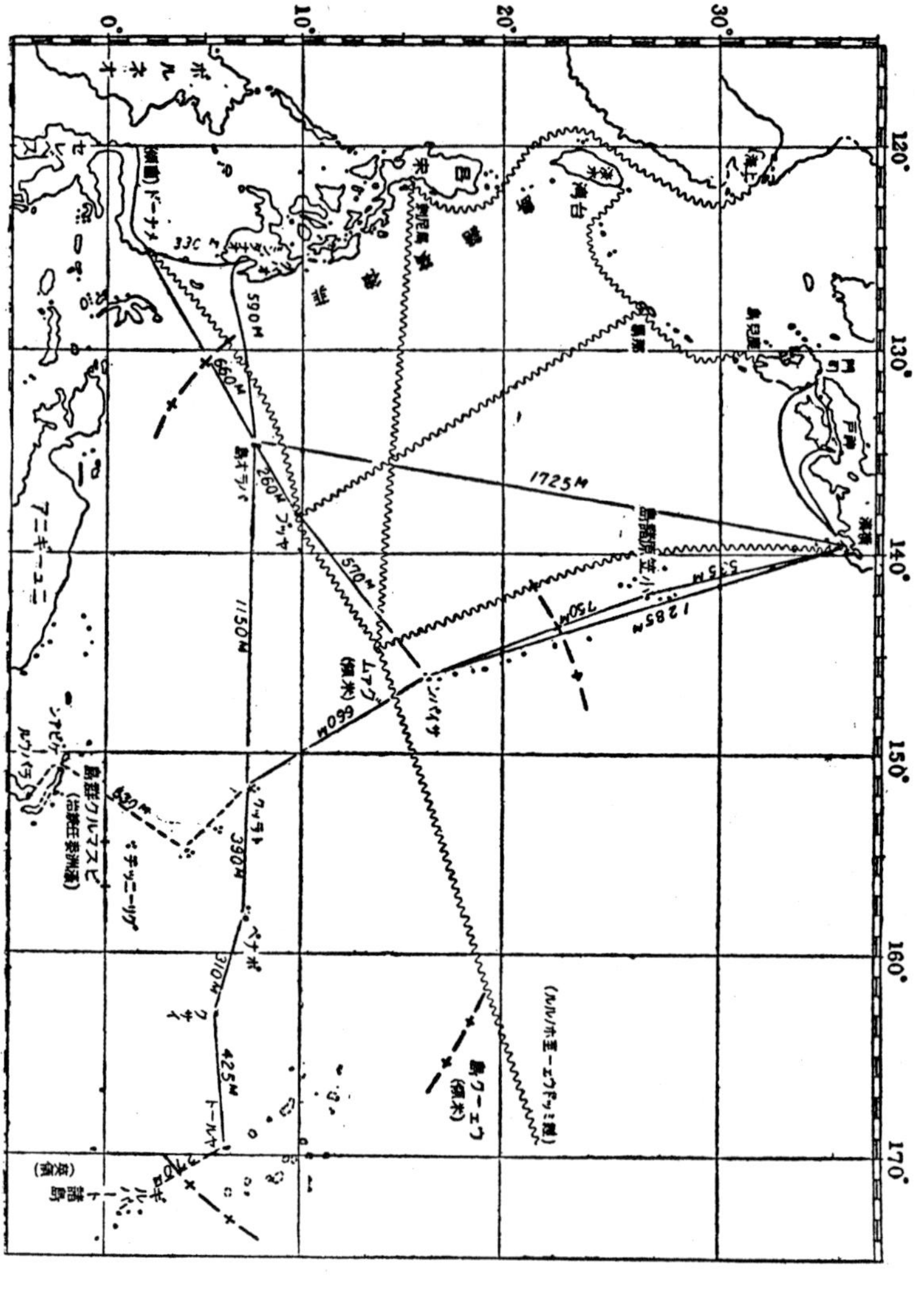

要する。但し日光の直射が強烈で而かも雨量が多いから、衣服は成るべく着色のものを避け、堅牢でよく洗濯に堪へるものを撰ぶ事が必要である。日用雑貨、食料品等は各主要島に於て殆んど販賣せられてゐるが、特殊のものは注意して携帯する事が便利である。

長門六島村見聞記（下）

櫻田勝徳

此先かういふ調子が續けられさうもありませぬから、アイウエオ順の箇條書に記します。御諒承下さい。（箇條書の下に大島とも相島とも記せぬのは兩島共通の事）

朝祝ひ　元朝、未明に西方を向いて若水を汲み、梅干を入れた茶をのむ。御茶を王服と云ふ。それから味噌雜煮を祝ふ。之を朝祝ひと云ふ（相島）

犬神鼠　犬神つきの家には犬神鼠といふ動物が七十五疋ゐる。此動物は廿日鼠のやうで嘴が長い（相島で聞く）

キノコヅキ　胴上げの事（大島）

ウヂ祈禱　粟にウヂがついて難澁の時、實盛の藁人形を造つて虫送りをする。地方《ちかた》のサバー送りに等しい（相島）

ウツ石　藁を打つ時その臺になる石（大島）

ウブ金　お産のあつた家にお祝に贈る金（同上）

ウブ衣　産衣として定つたものは無い。生れて三日目までは、着物を裏返しに着せ、その後普通に復す。家によつては、子供の多いさうして皆健全に育つてゐる家の子の産衣を貰ひ、それを着せる（同上）

ウブハコ　生れた子の最初の便通（同上）

ウラボン　七月六日を云ふ。此日から盆の灯を點じはじめる（相島）

ウレイムスビ　墓掘り葬式の際の丸い握り飯の事（大島）

エサブシ　盆及び雨乞に行ふ踊唄、祝宴の席にも是非唄ふらしい（相島）

エビスバシラ　土間に面せぬ、大黒柱と相對する柱、四間に造る家なれば、家の眞中になる柱（同上）

エンコ　他國の河童であるらしい。川又は海に棲むと。彼は角力を好み、かくて人の尻をぬく。金屬殊に鐵器を甚だしく嫌ふ。彼の顏は赤い。その足跡は五六歳の子供のそれに似てゐる。雪の降つた朝、山へ行くと、よく此足跡を見る。彼は唄をうたふが、唄のこわけが少しも出來てゐぬ。節句に生れた子はとかくエンコの餌食になり勝ちだ。殊に端午に生れた子は危い（大島）

エンムスビ　近年出雲詣りから歸ると、婚期の息子娘らに緣結びとて丸い握り飯を分ち配る（同上）

オイコ　物を背負ふ際、背に擔ぐ木の枠の名稱。之をまたニッコともいふ

オウバン　妙見樣に參詣する時、オウバンといふ御供を一つ持つて行くといふが、詳細を聞き洩した（相島）

オカサ　忌明法會に四十九個の小餅を作り佛前に供へる。之を墓へ持つて行く途中、出會つた人々に此餅を分ち與へ、オカサといふ特別大きな餅だけを殘しておいて、寺の位牌に供へるといふ（大島）

オコ　朸の事、水汲みオコと肥《こえ》かつぎオコの二種類が在る（同上）

オセ　成人《おとな》の事（同上）

オチ神樣　落人の墓を祀つたもの（同上）

二五六

鬼の豆　節分の豆まきの豆、之を腐につけてゐると、厄病に罹らぬ。航海中、靄に包まれた時、此豆を口中に含んで吹き出せば、見る〳〵中に三四丁の靄は晴れると云ふ（同上）

帶祝　姙娠五ケ月か七ケ月目に、產婆及び嫁の里方のものを招いて祝をする（兩島）。此時、箒の神を祭る。又、產がよむ（臨產の事）と箒を立て、それに神酒を供へた（大島）

オフクラカシ　餅を燒くとふくれる。そのふくれたオフクラカシを正月に喰へば、幸を得ると云ふ（同上）

オホシホ　海水の事（相島）

オモノハジメ　正月十一日にお物始めとて雜煮を祝ふ（同上）

ヲリヤ　人の住む家（同上）

カケヤ　圖（1）の形の小槌（大島）

カゴトノス　オイコに圖（2）の形の籠をとりつけたもの。此形が鳥の巢に似てゐるから、之をトノスと稱する確か大島では六角形、相島では五角形に造ると記憶して

ゐる。両島では本の片に藁縄を張る。或はかづらの皮の縄をも使用してゐるかもしれぬ。櫃島では之を竹で作るといふ。此竹製のトノスをカゴトノスと櫃島では呼ぶ由である。

カゴメ 鴎の事（相島）

川渡り 十二月一日を川渡りと云ひ、此日烏の啼かぬうちにねばい（粘い）ものを喰ふ。昔ゴーツの尼子の城を攻めた時萩町の濱崎の者が川渡りをして城をせめ落した。此時まづ粥を喰ひ、頭に裏白《セロムキ》の葉を被り、刀を背負つて出かけた。さうして「石ドロ御座つた〳〵」と唱へて川を渡り、突然城を襲つて丸勝ちに勝つたといふ、それで今でも此日には、粥のやうなねばいものを喰ふのだといふ（大島）

ガンギ 又はダンギ、石段の事（同上）

カンシ 若者初寄りの事（相島）

ガンゼキ 松葉などかく熊手の事（大島）

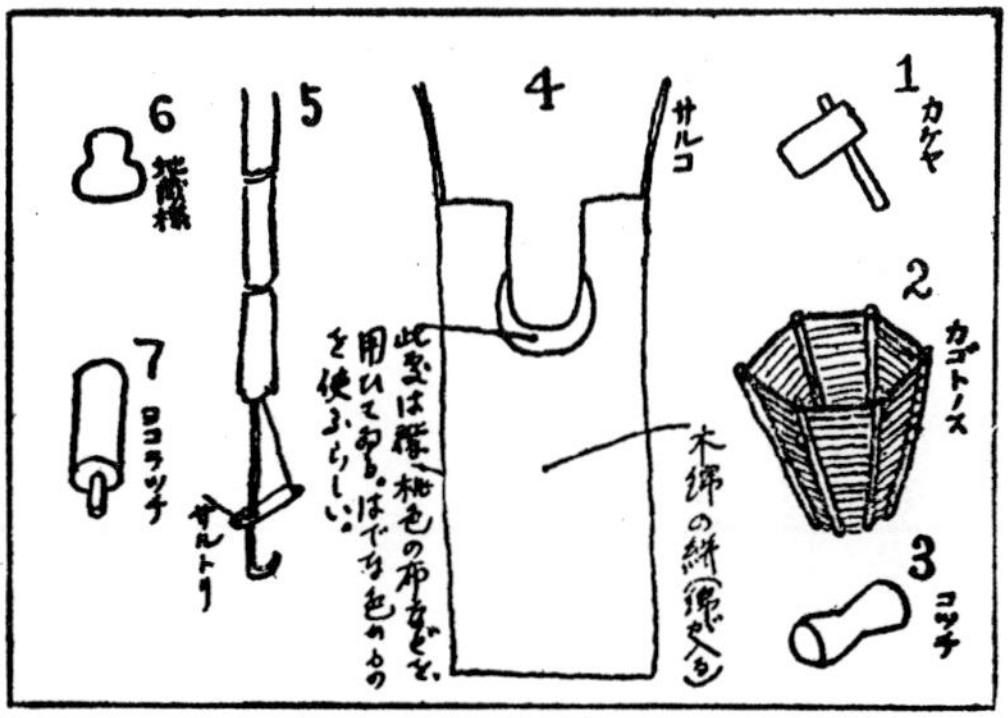

カンマイ 大歳さまは作《つく》神様だと云ふ。七年目毎の六月十三日の祭禮にカンマイ（神舞か）がある（相島）

キネバ 防寒用に婦人が背に負ふ眞綿の事、やはり紫色が多い（大島）

ギヨキ 正月廿四日寺參りをする、御忌と云ふ（相島）

ゲノウチ 庭に麥俵を積む風がある。その俵を積む所をゲノウチと云ふ（相島）

元服祝 昔十三歳か十五歳かで元服祝をした。此際友人らが月代を剃つたあとを、拳骨でなぐつて祝つた。

ゴコウ 蕗の根を洗はず、只泥を落したまゝのものを擂り、之に溫湯を加へて絹布に包み、之で乳首狀のものを造つて管をつけ、産子に吸はせる。また摺つたものを唯嘗めさせる事もするらしい。ゴコウをねぶらせるとウブハコをよくするといふ（大島）相島では之をゴクウと云

ひ、乳の出ぬ時その代りにのませるのだといふ

コツチ　他所でツ、ロ、ツ、ノコなど稱するもの、即ち俵や畚を編む時、編み繩の先に結付ける木片の名稱（大島）（圖3）

コトリバサン　取上婆の事（相島）

コブレ　村の寄合を皆に知らせる事らしい。知らせる人をもコブレといふかどうかは知らぬ（相島）

コマシ　他所でコモカキ、コモゲタなどゝ稱するもの即ち俵や畚を編む時の四つ足の臺の名稱。此足が駒の足に似てゐるから、駒の足とも云ふ由（大島）

コメノオミクジ　米を神前に供へ、それを少し摑んで上に投げ、掌でうける。此時米の數が丁なれば吉、半なれば凶であるといふ（相島）

ザイ　山の畑の事（大島）

サルコ　（圖4）婦人の衣服、袖無しみたいなもの（大島）

サルトリ　又はカギトリ、西海で廣くコザルといふもの、自在鍵の伸縮を調節する木。圖5に示す（同上）

二五八

シイラドシノヨ　正月六日の事、此日家々で神に膳を供へるだけだといふ（相島）

聟入　大體婚禮の聟入に當るもの、此地では嫁入の餘程前に行はれる（大島）

シヲキ　書置とか遺書といふやうな事か。エンコが骨接ぎの妙藥になる膏藥のシヲキを置いて何處へか行つたなどといふ。或は商人の仕切とか仕置などいふ事から、藥の處法箋みたいなものゝ事をから云つたか（相島）

シガ　魚の振賣商人

シケ鳥　時化《しけ》前に鳥がカア〱〱と早鳴きする。之をシケガラスと云ふ（相島）

死講　近隣十軒位が組合つて、冠婚祭葬の際、互助する機關をいふ。之は地方《ちかた》でも廣く行はれてゐる。死講はづしになると、葬の時が一番辛いものだと云ふ。

シバ　牛の放牧場の事、芝地だからシバと云ふのであらう

精靈船　盆十六日早朝此船を海へ流す。相島では麥藁で四尋ばかりの船を、地下中で二艘作り、帆に西方丸な

どと記して流すと云ふ

精靈棚　盆に門口に作る棚、相島では四隅の柱に笹竹を立て、竹の棚を造つて、その垣にはソーハゲ、杉の葉を用ひるこれは後ムシ・バに納める由。

汁カケメシ　葬に棺を擔ぐ人がくふ由（相島）

スクヅ　松の落葉（大島）

スクバル　死ぬ事、卑語ではないらしい（相島）

スズメドウ　草家型の石の墓碑（大島）、五島宇久島では喪屋をスズメドウといふ。鎮め堂といふ意だと。

スミザケ　婚約が整ふた時、貰ひ方の最も近親な男子が先方の家に行き、盃を交はして歸る。之を濟酒といふ（大島）多くの土地で濟酒といふと、仲人が先方の家へ酒肴を持つてゆくやうだ。

スワル　胡座する事（相島）

線香焚キ　葬式に草履、鍬、簑、鹽桶、味噌桶の雛形を造り、之を竹皮笠の中に入れて、親族の老年者が之を持ち、葬殉の先頭の方につき從ふ。之を線香焚きといふ由、婦人でないかと思ふが、聞き質さなかつた（大島）

添寢　死者の傍で通夜する事（同上）

タキ　崕の事

タキワロウ　海邊の崕などにゐて人を脅す怪物、梅雨時分よく山に出ると云ふ。カキワロウは山に三年川に三年居る。之が海に入ればエンコになると云ふ（大島）

タチバノ膳　出棺の直ぐ前に出る膳の事、此膳が出ても飯二三粒しか喰はぬ。此時一椀かぎりの酒が出る。之を立つたまゝ呑む。立場の盃といふ（大島）

ダヤ　牛小舍の事

ダヤマツリ　牛にけちがつき出すと（病氣したり死んだり惡い事が牛につゞくと）太夫さんを招いてダヤマツリをして貰ふ（相島）

地藏樣　墓地などによく在る亥の子型の石を、地藏樣といふ。圖(6)の石。（相島）童兒の墓碑に子供の坐像を刻む風は、西海に廣く行はれてゐるが、之を地藏樣と呼ぶ所が筑前にも在る。

ツナウチ祝　八朔に船の綱をうち、祝をする（大島）

テゴ　手傳ひ加勢する事、日傭ひにもいふ

トウノウ　相島でも今は寄合を部落中に報せるのに半鐘を鳴らすが、此呼び寄せをする部落の中の一寸した小丘をトウノウと云ふ。

トキマサ　かういふ名前の人が、昔蕎麥畑で腹を切つて死んだ故、蕎麥の莖は赤いといふ（相島）

トシノミテ　大晦日の事（相島）

トビ　おひねりなどいふものと同じであらう。白紙に白米を包んだもの、正月に臼やダヤや農具にもトビをひねつてあげる（相島）

ドンドロ焼き　十五日に正月年飾りを燒く。餅の粥をくふ。果樹祝言もある。相島では此日子供らが輪になつて珠數をくり、「ナンマイダンボウ、ナンマイダ〳〵」と唄ひ、鉦を叩いて門毎を廻り錢を貰ふ。地方《ちかた》及び大島のトヒ〳〵は十四日に行はれる

トメル　埋める、埋葬する事（相島）

土用ギョウ　座頭が年に二度來て、琵琶を彈いて竈を淸める。一度は六月で之を土用ギョウといひ、九月に行はれるのをカマギョウといふ（大島）

名附　子供が生れて三日目に名附祝が行はれる（相島）大島では三日目に假名をつけ、七夜に本名をつけたといふが、詳しく知れぬ

七種雜炊　正月七日に祝ふ（相島）

名前ガエ　昔元服祝をする頃、名前ガエと云ふ事があり、此際幼名を改めて成人の名をつけた。此際酒を買ひ友人を呼んで披露した（大島）

ニッコ　オイコの別名

ネヅミイラズ　庭に在る籾を貯へる函、もと俵を積んだ場所に在る（大島）

ネマタ大根　師走初の子の日に、黑米八合に黑大豆を入れて炊き、之を一升桝に入れて、その上にネマタ大根と乾鰯とをのせて、大黑樣に供へる。

ノウガミマツリ　藁で實盛の人形を造り、それを以て田畑を巡り、後人形を海へ流す。之を農神祭といふ（大島）

ノライ　呪の事、呪の中に五穀の呪といふのがある。之は水中に五穀を浸し、之を腐らして、それに依つて人の身をも腐らす呪である。呪釘は神の森の木に釘をうつ

その木の枯れるにつれて、人も衰ひ死ぬ。呪をなせば我身にも半分ノライが懸るといふ（相島）

ノリクラ　口寄せ巫女の事、對岸の大井に一人居るといふ（同上）

バクンノ魚《イヲ》　地震を起すは地下に此魚がゐる爲めだといふ。江戸は此魚の尾バチ（尾の事）に當る所にあるのでそれで地震が多い（同上）

ハヂキ　釣竿の事

廿日正月　正月廿日ツヽボ團子とて、正月の餘り物で團子をつくり喰ふ。それから山に行き、自分の麥畑に立ち「うちの麥はいゝのう」と麥をほめ、隣畑の麥をけなす（大島）相島では此日蕎麥雜煮をくふ由

彼岸袋　彼岸に袋の中へ穀類を入れ、之を寺に進める由（大島）

ヒケ　海上に現はれる火の玉の事（同上）

ヒトヒ正月　二月朔日に大島では若餅をつき、相島では蕎麥と蓬とを入れた團子を造つて祝ふ

ヒノハレ　祭日の事（相島）

日待　正月十四、十五日に太夫（神官）が對岸の大井から來島して、各戸を訪れ、家々の神々を祀る、之をお日待と云つてゐた（大島）

拾ヒ子　生れても〱子を失ふ人は、一度一寸捨てゝ拾ひ子にして育てると、よく育つ（大島）、相島では捨てた子に捨松、捨五郎などと名付けるといふ

福入雜煮　正月四日に三ケ日間の供へ物などを取集めて、雜煮にして喰ふ

フダマ　運とかまんとか云ふ事と同じ。フダマが良いとは、やる事が甘く當つたり、都合好く捗る事などをいふ（大島）

臍の緒　産氣づけば疊をあげ、薦を敷いてその上に褥をしき分娩した。臍帶は竹箆で切り、大切に保存しておいて、その子が三十三歳になつた時に渡し、その人が死ねば産毛と一緒に之も埋葬した（同上）

ホケ　息の事

ホゴロ　畚の事、大ホゴロはこいた麥を運んだり、その儘入れてをくに用ふ。小ホゴロは、山へ行く時辨當な

どを入れるに用ふ（大島）。相島では之をホボロと聞いた。
枕メシ　人が死ぬと直ぐその枕元に、丸い握飯を造り、それを膳の上の茶椀の上にのせてをく。之を枕飯といふ。人が死ぬとその佛《ほとけ》は直ぐさま信濃の善光寺までゆく。その往つて戻るまでの間に、是非枕飯を造らねばならぬといふ（相島）。大島では故人が生前に使用した椀に、飯を高く盛り、それに箸を十文字に立てるといふ
ミカクシ　死人は明るみにゐる事を嫌ふ。それで誰にも氣付かれず、荒磯に投げ出されてゐる死體などが、身隱してくれと賴む事がある（相島）
ミサキカゼ　魔風、大島で聞くに腦溢血で倒れた人などをもミサキカゼに當つたといふ由（大島）
ミテノヒ　節分のミテノヒにはダラの木にトベラの葉を結びつけ、之を墓、神に供へ、家の四隅、門口、厠などにも立てる。此日豆撒き、月燒きをも行ふ
ムシ・バ　墓所の事
モリコカツギ　娘達が額の上で手拭を結ぶやうに鉢卷をする。子守などが以前やつた被り方。仕事をする時に

も大島の娘はよく此かぶり方をする。
ヤイト祝　子供が生れると何日目かに、その子の背骨の一番下の凹みに、一つだけ相當大きい灸をすゑる。此灸の壺をセンリと云ふ。此時若い者が來てヤイト祝をした（大島）
ヤイト日　二月二日と八月二日の兩日には、必ず子供に灸をすゑた故、逃げる子、追ふ大人、子供の泣聲で、部落中は大騷ぎであつたと（大島）
ヤマミサキ　山に在る怖しい亡靈であるらしい。岬から落ちて死んだ者、難船して死んだ人は、死後八日目までヤマミサキになると云ふ（相島）
湯灌　人が死ぬと枕飯を造る一方、他の者は水を汲みに行く。此時水を汲みに行く者に向つて、必ず家から「早く歸れよ」と呼ぶ。それで平常は水汲みにゆく者に向つて呼びかけぬ。此水で死者の身體を清潔にする。淨めるのは僧侶の讀經後で、近親者が細褌をし、裾をからげて湯水で死者の身體を拭ふ（大島）
ヨコラ槌　藁を打つ槌（大島）（圖7）

ヨド　宵宮、宵祭の事（相島）

ヨナ　胎衣の事

ヨナマツリ　嬰兒があまり夜泣きする時には、ヨナの埋めやうが惡いとて、太夫を招きヨナマツリをして貰ふ（相島）

ヨホイゼン　陰膳の事、よそひ膳といふ事の訛らし（同上）

嫁入　濟酒、舅入もすんで雙方都合の良い時に、嫁入が行はれるといふが、多くは子供を設けてから、嫁入の段取になる由、嫁は兩親及び仲人夫婦と友人數名に伴はれてゆく。此數人の友人は嫁と同じ樣な格好をしてゐるので、一寸どれが嫁やら判らぬ由、之は他所の嫁まぎらかしに當るものと思ふが、その名稱を尋ねなかつた（大島）

ヨリヨイサマ　昔人買船が相島に來た時、島人が之に石を投げた處、ヨリヨイ樣の腰に石が當つた。それでヨリヨイ樣は腰を痛められ、突立つた岩の高みにおよりになつた。さういふわけで此神に腰から下の病ある人が、願をかければ効驗があるといふ。今石の祠があり、寒詣りの時太夫がお祀りするど（相島）

ヨロコビ　濟酒には專ら男の親類が之に當るが、濟酒後、日を選び、貰ひ方の近親の女即ち伯母、姉等が、嫁方の近親の家を廻り、嫁貰ひ受けの禮を云つて歩く。先方では之に對して相應の馳走をする。之を喜びといふ（大島）

リョウド　漁村の事、漁士か

若潮　元朝一番雞がうたふと、主人が起きて海邊に行き、桶《タゴ》で若潮を迎へ、此汐を神前に供へる。大島では此外、朔日十五日に磯は下り、潮又は海草を採つて氏神に供へ祭るの風がある。相島では元朝未明に西方を向いて若水を汲むといふのが、若潮をくむの風を聞かなかつた。

輪クグリ　茅の輪くゞりの事、但し六月の祭禮に之を行はず、流行病のはやる時に、隨時八幡樣の鳥居に茅萱の輪をかけて、之をくゞる（相島）

二六四

千島の春(二)

橋浦泰雄

村々にはまだ歸つてゐる人が少い。路は荒れ、橋は流失し、草木もまだ芽が出でず、滿目荒寥たるものである。

海岸には、多中荒れた激浪に打ち寄せられて、夥しい昆布の集積だ。幅六七寸長さ間に餘る見事な昆布が、何里も何里もの間、腐りゆくまゝに波打際を埋めてゐる。試みに口に入れて見たが、敢て食料にならぬものではない。安價で手間賃にもならぬから採集せぬのだとの話であつた。三日間に亙る旅中、或る一組の老夫婦が採集して濱に干してゐたのと、屋根、壁等の役に用ゐてゐた家を若干見受けたのみであつた。鮫の子、名も知らぬ小魚の打ち上げられてまだ生きてゐるのも度々見た。

野放しの馬が至る處で慕ひ寄つて來た。仔馬の叱り返しても返しても一里餘りも從いて來たのには旅が一入淋しまれた。此の多熊害が多く、二十數馬を仆されたとか。

(大正十三年四月所見)

喜界島昔話（二）

岩倉市郎

母の目玉

昔有たン事には――

貧乏な一人暮しの男があつて、例イりば浦原の村から川嶺の村へ用事に行こうと思つて、有たる日坂道バ登つて行《イ》ちユたりば、坂《ヒラ》の上でツマリ（極めて）美しい女に行逢《イチャ》た。女が、何處へ行かれますか――と訊くので、自分は川嶺の村へ用があつて行くのだが、あなたは又何處へ行かれますと言ふと、私はこれからあなたの處へ行こうとする處です。あなたの様な心の良カ男を、いつ迄も一人暮しさせるのは氣ヌ毒だから、是非一緒に暮しをし度いと思つて、頼《タ》ユて來ました、と女は言ふ。男は驚いて、アーイ〳〵（否々）あなたの様な美しい女は、自分如き貧乏な男には似合《ニガ》はぬから、それ丈は止ミて呉りと言ふと、そう言はるゝな、是非共妻にして呉り――と無理《ムイ》ン頼むので、男も其れ以上斷イ出來らず、二人夫婦の消ぢ暮す事になつた。

そうして暮してゐるうちに妻が孕んだ。産す前になると妻は、私が子を産す處はどんな事があつても見ては呉りるなヨ――と夫に固く頼んだ。處が男の方では、今迄に時々妻と寢てゐると、たゞの一息の間肉のハダ（臭ひ）がして、二息吹ふて試《タミ》すと臭ひは失せてない事があつて、不思議に思つてゐる處だつたから、これはきつと妻には何か言ひ出來らん祕し事があるに違ひないと思つて、有たる日、自分はこれから遠方へ行つて來るから、夜になつても待つなヨ――と言つて家を出た。そして暫くしてすぐ取ツ返《チエ》て來て、窃つと家の中を覗いてみると、夫が歸らないと聞いたものだから落着いて氣が樂になつたものか、妻は大蛇といふものになつて、三枚疊一杯に身體を擴げて立派な子供を産してあつた。が夫が覗いてゐる事に氣が付いて、妻はもう隱し立てる事も出來らんから、實は私は溜池の大蛇である。お前の心があまり立派だから、後取りを一人造つて上げやうと思つて、人間の姿を借りて夫婦の道に暮したが、素性の知りたからには此處に居る事は出來らん。就いては此の赤子を男一人の手で育て行く事はナマシカな事（なまじつかな——並大程な）ではないから、我片目を抜いで呉りらば、これを毎日赤子にしやぶらせて育てゝ下さい。と言つて其場で自分の目ン玉を抜いで夫に與へ、名殘《ナグル》さそうに出て行つた。

男は妻に言はれた通り、美しい玉を子供に呉れて乳の心配も無く育てゝゐたが、有たる日の事、灣の町へ買物に行つてその歸り、川嶺の溜池迄來た處が、池の上に鴨が澤山下りてゐるので、打殺して子供に呉りラと思つて、子供の持つてゐた玉を覺イなしに投げつけた。が玉は鴨には當らないで、池の底へ沈んでしまつた。さあつまらん（飛んだ）事した。覺イなしに玉を投げてしまつたが、これからの先は子供をどうして育てろうかヤー、と心配してゐると、急に池の中から大蛇が現はれて、あの玉は自分の片目を抜いで上げたものだから、そんな事をして呉りては困ります。然し子供の命は大事だから、殘りの目ン玉を抜いで上げませう。この玉はきつと大事にして、子供がフデーリバ（成長せば）床の上に飾つて下さい——と言つてとう〱諸目《ムルミ》を抜いで男に渡した。

子供が成長したので、男は妻から貰つた玉を大事に床の上に飾つた。處が其後どうしたのか、知らず〱の間に此家には金が溜つて、村一番の金持殿になつた。それを村の人達が妬んで、あの者の金の溜り様はたゞぢやない、何か怪しいわけのある事に違い無《ネ》ン、と言つて大勢寄つて男の家へ押し掛けて來た。來て見れば床の上に立派な玉が飾つてあるので、此の玉のユワリ（故）ぢやー——と言つて、皆んなで無理に奪《ウ》ンばて行つた。妻が諸目を抜いで呉れた程の大事な寶物を取られて、男はイツパイ氣の毒して、溜池へ行つて其話をすると大蛇は大變怒つて、ユカ〱（よし〱）覺イて居りヨ——と言つて、忽ち溜池の水を溢ンびらして、下の村をスツコイ流してしまつたと言ふ事である。

天　女（其の一）

昔たる事ヌ――。

天とうからアムリガー（天降子即ち天女）が降りて來て、チリといふ川で水を浴みてゐたら、通り掛りの百姓が、天女の飛羽を見付けて奪ひ取り、無理に家へ連れて來て妻にした。二人の間に三人の子供が出來た。兄が七つ、姉が五つ、妹が三つになつた時、有たる日の事兄が妹を負ぶつて、こんな子守歌を歌つた。

泣くなウラブな
母《アンマー》　飛羽ヤ
六つ股御倉ヌ籾ヌ下
四つ股御倉ヌ籾ヌ下

（六つ股は六本柱、四つ股は四本柱）

それを聞いた天女の母は、大事な飛羽の匿してある場所を初めて知つて、高倉の下へ行つて籾俵を退けて見たら、ちやんと飛羽が出たので、それを身に着けて．兄は右の脇に、姉は左脇に、妹は前に抱いて天とうへ上つた。天とうへ上つて見た處が、昔とはすつかり様子が變つて、自分が住んで居た家屋敷もなくなつてゐたので、仕方なく三人の子供に夫々仕事を呉れて、地《ヂダ》へ下した。それから兄はトキ（覡）、姉はヌル（祝女）、妹はユタ（巫女）の初めになつたといふ事である。

運定め（其の一）

昔――本當の金持で、澤山のカシーサー（加勢人即ち下人）を使つてゐる旦那様があつた。有たる夜旦那様は夜釣に出掛けた。潮の加減が合はないので、シバナ（海邊の岩礁）の上に打上げられてゐる寄木《ユイキ》を枕に一甜みしてゐると、人の話聲がして來た。寄木殿《ユイキドン》々々々、上の村に子産《カナ》しがあるから、立會つてイヤギ（運命）を差して來ませう――と言ふたかと思ふと、旦那様の枕にしてゐた寄木が、あなたの見てゐられる通り、私は今サンカ（人間界。サンカンとも言ふ）の者に股を枕しらツて行こうにも行からん。どうか今晩《ユサリ》はあなた一人できばつて來て下さい、と答へた。

それからチュテー(暫時)して又先刻の聲で、今戻て來ましたと言ふ聲がすると、こちらの寄木が、どんなイヤギ差しましたかと訊く。私は子産しは一人と思つて行つたが、一家に二人も産しました。旦那の子は男《キンガ》ン子《カ》で鎌一本持《ム》ツち食《カ》ミ――、女《ウナグ》カシーサー(下女)の子は女《ウナ》ン子《カ》で米倉前に抱いて食ミ――といふイヤギ差しました。若し又其子二人夫婦になりば、女の子の果《ヘ》報《フー》で、旦那の家も萬代榮える果報を付けて來ました、などゝ話しをするのをすつかり聞いた旦那は、家の者等が孕んでゐるが其事ぢやろうと思つて、早速家へ歸つて見たら、自分の妻は男の子を、下女は女の子を產んであつた。

子供が大きくなつたので、旦那樣は下女の子を貰つて自分の息子と夫婦にした。そうしたらなる程家が榮えてだん〳〵倉數も多くなつて來た。其うちに二人の間に子供が出來た。處が息子は妻が嫌ひだと言ふので、生れた子供は妻に呉れて家を追ひ出してやつた。妻と子が家から一足外へ出たと思つたら、其家の倉のイツチャ(屋根)から白い鳥がポツと飛び出して何處へか飛んで行つた。

二六八

それから旦那の家は、潮が引く樣に財產が減《ヒ》なり出して、とう〳〵食ふに食はれぬ貧乏になつた。

家を追ひ出された妻子は、或る遠方の村へ行つて、其處で良い夫を見附けてシンク(新しく)暮しを始めた。此の家は又見ン見るに金を造ン出して七倉建てる大家殿になつた。元の夫はそんな事とは夢にも知らず、鎌一本持つて竹細工をしながら、村々バ歩いてゐた。そして此の大家殿へもやつて來て、シナイ(背負籠)を造らして下さいと頼んだが、元の妻を少しも見知らなかつた。然し女は男を見知つて、大變な御馳走を食《カ》マした上、お前の造る物は何でもよいから皆んな持《ム》ツち來《ク》ウ、私が買取つてやると言つた。男は喜こんで、毎日シナイやテル(小籠)を造つて來て、賣つたり御馳走になつたりしてゐた。大《タイ》家《カ》殿《ドン》ではそうして買ひ取つた竹籠の類が積つて、一倉一杯になつた。

有たるの事、元の妻は男がいつもの樣にやつて來たので、あなたはまだ私を見知らんかと訊いた。男は少しも知らんと言ふ。そこで女が、私は子供と一緒に追ひ拂はれた元の妻ドー、と言つて聞かせると、男は驚いてそのまゝ氣絶して死んでしまつた。元の妻は大變氣の毒に思つて、今の夫の留守の間に死骸を叮嚀に手洗鉢(Shūdu-bachi)の根元に埋めた。そして毎朝毎晩鉢の水を替へて、そのグルリに美しい花を植えた。

いつもそんな事をしてゐるので、夫がだん〴〵不思議に思つて其わけを聞いた處が、妻が打明けて話をしたので、お前は何故その事を自分に隱したか、と言つて死骸を掘り出して立派な弔ひをし直した。そして家は益々暮しを大きくし、人々からも敬ひを受けて、萬代《マンデー》榮イたといふ事である。

弘法樣と鬼

昔有たん事が――

例イて言ひば、浦原の村に、山から鬼が下りて來て毎月人間一人宛《ナー》食べて、だん〴〵村の人を減《ヒナ》らしてゐた。村では毎月籤を摑んで、當つた者が食《カ》マれる樣になつてゐた。或る月には、美しい娘と婆の二人暮しに籤が當つた。婆は娘に、お前はまだ齡もいかん女童《メーラビ》で、先が永いからオーギム(どんな事があつても)鬼には食まさらん――と言ふと娘は、否々如何《イカ》た事あても親は食まさらんと泣き乍ら二人が言合ひをしてゐた。そこへ弘法樣がやつて來て、何故に泣き合つてゐる――と聞くと、毎月鬼が來て村人を食ふ慣エになつてゐるが、今度の月は私等に籤が當つたので、今二人で我行く〳〵と言ひ合つて居る處ですと答へた。弘法樣は、ウンそんな事ありば何もシワ(心配)しるな、良か樣に計らつてやる、と言つてゐる處へ鬼が下りて來て、ブヰン(新鮮な魚)はまだか〳〵と叫んだ。弘法樣は待て〳〵と言つて、其處にあつた大きなメーシ(黑く堅き石)に鐵の棒を打込んで、手の平の厚さ丈殘して、それから鬼に對つて、さあこの棒を引き拔いで見れ、これが拔けれぱ汝の好み通りブヰンは何時でも食ましてやる――と言ふた。その位エの事雜作がいるか、と言つて鬼は拔こうとしてみたが仲々拔《ヌ》ぎらん。口でハシ(しつかと)咥へて拔ごうとしたら、石の處から鐵の棒が嚙み切られてしまつた。とう〳〵鬼は負けて弘法様の前に頭《ビンタ》折れて、どうか私を家來にして下さいと言つたので、弘法様は鬼を家來にした。

暫くして弘法様は、此の村に新屋を敷きこのんだ（建設した）。立派な家が出來上つたので、村中の人を招んで大祝ひをした。祝ひが始ると弘法様は鬼に對つて、我二人はたゞの人間等と同じ莚の上に坐る格ではないから、庭の松の木の上に登つて酒盛りしろう――と言つて、二人は庭の三十三尋ある松の木の上に登つて酒盛をした。一時してから弘法様は、鳥渡小便して來るから、汝は其處に待つて居れよと言つて、鬼を木の端に殘して地《ヂタ》へ降りたが降りるや否や法を入れて、三十三尋ある松の木の端を地面迄引き曲げて、急にパチーと放したら、鬼は撥ね飛ばかされて、三里先の石の上に墜ちて、そして骨迄バラ〳〵打ち碎かれて死んでしまつた。

乞食の客（其の一）

爺と婆ヌ暮して居りましたそうです。有たる年の夜に汚なか坊主が遣つて來て、宿は貸らちたぼうらゝんかと

言ふものだから貸らしは貸らすが此の家は年取る食ン物からない貧乏です。それで良かれば遠慮なく宿リン候り――と言ふと坊主は、食物の事なりば何も心配はいらん。婆羽釜貸らち呉り、と言つて袂から米の粒三粒ばつかい出して、婆が持つて來た羽釜に入れ、これを炊いて呉れと言ふ。炊こうにしりば薪物《タンム》がないと言ふと、坊主はヤンメー（庭。家の前の義）へ出て小石を拾つて來て、これを燃せと言ふ。婆が小石を燃やして炊いたら立派にウバニ（飯。古語わうばんの訛か）が出來た。其夜は坊主のお蔭で爺と婆は、マリマーリ（稀々――久し振りに）良か年取が出來た。

翌る朝坊主は家を出る時になつて、爺と婆、世ン中に何でも好きな物はあつたら遠慮はいらんから言つて御覽必ず叶へてやるから――と言つた。婆が、こんな暮しはしてもたつた一つ欲しいと思ふ物は、昔の十七八に若返《ワーゲー》てみ度いばつかいぢや――と言ふと、坊主はそれを聞いて、それ位エの事は何でもないゝ湯を沸かしてタング（桶）に入れて、爺と二人浴みて御覽と言ふので、二人が湯を

沸かして浴みたれば、言ン乍ら（果せる哉）十七八の昔に戻つた。

爺と婆は若返つて大喜びで、村の大家《タイカ》殿《ドン》の處へ挨拶に出掛けた。此の大家殿は昨夜の坊主が宿らち吳りと言ふのを、汚ないから宿らさらんと言つて追返した家である。今若返つた二人からわけを聞くと、自分達も若返り度いものだから早速坊主の後を追ひ掛けた。良い鹽梅に坊主が見付かつたので、連れて來て其夜は家に宿らして、明朝坊主が出掛けやうとする時、どうか我等も若返へらして下さいと賴むと、坊主は湯を沸かしてタングに汲んで浴みれと言ふ。大家殿の夫婦は大喜びでその通りした處が、今度は大違ひで爺は馬になつてハイン〳〵と嘶いて山へ走つて行く、婆は又猿になつてキヤー〳〵啼きながら屋敷の木の端に上つて行つた。坊主は一時してから、馬になつたり猿になつたりした大家殿を氣の毒に思つて元の人間にしてやらうと戻つて來ると、猿はジョーロ（門）の木に登つて、此の坊主は憎い和郎ぢやー――と言つて坊主の頭へ小便をヒツ掛けた。坊主も腹を立てゝ、助キろうとしても助キらゝん者は仕方ないと、若返つた爺と婆を連れて來て大家殿の家を二人に吳れた。二人は若返つた上に大家殿になつた。

處が猿はいつも表座敷のメー石の敷石に坐つて、騷いで仕事ならん（仕樣ない）ので、坊主に其話をすると坊主は、メー石を燒いて置けと言ふので、二人が有たる日メー石を赤くなる迄燒いて置いた處が、それとも知らん猿はいつもの樣に其上に尻を下した。そうしてとう〳〵燒どして今の樣に赤尻《アカマリ》になつてしまつた。猿のメーシ尻《マリ》と言ふのは其事から起つたちゆう事です。

〇喜納錄村君著の「琉球昔噺」が近く三元社から出版される。同君が少年雜誌「おきなは」を出してゐた頃に蒐集した六十話を纒めたもので、小波、伊波兩氏が序文を寄せてある。定價二圓で近日發賣の由。（比嘉）

（1）

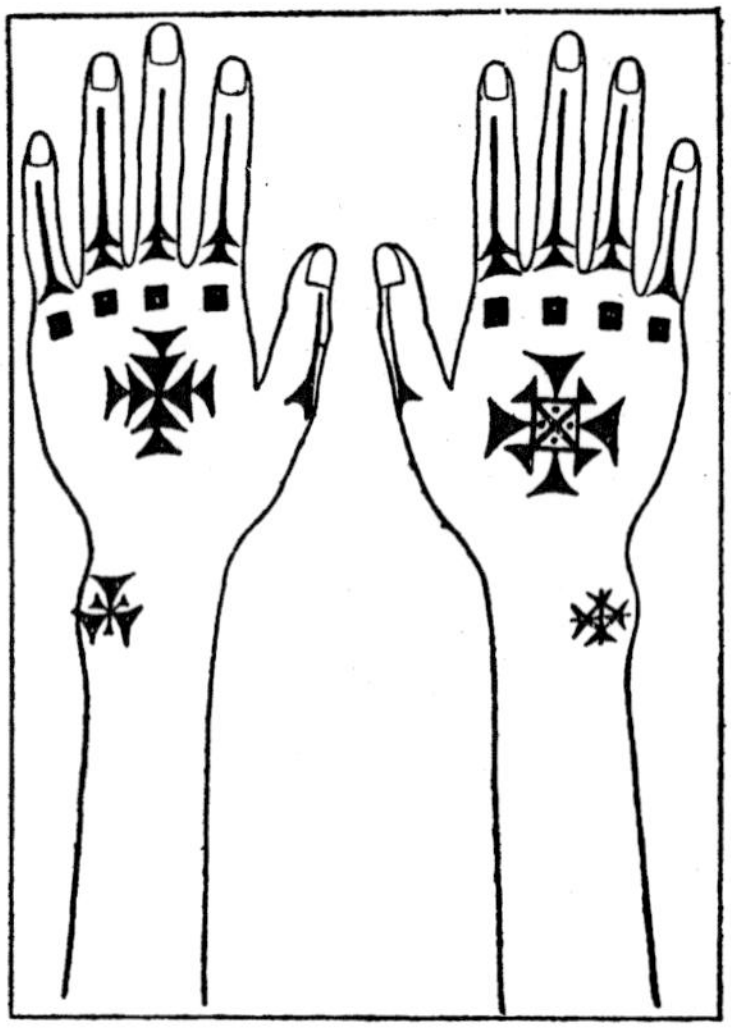

（2）

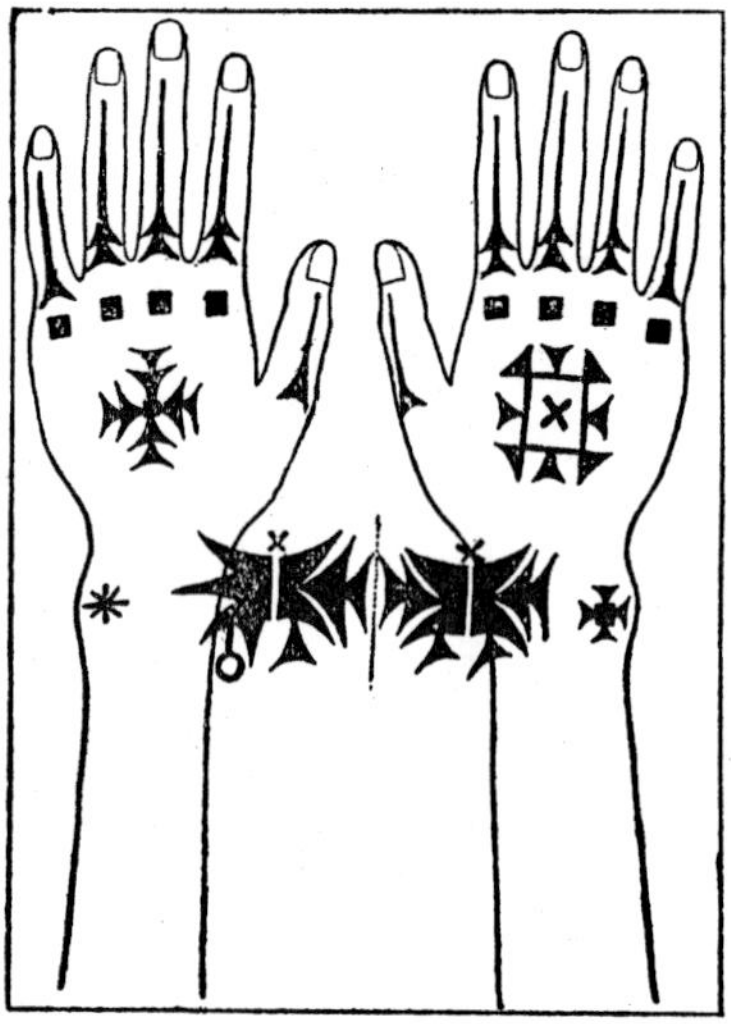

二七二

針突圖誌（二）

——徳之島の部その一——

小原一夫

「徳之島」と言ふ言葉こそ限りない懐しの思出を呼び覺す響である。昭和五年の夏には、貝塚發掘に私を見えざる力で引き付け、翌年は又この「ハンヅキ」、「アヤハンヅキ」をちらつかせて呼び寄せた島である。島の隆起珊瑚礁の岩や、雨にたゝかれて白くなつた太い柱を持つ高倉が目に浮び出る。恥しい事を述るが、はじめてこの「針突」を研究しようと云ふ心を起させた直接の原因は、徳之島の「ハンヅキ」を見てからであつた。それからと云ふものは額に往時の苦しい生活を刻み込んだ老婆達のかさ〳〵する、しなびた手に限りない美しさを見る事既に幾度か、懐しさで一つぱいである。

第一圖より第四圖までは徳之島、伊仙村面《オモ》

（3）

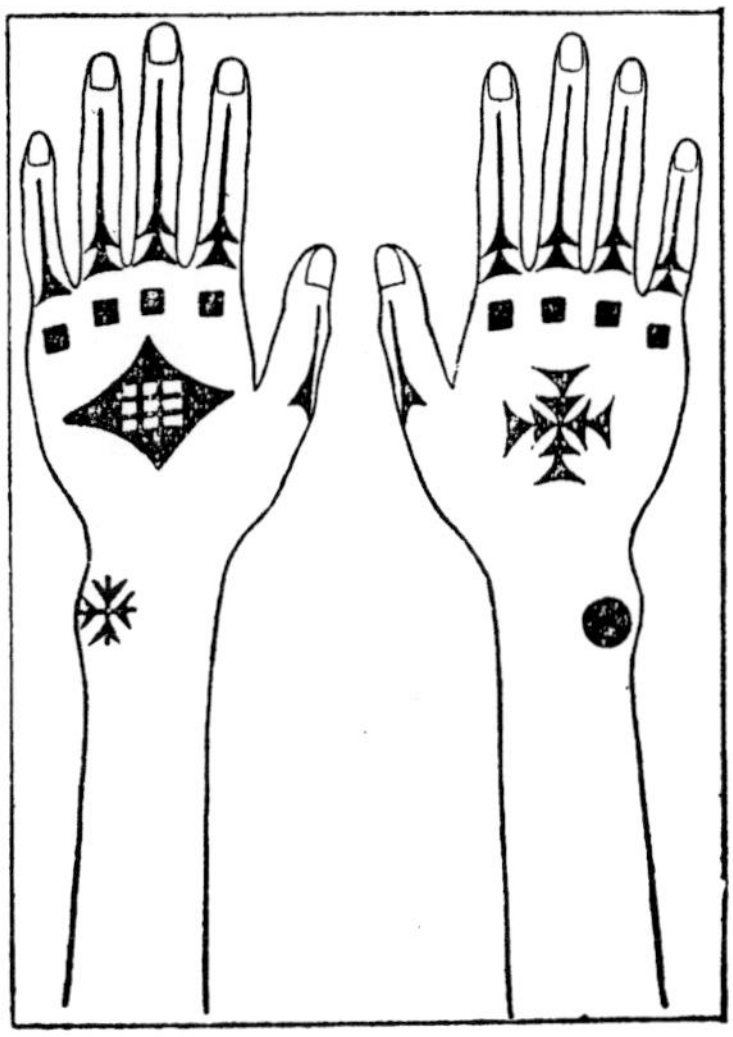

（4）

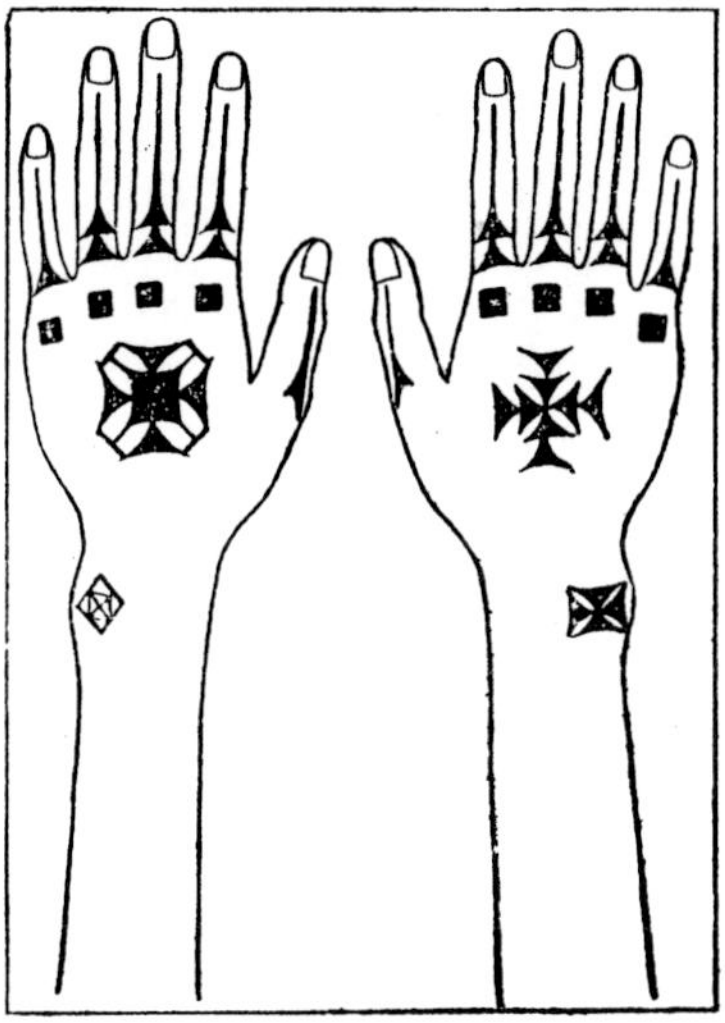

針突圖誌（小原）

繩の婦人の入墨でその順に五十七、七十、五十七、六十六歳の人々である。

各手指背を縦に貫く模様は「ハネ」「竹ノ葉」と呼ばれる。第一節に「竹ノ葉」又は「ハネ」と呼れるそれの主要なる模様となる二つ重なつた二叉の「ハンヅキ」が在り、それらが素直にぐーつと延びて指の端に至つてゐる。第一關節部の四角の文様は「マス」と呼ばれ、親指を除く外の指の「ハネ」の下方第一關節部もつとくだけて云へば、丁度娘盛りの乙女の柔かな指の根元に愛らしい小さなくぼみの出る所がある。手が後ろにぐーつと反ると舞が上手になると云はれるその手の指の根元に、いくつかのくぼみが出る。そのくぼみの場所に「マス」が入墨されてあるのである。

各々の模樣のある部分は、沖繩縣宮古島、池間島、伊良部島、多良間島、水納島を除けば、この南の島々は共通である。

新著紹介

『**郷土と讀本**』（森光繁編著） 瀬戸内海の一島、大三島盛口村の學校に教鞭を採らるゝ著者が、郷土教育の爲めに郷土讀本の編著を思立ち、同校の職員と共に小田内通敏氏綿貫勇彦氏の指導を得て、郷土研究に從ひ其成果として盛郷土讀本上中下三卷を得られた。本書はこの三卷の讀本に（一）郷土教育の使命（二）郷土研究の教育的意義（三）郷土讀本の編纂の三章を添へて郷土教育の理論と實際を一書に纒めたもので、教育界に郷土研究の盛になりつゝある際まことに有意義の著である。（愛媛縣越智郡盛口村二六三九信盛會發行定價一圓五十錢）

『**我が南洋の正體**』（横田武著） 地理篇、歴史篇、住民篇、衣食住と生活篇、社會篇、産業篇の六篇に分かち、各篇を更に數項目に分かち、わが委任統治下の南洋群島の沿革より最近の實情を詳細に紹介せるもの。殊に住民篇以下社會篇に至る數章は本書の殆んど三分の二を占め島民に關する民族學的記述を以て滿され、同時に産業篇に於ては産業の現狀より移住の手續まで詳述してある。（東京市淀橋區柏木四ノ八七二南洋社發行、定價一圓郵稅六錢）

『**犬島紀行**』（島村知章著） 犬島は岡山市のある兒島灣から瀬戸内海へ出たところにある全島花崗石だと云はれてゐる小島で、住民の大部分は石の採掘を業としてゐる。今は故人となれる島村氏が其島に採訪した時の紀行である。本篇は『岡山縣土俗及奇習』所載の一項となつてゐて、同書は横井村の奇習と傳說、犬島紀行、八濱紀行、資料篇等が收られてゐる。（島村知章著、岡山民俗叢書第五篇、岡山縣土俗及奇習、岡山市内山下一八文獻書房發行、定價八十錢）

『**壹岐の小崎蜑に就て**』（山口麻太郎） 壹岐島渡良村の小崎蜑に就いて經濟史的且つ民族學的考察を試みられた論文である。現在のあまは五六十人で全人口三百六七十人に比べて過少であるが此は費用體力の爲によると云はれる。小崎では蜑の外カヅラコギ、セモン打、大羽鰮刺網等の生業が行はれて居る。戸數七十二戸は御兩家に分屬し何れかのフシとなつてゐる。其等の親分子分の關係更にフシ中から互選されるオヤジの問題、コザと云ふ共同蜑稼ぎの話等も詳しい。最後には小崎蜑の信仰、鰒鯨の漁業から飲食、喧嘩其他に亙つて丁寧な記載がある。（「社會經濟史學」第三卷第二號所載）

『**琉球諸島に於ける民家の構造及風習**』（宮良當壯） 奄美大島より南八重山に至る各島の民家の觀察で緒言、村落の體裁、宅地内の排置、民家の分類 室房の區劃及用途、家屋建造の準備、家屋建造の順序、家屋内外の諸設備、家造りの儀式祝典、家屋の保護及壞滅の各項に分つて說かれてある。（考古學雜誌第廿三卷第五號所載）

○前々號本欄に於ける「南島雜話」定價は普通版二圓六十錢、特製三圓六十錢、圖書院發賣の誤記につき訂正します。（係）

翁長舊事談（二）

比嘉春潮

六月綱引のこと

稲の收獲を終つた六月（舊暦）には「綱引《つなひき》」が行はれた。部落によつては三年目、七年目に一回といふところもあつたが、翁長や其他の西原の各部落では大抵毎年これを催ほした。日も大體決つてゐて、翁長のは六月二十三日と覺えてゐる。

綱引は「世界報《よがほう》の御願《おぐわん》」であつた。舊時の沖繩農民が神に感謝を表するには第一に「遊び」即ち仕事を休むことであり、更に亦踊つて嬉しさを動作に表はすことであつた。二月の麥穗祭、五月の稲穗祭にはその日一日必ず仕事を休んだ。六月の綱引八月の「踊」もそれであつた。「遊び」の日に畑に出たり、綱引や踊の催ほしを怠つたら、個人としては飯匙《はぶ》蛇に嚙まれたり、部落としては風《ふう》氣《ぎ》（傳染病）が流行つて「若者倒《わかものだほ》れ」（强壯者が死ぬこと）があつたりした。これが感謝の念なく神への持成《もてなし》を怠つた徒に對する「お知らせ」（みせしめ）であり、「あらび」（怒、懲罰）であつた。

一つの道路を境として部落は上下に分かれた。上《うえ》は男《をー》綱《んな》下《しも》は女綱《めーんな》を作り、之を一つに寄せて引くのであつた。

期日の三四日前になると「藁乞《わらこ》ひ」が始つた。十四五歳を頭に十一二歳迄の男の兒達が、銅鑼を叩き「藁乞《わらく》ら藁乞ら」と叫んで、夫々の組の各戸を廻つて藁を集めるのである。一戸一束から六束位迄で、其家の財産や耕地の多少によつて決まつてゐた。綱引は「村御願《むらおぐわん》」だからどの家でも快く藁を出した。

集めた藁は綱をつくる廣場に積上げられた。「藁乞ひ」が始まると部落《むら》の人々は平常と違つた心理狀態になつた。上《うえ》と下《しも》とはお互に競爭の相手として見た。この氣持は特に子供達に於て甚だしく、學校に行くのでもこの數日間はそれ〴〵組の者ばかりでかたまつて歩いた。牧草を刈りに行つても組が別だと一緒にはならなかつた。下の者と上の者とが一緒に歩るくか、親しさうに話してでもゐると、それ〴〵の組の者から裏切者であるかの如く見られた。尤もこの氣持は綱引が濟むと直ぐに消えたけれど。

綱引の前日になると若者達が集まつて「綱打ち」即ち綱を作ることにかゝつた。

綱の主要部となる「本綱《ほんな》」、引く時に人々が取り付く「手綱《てーんな》」、幾筋もの本綱を束ねて綱を作り上げる時に使ふ「〆繩」が手分けして作られた。本綱は徑四五寸長は四十尋位、手綱は徑三寸に長五尋位、〆繩は徑六七分の細い繩であつた。

綱の打ち方が大體濟む頃、お互に「檢分《けんぶん》」といふのがあつた。數人の者が相手方の處に行つて打ち方に不正――時々本綱の中に青竹を綯ひ込むことがあつた――がないかを檢べるのであつた。

當日になると、準備した綱繩で引綱をつくつた。之を

二七六

綱を合はすといつた。本綱を二つ折りにして三筋位づゝ繩でしつかと束ね、更に之を幾つか合はすのである。折り曲げた處は大きな輪をつくり、それから先きは一つに束ね、それに約十本位の「手綱」を適當の距離を置いて取付けた。輪になつた處は綱の頭で、「カニチ」といひ、男綱のは小さく女綱のは大きく、引く時にはこの「カニチ」をかけ合せてカニチ棒といふ木の棒でとめるのである。本綱手綱の本數、長さ等はちやんと決つてゐた。綱が出來上がるとお互に今一度檢分して規定を超えた分は切り捨てさせた。檢分が濟むと、銅鑼を叩き掛聲をかけつ

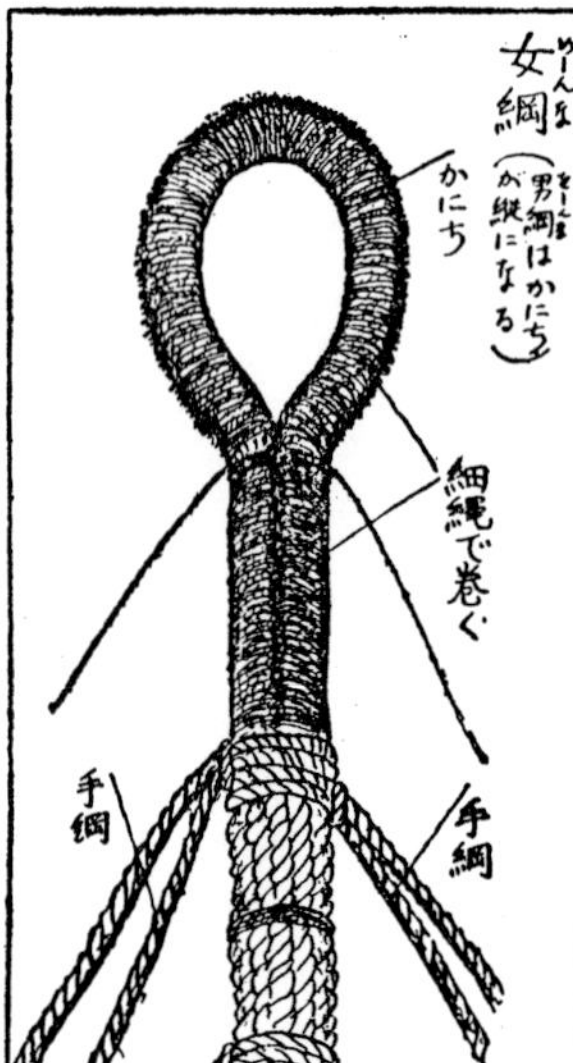

つ威勢よく、綱引場《つなひきば》たる部落中央の大通に運び、輕く水を注ぎ掛けておく。かうしておけば綱が容易に切れないからである。

「藁乞ひ」のはじまる頃から、小娘達も毎晩組々で集つて、所謂「綱引舞《つなひきまうひ》」をした。十二三人のものが輪をつくつて小皷を叩いて唄を謠ふ。餘のものは輪の中に這入つて、同樣唄を謠ひつゝ踊る。踊るといつても、兩手を頭上で曲げたり伸ばしたりするだけで、それ〴〵唄のリズムに合はしてはゐるが、全體としては何等統一もない亂舞である。聞いてゐても歌詞など一寸判らぬ位喧々囂々たるものであつた。それでも娘達はすつかり亢奮して幾時間も斯ふいふことを續けた。集まつて踊つてゐることそのことが嬉しいのであつた。

大豆や稻が花を持ち始めてから熟するまで、農村では「鳴物《ないもの》は法度《はつと》」といふて、皷や銅鑼の如きは勿論のこと伐木や石切りの如き激しい物音は「法度」であり、三味線さへ遠慮された。「作物《もづくり》を驚かしてはいけない」といふのであつた。これを犯すと神の「あらび」（怒）で實のりがわるいとされた。この靜寂を最初に破るのは稻干場に於ける夜番の吹く法螺貝であり、引續いてはこの綱引前の幾晩かの少女達の皷の音であつた。夏の夜に響くこの久振りの「物音」は部落の人々に一種の深い感興を與へるものであつた。

當日の晝過ぎになると小娘達ばかりでなく、若い女から年增や老婆まで出て來て、この「綱引舞」の輪は段々大きくなつた。衣服も今日は晴着にかへ、若い女は赤や紫、年增は黑や紺の鉢《サーヂ》巻をした。他の部落から見物に來た人々は綱引がはじまるまで、此の周圍に集まつた。

愈々綱引の時刻（大抵滿潮の時刻を撰んだ）になると部落の住民は一人殘らず綱引場に出て來た。若者達は鉢卷をなし、六尺棒を携え、袖上げをして集まつた。（袖上げは手拭を兩袖から通して背中で結び、袖を揭げるもので一種のたすき掛）綱の頭即ちカニチの方を二三十人の者が棒で差し上げ、餘の部には老若男女が取り付き、「鐘《かねう》打」即ち銅鑼叩きの取る拍子に從ひ「ハリョー」「ハーイヤ」と掛聲をしてカニチ口《ぐち》(引く際に兩方の綱を繼ぐ所)近くに寄せて行く。綱を寄せる時は銅鑼の外、鉦子《しょうこ》、法螺貝の鳴物で氣勢を添へ、又甘蔗殼を束ねた炬火を持つた女達と、棒を携えた中老人、銅鑼を叩く男等が、絶えず前後を駈け廻はつて、一同を指揮し皷舞する。

此の時になると、女達は相變はらず歌ひ且つ踊りつゝ、カニチ口近く進み出て、上と下が兩方競ひ合つてますます歌聲を張り上げる。部落によつては、互に相手方を嘲笑する即興歌を以て應酬するところもあつた。が翁長の部落《しま》ではそんな習はしはなかつた。歌詞はいづれも舊るくからある豐作を祈る僅かなもので、之を繰り返し〱謠つた。翁長の女達が即興歌をつくる才能がなかつたのでなく、綱引なるものは豐作を祈る村御願だといふ觀念が强かつたからであつた。

女達の歌舞の競ひ合が一しきり濟むと、銅鑼の亂打によつて彼女達は後方に押しやられ、そこには棒を小脇に挾んだ若者達が列を作つて現はれる。小刻みの步調をとりつゝ圓陣をつくり、圓陣が出來ると一人或は二人宛中央に出て棒技を演じだ。之は女の歌舞と同じく互に「威《いち》勢《せい》を見《み》せる」即ち示威行動であつた。之が濟むと愈々綱引に掛つた。

カニチ口で總指揮の任に當る男が銅鑼を亂打すると男も女も綱に取り付いた。他部落からの見物人と「居住人」の外は皆綱に取り付いた。

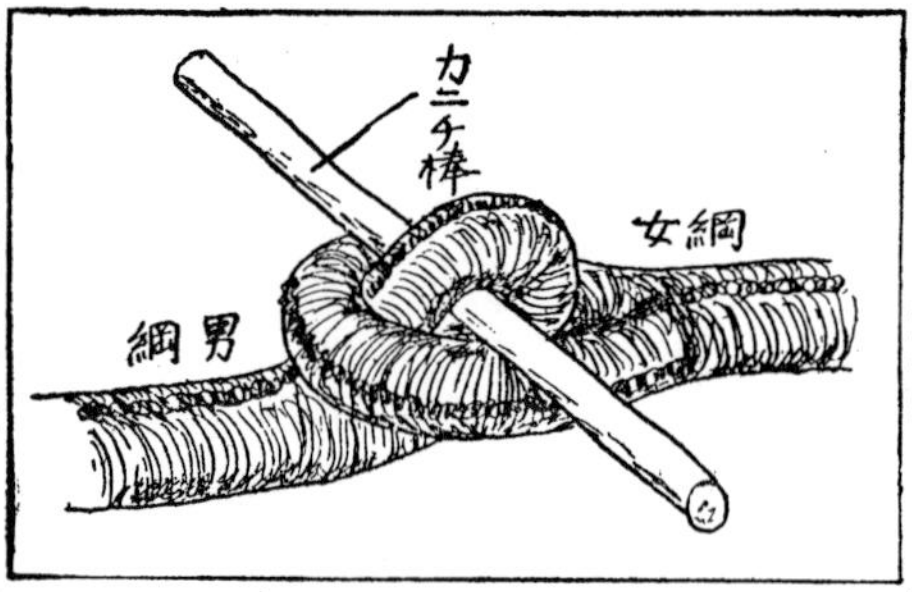

銅鑼と鉦子で拍子を取り「ハリョー」「ハーイヤ」の掛聲で男綱女綱はカニチの處を棒で差上げられて、靜かに近く。カロチ口には「カニチ人數」といふ屈强の男等が數人徑七八寸長さ二間位のカニチ棒を携えて扣へてゐる。繼ぐにはじらす樣にのろ〱とやる。さつさとつ

ないで仕舞つては「御願」にならないといふことであつた。やつと女綱のカニチの中に男綱のカニチを入れると、少し下げて來てカニチ棒を貫く。カニチ棒が貫かれると、再び銅鑼が亂打され、之を合圖にエイサー〳〵の掛聲で一生懸命に引く。「鐘打ち」「炬火持ち」は前後を走り廻つて味方に氣勢をつける。かくて五六分から十四五分で勝負は決する。手綱が切れては別に問題にならないが、本綱が切れたら、假令自分の方に引き寄せても負けになる。

勝負が決すると勝組の男達は棒を差上げ持たないのは兩手の握拳を頭上高く差上げて「エッサイ〳〵」の掛聲で「鐘打」を先頭に一かたまりになり、渦をなして敵方に躍り込み押し合ひ揉合ひ大に威勢を示す。之を「がーえー」と云ふ。がーえーとは鬨聲とか凱歌とかいふ意味である。女達も敵方までは踏み込まないが、男達の後について鼓を叩き謡ひ踊つて同じく氣勢を添へる。此間負けた方は靜かに勝組のなすがまゝに任かす。

二十分乃至三十分の後、今一回引く、斯くて綱引は終る。

一生懸命に引くのではあつたが、綱に負けても大して氣にしなかつた。子供達の間で暫くは何かの機會に負けた方のものをビーラー（弱い奴）と笑ふ位のものであつた。

綱は其場で賣つて、その錢で若者達は酒を飲んだ。綱を買ふのは首里の紙漉屋《かみや》の者であつた。需用の多い「茶紙」「炙紙《あぶり》」の原料にするのであつた。綱はいくつかに切断して馬背に積んで運び去られた。

綱はどの部落《むら》でも引いた。翁長から半里位の我謝《がーじゃ》の綱は有名で遠い所からも見物に出掛けた。我謝の女達は見物人が集まつて來ると互に自分の組に引入れようと、炬火を持つて爭奪戰を演ずる。綱引が始まると見物人に傍觀をゆるさない、炬火を差しつけて强制的に綱に取り付かせる。部落以外の者には指も觸れさせない翁長などとは全るで違つてゐた。

翁長と十町位距れた小波津《こはつ》の綱も又評判であつた。女達の歌や踊り方に特別なところがあつた。その「東立雲《あがりたつくも》や」の歌舞など有名なものであつた。

西原間切では、どの部落も大抵「晝綱」即ち晝間に擧行したが、他の間切では夜間に行ふところも可なりにあつた。首里や那覇の綱引は通例夜間に行はれた。炬火を持ち出す風習があり、特に「晝綱」といふ言葉があるのから見ると、夜間行ふのが本式だつたかも知れない。

中頭地方の或る部落ではがーえーの時の混雜を利用して、平常の欝憤を共同的に腕力的に爆發させる風習がある、と聞いたこともあつた。因業な金持ががーえー最中貧乏人達の爲めに溝の中に突落され、その上を數人の者が故意か誤つてか雪崩を打つて踏付け、これが原因で死んだといふ話を聞いたことがあつた。

又夜の綱引にはよく喧嘩があるので、晝引く樣になつたとの話もあつた。

首里では首里三平等（全市）の綾門《あやじやう》大綱、那覇では西東の大綱といふと、數年又は十數年目に「冠船」とか王の即位とかの時祝賀に催ほしたらしい。が首里や那覇の村(現在の町)では時々「材綱《むらつな》」が催ほされた。之等都會地の綱引となると「旗頭」が出る。「仕度」がつく、「チンク」といふて樂隊が出る。それはすばらしいものであつた。只だ農村のは「御願」が主であり、都會のは遊戲氣分が濃厚であつた。そして都會の綱引は農村のに影響を與へ農村でも旗頭を立て、仕度を出す處もあつた。

那覇や首里で綱引を計畫すると、附近の農村から藁を徵發した。大抵市場に出て來る農村部落に對し半命令的に何日までに何百束の藁を出せと寄附を申付けた。首里の汀志良次で綱引があると翁長なども寄附を强制された。寄附しないと市場通ひの農民に種々の惡戲をして之をいぢめた。農民は一應稻の不作を口實に束數の減少を歎願するのであつたが、「舊來の仕來り」を楯に都會人は聞き入れなかつた。結局農民は負けて大事な藁を寄附した。すると何百束の藁に對して酒の一升位が返禮として來ただけであつた。

漁村語彙（三）

柳田國男

エビスサマ　漁民一般に此神を海中より出現したまふものと信じて居る。頗る陸上の七福神と同じで無い。此例は無數であるが、たゞ其一二を擧げるならば、熊野の漁船は歸つて來て岸に近づくと、先づ海中のエビス樣に御禮として、魚の初穗を捧げるといふのは（民族一卷四號）、水中に投込むことらしい。九州各地の海人は海に潜がうとする際、カネを以て舷を叩き何か唱へことをずるは一樣であるが、對州に來る天草島の蜑は、其折にエベスサマと唱へて跳込む由（俚俗と民譚一卷八號）。隱岐福浦では漁に出て海から上つた石は、之をエビスサンと謂つて神棚などに飾つて置く。此石のある家は漁多しといひ、殊に西の方の海から上げた石を大切にする（郷土石號）。鯨をオエビサンと呼ぶとは佐渡・津輕・常陸の海岸その他各地の習ひであるが、一方には又壹岐や五島の如く、緣者不明の海難者の死體を、エビスと謂つて居る例も多い。壹岐では是に自分の肌著を脱いで著せ懇ろに葬つて遣ると其人の運勢がよくなると謂ひ（山口麻太郎君）、五島の奈良尾では或水死人が、其故郷の人の枕神に立つて、自分は今エビス樣に祭られて忙しくてたまらぬ。早く引取りに來てくれと賴んだので受取りに來ると、もう夷樣に祭つて居るから渡すことは出來ぬと謂つて、其死骸の引渡しを承知しなかつたといふ話もある。

エビスイシ　海から不思議に感得した小石を、夷神に祀つた例は阿波その他にもあるが、或土地では進んで之を求めて居る。薩摩下甑島の瀨々浦では、毎年漁期の口明けに際して、一家評判よく其の兩親の揃つた若者が新らしい手拭で目隱しをして、海に飛込んで海底の石を拾ひ上げ、それを夷神に祭る。同島片野浦では出漁の際に、船主自ら目隱しをして海に入つて求める。是を夷神に上げるといふが、實は供物で無く、夷神の神體を毎年改めるので、其例は附近各村にある。内川内といふ部落では人の形をした石を拾つた年、大漁があつたといふ話もある。大隅肝屬地方に於いても、同じ手續を以て海から上げた石を、祀つて居る夷社が幾つかあるといふことである。

エビスマツリ　又不漁の時に、まん直しの爲に催す酒盛りを、甑島あたりでは夷祭と謂つて居る。

エブネ　水上生活者の部落を、九州の西北部では家船と呼んで居る。長崎縣西彼杵の舊大村領に住む一團、平戸島の幸ノ浦を中心とする者、及び五島を根據地とする二つの群などが稍知られて居る。對馬の三根に居る者は近世の五島からの分派である。記錄文獻の側からでも、彼等の歴史は相應に古く溯ることが出來る。蜑とはちがつて潛ぎの漁はせず、鉾漁が最も巧みで、網は打つが釣は少しもせぬと言はれて居る。しかし是はたゞ一部の事實であつて、前代には蚫を献上して居たことが、大村藩の舊記にも見えて居る。今日の主たる生業は運送に在るらしく、戸籍の屬する村はあるが絶えず家と共に移動して兒童の就學を困難ならしめて居る。陸には墓があり、盆と正月とだけは此本據に歸つて來る。錢を以て產物を買はれることを好まず、豫め陸上の知人に物を贈つて置き、五節供などに呼ばれて來ることを樂しみとし、此關係を親類と謂つて居る（河崎恒二君）。仲間には色々の變つた風習が有るらしいが、まだ一向に知られて居ない。船の中では「おもて」まで遁げて行つた者は罰しないといふ信仰がある。又「赤猫」といふ語を非常に忌む。ベーロンを行ひ、頭の上に物を載せる。是とよく似た生活をする者は、瀬戸內海等にも若干は今も居るが、家船といふ名が無い爲に別の種族のやうに看做されて居る。

エビスガニ　備前の海岸三幡村などで、蟹の一種の中に人の顔のやうな形の見えるものいふ。平家蟹は別に有るといふが（中國民俗研究一卷一號）、尙その同類かと思はれる。日本の漁民に海の亡靈を怖るゝ信仰が強かつたばかりに、一種斯ういふ特徵のある動物が出現したといふことは、進化論の面白い一例證である。

エビスガヒ　一名ヘーローー貝、蚫の貝殼に目が一つしかほげて居らぬもの。肥前名護屋の男蜑は、此貝を捕ると幸ひがあると謂つて、エガヒと同樣に之を荒神樣に上げる。

エンコウ　中國四國の西半では河童をエンコウと謂つて居る。猿との混同かと思ふ。普通は川池の淵に居るのだが、海近くの村では海にも此怪が住むと信じて居る。長門相島の山口氏の傳說は、他の諸國に於て馬に惡戯して手を折られた河童の話と同じく、やはり骨繼ぎの秘藥を此家の主人に傳へて、折られた手を返して貰つたと謂つて居る。

エラゴ　陸中の海岸で沙蚕のことを謂ふ（大槌鄕土資料）。九州でイハムシといふものと同じらしい。

オイガワラ　海の底をカワラといふ語は弘く行はれて居る。是に二種あつて、一をタテガワラ、他の一つをオイガワラと謂ふ。覆ひ底の意かと思ふが、詳しい記述はまだ得られない。是も甑島の語である。

オエビスサン　前に掲げたエビスサマと同じ。佐渡では

鯨海豚胡獱などを尊稱していふとある（佐渡方言集）。阿波の日和佐浦などでは、水死人を引上げて供養することを、オエビスサンを拾ふといふ。斯うすれば漁獲が多いと信じられて居る。

オガタマサマ　肥前の馬渡島に於て、船靈樣をさう謂つて居る（山口君）。

オキアガリ　關東各地の漁村の言葉、大漁又は大漁の祝をさういふ。漁獲物を滿載して濱まで船を乘入れることが出來ず、沖で其一部を揚げて船足を輕くするからの名らしい。

オキエマツリ　薩摩南端の濱兒ヶ水で行はれる。漁利の振はぬ際に行ふ臨時の祭で、前にいふエビス祭と似て居る。佐多の御崎神社を遙拜して十二番の舞があり、其第十一を爰でも蛭兒舞と謂ふ。白丁烏帽子の一人釣竿手籠を持ち、餌を撒いて釣を垂れる所作をする。一番に飯匙を釣り上げ二番には杓子、三に摺小本、四番目に女を釣り上げて驚いて誰ぞと問ふ。我こそは底津綿津宮の姫と答へ、一同大に悦んで盃を擧げるのであ

つた（薩隅日地理纂考）。

オキカキ　漁夫が船に出ることを避けのがれることを茨城縣でいふ（風俗、四五三號）。

オキギモノ　又沖袷ともいふ。紀州で漁夫の仕事着のことを謂ふ（木下虎一郎君）。相州でボッコ、他の多くの地方でボッコといふのも同じものである。

オキコトバ　沖言葉。海上に働く人たちには、忌んで使はない單語が幾つかあるらしい。それを集めて見るは有益だが、今はまだ多く知られて居ない。松前の漁場には七つの忌詞があり、之を犯す者の制裁は峻嚴であつた。所謂鹿をツノアルモノ、狐をイナリ、熊を山ノオヤヂ又は山ノ人、蛇を長モノ、鯨をエミス、鱒を夏モノ、鰯をコマモノの七つであつたが、何故に此七つのみを嫌ふのか明らかで無い。越後の濱にも沖詞はあり、帆柱を轉ばすをナホス、歸ることをモドル等と謂つた（出雲崎）。但し此地方で沖詞として採集せられて居るものは、多くは只の方言である。

オキザ　隅田川の船で、櫓の船べりに接する處をオキザと謂ふ（郷、四卷六號）。

オキノゾウ　靜岡縣の海岸で信天翁といふ鳥を沖のゾウ、又白ゾウ黑ゾウ馬鹿ゾウなどの名もある（内田君）。ゾウはジョウの轉訛で人に對する敬稱であつた。是も亦もとは忌詞かも知れぬ。

オキバコ　沖箱、漁夫が沖に乘出す時、各自の私有物を入れる箱。マクラバコ又はフサラバコといふ土地もある。横一尺あまり、煙草ほくち附竹・鈎などを入れ、夜は之を枕として、つゆも身も放たぬものといへり（小鹿の鈴風）。

オキバリ　川漁の言葉、鰻などを釣る。夜間しかけて置いて朝行つて見る。利根川その他關東の川筋でよく此名を耳にする。

オキユウレイ　海の怪物。筑前蘆屋などでいふ。次に叙べんとするシキユウレイと同じものらしい。

オゴ　九州の諸島で、漁船の水子をオゴといふは是も亦網子である（アゴの條參照）。肥前江島など、船方ともいふがオゴの方が通りがよい。薩摩下甑島の瀬々ノ浦でもオーゴ、但しシビ網の水手に限つて居る。村の良い衆の家の子は、王の子だから技倆は少しも無くても船に乘つた。それ故に王子と謂ふのだなどゝ傳つて居る。其オーゴの頭をばメッケと謂ふ。

オゴリ　遠州地頭方の浦人は、鰹が澤山に捕れるとそれをオゴリと稱して御稻荷樣に献上するといふ（土の色七巻一號）。オブリの誤りで無いか。

オシアナ　東南の强風を西國各地でいふ。是も物類稱呼以來、百七十年間變化が無い。薩摩では又オッサナゴチ。夏季の颱風は多くは是である。アナジの押返しの意味らしいことは其條に述べた。

オシウヲ　相州山村の漁法。川水の濁つた時又は夜間、魚を手で押へて捕る方法といふ（鈴木君）。

オシオクリ　漁村から魚荷を積み運ぶことを伊勢灣などでいふ。伊豆では是に用ゐらるゝ輕快なる無蓋の小舟をいひ（鄕、一卷二號）、東京灣頭では更に轉じて、海上不時に出現する不思議な小舟の、押送りのやうにして漕いで行くものをも謂つて居る（同上一〇號）。即ち他地方の船幽靈である。

オシホイ　九州海沿ひの各地其他西國一般に神を拜む者の海に潮で身を淨める行事。潮水を汲むもあり砂又は海藻を取る者もある。御潮齋である。詳しくはシホイの條に敍べる。

オショウサマ　土佐の幡多郡で、船大工が新船に船玉樣を安置することをオショウサマを入れると謂ふ。次で船卸しをして湊の中を三回まはる。ショウは精、即ち神靈のことである。處によつてはオシンを入るともいふ。

オタタ　伊豫松前の湊の女たち、頭に魚を載せて賣りに來るのを、古來松前のタヽと呼んで居る（伊豫溫故錄）。イタダキといふ語からの變化に違ひない。

オダブクロ　肥前名護屋や小川島の海人の使ふ袋。ハチコに取附けた藁製のもので、五島や平島ではスカリと謂つて居る。又蠑螺袋といふ者もある。此袋を使ふ處では磯桶は用ゐない。

オツカイ　安房では漁船の長をオッカイと謂つて居る

（安房誌）。

オニヲコシ　薩摩出水郡佐潟の海人など、蚫起しのことをさういふ。オニは海膽卽ちウニである。曲つた方を以てウニを捕り、直ぐな方を以て蚫を起す。此土地のものは筑前岩屋のものに近い。

オヒアミ　羽後の八郎潟で用ゐられて居た一種の漁法。追網である。今も尙行はれて居るらしい。「夜もすがら引きあるく舟に、胴木といふものを横たへ、それを槌して打驚かし魚を追ふ」ものであつた（恩荷能春風）。

オブリ　前にいふアゲイオと同じく、初穗を此神に奉ることを遠州の海岸でいふ（内田君）。

オホヨド　馬入川上流で、川の淀に使ふ大きな網の名（鈴木君）。マチアミと同じ歟。

オミガリバチ　伊豆の東海岸で、漁夫の辨當籍をさういふ。ハチとはいふが是も箱であつた。沖箱と同じかと思ふ。

オモテ　船の前部のことであるが、又一番前に在る櫓を漕ぐ役をもさう謂つて居る。一生の間鰹船に乘つて居ても、腕が無いとオモテには進めない。單に力倆の優れて居るだけで無く、二里も三里も先の海面に飛ぶ鳥の擧動を見わけて、漁場の選定をするまでの氣働きが無ければならねものと蚫島などでは謂つて居る。

オモテマキ　肥前小川島の鯨場などでは、鯨が捕れる度に一本づゝの新しい茶筅を、セコ船のミヨシに卷付けた。是を表卷きといふ。藁でこしらへた三つ股の矛である。

オヤカケ　鮎の友釣りのことを中國筋ではよくさう謂つて居る。オヤといふのは釣絲に繫いだ魚のことで、オヤの用法が骨牌などの親とよく似て居る。

オロ　肥前千々岩で、地曳網の魚の入る部分をオロと謂つて居る（山本靖民君）。オロは薩摩などで笠を書き、牧の野馬を追込んで捕へる土居の圍ひのことである。この二つのオロは明かに同じ語である。

オロシ　九州の海岸各地、豐後の南海部でも、大隅の根占地方でも、關東でハシケといふ小舟をオロシといふ。用あるに臨んで隨時に卸して使へる舟といふ意であらう。此舟を出すことをオロスと動詞にも使つて居る。

カイサキジホ　鹽竈副産の粗鹽をいふ。又泥鹽とも鼠鹽とも謂ふ。

カイドウセン　九州の一部で漁船の胴の間に魚を生かして置く處の栓。生け洲を曾てカイド（飼處）と謂つた語が、複合によつて殘つて居るのである。奥州の野邊地などで、大酒盃の下に穴があつて指を宛てゝ手に持ち下には置かれぬものを、カイドウジといふのは或は是からの轉用で無いかと思ふ。

カイナンボシ　伊豆大島及び其傍近で、正月二十四日の夜來るといふ精靈をさう呼び、海難法師海難坊などの字を宛てゝ説明して居るとは、山口君の文その他で知られて居る。漢字は後のもので名の起りは別に有つたらうといふことが、他の島々との比較からも想像し得られる。沖繩で貴き神々をカナシと呼んだことも思ひ合すべきである。

カイロ　下甑島の一部などで、鰹船に限つて取舵の一番櫓をさう呼んで居る。之に對しておも舵の一番櫓をすモテ、二番櫓は前者を脇櫓、他を伴櫓といふ。かい櫓は至つて六つかしい役である。

カガス　常陸の海岸で船を曳く網を謂ふとある（茨城縣方言集覽）。綱の誤植では無いかと思ふ。

カキダシ　長門の向津具半島の大浦などで、海面に突出した竹の乾し棚を謂ふ。少し離れた黄波戸浦ではカケダシ、肥前北松浦の大島でもカケダシだから、掛け出しの意とも解せられるが、別に又次のやうな例もある。

ガキダナ　肥前五島の嵯峨島でガキ棚といふのは、屋敷の隅に垣に接して、濱に臨んで掛け出された丸竹の棚である。此上で網を干し又鮑なども干す。五島の奈良尾では之をガケといふ。西國一般に濱へ下りる石段を意味するガンギといふ語と、關係がありさうである。ガンギは北國では軒下の冬の通路を謂ふが、他では弘く石段のことで、又石垣をもさういふ處がある。崖をガケと謂ふのと一つの語らしい。

ガクソ　鹽濱用語。骸砂を鳥取地方でガクソ、是をガワから取除くことをガクをはねるともいふ（鹽業全書）。

カケギ　九州の西海岸で一般に、潜水者の使ふ**鈎**を謂ふ。大小の二種あつて、小かけ木は左手に持つて磯海老などを引掛け、大きい方では魚を突く。是も片手であるが用法が大分ちがふ。**鈎**には戻りが附いて居て之をマチと謂ふ。土地によつては單にカギとも謂ふ。隱岐のカナギも元は同じもの丶名らしい。

カゴバ　籠場。伊豆の伊東あたりで濱からや丶遠く、兼て鰯の餌を生かして置く場處のことである（鄕、四卷三號）。房總の海岸にも丸い大きな竹籠を、浦に浮べて居るのを屢々見るが、それを何と謂ふかはまだ記錄せられて居ない。

カシアミ　下甑の片野浦で、海老を捕る網、三十番ヤコの絲で編み、カッチンで染めたものといふ。同じ語は豐後日田の山川にも倘行はれて居る。こ丶では簡單な裝置の川中の建網である。

カシドリアミ　右の海老捕り網を同じ薩摩の佐潟では斯うも謂つて居る。

ガゼヲコシ　海人の持つヲコシガネ、即ち鮑起しのことを、筑前の大島ではガゼヲコシと謂ふ。是で雲丹をも起すからである。雲丹（海栗）をカゼといふは古語で、現在では志州鳥羽、奥羽の海岸にも弘くガゼと謂つて居る。

ガタ　下甑島の瀨々浦などでは、海の渚の足元のぬかるやうな處をさう謂つて居る。古く年魚市潟など丶謂つた潟は是と近いが、北陸諸國の潟は只湖沼のことで、必ずしも海近い laguna だけには限つて居ない。

カチ　九州北部は一般に、海上の魚群をカチ又はカヂと謂ひ、海のわき方によつて大カチ小カチの別がある。大カチ即ち大きく湧くのは大魚である。彼杵地方には又「魚のカチ」といふ語もあるから、カチはたゞ群といふ意味の語らしい。

カヂキ　又カイヂキ。福島縣の海邊で船のカハラ即ち龍骨から左右に張つた木。志賀島の舟はや丶平目に張り、他の地方のは立つて居る。普通此の部分を黑く塗る。備前の邑久郡にもカヂキ・コカヂキとふ語がある。同じ部分の名かと思ふが、精密には比較せられて居ない。

雜誌掲載

島關係記事目錄（三）

（伊豆七島・小笠原群島の部　其の三）

大藤時彦

伊豆七島

一、七島マリアンナ造山帶に就いて　德田貞一（地理學評論三ノ四）

一、豆南列島の深溝　佐々木彦一郎（同　三ノ六）

一、伊豆神津島火山島の地形と地質構造とに就いて　津屋弘逵（同　六ノ七）

一、伊豆諸島及マリアナ諸島附近の潮流に就いて　小倉仲吉（同　六ノ七）

一、伊豆諸島の聚落　辻村太郎（地球　五ノ五）

一、明治七年の三宅島火山活動の様式に就て　神津俶祐（同　七ノ五）

一、三宅島產灰長石の諸性質　神津俶祐（同　七ノ六）

一、八丈島と青ヶ島　神津俶祐（同　八ノ五）

一、三宅島火山噴出物の研究　神津俶祐（同　九ノ五）

一、三宅島について　夏目報（同　一〇ノ二）

一、三宅島產橄欖石の化學成分　瀬戸國勝（岩石鑛物鑛床學　一ノ一）

一、伊豆諸島の鳥類　波江元吉（動物學雜誌一ノ一〇・一一）

一、伊豆七島產鳥類に就て　黑田長禮（同　三〇ノ三五八）

一、伊豆諸島產新鳥　籾山德太郎（同　二五ノ四一七—四三一）

一、大島火山探究報文　山崎直方（地質學雜誌　三ノ二九・三〇・三一）

一、伊豆諸島旅行者の爲めに　（同　七ノ七八）

一、伊豆諸島に產する顯晶質石彈に就て　福地信世（同　八ノ一）

一、伊豆大島熔岩流下の人類遺跡　大築洋之助（同　八ノ一）

一、再び伊豆地方旅行者のために　（同　八ノ一）

一、伊豆大島に於ける觀察雜俎　佐藤傳藏、福地信世（同　九ノ一〇四）

一、伊豆新島の地質大要　福地信世（同　一〇ノ二二・三）

一、伊豆新島產の流紋岩　福地信世（同　一〇ノ二五・六）

一、神津島火山岩の岩漿分化に就きて　津屋弘逵（同　三六ノ四二九）

一、伊豆七島の黒潮　水野正義（地學雜誌 九ノ一〇五・六）
一、伊豆大島熔岩流下の石器時代遺跡　鳥居龍藏（同 一四ノ一五九・一六〇）
一、豆南諸島の風土　矢部眞功（同 一ノ一〇・一）
一、伊豆大島に於ける觀察雜俎　佐藤傳藏、福地信世（同一四ノ一六一・二）
一、伊豆神津島地災地調查報文　野田勢次郎（同 一九ノ三三八）
一、大島火山の過去及現在　中村清二、寺田寅彥、石谷傳市郎（同二〇ノ三三八・九）
一、豆南諸島　小林房次郎（同 二四ノ二八三）
一、南海廻島雜談　石井八萬次郎（同 五ノ四九九）
一、大島三原火山　岡村要藏（同 二五ノ二九一）
一、豆南諸島と富士火山帶　福地信世（同 一五ノ一七三）
一、三宅島の火山構造一斑　福地信世（同 一六ノ一九〇）
一、再び豆南諸島と富士火山帶に就て　福地信世（同 一八ノ二二〇）
一、大島三原火山活動の現狀　佐藤傳藏（同 二四ノ二八七）
一、豆南諸島噴火の歷史　大森房吉（同 二七ノ三三二）
一、伊豆大島三原山火孔底の熔岩丘　大森房吉（同 二七ノ三五〇）
一、八丈島の地形及地質　新帶國太郎（同二四ノ二七七―二八三）
一、八丈島で野牛狩（山林 五七一）
一、八丈島よりの鳥便り　小川三紀（動物學雜誌一六ノ一八三・一九六）
一、新八丈島產トラッグミに寄生せる所謂單口吸蟲の一種　森下薰（同 三六ノ四二七）

小笠原群島

一、硫黃島の產業的進化　石田龍太郎（地理學評論 六ノ七）
一、硫黃島地質見聞記　本間不二男（地球 四ノ四）
一、小笠原の地質其他（同 八ノ六）
一、鳥島信天翁の話　服部徹（動物學雜誌一ノ一三）
一、小笠原產からすばと一種に就きて　飯島魁（同 六ノ六三）
一、小笠原島動物界　弘田長守（同 六ノ六八・九）
一、南島雜話十件　弘田長守（同 六ノ七三）
一、小笠原諸島の動物　吉原重康（同 一三ノ一五六）
一、硫黃島產鳥類數種に就て　內田清之助（同 二三ノ二七六）
一、硫黃島にて新たに獲たる鳥類　黑田長禮（同 二四ノ二九〇）

一、人に馴れたる小笠原島の鶯　大道金松（同　二六ノ三三三）
一、小笠原島產の海藻　岡村金太郎（植物學雜誌二二ノ二九・三〇）
一、小笠原群島の研究　今和次郎（人文地理　一ノ二）
一、小笠原母島の方解石　（地理學雜誌　一ノ二）
一、小笠原產赤沸石に就て　（同　一ノ五）
一、小笠原島は富士火山線中にあらず　吉原重康（同　八ノ一）
一、小笠原島廳附屬未開の島嶼　吉原重康（同　八ノ一）
一、小笠原旅行案內（附鑛物採集）　（同　八ノ一）
一、南鳥島の記　吉田弟彥（同　九ノ一〇九）
一、硫黃島火山列島　（同　三ノ一）
一、小笠原產古銅輝石のX線分析　高根勝利（同　三九ノ四六五）
一、南鳥島と北太平洋問題　志賀重昂（地學雜誌一五ノ一六九・一七〇）
一、鳥島破裂實撿記　猪間牧三郎（同　一四ノ一六五）
一、南鳥島視察　吉田弟彥（同　一四ノ一六六）
一、鳥島破裂概報　大森房吉（同　一四ノ一六六）
一、鳥島の破裂　金原信泰（同一五ノ一七一・二）
一、硫黃島附近に現出したる新島に就て　金原信泰（同　一七ノ一九六）
一、新硫黃島視察談　佐藤傳藏（同一七ノ二〇一・二）
一、硫黃列島に就て　脇水鐵五郎（同一九ノ二三四・五）
一、南硫黃島附近に湧出せる新島視察談　池上隆（同　二六ノ三〇三）
一、小笠原島植物分布の狀態　服部廣太郎（同一九ノ二三四・五）
一、小笠原群島北西方の反流に就て　大原利武（同　二一ノ二六七）
一、小笠原島沿海流に就て　藤森三郎（同　二四ノ二八六）
一、南鳥島日誌　矢外生（同　一四ノ一六六）
一、小笠原火山帶との關係に就て石井君に答ふ　佐藤傳藏（同　一八ノ二〇七）
一、佐藤君の高教を深謝し卑說を陳す　石井八萬次郎（同　一八ノ二〇九）

同人寄語

大島の炭燒　本誌一號に須田さんの撮られた神津島の炭燒小屋の寫眞が出てゐたので、話は大島であるが一寸其の事を書いておかう。炭燒の竈は火山灰と粘土を混じて作るさうである。大きさは奥行一丈幅九尺程で、中は奥の方へ二寸程下つて向配が付けてある。突き當りに煙突があつて此部をクドと呼んでゐる。

炭燒には本木《ほんき》と云はれる普通の木炭になる材二尺位の長さの物を先づ縦にぎつしりと並べ、其の上に同長位のサシキと云ふのを横にして塡める。此は中粉と呼ばれる炭になるもので、本炭としては本木より十錢がた價値が低い相である。此の他コブと云ふものも燒く。これは瘤（節）の出てゐる木で八寸位の長さに切つてある。本島で燒く材はミヅキ、イヅサ、櫻、榛などである、序でであるが此島ではイヅサはオヤネラミの名で知られてゐる。炭を燒くには先づ一日位竈を暖めて次に四、五時間充分火を強く炊いてから愈々サシキに火を付ける。サシキから徐々に本木へ燃移つてゆくので五十時間位かうして燃やす。此時入口は石を積んで其間に泥を塗り、たゞ小さい空氣の通る穴だけを殘しておく。其の後で密閉して七十時間も放置すると充分炭化すると云ふ。こゝらの竈では一回に四十貫位炊けるさうである。勿論枯れた木が良いので普通四十日から二ケ月程枯らすと云ふ。（山口貞夫）

オホミヅナギ島　御藏島のカツヲドリといふのは正しく海産保護鳥のオホミヅナギドリ（大水凪鳥＝Puffinus leucomelas, Tamminck）であります。ミヅナギドリ六種の内の一番大柄なもので、翼長一尺一寸、嘴峰一寸六七分あります。鰹の魚群が鰯などを追つて來るのを認めて、其雜魚を空襲する。漁業者は其活動によつてナムラを知るのでカツヲドリと通稱してゐます。そのための保護鳥です。

京都府加佐郡冠島及島根縣日御碕敎島の二島では天然記念物に指定されて居ります。

御藏島でも勿般論一には捕獲を許さないのでありますが、大事な黄楊樹林を荒すといふ理由の下に、九月中旬時を定めて巣立鳥を捕りに行きます。一人で五十羽位かついで一期に三千羽位捕つて來るさうです。栗本惣吉氏は塩藏にして食用に供します。之を罐詰にして見ようと目下試験中であります。

陸前江の島のハナダカも正しく保護鳥の善知鳥（ウトウ）であります。

海産保護鳥に就ては農商務省農務局編纂の「海産保護鳥類圖說」（大正元年八月刊）があります。（本山桂川）

蛇皮線といふ語　富山房の家庭百科事彙を見ると「三味線は永祿年間に琉球から渡來した蛇皮線を日本的に改造したもの」だとしてある。即ち琉球のは蛇皮線であり日本のは三味線だといふのである。これが一般の通說であらう。「弓張月」には蛇味線とあり、田邊尙雄氏はその「島の唄と踊」の中に矢張蛇皮線の語を用ひてゐる。ところが沖繩出身の音樂研究家、山内盛彬氏は嘗つて啓明會の講演で「他府縣の方々は蛇皮線と稱へますが、國ではやはり三味線と申して居ます」と述べてゐる。實際沖繩では蛇皮線などいふ人はゐない。沖繩の三味線には「蛇皮張り」と「澁張り」の二つある。胴を張るのに上等なのは蛇皮を用ひ、下等なのは芭蕉の根莖から採る澁汁を用ひて藁紙で張る。「澁張り」は卽ち澁紙張りである。この蛇皮も沖繩特產のあの毒蛇ハブの皮ではなくて南支那からの輸入品である。蛇皮で胴を張ることから蛇皮線といふことになり、それが「弓張月」などで普及されたのではなからうか。これと同樣なのは「琉球」といふ語である。この語は日本に於けるジヤパンと同樣、沖繩では外來語に過ぎない。沖繩で琉球といつても文盲な者や子供などには通じない。沖繩といへば誰にもわかる。それにどういふ譯か知らぬが沖繩人の耳には琉球といふ語はよい感じを與へない。中には聊か蔑視の意を含めてゐるかの如く解する人もある。兎に角、「蛇皮線」も「琉球」も沖繩の人にとつては押付けられた外來語である。他の島々にも斯ういふ言葉がありはしないか？（奧平次郎）

島の植物調査　御藏島ではその傳統的島是とする森林經營から有用樹種の調査は一通り出來てゐるが、藥用或は救荒等の野生草木類に就て未だ手がとゞいてゐない。小學校の先生なぞ、てんで名も知らぬ。本草に熱心な專門家か篤志家があつて、其調査を希望されるならば、相當の便宜と後援をしようといふ人もある。小生迄御照會下さらば喜んで御紹介いたします。（本山桂川）

元服祝に拳骨　櫻田勝德氏の長門六島見聞記の「元服祝」のところに「此際友人らが月代を剃つたあとを、拳骨でなぐつて祝つた」といふのを讀んで思ひ出したのは琉球に於ける同樣な風習のことである。舊時男も未だ結髮してゐた頃、元服祝に當るものは「片髮結《かたかしらゆ》ひ」といふのであつた。男兒九歲から十三歲の間に矢張り月代を剃り成人同樣の「片髮《ゆたかしら》」を結ふ式であり、親戚知人を招いて祝宴を張つた。この片髮を結つて後初めて友達の間に行くと「御祝儀々々」と叫んで友達のものが握拳で三遍づゝ頭をコツン〳〵とやつたものである。これを「初ゴーサー」を喰はすといつた。「コーサー」とは握拳の中指の曲げた所で頭をコツン〳〵とやることであつた。（比嘉春潮）

島に間する記事　東京帝國大學理學部會發行の「理學部會誌」には仲々面白い記事でみたされてゐる。その中島に關係のある記事では△佐渡の外海府紀行、加藤武夫、大正十三年第一號　△島の祭禮と山の制度（能登島の伊夜比咲神社の祭禮と白山の出作りの記事）麥谷（石田）龍次郎、大正十四年第三號△日仰（臺灣の記事）同人、大正十五年第四號△球陽片信（沖繩の話）武見芳二昭和二年第五號△島（靑ヶ島太平洋諸島の民俗）佐々木彥一郎、同號　伊豆大島の旅　平野凸美、昭和三年第七號、等がある。

（S生）

編輯後記

○「島」の同人は、何れも最も親切な此事業の支持者であるが、その支持の方法は素より一樣で無い。多數熱心の愛讀者以外、或は有益な研究の公表を約し、或は島々の埋もれた資料や篤學者を紹介し、或は弘く知友の間に我々の趣旨を宣傳しようと意氣込んで居る人もある。將來は又或は豐かな物質的援助を以て、もつと容易に誰にでも讀めるやうにしようといふ者も出來て來るかも知れない。我々はそのあらゆる種類の協力に期待して居るのである。雜誌も讀んで居る暇が無いといふ人があるかとも思ふが、折角出來たのだから一應は限無く同人間に配布するだけで、同人だから購讀を强ひるといふ考は我々には無い。それを一般豫約者と混同して、前金拂ひを督促したのは發行所の所爲だが、又我々の注意の足らぬ爲でもあつた。どうか氣持を惡くせぬ樣にしてもらひたい。今後も「島」はたゞ各位の任意の支援に期待して居る。さうして此事業を成立たせたいといふ好意の、月を追うて增加せんことを禱るのみである。(編輯者)

○寄稿や通信を通して見ると、吾々の計畫は未だ弘く知られてゐません。期する所は凡ゆる島嶼の記述紹介でありますが、それを實現するには同人の分布が偏在して各地に行渡つてゐません。今迄餘り紹介されなかつた島々、記述されなかつた事柄はそれだけ本誌にとつて貴重であります。同人諸賢の援助によつて各地に同人が出來又かういふ記錄の集まるのを希望いたします

○全誌面は同人諸者に開放されたもので、凡べての寄稿は大いに歡迎致します。筆をとる暇の少ない方は時折心に浮んだ事柄や讀後の感想批評等葉書で結構ですから同人寄語欄に寄せて下さい。これが同人間の連絡ともなり研究問題の提出ともなりますから。又創刊號に出てゐる「島から來たもの」や「人の顏」は引續いて讀者に寄稿を求めてゐる問題です。(比嘉)

月刊 島 每月一回發行

定價 一部 金三拾錢 送料二錢
半年 金一圓八拾錢 送料共
一年 金參圓五拾錢 送料共

廣告料 一頁 表紙四、金七拾圓。表紙二、金五拾圓。表紙三、金參拾圓。普通頁、金貳拾圓。

注意 誌代は必ず前金のこと。御送金は振替東京七五九七六番を御利用下さい。

昭和八年六月廿五日印刷
昭和八年七月 五 日發行

編輯兼發行者 東京市麴町區四番町九番地 足助たつ
印刷者 東京市神田區錦町三丁目十七番地 須藤紋一
印刷所 東京市神田區錦町三丁目十七番地 三鐘堂印刷所

發行所 東京市麴町區四番町九番地 一誠社 電話 九段 二五六八 振替東京七五九七六

大賣捌所 東京堂。東海堂。大東館。北隆館

東京精神分析學研究所編輯

精神分析

七月號

五拾錢 稅四錢

—口繪 青山熊次作「金佛」——ミケルアンヂェロ肖像—

精神分析と教育……長谷川誠也
最近の分析學的教育論鈔……高水力太郎
乗馬咎めの神佛……中山太郎
ヒステリーの心理的機制とその醇化……矢部八重吉
戀愛に於ける救助願望の研究……大槻憲二
精神分析昔話……上野陽一
精神神經症の分類……大槻憲二
左翼劇場の『恐怖』を評す……伊東豐夫
素盞嗚尊（戲曲）……龜山靜枝
母の影像（『素盞嗚尊』の分析）……松居桃多郎
時評……講座……內外彙報……記者

東京市日本橋區通三丁目七番地
不二出版社
電話日本橋四三四七番
振替東京三八六九〇番

爽かな夏來る
旅行は外國通ひの巨船で

左記割引運賃を御利用下さい

實施區間　日本內地諸港間

割引率　各等　片途　壹割引
　　　　　　　往復　貳割引

（團體割引率は別に御照會願ひます）

發賣期間　自昭和八年六月十五日
　　　　　至同　九月十四日

往復切符有效期限　貳箇月

印刷物『夏の船旅』贈呈

日本郵船

本店　東京丸ノ內

支店　橫濱・名古屋　大阪・神戶　門司・長崎

東北の土俗

日本放送協會東北支部編

四六判船來クロース装
二八八頁 箱入美装
定價壹圓五〇錢
送料 十二錢

● 本書は、昭和四年六月以降前後二十囘に渉つて放送した土俗講座の集録したものであります。

● 此の土俗講座は、主に東北に深い關係を有つもののみでありますので書名を特に「東北の土俗」と題しました。

● 土俗學に關心を持つ人々の一讀を要するものと深く信じてゐます。

東北土俗講座開講に就て……佐々木喜善
屋内の神の話……佐々木喜善
網地島の山猫……三原良吉
二老人の話……佐々木喜善
南部恐山の話……中道等
秋田三吉さん……佐々木喜善
下北半島の鹿の猿……中道等
誘拐民譚……刈田仁
子供遊戯神の話……佐々木喜善
東北と郷土研究……柳田國男
こけし還子に就て……天江富彌
村の家……中川善之助
東北は土俗學の寳庫……中山太郎
民俗藝術家としての東北人……森口多里
東北文學と民俗學との交渉……折口信夫
平内半島の民俗と傳説……中道等
言語と土俗……金田一京助
巫女と座頭……金田一京助
書かない手紙……藤原非想庵
農民の文學……佐々木喜善

（收錄は放送順による）

發兌

一誠社

電話 二五六八番
東京市麹町區四番町九番地
九段
振替口座東京五七九七六番

島

第一巻 第四號

昭和八年七月十五日印刷
昭和八年七月廿五日發行

記事要目

佐渡が島
瀨戸内の海
島の船着場
青ケ島還住記
肥前五島日記
流人生活と御藏島
讃州伊吹島の習俗
奄美大島一夕話
阿波伊島素描
諸島文獻目錄
喜界島昔話
針突圖誌
漁村語彙

編輯　柳田國男
　　　比嘉春潮

東京　一誠社　發行

昭和三年一月創刊

旅と傳説

一部五十錢・半年二圓九十錢・一年五圓八十錢

誕生と葬禮特輯號（七月）

（一圓五十錢・送料四錢　八ポ二段組三百餘頁）

論　一、生と死と食物　　柳田國男
　　一、本邦古代墳墓の沿革　　喜田貞吉
說　一、琉球人の命名法　　伊波普猷

各地の誕生と葬禮　青森縣八戸市、同野邊地、秋田縣仙北郡、同大曲町、岩手縣遠野町、同雫石地方、宮城縣牡鹿郡、福島縣石城郡、佐渡國、新潟縣中魚沼郡、栃木縣芳賀郡、同宇都宮、茨城縣浮島、千葉縣、伊豆諸島、神奈川縣津久井郡、長野縣飯田町、同諏訪湖畔、石川縣鹿島郡、靜岡縣濱名郡、愛知縣豐橋市、愛知縣起町、滋賀縣高島郡、奈良縣高市郡、和歌山縣田邊町、大阪府豐能郡、京都府舞鶴、兵庫縣布引附近、岡山縣今村、同府中町、廣島市、島根縣波子町、同簸川郡、隱岐國、山口縣大島、德島縣名東郡、香川縣高松市、愛媛縣喜多郡、同松山市、高知市、同長岡郡、福岡縣、長崎縣島原、宮崎縣眞幸、熊本縣阿蘇、同南關町、鹿兒島縣宮之城町、同高山、同甑島、同十島村、奄美大島、喜界島、沖繩本島、八重山列島、北海道、朝鮮。

右の如く廣區域に亙る未曾有の大採集である。充分の自負を持つて世に送る。必ずや先の婚姻號同樣江湖の絕讚を得るであらう。

婚姻習俗號

八ポ二段組・二百餘頁
定價一圓　送料三錢

論　婚姻形式論……………中川善之助
　　朝鮮の掠奪習俗に就いて…孫晋泰
說　神代史の構成と婚姻相…中山太郎
　　古風の婚禮……………折口信夫

各地の婚姻習俗

略々誕生と葬禮號と同じ廣區域に亙る大採集である。この二册によつて人生の三大儀式の研究資料は前例なき豐富さを示して居る尚其上に堂々たる一流先生方の論說あるに於てをや。

東京市神田區
西今川町五

三元社

電話神田二〇四四
振替東京七七七五二

第一巻　第四號　（昭和八年八月）

肥前五島日記（上）……橋浦泰雄（一）

流人生活と御藏島……栗本惣吉（一二）

佐渡が島（中）……ロバート・ホール（二三）

青ケ島還住記（上）……柳田國男（二九）

瀬戸内の海……櫻田勝德（四二）

針突圖誌……小原一夫（四四）

阿波伊島素描……山口吉一（四六）

島の船着場……本山桂川（四九）

奄美大島一夕話……（五五）

讃州伊吹島の習俗……横田實（六三）

喜界島昔話……岩倉市郎（六九）

諸島文獻目錄（四）……青柳秀夫（七九）

漁村語彙（四）……柳田國男（八七）

琉球に於ける血液の土俗（一〇）……學生調査隊の千島探檢（二一）……新著紹介（三三）……

正月二十四日行事補（二八）……孤島に移住して自力更生（五四）……五島に渡るには（七八）

來信二件―漁村語彙に就て（九五）……同人寄語（九六）

口繪、青ケ島……今村學郎

同人芳名錄（第五回發送）

島袋慶進
永山政良
乘池寛人
土井道人
堀啓次郎
村田省藏
岡田永太郎
神田外茂夫
坂口一雄
中澤弘光
上原景爾
森光繁
八木壽重
山田津也子
白石實太
島袋全發
渡口政興
山城辰助
南貞夫
俊奥良
藤村前吉
禾利清
小林多津衛
吉池進
穎原謙三

穎原退藏
南風原朝保
名城政成
仲田昇正
瀬名波政英
鈴木重光
芳邨動
田中茂雄
窪田空穗
五十嵐力
會津八一
西村眞次
吉本泰
栗本惣吉
松浦靜膺
日野清三郎
平山敏次郎
津田素彦
伊藤秀五郎
河村喜一郎
唐津圖書館
瀬戸欽作
豐田稔
高取盛
岡崎虎雄

宮崎廉
小杉定治
中島太
城吉次
近藤匡香
岩崎巍
山本犀藏
杵崎嘉雄
黒田吉夫
得能正憲
渡部正三
白石駒一
永江秀哉
深谷正秋
加藤茂男
赤峰倫介
泉長文
東仲一
中熊奥美
原口守國
西山清良
荻原喜惠司
市澤郡次郎
高山登茂一
清澤芳郎

藤野崇
小原傳利
岩崎卓爾
喜舍場永晌
新見寅吉
菊次亮治
川島岩吉
福井盛太
鈴木清太郎
盛永俊太郎
田逸至
田邊孝次
三島海雲
木村康信
川上葵太郎
常谷幸雄
酒井豐治
宮本常一
手塚縫藏
向山雅堂
小野敏夫
永原文雄
山崎善問
筑土鈴寛
三淵忠彦

—青ケ島—

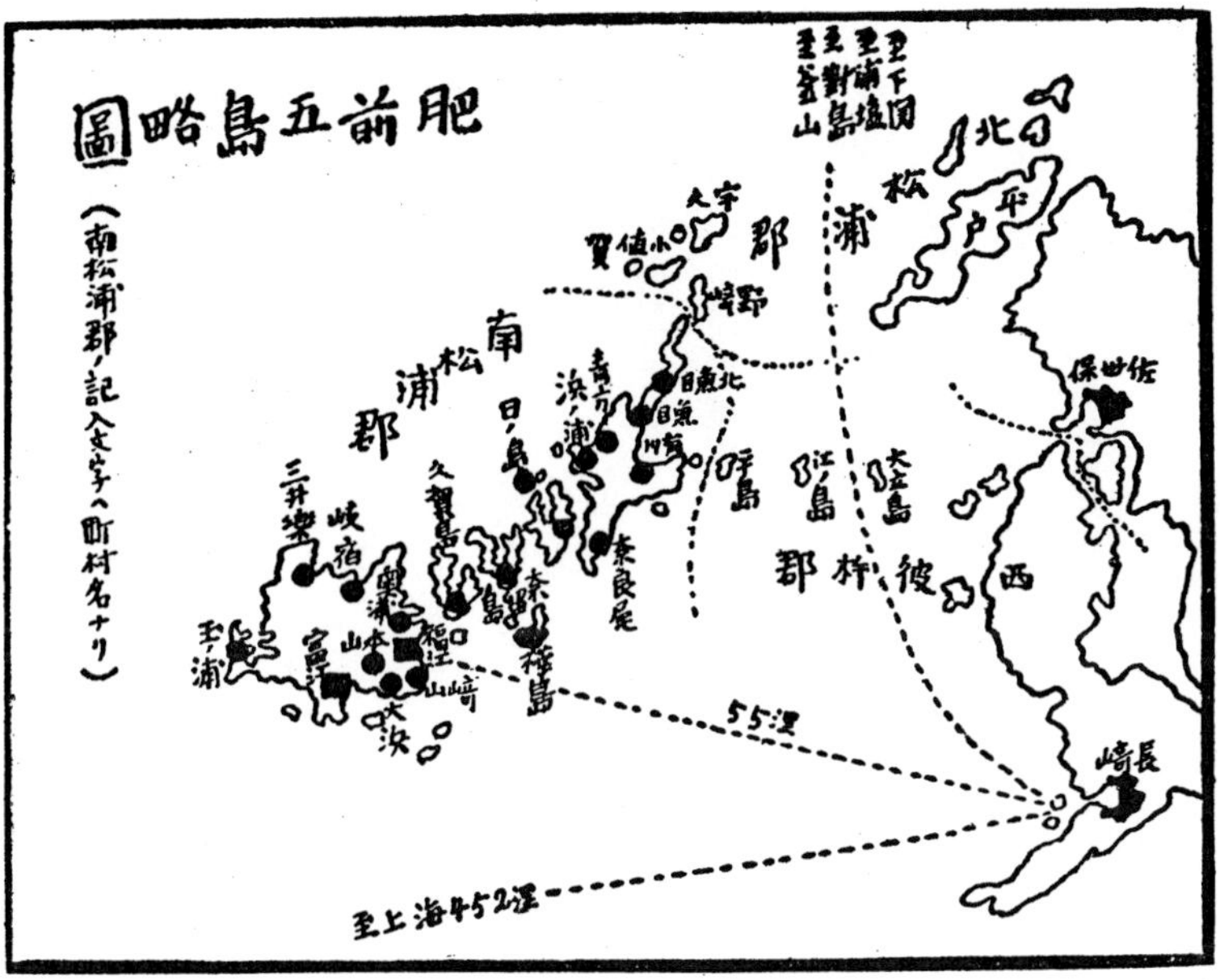

肥前五島日記（上）

橋浦泰雄

はしがき

肥前五島と云ふのは、長崎から西方へ五十五海里距つた福江《ふかえ》島を頭部として、東北方の平戸島へ向け細長く斜走してゐる一連の島々の總稱である。群島の端から端までは、南北へ約三十里（但し更らに南方へ約十五六里飛び離れた男女群島を除く）東西へ廣い處で八里餘、狹い部分が約三里である。

島々のうち、福江、中通りの二島が最も大きくて相似た程度の面積であり、次いでは久賀《ひさが》、奈留《なる》、若松、小値《こち》賀《か》、宇久《うく》等の五つの島が大きく、いづれも相似た大きさで、前二島の約十分の一大のものである。

此の外、人の居住してゐる島が約二十はあり、人の住まない小島をも加へると、全部で約百三十島あると云はれてゐる。

此の内宇久、小値賀の二島は同國北松浦郡に屬し、平島、江の島は同じく西彼杵郡に屬し、他は全部で南松浦郡を構成してゐるが、此の部分が所謂五島の主體であつて、前掲他郡所屬の島々は全體から見ると、凡五十分一の地積を占めてゐる程度であらう。

此の南松浦郡の總面積は四十方里餘で、大正十二年の調査によると、人口約十二萬三千人、戸數は約一萬八千戸である。海岸線は凹凸が極めて激しい爲め、島々の總延長は約二百六十五里と稱せられ、面積に比べて見ると、その沿線の如何に複雑であるかゞ想像出來るだらう。

私は此の島で、大正十五年の六月中旬から七月上旬への二十餘日と續いて昭和三年の一月下旬から三月末までの約七十日を過した。此の第二回目の訪問は、此の島の民俗を一括して收錄するにあつたので、實に多くの同志の勞力をも煩はしたのであるが、未だにその結末を成し遂げ得ないでゐるのは面目がない。「島」が發刊されるに及んで、その責を一層痛切に感じた次第で、此の頃此の五島の資料を搔きひろげてゐたら、第二回訪問當時の日記が現はれて來た。これは自分でも書いた事を既に忘れてゐたものであるが、讀んで見ると純粹な資料の報告などとは又異つて、島人の日常生活をその內側から窺知する一端ともなるやうな一面がないでもないので、さうした面をなるべく多く紹介する心懸けで、次のやうに拔き書きして見た。これをきつかけに、本來の責任をも逐次果して行く事を念じてゐる。

×

昭和三年一月二十一日（晴）

午後四時過ぎ長崎驛着、棧橋前の佐々木旅館と云ふへ小憩して錢湯へ浴し、汽車の煤煙を洗ひ落す。九時過ぎ汽船へ移る。二百噸級の小汽船、三等客室惡臭烈しく、胸心地が惡るい。

明後日が舊正月の元旦に當るので島歸りの乘客滿員、女客と男客半々位。島の女等は身だしなみが好い、夜分だからでもあらうが、若い娘等までが、船室に入ると皆晴衣を夜衣に着換へる。

　私の隣席の老人震ひをする老婆、東京から昨夜終列車で長崎に着いたが、昨日の出船の間に合はなかつた。玉浦《たまんな》まで行くと云ふ。此の老婆を送つて來た四十餘歳の女、丈高く、頰骨高く、鼻ぺちやんこにて異貌。圖の如

くまるで寫樂の人物畫が抜け出したやうな女で、おまけに日本人らしくも、洋人らしくもないものごしの感じ、言葉の感じ等、何んとも云へぬ特異性の所有者である。中國乃至は洋人の姿でもしてゐる人ではあるまいか？

　その老婆の隣りは三井樂《みいらく》へ行くとか云ふ中年女で、内容はよくは判らぬが、日常の身邊の些細な事柄らしい事柄をぺちやくちやとひつきりなしにおしやべりしてゐる

　其他等々、悪臭ぷん〳〵たる船室で、皆が私には十分の九までは判らぬ言葉で、騒ぎ立てゝゐる。

　出船準備の汽笛が鳴つて暫く後、二十歳前後の娘が慌てゝ船室へ駈け込んで來た。そして私と老婆との少しの空間へ割りこんだ。大阪から崎山《きつかま》へ歸るのだとか。今夜行で着いて、俥で駈けつけて、やつと間に合つたと云つて、肩でひい〳〵息してゐる。老婆が自分の娘でもあるやうにいたはつてやる。

　十一時半出船。今夜は凪で幸だと皆が聲高に云ふ。

　二十二日（雨）

　うと〳〵しながら、船が少し搖れだしたと思つてゐると、その内何處かで男がひどく苦しさうに吐き出した。恐ろしく仰山な吐き方だと思つてゐると、段々と船の搖れも烈しく、風の音も激しくなつて、各所で男女が競つてやり出した。おしやべりの中年女も、隣りの娘も。島育ちのくせに、誰も彼もが。その内誰かゞボーイへ『オーイ、もう五時にもなつてるのにまだ着かんか？』と云ふと、『靄がかゝつてゐるから速力をゆるめてゐるのだ、延着だ』と答へる。

　八時頃やうやく福江港に着。怒濤の中を艀舟が六丁艪で漕ぎつける。乘り移るにも甚だ危險、福江の河港は波止口が甚だ狹いので浪が荒らく、二度三度艀は濤に吞ま

れんとしたが、やうやくに事なきを得た。
久保兄やその他一二の見知つた顔の人々に迎へられて平野屋に落着き、三時頃までぐつすりと寢こむ。

久保兄の家を訪れる。今日は舊大晦日と云ふのに、風雨の爲め町並も淋しく、歳の市の立つと云ふ町筋も極めて寂莫としてゐて、牛蒡、鰯、鯨の肉身等を、それも極めて少量宛を並

福江河港（大田醫學士撮影）

べて賣る里人等を、悉皆で十四五人も見受けたのみである。呉服屋、荒物屋、塗物屋等も、流石に表戸は開けひろげて店頭を飾つてはゐるけれど、町を行く人も稀で寂しい。むろん不景氣なのが最大なる原因だ。

久保兄の家は新正月をも迎へるので、此の正月には特別の飾りとてもなく、平常らしいが、然し大晦日の仕切りがあつて、さうした客の出入は平常より多い。

二十三日（舊元旦）（雨、後曇）

折角舊正月を當に來たのだが、福江の町には何んの變哲もない。農村、漁村の方へ行つて、家の中へまで入つて行かねば正月らしい空氣はないとのこと、殊に島では、外面的な行事は比較的に少なくて、家の内部で、然も精神的な方面に於ける行事が多いと云ふことだから、町をぶら〳〵うろついた處で收獲はないわけだ。

夕食後久保兄を訪ねたが留守、その序手に倘も町を歩いて見たが、矢張り異狀はない。尤も町の商店は元旦ではあるが平常の通り店を開いて居た、そして兎ある町家で三味線の音が洩れてるのがあつた。

二十四日（曇）

午後久保兄と共に或る老人の家へ、舊正月を飾つた「シャー木」（幸木と書く由）を見に行くとて出かけたが、途中で城山神社の片山氏を訪れて「トーシン」（年木と書く由）を見せて貰つた。此の「トーシン」は、圖の如きものだが、恰も東京の輪飾りのやうに、家の各室、船、井戸、その他主要な器具類等に至るまで凡て供へてある。

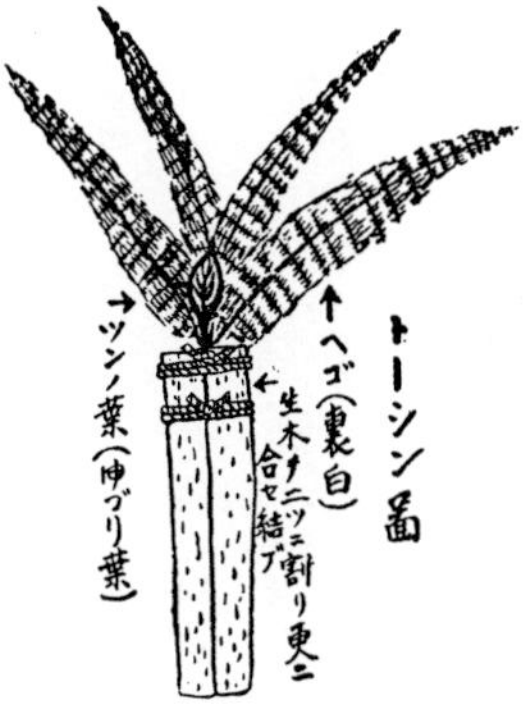

二十五日（晴）

近郊籠淵《もっこぶっ》に毘沙門祭があるとの事なので、それを見物に出かける。街道を老若が參々伍々と參詣してゐる。歸途にある人々は、手に神札を携へてゐる。其の中に、五六人の男の一行だけが、此の神札を手に持たないで、細い木を割つてそれに挾み、その木の柄の方を皆が一樣に襟首にさし込んでゐるのがある。同じ神札を受けても、かうした作法を持つてゐる部落人もあるのだ。

祠は福江から約一里、兎ある村端の小さな森の中にある。樹叢に狭められて、やうやく一人か二人は並んで通れぬ程の細路を入つて行くと、奥まつた小廣場に社があつて、その前に二三十人の老幼が群がつて居り、燈明が點され、板飴、みかん、駄菓子などを賣る露店が二三あつて、子供等を魅惑してゐる。誠に貧しく晴とも思へぬ程の催しではあるが、然し此の程度の空氣すらが、里人に取つては強い衝激を與へてゐる事が察知出來る。

歸途空海が渡唐の節に立寄つて大日如來を石刻したと傳へられる大日山《おだにっつぁん》に登つて見た。祠の兩側のコマ犬は河獺で、福江では「ガータロー」と稱ばれてゐる。

更らに町端れの「ミンジン堂」に立寄つて見る。此處は昔五島城主が明人を居住せしめたその館跡だと云ふことで、堂内には石碑があるが戸が締まつてゐて入る事が出來なかつた。ふと堂前を見ると、石垣の上に一個の自然石があり、「トーシン」を供へてあつた。よく見るとこれはよく出來た陽形石であるが、然し果して陽石として祀つてゐるのかどうか、調査して見なければ判らぬ。

二十六日　(曇)

自分で繪絹を張る框をつくる。實は昨日大工に依賴に

福江町大日山の「ガータロー」――一九二八・三――寫

行つた處、正月は十日まで休むから作れないと云ふので、それでは自分で作るから道具を貸してくれと云つた處、その道具も休ませなければならぬから貸すことが出來ぬと斷はられた。信仰と職業政策とが一致してゐて、徹底した休み方である。

夜Kと云ふ骨董屋が訪れて、舊記に「鬼獄《おんたけ》」は「御嶽」、「岐宿《きしつ》」は「鬼宿」とあると知らせてくれた。此のKは他國からの寄留人だが、商賣意識で土地の考古資料を荒らしたり、その出所などを捏造したりするので試に感心しない人だ。

二十九日　(時々霰)

今日は舊正月七日で、島では早朝に「鬼《おん》の骨燒《ほねやき》」をやる日だ。それを見物に行く豫定だつたので、五時頃目を覺まして見ると、ひどく雨が降つてゐる。雨戸を開けて見ると、薄暗い朝闇の中に、遠く二三ヶ所鬼の骨を燒いてゐる炎が見え、青竹の爆破する毎に、小供等が「鬼《おん》の骨《ほね》!」と叫んでゐるのが、微かに聞えて來たが、何分雨がひどく、寒いので見物に行くことはやめにした。

三十日　(曇、霰)

朝起きて見ると、屋根瓦の凹みに薄つすらと霰が積つてゐた。五島にも稀にこんな寒い日があるとのことだ。

此の町の錢湯の不潔なのには全く閉口する。二千戸も

ある此の町に、錢湯が一戸しかないと云ふことが、そもく既に無理だが、而も一坪にも足らぬ浴槽の中で、盛んに垢を擦り落し、顏さへ洗ふのだから、これでトラホームや皮膚病にかゝらなかつたら寧ろ不思議なほどだ。と云つて、一般の民家では、町の一部を除く外は水が充分でないから、自家で浴湯をたてる事も尠ないらしい。此處で風土病の「デンヤラ」（肥大病）などを時々見受ける。

三十一日（雨、霰）

午後久保兄が見える。話の末、本島の地名が、地圖面の文字の讀方とは、大部分異つて居ることを知つた。地名などと云ふものは、どの地方でも特殊な讀ませ方があり、又訛つて呼ばれるものであるが、特に五島にはそれが激しくて、むしろ文字通りに發音するものよりは、異つて發音するものゝ方が多いやうである。福江（フカエ）丸木（マール）大津（オン）吉久木（ヨヒクン）十二川（ジューニコンカワ）戸樂（トーラツ）蠑螺島（サダジマ）崎山（サッカマ）堤（ツツン）富江（トンメ）戸岐（トン）等々。

二月一日（晴）

午後町内の山口老人の家へ「シャー木」の寫眞を撮りに行き、引き返して、大日山の社の正月祭を見に行く。神官が三人ゐて、一人は太鼓、一人は笛を吹き、十二三歳のいつどん（巫女）頗る田舍の娘々したのが、赭黑い顏にこつてりと白粉を塗り、白衣をつけ、緋鹿子の大なるを不細工にだらりと後髮に結びつけ、白幣を持つて、極めて單調に神樂につれて右に廻り、左に廻つて、所謂舞つてゐる。殆ど所作らしい所作もなく表情もなく、只歩の運び數を忘れない程度のものだ。

歸途附近の村々の入口に七五三繩が張られ、その中央部に幣が挾んであるものが殘つてゐるのを見る。正月飾りの一つだ。

久保兄の處で、五島名物の一番いかを馳走になる。五島では「するめ」と呼び出したのは近年の事で、生のうちも干して後も皆「イカ」と云ふのださうだ。

二日（曇）

雪もよひの風の寒い日であるが、青年藤原兵衛君に案内して貰つて、大津から五社神社を經て鬼嶽に登り、崎山に下つて同村白濱海岸にて石器、土器類を採集し、長手鄕を廻つて夕方歸宿。

大津の鬼嶽の登山口に立派な泉がある。これを「イワ

「大津のイワンカワ」—一九二八・三・二二寫—

ノカワ」と呼んでゐる。石で四角に組んである井戸は「イドカワ」と呼ぶ由。

鬼嶽は標高五百尺にも滿たぬ山ではあるが、附近では

一番高い山で、頂上からは眺望が甚だよい。

鬼嶽を初め此の附近の一群の山々は、皆一様に、蓮の葉を伏せたやうな、圓形の美しい休火山で、且ついづれも噴火口の北輪方が崩れてその懷中をあらはしてゐる。鬼嶽、火嶽等の山麓は熔岩で埋つてゐるにも拘らず、實によく開墾されてゐて、見渡した處、目下麥、蠶豆の爲めに綠色の畑が五分の三は占めてゐる。他は土色だ。

白濱では、見事な半磨製の石斧や、土器の破片等を數片採集したが、附近は一體の貝塚である。此の貝塚層は上部に約一尺前後の積土があるので、その延長範圍は不明であるが、その一部が波の爲めに崩れて約二十間ばかり露出し、その前面は白砂濱になり、波打際には角の磨れた大小の自然石が散在してゐる。石斧はその波打際で拾得したのだが、此の海岸では、從來四五十個以上の石斧、石鑿、火切石其他等が採集されてゐる。波浪の烈しく荒れた後に來ると容易に拾得出來るとの事だ。貝塚層の露面は、薄い處で約一尺、厚い處で三尺である。貝の種類は雜多であるが、專ら牡蠣が多く、ニシ、高脊貝等

の如き小貝までが含まれてゐる。土地の人々はこれが貝塚である事にはまだ氣づかないでゐるやうだ。案内してくれた藤原君は、かうした考古學民間傳承等の方面の熱心な採集家であるが、此の藤原君すらが、今日までこれが貝塚である事を知らなかつた位だから。

崎山白濱海岸の貝塚層・散亂したるは貝・骨・土器の破片等。一九二八・三・二三寫

三日（晴後曇）

今日は近郊の長手郷で、部落の青年等により敬老會が催されると云ふので、藤原君と二人で行つて見る。

會場の小學校に行くと、老若男女凡そ三四百人が集まつて、校庭に小屋掛をし、これから村の青年が餘興の芝居を始めようとしてゐる處だ。村の人々に酒や馳走をすゝめられる。

まづ青年自作の「さえもん」が語られ、次が「血染の軍旗」と云ふ芝居だ。二幕見たが、村芝居の面白さ、俥と云ふのが、青竹二本に横竹を渡して曳手の如くに模し、青竹はそのまゝに地に曳きづつて車輪も車體もなく、それで立派な俥のつもりで、乘客は曳手と同様二本の竹の間に入つて歩みながら俥に乘つたつもりになり、曳き方も二本の竹を曳きづつただけで俥を曳いたつもりになつて汗を垂らしてゐるのである。これでも立派に用が足りてゐるのだから腹の皮がよれる。

村の人々の氣づまりさうな容子が見えるので遠慮して中途で歸る。

琉球に於る血液の土俗

ねふすきい氏の農業に關する血液の土俗を見て、思ひ出した儘、琉球の血液の土俗を報告致します。併し農業に關する血液の土俗は、まだ其痕跡らしいものを發見せぬのを遺憾とする。まづ血液に關する土俗と云へば、親子の血液は、之を一つの皿に絞り取れば、相混じて合する。親子の關係を知るには、即血を混じて見るべしといひます。又先祖の遺骨の實否を正すにも之を求むる子孫が、指先などを傷けて、血を出し、其骸骨に垂らして見る。若し、其が本當の先祖であつたら、血が骨中に滲み込むが、さもなければ、決して滲まないと云ふのであります。琉球人の祖先崇拜の甚しき、必自分の先祖の遺骨を尋ね出さねばやまじとて、其埋骨地の知れない節は、巫女《ユタ》、三世相の類に問ひ其所在を明らかにし（其實極めて疑はしい）、墓を開けば、即上記の如く、血を骸骨に濺いで、判斷をするのです。此は、今現にやつて居る様であります。

獸の生き血を吸うて、薬とするの風があります。山羊・鹿などの生き血は、殊に血液を補ふものとして、愛用されます。其用法も、頗る蠻的で、屠獸の傷口に、竹の管をさし込んで、其

管口から、熱い生血を吸ひ込むのであります。其も當人が氣味惡がつたりすると、何等の効能もないと云ひます。又姙婦が流産などして、流血甚しい時の應急手當として、局部より出た血を口中より注ぎ込めばよいと云ふこともあります。これは血を命根とする思想に、幾分近いかと思ひます。

球陽巻二十、尙灝王二十九年八月、北谷郡濱川村有血水の條に、此月の十一・十二の二日に亘り、濱川村の小川の川尻に、色赤くして血の如き水が、岸の土の中から湧いて出た。其源、闊り六寸許。漸を逐うて湧き跳り、濶さ三尺許、長一間三合許、兩日午の時より起り、申の時に至つて止、と云ふことがあります。此なども、一種の細菌が、樹根などに發生し、地水と共に流れ出たものだらうけれど、今から僅か八十六年前のことなので當時の琉球人は、血水として騷いだものである。そして其翌月に、暴風が起り、大石を海より陸に吹上げたなどの事あり。更に旱魃があり、翌年の春は饑饉で、餓死する者、男女二千四百五十五人。更に疫癘流行して、死する者、男女一千四百七十三人といふ、天災地變あり。翌々年は國王尙灝が薨去されたからして、球陽には、血水をこれらの前兆としてないが、當時に於ては、幾何か評判にしたらう、と思ひます。（末吉安恭・遺稿）

流人生活と御藏島

栗本惣吉

伊豆七島に罪人を流した始りは、日本書紀に其文献を發見するほど、それほど古く遠いのであつて、天武天皇の四年四月に麻續王の一子が伊豆の島に流されたことが誌されてゐる。又續日本紀には文武天皇の三年五月に役の君小角を、伊豆の島に流したと記載してゐる。現在大島は三原山の噴火口で有名になつたが、同島には役ノ行者の古蹟と稱し、其修法の洞窟が存在してゐる。爾來千二百年の星霜を閲し、明治維新に至り流刑の廢止さるゝまで、此悠久なる歳月の間、流刑に關する法規も種々に變化し、又時代の必要に應じて發達したことゝ思ふ。一般の史上にも散見せらるゝやうに、上古は流刑地が必ずしも島嶼に限られた譯ではなく、關東四國九州等、京都朝廷より遠隔な地方には、何れも流刑者が送られてゐたのであつた。伊豆七島の如き島嶼が、流刑地として固定され、多數の流罪人が送られ、島と云へば直ちに流人を聯想するやうになつたのは、徳川幕府の創開と江戸八百八町の繁榮が齎した結果であるといへる。

徳川氏は歴史あつて以來の、高級なる文化を創造した。隨て刑罰に關する法規も其他の文化と共に、次第に完備したものと思はれる。寛保二年三月に出來た、大岡忠相等が編纂したと稱せらるゝ公事方定書は、在來の刑事法規を大成したものであらう。今其流刑に關する條項を抄出すれば、遠島の條に「江戸より流罪のものは大島、八丈島、三宅島、新島、神津島、御藏島、利島、右七島の内へ遣、京大坂西國中國より流罪の分は、薩摩五島の島々、隱岐國、壹岐國、天草郡へ遣、但田畑家屋敷家財共に闕所」とあつて、右によれば江戸の流刑者を、伊豆七島に於て一手に引受けてゐたことが窺はれる。御藏島の記錄によれば、寛保二年代官齋藤喜六郎に差出しゐる豆州御藏島差出帳には、全島の家數二十四軒人數男四十五人女五十五人合百人とあるが、此百人の人口に對し當時九人の流人があつたと誌してゐる。之等の流刑者の生活は形式は何れにしても、窮極は島人の負擔に歸するので、島の財政上相當困難な事情にあつたとみえ、年號は不明であるが流刑地の免除方を、嘆願した文書の控書が、今日尚ほ御藏島に殘存してゐる。それかあらぬか寛政年間に至り大島、利島、神津島、御藏島の四島は流刑地より除かれ、爾來は新島、三宅島、八丈島の三島となつた。然しそれにも拘らず右三島に於て重犯の流人は、島替と稱し更に他島に流さるる制度であつたので、御藏島には絶えず此島替の流人が居り、其等の兇惡なる流人の取扱に、島人は何時も惱まされてゐた模樣であつた。

流刑に關する法規は時代と共に變化し、其取締等も異つてゐるので、一樣に論ずることは出來ないが、德川時代に至りては稍や定まりたる形式を存したもののやうである。去明治四十年頃日本橋茅場町邊に七十歳位の老婆が居て、明治維新前江戸鐵砲洲より流人を伊豆七島に送り出した、其出船の光景を記憶して居り、時々語るのを聞いたことがある。封建時代に於ける刑法は、鋸挽、磔、

獄門、火罪等、實に身の毛もよだつやうな、酸鼻な刑ばかりであるが、此流刑のみは觀察者の側よりすれば、多面的な情趣を含んでをるやうに思はれる。寛政八年勘定奉行は鐵砲洲に島會所を建て、此所にて伊豆七島の物產販賣を取扱ふことにしたが、七島の運送船卽ち當時の廻船は、江戸開府より交通してゐたのである。それゆへに總て流罪人は島船に乘せられて送られた。此別れては再會を期し難い出船に際し、公然肉親と袂別を許されなかつた流人の別離は、眞に劇中の劇であつて、佃島を前に橫たへ大川の水は逝いて返らず、傍觀の者をして袖をしぼらせたことゝ思はれる。

流罪人の押送には、役人が附添つたことは勿論であるが、同時に其罪狀を誌した附文が島嶼の島役人に送られた。同御藏島の古文書中より島替にて、御藏島に送られた流人の附文を左に摘記する。

八丈島流人

元松前奉行支配

調役下役　斧八悴

近藤啓次郎

巳二十八歳

右之者儀流人治助へ罷越飯米借請致度旨申聞及所望候上憤り口論におよび其場に有合候斧を以て打掛り候に付逃出候處追掛參可及殺害有様故斧を奪落候紛れに治助傷を負ひ右傷に而同人相果候始末不屆に付島替

右之通可申付旨石川主水正殿御下知に付伺之上其島に差遣條得其意八丈島役人より引渡次第請取一札相渡近藤啓次郎其島に可差置候尤請取相濟候はゞ其段可屆出者也

巳三月二十八日

杉庄兵衛㊞

伊豆國付御藏島

名主

年寄

流罪人乗船の船舶が島に着くと、附添の役人より島役人に對し、件の流人と附文が引渡さるし、島役人は右の

附文により人物を調べたる後、代官宛の請書を差出したのである。其一例を左に抄出する

新島より島替流人御請取の事

一文化六年巳十一月新島より島替の流人

相模無宿

清藏

巳三十四歳

右之通新島より御藏島へ流罪被仰付□殿様より流人御證文一通御浦觸一通都合二通當午四月十二日新島役人惣右衛門持參謹而奉拜見候右之證文に引合せ無相違請取之當島へ差置申候則御浦觸一通返上仕候右爲御請申上候以上

文化七年午四月十二日

御藏島

年寄　傳兵衛㊞

同　政治郎㊞

名主　市郎右衛門㊞

瀧川小左衞門様
御役所

德川氏時代管轄官たる代官と、流刑地たる島嶼島役人との間に、流罪人の受渡手續は大凡以上の文献によつて、其一般を窺知することが出來るであらう。

右の手續が完了することによつて、玆に流罪人にとつて新しき世界、卽ち島嶼に於ける流人生活が展開さるゝのであるが、然し如何にロマンチツクに眺めても、其生活の悲慘は覆すべくもない。彼等流人は島に到着しても先第一に住むべき住宅がないのである。そこで彼等は先住流人の例に倣ひ、島の部落の外れにある空地に、草の小屋卽ち文字通りの茅屋を造るのであるが、床があつたか無いかは頗る疑問で、其時の關係と其人の器用によつたことゝ思ふ。人間は食物なくしては一日も生活が出來ぬが、然し彼等流人に食を與ふべき制度も設備も、流刑地たる島嶼には存在してゐないのであつた。それゆへに漸く島に落付いた彼等は、先づ乞食とならざるを得ない。然しながら此悲慘なる環境に墮落した彼等にも、一道の

光明はあつたのである。それは島人の稼穡の道を助ける、卽ち農耕又は漁撈の業を幇助することである。斯して彼等は其所に僅に！極めて僅に糊口の手段を發見することを得るのである。彼等の報酬は先方の意志次第である。終日營々として汗を流し、或時は腹一杯に充たなかつたであらう。往年繁華なる江戸の都會生活に豪奢を極めた者も、今は一椀の粥一片の芋切れに叩頭するに至つては、もう悲慘を超越した境地とも云ひ得るであらう。食已に然り、衣服其他酒煙草等憂欝なるべき配所の苦惱を慰籍すべき嗜好品等は論ずるまでもなからう。

流人生活に於ける、極端なる食料の缺乏は、屢悲劇の原因となつた。前記流人證文にある近藤啓次郎が、八丈島にて犯罪を重ね、御藏島々替の動機を作つたのは、飯米借受の一件であつた。流人の食料問題については、幾多の哀話が殘されてゐる。「白木屋お駒と髮結才三」の淨瑠璃で有名なお駒の母お常は、享保十三年御藏島に流罪されたが、彼女は幸にして江戸に有力なる後援者が存在したとみえ、所謂見届物として生活の物資が充分に贈ら

れ、流人生活としては贅澤を盡したものであつた。併し之等は異數とせねばならない。彼女は住宅も相當のものを借受けて住んでゐたので、庭には藤の花などが栽培してあつたらしい。彼女は過し江戸の華やかなる生活を偲び、配所の憂欝を晴すべく、或時近隣の者四五人を會し、窃に歌の會を催したのであつた。然るに其席に「笹屋のおかよ」なる流人が居り、此女性の藤の花に掛けたる色紙には「笹屋のおかよは花より團子」と認めてあつたので、滿座暗然としたと傳へられてゐる。

慶長五年關ケ原の役西軍の主將であつた浮田秀家も、遂に德川氏の爲めに捕へられ、八丈島に流罪となつた。渡島後は加賀藩より見屆物を送つたと云ふことであるがそれにも拘らず食料窮乏して居つたとみえる。或時秀家に米飯を振舞つた者があつたが、秀家は一椀を食し餘は手拭に包み、家族に與へるとて持ち歸つたと、伊豆七島志に記載してゐる。德川時代の畫家として池大雅や圓山應擧と並び稱せらるゝ英一蝶は壯年時代素行不良の爲め幕吏の忌諱に觸れ三宅島に流罪となり、數年間流人生活の慘苦をなめたが、或時其俳友たる寶井其角に左の句を認めて送つたと云ふ。「初鰹辛子がなくて目に泪」と。其角江戸に於て之を讀み、其友の窮乏の狀に涙を浮べ、「其便り聞くも泪の辛子かな」と返句したことは有名な話で、流人生活の如何に食料に缺乏せるものであるかを、雄辯に物語つてゐると思はれるのである。

然しながら德川氏治世の打續く大平は、流人取締についても種々の改良が加へられ、一大進歩を爲したことは爭へない。親類緣者より書狀や見屆物を、流罪地の流人に屆けることは便宜となり確實となつた。流人の生活に必要なる物資は、見屆物として彼等に給せられるので、江戸に後援者を有する流人の生活は、不自由なき迄に改善されたのであつた。元文三年代官齋藤喜六郎の發した、御仕置五人組帳には、流人取締に關し左の條項が載せられてゐる。

一公儀被仰出候御條目之趣堅可相守流人輩より親類緣者へ書狀の儀は神主名主年寄相改め其島にても寫留披狀我等方等迄可差越事

附渡海の島船々頭水主並便船人出國の節内通狀
等無之樣に堅可相守候且流人へ諸親類より差遣
候書狀並見屆物之儀は我等方より遣候目錄に引
合神主名主年寄立會請取相改急度流人へ相渡重
而便船の節流人請取候返書銘々取之差越可申候

右は流人に送れる見屆物の、途中横領せらるることを、禁示する條文であつた。玆に寛政八年御藏島にて永寂せる日蓮宗不受不施派の僧日緣に對する、見屆物目錄を左に掲げる。

覺
一米　四俵　但四斗入
一春麥二俵　但同入
一大豆二斗
一小豆三升
一胡摩二升
一醬油一樽　但五貫目入
一味噌小樽貳ツ　但六貫目入
一燈油一樽　但三升入

三一〇

一鹽　一俵　但一斗五升入
〆　九品
右者其島流人日緣方へ赤坂田町二丁目伊勢屋長四郎
より相送り候見屆物書面之通差遣候間相渡之重而便
船の節請取書付可被差越候以上
申六月十二日
小森傳左衛門㊞
石母省兵衛㊞
御藏島
神主
名主　中
年寄

流刑者に對する取締の整備と、伊豆七島交通の發達と、江戸の繁榮とは、相俟つて島嶼の流人生活を改善したに相違ない。前掲白木屋お常の如き、春は花見の風流なる催しをなし、花卉を植えて樂しむ者を生じ、僧日緣の如きは、見屆物多量に着き、保存に困る所より倉庫など建て貯藏するやうになつた。右の倉庫は現在尚ほ御藏島に殘存してゐる。のみならず日緣は水汲女と稱し、島の女を置き朝夕を辨じてゐた。然し之を以て彼を破戒の僧なりと速斷するは少しく偏見かも知れぬ。彼は殉教の傑僧である。當時島嶼の生活には實際水汲女が必要であつたであらう。兎に角是等の例が示すやうに、流人の中には比較的寬裕なる生活をしてゐた者もあつた。此風習は獨り御藏島に限られた譯でなく、伊豆七島全體を通じての狀態であつたのであつて、玆にも德川氏文化の已に爛熟せる弊風が自然にうかゞはれるのである。然して流罪人には到底よい月日は惠まれやうもない。寬政八年代官三河口太忠によつて、遂に彈壓の手は下されたのであつた。三宅島御藏島取締方申渡中より其條項を左に拔萃する。

一流人へ對し百姓共一統いたはり可遣は人情之事に付色々心を付け非常の取扱は致間敷流人共儀は國地を隔てゝ諸色共乏しき島人の世話を請け助命いたすことに候得者島方役人は不及申百姓共へ對し禮を失ひ聊かもかさつヶ間敷儀無之樣心掛申事に候段々仕癖惡成行流人の身として水汲と唱ひ妻同樣之者差置或見屆物多く相當の暮方も相成候得者利欲に拘り交易いたす者も有之哉の趣相聞一旦嚴き仕置を請候身分に有まじき事に候之は過分の見屆物は差留其身の飢を凌ぎ候程ならでは積送り候儀不相成間特と辨へ愼み可申候

右の取締令達により水汲女は廢止されたであらうか、見屆物は何程の制限が出來たかは疑問とせらるゝ所である。又水汲女にしても形式的には廢止せられたであらうが、性の問題は實に思案の外である。利害の念に淡白な野情豐かな島の女の胸に、彼女自からさへ知らぬ間に何時とも覺えず燃え上る、性の焔は止めるよしもなかつたであらう。尤も斯る女は不倫な女であり、島の社會と雖も勿論指彈する所である。しかし流人の身にとつては、天涯に何一つ賴るものなき境遇にある。その彼等に對し島の女の情こそ、宇宙乾坤に唯だ一ツのオアシスであつたであらう。流人生活の島に對する根本的なる影響は此邊より生ずるのではないであらうか。假令血液の更新、人種退化の防止等、之は後の研究者に期待したいと思ふ。

流人の話は普通には哀愁に充たされてゐるが、此性の問題が添加し來ると其所には光彩陸離たる場面が展開する。流人の子は島にて尊敬されなかつたやうだ。しかし彼等の多くは怜悧であつたやうだ。その流人たる父が無產者であるが故に、彼等も又無產者として生れ出た。しかし彼等は島の女たる母の支持の下に、相當の社會的地位を得ることが出來たのである。

御藏島墓地の北方その外側の竹藪の中に「古入金七人之墓」と銘記された墓碑が、淋しく潮風に面して立てられてゐる。之は云ふまでもなく流人の墓である。此流人墓に關する物語を開展すれば、其所には島の少女と流人の戀があり、しかも此少女の遣瀨なき戀によつて、御藏島の危機が救はれてゐるのである。島に流罪となつた流人の心には、歸國のことが片時も忘れられない。此デリケートな心境にある際、流人生活を顧みれば實に悲慘の限りを盡してゐる。島を逃れ一日でもよいゆへ鄕國に歸りたいとの一念が、きざすのも自然の成行かもしれない。寳曆年間御藏島にあつた八人の流人は、窃に所謂島破り

の計畫を進めてゐた。其計畫の大要は先づ村內數ケ所に火を放ち、島人が防火の爲め他を顧みる暇なきに乘じ、島船を浮べ國地に逃走することであつた。そして八人は其機會の到來を待ち望んでゐた。玆に彼等八人の中の一人が島の少女と戀に墮ちてゐた。其名を長右衞門と云つた。彼ははしなくも友情と戀との板挾となり、幾日か懊惱苦悶した。忍ぶれど色に出る苦痛は島の少女の感付く所となつた。彼は胸の悶を打明けざるを得なかつた。之を聞いた少女は青ざめた。しかし注意深い彼女は、直ちに之を公表することなく兩親にさへも秘し置き、唯一人島の名主にだけ密告した。事件は極秘にされた。七人の者も其漏洩を知らなかつた。名主は機を見て疾風迅雷的に七人を捕縛し、之を右の古入金の地に於て斬罪に處し、危機一髮の間に一村を救ふことが出來たのである。此事件に對する少女の沈着にして周到なる思慮と、長右術門の忠實とは島人の賞讃する所となつた。彼等は正式の結婚が認められ、宅地畑山林を分讓され家屋を建て、村の百姓の列に加へられ、幸福の生涯を送ることが出來たので

ある。今御藏島に其子孫は繁榮してゐる。これに引替へ潮風熱雨二百年、古入金七人の墳墓は何者も弔ふ者がないのである。

德川時代に於ける流罪者の中には免されて歸國するものも相當にあつた。所謂赦免は親類緣者の嘆願によるものが多く、又將軍家其他の慶弔による特赦等もあつた。白木屋お常は赦免歸京後、在島中の禮として島人に蠶豆を贈つたと云ふが、流人の返禮は異例のことであらう。流刑者の赦免が決定すると、代官より文書を以て其旨を島の神主名主以下に通達した。其通達が着くと島役人は流人を召し、之を讀聞かせ歸國の準備を命じたのであるが、赦免證文の請書を左に摘錄して置く。

御藏島御赦免流人御請之事

寛保三年亥六月九日當島へ流罪被仰付候

芝田町三丁目伊兵衛店

七兵衛悴

七右衛門

右之者當七月御免被爲仰付□御證文被爲下謹而奉拜

見候上則爲讀聞頂戴爲仕難有仕合奉存候右御願申上候通三宅島へ當島漁船爲乘送出島爲仕候御請爲申上候如斯御座候以上

延享二年丑ノ十月十五日

豆州御藏島

神主　藏　人

後見　平左衛門

名主　甚右衛門

年寄　助左衛門

齋藤喜六郎樣

御役所

想見するに此赦免證文を讀聞かされた際の流人の喜悅はどんなであつたであらうか、手の舞ひ足の踏む所を知らずなどの形容では、とても足りるものではなからう。又之を聞いた島人の心にも春風吹くの感があつたことゝ察せられる。出船の際は大方船の艫で見える限りは、領巾を振つたことであらう。

しかしながら流罪者の多くは島嶼に於ける不自由なる

生活と物資の窮乏の爲めに健康を害なひ、疾病に罹つても大部分は服藥も出來ず、天壽を全ふすることが困難であつたであらう。流人死亡の際は島役人より代官に屆出づることになつてゐた。左に其屆書の一例を掲載する。

以一札御屆奉申上候

西本願寺家來
魚崎淸右衞門
去戌五十四歲

右之者永々病氣に付私共立會候而養生致遣候得共相不叶去九月二十六日死去仕候依之此段御屆申上候以上

文化十二年乙亥三月

御藏島
名主　惣　次　郎
年寄　四郎左衞門
同　　市郎左衞門

齋藤傳一郎樣
御役所

流罪者か其不自由なる流人生活の終焉を告げると、島役人の取扱によつて公葬されたものであつた。しかし多くは同じ運命の下にある同士たる流人仲間の手によつて、埋葬されたことであらうと思ふ。正德四年有名なる江島生島事件に連座し、御藏島に流罪となつた江戸大奥の侍醫奥山光筑院、並僧日緣など見屆物多く生前相當の生活をしてゐた者は、特に墓所、碑など造られた者もあつたが、多くの流人は所謂流人墓である、共同墓地に葬られたのである。御藏島の流人墓は、村の墓地の北隅の邊木立薄暗き中にあり、雜草蔓草疎生して居り、路傍の石塊の如きものが、所々に置かれてある。之は埋葬の際一時の目印として有合せたる石塊を拾ひ、位置を示す爲に置いたものであらう。明治維新となり流人は總て特赦されたが、御藏島に埋葬された流人の內改葬によつて、國地に歸還することを得たものは獨　僧日緣のみであつた。此所にも信仰の力の偉大なることを考へさせられる。

　飜つて流罪地たる島嶼について考へてみるのに、島人は間斷なく流人の爲に煩はされ、難儀を掛けられてゐたと云つてよい。先づ流人の逃げざるやう平常注意せねばならぬ。御仕置五人組帳にも「一流人御仕置等前々之通相可心得候別而流人島より迯去不申樣島中にて油斷無之廻船漁船走り道具等急度入念粗末無之樣に船持共常に堅可相守事」とあつて萬一の場合は代官より咎を受くるの心配が絶えない。其上島人の誰かゞ毎日彼等に食を與へねばならぬ。前掲三宅島御藏島取締方申渡に「流人共儀は國地を隔てゝ諸色共に乏しき島人の世話を受け助命いたすことに候得者島方役人は不及申百姓共に對し禮を失ひ聊もかさつヶ間敷儀無之樣可申事に候」とあり、概念的に云へば島人は流人を扶養する義務を負されてゐた。又疾病其他の場合には看病や保護もせねばならぬ。それで彼等流人は壓迫された不自由な境遇に居るのであるから其桎梏より免れんとして、時々島破りの計畫を爲し、又は暴動を起した。御藏島に於ては近藤啓次郎の如き兇暴なる流人の爲に、文政五年秋名主政治郎が殺害さるゝやうな厄にも逢つた。何れにしても流罪人は島嶼にとりては厄介至極なものであつたが、之が爲め徳川幕府は伊豆七島に對し、何等の補償をする所がなかつた。流人と島嶼との關係については、右の事情にあつたに拘らず、島人は概して哀れなる流人を嫌惡することなく、良く彼等の面倒や世話を爲し、長年月の間彼等の生活を扶助してゐたのである。（昭和八年六月十六日）

學生調査隊の千島探險

農大山岳部では、昨夏は臺灣の山岳登山を行つたが、今夏は特別千島班を編成し、七月上旬函館を出發し、約一ヶ月の行程で北千島を踏破する事になつた。一行は學術調査隊と名付けリーダ山田和人氏引卒、山岳部員四名と學生三名で、調査の島は北千島の阿賴鷹島、占守島、志杯規島、特に歸路は南千島の國後島、色丹島等にも寄る計畫の由。調査項目は動植物、海洋湖沼のプランクトン、先住民遺跡及び遺物、地質、鑛物の採集、氣象等であるが、特に海洋と其生物、氣象等に就ては往復の航行中に研究を續けることになる。

又北海道帝大理學部では鈴木、原田兩敎授を首班とする地質調査隊を千島に派遣する外、一二の此種の調査隊も千島に向ふ事になれる由。

新著紹介

○天草島民俗誌（濱田隆一著）　僅か二ヶ年の間に、これだけの綿密な觀察と採集を遂げた、著者の熱心と精力は敬服に値ひする。「正月行事の二つ三つ」「田作に關する習俗」「なごし行事」以下「河童行事」までの十項に「木石有情談（百十六項）は主として習俗傳說の記錄、終りの「天草と琉球」「天草の疱瘡神信仰」に著者の考察が記述してある。著者の手許には他に可なり分量の資料があるとの事である。引續き續篇の刊行を望む。（四六版二三七頁、定價一圓八十錢、小石川區茗荷谷町鄉土研究社發行）

○沖繩縣人物風景寫眞帳（仲宗根源和編）　沖繩風物の寫眞帖は舊くは親泊朝擢氏、及び坂口總一郞氏のがあるが、兩者は既に過去に屬し且つ今は絕版なつてゐるし、改造社、新光社の地理大系の九州篇にはそれ〳〵沖繩の部はあるが、今回、仲宗根氏の手で四六倍版の美本が廉價で出たのは嬉しい。編者の言に依れば縣外に活動する沖繩縣人に故鄉の近況を紹介して彼等の愛鄉心を滿たす目的だとあり、人物篇や附錄など慥かに其の目的に副ふものと思はれる。がこれは、又同時に好箇の沖繩縣案內である。風景篇に收むる二百四十個の寫眞は整然たる統一の下に排列され、之を觀、この說明を續んで行けば、現在沖繩の凡ゆる方面――地理、歷史、產業、敎育、風俗等が自然と一通りわかる樣に出來てゐる。寫眞は既に發表されたものもあるが又

新しいものも可なり採錄されてゐる、附錄の歷史や民謠等、編輯は中々苦心の跡が見える。（四六倍版アート紙印刷二百頁、定價三圓五十錢、郵税十二錢、神田區錦町三ノ二六第一社發行）

○琉球昔噺集（喜納綠村著）　著者はもと鄉里の沖繩で「おきなは」といふ少年雜誌を出してゐた。その時に少年讀物の材料として集めたのが、本書六十篇の「昔噺」である。少年達の讀み物として書いた爲に、昔話も傳說も區別なしに採錄し、記述も餘りに文飾を施して、傳承の原形を沒却してゐるのは、吾々にとつては甚だ遺憾である。が、併し琉球の昔話や傳說が如何なるものかを知るには足りる。收むるところの六十話の中に讀者は、南島の人々の舊い生活の一面を見出すことが出來よう。本書の刊行を喜ぶと共に、沖繩に眞の昔話採集が嘉納氏又は他の人に依つて成されん事を期待する。（四六版三二六頁、定價二圓、神田區鍛冶町三元社發行）

○御藏島踏査記錄（本山桂川著）　海島民俗誌第一卷第三分册で、本年五月著者再度の渡島踏査の記錄。內容は島の地理、島の沿革、島の草分、島の祭祀と傳說、島の家と人、島の年中行事の六項に拾遺雜截の一項を附す。例に依つて色刷の口繪、自撮の寫眞挿畫等あり。四六倍版百頁、著者得意の謄寫刷、非賣品なれど本書に限り少數希望者に送料共金一圓五十錢にて頒つ由。發行所千葉縣市川町六八四日本民俗研究會。

佐渡が島（中）

ロバート・ホール
矢澤大二（譯）

景観

I. 沖積平原はこの島での最も肥沃な土地である。これらは殆んど例外なく稲田になつてゐる。灌漑用の水は二三の方法に依つて得られる。この最も普通な方法は山麓に於て流れを汲出し、堀溝に依つて平原の他の部分にその水をひいて行くのである。これが大變有効になされるので、多くの小さな流は海にそゝぐ迄には干上つてしまふ。南海岸をふちどつてゐる沖積小平原では竹の管が折々用ひられる。小さなタンクが用ひられることもあるが併し一般に近傍の臺地に設置せられる。中央平原に於てはポンプが用ひられ、補充として堀溝に依て運ばれた水が用ひられる。日本の初期に於けるハネツルベは今尚ほ用ひられてゐるが、鐵の手押ポンプが最も普通である。平原の下の水層は北から南へと傾斜してゐるから、井戸の深さは一〇呎未滿から最深五〇呎に至るまで色々ある。稲田の早期の轉換を引き起す昆虫の害のために、この島の米の收穫の年平均二〇％の損失を出さしめてゐる。これと對抗するために稲田は小さな明るい棒や線で一ぱいである。夜になると幾百とも知れぬ燈火のために田圃は赤々と輝いてゐる。この燈火は虫をば毒の容れてある器の中へと誘ふ役目をするのである。中央平原及び南部地方の稲田に於いては、植付けが二度行はれる。春になると全島が至る處クローバと大麥とによつてつゝまれてしまふ。このクローバの大部分は綠肥として利用せられる。なほ若干は家畜の食物として用ひられる。その次が米である。そしてそれがうまく生長してゐる中に、枝豆の列が畦の上につくられる。中央平原はこの島で最も米が稔れる所であつて、少くても全體の坪數（面積）の半部は占めてゐる。西南端の海岸平野は收穫高から云へば二番目である。そして水が豐富に供給されて溫度が高いためにエーカー當りの最高の收穫をあげてゐる。然し海潮の危險もあり、又稲田が多過ぎるために道路や其他の設備は甚無視される。住宅は通常附近の段丘の外縁部に見られる。道路も亦縁取つたやうな高い土地を走つてゐる。そして沖積平原を横切らねばならない時には堤防の上の處を道は通つてゐる。

中央平原の西端近くの廣い部分には定つた矩形をした中に道路や溝や畠などがある。これは地主共同の耕地整理に依るものであつて、不規則な役に立たぬ土地は一緒にしてしまつて、その全體をあらためて系統的に分割せられたのである。斯ふした規則正しい矩形をした耕地は日本では廣々とした平野によく見ることが出來るものであつて、それはみなこの理由に依るものである。その他の理由としては、最も大きな地主一個人の任意な耕地整理である。これは越後及びその近邊の平原へ行けばいくらも見ることが出來る。他の原因は政府又は大地主の最近の土地開拓である。これは日本海が縁取つてゐる本州の三角洲の平原に於ては普通なものである。大和平野及びその近傍の近畿地方に於ては古の形がそのまゝみられ

る。この地方へは數百年の昔に班田法や支那の田制が持ち込まれた、そして古い道だの溝だの境界だのが今なほ嚴然と存してゐる。北海道に於ては米國のセクション（土地區分）と類似してゐる近代日本の施設が測量に依つて盛んに行はれてゐる。田園は計畫に依つて矩形に區分せられてゐる。けれども佐渡では他の様式も盛んに行はれてゐる、中央平原の西端では、漁村が平野と海岸との間の砂丘地帯に位置してゐる。村から出る古い道路は直接に海に至つてゐる、それで近時作られた野菜畑は多くの平行なる道路に依つて抑制せられてゐる。計畫的な矩形の雛形が見出される所では通常の日本の寄木細工のやうな景觀とは著しくちがつた景色が見出される。

II. 洪積層の段丘は乾燥した畠や藪や森林の中にある、尤もその段丘の上で河水が高い場所の所でも汲出すことが出來、水が米作のために役立つ所では別である。第二番目の段丘には田はまれである、それはそこがつぶのあらい土壌があり、開拓の差異やそんなにも高い所へ水を送ることが困難なるためである。第一番目の比較的惠ま

れた段丘は屢々糙米が造られる、併しその收穫は少く、この島の平均の五分ノ二に過ぎない。初めの段丘には又多くの住家、灌漑用の用水池、野菜畑及道路がある、又そこには隣接して沖積平原がある。

云ひ表はせない程の長い間人々は稻田として使用できる土地を廣めやうとして努力し來つたのである。洪積臺地が沖積平原の緣をとりまいてゐる所では、そのベイスは何時迄も開墾せられてゐた。その結果として沖積平原が開け、段丘の緣の所が短くなり破壞せられたのである。多角形を呈し、今でもなほ短くなりつゝある數多くの階段々丘の殘りは、現在の沖積平原よりもはるか上に見出される。箱のやうな形をした幅の廣い谷間が臺地の中へ深く喰ひ込んでゐて、これは今でも長さが延び幅が擴がりつゝあるのである。中央平原に發達する沖積層の一〇%迄は栽培の爲に使はれてゐる。

河原田の背後に於て、最初の洪積平原は多量の沼鐵鑛を提供してゐるが、これは、この地方に上昇運動が未だ起らない前は、この地方は沼澤であつたことを示してゐる。昔はこの鐵は溶融するために採集せられた。

III. 第三期層は洪積層と同じ様に、およそ水が都合よく得られる所でさへあればどこでも糙米が造られてゐる。そのために一層高い所にある段丘に於てはしばしば糙米は作られない。肥料が貧弱だから小規模の乾農が行はれてゐる。第三期層の段丘に糙米がつくられるといふことは、四國に於ても普通なことである。北海道に於ては泥炭地域すら田に換へられつゝあるのである。近畿地方に於てはこゝ百年といふものは米は年一年と增して行つた、水が土地の價値を決定する上とに非常に重要なる要素である。生産力は人工的に補足せられ得る。日本の中には收穫米の六〇%程も肥料に消費せられる土地がある。

第三期層の段丘の表面の多くは喬木或は草地である。高い臺地の上での放牧は重要なる産業である。

IV. 第三期層の丘陵及び山地では農業は僅かしか出來ない。狹い谷の底は通常稻田であり、それより低いもつと緩慢な斜面は居住及び小規模な乾農の土地を提供する。

畑は幾らか行はれてゐる、そして木炭の製造は谷に住む人々に收入を與へてゐる。多くの場所に於て、これらの採掘の結果である露出の廣い河床がある、そして黄色な露岩は第三期層の山地の特徴ある外貌である。北部に於ては若干の小さな松の立木があり、南部に於ては竹が屢々見出される。

V. 火山岩及び石英粗面岩の山は森林で覆はれてゐる。幅の廣い谷底に僅かに稻田がある丈である。畑も幾らかはあるが第三期層の山地に於けるよりもはるかにまれである。木炭の製造も幾分かは重要である、が（材木製材伐出）は第一の工業であり、家具は本州への重用なる移出品である。島の金鑛はこれらの山脈の總てに及んでゐる。

VI. 砂丘は海邊に出來、沖積平原の上に乾燥した土地を提供するが故に、その位置といふものは村落及び道路にとつて重要である。野菜の栽培も近頃行はれて來、そして單に佐渡の市場に對してのみならず、更に新潟市及びその他の本州の市場に新鮮なる野菜を供給するといふ程に砂丘地帶に於ては發達して來たのである。松林はこの砂地の可成りの部分を占めて居り、材木も幾分かは伐採される。

VII. 沖積扇狀地は主に荒地である、尤もその中には糙米及び乾田があるけれども。海際にある扇狀地は屢々漁村に依つて占められてゐる。

聚　落

島の人口の半分は中央平原に住んでゐる。こゝでは住所は低い洪積臺地の內緣に對して多く制約せられてゐる。主要な道路が相會してゐる所では幾らかではあるが徵密な聚村があり、主要な大通りに沿つては靴紐狀の街村の顯著な發達がある。しかし一般に、この地方の聚落の形態は密集的家屋として記せられるであらう。乾燥した畠が家と家とを引き離してゐて、谷の稻田や小さな松林は家の集團をその他の家の集團から互ひに分離してゐる。新潟附近に於けると同樣に、こゝにも街村が著しく發達してゐる。この街村は漁村として海崖と海との間の狹い地帶か或は低い狹い臺地の上に生じてゐる。これは

佐渡が島（ホール）

佐渡が島及び本州の越後平野で至る所に見られる孤立した民家の形式。飼草架は家の前や堤の上に多い。

また砂丘の頂にしたがつてゐる大通りに沿ひ、又底が稲田である狭い谷の低い傾斜の上にも亦見られる。ある種のものは長さ一哩を越えてゐる、そして二見灣の岸には密着した家屋が二列に七哩もつゞいてゐる。佐渡の比較的大きな密集家屋は皆港町である。例外なしにこれらは單純な街村の結果である。そして通路に沿ふ平行な他の通りがやがて發達するであらう。

佐渡の家の建方は大概は越後風である。重い板で出來てゐて、厚い屋根板がついて居り、これらは石で重味をつけられてゐる。長いひさしが家の前の歩道の上まで延びてゐて、多になつて雪が通行人の頭の上に滑り落ちないやうにしてゐる。民家が聚落の一つである時は通りに對して直角であり、一軒家の民家である場合は平行なる棟木を有する細長い家が普通である。臺所は家の後にあつて、通りからは狭い土間を通つて行くことが出來る。南部海岸の漁師の家々には棟飾りの上に鎌の合はさつたものがつくられてついてゐる。この合はさつたものは南方を示してゐて、これは暴風の惡氣を挫くものと信ぜられてゐる。中央平原にては近畿地方に建てられてゐる家が時々見られる。これはその昔京都から政治上のことで流されたる人々が殘した過去の影響を示してゐる。建物も幾らかは乾いた庭園のあたりに排列せられ壁に依つて連結せられてゐる。入口には高い門があり、これを通つて出入りする。障子や明るい構造があるために他の民家と異つてゐる。

寺院や神社は文化景觀の重要な部分をなしてゐる。中央平原には若干の美事な寺院や四層もある塔やその他多くの神社がある。佐渡の漁師達の神樣即ちチンポジはかぞへ切れぬ程澤山ある。どの岬の上にも又どの海岸の小島の上にも、更に又海上はるかの所から見られるあらゆる地點にも昔の地中海岸の寺院に似た小さな祠が水夫達を案內し、保護してゐる。多くの場所で生木の古風な白い或は何も塗らない鳥居が海岸から蔭の社へ行く路を示してゐる。多くの場所には鳥居が岸からある距り丈沖へ行つた所の海の中から丁度あの有名な宮島の鳥居のやうに立ち上つてゐる。

伊豆諸島の正月廿四日行事補

五月廿七日の南島談話會に於て、御藏島の本行事に關する新しい報告を聞く事を得たので早速補つておき度いと思ふ。以下同島の郵便局長栗木惣吉氏の語られた所である。きの日の明神は正月廿日に御藏島に上陸され一日每に段々村へ近寄つて來る。廿四日の晩から村々を廻られ廿五日朝赤い帆をかけて去られると云ふ。明神の來て居られる所を「何々切り」と申して其處へは行かぬ樣にし、廿四日晩から廿五日にかけては外出すると明神にさらはれると云つて居る。又廿五日の午前中も海を見ると觸りがあるから見るなと云ふ。此報告で耳新しい部分は明神が一日每に村へ近付かれると云ふ點である。柳田先生は同樣な話が神津島にも行はれて居る事を聞かれたさうである。本山氏も島民の生活と交涉深い話を所持して居られると云ふ。

前々號拙文（四一頁）中に書いた藤木氏の御報告も勿論傳承せられて居たに違ひないので、此の栗本氏の話があつてこそ前文に掲げた神隱しに會ふ點も辻褄が會つて來る。來臨されるのを明かに神と考へて居り、更に日每に神の動かれる點まで生々しく信仰の殘つてゐる所から考へて、一番古い信仰階程（前々號のⅠ）であらうと思はれる。從つて前文に御藏島にⅣの思想があるとした點には變化はないが、神津島にもⅠの階程がある事を付記せねばならぬ。

尙前々號に前田長八氏著新島大觀を本山氏復刻と書いたのは誤であつた。取消しておく。（山口貞夫）

靑ケ島還住記（上）

柳田國男

一

文政十年の夏、近藤富藏等が流されて八丈島に來た際にも、多分何よりも先に是が目に留まつたことゝ思ふ。島では南の濱に面した大賀郷の地内に、流人とは別に十數戸の小屋を掛けて、見すぼらしい暮しを立てゝ居る半漁半農の居住民があつた。三根末吉などの村にも分れて一二軒、或は土地の物持ち衆の家に、かゝり人のやうになつて同居する仲間も若干はあつた。此人々の身の上話は、恐らくは流人以上に悲壯なもので、又その當時としては希望の少ないものであつた。ちようど其の年から四十三年前、遠く八丈の東南に孤立する靑ケ島に、前代未聞の大噴火が有つて、一切の生業のたつきを失ひ、命からぐ〲救はれて出て來た者の、是が其の子孫であり、又は僅かなる生存者であつたのである。

此の人々はそれから更に八九年の後に、異常の勇猛心を振ひ起して、辛苦艱難を嘗め盡した末、漸くのことでもとの島に還つて往つた。それが今日の靑ケ島住民の先祖なのである。此事件の一部始終も、可なり詳細なる近藤氏の筆錄に由つて、我々の間には傳はつて居る。八丈支廳の人々は既に熟知して居るかも知らぬが、私の知らせて置きたいと思ふのは、先づ第一には靑ケ島の少年たちだ。それから又斯ういふ歷史をもつた島が大海のまん中に在るといふことを、一度も敎へてもらはなかつた地理の生徒たちにも、好奇心を以て聽かせて見たい。それには近藤富藏の書き留めて置いてくれたものは、幾分か散漫であつて整理を要するのである。

最初に先づこの二つの島の交際と情誼、八丈の島人が五十餘年の間、斯くも親切に靑ケ島の避難民を、世話し續けて居た因緣から說くのが便利であらう。靑ケ島は八丈から南やゝ東へ三十六浬、十五里近くも離れて居るけれども、他には隣も無いので夙くから八丈の屬島であつた。村に名主だけは獨立して置かれて居たが、八丈の地役人が伊豆御代官の命の下に之を支配し、貢物の絹を取次いだのみならず、島には機を織り絲を染める者が無いので、白絲を持參して八丈の女たちに織つて貰つて納めて居た。其の絲さへも足らぬ場合には、鰹節などを八丈に送つて來て、此方で取つた絲に交易したといふことでつまりは他に掛替への無い、たつた一つの取引先であつたのである。

二

其上に島の住民の元祖も、どうやら亦八丈から渡つて行つた人であるらしい。青ヶ島の開闢に關しては、書いたものなどは殘つて居らう筈も無いが、島民强記にして一度見聞すれば終身之を忘れずと、伊豆海島志などにも見えて居て、口から耳へと次々に語り傳へて居たことが以前は相應に豐富だつたのである。それがどの部分まで現實の記憶であり、又どれだけが神を祭る者の夢を、信じ守つて居た名殘かといふことは、今とても容易に鑑

別することが出來ぬのだが、中頃大きな災厄に遭つた爲に、いよ／＼不明のまゝに追々と忘れることになつたのである。單に斯ういふ樣な口碑があつたといふだけを、書き殘して置くの他は無いのである。

島ではいつの頃からか鎭西八郎爲朝が、青ヶ島へも渡つて來たことがある樣に信じて居る。さうして島の大童《おほわらは》一人を具して、八丈に歸つて來たとも傳へて居る。或は又土を日に乾して土鍋を作ることを、この將軍に敎へてもらつたと稱して、其の禮謝として八丈へ渡航するたびに、十二の土鍋と十二組の木の弓箭とを、小島の八郎明神社へ献納する習はしもあつた。さうすれば青ヶ島には其の頃から既に住民が有つたわけであるが、それが今居る人々とどれ位の繫がりがあるかといふと、其の關係は誠に幽かなもので、土の鍋の由來ばかり傳はつて居るのが、寧ろ不思議に思はれる程であつた。

島では曾て濱地ヶ平といふ處に八十在家、今の村の地に八在家、合せて八十八戸の民家があつた時代があるといふ。ところが其の八十戸の方の村では、忌服血の穢れ

に他家の隔てを設けず、小さな八在家の部落だけが、忌小屋《いみごや》の愼みをよく守つて居た爲に、或時山崩れがあつて一方の濱地ケ平は、一夜のうちに家も人も殘り無く埋沒し、八戸の部落だけが恙無く繁榮したと謂つて居る。或は助かつた家の數が、十五戸であつたといふ說もある。島では山崩れも折々は有つて、土地の形が絕えず變つて居たさうだから、さういふ事件が無いとは言はれぬが、兎に角に是は日本の內地を始め、よその民族の間にも屢々聽く傳說で、寂しい人たちは殊に此の種の想像を抱き、又は之を信じ易かつたやうである。

三

　事實は此の全島に十戸內外の民家しかなかつた時代が可なり久しい間續いて居たことを、意味するのでは無いかと思ふ。ところがその僅かな部落の上に、又一つの危難が襲ひかゝつて、殆ど絕滅の境まで臨んだことがあるといふ。是も或は又別種の傳說であつたかも知れぬが、もしも事實とすれば足利期の、終りに近い頃の出來事で

あつた。或年伊勢の國から米を積んだ一艘の船が難船して、靑ケ島の岸に漂着したことがあつた。島の住民は此時まで、米といふものを見たことが無かつたので、是は何であらうかと龜の卜方《うらかた》を燒いて占なうて見たところが食物であるといふ占が附いて、乃ち給べ試みると事の外風味がよろしかつた。是はいつその事乘組の者を殘らず殺して、米を奪ひ取つてしまふがよからうと、ふと惡心が起つて一同で計畫して居ると、端無く其企てが船の者に漏れて、彼等はあべこべに夜討をかけ、島人は悉く討ち取られてしまつた。其の時島中を搜しまはつて見ると、幼少なる男女二人の兒が隱れて居た。餘り小さいから助けて置いても後難はあるまいと、船へ取り入れて順風を待ち、國地へ還つて來る路すがら、再び海が荒れて八丈島へ漂着し、二人の兒を三根村にさし置いて、伊勢の船は本國へ歸つてしまつた。

　右の男女の小兒が三根村で成長して、後に靑ケ島に渡つて今の島人の先祖となつたといふのである。此頃廣江彌次郎信安といふ人が、內地のどこからか八丈に渡つて

來て、三根の村に住んで居た。是が二人の者に逢うて詳しく父母の物語を聽き、以前も人の住んだ島ならば、開いて住むことが出來るであらう。自分が先づ渡つて樣子を見て、住める樣であつたら火を揚げて合圖をするから、追々に後から來いと、約束をして渡つて行つた。それで此の人が青ケ島の、中興開祖といふことになつて居るのである。

廣江は公卿の子孫であつたとも謂ひ、又或は金奈川彌次郎とも記されて居る。この金奈川は今の武州の神奈川のことであるらしい。八丈の島の初期の開發にも、神奈川の領主の勢力が參與して居たことが年代記に出て居り、又青ケ島の方でも佐々木氏の女トラゴといふ者が、蔓附きの根薯とやらを年貢に持つて、每年神名川へ警固に行き、九度目に彼方で死んだといふ言ひ傳へも殘つて居る。記錄の旁證はまだ見付からぬ樣だが、或は武州の此方面に、特に勇敢なる航海者の群があつて、曾ては七島の經營者を以て任じて居たのかも知れぬ。しかし彌次郎信安がもし此の系統の人だつたとしたら、當然に青ケ島の領主で無ければならぬのだが、島の口碑の廣江氏は神主役であり、又卜部《うらべ》役《やく》と坊主役とを兼ねて居た。後に其子孫は神祭りの職務を他家に讓つて、淸受庵といふ淨土宗の寺の主になつて居る。さうして青ケ島の名主役は最初から佐々木氏であつた。佐々木の元祖は名を佐々木左衛門尉金長と謂ひ、廣江彌次郎に加擔して島に渡つたことになつて居るが、その金長といふ名乘も、事によると神奈川と關係があるのかも知れない。島は小さいからどの家も互ひに通婚し、母方から見るならば皆先祖といへるのだが、家名を言ふならば佐々木家が名主で、後に一島の復興を完成して、永く功業をたゝへられて居る青ケ島のモーゼ、次郎太夫伊信も亦此家の出であつた。

四

青ケ島の名主の家は、噴火の當時までに八代續いて居る。其四代目の嘉兵衛といふのが、五箇年分の年貢の白絲を船に積み、之を八丈の島に持つて來ようとして、海上遭難して行方知れずになつたのは、寬永二十年の出來事だといふから、大よそ島開發の年代は察せられる。嘉兵衞の先代は父與五衞門、是も海上にて行衞相知れ申さずと謂つて居る。島で名主の役を勤め終らせることは、平和の年ですらも決して樂では無かつた。まして災厄の盛りの時に際して、彼等が島の惱みの全部を背に負うて、しかも健氣に働き續けて居たことは、單なる役目柄とは思はれぬものがあつた。必ずしも青ヶ島一島の爲と言はず、永く日本の制度史の上からも、今少し此來歴を考へて見たいものだと私は思ふ。

　青ヶ島の存在はそれ自身が噴火の產物であるが、島に民居が出來てから以後は、大きな活動はまだ記憶せられて居なかつた。承應元年辰の年に、地底烈しく燒け廻つて、處々より煙を上げたけれども、火を吹き出すまでには至らなかつた。それから十八年を過ぎた寛文十年には、大池の底から細かな砂を吐き出して、十年の間止まなかつた。しかし何れも植物の成育を害する程ではなかつたと見えて、神土《かなど》の周圍にも大木が多かつたと記して居る。舊火口原の盆地を島では池之澤と呼んで居た。其の中央に方七八町、深さ幾百尋とも知れぬ池があつて、其周圍が島民の主たる作場であつた。地味最上にして水旱風虫の患ひ無く、そこに若干の水田もあつたといふのは、多分此池の水がもとは灌漑に用ゐられたのであらう。災害以前の事だから、はつきりとしたことが今は判らない。兎に角この一帶の島民の衣食には稍餘分であつたかと思ふ豐沃の耕地が、忽然として熱湯の下になつてしまつたのである。

　第一回の噴出は安永九年、即ち薩摩の櫻島が爆破した次の年の六月であつた。十八日から二十三日まで六日の間、晝夜休みも無く地震があつて、畑にも出ず用心をして居た處、二十四日の朝は地震が止み、二十六日の夕方から小雨が降り出した。それが程無く大降りとなつて、翌二十七日の朝まで續いたが、其時不意に池ノ丸橋といふ處に火穴があいて、夥だしい湯が湧き始め、一日の中に池の水位が六寸餘り高くなつた。二十八日以後は其穴がそちこちに數を增して、見る〱池の周圍を浸水し、大池小池と二つあつたのが七月十五日にはもう一續きになつてしまつた。大池の方で一丈七八尺、小池は少し低くかつたと見えて、三丈ばかりも滿水したと謂つて居る。池の水は最初のうちは今までの通りの溫度であつたのが追々熱くなつて手を差入れることも出來なくなつた。大木の多く殘つて居た小池入といふ神土《かなと》なども、根株を熱湯に浸されて忽ち落葉し、樹は悉く立ち枯れとなつた。周圍の傾斜地には水の屆かぬ處もあつたけれども、池が滿水すると共にそこからも煙を吹き出し、其の上に以前から燒けて作れなかつた場所が處々にあつて、さういふ空地は愈々盛んに煙を吐き、是に當つて琉球芋以外の作物は皆枯れたと謂つて居る。

甘諸は、其頃も既に栽培して居たのである。それが主として冬春の補食料であつて、ちようど七分通り植ゑ込んだ後であつた。風の無い暖地を擇んで池のまわりに仕付けたのは皆無となり、高い處の畑だけが僅か殘つた。里芋は七月八月の扶食であつて、是から收穫にかゝる所であつたが、是も多くは谷底の平場に植ゑて居たので取れなくなつた。全體に小作は池の澤に多かつたので、先づ困るのは小さい家であつた。桑の木も以前は岡の高みに植ゑて、もう枯木になつて居たのが、近年暴風が多く痛みがひどいので、追々と風蔭の池の澤に桑畠を仕付けることにして居た。それが一度に枯失したから、御年貢の養蠶も六つかしくなつたと謂つて居る。木綿は二十七年前の寶曆五年に、此島へ種が渡つて少しづゝ產額を增して居たが、是も池の近くばかりだから此の際に全滅し、衣服の材料にも難儀をする。それより更に困つたのは飮水で、以前の井戸は何れも低い所に在つたので、池が溢れると共に使へなくなつた。急いで掘つて見たがどの水も鹽氣が有る。なるだけ淺く掘れば幾分か鹽氣が薄いので、我慢すれば飮めぬことは無いと謂つて居る。

四

斯ういふ意味の書面が名主の七太夫、神主豐後以下の連署を以て、七月の中に八丈の島役人の所へ申達せられて居る。普通の罹災報告書は課稅の豫防線を張つたやうなものが多いが、この青ヶ島のは遙かに其程度を越え、どうしたらよからうかといふ相談のやうにさへ見える。此月一杯位で食ふものが無くなりさうだと訴へて居る。たとへ岡地に植付け候分、滿作にて收納致し候共、例年の三分通りにも當るまじく、當時差當り難儀仕候とも謂つて居る。さうして池の底の熱水は中々滿ち止まりさうにも無かつたのである。

八丈島では此急を聞いて、八月八日に大賀鄕の年寄役忠次郎、見分の爲に青ヶ島に渡つて居る。八丈に貯藏せられてあつた御用米引殘りが、此の際に島の救助の爲に下賜せられたといふが、それは別の船で先へ送られたので無く、多分同じ船で持つて行つたのであらう。さうだとすると無事に此の船が着いたのは幸ひなことであつた。後にももう一度詳しく述べる折があるが、僅か十五里足らずの二つの島の交通は、想像に及ばぬ難航路であつた。古來の渡海船は船も小さかつたに相違ないが、殆ど二度に一度ぐらゐは難船して居る。年寄忠次郎の船なども、島の見分を終つて歸帆の際、海上惡風に遭うて、八月十九日には安房の內浦へ漂着して居る。それから前例に從ひ江戸へ乘り廻すべく、浦々引船を以て進行したが、引船に離れると又々風模樣惡くなり、八月二十四日に志摩國鳥羽湊に漂着した。御城主稻垣攝津守樣より種々御介抱に預り、同所役人より浦狀を取り九月出帆の處、今度は汐風よろしく十月四日八丈島に歸着した。つまり以前の航海術では、どうしても乘り切れない季節が、島地では長かつたのである。

しかも災害は此季節と步調を保たず、且つ連年に起つたのであつた。この安永九年の涌き水は、翌天明元年の四月始めまでに、どうやら斯うやら引いて元の通りになつた。ところが四月の十日十一日に又々地震があり、十一日の晝少し前、池の澤のミソネといふ處に噴出があつた。今度は灰を吹き上げて島中が眞暗になり、それから夜に入つて又々湯水が湧き上がつた。それも去年は半月以上もかゝつて、追々に水位が高くなつたに反して、此時のは夜中俄かの出水で、其の高さは五尋に近く、去年よりもずつと量が多かつたのが、上がつたかと思ふと卽刻に引いてしまつた。其結果は前回の引水の跡、格別痛みはしなかつた作場の土が、今度は水と共に流れてしまつて、大小の石塊ばかりがごろ〳〵と殘り、之を耕地に復すことが困難になつたのみならず、方々に池と岡との崩れ合ひがあり、澤への道路はよほど氣丈の者が、天氣のよい時にそつと樣子を見に行ける位で、氣の弱い者には通れない狀態になつてしまつた。さうして水は引いたが尙噴煙は强く、地面の下が一帶に熱くなつて、最も丈夫な琉球芋さへも失せたと謂つて居る。

　青ヶ島の住民がこの續け打ちにもひるまなかつたのは一つには今までの境遇が、不安に對する抵抗力を强めて居た爲もあらうが、一つには又官府や母島の同情が篤かつた上に、去年の災厄が存外に早く、恢復し得たやうに思はれたからであらう。しかも後から振りかへつて見ると、何だか其の次のもう一段と强烈なものを、待つて居たやうな感じもあつた。役人たちの經驗では、斯樣な天災地變は一ぺんきりのもので、さう何年も續かうとは思つて居なかつたらしい。

　天明二年の四月なかば、代官江川氏の手代吉川義右衞門は、八丈の島役人菊池左門を伴なひ、青ヶ島名主七太夫を案內として渡島した。さうして山燒け跡の實況を取糺し、荒地起し返しの差圖を下して置いて、五月二十三日に彼島を引揚げた。此の航海も往復とも非常な難航で辛うじて八丈には歸り着いたが、船は損じ船荷物は過半刎ね棄て、一行十餘人は命に別條が無かつたといふ迄であつた。さうして青ヶ島の方では又恐ろしい旱魃があつたのである。

　島では吉川氏の船が出帆した翌日、五月二十四日に雨が降つて以來、八月十六日まで八十數日の間、一度も雨が無かつた。粟稗はとくに枯れ失せ、里芋薩摩芋あした草ばかり殘つて居たところへ、再び山が燒け砂が降り積つて、其の在り所がわからなくなつた。それを搜しまはつて掘り當てた分を出して見ると、甘諸とあした草は全く腐り、里芋だけは十の內三つ四つは芋の味があつた。山歸來の芽が頭を出して來たので、それを目あてに其根を掘り採り、去年釣つて置いた鰹の節《ふし》と鹽辛、誰かゞ貯へて居た少々ばかりの麥を取合せ、是に海藻などを加へて食つて居た。翌年四月の報告文に、當四月までは漸く命取續き候へども、此上は御手當成し下されず候ては、相助かるべき様御座無く存じ奉り候と謂つて居る。恐らく此の際まで船を通はすべき便宜が得られなかつたのである。

五

この天明三年四月の通信は、同時に又第四回目の噴火を報ずるの書狀であつた。さうして此時の災厄は、前のよりも更に急なるもので、若干の人死にさへあつたのである。其大略を抄出すると、二月二十四日の晝頃から強い北風が吹き、雨が降つた。神子《みこの》浦《うら》といふ島唯一の船着場が崩れ、赤い砂を夥しく地方へ吹上げて、處によつては三四尺も積つたといふから、是も亦噴出であつたらうが日暮方に、なつて雨風の止むと共に、砂の降ることも止むだ。ところが三月九日の夜になつて、丑の刻に大きな地震が八度ゆつた。さうして暫くすると池の澤に大穴があいて、今度は火石を吹き上げ出した。石は五尺六尺もあるのは大抵中ほどから落ちて、小石ばかりが空へ吹き出したのであるが、それが外壁の上に在る村中へ降りかゝつて火災を起した。神主山城は家藏家財とも燒失して拜殿だけ殘り、清受庵は堂も家藏も家財も皆燒けた。名主七太夫は家カイコ屋（釜屋）家財とも燒けて藏は殘り、年寄五次郎組頭太郎右衛門は家藏家財全部、組頭勝右衛門では藏ばかり殘つた。其他に百姓の家二十九軒、堂小屋二十六を合せて六十一棟が烏有に歸した。多勢の者ども途方に暮れ、桶類戸板其の他手に當る物を被り、築地の蔭或は所々の洞穴に逃げ込み、辛うじて命を完うした。翌十日の朝に至つて火石は降り止み、其のあと砂が降り又夥しく泥土が降つて、晝頃になつてそれも止んだ。平地の畑には土砂の積ること三四尺、山手の傾斜地は一尺ぐらゐ、火穴から遠い場所には五寸ほどの處もあつた。

池の澤の周圍の平地は、もう此頃は恢復して、追々に栽培を始めて居たらしい。池の附近には溫泉があつて、農作の人々はそこに小屋をかけて宿泊し、往來の勞を省いて居た。三月九日の晩も男十一人女三人の者がそこに居て焼け死に、砂に埋まつたか死骸も見えないと報ぜられて居る。一説には其の夜こゝに居た者の數は八人であつたと謂ふ。其中で與太郎といふ男が只一人、馴染の女に逢ひに窃かに歸つて居て助かり、死んだのは七人だけであつたと謂つて居る。この與太郎は後に八丈へ遁げて來て、八十餘りまで生きて居た。自身此の話を近藤富藏にしたのだから、報告文の方が多分誤りであつたらう。

島の農作物や諸草木は、火穴から最も遠い西北の一隅に、僅かばかりの青みがあるばかりで、其外は一切跡形も無く、樹木は焼かれないものはすべて立枯れになつた。桑の木だけは肝要と存じ、早速根元より石砂を掻き除け、手入致せども益無しとある。前年以來の大損害にも拘らず、尙努力して養蠶は續けて居たのである。今年の噴火にも蠶兒は助かつた家があつたのだが、桑の葉が此通りなので、全部損亡となつてしまつた。

青ヶ島には牛が居ないと書いた書物もあるが、此頃は既に數多く飼養して居た。火石が降り出して如何とも仕様がないので、綱を解いて放して遣つたところが、苦しがつて方々を驅けまわり、コシ即ち外側の崖から飛びおりて死んだものが過半であつた。殘りは三十頭ほどあるが飼草が無いので、海手のコシへ梯子などを渡して、どうやら斯うやら岩の蔭の草を集めて來て、養ひ續けることが出來た。

水は今までは尙池の澤の近くの溜り水を汲んで來て飲んで居た。それが山焼けで通路が絶えてしまつたので、島中相談して越《こし》の川といふ處の僅かな清水を汲みに行くことにした。ほんの一滴づゝ垂れる水だから、全村の飲料には引足りさうも無い。雨の降るのを待つて天水を貯へるの他は無いと謂つて居る。雨は幸ひにして此頃よく降つたが、其代り方々から焼砂や泥土を押流して、僅かに焼け殘つた家を埋め、板敷の上或は柱の中程までも上つて來る。それを總掛りで掘り除けるのだが、中には手に合はず其の儘にした處もある。それよりも困つたのは道路の崩れたことで、神子浦と西浦との船着場には、辛うじてまだ細い道路があるが、此上も崩れたら外部との聯絡が絶えようかと、それのみ苦勞にして居ると謂つて居る。斯ういふ狀態の下に去年の旱魃の後を承けて、極度に食物が欠乏して居るのである。御手當が無くては助からぬと謂つたのは、些しでも誇張の辭では無かつた。

六

斯ういふ危急の際に、一月以上も報告がおくれたのは恐らく交通の方法が無かつた爲だらうと思ふ。島には雲霧のかゝる日が多く、八丈では此の變を知らずに居たらしい。それが此の知らせによつて非常に驚き　再び大賀郷の忠次郎、中之郷の清次郎、樫立村の市郎右衛門と三名の年寄たち、時刻を移さず早船を以て漕ぎ付け見分したといふが、其の記錄は殘つて居ない。五月五日には末吉村の年寄淺沼源左衛門、組合頭甚三郎と共に、山燒け見分として靑ヶ島に渡島した。其時の日記は此の家に傳はつて居た。同じ日午後に西之浦に着岸し、六日は荷揚げ、七日は雨降つて山荒れ、八日は快晴だつたので、御圍ひの穀物を割り渡した。翌九日から島内の巡視に取掛つたが、毎日の大風雨で二十一日迄のうちに、見分の出來た日はたつた二日きりであつた。二十二日には南風が吹いたので、神子浦から船を出したが、忽ち風が變つて船を戻し、六月五日まで十五日の間此の島に滯在させられた。翌六日には再び出帆したが、海上霧がかゝつて針路を失ひ、八日には漸く地山《ちやま》を見かけたが、土地が不案內なので沖へ突戻し、九日には天氣がよく、漁舟が出て居るからこゝは何處かと尋ねると、上總國興津といふ村であつた。上陸して名主と相談をしたが、こゝは外海の荒濱だから、村次で送つて貰つて房州の鼻をまはり、內海に入つて百首《ももくび》といふ村で水先を頼み、浦賀の番所に行つて改めを受け江戸表へ乘廻した。八丈島へ還つて來たのが翌月四年の春であつて、たつた一度の見舞に小一年も費したわけだが、其の代りには此序に江戸の役所で、靑ヶ島の慘狀を報告し、天明四年以後の年貢諸役免除、御救ひ穀支出の沙汰を受けて、戻つて來たのは手柄であつた。

靑ヶ島の方でも天明四年は、一年だけ災害が休みであつた。其間に於ける島民の拮据經營は、想像することが出來る。江戸表の御救ひ穀は出る。八丈からの圍ひ穀等も積み送られる。暖い土地だけに草木は速かにほき返り荒れた作場も追々と地馴らしが進み、一旦枯れ盡した桑畠も、新たに苗木を植付けて程なく成長した。土地の收穫のまだ足らぬ部分は、山海の採取を以て補充した。此調子で行けば復興も早からうと、一同が元氣づいて居たのであつた。然るに其の翌天明五年の春になつて、又新たなる噴火に見舞はれ、是が今まで經驗したものの、何れよりも更に激烈であつた。もうどうしても踏留まつて居ることは出來なくなつたのである。

噴火の始まりは二年前の天明三年度と、僅か一日ちがひの三月十日午前であつた。青ケ島の方角に當つて、火炎立ち昇るを望み見て、八丈では早速に通用船を仕立て、船頭惣兵衛に水手四人を副へて、見屆けとして出帆させた。幸ひに風都合よろしく、夜の八ツ時に乗り附けたけれども、其暗で船を寄せることが出來ず、夜の明くるを待つて帆を少し揚げ、走りながら島の様子を見るに、神子浦から西浦、新島ケ鼻までの間は黒闇で物の色目も見えず、灰煙が船へ吹掛けて來る。そこでやゝ沖中へ出て船を持たせ、島の形勢を望み見たるところ、頂上中央から北へ寄つて白煙渦卷き、島の周圍は一圓に黒煙で磯際からは稲妻の如く、絶えず火災が燃え立ち、又空中からも火玉が閃めき、山の形は一帶に低くなつたやうに思はれた。さういふ内にも折々震動があり、山燒けは愈募り、到底船を着け得る見込が無いので、空しく八丈の島へ引返して此狀況を報告した。八丈の方では此の由を聽いて或はもう一人も殘らず、亡び失せたものと想像して居たのかも知れぬ。もしくは海が非常に惡くて、重ねて見に行くことも出來なかつたものか、其後二十日近くの間、どうする方法も立たずに眺め暮して居たやうだ。そこへ青ケ島の方から船を艤して、名主七太夫外八名の者が、注進に來たので始めて實狀が明かになつたのである。

（未完）

瀬戸内の海

櫻田勝徳

先日島影にひかされて、瀬戸田邊りを丸一日程覗いて來たが、西の外海ばかりを歩いてゐた私には、瀬戸内海は勝手のちがふ事が多かつた。中でも漁人があれほどまでに特別扱ひにされてゐるのには、全く驚いてしまつた。九州の漁人なら頗る快活であるのに、此地の漁師は全くその反對で、漁人特有の自信や誇りをも失つてしまつてゐるらしい。だから朗かに之等の人と談笑する事は、殆ど困難であらうと思つた。その外數へ立てゝみれば色々の事があつたが、二三西海と趣を異にしてゐると思ふ事を記してみよう。

まづ第一に氣付くのは瀬戸を流れる潮である五島列島の瀬戸のやうな豪快さを、此内海で味はふ事は到底出來まいと思ふが、とにかく川のやうに流れてゐるのが見える。本潮が瀬戸の中央を流れ、兩岸に沿ふて本潮に逆流した脇潮《わいしを》がゆるやかに流れてゐる。佼轆《せみ》が檣頭を冠りしてゐた一枚帆の和船の頃でなくても、百貫島の東方や、安居《あいの》島の邊りでは、勿論風を見、風待をしたに相違はないが、大下瀬戸より岩子島と因島の間に至る、所謂長瀬戸およそ三十浬の間の舊帆船航路に於ては、風待よりも潮待の方が航海には大切であつたらうと思ふ。木の江や御手洗が榮えたのも、恐らくは此流れる潮の爲であつたに相違ない。

聞くに瀬戸内《せとうち》の潮は大凡そ三つに區分せられる。大阪より下津井邊りまでは下げ潮は西に向ひ、上り潮は東へ流れる。それから西に向つて上關邊りまでは、下げ潮は東へ、上げ潮は西へ流れ、上關より下關へかけては、又前の如く下げ潮は西、上り潮は東へ向ふ由である。此潮の工合を帆船はよく觀察し、之を利用したにちがひない。誠に悠々たる帆船は、時に間が惡ければ終日同じ山を同じ姿で眺めてゐねばならぬ時もあつたが、此瀬戸航路ではうまくゆけば二潮《ふたしを》即ち十二時間潮にのる事も出來た。

つまり潮境まで達してをれば、今まで下げ潮にのつて西へ走つてゐた船が、次の上り潮で直ちに西方に向つて潮にのる事が出來る。さうなれば六時間の潮待をしなくても良い。しかしかういふ潮待の消息を詳しく聞く事は出來なかつたが、何時吹いてくるか明白に豫測出來ぬ外海の風待よりも、六時間後には必ず順潮がやつてくるのだから、先づ以て大安心に相違ない。瀬戸内は闇と霧をのぞけば大した危險もあるまい。永い日本海の航海を終へていよ〳〵瀬戸内に入つた時の北前船の船人らの心持は荒波を越へて安靜の港に入つた時と似たやうなものであつたらう。殊に馴染み深い瀬戸内の島山の影は、之等の人々にはなつかしい限りであつたらうと、想像される。

瀬戸内の島の農民がイナサやヤマヂといふやうな風名を知つてゐるかどうかを知らぬが、概して海の事をたづねても、俺は漁師ぢやないからそんな事をしらぬといふやうな様子をしてゐると思つた。島々の農民が手船として使用するトーカイといふ一枚帆の船にのせて貰つた時（長門豊浦郡のトーカイと恐らく船は違ふだらう）、その船頭さんは追風《まとも》、逆風《むかふかせ》、横風《よこあらし》位しか知らなかつた。トーカイにのるだけでは、之以上の風の知識を知る必要もないだらう。まして山アテなどを心にとめてゐる筈もなかつた。内海は誠にありがたいと思つた。

それから瀬戸内で氣付くのは、水の中の草原のやうな海草の輝きで、それが底ダヽエには洲になつて海面に現はれる所も在る。普通洲といへば、海草の繁茂するかういふ所の事をいふらしい。砂の洲はスナズ、石の洲はイシズといふのだと、佐木島の人は云つてゐた。此佐木島には一人の漁民もをらぬ。さて海草にはいろ〳〵と種類があらうが、葦の葉がなびいてゐるやうに、海中に青く茂つてゐるタデグサにする海草が、とりわけ多いやうに思ふ。タデグサとは船燒に燃料として用ゐる海草の名であるといふ。

船燒をフナタデと稱するのは、恐らく瀬戸内ばかりではあるまいが、外海の漁村ばかりを歩いてゐた者には珍しい。卽ち外海の漁村では殆ど砂濱に和船を引上げてしまふから船底を虫にくはれるといふ憂もなく、從つてフナタデの行はれるのを見たのも、極く僅かであるが、瀬戸内には荷物運搬の帆船が多く、又風波少ない爲め安心して石垣のほとりの立石《たていし》に友綱をとつてゐる故、フナタデを行ふ必要が多いらしい。

　フナタデは五六艘もやつて行ふ時が多いといふ。船焼の場所をタデバと云ひ、滿潮の時船を陸に引きつけておいて、次第に潮の干てゆくのを利用して、船底を洗ひ掃除する。それから前記のタデグサで船底を焼く。瀬戸内では町はづれなどに、タデグサありといふ小さい看板を出してゐる家がちよく〱あるといふ。此フナタデ中、船靈は船から下りてをられるものと信ぜられてゐる由で、それ故フナタデの終つた折此火をつゝくタデ棒で三度船底を叩く。すると船玉は之を合圖に船へ戻られるといふ事である。かく一同がもやつてフナタデを行つた時には、タデオミキといふ酒盛を行ふ由、共同で一つの仕事をやつた時には、後で是非一杯やらぬと氣がすまぬとみえる。

　チヨキとチヨロとは結局同じ物だらうと、思つてゐたが、之も瀬戸内では丸つきり別のものだつた。チヨロは遊女などをのせて運ぶオシオクリ船で、チヨキの方は小さくても五十石積位の三枚帆の荷物運送船であつた。此地のチヨキは隅田川にあつた猪牙船とは全然別物である。チヨキや北前船などの運送船の船人の生活を知るためには、瀬戸内ほどよい所は無さそうに思はれる。外海の寂れた風待湊へ行つたとて、もはや稀に入りくる帆船にとりつく島もない。つけ船宿の昔を隱すとも、大つぴらに教へてくれる筈はないし、まして入船出船のすばらしい相互扶助を、語つてくれる船人は、縁故の薄くなつた岬の果の湊では、もう望み得ない。その内ゆつくりと瀬戸内を巡つてみたいものだ。それから思ひ違ひがあつたら、どうぞ御訂正を願ひたいものです。

（5）

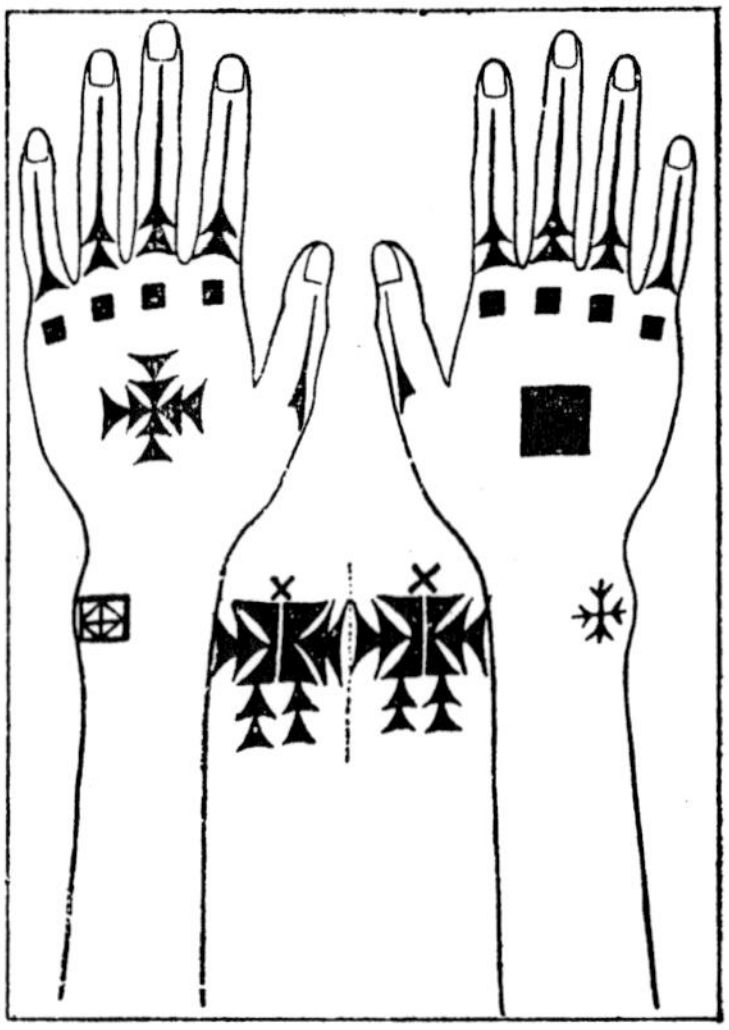

（6）

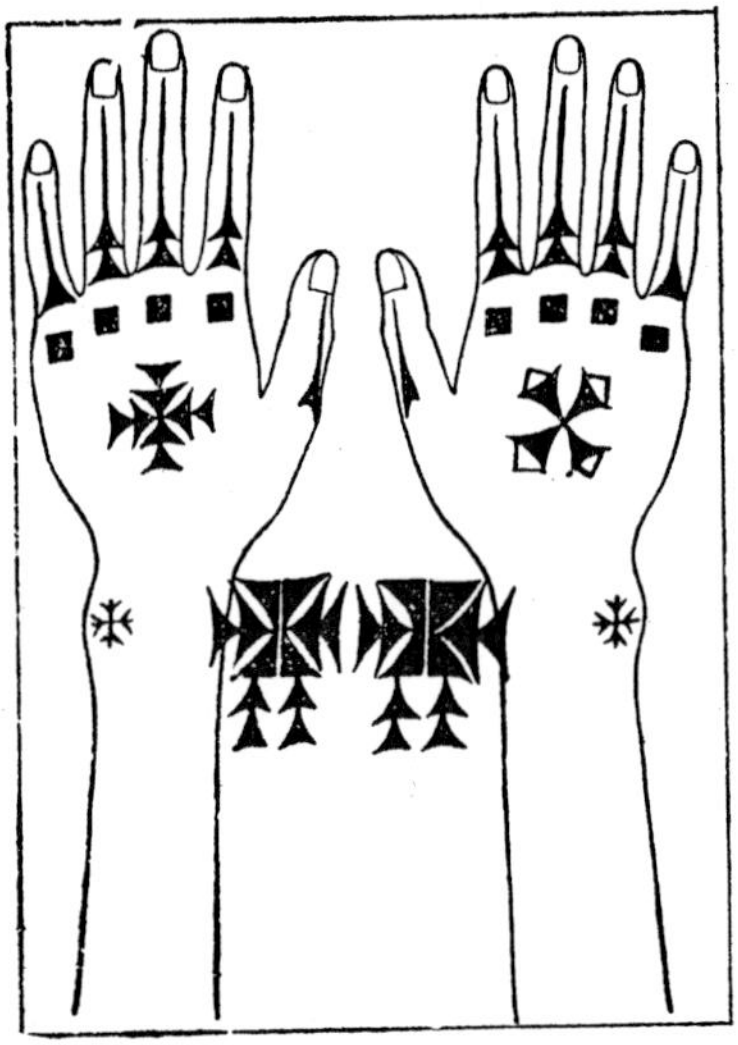

針突圖誌（三）

——徳之島の部・その二——

小原一夫

第五圖及第六圖は伊仙村、目手久《メテク》の六十三と六十歳の婦人、第七圖は龜津村井野川の七十六歳、第八圖は天城村西阿木名の七十一歳の婦人のそれで、みな水草の花の色の様な青色を帶びてゐる。

この島では、早い人は七歳、普通十七八歳までに之を行ふ。既婚者のものでなくして未婚の内に行ふべきものであつた。

第三圖左手、第五圖右手、第六圖左右の莖状突起部にある模様は「惡魔拂ひ」のシンボルとしての意味を有してゐる。

面縄では嘗て「ハンヅキ」を突くのを職業としてゐた老人に會ふ事が出來た。が、明治の初年に、この「ハンヅキ」を突く事は禁ぜられた故か、いくら話をしかけても默つてゐる

（7）

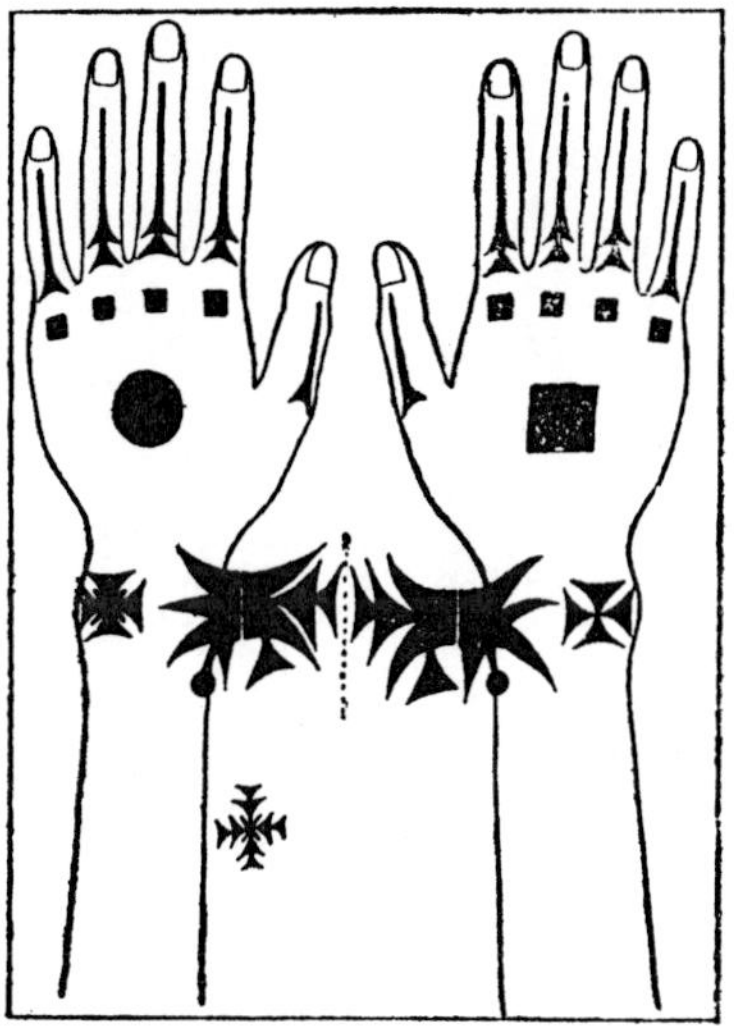

（8）

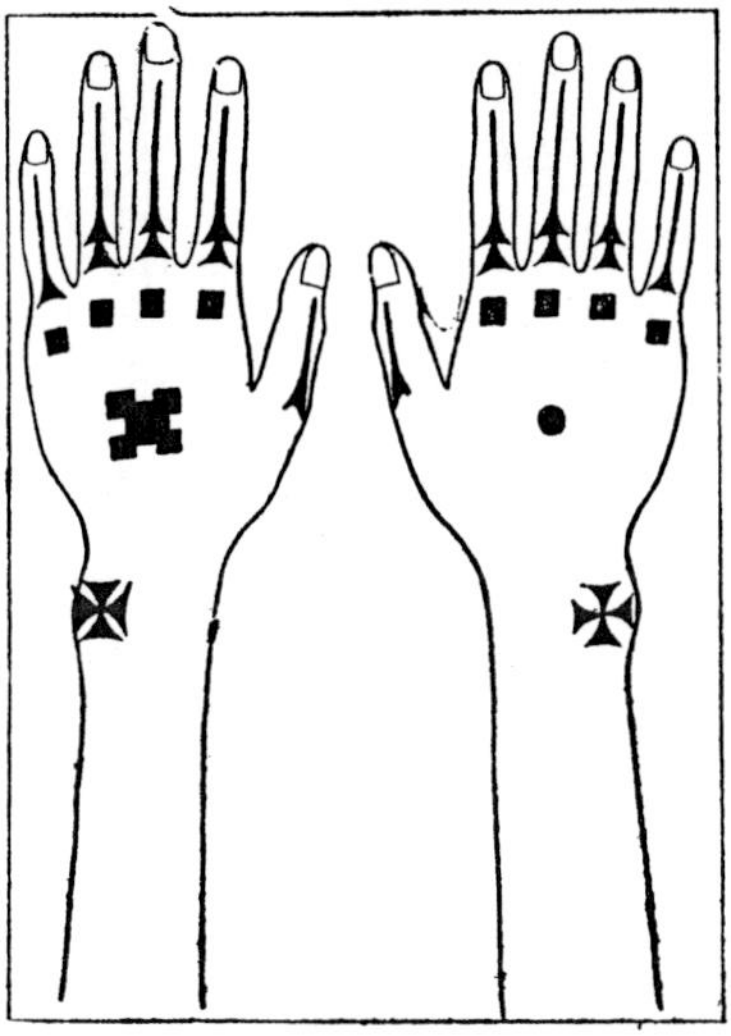

針突圖誌（小原）

のみで、話して呉れない。事情をその息子なる三十過ぎの人に聞くと、禁制の「ハンヅキ」をやつた事を、筆者が調査して罪に落されるかもしれないと云ふ心配からであつた。色々説明するが一徹で口を開かぬ、カメラを向けて寫眞を撮してやつてから、やうやくぽつぽつと話を始めた。鼻の高い、いゝ顏の老人である。一寸奇人で、客人を置いてけぼりにして突然外出して來たりする

後では黑砂糖の、塊を筆者の手に乘せて呉れたりした。足が達者で、魚取りが上手で面繩の東の海岸に、さゝやかな小屋を作つて住ひにしてゐる。

かうした、古い話をどうしてもして呉れぬ老人に會つた若者の苦笑と、はがゆさ。搦手から話を持つて行く事を學んだ事、ながく坐り込んで氣長に採集し、安心して話してもらへる樣にと、馴れぬ手付で煙草を吸ひはじめたのも、この島での事であつた。今、くゆらす紫の煙を見ると、想ひは蘇鐵の山や、八月踊り小さな馬に馳せて盡きない。

阿波伊島素描

山口吉一

位置

伊島は阿波の東海岸蒲生田岬より海上を三里、精確に言へば徳島縣那賀郡椿村の管轄に屬し、東經一三四度四九、北緯三三度五の地點にある。

沿革

承應の頃、大屋を稱する神野家の祖先神野惣右衛門なる士、領主森甚五兵衛の命を受けて來り栖み、次いで中屋の祖ならびに三軒屋の祖も移り來り、業を起したのが此島の農耕の濫觴である。が、年を經るに從ひ漁撈の業いよいよ盛んとなり、遂には田畑を領主に返還するに至つた爲め、領主も田畑の荒廢を虞れ、同郡福井村後戸より杣友氏の祖を呼び、農耕に從事させたこともあつた。降つて元治元年十二月二十日の夜、炬燵より出火して全

島四十七八戸のうち殆んど全部灰燼となり、其後二十年やうやく復興した明治十六年、災厄は再び至り其の大半を燒失烏有に歸した。けれども、絕えざる島民の耐忍と努力は空しからず、朝鮮出漁の隆盛を謳歌する現在の狀態となつてゐる。

地形

東海岸は美事な急斜面の斷層崖をつくり、西海岸は鋸齒狀の遠淺となつて砂嘴砂洲があり、陸地は壯年期の山塊をなし、河川と謂へば山麓に雨水の谿流となりて流るるを見るに過ぎない。

氣候

四季を通じ概して溫暖であるけれども、冬季は北西の風強く波浪おこり、塵埃飛散して戸外運動はかなり至難である。降雨は夏季に多く冬季に少く、降雪はほゞ年一回積雪なく、結氷は嚴冬に一二回厚さ一分內外である。

耕地

階段耕作の行はれる田畑七八町歩、が、此の收穫のみによる自給自足は不可能に近い。

聚落

南西海岸に街道町をなし、各戸とも冬季の風を防ぐため石垣を周圍にめぐらしてゐる。

戸口

戸數一三八戸。人口は昭和七年六月現在に於て男四二八人女四三二人、其のうち男五二人女六二人は他出して島にゐない。

職業

昭和七年六月の調査に依れば、漁業一〇二戸、商業二戸、工業六戸、船員七戸、日傭稼八戸、農業二戸、其他一一戸が專業となつてゐる。因に工業は全部大工である。

物産

米は潮風等の被害により年々大差を見るが約六七十石麥は凡そ三四十石、甘藷一萬貫内外、野菜は近年作付反別の增加に伴ひ需要の大半を充すやうになつた。漁獲は每年十月より翌年四月まで漁夫の大部分が朝鮮、長崎、愛媛、和歌山等へ出漁するため、昭和六年度には鮑、伊勢蝦、イサギ、鰺、太刀魚、鯖、磯魚、ガガネ其他により三萬五千餘圓を擧げた。

宗教

眞言宗一三五戸、眞宗一戸、天理敎二戸である。信仰心きはめて篤く、出稼に行く時および歸鄕の時は必ず當所神社ならびに觀世音に參詣するを例とし、他出中は松林寺住職により每日その身の安全が祈禱されてゐる。

社寺

當所神社は西端の山麓にあり奧津奈岐佐彥命、奧津甲斐邊羅命、奧津邊佐加留命の三神を祀り、松林寺は補陀落眞如院と呼び十一面觀世音を安置し、辨財天は北岸に突出する砂嘴にある。

景勝

伊吹は太平洋を眼下に怒濤の天に冲するを見、潮吹は波浪の高きとき岩窟を擊つて遠雷に似る大音響と共に濛々たる水煙に日光が映發する。

傳說

中寺千軒瀬戸千軒宮城千軒とて此島に昔三千軒あつたことを傳へ、空也上人の巡錫を語り、生餌船と稱し打瀬船の舳先に領主の定紋を打ち港々に無税先賣の特權あつたことを傳へ、其他に湯取場、御成礁、御献上礁、烽火山等地名に關する傳説が少くない。

行事

島民が島の中央を界として東西に分れ端午節供に和船の競漕をなすおしごく、漁祈禱として若者全部が登場する蛭子舞、近隣の女兒のみが行ふ盆のまゝごと等めづらしき物がある。

禁呪

大病または平常虚弱の時は改名し、子供命名日の初詣には額に紅色の十字を描き、同年者死亡すれば柄杓に水を汲み柄を下にしそれを流れる水を飲む。

教育

明治十二年五月創立の伊島尋常高等小學校を以て唯一の教育機關とし、兒童は尋常科男六一人女五八人と高等科男一七人女一一人の計一四七人、四學級組織である。

通信

無集配郵便局一、椿泊郵便局區内に屬し一日一回の集配である。電信は未だ架設されてゐない。

交通

縱横に走る各一線の道路と、椿泊との間に郵便船が一日一往復する。其他には夏季德島への魚類運搬船の往復がある。

金融

郵便貯金の若干と頼母子講一三あるけれども、金融の大半は伊島信用購買組合が占めてゐる。組合の大様を見るに、組合員八八名、出資口數一四九口、出資拂込高二〇四三圓五五、貯金總額二二一一六圓五三、貸出總額一七五三二圓二三、購買賣上高二〇九四三圓六六といふ、昭和七年六月の現狀である。

附　記

記述が素描といふよりも粗描に終つたことを遺憾とします。何れ渡島して個々の事象につき詳細に報告することをお約束して、大方の御寛恕を冀ふ次第です。

（德島局區住吉島・山口吉一）

島の船着場

—伊豆七島—

本山桂川

島に渡つて歸つて來ると、よく其の船便と、船着場について質問される。昨年來伊豆七島を御丁寧に十島まで歩きまはつた經驗から、その概觀を記して參考に供したい。

×

大島の元村は大概御承知の通りだが、あの大量の觀光客を送迎しつゝあるにもかゝはらず、船着の利便がちつとも改良されない。舊態依然として小さい艀舟で乘降するので、混雜と危險は想像に餘りある。おまけに少し西が強くなれば、船着が出來ず、北岸の岡田村に上陸を餘儀なくされ、元村へは其處から一里半歩かねばならぬ。幸ひ昨年の夏以來、やつと、この道路に乘合自動車が一臺運轉を許可された。

×

そこになると波浮《はぶ》港は何と云つても七島隨一の良港だ。棧橋の横着けは如何程乘降客にとつて快適であるか知れない。只港口が狹いため現在六百噸級以上の汽船は入港困難だが、之も近く千噸級以上のものまで樂に入れる程度の開鑿が行はれるさうである。さうなつた曉には、例の三原登山もこゝから間伏《まぶし》の登山口に出た方がよほど登りよくなるだらう。

波浮の對岸差木地《さしきぢ》からも間伏迄は一里の道に自動車がある。

×

自動車と云へば七島中、自動車を運轉してゐる所は、大島に於ける上記二ヶ所と、八丈島の大賀郷《おほがごう》——三根《みつね》間及び、大賀郷——中之鄕間だけである。

三宅島では最近坪田村の防波堤工事に、土砂運搬のトラックを動かしてゐる。これは同島に於ける自動車運轉史の第一頁を飾るものである。

×

新島の本村《ほんむら》でも今年度から防波堤工事を開始した。

豫算は後に縮小されたやうだが、當初の計畫によれば二期三十萬圓の工事で、新たに漁港を建設するのが目的であつた。

新島・前濱

計畫書を見ると本工事を別けて二期とし、第一期は防波堤と港內の暗礁を除却し、漁船三百隻を同時に碇繫するに備へ、第二期には、更に防波堤を延長し錨地を安全にし揚船場を完成し淡水供給の水道を施設するにある。

目下其の一部が着手されてゐる。本村《ほんむら》の前濱《まへはま》は白砂の

なだらかな渚で、一寸見には如何にも平穏な海濱のやうだが、まともに强い西風及び西南風に襲はれるので、ことに冬季は波浪高く船着も荷役も出來なくなつて了ふ。

新島・若鄕戸船の濱

現に昨年、盆の十三日に渡つた時も、此の濱には上れず、隣の若鄕村《わかとうむら》に辛じて上陸することが出來たのである。汽船が新島へと志して行つても、風波のため艀舟が卸ろせず、右兩村にも上れないとなれば、止むなく式根島にもつて行かれることになる。

若鄕の濱だとて決して樂な場所ではない。此處では大

正十四年村債を起して戸船の波止場工事を計畫し、其の工事を某工兵大隊に依囑したところ、やたら滅法に岩石爆破をやつたため、却つて海底を淺くし、工事以前の狀態よりも更に船着の便を惡くしてしまつたといふ苦い經驗をなめさせられてゐる。

こゝの艀舟でも、私は二度まで頭から思ひ切り海潮の飛沫を浴びせられた。

×

式根島は、汽船がシケにあつた場合、波浮に引返せない時の避難場所とされてゐる程あつて、狹いながらも二つ三つの天然港を持つてゐる。野伏灣の如きその尤なるものである。風光としても見た目に頗る感じが好い。

×

現在防波堤のやゝ備つてゐる所は、神津島の前濱と、三宅島の伊《い》ケ谷《や》である。勿論兩者とも棧橋への横着けとまでは行かず、依然艀舟によつて乘り降りしなければならないのではあるが。

×

島の船着場（本山）

三宅島には五村の內、四ケ所の船着場がある。今云つた伊ケ谷の外、大久保の濱、阿古《あこ》、坪田である。大久保

神津島・前濱

の濱は同島の北部に位する神着《かみつき》村と伊豆村との中間の低部にある濱で、砂地ではあるが、こゝも眞ともの風が少し强いと艀舟が卸ろせない。阿古も坪田も亦同様である。されば汽船は大抵伊ヶ谷を足溜りとして夜を明かすのである。

三宅島・伊ヶ谷の濱

×

御藏島の船着場は、丸石の濱と呼ばれる程荒浪に晒らされた楕圓形の大きな石が累々と石垣の如く重り合つてゐて、到底內海の遠淺の濱には見ることの出來ない男性的な姿を示してゐる。

汽船が着いて、いざ艀舟をおろす段になると島の青年達は、「濱役人」といふ古風な名を持つた青年團長の指揮に從ひ、褌一つで濱邊の磯の地ならしをしなければならぬ。その作業を「濱を作る」と云つて居る。「濱を作る」ことは、伊豆七島中でも此の島の外、利島や青ヶ島でも行はれる特殊な作業であつて、一ヶ年の四分の一は島人の勞力がこの厄介な仕事のために費されなければならないと云はれてゐる位である。

御藏島の船着場

×

「西は荒浪、ナライは根浪」と島の歌にも唄はれてゐる通り、風波強く、あまつさへ岸高くして、いくら手を入れても結局徒勞に終るのである。御藏島では近年少しばかりコンクリート固めの船揚場が出來て、艀舟は其の四十五度位の急斜面を滑り下るのである。濱が出來、艀舟が下り、一二丁の向ふに沖着けになつてゐる本船から、客と荷物を積取ると、本船と濱との間に繋がれた一筋のロープを手繰り、巧みに浪頭に乘りながら、頃を見計つて、岸に寄せつける。ロープの他の一端は、ロクロ捲きに取りつけられてゐて、艀舟が岸に着くや、船底にスラ木（シユラ木ともいふ）を横へ、ソレとばかり數多の女達が一齊に綱を引き、更に男達はロクロを捲いて、人も荷物も艀舟もろとも、一氣に濱の渚に引上げる。正に船頭多くして船を山に引上げてしまはなければ、安心出來ないのである。其間にも、過つて横波でも喰はうものなら艀舟を破壞されるか顚覆されるかの危機に直面してゐる。頭から浪をかぶる位は初めから覺悟の前でなければならぬ。一層艀舟ごと岩の上からクレーンで引揚げた方が安全ぢやないかとさへ思つた。

島の船着場（本山）

×

八丈島では一航海毎に、西岸の大賀郷の八重根と東岸三根の神港《かみなと》と交互に船を着けることになつてゐるが、兩者とも決して船着場としては有難いものぢやない。然しそれも昔の日記や紀行の記述せるところに比すれば、よほど改善されてはゐるのである。

青ヶ島の船着場

青ケ島に至つては、殆ど鎭西八郎以來の狀態であると云つても失敬ではあるまい。

第一濱は牛の如き巨岩が、さながら山崩れのあつた後のやうにうづ高く、艀舟は二百メートルの高地に引揚げられて逆立してゐる。其處の四百メートルの村落地から

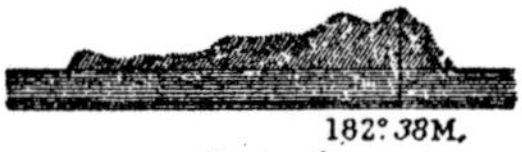

青ケ島

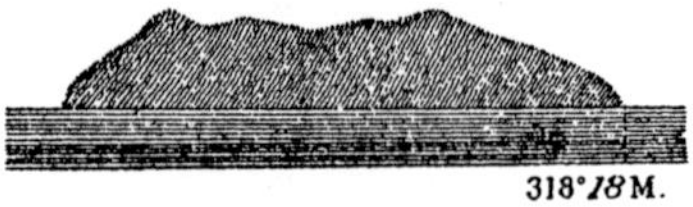

青ケ島

逆落しに、島人が駈け下つて、例の濱作りに從事するのである。

島牛を八丈へ移出するにも、浪荒くして艀舟には乘せられず、舷側に繫いで黑潮の眞ただ中を泳がせ、漸く本船まで持つて行つて捲揚機で甲板に引上げる。牛はそれまでにいゝ加減潮を呑まされ、しばらくは豚の如く上甲板に巨體をなげ出してあへいでゐるのである。

昨夏渡つた時にも、到頭ここで本船はアンカーを海底の巖に嚙まれてもぎ取られてしまつた。

さてもつらい島渡りである。もう二度と二たびこんな處に來るものかと、其の時は思ふのだけれども、狂猋な西風がナライに廻つて、やがてコチ吹く若葉の頃となれば、又してもあの島この島の懷しい姿にあこがれる私である。

――（ことし五月末御藏島の踏査より歸りて）――

孤島に移住して自力更生

長崎縣北松浦郡小値賀村を距る海上二里の所にある大島は、周圍一里戶數四十、三十七町步の耕地を有する純農業部落であるが、一切の農業經營は親方と稱する部落統率者長老十六人で合議處決し、共同勞作を行ひ、收益は公平に分配する制度をとつて居り、生活は比較的裕である。この部落で貧困に陷るものがあると、部落有となつてゐる宇々島に移住せしめ、一町三段步の耕地を無償で貸與し、生活の建直しを行はしめてゐる。宇々島は大島を距る五町の海上にある小島であるが、宇々島に移住するものは二戶で、大體三四年もゐれば、無償耕作によつて相當の金が出來、大島部落に歸つて來、次の貧困者を送るといふ。

奄美大島一夕話

—奄美大島・喜界島・沖永良部島—

昭和八年六月の一夕、遙々南方奄美大島の各島より笈を負うて上京勉學中の五君が相會して民俗を談つた。筆記に氏名を略して出身地の略稱を頭記したのは、讀者が直ちにその何れの島に就て語れるかを知る便を計つたのである。上の寫眞は談話者の五氏である。

東　島氏。喜界島、西目〔喜〕

赤　地氏。沖永良部知名村東嶺〔沖〕

永　二氏。大島方村小宿（大島中部）〔大・中〕

奥　氏。大島利村佐仁（大島北部）〔大・北〕

勇　氏。大島西方村管鈍（大島南部）〔大・南〕

【民　家】

沖　床は丸竹を棕梠繩で編み、ネダの上に敷いて其上に疊をおく。だから古くなると凸凹が出來る。床は高く土臺には自然石を用ふ。屋根は多く茅葺で、葺換への時に床の丸竹をかへる。

喜　屋根には茅も使ふが、砂糖黍の搾殼も使ふ。

沖　壁は板、莚、茅などである。中以上の家では棟が二つ以上、最高五間位である。ウムテイ（表）が一番大きく三間乃至四間四方位あり、床ノ間を具へて客用である。

大・北　炊事場とトウグラと云ふ、澤山竈がおいてある。

沖　永良部ではハマドと云つてゐる。

大・北　ジロと云ふ。

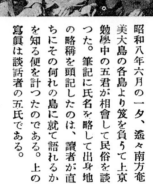

沖　それからナカヤといふ棟は物置兼納屋で、下女下男も其處へ寢せる。

又倉がある。之は六本又は四本の柱あり、一丈以上の床の上に荷をおく樣になつてゐる。タカクラともいひ、荷は結局屋根裏に當る部分に入れる事となる。米を入れ

るのが普通で、百俵の餘は入る、高いのは鼠害を防ぐ爲
である。

ハマドと云ふ臺所の棟がある

こゝには藥罐をかける竈や、中鍋用のもの、それに唐芋を煮る大鍋用の竈もある。炊物はウギガラ（砂糖黍殼）を使ふ。

喜　之はタキツケ位の役で、矢張り草やすゝきを使ふ。

沖　山が少いから永良部ではキビガラばかりを使ふ。

松葉も少しは使ふ。

大・北　本島には山多く木が豊かで松を薪にする。

沖　昔は牛糞をたいてゐた。冬は野茨を焚く。

大・中　壁は外だけ板を縦に張る、内側にははらぬ。

沖　私の方もさうだ。

大・中　ネダには大木を使ふ。

喜　屋根は茅やコケラで葺く。

大・中　良家では篠で葺く。

大・南、沖　皆茅である。

三五〇

喜、大・南　茅は根元の方を隠して葺く、内地と反對である。持ちが悪い。トタンは大正十四五年から這入つて來た。

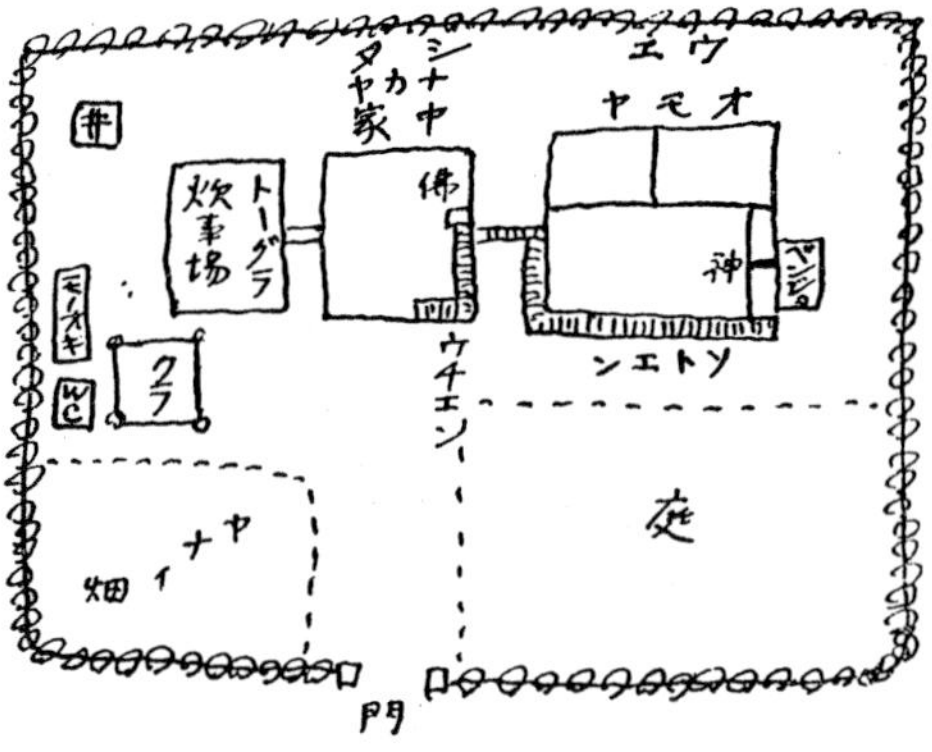

大島　管鈍の民家の一例

大・南　茅は段々すたれて來た。

喜、大・北　四阿屋作りで勾配が急である。

沖　天邊は竹で押へる。

大・中　縁側の外に雨戸が閉まる。

大・南　それは内縁で、普通は外縁が多い。

喜　中流以下では縁は無い。

大・中、喜　硝子戸は使はない。

喜　八月廿日前後は大風が吹く。家の周圍は皆石垣で

園ふ。高さ一丈位で珊瑚礁の石を使ふ。

大・南　幅は四尺位である。然しこれは海岸での事である。

沖　私の島には無い。

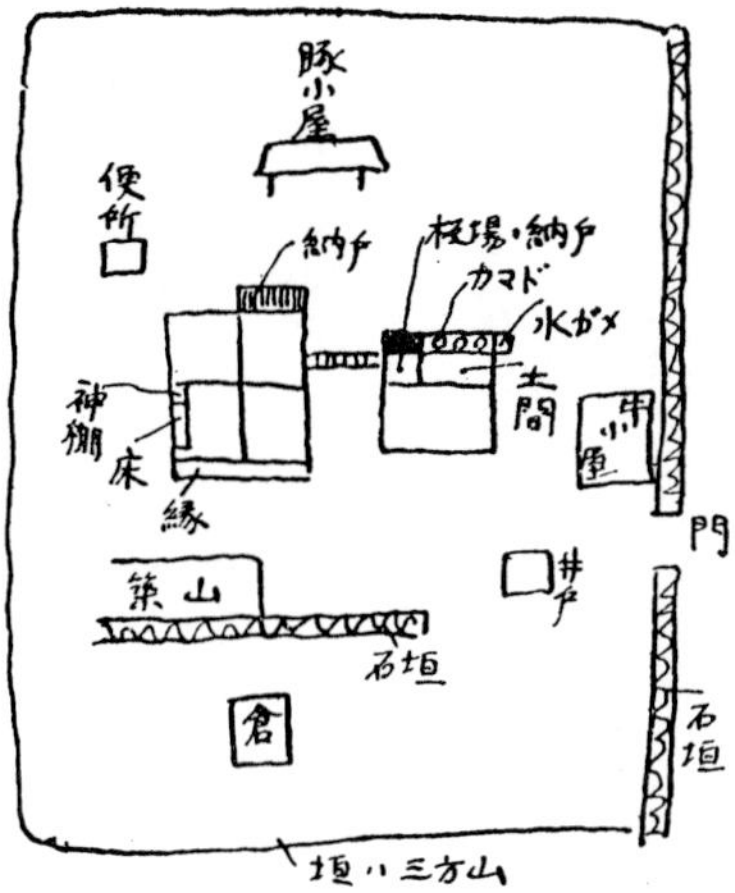

大・南　本島も南へ行くと石垣が多い。

大・北　北部の佐仁邊にもある

喜　それでも海岸だけである。

沖永良部島の民家の一例

大・南　庭には柑橘類を植えてゐる。

沖　ニハには莚を擴げて蘇鐵の身を干したり、籾を干したりする。精米所の無い頃は二人で挽く臼を置いてあつた。

大・南　本島全部に亘つてカジュマルを防風林にする。

沖　蘇鐵の實で味噌を作る。

大・北　お粥にする。

喜　邸内に氏神がある。オモテの前に石神がある。

沖　あちらには佛教は全然無い。

【食　物】

大・北　芋が常食である。上流では米、中流では粥、それに蘇鐵の實で作つた味噌(ナリミソ)を入れる。

大・中　蘇鐵の實を細かくして大豆と米を入れて麹を作る。

喜　ナリミソは知らぬ。麥でのみ味噌を作つた。

大・南　芋を始めに食べ、いゝ加減腹がふくれてから粥を食ふ。

喜　タイモ(田芋)といふのがある。やはり煮て食ふが、砂糖と食ふと大變甘い。

沖　素麵をよく食ふ。素麵は名瀬の輸入品中第一で(大阪より)ある。御祝の一品には必ず附く。

大・北　内地の蕎麦の様にして食ふ。
大・中　お盆に使ふ。
喜　漬物は大根を味噌に漬ける。クラに入れておく。
大・南　黒砂糖を使ふ。御茶菓子の代りに砂糖を舐める。精製糖もある。
沖　サンザトウと云ふ。
太・南　砂糖黍を搾るには牛車と水車とある。
喜　白砂糖は内地から逆輸入である。
大・中　自家用の分を作る時は税務所へ届出でねばならぬ。
喜　一斤七八錢位である。
沖　永良部砂糖は良質で一斤十一錢位。
大・南　砂糖漬にも三種類程ある。
大・中　蕗より少し小さい「チバサ」を漬ける。
大・南　ニガリを抜いて干してから砂糖を入れる。
大・中　チバサ菓子と呼ぶ。
沖　オヤツは十時頃。
喜　食事は四回する。朝は六―七時頃、次にマシンマと云ひ十―十一時頃、マシイと云ふのが三―四時、夜のイイが八―九時である。之は喜界島だけである。
沖　十一―十二時頃は野原で御茶を飲んで唐芋を食べる。
大・南　大島南部は御飯三回で、オヤツをする。
大・中　朝飯をアサバンと云ふ。
沖　私の方はメーシ。
大・南　矢張りアサバンと云ふ。中食をヒンマバン、或はヒンマジキ、夜食をユフバンと云ふ。
沖　子供の辨當は芋三四個をハンカチに包んで行く。タイモのある時は二つ三つを黒砂糖と持つて行く。
大・北　大島北部では朝をネサリ、晝をヒンマバンと云ふ。
沖　芋皮は豚にやる。學校などの辨當のかすは四月始めに商人が入札して契約する。芋は大きいのから掘つてゆく。
喜　芋は春と秋に植える。豚は鹽漬にする。
沖　正月に毎戸大抵一頭を屠り、鹽漬にしておく。

喜　さうしておくと腐らぬ。

沖　鹽漬のことをシュ　ーチキと云ふ。

大・中　それで豚の事はワであるからシュ　ーチキワとなる。

沖　魚ならシューチキュ。

大・北　飛魚が多い。

沖　私の所は魚が少い。

大・南　鍋を火にかけてから釣に行つても充分な程すぐ澤山取れる。

大・北　豚を殺すには廣ツパで首をしめ咽喉を切る。

大・中　喉から心臓の方へ庖丁を入れる。

喜　倒にして吊す。近頃は職業にする者が居て、許可がないと殺せない。

大・北　毛は焼いて庖丁で削る。

大・南　泡盛の本當のものは米で作る。今は沖繩から買つてゐる。

喜、大・南　焼酎は芋で作つた。

沖　永良部では今も酒造が許されてゐる。

大・南　砂糖の搾汁を數日放置すると酢になる。

ラッキョウを鹽漬にしてから砂糖汁に入れると赤黒く染る。それを食ふ。

沖　佛手柑を味噌漬にする。

大・南　パパイアを味噌漬にする。蒜の香物もある。

大・北　蒜も鹽漬にする。

沖　ヅーシと云ふお汁《つゅ》に米を入れたものを食ふ。雜炊のこと。

喜　醬油は自家用を作つてゐる。

太・南　魚を焼いて味噌をまぜる。

沖　味噌を肴にして茶を飲む。

【ゐろり】

大・南　ゐろりはある。

喜　どの家も家の隅に半疊敷位の大きさに切つてある。自在を吊る。

沖　ゐろりはない。建物は皆平家です。

【ハ　ブ】

大・南　蛇、ハブが多い。毎年數人死ぬ。

喜　ハブは居ない、もつて來ても育たぬ。カラス蛇、青大將は居る。

大・南　ハブは與論、沖永良部、喜界の三島には居ない。

大・北　ハブが居るので野仕事を朝遲く出て、夕方早く歸る。ハブは夜出ると云はれてゐる。

大・南　マジモノと呼んでゐる。

大・北　夏はハブ狩りをする。

大・南　ハブは鼠や鷄の鳴聲をする。牝鷄の鳴聲をして牡鷄を捕る。鷹や鳶を取るには木に身體を卷いて尻尾だけ鼠の尾の樣にチョロ〳〵させる。そして鼠の樣になつて降りて來た鳥に一撃を與へる。すると毒をさゝれて動けなくなる所を取つて食ふ。

大・南　ドクロを卷いてゐる時が恐しい。四五間飛ぶ。

大・中　棒で打てばわけなく死ぬ。

大・南　藪に入る時は神に祈つて入る。それはハブを神の使として尊んでゐるから。

大・中　ハブに嚙まれるのは德がないからだと云ふ。

喜　山猫も居る。

大・北　ハブは泳ぐことが出來る。

大・南　金ハブと銀ハブと云ふのがある。金ハブの方は小さく雄である。此方が恐ろしい。

【衣服其他】

喜　女の髮はグル〳〵卷きで、年取つたものは之を橫の方へ持つてゆく。

大・中　夏にはクバで作つた笠を被る。

大・北　藺で笠を作る。

沖　女はカームと云ふ木綿の褌をはく。之は永良部と與論だけです。

喜　カームは腰卷のことを云ふ。

沖　草履は藺、アダンの氣根で作る。後者は非常に丈夫である。

大・南　女は前で帶を結ぶ。

沖　夏は芭蕉布を着る。

喜、大・南　それは無い。

【結　婚】

沖　夜食が濟んでから十一時頃、男は蛇皮線を彈さながら歩き、相思の女を呼ぶ。人家を離れた砂糖小屋や芭蕉山で遊ぶ。男が蛇皮線を弾き女が唄ふ。後で女の家に行く。愈々結婚となれば媒介者を入れる。

大・南　結納はない。

沖　豚の生肉の厚く切つたもの、豆腐一箱、酒入の徳利を式の當夜、女の家に届ける。

喜　セームイ(結納)をやる。其日から男は毎晩女の家へ通ふ。セームイは豆腐一箱酒一二升素麺一箱である。

沖　品物を届けたら嫁を迎へに行く。

大・中　いゝなづけをしたら女の家に行く。適當な時に男からスズリフタをやつて結納とし水をかけて送つた。嫁が家を出る時に鐵砲を打つた。出て戻らぬ爲である。今は女の家で結納して唄をうたひ、男の家で唄を歌ひ、三々九度の式を擧げる。

大・南　當夜は別々になり、女は年下の児を連れそれと泊る。連女と云ふ。

大・北　本島北部では結納を持參と云ひ、スズリフタを付ける。連女をつれ傘をさして行く。女は行くとき大いに泣く。女は機、箪笥、布團等を持つて行く。男の方では「ヨメガナ(嫁様)取つた」と大聲で叫ぶ。

喜　女は貰つた結納品を親戚へ配る。

沖　三々九度は本人同志でする。

大・南　私の方はさうである。

【出　産】

喜、沖　産婆は男である。大抵の丈夫な女は自分で片付ける。

大・南、大・北　母とか姉とかがしてゐる。

大・北　北部には女の産婆がある。

【葬　式】

喜、沖　死ぬと神主を呼ぶ。同字《アザ》の人は皆來て泣く。

大・北、沖　坐棺を使ふ。其他は寢棺である。

大・南　さらし布で前から着る様になつてゐる。

大・中　棺の上に握飯を置く。

喜　玄關からは出ない。

大・北　棺の中に金屬を入れない。

大・南　新しい草履をはいて屋内から出る。從つて普段から云ふことするを嫌がる。湯灌の水は水の後へ湯を加へる。本島は四五人の泣女を傭ふ。

沖　途中の原で棺を下し三べん左に廻つて正面を家に向け拜んでから墓へ行く。

大・北　棺を椎の枝付きで叩く。

喜　六七年すると改葬する。

大・南　二三年でする。

喜　骨を洗つて頭だけ綿で包む。

沖　賤民にそれを職業とする人がある。

大・南　改葬してから石碑を立てる。

沖　三年忌に墓に納める。

大・南　惡い事をした者は遲く改葬する。それは腐れ方が遲いからと云ふ。

草履と下駄を一緒に作つて持つて行く、それを圖の如く置いて來る。

大・南　死後一週間はあかりをつけて行く。葬式が濟んだら海で手足を清めてから持つて行つた酒を手に掬つて甜める。

大・北　之をシアミと云ふ。

大・中　小石を拾つて來て三遍家へ投込んでから、家に這入る。

沖　墓標には「靈位×××之墓」と書く。

大・南　小さい板でたまやを作る。

大・中　墓石をおき、生きてゐる人の名も入れてそれには朱を入れる。

沖　墓石は花崗岩と石灰岩を使ふ。

大・中　行列は先頭に白旗と赤旗の長いものが行き、旗に死者の名を書く。

大・北　次に行くのが紙で張つた燈籠。

大・中　マイジュクといふ線香を立てる臺が其次で、之は家督者が持つ。

大・南　墓石に酒をかける。

大・北　同時に祖先の墓にもかける。

沖　死んだ時屋根の上でムヅトー、ムヅトー（戻れ戻れ）と叫ぶ。

大・南　葬式には病氣の時敷いて居た疊を持つて行き

海に流したりして捨てる。

【年中行事】

大・南　正月には丸餅のみ搗く、鏡餅は吸物に入れる。

喜　餅の吸物には茸、三葉等を入れる。

沖　茸はなく、餅と黒砂糖、生薑を使ふ。

大・南、大・北　暮の廿七八日に豚を一頭殺す。殺さぬ所では二三十斤買ふ。

喜　本島では毎月十五日遊ぶ。

大・中　三月三日雛祭。

沖　正月十六日に十六餅をつく。タイモに砂糖とまぜて作る。

大・南　六月十日漁村では金比羅を祭る。

喜　六月にトールー祭と云ふのがある。これを最後に燃す。

大・南　八月には新しく着物を作る。八月踊と云ふものがある。

十五日に角力がある。濟んでから酒宴を張り、輪をなして踊る。

喜　舊七月十二日――十五日　盆。

大・中　七月は先祖の祭を丁寧に行ふ。八月八日にも簡單にする。カネサル(庚申)の日にも遊ぶ。

喜、大・南　七月七日はタナバタ。

大・南　六月、村を二つに分け、石投げや火投げの遊びをなす。

喜　舊八月最初の壬《みづのえ》の日シバサシをなす。

大・北　稻を蒔く種下しの踊りがある。舊二月下旬から三月上旬。

喜　八月から十月まで、八月遊びと云ふ。部落によつて日が違ひ、各字に年二回づつ巡つて來る。

大・南　祭には角力と踊が主である。

沖　闘牛をやる。

大・南　毎月初巳に遊ぶ。ハブよけの意味であつて、若い男女の一番の樂しい日である。

沖　大島は實に遊ぶことの多い島である。

喜、大・南　これは舊島津藩の考へで、出來るだけ浪費させる目的から來た。

【內地人・沖繩人】

喜　內地人をヤマッユ(大和衆)と云ひ、尊敬するが、沖繩人をキラマーと呼んで馬鹿にする。

大・北　當地ではナハと呼んで虐待する風がある。

【生絲其他】

喜　生糸は主に名古屋から買ふ。之をテーチ木（シャリンバイの事）の煮汁に漬け、次に泥を塗り、之を交互にして黒く染める。一週間ばかりかうして、これが地糸になる。

絣は生糸を所々くゝり染色したものを交ぜて織る。今日では段々工場組織になつてゆく。

大・南　砂糖は支那から大和村に移入した。福建からカワチが持参した。二重箱を作つて中に秘して持來り、栽培した。それから島內に擴る。次で琉球に擴つた。スナヲカワチ(直河智)を祀つた神社がある。

沖　沖永良部は本籍人口は現住人口の二倍に近い。神戸にも××に島出身の紡績職工が一部落を作つてゐる。

【雜】

大・南　猪の害もある。

大・中　陷穽を作つて捕へたが、人がかゝつてから止めた。

大・南　犬又は鐵砲で捕獲す。隨時に之を行ふ。

大・南　疱瘡除けには茨を家の周圍に立てる。注連をはる。

大・北　破れ笠を焼いて呪とする。唄を歌ひ大鼓を鳴して追拂ふ。

アバタの方言、カッパ、カッパ面。(喜)　フンソジラ。(沖)　ジャヒ。(秋田)　マージャ。(琉球)　センキュウ。(熊本)　グシャッペ。(熊本)　ジャゲ。(廣島)

大・南　姓名は一字姓が多い。これは島津藩から功勞者に與へた。例へば勇、英、德等。

沖　沖永良部や與論では煙草の自作が許されてゐる。鰻も澤山取れる。

大・南　私の方も手づかみでどん／＼取れる。

（終）

讃州伊吹嶋の習俗

横田實

伊吹山と言へばいざ知らず、伊吹島と言つてもわからない。少し詳しい瀬戸内海の地圖を開いて右から左へ虱潰しに調べてゆくと燧灘洋上、讃岐國に近いところに一孤島を發見する。これが伊吹島なのである。詳しく言へば香川縣三豐郡觀音寺町西方の海上に見える小島である。それは瀬戸内海を航海すればよく見る有觸れた恰好の島ではあるが、此處に數百年來秘められた興味ある習俗が今もなほ行はれてゐるのである。この島を訪れるには觀音寺から一日二回出る小蒸汽船がある。

島は一寸見たところ普通の漁村であるが、一歩島に上ればあのいやな干魚《ほしか》の惡臭に胸のむかづくのを覺えながらも何處となく奧床しい感じがする。島の全貌は平和である。然し島人の生活の現實相に觸れるとき、此處にも悲話の山がある。それでも娘子等が甲斐々々しく働いてゐるのを見ると何言ふとなく親しみを覺える

この島では男の姿は餘り見られない。實際年寄と子供の外は大抵海へ出掛け時々しか島へ歸つて來ないから言はゞ女護の島なのである。さて私は此の島で拾つた二三の習俗に就いて述べねばならないが、この事は既に新聞で報告されたことがあるから、こゝで記憶を新らたにする意味で私の見聞を記してみよう。

そこで先づ私はこの島の誇である、出部屋に就いて話さねばならない。出部屋は一口に言つて産屋《うぶや》である。元來未開の社會では出産の場合母體の穢れを忌避して産屋を造り産の前後數日をそこに過したのであるが、出部屋の名稱は産のために住家からそこに移ることから起つたらしい。然し今日では出産後こゝに移つて靜養するやうになつてゐて、その建物も病院式のものとなり名稱も産院と改め昔の面影を偲ぶ因《よすが》もない。けれどもその位置は昔と變らず島の大體中央部の北に面した小高い所に在つ

て、其處には高いユーカリ樹が聳へ、北に美しい海を距だてゝ遥に中國の島々を望むことの出來る佳境である。昔は蓆をしき、竈突《くど》を設けて産屋をしつらへ、姙婦を其處に入れたと言ふが、或ひはそうであつたかも知れない。今日では出部屋は産後の靜養所で、昔の名殘を止めてゐるに過ぎない。そして出部屋に出掛けない女も多くなつて來たが昔は産屋で産をしないことが最も不吉なことゝされてゐたのである。殘念なことに出部屋に關する記錄もなく昔の姿を充分に知ることは出來ない。しかし今日では姙婦は約三十日の間を出部屋で過し自家に引上げるのであるが愈々引上げる二三日前になつて出部屋の眞下の海岸（北浦と言ふ所）に降りて海水で身を清める。産屋から海岸へ通ずる道を特に『出部屋道』と言つてゐる。かくして家に歸ると『出部

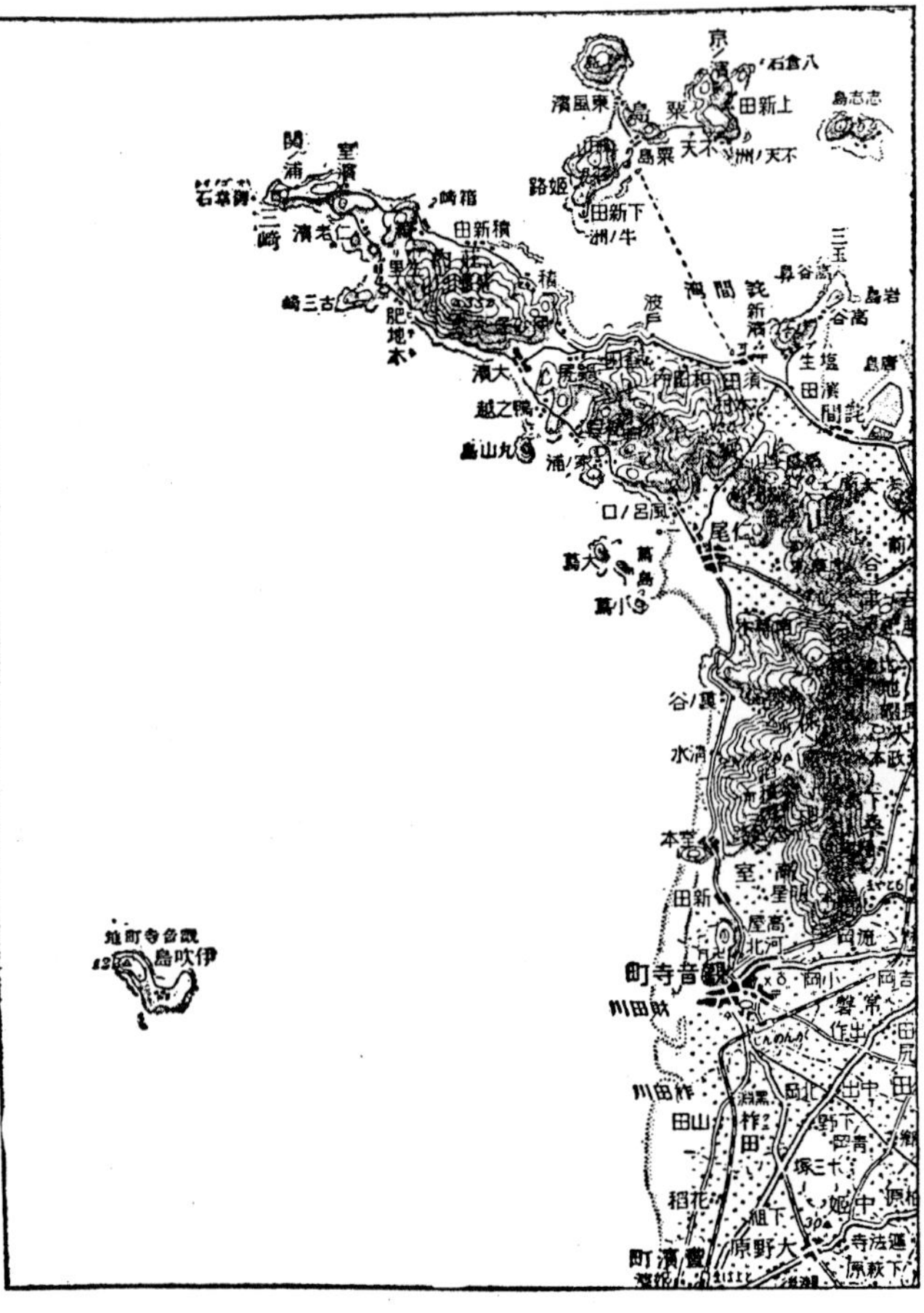

屋めし』（一つに『仕上げめし』と言ふ）を炊き近隣の人々を招いて祝ふのである。なほ昔は月經の前後も女等は身を此處に避けてゐたと言ふことである。

次に私は掠奪婚の風習のあることを耳にした。掠奪婚が今日もなほ行はれてゐると言へば吾人は少からず驚異の眼を見張るであらうが、島の人々にとつてそれは別に不自然なことではない。話は次の通りである。相思の若い男女が夫婦にならうと思へば先づ第一に親しい友人に相談を持掛ける。その友人は機を見てその娘を掠めて村の有力者である『親方』の家に匿ふ。それからその友人は娘の家に行き男の分柄を話し二人の結婚を承認せしめるのである。この場合身分が釣合はなかつたり、色々の事情で娘の親が拒む樣な場合でも友人は男の爲に極力説きふせるのである。娘の親がどうしても首を縦に振らない虞のある時は若い男女は島を脱出すべく小船の用意さへして強く交渉するのである。そこまでゆかないでも大抵は成功するのである。これをこの島で『かつぐ』と言つてゐるが、夜見濱地方（鳥取縣）の『嫁もぞひ』、出雲地方の『思ひたち』などと同じものである。今日ではそれも形式的になつて大抵は友人が娘の親に交渉して話が纏まればその友人は大勢の村人と共に夜中、その娘を伴つて伊勢音頭を高らかに歌ひつゝ『親方』の家に至つて簡單な手料理で宴を催ほすのである。

かくて親方の家に伴はれた娘は着物一枚も持だずに着のみ着のまゝで自分の夫が獨立する迄は女は決してその生家から衣服も道具も持參することは禁ぜられてゐる。だから四十五十に達してもなほ生家から何一つ持つて來ない珍現象も起る場合が少くないのである。故に夫が獨立する迄は必要に迫れば一々生家に衣服の着替へに行くのが常である。

又この島では女の子は十四、五から七八までに必ず筆親と言ふものを定める習慣になつてゐる。これは假親のことで親族間でその間柄が極めて薄くなりかゝつてゐる家を筆親に選び娘をその家の子として毎夜その家に寢泊

りさせるのである。そして初めて筆親の家に行く時盛裝して普通酒八合米八合を持參し、筆親の方からは柳行李、

伊吹島全景（多賀儉太氏撮影）

毛拔、白粉、口紅、腰卷等を與へるのである。この筆親を一に宿親と言ひ娘を筆娘と言つてゐる。これは所謂成女式にあてはまるもので島の娘等にとつて意義深い行事である。

以上の外に祭典、葬儀、その他諸種の行事習慣に就いて述べれば此の一小島のみにても數頁を費さねばならないが、若し瀬戸内海の限りない多くの島々を一々訪れてみるならば興味深い習俗や、まだ世人の耳に觸れない多くの傳說がまだ〳〵秘められてゐることゝ思ふ。

けれどもこの伊吹島が四國の海岸から僅に三里位しか距てゝゐず、地理的に見て隔離性の少ないのにもかゝはらず、かくの如き習俗がその附近の地方に見られず、この島のみに殘つてゐると言ふことは、私に大きな疑問を起さしめるのである。

附言

以上の報告を記述するに當り先輩多賀儉太氏の御教示に厚く感謝する次第である。なほ伊吹島全景の寫眞は同氏撮影のものである。

（一九三三、五、九）

喜界島昔話（三）

岩倉市郎

繼子の出世

太郎ちゆう童があつた。母親が死んだので繼母（マンマー又はママサーアンマー）を見た。繼母は太郎を憎サして何とかして亡き者にしやうと、夫に相談した。夫にしてみれば、自分の實《ジン》の子であるから、可愛想でそんな事は出來らんと突張つて肯かなかつたが、あんまり妻がそう言つて止まないので、とう〳〵妻の言ふ事に引かされて、有たる日の事ウツワ船（人を入れて流す爲に造つた舟）を仕立てゝ、子供を其中に入れて海へ流した。船はどんな仕掛になつてゐたものか、父は子供を中へ入れてちやんと蓋をして、船底がガサミカバ（ガサついたらば）島と思へ――と一言言ひ聞かせて海へ流した。

子供の乘つたウツワ船は、イツカもハツカも（幾日も〳〵）流れてゐたが、或る日船底がガサ〳〵と音を立てたので、子供は島に着いた事を知つた。蓋を押し開けてみると、先づ例イれば浦原の泊の樣な泊であるから、其處から上つて川嶺の村に向つて歩いて行つた。だん〳〵行くうちに日が暮れて、行先が少しも分らない。どうすればよいかな――と考へてゐる處に、良か幸に向ふの方に火（umatu）がチヤラ〳〵見へてゐる。どうにか其の火を賴つて行つて見ると、婆が一人暮しの貧しい小屋であつた。どうか婆、今晩私を宿《トマ》らしてたぼうり――とて、自分が此處迄來た次第を話すと、婆は喜こんで宿《ト》めて呉れた。子供は二三日の間婆の所に賄なはれてゐたが、有たる日婆が、お前は生れも良《ユ》し年も若し、何處へ出しても押さらん男ぢやが、如何ぢや、此の向ふの村の大家殿で一働き働いて見る心はないか――と言ふので子供は喜こんで、早速家を敎へられて行つて見ると、先づ都合良く其の家の下人に雇はれる事が出來た。

それから幾年振かの有たる日、大家殿の娘が病氣になつた。醫者ぢや占者《ホーシヤ》ぢやと賴んで見ると、此の家の娘まんは、家内中の男と言ふ男と一人々々盃を差さして見らんば治る見込はない——と言ふ事であつた。旦那様も大事な娘の事であるから、早速一番々頭から下々の雇人迄、次々に娘に盃を差さして見たが、一向良くなる様子もなかつた。處が唯一人流れて來たニセー（青年）が、自分如き者は行つても却つて娘さんの病氣を惡くするばつかいぢやー——と言つて、遠慮して出なかつた。それを皆の人達が、そんな事を言つてもお前も男だから、やつぱり一度は盃を差して見らんば役は遁アらんと言つて勸めるので、出て行つて娘に盃を差して見ちや處が、娘の病氣は見てゐる間にすつかり治つてしまつた。それで二人は夫婦になる事にはなつたが、娘の兩親は餘り身分が違ふので、それ丈は承知しなかつた。

　此の男は、母親が死ぬ時片身に殘した不思議な扇を持つてゐた。これで一招き招けば、思つてゐる事が何でも叶ふといふ扇である。有たる日男が其扇を擴げて、招き招いた處が、メー馬（傳説上の駿馬）と言ふ見事ェ馬が出たので、男はそれに乘つて天とうに駈け上り、黒雲の上から白雲の上カチ（上へ）飛び廻つた。それを見た村の人や大家殿の人々は、騷動してこの珍《ミ》ンだしい業を見物した。やがてメー馬から下りた男が知らん振して歸つて來ると友達が、お前もあのメー馬乘りを見物したか、あんな業は生れてから今日迄見た事がない——と言つて大變感心してゐた。

　それから幾日かして、男は旦那様に向つて、私が若し此の間のメー馬乘りの業をして御覽に入れたら、あなたの娘を呉りてたぼうるかと言ふと、お前にあんな藝能《チェーノー》が出來りば、何時でも娘を呉りて、此の家の後取りにして遣る、と旦那様は言ふた。そこで男は又扇を出して、開いてから今度は二招き招いた處がメー馬が二匹現はれた。その馬を表（表座敷）の縁に引き寄せて、一匹は自分が乘り、一匹は娘を乘せて空の上へ駈け上つた。黒雲の上から白雲の上かち走り廻つて下りて來ると、大家殿もいつぱい感心して娘を呉れて後取にした。それから家は益々繁昌して、いつ迄も安樂に暮したと言ふ話である。

二人兄弟

男《ヰンガ》子《か》二人あつたが、これも繼母を見て、毎日強使《フベツケ》エされてゐた。二人共言はれた仕事なら、先づどんな難儀な事あても小言を言はずに働いたが、繼母はいつぱい二人を憎《ホタ》さして、夫にダンス（かげぐち。讒訴）した。うちの子等は、原へ作しに遣らしば、作はしらずして遊んでばかり居る。こんな者を家に置いては暮しは立たんから、家を追ひ出してしまひませうや――と言ふのである。夫もそれを聞いて、百姓が作しらんば物は食《カ》まらん、仕方ないから追ひ出して遣らうと胸切れて（決心して mu-nichiriti）、有たる日の事、いよいよこれが別れだからと謂ふので、二人にいつぱい御馳走した。二人の兄弟は、賜ぼうる御馳走は遠慮なく戴きませう――と言つて、御馳走をうんと食べてから、トウ・アシカラ（いざ、さらば）父も母も元氣に暮らちたぼうりヨーと別りして家を出た。

二人は家を出ると、これから何處かへ行つて、二人共良カ人間になつて見ろうぢやないかと相談した。兄が、俺は東天下の養子になろうと言つたので、弟は、そんなら俺は西天下の養子にならうと言つた。そして若しお互に持つて居る弓の弦が切れたら、何處かで一人が死んだものと思ふ樣に――と言ひ合つて西と東に別れた。

弟は遠い村のバング屋に奉公した。十年の間一生懸命に働いて、もうこれ丈働きば金も澤山貰《ユラ》はりる事だろうと思つて主人に暇を呉りてたぼうりと言つた處が、お前は今迄正直に良う働いて呉れたが、お前に遣る金は一錢もない。此の刀でも持つて行け――と言つて主人は一本の刀を與へた。弟は思ひの外で、十年間の間割《ワイ》の來《ク》らン仕事したものだと思つたが、仕方がないから其の刀を貰つてバング屋を出た。だんだん歩いて行くと、恰度道の眞ン中にフテイ牛（ことひ Fti）が横《ユ》ツたアて、どうしても先へ行《イ》からんから、持つてゐた刀を拔いで牛の鼻ン先に一寸突出して見た。處が不思議にも、刀はまだ牛に觸りもしないのに、牛はゴロイと倒れて死んでしまつた。弟は喜こんで、これこそ本《フン》の名刀ちゆう物ぢや、良カ物貰つた――と言つて勇んで先へ行つた。

だんだん行くうちに、弟は奥山へ迷ひ込んでしまつた。

ウサーウサー（無茶苦茶）歩き廻つてゐると、こんな山の中に珍らしい美事な家屋敷が建つてゐるのを見附けた。何の家だらうと思つて、ホーイ〳〵と聲を掛けて見たら、一人の女が出て來て、お前は大變な處へ來たぢやないか、此處は鬼の家で、今に鬼が戻つて來たらお前は喰《カ》マりは次《ニマ》イぢやと謂ふのである。然し弟は鬼の家と聞いても少しも魂消らず、良カ〳〵鬼が戻つて來たら、我が皆殺にして遣らす、と言つて待つて居る間もなく、澤山の鬼がドサ〳〵戻つて來た。弟は今《ニャマ》ぢやがと言つて刀を拔いで來る鬼〳〵の鼻先へ刀を突き出した。たゞそれ丈で鬼はもう次々に倒れて、見る〳〵の間に皆んな死んでしまつた。そこで弟は先の女を呼び出して、鬼もこうして皆打殺してしまつたが、お前は鬼の寶物の在る場所は知らないか――と訊くと、鬼の一番の寶物は床の上に置いてある生鞭《イキブチ》で、その鞭を一振り振りば、死んだ人間でもすぐ生き返ります、と女が答へたので、弟は早速床の前へ行つて生鞭を取り、女にも外の寶物を呉れて、お前も早くジマへ戻りヨと言つた。處がそうしてゐる間に、弟の持つてゐた弓の弦が獨りでにパチンと切れた。弟は驚いて、これは大變だ兄が死んだ――と言つて、其のまゝ飛んで東天下へ行つた。恰度兄の葬禮《ソーリー》が始つた處だつたので、弟は棺の中から死んだ兄を取り出して、生鞭を一振り振りたりば兄は忽ち目をあけた。

それから二人はかねての望み通り、兄は東天下の養子となり、弟は西天下の養子となつて、一生悠樂に暮す事が出來たといふ事である。

以上十一月二十三日午後の話

三六六

花のマグズミ

これも昔有たん事に――

東方《アガリ》平島ヌ花ヌ（助詞の）マグズミちゆう神の様に美しい女があつた。どんな男がどんなに忍んでも忍び出來らず、して見た處が此處にテンコーアンヂンと言ふ男があつて、如何な忍ばらん女と言つてみた處で、相手は高ヌ知りた女、俺が行つて忍んで見しろ――と言つてマグズミの家へ出張つて見た。先づアンヂンが家へ上つて一口挨拶をすると、女は何とも言はずに箸で火を挾んでアンヂンに突出した。一時待ツたい――そう言ふてアンヂンは煙草入を出して、煙管に煙草を詰めてゆるいと（ゆる〳〵と）其火を點けた。これにはマグズミも負けて、火を引込めた。ハー此の女なりばや我《ワン》に落さりる――そう考へてアンヂンは、今度はこちらから火を挾んでマグズミに突出した。女も仲々の業者《ワダムン》で少しも驚かず、其火をチンプ（絹）の着物の袖で受け取つた。そこで二人は互に氣が合つて、夫婦の誓ひを立てた。アンヂンは十九、マグズミは十八の若かい盛りであつた。

アンヂンは暫くマグズミの家に賄《マカナ》はれてゐたが、一度親ン元へゲンドー（結婚後の親見舞）に行かなければならない事になつて、マグズミ〳〵俺はこれから三年の間親のゲンドーに行つて來るから、淋しくても一人で待つて居れよ。若し床の上の弓が切りらば、何處かで我が死んだものと思《ウム》ヒ――と言つて家を出た。

それからどれ丈け年を越へたか、有たる日の事、床の上の弓がパチンと切れたのでマグズミは、いよ〳〵何處かで夫の死んだ事を知つた。これは油斷しらゝんと、早速餅を三升三合三勺搗いて、それを負ふて何處といふ事もなく家を出た。だん〳〵行ちユたりば、途中で一人の白髪《シチイ》の生へた爺に出合つた。爺樣々々、二十ばつつかいの二才に逢ひませんでしたか――と訊ねると、汝の今探《ト》めエて歩くのはテンコーアンヂンぢやろう。アンヂンならもう死んで、後生では迎への祝ひをしやうと騒動ぢや――と言ふのである。マグズミが、何とかして助ツきる事は出來ませんかと訊くと、汝は三升三合三勺の餅を搗いて來たかと言ふので、搗いて來ましたと言ふと、アンナリバ（然れば）此の道をづツと向ふへ眞直に行け。行けば一人で山ン中へ入る。其の山に大きな平石があるからそれを押しあけて中へ入れ。どん〳〵入つて行くと、大きな家の澤山並んだ城下がある。其處が後生の國ぢや。その中で一番大きな立派な家が親方の家だから、行つて親方に會つて汝の餅を上げれ。親方が餅を食《カ》ン果てる迄、決して頭を上げて見てはならんド――と爺は教へて呉れた。花のマグズミは喜こんで爺に御禮言つて、眞直行つたら山の中へ入つて、平石が見付つた。それを押し明けて中へ入ると、なる程立派な城下がある。一番立派な家を探して、赦ちたぼうり――と聲掛けたら、中から家の人が出て來たので、一寸お膳貸らちたぼうりと言つて、お膳を借りて餅を其の上に積み重ねて、これを親方様に差上げて、是非私に面會させて下さいと頼むと、家の人はマグズミを表の座敷へ案内した。親方に會つて挨拶をすると、マグズミは白髪の爺に教へられた通り、頭を下げたまゝいつ迄もヨーリ（ぢつと）してゐた。其の間に後生の親方は餅を食べてしまつた。そこでマグズミは頭を上げて、親方様〱、私は東方平島の花のマグズミといふ者で、夫のテンコーアンヂンの命を貰ひに來ましたが、どうか此の願聞いてくださいー――と頼むと、後生の親方は驚いて、アゲ〱（おや〱）それは困つた事した。左様な事あれば我餅食《カ》マぬうちに早《へ》エくぞ言《イ》ゆる――もう食ん果てゝしまつたからには仕方ア無《ネ》へらん。テンコーアンヂンの命は戻ち遣らすから連れて歸れ、と言つてアンヂンには九十九迄、マグズミには八十八迄のお齢を賜うちや。二人は厚く親方に禮を言つて、後生を出て島へ歸り、樂しい暮しをする事が出來たといふ事である。

三六八

カヂヤの化物

有たん事には――

猪射りの上手な男があつて、有たる一日、朋輩《ホーベー》を連れて猪射りに山ン中へ入つた。ユカシク（大分）山奥迄入つて行つたら、向うの方にカヂャと言ふ小屋程《ヒダ》もある大きな化《バケ》ェ物《ムン》が出て來て、提灯の様な目《ミ》ン玉をジル〱させて二人を睨《ニヤ》ミつけた。朋輩の男は魂消《タマガ》て、ブル〱顫へて逃ぎろうとした。然し猪射りの男は少しも愕かず、待て〱と朋輩に言つて、自分はカヂヤの前迄行つた。するとカヂヤが、我二人《ワッタリ》相撲《シマ》取ろうと言ふので、猪射りが取るには取るが今日は都合が惡い。どうぢや明日此の場所へ出直してから取る事にしては――と言ふと、カヂヤは承知して、良《ユ》かろと言つた。それで二人は其日は家へ歸つた。家へ歸ると猪射りは明日の仕度を始めた。

先、羽釜の外緣を打ち落して、其の尻に油を塗つては燒き塗つては燒きして、被《ハブ》イ物《ムン》を造つた。それから今度はバング屋（鍜冶屋）に賴んで、特別に大きい金食はしと、足に卷く金の脚絆を造らせた。

次の日男は釜を被り、金の脚絆を脛に當てゝ、其の上から布を卷きつけ、金食はしを懷に入れて朋輩を呼《ア》びに行つた。朋輩は昨日の怖れがヒツ着いて、今日は鹽梅が惡いから一人で行つて吳れといふので、猪射りの男は仕方なく一人で奥山へ出張つた。出張て見ちヤりばカヂヤはもうちやんと昨日の場所に來て待つてゐた。遲《ウス》うなて無禮《ブリー》したが、トウ（いざ）我二人頭《ハムチ》の引搔き合ひを始ミて見ら、と言ふとカヂヤが、それも良かろと言つたので、男が汝先に搔《カ》チヤミ（引搔け）と言ふと、否汝先に搔ヂヤめと言つてカヂヤは承知しない。二人言ひ合つたア、ギク、（擧句）カヂヤが先に搔ちやむ事になつた。男が頭を突出して、トウ搔ちヤめと言ふと、カヂヤは恐ろしい爪で男の頭を引搔き始めた。が仲々堅くて、其の上油が塗り込んであるから、ガサ〳〵滑つて爪が立てらゝん。それでも後では釜の尻を引搔き破つて、今一搔きで頭をやられそうになつたので、男は大變ぢやと思つて、ハイ其ン位《ウ》エのもんぢやろ——と高聲に叫《ア》ビた。處がカヂヤも手を引いて、ハーー强者《ツハムヌ》も居《ウ》たヤ——と感心してしまつた。（話者は此處で、猪射りが鶴嘴を持參して來た事を思ひ出した）。今度は男の番だ。カヂヤが頭を出して俯向いて、トウ搔ちヤミ——と言つたので、男は鶴嘴を出して、手ン豆の出來る程カヂヤの頭を打ち食らはした。流石のカヂヤも血だらきになつて、どうかセエラ（お願しますから）もう手を引いて吳れ、と謝つたので男は手を引いて、トウ今度は脛《ハギ》握りツこぢや——と言つて、先づ男が脛を出してカヂヤに、トウ握れ——と言ふと、カヂヤは恐しいウイビ（および即ち指 wibi）力で握りつけたが、金の脚絆を卷き込んであるから少しも應イが無い。それでもしまひには、金脚絆が劃れて、今一握りで脛打折《グ》らりそうになつた。そこで又男が、ハイ其ン位エのもんぢやろ——と叫ぶと、カヂヤは又感心して、ハーー强者も居たや——と言つて手を引いた。それからカヂヤの番になつたので、カチヤが脛を出してトウ握れと言つたので、男は懐から大きな金食はしを出して、有ツ丈の力で食はしつけた。とう／＼カヂヤの脛ともある物を挾み折つてしまつた。カヂヤがすつかり弱つた處を見て、男は匿してあつた鐵砲に黑鐵《クルカネ》の彈を詰めて、ドーンとカヂヤの頭に射り込んだ。さすがのカヂヤも、もう命から／＼になつて奥山へ遁げてしまつた。

男は翌日犬を連れて山へ來た。そして昨日カヂヤが落して行つた血の跡を追つて行くと、洞《ガマ》の中でカヂヤがウン／＼唸つてゐるのを見附けたので、首尾良く退治する事が出來たといふ事である。

▽松枝口説

元來は口説歌であるが、歌の文句をツヅユミ（語讀）して一種の語り物風によく語られる。喜界人の話の嗜好を窺ふ助けになるかと思つて、次のおさん孃口説と共に採錄する。

トマリ松枝や伊達男、頭は立派に押し撫でゝ、銀の髮差交チ差さに、衣裳の衣裳數選《イナ》だれば、サキ縞チヤシ縞選び出ち、帶ヌ帶數選だれば、緞子トク帶選び出ち、馬の馬數選だりば、油引馬選び出ち、鞍の鞍數選だりば、ハビル（蝶）形の鞍選び出ち、鐙ヌ數々選だりば、月形の鐙選び出ち、鞍バ被《ウス》ヤに馬に乘て、一鞭掛きれば坂《ヒラ》ヌ下、二鞭掛きりば坂ヌ中途三鞭掛きりば坂ヌ上、インバルちゆう島（村）の千貫取りの女（遊女か）、小座（女の部屋）の七小座押し明きて我《ワン》や松枝ぢやが、一枝吳りらば相談掛きろ、二枝吳りらばネングル（情婦）だ、三枝吳りらば家ン刀自（本妻）だ——と相談かけたが、女は相談に乘らないので、松枝は又油引馬に乘つて、サトといふ島に行つて、千貫取りの女を忍んだ。一枝吳りらば云々と相談かけたら、女は香《カ》ばさん花には惚《フ》りらんが、話が交りば相談掛ろと言つた。話が交つたので、二人は夫婦になつたといふ事である。

小野津の、都某といふ婆さんからも此の話を聞いたが、松枝が馬に乘つて行くと、美しい女に逢つたので、一枝吳りらば云々と相談かけたら、一言に撥ねつけられたので、がつかりして川の端で、大事な馬を川へ落した。そして世間から、トマイ松枝は馬鹿男、油引馬川に落ち——と言つて笑はれたとなつてゐた。

▽おさん孃口説

此の口説は、最も悲しい物語りの一つとして、話者の幼時迄よく語られたといふもので、歌として全部を記憶したものはなかつたといふ事である。

さてもヤイキ様ちゆう男は、あつたら屋敷に生れながら妻をいくらカミても（戳いても）氣に入らん。脇村ウサンばかりが氣に入つちや、我が好ちュる女は母が好かず、母の好ちゆる女は我が好かず――兎も角ウサンを妻に貰つたら貰つてから僅か三日で江戸御用。一度も肌に染まず、洵に殘念である。ウサンの云ふ事に、さてもヤイキ様、流石男の、流石侍ヌ、何も心配する事はないから、早く江戸へ上つて下さい。ヤイキは仕方なく妻を母に預け、母よ三年の間我を待てヨと言ひ、妻には三月の間我を待てと言ふ。そして妻には、江戸からの土産には何が良からうと言ふと、私は何もいりませぬといふ。そう言はずに何か言つて吳れと再三言はれ――然《ガン》なりば言ち語ろ。絲箱手箱、黃金簞笥、ハラの帶、雪駄。いよ〳〵家を出る事になると。母はヤンメー（庭）に立ち、ウサンはヂョーロ迄出て見送りをする。――やがて殿ぢよ御船もカナグ取り、ヤイキ御船もカナグ取り、船は眞帆引ちヅラ〳〵。

ウサンは家へ歸つたが、名殘るさに續からず、夫のふとんを被つて寢て見たが氣に入らん。――有たる日母は、黃金簞笥打ち明けて、金の五六貫も取り出し、家からユリ〳〵行ちュたりば、立派な醫者殿の家の前に來た。中に入つて、花に譬イて嫁取たれば、立てばアウリの花・坐りば牡丹の花、ぢやが、母ヌ好かぬ嫁なりば、死がす藥盛てたぼうり、と言ふと醫者殿は、母が好かぬ嫁なりば、親二人に戻すや至當やあらミ。我や萬人の死病や直す醫者ドある。人死がす藥は盛りはならん。其處から出てユリ〳〵行ちュたりば、松本藪醫者初ミてぢや。中に入つて、花に譬イて嫁取たりば……金の五六貫な上げますが、死がす藥盛てたぼうりと言ふと、母が好かぬ嫁なりば、死がす藥や朝茶に入りゝ、毒な藥や固菓子に入りゝと藪醫者はいふ。

母やかねてや茶飲めとも言ヤンもの、今日は茶飲めと言ふが不思議ぢや。今日はヤイキが立つた日、生こうとも死ごうとも飲みドする。一口飲だりば目ヌ眩み、二口飲だりば肝に當て、三口飲だりば命捨てた。

ヤイキは江戸で島の夢ばかり見る。暇貰つて戻つて來ると、我船迎けや一人ム居らん。家へ歸つて、ウサンは何處へ行つたかと母に訊けば、ウサンは近所へ遊びに行つたといふ。近所で聞けば、ウサンは母に毒藥盛られたといふ。又家戻つて母に聞けば、此の間の風邪で死んだといふ。ヤイキはすぐに地葬場へ飛んで行つた。ウサンの墓の前に行つて、ウサンと一聲交はちやりば、墓の土がグラ〳〵動き二聲交はちやりば振髮したウサン出て來て、三聲交はちやりば、私は母に毒藥盛られて死んだ――と言つて又元の墓に這入つた。ヤイキも其の場で腹を切つて死んだ。

後で此の事が役人に知れて、松本藪醫者と母は、道の十文字に首ばかり出して生埋めにされ、竹の鋸で道行く人に首を切らされた。死んだ先でも、地獄で空鍋に煎られて、とう〳〵煙になつたといふ事である。

五島に渡るには

長崎と佐世保の何れからも行ける。

長崎からは**偶數日**の正午十二時と、夜の十二時の二回出帆。正午に出るのは第二線で翌日午前四時佐世保に着き、夜半に出るのが第一線で、翌日午後十時二十分にこれ亦佐世保に着く。

佐世保からのは兩線共**毎日**午後五時三十分出帆、第一線は翌日午後三時五十分に、第二線は翌日午前九時二十分にいづれも長崎に着く。

航路は第一線と第二線とで寄港地がそれ〴〵違ふ。第一線の寄港地は十七ヶ所、第二線の方は十一ヶ所。詳細は表を見られたい。

長崎五島佐世保線時刻表（昭和八年四月一四日改正）

	第一線 下便	第一線 上便	第二線 下便	第二線 上便
長崎	發（偶）夜 一二、〇〇	着（奇）後 三、五〇	發（偶）正午 一二、〇〇	着（偶）前 九、二〇
崎山	|	” 一〇、二〇	|	|
大濱	前 五、五〇	” 九、三〇	|	|
富江	” 六、四〇	” 九、一〇	|	|
崎山	” 七、三〇	|	|	|
福江	” 八、三〇	” 七、四〇	|	|
奈留島	” 九、五〇	” 六、〇五	|	|
奈良尾	” 一一、三〇	” 四、三五	後 五、〇〇	” 四、五〇
岩瀬浦	|	|	” 六、〇〇	” 三、三五
友住	|	|	” 七、〇〇	” 二、三五
平島	後 〇、四〇	” 三、一五	|	|
有川	” 一、五〇	” 二、〇五	” 七、五〇	” 一、四五
榎津	” 二、一〇	” 一、四五	” 八、一〇	” 一、二〇
似首	” 二、三〇	” 一、二五	” 八、三〇	” 一、〇〇
小串	” 二、五〇	” 一、〇五	” 八、五〇	” 〇、四〇
立串	” 三、一〇	” 〇、四五	” 九、一〇	前 〇、二〇
津和崎	” 三、五〇	前 〇、〇五	|	|
小値賀	” 四、四〇	” 一一、一五	” 一〇、四〇	” 一〇、五〇
前方	” 五、二〇	” 一〇、三五	|	|
神浦	” 五、五五	” 一〇、〇〇	” 一一、三〇	” 一〇、〇〇
平	” 六、三五	” 九、二〇	前 〇、一〇	” 九、一〇
佐世保	着（奇）後 一〇、二〇	發（偶）後 五、三〇	着（奇）” 四、〇〇	發（奇）後 五、三〇

就航船は三隻、噸數其の他左の通り。

		噸	乘客定員 一等	二等	三等
第一線	男島丸	（三四〇）	八	三〇	一三八
同	長福丸	（五三六）	一四	二二	二七一
第二線	女神丸	（三四一）	五	三	一二一

運賃は兩線共全航路一等七圓、二等五圓廿五錢、三等は第一線三圓四十錢、第二線三圓五十錢。**凡て**食費は含まず。

以上の航路は九州商船株式會社（長崎市元船町五の九）の經營で省線と連絡の取扱をする。尙ほ別に**五島沿岸線**といふのがあつて、福江、奈留島、榎島、土井浦、佐尾、奈良尾、岩瀬浦、鯛之浦の各港を毎日一往復する。

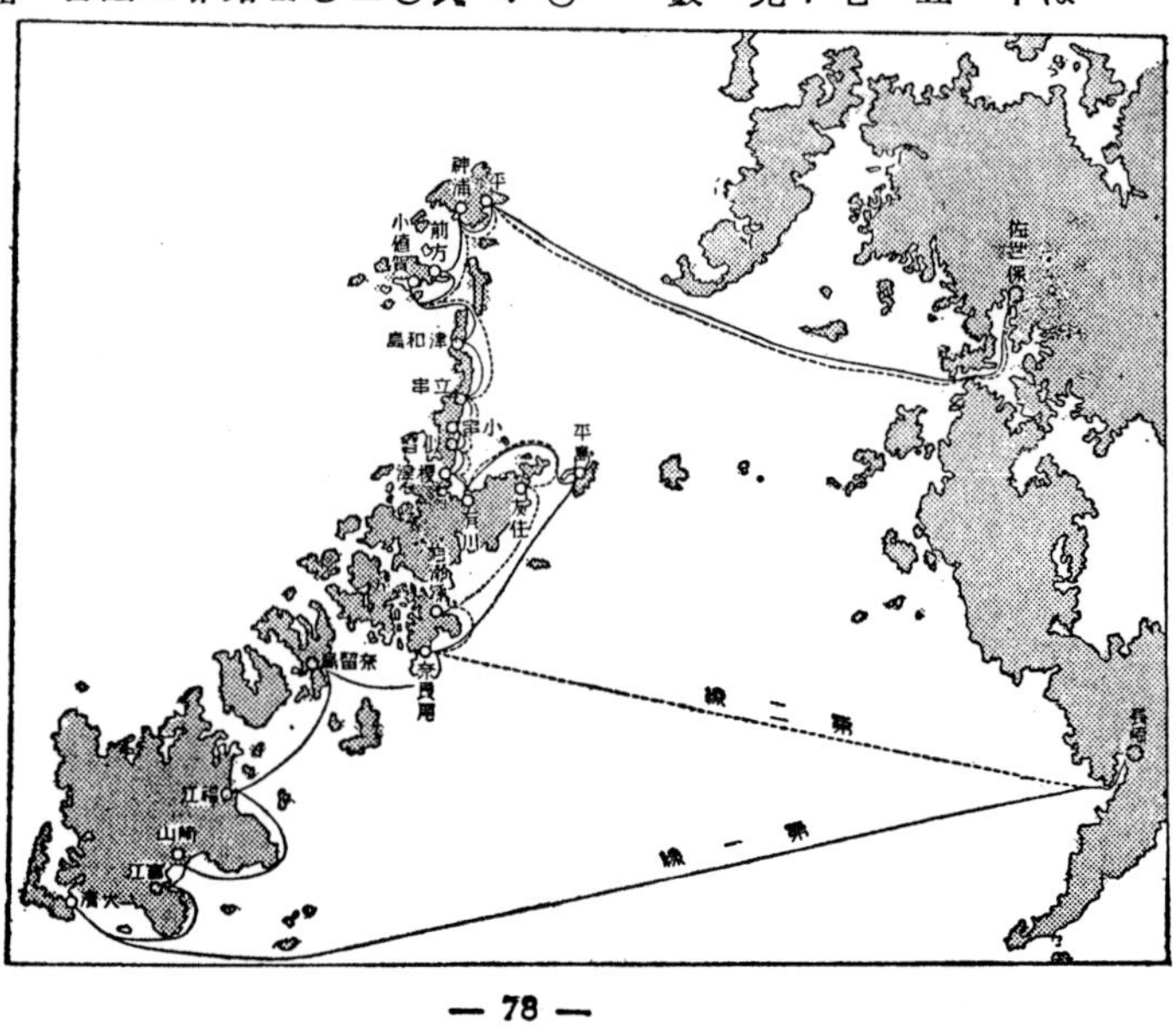

諸島文獻目錄（四）

——（佐渡の部）——

青柳秀夫

佐渡關係の記事を簡單にひろつて見た。私のノートにはこまかな記事などもそへると、まだこれの約三倍ぐらひは記入してある。

この他單行本、新聞の關係記事をまとめて、近く刊行したいつもりでゐる。（昭、八、六、一五日）

佐渡ヶ島より　橋川　正（奈良文化、九號）
佐渡の寺院と石佛　橋川　正（佛教美術、二輯）
佐渡に行はるゝ俗信　茅原　鐵藏（土俗と傳說一ノ二）
佐渡の百姓一揆（上、下）　野々村蘆舟（江戸生活研究一ノ四、六）
佐渡の方言　鶴廼舍主人（風俗畫報、一三〇）
佐渡國方言　池田かげろふ（同、一六五）
佐渡ヶ島風俗　佐渡の島守（同、四四四）
佐渡の海濱　板谷　耕漁（同、四一四）
石器時代の佐渡　江見　水蔭（日本及日本人、九九）
佐渡ヶ島　水落　幹郎（同、大四、一〇）
佐渡紀行　清野　謙次（民族、二ノ五）
佐渡の牛　千葉　省三（婦人子供報知、一四）
佐渡國遺物　若林　勝邦（北陸人類學會誌、一ノ四〇）
佐渡と明治文豪　江見　水蔭（政界往來、三ノ一一）
佐渡名稱について　田中　良三（越佐の史蹟、一ノ一）
怪猫おけさ物語　丘　秋之介（鄕土風景、一ノ五）
佐渡と萩野博士　牛窪　弘善（同、一ノ三）
相川の盆踊　同　人（同、一ノ四）
麗島佐渡　久米　龍川（同、一ノ一〇）
おけさの國　廣　安　子（同、一ノ一〇）
佐渡ヶ島自慢　中川喜一郎（同、一ノ一〇）
佐渡の鄕土玩具　山本修之助（同、二ノ一）
佐渡の鄕土料理　同　人（同、二ノ二）
佐渡の遊女　丘　秋之助（同、二ノ四）
相川遊廓備考　牛窪　弘善（同、二ノ四）
佐渡の習俗　小松　窓外（同、二ノ三）
佐渡ヶ島座談會　山本、本間、中山、青柳（同、二ノ三）
佐渡遊記　白鳥　省吾（旅と傳說、一ノ七）
佐渡の首人形　青柳　秀夫（同、二ノ四）
佐渡の白米城　同　人（同、二ノ一一）

佐渡のむじな其の他　同　人(同、三ノ一)
佐渡小木港方言　同　人(同、一ノ三)
佐渡の人形に就て　若林東一郎(同、四ノ五)
佐渡の猫　中川　杏果(同、四ノ三)
芝居と旅　長谷川　伸(同、五ノ九)
飛驒から佐渡へ　平山　蘆江(記、五ノ八)
佐渡一巡記　柳田　國男(同、五ノ一〇)
佐渡及小木灣　小木　町人(港灣、八ノ五)
佐渡の關門兩津　青　波　生(同、八ノ五)
おけさの旅　丸木　砂土(改造、一四ノ一〇)
佐渡の日蓮　武者小路實篤(同、一〇ノ九)
佐渡の見物　佐々木武藏(名勝の日本、三ノ六)
佐渡の雛祭　青柳　秀夫(郷土玩具、一ノ三)
最明寺入道難波浦閑行の傳説　出口　米吉(大阪人、八)
佐渡ヶ島自慢　中川喜一郎(祖國、四ノ八)
佐渡　石井　柏亭(同、二ノ七)
佐渡國分寺趾の研究　今井　泫二(日本研究、一ノ一)
佐渡のタラヒ舟　同　人(同、一ノ三)
宿根木稱屋前の畫碑　松　崎　功(同、一ノ三)
眞野村に於ける二三男教育　濱田　忠吉(農村教育研究、一ー六)
佐渡ヶ島遊覽　立　木　篤(旅と人、二ノ七)

三七四

佐渡と越後の民謠　中川　杏果(民俗藝術、一ノ五)
佐渡の盆踊　山本修之助(同、一ノ七)
佐渡の花ごよみ　山本　半藏(同、二ノ三)
佐渡のノロマ人形　藤井　新二(同、二ノ四)
佐渡のノロマ人形の機構　小田内通久(同、二ノ四)
佐渡の獅子歌　中川　杏果(同、二ノ八)
小木港の小獅子舞　青柳　秀夫(同、三ノ一)
佐渡のお祭風俗　水島長太郎(同、三ノ八)
小比叡神社田遊式　青柳　秀夫(同、三ノ二)
佐渡の人形見取圖　尾形、圖師(同、三ノ五)
佐渡の人形芝居　小田内通久(同、三ノ五)
ノロマ人形を觀る　諸　家(同、三ノ五)
小木木崎神社輪くぐり　青柳　秀夫(同、三ノ六)
小木港童戯　同　人(同、三ノ一一)
佐渡の手毬唄　同　人(同、四ノ一)
佐渡の民謠を見て　湯淺竹山人(同、三ノ三)
羽發村草刈神社祭禮　青柳　秀夫(同、四ノ五)
佐渡民謠私抄　山本修之助(歌と評論、三ノ一)
越後路　小野賢一郎(茶わん、一ノ一)
佐渡の常山燒　大森　光彦(同、二ノ二、二ノ三)
小木港の舟唄　青柳　秀夫(愛媛縣周桑郡郷土研究、一二)

小比元村釘念物　同　人（同、六）

續小木港方言　同　人（同、八）

風位考資料　柳田國男（同、八）

佐渡入川地方々言　青柳秀夫（同、九）

鄕土誌方言資料目錄補遺　大藤時彦（方言と土俗、一ノ一〇）

佐渡特輯號　板倉良（富士の屋草紙、一九）

越佐の傳說　中野城水（新潟縣人、一六ノ三）

佐渡おけさ　中川杏果（地上樂園、一ノ二）

佐渡民謠　山本修之助（同、三ノ七）

相川音頭心中物　同　人（同、四ノ七）

越佐紀行の素描　白鳥省吾（同、四ノ六）

佐渡天保大一揆　本間巷一郎（犯罪科學、三ノ一一）

佐渡みやげ　原田三夫（面白い理科、三ノ一）

鄕土史誌目錄稿　國分剛二（學、八ノ四）

越佐三千年史　北斗山人（大越佐、一ノ二、）

佐渡の犬神長者　川上賢吉（傳說、一）

佐渡ぶり（上、中、下）　尾崎紅葉（新小說、五ノ二、三、四）

佐渡と大島　遲塚麗水（同、一七ノ六）

佐渡の藝者その他　野口雨情（同、三ノ九）

佐渡觀光記　銀林生（新潟縣神職會報、一ノ一）

佐渡の石器時代遺跡　清野謙次（人類學雜誌、四二ノ五）

佐渡に於ける石器時代の遺跡　若林勝邦（同、七ノ六七）

佐渡はよいとこ　今石貞太郎（內觀、九一）

佐渡人の喰はぬもの　竹中成憲（婦人衛生雜誌、一三年三月）

佐渡おけさについて　山本成之助（三四會雜誌、昭、四、九）

佐渡の民謠　金子不泣（日光、大、一四、一〇）

佐渡の海府（上下）　柳田國男（歴史と地理、六ノ二、）

幕末と佐渡　渡邊轍（同、大、一五、一〇）

佐渡旅日記　井桁三郎（燈光、一六ノ五）

續小木港方言　青柳秀夫（民俗學、一ノ一）

佐渡小木町の俗信　同　人（同、一ノ一）

蒐集帖より　同　人（同、一ノ五）

小木港年中行事　同　人（同、二ノ五）

佐渡小木俗信　同　人（同、一ノ四）

紅葉と垢掻き　江見水蔭（隨筆、大、一五、九）

佐渡鄕土研究家資料　山中樵（書誌、三）

佐渡の古民謠　山本修之助（現代文藝、五ノ四）

佐渡視察記（上、中）　喜田貞吉（東北文化研究、一ノ四、二ノ一）

傳說に關する民謠　前田林外（鄕土研究、一ノ八）

佐渡金澤村より　茅原鐵藏（同、二ノ六）

佐渡の猩憑き　同　人（同、二ノ九）

佐渡金澤村より　同　人（同、四ノ一）

無間の鐘と長者　同　人（同、四ノ六）
國々の云ひ習はし　同　人（同、四、八）
佐渡の舊家を訪ふ　竹崎　嘉通（同、四ノ九）
佐渡金澤村より　茅原　鐵藏（同、四ノ一〇）
佐渡の考古學展覽會　佐野　英山（考古學雜誌一八ノ一一）
佐渡發見の彌生式土器　後藤　守一（同、三ノ五九六）
順德天皇の眞野御陵　萩野　由之（歷史地理、四ノ二）
佐渡に於ける順德上皇の御遺跡に就いて　宮崎　榮雅（同、五一ノ一）
佐渡の海府より　柳田　國男（解放、大、九、八）
佐渡×裝一揆　花島　達夫（戰旗、一ノ八）
續煙霞療養　江見　水蔭（太陽、三二ノ一）
佐渡の自然　青野　季吉（同、三二ノ八）
佐渡おけさ節　小林　茂（資生堂月報、五〇）
佐渡の小木港　白鳥　省吾（文章俱樂部、一三ノ一〇）
佐渡ヶ島のこと　江南　文三（明星、五ノ五）
佐渡ケ島を出て　同　人（同、八ノ四、九ノ一）
相川おけさ　同　人（同、九ノ二）
佐渡の淸姬　田中春太郎（面白俱樂部、八ノ九）
紅葉と佐渡　江見　水蔭（ラヂオ畫報、七ノ一〇）
川路左衛門尉　碧夫　外史（講談雜誌、大、七、七）
義民と無宿　江見　水蔭（同、大、一五、五）

三七六

佐渡の狸　溝口　白羊（同、昭、三、一一）
佐渡おけさ　江見　水蔭（同、一八ノ一一）
日本醫學史上の一人　石黑　忠（治療藥報、昭、四、一〇）
佐渡巡り　武田　勝藏（三田評論、大、一四、一〇）
越後から佐渡へ　池部、細木原、前川、宮尾（婦女界、昭、四、九）
佐渡の繪葉書　巖谷　小波（少年世界、大、五、一〇）
越後舌栗毛　同　人（同、大、五、九）
佐渡巡島記　松山　思水（日本少年、大、六、九）
我が鄕土の自然と人物　坪谷　水哉（中學世界、大、二、一二）
後藤新平座談會（文藝春秋、昭、三、四）
嶋流し　江見　水蔭（同、大、一五、二）
佐渡外海府　吉田初三郎（觀光春秋、七）
山本訥齋　安西安周（醫文學。昭、四、七）
佐渡が島　編輯部（同、二六）
司馬凌海傳　入澤　達吉（中外醫事新報、一二五三號）
佐渡菅廟の靈驗談　牛窪　弘善（大阪天滿宮社報、六七）
佐渡に於ける菅家の末裔　同　人（同、六八）
佐渡の日蓮　磯村　野風（富士、四ノ五）
小池藏開眼　江見　水蔭（娛樂世界、一四ノ七）
奇談お袈裟の猫（大、八、一三）
佐渡金北山遭難手記　笹田、末弘（キング、七ノ六）

佐渡特輯號　（展望車、一ノ三）
佐渡號　（骨、四ノ三）
佐渡に於ける紅葉の戀女　歌　吉（趣味の婦人、大、三、九）
越後と佐渡と海の傳說　坪谷　水哉（史蹟名勝天然記念物、一ノ三）
佐渡の史蹟を尋ねて　諸田八百七（同、三ノ四、六）
佐渡國分寺趾　同　人（同、三ノ一）
越佐紀行（上下）　佐々木畯堂（同、昭、七、八、九）
北國とびある記　白鳥　省吾（食道樂、昭、四、六）
薰風おけさ情緒　長谷川伸外十二氏（同、六ノ七）
大佐渡小佐渡　平山　蘆江（同、六ノ七）
食味の佐渡ヶ島　本山　荻舟（同、六ノ七）
佐渡新潟水上　松崎　天民（同、六ノ七）
佐渡の通貨　（溫古の栞、二五）
佐渡わたり鴉　（同、五）
佐渡の民謠　內藤　鑛策（民謠月刊、二ノ四、五）
佐渡の感想　二木　謙三（向上、二〇ノ九）
柴燈大護摩　牛窪　弘善（修驗、四八）
西越遊記　節山　博士（斯文、昭、七、三）
佐渡の修教館　牛窪　弘善、同、一三ノ六）
弘法大師と佐渡　同　人（密教學報、二三）
理源大師佐渡に渡航し給ふ　同　人（同、二六）
おけさの國佐渡の味ひ　猪股　靜馬（行樂、二ノ五）
植物の名の持つ傳說　小寺　融吉（越後佐渡、一）
鄕土資料研究について　中村　ツネ（同、一）
越後と佐渡の方言　中川　杏果（同、一）
佐渡つまみ人形　山本修之助（鄕土秘玩、一ノ五）
佐渡の旅　水谷幻花庵（文藝倶樂部、四ノ八）
木喰上人の遺跡としての檀特山　若林　甫舟（木喰上人之研究、二）
文藝風土記北陸の卷　藤　木　猶（サンデー毎日、八ノ三）
紅葉と愛妓お糸　熊田　青雨（週刊朝日、一一ノ五）
おけさの話　稻垣滿一郎（同、昭、四、一〇）
倭繪銀山圖（五回）　德田　國夫（同、昭、四、三月、一、八、一五、二二、二九）
佐渡名物鮎の石燒　（同、大、一四、九、二七）
佐渡情調　（同、大、一四、八、九）
佐渡小木の方言　青柳　秀夫（ふるさと、九）
佐渡の俗信　同　人（同、九）
佐渡關係書目　同　人（佐渡鄕土趣味研究、一）
佐渡關係雜誌記事目錄　同　人（同、一）
佐渡關係新聞記事目錄　同　人（同、一）
佐渡の俗信　同　人（同、二）

佐渡關係書目　**原田　廣作（同、二）**
佐渡關係記事目録　本山　桂川（同、二）
文痴庵文庫佐渡關係書　池田文痴庵（同、二）
思ひ出せしもの　青柳　秀夫（同、二）
小木港祭禮屋臺見取圖　同　　人（同、二）
土俗雜記　同　　人（同、三）
野呂間人形に就て　加藤ひさし（同、三）
佐渡の鄕社祭禮日　青柳　秀夫（同、三）
小木港の盆踊　同　　人（同、三）
思ひ附きし事　橘　正　一（同、三）
俗信比較　高橋　勝利（同、三）
あれやこれや　風間　幸一（同、三）
佐渡の俗信（其の二）　青柳　秀夫（同、三）
佐渡關係書目（其の三）　同　　人（同、三）
三方但馬　牛窪　弘善（同、四）
小木城山の常燈明堂に就て　畠山　光司（同、四）
間引其他　村田　鈴城（同、四）
雜信　高橋　勝利（同、四）
「佐渡」の文字を見る　池田文痴菴（同、四）
河原田俚諺　中山　烏賊（同、五）
佐渡は四十九里波の上について　原田　廣作（同、五）
雜記　山本　靖民（同、五）
氣の附く儘　村田　鈴城（同、五）
アゴナシ地藏尊の事　中山德太郎（同、五）
佐渡關係書（其の四）　青柳　秀夫（同、五）
變る佐渡新聞の表題　同　　人（同、六）
山居その他　矢田　求（同、六）
氣の付くまゝ（一）　村田　鈴城（同、六）
山居　池上鋼他郎（同、六）
「タクヒ」並に腮無地藏　益田　清水（同、六）
嶋の御產の事　中山　烏賊（同、六）
ノロマと鬼太鼓　山本　靖民（同、六）
佐渡の市　中山　烏賊（同、六）
佐渡小比叡雜記　青柳　秀夫（同、六）
佐渡關係書目（其五）　同　　人（同、六）
佐渡人力車の元祖大新さんの事　中山　烏賊（同、七）
大阪町井戸祭　中山　烏賊（同、七）
佐渡の佛像　川上　喚濤（同、七）
佐渡海府言葉と道中言葉　不苦　樂庵（同、七）
土俗雜記　青柳　秀夫（同、七）
佐渡資料　新藤　正雄（同、七）
小木港の花市　青柳　秀夫（同、七）

佐渡發行雜誌目錄(一)　同　人(同、七)
河原田御ふるまひの事並に御强飯の事　中山　烏賊(同、八)
海壽の茶　不苦樂庵(同、八)
燈籠竿　小田切　元(同、八)
鑛山の古風習に就いて　原田　廣作(同、八)
佐渡の文化　山本　靖民(同、八)
栗田元次の慶安承應の牢人騷動　矢田　求(同、八)
土俗雜信　青柳　秀夫(同、八)
小木港の童謠　同　人(同、八)
佐渡に狐すまず　新藤　正雄(同、八)
盜人本間直行の獄中詩　池田文痴庵(同、八)
小木の子供遊び　青柳　秀夫(同、八)
馬鹿火その他　同　人(同、八)
佐渡の印象(一)　諸　家(同、八)
佐渡發行雜誌目錄(其の二)　青柳　秀夫(同、八)
池の民譚　中　道　等(同、九)
河原田町道祖神祭　中山德太郎(同、九)
佐渡の珍植物サドスゲ　佐藤　清明(同、九)
野呂間人形の研究について　原田　廣作(同、九)
宮寺の普請　矢　田　求(同、九)
佐渡の唄　山本　靖民(同、九)
戸中の婚禮の珍習　不苦　樂庵(同、九)
河原田「ホイト」の現狀　中山德太郎(同、九)
佐渡の印象(其の二)　諸　家(同、九)
佐渡童謠　畠山　光司(同、九)
佐渡發行雜誌目錄(其の三)　青柳　秀夫(同、九)
小木動植物方言　同　人(同、九)
佐渡方言關係書　同　人(同、九)
農村雜信　同　人(同、九)
風俗畫報に現れたる佐渡の方言考　池田文痴庵(同、一〇)
佐渡おけさについて(一)　中川　雀子(同、一〇)
思ひついた事　田中　良三(同、一〇)
外海府地方年中行事　本間　太郎(同、一〇)
佐渡の珍植物「サドブシ」　佐藤　清明(同、一〇)
佐渡の印象(其の三)　(同、一〇)
佐渡の方言から　田中喜多美(同、一一)
河原田方言　中山德太郎(同、一二)
狸その他　山本　靖民(同、一二)
海對の泣き女　不苦　樂庵(同、一二)
佐渡の盆踊り　山本修之助(同、一二)
佐渡おけさについて　中川　雀子(同、一二)
佐渡が島を思ふ　大田榮太郎(同、一二)

佐渡をうたへる諸歌(一)　青柳　秀夫(同、一三)
佐渡の印象　諸　家(同、一三)
鄕土研究家番附　青柳　秀夫(同、一三)
河原田町大晦日　中山德太郎(土俗研究、一)
海府女の伊達姿　不苦　樂庵(同、一)
小石を水面に投げる遊戲の方言　青柳　秀夫(同、一)
佐渡方言文獻目錄　同　人(圖書周報、七〇、七一)
明治以降佐渡人詩歌書一覽　同　人(同、一三)

補遺

(右書目に記載なき記事中、只今手控のノートにあるもののみを揭げて置く。——大藤生)

佐渡島產昆蟲數種に就きて　土井　久作(昆蟲世界、三〇ノ四)
越後の櫻(佐渡の名所御所櫻)　阿部　儀作(櫻、一〇)
佐渡方言　大川　通久(人類學雜誌、二ノ一七)
佐渡第一印象　松崎　天民(旅、九ノ八)
佐渡ヶ島　矢野　俊孝(旅と鄕土と、一ノ四)
近代民謠史縮圖(「佐渡の民謠」を讀む)　小寺　融吉(旅と傳說、三ノ九)
各地の葬禮(佐渡島河原田町)　中山德太郎(同、六ノ七)
越佐句行　巖谷　小波(太陽、一三ノ一一)
離れ島　笹川　臨風(同、一三ノ一三)

佐渡行脚　坪谷　水哉(同、二ノ一一)
佐渡の常山燒　大森　光彥(大日本窯業協會雜誌、四〇ノ一六九)
佐渡相川の鑛脈　中島　謙造(地學雜誌、一ノ三—七、九)
佐渡所產の石灰及其利用　K　N　生(同、一ノ八)
佐渡泥灰質白雲岩のセプタリア(同、一九ノ二二九)
佐渡產重晶石　山田　邦彥(地質學雜誌、二ノ一七)
佐渡に於ける灰質岩　同　人(同、二ノ一八、二〇)
佐渡產鑛物に就きて　中村修次郎(同、三ノ三五)
佐渡便り　上野　朔郎(同、七ノ八四)
佐渡產石英の特性　佐藤　傳藏(同、七ノ八五)
佐渡に於ける高師小僧　同　人(同、同)
佐渡便り(補)　上野　朔郎(同、同)
佐渡中山峠の重晶石　同　人(同、同)
上野氏佐渡便り中のゴロフとマダイ　山田　邦彥(同、七ノ八七)
佐渡ヶ島紀行(英文)　バジエット(ツーリスト、一〇ノ五、六)
佐渡廻り　森　無　黃(新潟縣人、一七ノ九)
佐渡の經濟狀態と淳朴の風　森　貞二郎(同、一七ノ一〇)
佐渡の相撲　青田　櫻雲(文藝俱樂部、九ノ二)
佐渡盆踊唄　鯱　九　庵(同、四ノ一一)
金北山頂の奇觀　英　峨(歷史地理三三ノ一)
佐渡の義民　同　人(同、三三ノ四)
佐渡の獅子舞　茅原　鐵藏(鄕土研究、三ノ一一)

—(終)—

漁村語彙（四）

柳田國男

カツギ　海人をアマとは謂はずカツギと謂つて居る處は多い。薩摩阿久根附近のカツギは專ら男がする。ハチコ・サザエブクロを使用せず、ヅヅ桶を用ひて居る。南伊豆ではてん草鮑などの採取に從事する女をカツギと謂つて居り、又次のやうな歌もあるから、男女の區別では無かつたのである（旅と傳説五巻一號）。

　色の黒いをなぜ氣にしやんす
　カツギやめれば白くなる

カツギツコ　陸中の大槌で魚を擔ひ賣りする女をさう謂ふ（同町郷土資料）。カツグは元頭に載せてあることであつたらしいが、後に天秤棒をカツグなど謂ひ出したのは、畢竟は此徒の業體の變化であつた（イタダキの條參照）。さうして此語の分布によつて、カネリ・カベリの同類が遠く奥州にも住んで居たことがわかるのである。

カツコブネ　是も陸中の海岸などで用ひられる小舟。細長い箱のやうな形で、素性のよい木を切抜いて作る。丸木舟と近いもの（山本鹿洲君）。

ガツサイ　肥前の島原半島の一部で、干潮を意味する語。普通にはヒンホ・ヒヅマリ等、又ワリとも謂ふ。タタヘと對立する語である（島原半島方言の研究）。

カツチカ　舵柄である。薩摩の海岸で聽く語。上甑ではカツカ、下甑島ではカヂカ。

カツトコ　同じ地方で舵の木を指し入れる所をいふ。舵床である。

カツトリ　伊豆から駿河の海邊にかけて、漁舟の後部に二股の木を立てゝ棹を載せる臺としたものをいふ（郷土四巻三號）。又こゝに釣棹も載せる（内田君）。

カツパ　隅田川などで見る投網舟の舳部に、中央部へ水の來ぬやうにしたしきりの装置をカッパといふ（同上四巻八號）。

カッペ　千葉縣の夷隅郡誌に、カッペ海に使ふ網とあるが、是も綱では無いかと思ふ。もう少し詳しく土地の人に尋ねて見たい。

カドザメ　青森縣では鱶(フカ)のことをさういふ（東奥日用語辭典)。カド即ち鰊を食ふ鮫の意であらう。

カナギ　隱岐島では一般に、硝子箱を使用して海底を覗き、魚や貝を突いて捕る男をカナギと謂ひ、又其爲に使用する小舟をカナギ舟と謂つて居る。本來は此漁法に用ひる鈎の木の名であつたらう。鈎をカネといふ例は「カネ尺」その他に例がある。

カネマツリ　肥前名護屋などの男海人が、八月十五日に營む祭の名。カネとは鮑がねのことで、此日其カネやハチコの類の諸道具を神棚にそなへ祝をする。それから以後は潛ぎをせず、鉾でのみ魚を捕るらしい。翌年の仕事始めをカネオロシと謂ふ。

カネリ　石見の海岸から長門周防にかけて、頭に桶を載せて魚を賣りにあるく女を、古くからカネリと謂つて居た。カネルといふ動詞は頭に物を載せることを意味する。土地によつてカベリといふも同じ語である。周防では又ノージとも謂ひ、海部女子の特徴と認められる。男は以前からボテを用ひ頭には載かない。女も此頃は追々と其風に同化し、進んだのはリアカーなどを利用して居る(鄕、三卷九號等)。

ガバ　筑前の姫島で大敷網のアバ即ち浮木のこと。是だけは孟宗竹を以て製する。

カハクチ　川漁の開始期。天龍川筋で鮎の解禁をいふのは（能田君)、此魚のみ今は公定の漁期があるからである。

カハンド　但馬で漁夫のことをさう謂ふ(風、一二七號)。川人であらう。

カヒドウ　志摩の和具あたりの海人が、鮑を起す鋏箆である（人類、三四號）各地の鮑がねと比較して、形の同異を明かにしたいものである。

カヒナゲジマ　備前と播磨との境に在る一つの島に、神が櫂を投げて領分を定めたといふ傳說が殘つてゐる。行逢裁面といふ口碑の一つの變化である。

カヒネリ　櫂練。伊豫北條の鹿島神社十月三日の祭禮の名である。神は船にて御幸があり、船の舳の二人の者が手に櫂を持つて樽の上で踊る。同種の祭は又同國興居島の和氣姫神社の御祭にも行はれる。期日は十月四日。之を櫂てんま、又は傳馬踊とも謂つて居る（民俗藝術二卷一二號）。

カヒヨセ　薩摩南海の十島村へ渡るには古來節分の日から四十八日以後を好時節として居た。節分の前後には必ず暴風があつて、俗に之を貝寄せと謂つた。此際の高波によつて介殼を海邊に寄せるといふ所から出來た名である（七島問答）。

カブシヅリ　肥前の平島で、鰯を薄き餌にして鰤を釣るをいふ。カブシはカバシと同じく、好い香を以て魚を誘ふ意では無いかと思ふ。

カベリ　備後安藝の海岸では、頭に載せて來る魚賣女をカベリと謂ふ。カベルもカネルと同様に此邊では物を頭に載せることで、又水を頭からカベルとも謂へば、被ると同原なることが察せられる（郷、三卷一一號）。八重山群島では頭に物を載くことをカミ又はカミリと謂ふ（民族一卷三號）。是を仲に置いて考へるとカネリが一つの語であることがわかる。但し中國のカネリ・カベリは、名よりも其行爲の專門であることが注意に値する。彼等は島々の間に多く住み、屬する村はあつても家族船の中に住し、家の無い者が稀で無いといふ。

カマクヒジホ　鹽濱語。肥前の伊萬里地方で、鹽釜及び竈土を濾過浸出して、煎られて鹽になつたものをさう謂つて居た（鹽業全書）。

カマゲ　秋田縣の一部で、海邊の高處を謂ひ、カマゲに登つて船が來るのを見るなどといふ由（東北方言集）。

カンコ　越中の滑川附近で、川を竿で渡る細長く平たい舟をカンコブネ、又ヒラタブネと謂ふ。砂礫などを是で運ぶ（方言彙報四號）。前のカッコブネと同じであらう福岡縣筑後川の上流でも同じくカンコ、又はリユウセンと謂ふ舟がある。リユウセンは漁船らしい。胴に生洲の装置があつて捕つた鮎などを入れて置く。木の葉のやうな簡單な舟とばかりで、形の異同が確かめられない。是よりやゝ大いなる舟をウハニといふ由。

カンダツ　伊豆の伊東で、漁船の艫にあるサの形をした所といふ。前に掲げたカツトリと、同じものらしい感じがするが明かでない。漁獲物の値が出來ると一同手を打ち、船のミヨシの旗をドマクラ即ち櫓の端、舵をすゑた所に移し此カンダツの右側に立てるといふ（郷、四巻三號）。

カンダラ　九州一圓の漁場に行はるゝ言葉で、漁場に働く者が漁獲物をくすねることである。公然と物を盗むことだと謂ひ、又は大目に見られた盗みだとも謂ふのはをかしいが、兎にかく古くからの習ひにはなつて居た。壹岐では鯨取りの盛んであつた頃に是が行はれたことは、山口麻太郎君の方言集に見え、呼子平戸の實例は宮武省三君が詳しく之を述べて居る（民俗と歴史五巻五號）。五島の日ノ島でも給金の方を割安にして、一割二割のカンダロを默認する例がある。盗む現場さへ見られなければ、後で判つても科にはならない。魚を運送の際にくすねるのをヤンツウ、玉の浦では又ヤントウとも謂ふ。此方は明治の末頃から止んだ。カンタロウといふ語は又長門あたりの農村にも入つて來て居るが是は轉用であつて本來漁場に限るものゝやうである。東國ではカンダラの語は知らぬが、是をドウシンボウだのモスケだのと謂つて、實際は可なりよく通曉して居る。

ガメ　伊豆でヤンノウ即ち漁船の中央に設けた生餌の鰯の入れ場。前に掲げたカイドウセンのカイドウと同じもの、潮水の通ふやうになつて居る。（郷、四巻三號）。

ガラ　中央部で「たつくり」と呼ぶ小魚の干したのを、奥州の海岸では一般にガラと謂つて居る。煎りがらの上略であらう。

カラカハナガシ　谷川に行はるゝ一種の漁法。カラカハは山椒の樹皮で、之を敲いて液汁を流れに混じ、下流の大小の魚が醉つて浮上がるのを捕るのである。古い方法と見えて全國に擴がつて居る。東北では之をナメと謂ふ。異魚命乞ひの說話は、之に伴なうて全國に流布して居る。

カラサガシ　漁船難破の際、漁夫の生死を知るのは事實に於て容易で無い。津輕の海岸の村などでは、盲巫女や八卦置きを頼んで消息を問ひ、それに依つて既にカラになつて居ることを知ると、假のダミ即ち葬式を營む。煙草入れは持つて出て居るから、通例は死人のして居た枕を棺に入れる。鰺ヶ澤の寺には枕を埋めたままの墓が幾つもある。小學校の先生が頼まれて生徒に催眠術を掛けて見たところ、カラが海底の藻にからまつて、魚にさいなまるゝ光景をまざ〳〵と語つたともある（むつ二號）。

ガラッピ　汐の最も干た時を駿河の燒津でさういふ。關東ではソコリ。

カワガワ　用水堀などの漁法。岸近く穴をほり、其上の水をがわ〳〵と音させると、魚は皆其下の穴に集るを捕へる。筑後柳河附近では此名がある（民族と歷史三卷五號）。

カワラヅメ　船の底だけ出來上がつた時の祝を、長門から筑前にかけてさう謂ふ。正しくはカハラズヱといふべきことは、現に其西隣にさう謂つて居る土地があるのでわかる。カハラは即ち龍骨、刳舟時代の原型から漸次に變化して來た主要部分である。此祝をして後もう一度、船の中棚の出來た時に家なら棟上げ祝にあたる祝をする。

キシウ　能登の鳳至郡などの海濱の邑で、正月十一日に行ふ船魂祭。船乘りの者の最も樂しむ酒宴で、有名なるマダラ節は此際に謠はれる。或は鬼宿かとの說もあるが、同じ日の祝をフナヲコシと謂ふ土地も多いから起舟と書いた方が正しい。加賀の能美郡でも起舟と謂つて居る（各郡誌）。

キヅキ　又ボクヅキとも謂ふ。駿河の海上で、苔の生えた樣な古い流木には、モクイヲといふ小魚が集まつて居る。それを食はうとして鰹や鮪の寄つて來るのを木附きと謂ふ（内田君）。

キッツ　秋田縣の男鹿半島に用ひらるゝ一種の獨木舟。長さ僅かに五六尺。キッツは櫃の東北發音であつて、ケシネギツ其他色々の容器の名に存する。木をくり抜いた水槽をも、此邊では亦キッツと謂ふ。其標準語は共にフネである。

キンビーナ　駿河の海岸の漁船には、紙又は土製の男女一對の人形を、船玉樣の形式にして居る。之をキンビーナと謂ふ(內田君)。木の雛である。船玉に賽と錢穀類などと共に人形を納める風は全國的である。此に少年少女の髮の毛を作り込める習はしも各地に存するが、もう此地方には無いらしい。

キラレ　鹽濱用語。ヌイの椽へ盛り上げた土のことを、讚岐の阪出などではキラレと謂ふ。

キリカエ　長門の大浦の蜑女たちが、水中に下げて入るもの、鮑の貝殼に綱を通したものである。海底に鮑を發見しても、もはや息迫つて採り得ない時には、此キリカエを其場に投げて置いて浮上がる。さうすればもう其蜑の物になる。筑前鐘ヶ崎にも同じ風はあり、且つ海中で光を放つ故に、魔除けの力があるとさへ信じて居る。キリカヱは左の手に右手には鮑をこしを持つて蜑は入り身をするのである。

キリゴミ　宮城縣などでは鹽辛のことをさういふ處がある(石卷辯)。多分は鹽の汁へ切込むからの名であつて、其製法が全然此方のと同じかどうかは確かで無い。

キリミヨシ　備前邑久郡などで、船の舳先の一つの形式をいふ。九州南部などでタテギといふミヨシも、圖に依つて比べると似通うて居るやうである。

クチブネ　肥前江ノ島などで、漁船の配役の一つ。たとへば鰯のぬひきり網で、火船の合圖に應じて網船を導き、網を入れる地位に就かしめるのが口船である。三組に分れて二艘づゝ居るといふ。

クヂラウタ　長門の通浦では捕鯨業の全盛期は既に過去に屬するが、今でも酒宴の始と終には必ず鯨唄を謠ふこよになつて居る。之を謠ふ者は席順によつて定まり、終の鯨唄をうたつてしまふと一齊に座を立つ。此唄をうたふ際には必ず片肌を脫ぐといふ。

クヂラヅカ　是も同じ土地で、鯨の孕み子を埋め葬つたといふ塚がある。元祿五年の念佛碑が立つて居て、其上には業盡有情雖助不生云々の和製偈が刻まれて居る

（鄕、一巻二號）。土佐の室戸でも鯨の兒を埋めたといふもつと新らしい塚がある。普通の人間の子供の着物を着せて葬つてやるものだつたといふ。

クヂラノコロモ　肥前の小川島では、鯨の皮の下に又薄い一皮があるのをコロモと謂ひ、是は鯨の前生が和尚であつたしるしだなどゝいふ。

クヅナ　甘鯛をクヅナと謂ふのは九州の全部、中國四國の半以上に及び、兵庫大阪でも其語を知つて居る。グチといふのも元一つの語かと思ふ。

クビククリ　駿州の燒津で三月三日の日をさう謂ふ。此日は船元に集まつて祝宴があり、一日中自分勝手な行動が出來ぬ故に此名があるといふさうだが（内田君）、其說明は聊か心もとない。

クマヲ　瀨戸內海の各地で、船乘りたちの嫌ふ方角、陸上の人々にも同じ俗信は稀に存する。子辰申の日には北、それから順次に東南北と廻る。知つて出れば殺され、知らずに出ても怪我をする。但し日返りならばよいといふ（鄕、一巻一〇號）。

クミウバ　鹿兒島縣の沖永良部島で、牛豚などの海上運送の爲に、小さな刳舟の幾つかをもやひ合せることを謂ふ。ウバとは獨木舟のことである（旅と傳說三巻二號）。

クラノト　福岡縣の藍ノ島などで、船玉樣を納める厨子を謂ふ。此クラノトの中には、前にキンピナの條で述べたやうに、一文錢を十二文、閏年には十三文、柳の木で作つた賽、及び一對の人形とを入れる。錢はもう無いから木の面に形だけを描く。人形には元は船頭の髮の毛を入れた。是に靈の力を附ける式を「御しんを入れる」と謂ひ、流れ佛を二度引揚げると、御心を入れなほした。

クリ　日本海岸の廣い區域に亘つて、海中の隱れ岩をクリと謂ふ。越後の出雲崎附近にイスズグリ・シワナグリ・マクリ、能登高屋の嫁グリ一名磁石石、丹後與謝郡平田の沖の七つグリ、同竹野郡のササグリ等が、何れもよく知られて居る。又キクリといふ地名も若狹には有る。必ずしも海中の石だけには限らなかつたと見えて、但馬の玄武洞を笈埃隨筆には、竹グリ石又タキグリ石とも記して居る。倭名鈔に涅、水中の黒土なり、久利とあるのは、實際とは合はぬやうだが、長門の地名のクリには泫の字が宛てゝある。東京の語にもクリ石又ワリグリなどがあるから、單に石の別名として用ひて居た例もあるのである。

クルバ　宮城縣の牡鹿郡誌に、クルバ・鮪鯛の初漁を廣く知らせることゝある。

クロニヨシ　船の舳先に銅を張り、其下に黒く二つの線を塗つたもの。ニヨシはミヨシと同じ語である。甑島では之をサツマ型と謂つて居る。この線を引くことをタンガタ切ルと謂ふ。今はペンキであるが、元は鍋墨と種油とを交ぜて作つたタヘイ墨を用ゐた。

クロハエ　ハエは南風のことである。九州の西北部海上などでは、入梅中の南風を黒ハエ、入梅あけの南風を白ハエと謂ふこと、物類稱呼の記述の通りである。二百年近くの間變つて居ない。

クロフジヨウ　壹岐島その他でいふ漁民の語、婦人の血の穢をいふ赤不淨に對して、人の死亡に由る忌を黒不淨と謂ふ。海上の生業には赤不淨ほどには忌まない。

クロムシ　筑前姫島などで、秋の鯛釣の餌にする小虫。岩虫と同じ虫らしく、大きな岩の所に居ると謂ふ。クロも岩のことかと思ふ。岩をクリともクラともいふ例が多い。

ケエサンデエ　千曲川の川漁に於て、さで網のことをさう謂ふ。又ケェサンゼ・ケェサンコとか謂ふ（信州上田附近方言集）。サンデェは「さで」と同じく、ケエは「かへぼり」などのカヘではあるまいか。

ケエズケ　同下川筋で十一月頃川の淀みに石を穩んで置いて、其中に魚の集まり潜むを見はからひ、十二月から一二月頃までの間に於て、簀子等にて圍み其一方に筌をしかけて漁獲する漁場又は漁法をいふ（同上）。スゲは漬けであらうからヅケの方が正しい。

ゲハ　佐渡の海府で魚捕をゲハ。

コウシン　周防の柳井などで、石めばるといふ魚のことをさういふ（森田道雄君）

來信二件

――漁村語彙について――

「漁村語彙」面白く拜見して居ます。第三號のうち氣のついた言葉三つについて、少々御參考までに申上げたいと存じます。房州の館山あたりを中心としてですが。

（一）**カゴバ**　の項の魚を入れる大きな丸い竹かごは、イケスカゴ（又はイケッカゴ生洲籠）で、海に浮かし（桐の木の棒を使ふ）生餌などを飼っておく。

（二）**オツカイ**　と安房郡誌にあるのは、假名遣ひの誤りらしく、オッキェと發音するのですが、たゞ單にオッキェと云ふよりは、オッキェドンと敬語にして云ふ方が多い。オキアイ（沖合）の訛りらしく「漁船の長」には違ひないが、長（オサ）ばかしでなく、もつと地位が上で、沖合に於ける總司令官に相當する。つまり船長も漁撈長を兼ねた役で、經驗の深い信用のある漁師がなるもので、漁場にかゝると、この人が船のトモに立つて袖口を指でつまんで前につき出し、オモカヂ！　トリカヂ！ヨーソロー！（正しい針路で進め）等の掛聲により、一隊の漁船を統制指揮する。針路を變へる場合は着物の袖で示す。つまり船頭多くして舟山に登らぬ樣、一人の機敏な指揮によつて、戰場の樣な魚群との出合をテキパキ處理するわけです。その爲に「沖合殿」と尊敬される。

（三）**オシオクリ**　をオショクリと云ふ。之は「櫓で押し送る」運送から來たものと思はれる。櫂はコグだけだが、櫓はコグとオスと併用する。（1）魚類の運送（2）又はその船　和船の漁船）を意味する。（1）の場合は定期航海の意味は多分に含んだもので、江戸といふ一大消費地を控えた房州の魚は、冷藏等の設備のなかつた江戸時代には、尚更早く送る必要があつた。で風都合を待たず、櫓を押して生魚を送つた。（勿論風があれば帆を利用する）その名殘りと思ひます。然しキカイセン（發動機船）が發達した今日では、オショクリ型の船は殆ど姿を消しつゝあります。

その他、經濟的な方面からの言葉、例へばシロノリ、シボー、メッケドリ、漁撈のツェーンボ（突ん棒）等に關するもの、風についての言葉等は、またいづれ他の機會にお耳に入れたいと存じます。（館山育男）

×

第一號より御執筆の漁村語彙、おもしろく有益に拜見致してゐます。就ては第二號の「イソミ」なる和船の特徵につき、幾分御不明の點もあるかのやうに存じますので、同地方の者から聞きました事をお知らせいたします。

イソミ　普通の漁船と異らず、小さな舟にて磯を見て廻る故その名あり。主として磯邊をのり廻してさゞえ、わかめなどを採るに用ふ。下側（ともの下の意か）にかぢあり。

尙序でに既に御存じかと思ひますが、鎌手村附近の風の稱呼を申上げて置きます。

東―コチ、西―ニシ、南―ハイ、北―キタゴチ、東北―キタ南東―マコチ、北西―アナヂ、西南―マヂ　（森田道雄）

同人寄語

寫本「隱州往古以來諸色年代略記」寶永十一年美田村三澤喜右衞門撰、に

一、寛永七年辰四月御代官一瀬治作様美田村之内にぐ牧、犬牧御組直し四牧門戸御改被成候云々

の記事があります。創刊號にある石田龍次郎氏の「隱岐の牧畑」の御研究に御參考になれば結構です。尙四牧と云ふのは右の外にひよ牧とうしろ牧が添ひます。これは島前にある牧であります。旣に御承知でありませうが、隱岐の牛馬（島後）が內地へ輸出せられるに、昔は多く島前牧に移つて、それから出雲伯耆へ渡された樣に思はれます。傳說の池月が犬來牧で生れて、後に宇賀牧へ泳ぎ渡り出雲の雲津へ泳ぎ渡つたと云ふことも、この牧から牧への移轉を云つたものでないでせうか。尙、海士村には、はにあわ牧、だんがう牧といふ古い牧があるやうです。古書は未だ發見はいたしませぬが。（松浦靜雄）

第三號同人寄語欄、本山桂川氏の大水凪鳥の記事中、京都府加佐郡冠島及島根縣日御碕敎島の二島では天然記念物に指定されて居ります、と見えたが、

後段、卽ち日御碕敎島で夙に天然記念物として保護せられてゐるのは、鷗科ウミネコ Larus melanus. Temminck であります。大水凪鳥ではありません。敎島は靑森縣三戸郡鮫村の蕪島と共に、ウミネコの盛な蕃殖地で、每年五六月の交、島の地上岩凹上に些少の材料を敷いて、四五六顆の卵を横たへて抱いてゐる。彼方にも此方にも見らるゝ。全く部落的に集つて蕃殖をやつてゐる。

尙ほ序に大水凪鳥に注意してみると、本山氏所報の京都府加佐郡冠島以西では、隱岐の最北端なる向島（その中の沖の島）にも石見の美濃郡鎌手村の高島の西端にも、何れも土を掘つて穴中で蕃殖をやつて居る。從つて彼等が成熟後には飛ぶ鳥のことゝて日御碕附近に時には來遊することもあらうが、日御碕敎島で天然記念物と指定されてゐるのは、彼等大水凪鳥ではない。（川口孫治郎）

荷內島について　先日山口縣の柳井町に地學同好會が出來てその第一回の總會が開かれるといふので招かれて行つた。その時港內にある裸島といふ一小島を訪れてその成因などについて語り合つた、その時の話である。

柳井港外に上荷內、下荷內といふ二つの小島があつて、そこにさゝやかな聚落が營まれてゐるとのこと。ところでその島の名がニナイといふのだから、どうしてもアイヌ語に相違ないと思つて、色々と樣子を聞いて見ると、或人の話に、そこに住んで居る人はどう見てもアイヌ人そつくりの顏付だとのこと。傳說は例によつて平家の落人とか何とか云つて居るさうであるが、恐らくアイヌ人が比較的純血を保つて殘存してゐるのではないかと思ふ。言語、風俗、道具などについてもつと詳しく調べたらと思つたが時間が無かつた。併し兎に角面白い

島に違ひない。（西龜正夫）

島から來た老人　此の暑さに市武爺は朝から晩迄、晩になつても電燈のない二階の窓を細く開けてその中で無言の行を續けてゐる。めつたに姿も見せない。たゞ時々爺さんの好きな「あかつき」が煙になつて出て來る位である。こちらの窓から爺さん——と聲をかけると、爺さんは返事をするかはりに、褌一つの眞黑な身體をあらはしてそして言葉を封じられた者の見るからに寂しい微笑を送るのである。ウモーリ（お出なさい）と言ふと、初めてハイと首共の返事をする。それから爺さんと二人の奇怪な昔話のランデーブである。

爺さんの息子は船乘で、月に一二度ほんの一晩宿りにしか歸つて來ない。家には北海道生れの嫁と、其妹達が髮結をしてゐる。萬葉詩人の、雲の行く如言は通はむも此處ではさつぱり通用しない。言通はねばテ様、マ様で辨じても良いやうなものゝ、爺さんも其處迄自分を慘めにし度くないからかどうか、三度の食事と用便の外決して階下へ降りないといふ手に出たものである。その三度の食事も、外を歩き迷つて遲くなる時などは抜く事があるといふから氣の毒の至りで、どんなに美味《マ》か物食《ムカ》まされても、やつぱり島で働いて食ふ方が勝ぢや——とは爺さん心からの告白である。

だが爺さんは昔話を語り始めると、もうそんな憂鬱など何處にも見せない。昔話が御用立つなんて、世ン中は又昔に戻りぢやわい——と頗る朗かである。そして話の中でもうあかんなどゝ大阪語を使つて相當得意でもある。話に油が乘つて來るとだんだん聲が荒くなつて來るので、今度は聽いてゐる者達が顔負けして壁の裏に氣を使ふといつた有樣である。

實際市武爺の話し方は、あの年輩の老人に見る喜界人氣質とも言ふべき熱と張りがある。話しはやはり要領《クーリ》が大切で、美味か物の事を話す時は、美味か物をちやんと此處に恁う並べたやうに聞かさんばいかん——と謂ふ事である。昔話にも詩があつた。

爺さんは三回に三十四話話した。それ等の話は、過去の喜界人が如何に昔話を愛好したかといふ事、又私の今迄蒐めた話が廣く喜界全般に語られ來つたものであるといふ事などを、いよ〳〵明かにして呉れた。私はもう狐を知らない爺さんから「狐の恩返し」の話を聞かされても驚かなかつた。

（岩倉市郎）

内外稱呼の相違　播磨灘家島群島中の主島、家島は飾磨姫路加古川邊の人は必エジマと呼びますが、島の人はイエシマと發音します。それで私共も正しくイエシマといつて話しかけると、此邊の人はさも間違つてゐるといふやうな顔をしてエジマと訂正してくれます。つまり外側のものはさう呼ばなければ其島の氣がしないのでせう。一巻三號で奥平次郎さんが、琉球といふ語が沖繩人の耳にはよい感じを與へないといつてをられますが、呼ぶ方では決して蔑視の意などは含めてゐないのです。（阪口保）

編輯後記

○暑中御見舞申上げます。口癖のやうですが今年の暑さは特に烈しい様です。諸賢の御健康を祈ります。

○夏期休暇で讀者諸賢の中、旅行とか歸省とか、島に行かるゝ方も多い事と存じます。その間の視察なり採集なりの結果を、本誌に寄稿して下さる様御願いたします。

○「流人生活と御藏島」を本號に寄せられた栗本惣吉氏は、同島の郵便局長で、本誌創刊號、御藏島遊記中にも紹介された、同島文化開發の特志家です。五月廿七日の南島談話會にも出席され、歸島後すぐに、興味深き本稿を寄せられたのでした。

○「青ケ島」の寫眞は東京文理科大學の今村學郎氏が先年渡島の節撮影されたのを、丁度青ケ島還住記が載るので同氏に御願ひして口繪と致しました。

○諸島文献目錄は本號は青柳氏編の佐渡關係目錄を揭げました。はしがきにもある様に、同氏手許には猶多くの採錄が出來てゐるが、その中から一般的なのを本誌の爲めに拔書したものださうです。大藤氏に見て頂いて必要と思はるゝ分を補足して貰ひました。

○「血液に關する土俗」の末吉安恭氏は琉球に於ける篤學の同志でしたが、數年前惜くも逝いた人です。柳田先生の御手許に數篇の遺稿がありますから、機を見て發表いたしたいと存じます。

○地方新聞に島に關する記事等御氣付の節は、御面倒ながら編輯所（東京市杉並區高圓寺一ノ四五八）へ御惠送願ひたく存じます。

○新著紹介もなるべく遺漏ない様心掛ける積りですが、編輯者だけでは見落しが多いやうです。材料の御惠送又は揭載誌の御知らせ等御援助を願ひます。（比嘉）

月刊 島 毎月一回發行

定價
一部 金三拾錢 送料二錢
半年 金一圓八拾錢 送料共
一年 金參圓五拾錢 送料共

廣告料
一頁 表紙四、金七拾圓。表紙二、金五拾圓。表紙三、金參拾圓。普通頁、金貳拾圓。

注意
誌代は必ず前金のこと。御送金は振替東京七五九七六番を御利用下さい。

昭和八年七月三十日印刷
昭和八年八月　五　日發行

編輯兼發行者 東京市麴町區九段四ノ八 足助たつ
印刷者 東京市神田區錦町三丁目十七番地 須藤紋一
印刷所 東京市神田區錦町三丁目十七番地 三鐘堂印刷所

發行所 東京市麴町區九段四丁目八 一誠社
電話 九段 二五六八
振替東京七五九七六

大賣捌所 東京堂。東海堂 大東館。北隆館

島 創刊號（昭和八年五月）

御藏島遊記……佐々木彦一郎
長門六島村見聞記（上）……櫻田勝徳
高麗島の傳說……柳田國男
陸前江の島雜記……中道等
甑島記事……宮良當壯
The Island Empire ……R. Ponsonby Fane
八百萬島の帝國……同上
對馬の牧畑……弘長務
隱岐の牧畑……石田龍次郎
漁村語彙（一）……柳田國男
島關係記事目錄（一）……金城朝永
南島談話會筆記……神津島寫眞……同人寄語
口繪、神津島村落の全景……須田昭義
表紙繪（雲仙嶽より見たる天草洋）……山口蓬春

島 第一卷 第二號（昭和八年六月）

天草島覺え書……八木三二
伊豫の島々（上）……菅菊太郎
喜界島昔話……岩倉市郎
長門六島村見聞記（中）……櫻田勝徳
伊豆諸島の正月二十四日行事……山口貞夫
東風と死人の頭痛……伊波普猷
翁長舊事談……比嘉春潮
梵鐘を鑄る……藤原與一
針突圖誌……小原一夫
漁村語彙（二）……柳田國男
島關係記事目錄（二）……金城朝永
島の數……隱岐黑木村の駄追……陷沒した島
島と旅……隱岐へ渡るには……同人寄語
口繪、隱岐黑木村の駄追……眞野恒雄

島 第一卷 第三號（昭和八年七月）

八丈島流人帳……柳田國男
牡鹿の地の島……山口貞夫
宗像沖の島雜記……竹内亮
伊豫の島々（下）……菅菊太郎
周防祝島方言……石山但信
佐渡が島（上）……ロバート・ホール
南洋群島の椰子タブ……戸塚皎二
南洋群島旅行案内……吉本泰
長門六島村見聞記（下）……櫻田勝徳
喜界島昔話……岩倉市郎
針突圖誌（二）……小原一夫
翁長舊事談……比嘉春潮
漁村語彙（三）……柳田國男
島關係記事目錄（三）……大藤時彦
島の個性……千島の春……同人寄語
口繪、沖繩婦人の針突施術……小原一夫

▽涼風のもと小閑を偸んで斯翁の高風を學ばずや

四朝に歷仕して純忠。識見卓拔、常に時流の尖端を歩み、少壯、新思想の急先鋒となり、老來「憲政の常道」を確立す。風格高朗、曾て一毫の汚染を許さず、政界溷濁、廉恥地を拂ふの秋、秀麗富嶽を偲ばしめるもの、實にわが陶庵西園寺公望公である。著者、公に親炙すること三十餘年、公を語るが爲めには、或はその記憶見聞舊記を辿り、或は公の親戚知人に就いて聞く所を綜合し、最後に事の實否を、纔に公に確かめ得て始めて筆を下すなど、眞に鏤心彫骨、加ふるにその文、淡々として他奇なきが如きも、自ら濃淡精粗の趣きを極め、巧みに公の風貌を捉へてゐる。『陶庵公』と一度「大阪毎日」「東京日日」に連載さるゝや識者愛讀措かず、一卷に纏むるに當つて更に、新に項を起し、朱筆を加へ、殆んど原形を留めず。蓋し公の正傳としては此の書の外にあり得ない。本書、公を主とするも、幕末、維新、明治、大正の大小の事件を經とし、その表裏に涉つて巨細に描破し、更に水戶烈公以下、幕末より大正に至る俊髦偉傑、若しくは處士野人の面目を緯として絕好の錦繡を織り成し、逸話、佳話、奇談の未だ世に傳はらざるものを傳へてゐる。敢て江湖の愛讀を望む。
 尙ほ卷頭を飾る印譜抄は、公、愛藏二千顆の印章より技萃、技藝の粹を悉くして模刻印刷せるもの、亦風韻を解するの士の好伴侶であらう。

西園寺公望公正傳

竹越與三郎 著

四六判總布製
木版印譜手刷二十枚
寫眞一葉　送料二十二錢
定價二圓五〇錢

叢文閣

フアブル
昆蟲記

(9)

全十巻

寫眞版十數葉
カット數十葉
四六版五百餘頁
コーデリア表紙フランス装
上製各册　定價　一、五〇〇　送料　、一〇〇
普及版各册　定價　一、〇〇〇　送料　、一〇〇

――フアブルは、文明世界が持つてゐる至高至純の名譽の一つ、最も賢明な博物學者の一人、又近代的意味でのそして本當な意味での最も靈妙な詩人の一人だ……それは私の生涯の中の最も深い欽仰の一つである。

――モオリス・メエテルリンク――

――「昆虫記」は久しい以前から私をこの魅力ある深い天才と親ましてくれた。私はこの本にどれ程の、樂しい時間を負うてゐるかも知れない、……此の大科學者は、哲學者の樣に考へ美術家の樣に見、そして詩人のやうに感じ且つ書く。

――エドモンド・ロスタン――

――彼の天才的な觀察の燃える樣な忍耐は、藝術の傑作品と同じ樣に、私を狂喜させる。私はもう幾年か前から、彼の本を愛讀してゐる。

――ロマン・ローラン――

フアブルの生命は、彼が長い間全く文字通り一緒に生活した其の昆虫の記錄の中に、即ち「昆虫記」の中に、あちこちに織りこまれてゐる。彼は昆虫を語りながら同時に彼れ自身をも語らなければならない程其の生活が互に入り混つてゐるのだ。

發兌　東京市麹町區九段四丁目八番地　振替東京四二八八九番　叢文閣

久保良英著　兒童の心理　定價　一、〇〇　送料　〇八

小泉丹譯　進化學説　一、〇〇　一〇

平林初之輔譯　科學と實在　一、〇〇　一〇

柳宗悦著　宗教と眞理　一、〇〇　一五

柳宗悦著　宗教の理論　一、〇〇　一二

高村光太郎譯　宗教的の奇蹟　一、〇〇　一二

高村光太郎譯　ロダンの言葉　一、〇〇　一〇

高村光太郎譯　續ロダンの言葉　一、〇〇　一二

高田博厚譯　ベートオヴェン　、六〇　〇八

堺利彦譯　野性の呼聲　、五〇　〇六

發行所

東京市麹町區九段四丁目八番地
振替東京四二八八九番

叢文閣

巖谷小波
伊波普猷序

喜納緑村著（七月一日發賣）

新刊 琉球昔噺集

四六判 三百四十頁
クロス製美本箱入り
定價 二圓
送料 十二錢
一般店頭賣をせず直接御申込みを乞ふ

待望の南島昔噺集出づ

本書は著者が二十年刻苦して採錄せる、琉球の昔噺であつて、其中に盛られたる六〇篇の珠玉の如き昔話は讀む人々に如何に多くの暗示と示唆を與へるであらう？切に諸彥の御愛讀を待つ

要目

一、蚯蚓の遠征一、神の裁き一、蚤と虱一、雀と翡翠一、オケラの嘆き一、蝿と雀一、仁王尊と蝸牛一、クガニー一、屋良の親友一、鬼ケ島一、犬と猫一、蛙の話一、猿と龜一、アカナー一、不思議な竹一、牛の嫁入一、次郎太の鷲一、あもとの下一、餅の降る島一、人喰ふ島一、爬龍船一、があなあ森一、寶物一、天竺へ飛ぶ女一、魚になつた夫婦一、ハブを助けた話一、龜の報恩一、蛇の娘一、漲水神話一、走るよう船一、雷公一、おさわ嶽一、白銀堂一、白い鳥一、直玉橋の人柱一、普天間權現一、大里鬼一、入墨物語一、黒金座主の魔法一、孝女と其父　外二十篇

東京市神田區鍛冶町一ノ一

三元社

電話神田二〇四四
振替東京七七七五二

東北の土俗

日本放送協會東北支部編

四六判舶來クロース裝　定價壹圓五〇錢
二八八頁　箱入美裝　送料十二錢

●本書は、昭和四年六月以降前後二十回に渉つて放送した土俗講座の集錄したものであります。

●此の土俗講座は、主に東北に深い關係を有つもののみでありますので書名を特に「東北の土俗」と題しました。

●土俗學に關心を持つ人々の一讀を要するものと深く信じてゐます。

（收錄は放送順による）

發兌　東京市麴町區四番町九番地　振替口座東京七五九六七番　電話九段二五六八番　一誠社

島
昭和八年九月一日印刷
昭和八年九月五日發行
第一卷第五號

嶋

記事要目

島つ島
竹生島詣
相州江の島の話
青ケ島還住記
肥前五島日記
佐渡が島
肥前宇久島
放牧牛馬の耳印
石垣島の陰膳
喜界島昔話
南島談話會筆記
諸島文献目錄
漁村語彙

編輯　柳田國男
　　　比嘉春潮

東京　一誠社發行

夏・海行かん
島を訪ねて
國立公園
瀨戸內海
南紀州
へ
海水浴に
觀音寺・鞆・宮島
田邊・白濱・串本
へ
御入湯に
別府・道後
白濱・湯崎・勝浦
へ
—案內書進呈—
大阪商船
東京
橫濱
名古屋
京都
大阪
神戸
門司

三元社刊行書目

東京市神田區鍛冶町一ノ一
振替東京七七七五二番
電話神田二四〇四番

柳田國男校訂

奧の手振

有名なる眞澄遊覽記の一部であつて其中でも最も學問的價値のある下北半島の紀行である佐竹侯藏本をそのまゝ複刻せる和本を添へてある。

四六版、校訂本八十二頁、複刻本七十頁
定價二圓三十錢
送料八錢

高橋勝利著

栗山の話

栃木縣芳賀郡栗山の昔話を採錄せるもの、鏡所の話、何でも喰ふ話、炬燵の話、うどんの話、やくねぎの話等十九話を收む。

四六版布製五十頁
定價五十錢
送料四錢

加藤嘉一
高橋勝利 著

芳賀郡童謠集

栃木縣芳賀郡にて、謠はれる、手毬唄、御手玉唄、羽子唄等の童謠二百六十六歌を收む。

菊半截判百二十七頁
定價五十錢
送料四錢

喜納緑村著

琉球昔噺集

蚯蚓の遠征、神の裁き、蚤と虱、オケラの嘆き、クガニー、鬼ヶ島、猿と龜、アカナー、牛の嫁入、白い鳥等琉球昔噺、十六話を收む。

四六版三百二十六頁
定價二圓
送料十錢

婚姻習俗號

旅と傳說の特輯號で全國の婚姻習俗を採集してある、論說には中川博士の婚姻形式論、折口博士の古風の婚禮、中山氏の神代史の構成と婚姻相がある。

菊版八ポ二段組
二百餘頁
定價一圓
送料二錢

誕生と葬禮號

同じく旅と傳說の特輯號で全國の誕生葬禮の資料が滿載せられて居る。柳田先生の生と死と食物、喜田博士の本邦古代墳墓の沿革、伊波氏の琉球人の命名法の論說がある。

菊版八ポ二段組
三百二十頁
定價一圓五十錢
送料三錢

講道館柔道五段
藤井常芳著

簡明 **婦人護身術**

先にアサヒグラフに掲載せられて好評を博せるもの、圖入にて親切に講述してある、男子の護身にも必要の書である。

菊半截判六〇頁
定價四十錢
送料二錢

日下承二著

新刊 **人間は二也**

四六版百十頁　定價二十五錢　送料四錢

日は世界を照す、吾れ天に仰ひて人生を、觀じ、卽ち知る人間二也と、筆に任せて思ふまゝを識したり是書也とは、著者の卷頭言である。

目次　一、社會改造の根幹　二、綜合哲學の時代　三、新興哲學の基調　四、實生活に需むる哲學　五、人間二也　六、二の概念　七、宇宙と人生　八、社會學的考案　九、國家觀　十、人間二也の辨證　十一、現代人の要務　十二、主張と反省　十三、主張に囚はれた現代人　十四、貧富論　十五、自然と人生　十六、人間上品下品說　十七、教育片談　十八、現代青年訓　十九、現代女性觀　二十、危險思想の顚倒　二十一、宇宙進化と社會組織　二十二、大宇宙の心　二十三、人間二也の要訣　二十四、記憶と愉快　二十五、乾坤一如　二十六、宇宙と產業　二十七、鄕里に寄す。二十八、結論　以上

月刊 **旅と傳說**

一部　五十錢　郵一錢半
半年　二圓九十錢
一年　五圓八十錢

本邦最大の鄕土研究竝に紹介誌である毎號各地の報告と大家の論說を滿載す廣く江湖の御淸讀を乞ふ。

柳田國男先生序　佐々木喜善著

（好評賣切れ近し！）

新版 聽耳草紙

菊判六百二十頁
定價三圓五十錢
送料二十錢

（書店に賣切の節は直接御申込下さい）

本邦最大の昔話集！
說話無慮三百余種！

佐々木喜善氏は農民童話の採集家として、日本第一と云ふよりはむしろ日本唯一である。この事は如何に昔話の採集が困難な事業であるかと云ふことを語るものである。同氏の後輩が研究家として盛名を馳せてゐる間にあつて、獨りこの老大家のみは孜々として採集を事としてゐる。その結果がこゝに見るやうな源隆國の「今昔物語」以來の大說話集となつて出現したのである。（橘正一氏）自分の性癖を抑へ僅かばかりしかない將來の研究者のためにかういふ客觀の記錄を殘す氣になつたのは、決して自然の傾向ではなく、大變な努力の結果である。（柳田國男氏）

發賣所　東京市麴町區九段四丁目八
振替東京七五九七六番
電話九段(33)二五六八
一誠社

ドルメン

北海特輯號(八月號)目次

アイヌの文化と白人說　金田一京助
オホーツク海沿岸の古代文化　清野謙次
千島の人類學的興味　三宅宗悅
北海道に於けるアイヌ研究家　高倉新一郎
北海道千島に於ける人類學者の調査小史　柳生三郎
コロボックル論の今昔　河野廣道
虎杖の道を辿る　一　久保寺逸彦
アイヌ說話　知里眞志保
コタン情景　吉田巖
コタン夜話　更科源藏
北海道神居古譚での話　齋藤武一
アイヌ製品に見える「シロシ」又は「イトツパ」はカマシルシ(窯印)と類緣なきか　平光吾一
蒐集家の悲哀　杉山壽榮男
樺太の馴鹿　石田收藏
古文獻　伊藤清造
　ユウカルの事
　厠の有無及大小便の事
　蝦夷人の仇を忘れざる事
　煙管を製る事
　介抱は交易と云ふこと
——支那建築史研究餘錄——
朝鮮人生體計測旅行日誌　荒瀬進
韓國の虎ちふ神　岡田希雄
朝鮮の人の姓　大曲美太郎
びんず雜話　八　島田貞彦
通信二つ
我が國最古の瓦窯址　島本一
なき佛　宮本常一
地黃觀音堂の研究　崎山卯左衛門
墨西哥土族の履物に就いて　一　杉浦鐵若
鰻の話　二　三吉朋十
地農家其他の厠の後始末　林魁一
オイダラに就て　島津福之助
防長の古鏡　弘津史文
古墳出土の寛永通寶　稻生豐太郎
人種祕誌　十四　(正誤表)　山中源二郎譯
北海道樺太關係書拔抄
アイヌに關する小文獻　伊藤芳造

口繪

一、正装せるアイヌの古老
二、禮装せるアイヌの老媼
三、柴笛を吹く女
四、彫刻に餘念なきアイヌの男子
五、アイヌ婦人の刺繡姿
六、アイヌの婚禮の儀式
七、ニエン・アプカシ
八、アイヌの墓
九、冬のコタン
一〇、アイヌの舞踊
一一、熊檻とアイヌ婦人
一二、熊の足跡の型捺したる土器
一三、アイヌの着物
一四、アイヌの酒飲箆の珍品
一五、鍬先
一六、アイヌ婦人のおんぶ姿
一七、義經岩
一八、樺太の馴鹿

圖解

(本號に限り　四十五錢　送料二錢)

東京市神田區駿河臺一ノ八

岡書院

電話神田二七七五番
振替東京六七六一九番

東北の土俗

日本放送協會東北支部編

●本書は、昭和四年六月以降前後二十回に渉つて放送した土俗講座の集録したものであります。
●此の土俗講座は、主に東北に深い關係を有つもののみでありますので書名を特に「東北の土俗」と題しました。
●土俗學に關心を持つ人々の一讀を要するものと深く信じてゐます。是非御一覧の程を賜はらんことを。

・四六判船來クロース裝 二八八頁 箱入美裝 定價壹圓五〇錢 送料十二錢

東北土俗講座開講に就て……佐々木喜善
屋内の神の話……佐々木喜善
網地島の山猫……三原良吉
二老人の話……佐々木喜善
南部恐山の話……中道等
秋田三吉さん……佐々木喜善
下北半島の鹿の猿……中道等
誘拐民譚……刈田仁
子供遊戯神の話……佐々木喜善
東北と鄕土研究……柳田國男
こけし這子に就て……天江富彌
村の家……中川善之助
東北は土俗學の寶庫……中山太郎
民俗藝術家としての東北人……森口多里
東北文學と民俗學との交渉……折口信夫
平内半島の民俗と傳說……中道等
言語と土俗……金田一京助
巫女と座頭……金田一京助
書かない手紙……藤原非想庵
農民の文學……佐々木喜善
（收錄は放送順による）

發兌 東京市麴町區四番町九番地 振替口座東京七五九七六番 電話九段二五六八番 一誠社

第一巻　第五號　（昭和八年九月）

島つ島……川口孫治郎（一）
相州江の島の話……小寺融吉（八）
青ケ島還住記（中）……柳田國男（一五）
竹生島詣……雨田光平（二五）
島の鍋かけず……大島居金一郎（三五）
肥前五島日記（下）……橋浦泰雄（三七）
佐渡が島（下）……ロバート・ホール（四九）
肥前宇久島……福田茂郎（五五）
放牧牛馬の耳印……眞野恒雄（六一）
八重山の陰膳……喜舍場永珣（六七）
喜界島昔話……岩倉市郎（六九）
南島談話會筆記……金城朝永（七九）
諸島文献目錄（五）……大藤時彦（八五）
漁村語彙（五）……柳田國男（八七）

豚の血料理（一四）……禁酒して港灣修築（三五）……五島スケッチ（四七）（四八）（六五）……ゆーむー齒と我齒（六〇）……伊豫大三島大山祇神社の御田植祭（六六）……新著紹介（七八）……八丈島に渡るには（九五）……同人寄語（九六）

口繪、伊豫大三島大山祇神社の御田植祭……小林正熊

伊豫 大三島 大山祇神社の御田植祭（口繪解說）

小 林 正 熊

【上】一人相撲

早乙女たちが田植を始める前にやりました。尤もこれに續いて次に言ふ二人の相撲もありました。一人相撲の方の取手は大分老人のやうに見受けられました。寫眞は今その老相撲取が足で土俵（？）を圓く描いてゐるところです。描き終ると、目に見えない或ものに向つて構え、呼吸をはかつて立上り、少時力技を競ふとみせて、やがてその或ものを土俵の外に投倒します。さうしていま一番同じやうに取り組んで、こんどは目に見える方の取手が、土俵の上に潰れて勝負（？）を終りました。申すまでもないことながら、相撲を始める前と、終つた後には祭壇に向つて拍手をうちました。

續いて、白褌と黑のタブザキに白褌を締めた兩名の取手が現はれ、一番は白、二番目は黑と互に勝負があつて、（第六六頁參照）さて次に愈々三人の若者と十五人の乙女とが、祭殿の前庭に現はれました。さうして若者の一人が祭壇に供へた御苗を戴き、そこで一同揃つて前方の御田に降りて來ます。上の寫眞の石垣の下にみえるのがその御田の東側の一部であります。

【下】御田植に奉仕する早乙女たち

早乙女は大三島の各村から、所謂品行方正學力優等の者が二三人づゝ選ばれるのださうです。その殆んどが高等小學の生徒で、從つて年齡は十四五歲であります。

なほこの祭典は、午後二時頃から始まつて四時過ぎに終りました。この日は、終日降つたり降らなかつたりする天候でした。

（昭和八年五月二十八日舊曆五月一日撮影）

伊豫大三島大山祇神社の御田植祭

一　人　相　撲

御　田　植

小林正熊氏撮影

島つ鳥

川口孫治郎

島を生活の本據とする鳥は幾種類もあるが、古來日本人の頭では、島津鳥即ち島の鳥とし、先づ鵜の枕詞に用ひられ、遂には鵜その鳥の名になつてゐた位である。

其鵜の中にも今日では分類されて四種となつてゐる。

（一）チシマウガラス。千島列島に產して其附近に棲息する小型のもの。

（二）ヒメウ。內地海岸にも多少出現する眞黑な小型のもの。

以上二種は何れも小型で尾羽が十二枚である。

（三）民俗一般に鵜と呼んでゐるのは、比較的大型で鵜飼などに使はるゝもので、尾羽は十六枚。其中又二種にわかれてゐる。

（い）カハウ。湖沼などを本據として棲息し內地の湖沼附近の地上の高き樹上に營巢するもの。例へば千葉市南方、大巖寺の境內の老長松の梢近くの枝に巢くへるもの、又は青森縣南津輕郡猿賀神社境內の老松の高き梢近くに營巢せるものの如きそれである。

（ろ）ウミウ。專ら海邊を本據として棲息し、孤島又は海岸などの絕壁の窪みに營巢する。

尙ほ形態に就いて注意して觀ると、カハウの背羽は銅綠色、ウミウのは銅褐色を呈し、ウミウの喉毛は兩口角をつなぐ一線以後に生じ其線より前は裸出してゐる。カハウの喉毛は一線より尙ほ前進してゐて裸出部が狹い。

本篇に所謂島津鳥は、專らウミウ Phalacrocorax Capillatus. (Temmink & Sehleger) を指して記述する。

西南薩摩小浦片浦を經て、野間へ一里五町、とある石標附近に立つて西南望すると、海上に小島四つ許り集り立つてゐる。コメジマといふ。北から第二に位するのが眞白に見ゆる。里人達は鵜の糞で白くなつてゐるのだといふ。

飯島の里村の東北海上の双子島には昔は夥しく來遊して春の彼岸迄は、そこを本據として棲息してゐた。或年其積つた糞を俵に詰めて幾十俵を數へたこともあつたさうだが、今日では甚だ少くなつて居る。

天草の西海岸、都々呂以南は道路開鑿中（大正十年一月上旬）で、海の荒れに海岸の磊塊甚しく人の通行が容易でない。鵜の岩礁に憩ふもの、去るもの、來るもの相當に繁く、岩陰から難なく射落すことも出來た。

肥前五島列島の沿岸及び其近傍の島々には、夥しく來集する。蕃殖する處もある。

夥しく來遊する場所で、私の知つてゐる處は、福江島の南東なる黑島の平瀬附近と、中通島の北端なる津和崎附近とである。

福江島の東南海中の立島では毎々必ず蕃殖してゐる。

三九四

七月二十九日（大正十五年）朝來、風激しい。二挺櫓で久賀島と奈留島との間所謂奈留瀬戸を蕨から横切つた。漕通鼻の海中の岩島の片方に鵜が一羽首を擧げてとまつてゐる。西南風が一入强く吹いて尾羽が時々吹き揚げられて唐碓の働きに似た狀態をしてゐる。此時の彼の足の働き方を知りたかつたが、雙眼鏡にはそこまでは分明しなかつた。

程なく立岩の灣に船が入つて海は稍々漕ぎ易くなつた。斯時又一羽の鵜が東北方に飛んだ。飛び方が著しく輕快だ。荒れる日には緊張してゐることを示してゐる。

五島の北に續いて小値賀島、その沿岸にも多く浮く。その北の宇久島は其昔は鵜來島であつたに相違ないが、今では昔程も多く現はれない。人々の征伐が甚しくなつたからであらう。

平戸島の南端、志々岐の入江附近に鵜は來遊するが、蕃殖をやつたのを見た人はない。ウミウとヒメウと二種現はれて前者は常に後者を壓迫してゐる。

對馬上縣郡川生の海に鵜瀬といふ處があり、佐護川口の北に同名の岩島もある。今も鵜の少からず出現するところである。

北端三ツ島附近も彼等の多く出現するところである。

大隅半島近海にも、冬季少からず來遊してゐる。浮津の海岸近くの卓狀の岩島の頂は彼等の休憩所になつてゐる。陸からは彈丸が今少しのことで利かぬし、海上は暗礁が多くて舟が近寄れないから、今後も銃器の變革の起らぬ間は安全地帶であらう。

佐多岬附近では、大輪島と枇榔島との中間なる無名の臺狀の岩島が、彼等の活動の本據となつてゐる。

日向の都井岬の東南端の亘巖の頂から鵜の白糞が垂れて白化してゐる。陸からも海からも近寄れないから、永久に鵜の安全地帶であらう。

小崎の立岩の西南の岩礁に、定留所がある。大納附近の獵師達の言に依れば、今（一月上旬）は盛に徘徊するが夏季には鵜の姿が見えぬとあつた。

同じ南那珂郡鵜戸崎は神代の頃は鵜の羽が堆く打寄せられたさうであるが、現今來遊する數は夥しいとはいへない程度である。

豊後南海郡名護屋村の地先なる鵜の屎鼻も今日では來遊するものが多くない。

筑前福岡市外に鵜來島といふ岩島がある。鵜の來さうな處ではあるが、現今では博多灣内に入つて來る鵜が極めて稀であるから、從つて此島に來ることは殆んど見られない。

日豊線の一驛宇の島は今は海岸近くの一小驛であるが、そこから東北に少しく海に突出した處は、地質が少少硬い。遡つて吟味すれば鵜の島であつたらう、と思へる。

土佐の西々南の孤島に鵜來島といふのがある。名詮自稱、今も鵜の來る島である。

阿波那賀郡見能村に、鵜渡島といふのがある。私はまだ彼島には渡つたことがないが、鵜の寄りつく島であつたに相違ない。

紀伊新宮の西に宇久井といふ處がある。其昔は鵜來居であつたかも知れない。少くとも淡路の岩屋町の南方の鵜崎は鵜のつく崎であつたに相違ない。

東北伊豫の備後近くの島の中、赤穂根島の南方に、鵜糞島といふのがあり、大三島の東伯方村の西に、鵜島がある。

安藝の東能美島の西方の大黑神島に鵜泊瀬がある。

隱岐では島前の雉の鼻には豫想に違はず靜止してゐた。舟が近傍を通つても、首を伸ばして警戒してはゐるが、矢張り獵師に虐げられてゐない爲、大膽であつた。聞けば長良川の鵜飼に働かすべく此附近に捕獲に來るらしい。元來長良川で使ふ鵜は、知多半島先の篠島で、岩礁の上に鳥黐を團子のやうにして七星テントウ虫の紋のやうに積みつけておいて、鵜のつくのを待受けて捕つて來たものであつたが、近來、其捕獲も昔の如くに成功しないらしく、大正昭和の交には此隱岐迄も捕獲の手が伸びて來たのである。

津戸から都万に回航する途中に、鵜津島の近くを通る。それは鵜の島である。

佐渡の西北部海岸地方には頗る多い。八月二十三日頃、戸中の沿岸岩礁の上に長閑に休息してゐるのが見えた。翌日正午過に北鵜島村の海中、天の島に三羽、次いで笠島に二羽、何れも休息してゐた。賽河原に二羽休息。此間海上に浮いてゐるもの十數を認めた。

二つ龜島の東南側の絶壁の窪み、水面から約百米突の高さの處、巣が二つ見ゆる。東北側にも一つある。何れも幼雛の發射した脱糞汁が傳つて其下方の岩が白くなつてゐる。毎年營巣するらしく認められた。

之に對照して佐渡の東部では、羽茂村の赤岩附近で一羽、東北端鵜崎の岩礁で一羽を見た。狩獵報告には小木署管内で相當に獵獲されたらしいが、概していふと越後に面した海上には夏季には來遊が少いやうだ。

以上の實地を通觀すると、鵜の寄りつく處は、無人島が主で、人の住む島ならば突角卽ち所謂鼻の絕壁附近となつてゐる。海は平凡な海面よりも比較的荒海に多く出動する。一仕切り漁つて後、休息の爲に附近の巖礁に登るのが常である。その地點は明に一定してゐる。そこに登りつくと、兩翼を擴げてユラ〱と搖り乾かすのを例としてゐる。

頗る貪食性の鳥で、魚群を見付けて其中心に突貫して思ふ存分に嚥下する。それで佐渡の西北海岸に住む漁師達は此鳥の出動を嫌つてゐる。食はるゝのを忌むのでなくて魚群を散らされるのを嫌ふのである。

嘗て筑前白島附近の海上で、鴨の晝寢を發動機船で狙つた時、附近で貪食してゐた鵜を突如急追擊してみたら、ヨタ〱に滑翔し始めて漸く離水した頃、愈々射距離になつた刹那、彼も一生懸命、前刻來嚥下してゐた魚共を吐き落しつゝ全速力を出して逃げ出したことがあつた。急に體重を減じて逃げるなど、利巧なことをやるものである。

潜水して漁獲があると一寸海面に出るのが常であるが、漁獲がなくとも長くは潜水して居らぬ。場所は佐渡北鵜島の磯邊、時は八月二十四日午後零時半前、海は二日前の大荒れの後ながらウネリのない平穩さ、附近には人の影もない。鵜共にとりては全くの安全地帶、悠々適意の潜水をやつてゐる。此方は約千米突の岩陰から、雙眼鏡で觀測してゐる。其實測によれば一回の潜水時間が一分三十秒をレコードにしてゐた。

尤も非常時、例へば彈丸に傷けられて逃ぐる場合など、二分も三分も浮いて來ないこともある。追窮が激しくて疲れて來ると、附近の岩陰の水際にそつと嘴丈けを出して呼吸しつゝ身を沈めてゐることもある。

肥前五島の漁師達には、時折、鵜が漁網の内に潜水して來て、到頭魚と諸共に捕獲した經驗が稀ではない。

　對馬の北端近くの「豊」の海上では鵜が網の外部にかゝつて漁師に收められたことさへあつた。珍例である。それは漁師達はタナゴ漁の爲に前夜張つておいた網を引揚げにかゝると網の外から網をくはへたまゝで溺死したウミウが網について揚がつて來たのであつた。調べてみると、此溺死鵜の咽にはメバチの鰓と鰭とがモドリのやうにかゝつてゐて、尾丈けが鵜の吻外に出てゐる。其又メバチはタナゴ網から外に出ようとして網に首をつき込んで、鰓の内側に網目がくひ入つて首締のやうになつてゐる。此等の事實から推考すると、タナゴ網にメバチが罹つて逃げ出さうとして首を網目につき込み、やつと頭丈けを網の外に出して藻掻いてゐたのを、潜ぐり來た鵜がガブリとやつたが、メバチには網がからまつてゐるから流石の鵜でも呑み下せない。さりとて吐かうとしてもメバチの鰓や鰭が鵜の咽にモドリのやうにかゝつて外づれない。そこで鵜は呑めず吐けず其儘網に拘束されて溺死したものらしい。

　隱岐の西郷のさる人、崖から鈎を垂れてメバルを釣つてゐたが、手ごたへがあつて引上げにかゝると意外にも重い。鵜がかゝつてゐた。之はメバルが始め鈎にかゝつてゐたのを、鵜はそのメバルを丸呑みにした際、不幸にしてメバルから拔出てゐた鈎にかゝつたものであつたらしい。

　カハウの蕃殖は前記の如く大巖寺境内や猿賀神社のそれ等で、案外容易に調査も出來てゐるが、ウミウの蕃殖に就いては、調査がまだ屆いてゐない。

　私の實驗したのは、肥前五島の福江島の立島と、隱岐の知々井港外の斷崖と、佐渡の西北端近くの二つ龜島との三ケ所である。今年も營巣してゐるだらう、今後も亦やるであらう。右三ケ所には幾番も蕃殖してゐるが、共通してゐることは、絶壁で上から岩が被ぶさり氣味になつた其下、人體でいへば腮の下邊の部で、その窪みを利用してゐることである。

立島の實例では卵が二顆であつた。私が行つた大正十五年の前年に、福江島の好事獵師が綱で身を縛して絶壁を傳ひ下つて巣腔から二雛を捕つて、自分の着てゐた襦袢に包んで吊り下げ、下の海面に待つてゐる連中に渡して持歸つた。此命がけの作業の結果が雛一羽金三圓總計六圓で他に讓つたと聞いた。

佐渡西海岸小田地方で、鵜の孵化するのが概ね五月上旬頃で、民間の諺に、仕付け（毛付の方言）頃には鵜の子は岩壁から顔を出す、といひ傳へてゐる。

雛を生餌で育てゝみると、兩雛の間の生存競爭が激しく、弱い方は益々弱められる。

黄吻は中々去らないで殘る。

榮養不良になると、日中に眼が見えなくなる。

幼い時代の紅彩膜には淡はい褐色がほのめいてゐるが、成熟したのが淡水色……淡碧の氣味が見ゆる。

古來民俗は鵜の目を鷹の眼と並べて其敏活さを稱するが、それは鵜の水中に於ける働きをいふのであつて、水上に於ける夜の鵜の眼は頗る振はない。五島福江の狩獵家の經驗に、暗夜に白帆をかけた船で盛に松火を燃やして進むと、鵜が飛んで來て白帆に當つてバタ／＼落ちたのを生擒したことがあつたと聞いてゐる。

鵜を射取るには、彼等の休息所に來るのを物陰に潛んで待ち居るに限るが、實際、そんな潛み處のあるやうな處を彼等は休息所としてゐない。從つて稍々風の強い日に風上に當る岩陰に潛んで、海上に浮いてゐる彼等を狙ふに限る。何ぜなれば彼等は風の強い日には必ず風上に向つてのみ進んで來るものだから。總べて鳥類は風の吹く日には何れも風上に向つて立ち風上に向つて飛ぶのが原則のやうになつてゐる。鴨類も勿論然うではあるが彼等は嗅覺が可なり鋭くて、風上に人類の潛んでゐるのを逸早く覺つて方向轉換をやるのだが、鵜の鼻は鴨程も鋭くなくて、獵師の待伏せてゐるのをも容易に知らず彈丸にかゝり易いのである。

相州江の島の話

——天王祭を中心に——

小寺融吉

東町と西町

江の島の町は東町《まち》と西町《まち》とに分れる。東町は漁師が住むので漁師町ともいひ、西町は旅館や賣店が軒を列ねるので茶屋町ともいふ。この島の御神體が、波のまに〳〵流れてきたのを、小山といふ家の先祖の漁師が拾つて、雨戸を外して、眞清水で洗つて、こゝに祀つた。この因緣から、神輿には茶屋町の者は手を觸れず、漁師町の者ばかりが擔ぐ。漁師の中には身體が強くて、呼吸も他人より長い者が水に潜《もぐ》る。他は舟には乘つても潜りはしない。この連中をモグリと云ひ、その上に立つ者を大モグリと云ふ。大モグリは祭りに對して最も勢力がある。そして小山の家の祖先が、やはりモグリであつたと云ふ。然し、モグリは人の體質に關係があるから、モグリの子がモグリになるとは限らない。

若衆制度

一體、古い習慣は茶屋町より漁師町に多い。島の青年は十六七歳になると、酒一升を持つて若イ衆の仲間に入れてもらふ。そして女房子供が出來ても、仲間からぬけない事もある。若イ衆仲間に入る日は毎年七月十五日で、それは天王祭の終つた日に當る。盆は八月になつてゐる。そして仲間に入るのも東町と西町は別にやる。西町はどこかの旅館の廣い座敷を毎年廻つて、新加入の者の手料理の胡瓜揉みを魚に、茶腕で酒を飲む。新加入の新若イ衆なる者は、みんなに酌をして廻る。この場合の宴會場をヤドといふ。夜やる。ところが東町の漁師町では海岸でやるので、明るい中にすませてしまふ。そして此の宴會を東西で共にハチハライと云ふ。ハチハライと云ふ事は、靜岡邊では、たとへば多勢で富士登山をして歸つてきて、みんなで一杯飲んで散會する時に、ハチハライ、ゾーリヽ、ワカレなんどゝ云ふさうで、從つて此の場合は、天王祭の散會式の意味にもなるらしい。祭りには若ィ衆が全部、なにかしらの役を勤めてゐるのだ。

若イ衆の上に立つ者を五人頭といひ、祭りの時の會計をやり、三年か四年の任期がある。かうした關係上、上がつかえてゐると、若イ衆をぬけるわけにゆかないので、妻子のある者さへ居る事になる。若イ衆は現在は祭禮の爲めにのみ存在してゐるやうなもので、五人頭も世話人も、ふだんは用がない。なほ島には、若イ衆とは別に青年團が出來てゐる。

天王祭

天王さま、即ち八坂神社は、縣社江島神社の末社なのだが、漁師連中は末社の方に氣を入れて、漁があると一々禮參りにくる。八坂神社の祭りは、七月十三、四、五の三日に亘るが、七月一日より囃子の稽古が始まり、殊に七日以後を本稽古だといひ、稽古を怠けて遊びにゆく若イ衆は、漁師町では除名してしまふほどやかましい。茶屋町の方は、その點はルーズださうである。

八坂神社は江島神社の邊津《へつ》宮《みや》の傍にある。その神輿を七日に、石段の下、鳥居のそばの假宮に移す。十三日夜は兩町より囃子が出て、今年は九時頃より午前四時頃まで續いた。兩町より四組の囃子が練込むが、漁師町は漁師町だけを練る。と云つても、それは物の一町もない所を數時間かゝつて前進するし、なか〳〵家から外に練出しもしないのだ。

また茶屋町のは棧橋の下から、石段の、而も向つて左の女阪の中途までより上らないのだから、やはり一町の道を何時間も掛るのだ。狹い路は人で歩けなくなり、全島の人は徹宵して囃子に聞き惚れる。寄附金の多い家の前などでは、殊に長々と練つてゆく。

明けて十四日の朝、神輿は假宮から石段を上つて、男阪の眞上に、邊津宮に相對して置かれる。午前十一時祭典執行といふのだが、徹夜した連中が、一寢入りしてから出直すのだから、少し遲くなる。兩町の囃子全部が上まで練込んでくる他に、棧橋を渡つて向ふから、お迎への囃子がくる。常の如き祭典執行がすむと、兩町の囃子が、天王ばやしを奏して神輿に先驅して、邊津宮の廻りを、向つて左から三周する。一つの輪が廻る事になり、音頭の櫓を廻る盆踊の輪をどりのやうにも見える。昔の鹿島の踏歌の神事なども聯想させる。

それから茶屋町の囃子を先きに、八組が金龜樓を過ぎて少し奥までゆくと、歸り囃子になつて歸り、それについて神輿も前の女阪を下る。男阪はおりない。一町歩くのに、やはり長い時間が掛る。午後五時近くに神輿は棧橋の、島に向つて右の所から海に入る。そして東町の或る所から上陸し、その距離幾らもない。

此の海中の渡御をオワタリといひ、茶屋町の者は關係しない。泳いで神輿を擔ぐ者、泳ぎつゝ綱を引く者がゐる。綱の役が先きに上陸して、綱を引きよせても、なかなか神輿を進めない。それで年寄が、いゝ加減にしろ、と怒るほどだ。これは七日に神輿を阪下におろす時も、さうである。さてオワタリの時は、神職が舟で御供し、子供達が舟で天王ばやしをやるが、それは前の社司の時からで、その以前は神職の供奉はなかつたともいふ。

漁師町に神輿が上ると、例の小山といふ家の子孫の家から戸板を持つてきて、臼の上にのせ、此の上に神輿をのせ、昔の傳説を再現する。そして神輿の胴を卷いて晒しを水で洗ひ、紐をかけ鈴をつけ、綺麗に化粧し直して、棧橋を渡つて對岸の腰越の津村《つむら》の御旅所にゆく。

昔は兩町の囃子全部が供奉したが、今は巳年と亥年に限り、常の年は漁師町から天王ばやしだけでゆく、其日に歸つて、神輿は七日以來の坂下の御假屋に留まり、翌十五日に歸社といふ事になつて、祭りは終るのである。

津村と江の島

それでは何故、神輿が津村にゆくかの話になる。津村は今は腰越の山の手で、振はない所だが、そこは元海岸であつて、海の水が引いて腰越が出來たのかも知れぬと云ふ。江戸時代の境爭ひで、片瀬の區域に飛地として取られてしまつた。一説に津浪の爲め、津村の御神體が流れ出して、江の島に行つたと云ふ。一説に惡い事をした神樣なので、津村の者が海に流したのだともいふ。又一説に津村の北の深澤の池に五頭龍が棲み、津村にきて長者の子供、その他を食つたので、江の島の辨財天女が、もし五頭龍善心に返れば夫婦とならうと云つたので、五頭龍もおとなしくなつて壽命を完うした。すると里の者が、そのたゝりを恐れて龍口《たつのくち》に龍口《りうこう》明神を建て、龍を祀つた。今は津村の氏神で、龍口寺の隣にある。

　龍口明神の神職は、以前は江島のそれが兼ねてゐたが、一時中絶、三四年前より元の通りになつた。七年目の祭りには、此の五頭龍の神輿が島にくる。越の天王様の神輿は、腰越の天王さま、小動《こゆるぎ》神社の前に設けた御假屋にきて、一寸休憩して歸る。土地の者は、小動の神様は女神で、年に一度お逢ひになるのだと云つてゐる。島の八坂神社の氏子は島の外にないのだから、元の氏子の關係で津村にくるのかと思ふより解釋がつかぬといふ。

　なほ十四日は小動の天王まつりで、五ケ町から五本の山車が出る、後に記す。

江島神社

相州江の島の話（小寺）

江島大明神の名は古いが、江島神社の名は明治初年に始まり、維新前までは江島辨財天と云つて、僧衣の者が奉仕し、金龜山與願寺なるものがあつたが、維新後、三重の塔なぞは破壞され、佛教の痕跡は無くなつた。

　昔は三つの社の總別當が岩本院で、岩屋を本宮《ほんぐう》と云つて、これを受持つ。四月初巳の日に辨財天が御旅所に出られて、十月初亥の日にお歸りになる。その御旅所を後に本宮といひ、今の奥津《おきつ》宮《みや》に當る。今の中津《なかつ》宮《みや》を上《かみ》の宮、上《かみ》の坊と云ふ。上の坊の後身が今の旅館の金龜樓になる。今、社務所のある邊津《へつ》宮《みや》を下《しも》の宮、下の坊と云つたが、此の家筋は明治の初めに斷絶した。肉食妻帶は岩本院（今の岩本樓）と下の坊に許し、上の坊には許さなかつたのだ。此の上下の坊が明治になつて旅館に轉身したのである。

　現在は御祭神は、奥津宮が多紀理毘賣命、中津宮が市寸島比賣命、邊津宮が田寸津比賣命と、凡て女神である。而して岩屋は右の奥が前の三女神、左の奥が天照大神と須佐男命となつてゐる。それでは辨財天はどうなつたかと誰も思ふところであらうが、そこが神佛混淆を許さぬ明治初期の政策の變態現象なのである。そして今は岩屋から御旅所へ渡御の事はない。但し辨財天の信仰は今も昔に變らず、みなる金として開運の守護となり、女神なる故に安産の守護として腹帯を授與し、且つ夫婦一所に參詣すると緣が切れると云つて、岩屋の中は夫婦が同行せずに、代る〲參詣する事が今もある。

江島の祭りは、前にも記した如く、例祭が四月の初巳で、奥津、中津、邊津の三社の神輿が岩屋に渡御があり、特に七年目の巳と亥の歳が盛んである。また十月初の亥が古式初亥祭で、今は中祭としてゐるが、欽明天皇の御代に、初めて祭りをした日が十月初亥であつたからといふ。而して六十一年目が大祭で、昭和四年が其の年であつた。そして天王祭は七月なのだが、天王祭のお練りや何かは、元來が岩屋の祭りや何かの時のものも、紛れ込んでゐるやうに思はれる。

天王祭の囃子

四〇四

天王祭の囃子の樂器や人員に就ては、古い風俗畫報にも記事があるが、現今のものを左に記しておく。順序通りに書く。

西町の四組

一　通《とほ》りばやし（豆太皷四人、笛三、四人、三味線三人、大太皷一人、摺鉦三人、銅羅一人）——之は格式が一番低い。笛の稽古は之から始める。

二　の一かん（笛三人、締太皷三人、三味線三人、小皷二人）——の一かんは能管であらうか。靜かな旋律だから、通りばやし、松ばやしの間に挾むといふ。今は篠笛のやうだつた。

三　松ばやし（笛三人、締太皷三人、三味線三、四人、大太皷一人、銅羅一人）——前の二つの三味線は單にアシラヒの手を引くが、之は少し面白い旋律がある。

四　唐人《とうじん》ばやし（チヤルメラ二人、豆太皷四人、大太皷一人、銅羅一人・笛三人）——格が上で、チヤルメラと笛と交代に吹き、各自その引つぎが氣持がいゝ。

東町の分

一　通りばやし（前に同じ）

二　神《かん》ばやし（笛三人、小皷二人、締太皷三人、大太皷一人）

三　松ばやし（前の如し）

四　龍神ばやし（チャルメラ二人、締太皷三人、小皷二人、三味線三、四人、摺鉦二人、笛三人）――三味線の手が最も複雑で、古いまゝかどうか）

以上の囃子は昔、不思議な神仙が現はれて、兩町の若者に敎へたといふが、豆太皷といふのは直徑一尺、厚さ一寸位の團扇太鼓やうのもので、皮に三つ巴を描き、短い柄を左手に持ち、右に一尺ほどの撥を持つ。此の撥の端を持つて、トン／＼と打つ時と、足を踏み出して屈んで、親指と人差指で撥の中央をつまみ、太鼓の皮を突き上げるやうにサツとさすつて、セーッと掛け聲をかける、之をフンバリといふ。此の太皷を豆太皷と稱するのは、安永に吉原の俄に、龍神囃子、唐人囃子を取入れた時の繪があるが、それにも、さう書いてある。

締太皷は梯子のやうなものに三つ並べ、左右から向き合つて持つてゆくのだが、この梯子の前の方に柱が立ち、その上に屋根がつく、屋根は杉の葉で葺くのと、葺かずに骨組を見せたのとあつて、何れにせよ朝顔の造花をつける。一種の簡單な底拔屋臺で、これが如何にも古典的である。大太皷は二人でかついで、別に打つ者がゐる。チャルメラは珍らしい。昔は胡弓も入つたといふ。

以上の樂器は各町で保存し、三味線以外は若衆が勤めるが、若衆以上の人も入る。三味線は娘達で、元、藝妓をしてゐたといふ婆さんが敎へるのだが、漁師の娘だけに、生れて始めて三味線を握らせるのだから面白い。さて若衆と娘は白足袋で歩き、五人頭世話人に限つて草履が穿ける。

次に邊津宮の三週は天王囃子を一齊にやるが、之は笛、大太鼓、豆太鼓だけである。また前に擧げた歸りばやしは、通りばやしがシヤギリばやし、のうかんは一ツトヤ、松ばやしが野毛の山、唐人ばやしが天王ばやし、他は忘れた。

○邊津宮に神樂堂があるが、他より神樂師を招く。
○神前で大和舞、巫女舞がある。大山阿夫利神社が、奈良の春日神社より學んだのを移したので、大和舞は神職の子弟が、卷纓の冠に榊の枝を執つて舞ふ。
○天王祭の囃子は、此の附近では他に見當らぬ。
○天王祭りで腰越から歸ると、若衆が褌一つになり、腕を組んで揉み合ひ、鳥居から御假屋に上る、中には胴上げしたりする。兩側の家から水を掛け、それに依て疲れを取るといふ。稱してワカレ一名ネッチョネチョといふ、之が西町で十四日、十五日は東町で、上から下りてくる時にやる。
○豆太鼓の役は豫備の撥を持ち、落した時は拾はずに、豫備を用ゐる。
○盲人の參詣人は岩本院、即ち岩本樓に宿る。
○腰越の小動牛頭天王の祭りは七月十四日一日限り、五ヶ町より五本の山車が出る。須佐男命、神功皇后武内宿禰、賴朝御所五郎丸、八幡太郎鎌倉權五郎、義經辨慶で笛太鼓摺鉦の囃子方をのせたまゝ、廻り舞臺の如くクルリと廻るのが面白い。此の仕掛は下總にもあるといふ。
當日は山車の爲め電線を切斷し、電車やバスは休みになる。而して海岸の舟は凡て滿艦飾で美しい。

右、今年の天王祭に、島田筑波氏に伴はれて金龜樓に一泊し、江島神社の社司相原氏、惠日壽屋若主人等に聞いた話その他を取交ぜて記したのである。

豚の血料理　スパルタの青年が、合宿處で食ふ食物の重なる黑血羹は、豚肉を血で煮て、酢と鹽とを加味した物である、と箕作博士の西洋史講話にあるが、沖繩にも此と頗似た、血いりちと云ふものがある。唯、酢と鹽との代りに、味噌で煮るのである。每年御歳暮として、田舍地方から首里・那覇の親戚・知人若しくは、旦那家に送つて來る豚肉は、右の血で煮て、血いりちにするのである。沖繩では、豚の血を甚大切にし、漆器の朱塗りの顏料にも使ふ。又、糸滿漁夫は、魚網に塗る爲に、屠獸場に朝早く買ひに來る位である。（末吉安恭・遺稿）

青ヶ島還住記（中）

柳田國男

七

青ヶ島名主七太夫の注進は、この三月二十九日附けの文書となつて、八丈の島には傳はつて居るが、斯ういふ生死の境の口上書としては、可なり明確に災厄前後の事情を悉して居る。殆ど奇異に近いのは此島爆破の狀況が、一回毎に趣を變へて居ることで、是を詳しく知るのは學術の上にも價値が有ると思ふ。卽ち安永九年のは湯水の湧出、翌天明元年は急激の增水と煙、同二年には砂が多く降り、同三年には火石が飛んで村が燒けた。さうして今度のも赤水は少しも出なかつたのである。三月十日の日の巳の上刻頃、例の池ノ澤から俄かに山燒けが起つて、先づ白煙を吹出し、次で黑煙が夥だしく立登つて、島中を眞暗に覆うた。其間に火石が飛び泥土が降り、怖ろしい音響と共に大地が震動して、黑煙の中からは折々稻妻のやうに火炎の燃え上がるのを見た。夜中に及んで泥の降るのは止んで、今度は砂土が降り始めた。それが翌日の朝になつて漸く止み、火石も鳴動も鎭まつたと思つて居ると、昨日と同じ時刻の午前九時過ぎから、又々砂が降り火石が飛び始めて、二十九日に島を出て來る時まで、ずつと續いて居た。十八日頃から一層猛烈になつたと謂つて居る。

人家のある方へは砂土は盛んに降つたけれども、火石は幸ひにして屆かなかつた。さし當り一番困つて居るのは飮水であつた。島では其頃まで、まだ池ノ澤の底に在る大輪ヶ川といふ水を汲んで飮んで居た。そこが燒出しの地であるから、當然もう汲みに下りることは出來ない。其以外に五箇所あつた浦々澤々の僅かづゝの清水のうち、一箇所は天明三年の噴火の爲に崩れて通路が絕え、二箇所は今度の噴火で殆ど涌きが止まつた。今一箇所も餘りに噴火の場所に近いので行くことが出來ない。殘るたゞ一箇所の滴り水だけでは、到底入用を充すことが出來ず、當時は主して雨水を飲んで居るが、是も木の葉は枯れ落ち、たゞ立木の枝を傳ふ滴を溜めるだけで、しかも砂土が降り込んで水が濁り、芋やアシタ草を煠《ゆ》でるには差支へないけれども、是で穀物を煮ると、何分にも澁味があつて食べられぬ。其水すらも少し晴天が續けば、無くなりさうで心細いと訴へて居る。作場は里近くのものだけは、砂に埋もれても格別痛まなかつたが、二日目に風が南にまはつて、火氣を吹付けたのですぐに痛み、麥その他の作物は申すに及ばず、山野の草木までも青いものは皆枯れた。芋アシタ葉の畠なども、最初泥土で根を降り堅め、其上へ砂が積もつたので手が附けられない。通路が損じたので見に行くことも出來ぬが、島の外側もよほど崩れて居るし、澤々の山畑には立木殘らず、火石にて埋められた處も多い。一昨年まで噴火は程なく鎭靜したのだが、今度は二十日近くも荒れ續き、殊に十八日以後は一層烈しくなつた。以前底知れぬ池であつた池ノ澤が、吹出す火石と砂土とによつて、眞中から埋まつて行き、日ましに火口が高くなつて來る。是が此調子で今少し高くなれば、やがては火石が里中まで、吹掛けて來ることは必定で、さうすれば火難は遁れる途が無い。是では何分にも辛抱しては居られぬから、どうか此山燒けの鎭まる迄の間、在島の者を八丈島へ引取つて、一命を助けて下されといふのが、この七太夫等の願書の趣意であつた。

八

八丈の方では此火急の報を受けて、無論卽刻に救ひに行かうとしたのであらうが、やはり風波の妨げがあつたと見えて、十日ばかりも出發がひまどつた。四月十日の日には樫立村名主市郎右衞門等の一行が、青ケ島から遣つて來た補理舟《ほりぶね》に乗つて、御救ひ穀を積んで八重根港を出帆した。夜に入つて海上六七里もあらうといふ所まで來ると、山燒けの火で空も島山も眞晝の如く、折々ひらめく炎は波濤を照らして物凄かつた。翌十一日の朝、辛うじて船を西浦に着け、積み載せた御救ひ穀を神主山城幷に村下役人へ引渡し、倘島中を見分して還らうとしたが、折ふし風は南で、湯ノ澤の黒煙灰砂を吹付け、人家も危い様子だから早速に歸帆の舟を出した。青ヶ島の男女四十五人、この小さな舟に便乘して漕出したが、沖合に出るまで灰砂は舟に降りかゝり、難儀をしてやつと八丈へ戻つて來たといふことである。

此時の見聞として八丈に傳はつて居る一つ話は、島の大神宮の御山ばかりはまだ火炎が及ばず、こゝに遁れた者が皆無事であつたといふ神德の忝けなさ、今一つは島の飼牛の皆燒け死んだ中に、たつた一頭の大牛が、人も通ふことの出來ない岸の上に助かつて居たといふことなどである。此時には島は既に一面の火になり、人家も既に燒け失はれて居たのであらう。老少男女の者が濱に下り潮に浸り、岩に取縋つて歎き悲しむ聲は、たとへ様も無く哀れであつたと謂つて居る。名主七太夫以下の先に來た人々が之を聽いて、胸を痛めて居たことはさこそと察せられる。それでも救濟は尙容易で無く、更に半月餘を隔てゝ四月の二十七日に、漸う三艘の助け舟が、八丈から出て此島へ漕ぎ寄せられた。生き殘つて居た人人の歡喜はいふばかり無く、一百八人の男女が速かに其舟に扶け乘せられて、大急きで八丈の島へ渡つて來た。島には此舟に乘ることの出來ぬものが、まだ幾人か殘つて居て、助けてくれと泣き叫んだが、舟は小さし人は多し、もう此れ以上はどうしても救ふことが

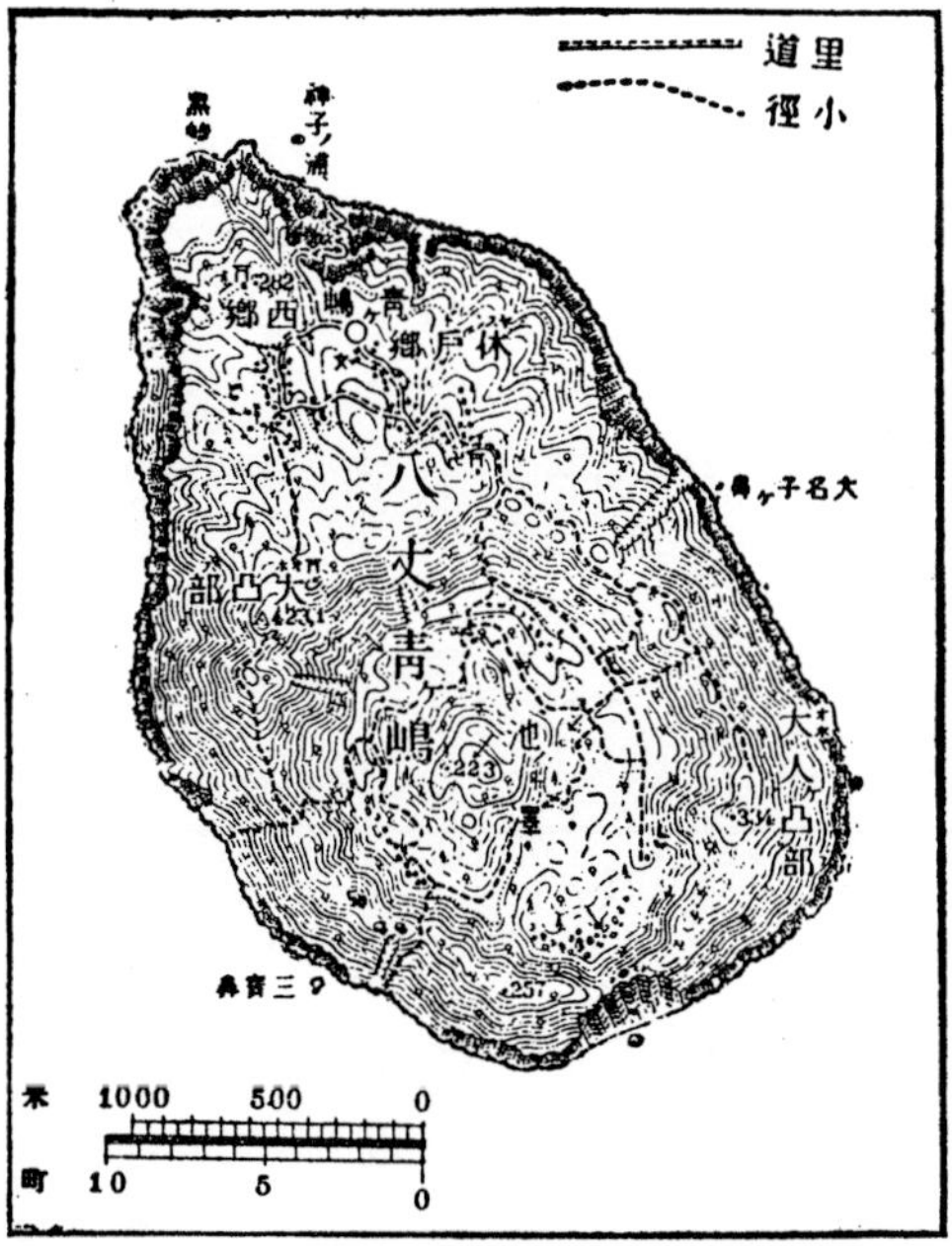

出來なかつたと言つて居る。

青ヶ島の人口は、中興廣江彌次郎の渡航の時、七軒百姓と謂つて居た者が、追々に繁昌して其八倍に近くなつて居た。江川代官の安永三年の大概書といふものに、家數は五十三軒、男百六十一女百六十六、合せて三百二十七人、外流人一人と見えて居る。是から六年目が最初の噴火だから、此時にもさまでの增減は無かつたものと見られる。それが四月二十七日の救ひ舟で百八人、其前の十一日の補理舟で四十五人、三月終りに名主等と共に來た者を合せて、二百二人だけが脫出した。殘つて死んだ者が百三四十人かと、近藤富藏の謂つたのは當つて居るが、其大部分は二度の助け舟よりも前に、恐らくは弱つて既に殪れたのであらう。此間にたつた一人、極めて異樣なる生殘者のあつたことが、全く忘れられ且つ偶然に記錄せられて居る。それは安永三年の大概書に、外に流人一人とある其流人で幕府の小普《こぶ》請組《しんぐみ》丹波五左衛門支配、鈴木新三郎の惣領正三郎のなれの果であつた。如何なる罪科に由るものか私はまだ知らぬが、享保十九年の冬、弟の數馬と共に八丈島へ流罪となり、それから三年後の佐野新藏の騷亂に加擔して、弟は小島へ島替になつて、五十六年居て死に、兄の正三郎は青ヶ島へ移されて、四十八年目になる此年まで生きて居たらしいのである。あんまり久しくなるから別の人かと思はれるやうだが、彼と同罪で青ヶ島に來た者は尙二人あり、其一人の葛西の東昌寺といふ僧は、三十三年間島に居て病死し、今一人の古河の彥八といふ博徒あがりは、二十一年も經つてから惡いことをして、名主の悴の淺之助に殺された。この正三郎より外には島の流人は無いのである。流人帳の面には、天明五年乙巳の十月に死んだとあるが、是が誤りで無いとすれば、此際八丈へ遁げ戻つて、半年足らずも居て死んだのである。非常な長命の流徒だが、島の書き役でも勤めて居て、先に名主の一行と共に出て來たのかも知れぬ。何にもせよ最も奇拔なる不良少年の末路であつた。

九

青ヶ島の避難民は八丈の島に來て、それ〴〵知るべの家を賴つて住んで居たが、何れも衣食に窮乏して居たと近藤氏は記して居る。島が平和の年ですらも、外へ持出し得るものは僅かな絹絲か、鰹節の他には何も無かつた。勞力はたしかに唯一つの利用し得るものであつたが、八丈の島にもそれは剩つて居て、少しづゝは內地の方へ出して見ようかといふ處であつた。それを代物に取つて貰つて、對等の交易生活をすることは六つかしかつた。乃ち八丈人の同情と好意とは片務的のもので、しかもそれが十分に豊かであつたのである。青ヶ島の青年たちが、永く記憶して居つて然るべき名前が幾つか有る。其中でも大きな力となつたのは、三根村の百姓高村三右衛門といふ者の敏活なる決意である。三右衛門は此時齢四十二歲、祖父の代には御船年寄を勤めて、通商によつて若干の富を積んで居たのであらうが、それにしても島の物々交換を主とした社會では、可なり大金の五百兩を投げ出して、是を官府に托して其利子を以て罹災民の救助に宛てんことを求めた。是が青ヶ島噴火の翌年早々のことで、天明八年の孝義錄には其名を掲げられ、又其以前にも苗字永代御免、帶刀は一代限り御免、且つ御袴地一反の褒賞を賜はつて居る。此基金の年利は一割二分の六十兩とし、內十兩は三右衛門男子無きにより、相續の娘へ之を下げ渡すことゝし、殘り五十兩を穀物に代へて積み下し、青ヶ島百姓へ甲乙無く分配して、尙餘分が有れば是を山燒け荒地の復興費に充てるといふ計畫であつた。勿論いくら島地でも是だけでは足りなかつたであらうが、當時の代官役所では年租免除と、貯穀の支出以外に、別の案も無かつた際に、卒先して恢復の策を立てた無形の支援は大きかつたらしく、事實また青ヶ島の人々は、此基金を賴りにして、もう一度島に戻つて行く勇氣を起したやうである。

右の高村三右衛門以外に、八丈の島人が此恢復の事業に參加した者は多い。たとへば噴火の翌々年、天明七年の六月十日には、青ヶ島の舟を利用して見屆けに行つた者がある。其時の人名は傳はつて居らぬが、早速歸帆して山燒けは最早鎮まつたと報じて居る。次の天明八年には中之郷の年寄松次郎といふ者が、又見分の爲に渡海して、五月の朔日には歸帆屆を出して居る。青ケ島の人々も共々に渡つたのであらうが、兎に角に八丈の役人たちは、是を自分たちの仕事の如く考へて、代る〲この難局に當つて居たのである。實際又渡航の不便、風波の荒かつたことが主要なる障碍でもあつた。もしも是が地續きであり又は近くの小島などであつたら、ぢつとして五十年以上もの、寄食人生活を續ける筈は無かつたのである。

一〇

記錄の表には少しゝか見えて居らぬが、罹災者の辛苦は可なり忍び難いものであつたらしい。青ケ島の代々名主、七太夫は老人であつたか、八丈へ來てから三四年の間に此世を去り、伊勢崎と呼ばれた佐々木氏の本家は絕えてしまつた。是を嗣いで村無き青ケ島の名主となつたのは三九郎であつた。三九郎の家筋と續き合ひは不明であるが、天明五年三月二十九日の屆書に、總百姓代として連署して居るのが同人らしいから、多分前名主と同道して八丈に渡り、之を助けて最初から艱難を共にしたのである。さうして此人の如く憂ひ悲しみの中に、一生を過した者も稀であつた。

名主三九郎の青ケ島へ渡つたことが、始めて記錄せられて居るのは寛政元年、即ち大噴火の時から滿四年の後であつた。此年の閏六月十六日、三九郎は名主として故鄕の島に渡航し、同じく二十一日に無事に歸つて來て居る。代官役所の方では、恐らくその實地見分の意見書に基づいて、新たに青ケ島起し返しの方策を立てたやうで、即ち金二百五十七兩二分と銀五匁の拜借を仰せ付けられ、是を以て穀物諸色の購入、その他開發の用意に取掛かることになつたのである。それから約三年の日子は、專ら此支度の爲に費されて居る。寛政四年の四月十五日、ちようど青ケ島の恩人の高村三右衛門が、此事業の成功も見ずに死んだ日から十日後に、名主三九郎は又青ケ島に渡航して實況を見屆け、そこで愈々耕作の試みを、願ひ出るといふ段取りまで運んだのである。

此計畫は資料の完備といひ、又是に携はつた者の意氣込から言つても、殆ど萬全に近いものであつたのだが、ただ一つ天候だけが是に幸ひしなかつた。二島の交通は素より難航路に相違なかつたけれども、前後の歴史に比べて此時ほど、海の荒かつたことも稀である。或は火山の噴出と同樣に、何か隱れた天然の原因が、潛んで居たのでは無いかとさへ思はれる。今その經過をざつと年順に敍べて行くと、第一回の鹿島立ちは寛政五年、丑年七月十二日のことであつた。名主三九郎は同勢十九人と共に、穀物農具を船に積んで、三たび青ヶ島へ押渡つて、小屋を掛け十二人の者を殘し置き、自分等八人は八丈へ歸つて來た。ところが種穀が不足だといふので、翌八月には青ヶ島の方から、五人の者が八丈へ渡つて來ようとして、海上で行衛不明になつた。次の年の四月には二艘の船を仕立てゝ、食料を積んで此方から渡つて行つたが、是は青ヶ島に着いてから大時化《おほしけ》に出逢ひ、波に拂はれて其船が流失した。それでよんどころ無く燒灰に埋まつた家作を掘起し、農具を釘に打つて一艘の小舟を作り、それに取乘つて六月の幾日かに、辛うじて八丈へ還つて來た。一行は十三人、其中にも名主三九郎は加はつて居たのである。

二

同じき寛政六年の七月、船頭彦太郎は小船を仕立てゝ、夫食《ぶじき》を積入れて八丈を出帆したが、此船は難風に遭うて房州に漂着し、國地に越年して空しく八丈へ戻つて來た。次いで九月の十二日、又一艘の食料船を出したが、是は無事に着いて、歸つたのはやはり翌年であつた。寛政七年の一番舟は、二月の十九日に八丈を出帆して、まだ沖へも乘出さぬうちに、三根の神湊で難破し、乘組八人は殘らず溺死し、二番舟だけは四月に出帆して、無難に目的を達して二月目に還つて來たが、それを最後にして約七年の間、事實に於て青ヶ島との交通は絕えてしまつた。

今日鳥島と呼ばれて居る南方の無人島に、三度に漂着して居た三組の漂流者が、やつと船をこしらへて歸つて來る道すがら、青ヶ島に立ち寄つたといふのは此間の出來事である。その顚末は本篇の附錄として、後に詳しく說くつもりであるが、其人たちまでが島の話を聽いて、驚き且つ歎息したといふことである。やつと日本の土地に辿りついたかと思ふと、まだ斯ういふ島も有るのかと、深く殘留者の身の上に同情したと傳へられる。青ヶ島の方でも久しく八丈からの仕送りは絕え、又こちらの容子も知らせることが出來なかつたので、此漂流船の寄港したのを幸ひに、吉三郎七三郎兩人の者を、水先案內として是へ乘込ませ、今度はどうやら無事に本島の方へ遣つて來た。さうして色々と青ヶ島の模樣を語つたさうである。島に殘つて居た者の苦勞も一通りで無かつた。島には當初十二人が殘り、內五人は八丈へ渡つて來ようとして海で死んだが、後に二人加はつて此時は九人になつて居た。初めの年は作物の生育よろしく、麥も粟も共に豊稔と思はれて居たところ、實入りの頃になつて數多くの野鼠が現はれ、次第に喰ひ荒らし、當年などはもはや一粒の種子も無い有樣で僅かに芋甘藷の少し殘つたのを食

つて命を繫いで居る。一方には島中總掛りで鼠狩りを行ひ、千五百疋も捕つて見たけれども、打てば增し殺せば殖えて、其害は久しい後までも絕えなかつたと言つて居る。

右の漂流人等の八丈島へ寄港したのは、寛政九年七月中頃のことであつた。八丈ではこの前の年の四月にも、船を出して食料を積み送つたのだけれども、其船も難風に遭うて房州半島へ流れ、直ぐに三宅へ漕ぎ渡つて元の港へ引返し、青ヶ島へは到達し得なかつた。其人々が斯ういふ新たな消息に接して、心を痛めたことは想像に餘るものがある。名主三九郎等は大きな決心をした。さうして同じ月の二十九日には、再び船を仕立て開發の食物を積んで、男女十四人の者が八丈を出帆した。ところが此船が又難船をして、今度は紀州熊野浦の、三木島といふ海岸まで流れて行つた。此當時の記錄は詳しいものが殘つて居ない。たゞわかつて居るのは彼地滯在の間に、乘組みの者十一人が病んで沒し、其中に名主三九郎もあつたといふことである。其他に女一人は送られて來て江

戸に留まり、男二人だけが八丈へ戻つて來た。橘南谿の西遊記續編に、著者の友人喜多某といふ醫者が、ちようど此際に熊野の二木島に行き合せ（前にいふ三木島は二木の誤りかと思はれる）、青ヶ島の漂流民を治療した話を載せて居る。是を讀んで見ると其時の事情が稍わかる。話は又聞きの誤りも少しあるらしいが、此時の渡航船には名主三九郎の一家男女、家具什具までも取載せ、八丈へ來てから生れた幼少の童兒も居たといふから、彼は斯ういふ不安の只中へ、尙永住の企てを以て還つて行かうとして居たのであつた。出來次郎といふ珍らしい名の青年は、この百姓の嫡子であつたと謂つて居る。それは全快して還つて行つた二人の中かと思はれる。『一島皆燒け果てたる後へ、年經てたゞ一家のみ立歸りて、何を爲して世のたつきとし、又何を樂しみともせんとにや。如何に故鄕の戀しければとて、數百里離れたる沖の小島に、人も無く牛馬も無きに、我家內ばかり歸り住みたく思ふは、外よりはいと不審なること也。其上いつか燒け出でんも測り難きに、あはれなるは人心なりけり云々』と記して居るのは、まだ此一行の人々の心持ちがよく飲み込めなかつたのである。名主三九郎が生きて居て述懷をしたならば、今少しは同情の有る批評も下されたことゝ思ふ。

三

三九郎一家の悲慘なる消息が傳はつて、八丈の殘留者等はさこそ落膽をしたことゝ思はれるのに、尙その間から同じ志を嗣がうとする者が現れた。中一年を置いて寬政十一年の九月四日、男女三十三人の青ヶ島人は、三たび穀類を船に積んで、故鄕の島に向つて出帆した。この人數から見ると船も稍大きく、又數家族の協同であつたらしいのだが、是もやはり亦海上で難風に遭ひ、同じやうに紀州の洲浦といふ處まで漂流した。但し今度は幸ひに一人も損ぜず、全部救助せられて翌十二年三月に江戸へ送られ、同じき五月には八丈へ戻つて來た。青ヶ島還住の計畫は、茲に至つてか一旦の頓挫を見たのである。

寬政五年以來、島に渡つて居た七人の者は、野鼠と鬪ひ無限の寂寞と闘つて、兎に角此時まで堪へ忍んで居たのであるが、船の通ひが絶えて既に丸六年、もはや何としても續命の途が無いので、次の享和元年の六月八日に、島で焼け殘りの家作を以て小舟を作り、全員それに取乘つて八丈へ引揚げて來た。高村三右衛門の義捐金も、此時は既に雜用に宛てゝ殘り無く、開田の力全く盡きて、誰一人之を企てようとする者が無くなつた。享和三年の五月には、代官手代秋元利左衛門青ヶ島に渡海して、燒け跡の荒地見分を遂げ、島は無人無毛の地となつてしまひ、次いで文化八年には、御普請役河口覺藏八丈に出張して、青ヶ島起し返しの問題を取調べたけれども、終に再度の開發の沙汰は無かつた。文化の末年には青ヶ島人の寄留者は、減じて百七十七人になつて居る。小屋は十三戸あつたといふが、人口に比べてやゝ少な過ぎる。一部分は知るべの家に同居して居たことであらう。八丈島の圍ひ穀のうち、青ヶ島の預り分といふのが粟六十九石餘、稗が十四石餘りあつたといふが、それは帳簿の上で實際は之を借りて食つて居たものと思はれる。高村氏の基金の五百兩は、文政四年から年利を八分に下げられ、四十兩づゝが罹災民に下げ渡された。是を生活の資に宛てゝ倘其中から、復興の餘力を積み上げるといふことは、到底尋常の忍耐では出來ぬことであつた。新しい名主の次郎太夫は、後に青ヶ島で神と祀られたゞけに、優れた才幹と強い意思と、叉大いなる幸運とに惠まれて居た。彼を支持した主要なる力は、同郷人の一致と海上の平穩とであつて、今度は官府の特別の助勢無しに、比較的短かい期間に目的を達することが出來た。さうして近藤富藏の八丈へ遣つて來た時が、ちようど其事業の將に成らんとする際であつたのである。（未完）

（**附記**）前號口繪に載せた今村氏の火口寫眞は、池ノ澤の舊跡が砂丘になつて居ることを示して居る。是が天明五年以前は、何百尺とも底の知れぬ池だつたのである。

竹生島詣

雨田光平

1

平家物語、竹生島詣の條に

一度参詣のともがらは、所願成就圓滿すと承れば、賴もしうこそ候へとて、靜に法施參らせて居給へば、やうやう日暮れ、居待の月さし出でゝ、海上も照りわたり、社壇も彌輝きて、誠に面白かりければ、常住の僧是は聞ゆる御事なりとて、御琵琶を奉る、經正これを取りて彈き給ふに、上玄石上の秘曲には宮の中も澄みわたり、實に面白かりければ、明神も感應に堪へずや思しけん、經正の袖の上に、白龍現じ見え給へり、云々

これは誠に名文である許りでなく、謠曲「竹生島」などに比べてずつと素直な美しさに充ちてゐると思ふ。明治年間、京都の故藤村撿挍を最終として數百年の傳統を傳へ乍ら、惜しくも遂に亡び去つた平曲（波多野流）のうちでも、最も聽きごたへの有る一節で有つた。

戰の道中に、急に思ひ立つた經正の、島行きの動機を伺ふのも面白い。

壽永二年の頃である。賴朝の蹶起と同時に義仲の勢も仲々物凄く、いつ京洛に攻め上らんとも限らぬので、平家ではその征討のため大將軍六人、侍大將外三百四十人、總勢十萬餘騎を繰り出した

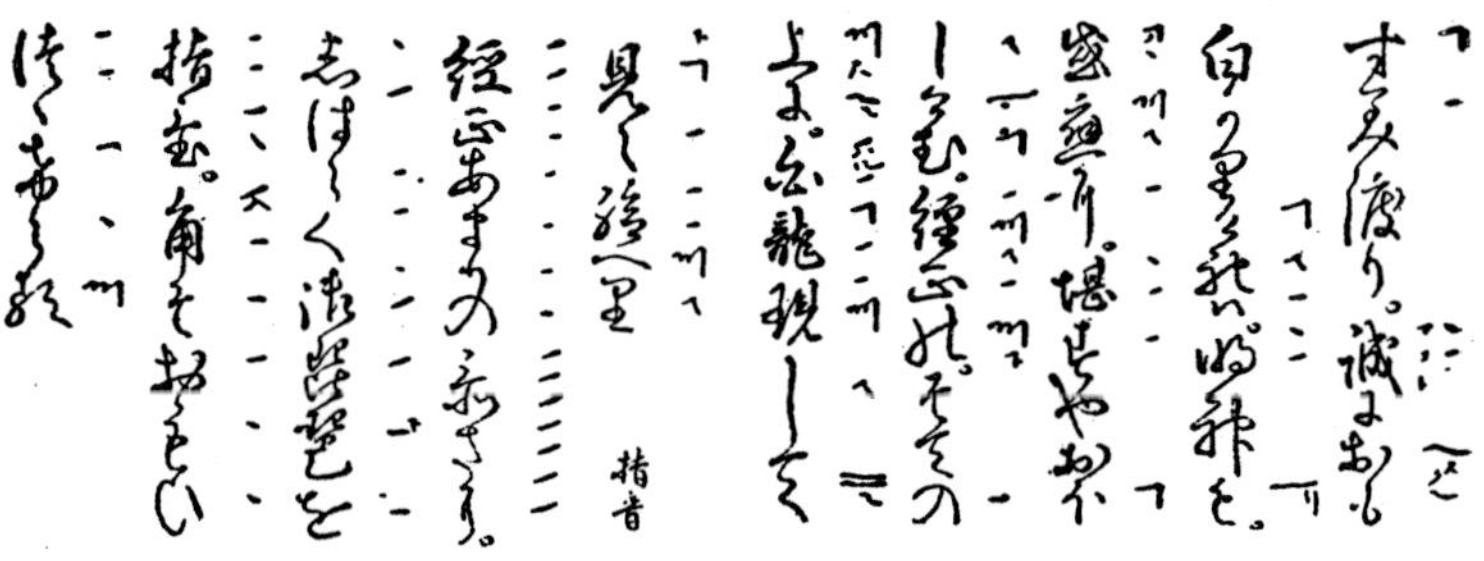

平曲竹生島詣

が、物語の主人公經正は、この時の副將軍の一人であつた。

逢坂の關から出て、琵琶湖の南西、志賀、唐崎、三河尻、眞野、高島、鹽津、海津の道のほとりを通つたとある。つまり今の西近江路は、敦賀道を經て北國に到る唯一の要路で有つたと思はれる。

經正は他の副將軍と共に鹽津、貝津に屯してゐたが、或る朝、湖水のはたに出て、竹生島の所在を知り同勢約十人、小舟に打乘つて渡島し、春色を賞で、夕月頃を待つて獻曲して歸つたので有つた。

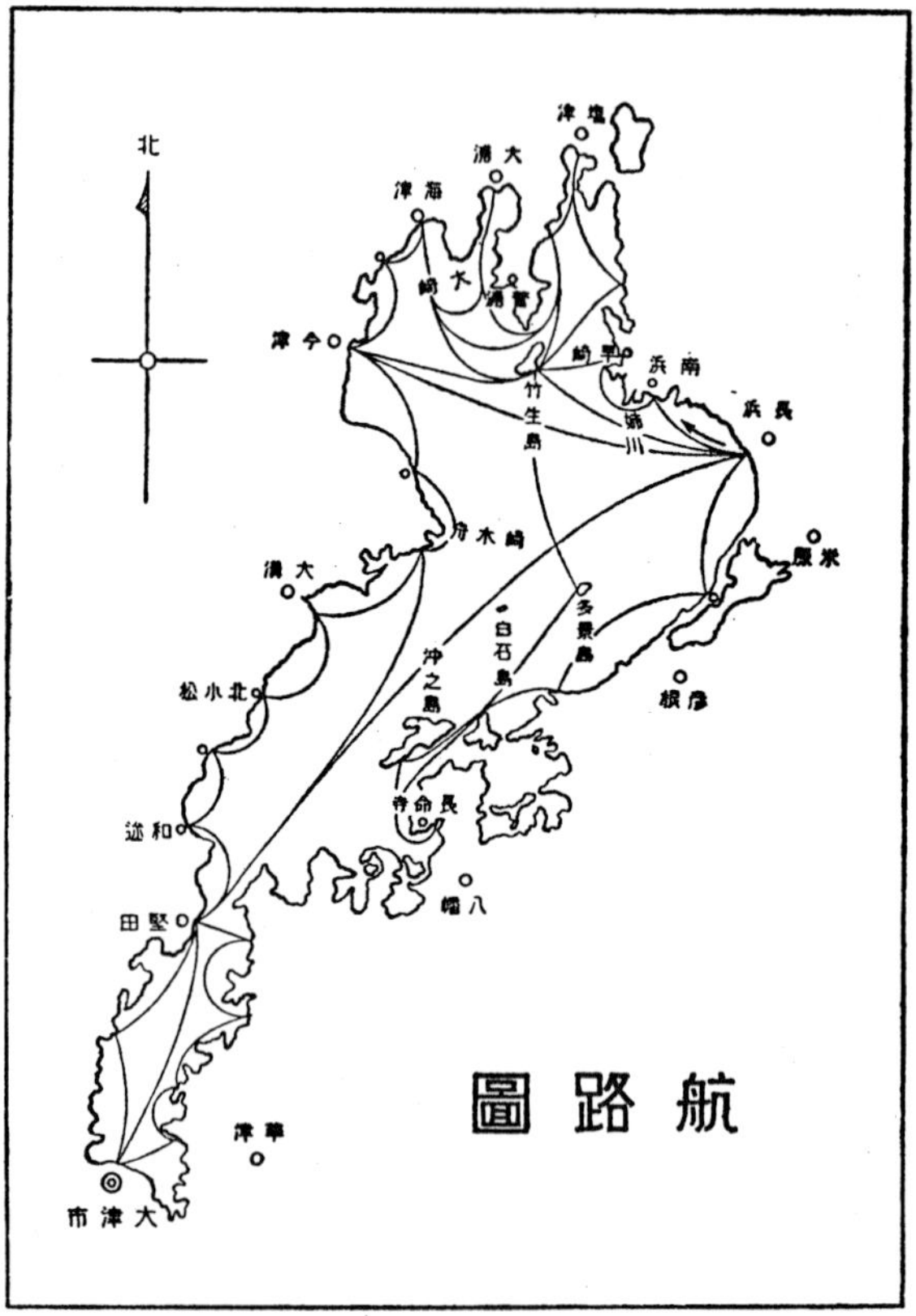

航路圖

鹽津、海津は湖の北方で、とにかく、伊香、高島兩郡の沿岸は竹生島に最も近接してゐるので、美しい島の姿は詩人肌の經正の心を尠からず動したことで有らう。

一艘、艤漕に任せた昔は、多くこの地點から島渡りして寺に一泊し、翌日又日和を見て歸つたと云はれてゐる。長濱、彦根あたりからでは仲々大變な事で有つたらう。巡禮達も伊吹颪や、比叡颪に遇つては、遙拜して中途から船を引返へすより外無かつたのである。

2

竹生島は滋賀縣東淺井郡竹生村の所屬、位置は琵琶湖の上北方で、管浦から十八町、長濱へ三里、彦根へ六里、大津へ十六里、島の周圍二十六町と云ふ。湖面六〇尺、海面三百尺、南北に長く、東西に短い。

湖上から遠望すると二子山風の半楕圓丘形で、眞に美しい軟らかな線を持つた島であるが近づくに從つて、全島は殆ど岩石、水の綺麗な事は伊太利カプリー島の感じだ。

島上には名刹、新義派眞言宗寶嚴寺、及び都久夫須麻神社がある。寺の入口に一軒の茶店が有つて土産物を鬻いでをるが、今では旅館も兼ねてゐるとの事だ。

此家の主人と云ふのは元僧侶で寶嚴寺先代の住職峯老師の弟・弟子だつたのが還俗して後、程經てから夫婦づれで島にかへり、女人禁制の當山故大鳥居の前に所帶を持たせて貰つたとの事を聞いてゐる。

・渡島には汽車汽船の連絡とその便宜上長濱、又は大津から乘船する方が良い。

長濱から島まで約一時間半、大津からは寄港の順で三時間半以上になると思ふ。

長濱から出ると船は先づ針路を西にとり、姉川尻の南濱に寄港し、若し早崎に寄る場合は姉川の三角洲を右に見てカーヴし、直航の場合は一路竹生島に向ふ。

大湖汽船會社京阪丸

先きを急がぬ旅ならば、大津から出て唐崎老松を左に眺め、堅田、比良、雄松が崎、白髭明神、大溝、舟木、今津を順に行くのも一興だ。

　太湖汽船會社の船は三百噸から五六百噸、白鳥丸、京阪丸、みどり丸が有り其他十三艘、就中みどり丸が巡回遊覽船として設備が整つてゐる。期間は三月十五日より十月三十一日迄毎日午前九時、午後〇時十五分に出航し、島からは一時四十五分、七時に歸航の便が有る筈だ。

　乘船者は江州商人、百姓、遊覽者、巡禮で番茶をすゝり乍ら、地方訛りの噂話を聞いてゐるのも憂晴らしになる。

　或る時船の舳先に坐つて、音吐高らかに、觀音心經と薩《さ》羅《ら》沙《さ》縛《は》底《てゐ》の御名を誦し奉る老婦の姿を見た事が有る。湖のたゞ中だけに、いとも壯嚴な氣にうたれた事を覺えてゐる。

3

　島の略誌によれば
　その名稱に就いても異說が有る、竹福島、智飯島、智就島など云ひ、日本記略、藤川記等には筑夫島とあるが、

四二〇

本島相承の緣起では、昔役の小角、この島に修法する事數句、その所持の竹杖變じて二股の奇瑞竹となる。故に靈竹の名によりて竹生島と稱せりと。いづれにしても起源の古い事は領れる。

　寺院の來歷としては神龜年間に、聖武天皇の勅を奉して行基菩薩が堂塔を開基し、先づ第一寶殿に大辨才天を安置して太神宮寺と名づけ、更に第二寶殿を作つて千手千眼觀世音菩薩を安置し本業寺と勅し給ふた由、現在の寶嚴寺はその總稱である。爾來皇室の勅願所で有つた中にも

宮崎拜殿（經正琵琶彈奏の場所）

宇多天皇は殊に御信仰厚く昌泰三年に行幸せられ、木工寮をお召しになつて三間の宮殿を七間に御改築になつた。誠に結構な壯觀を呈したが、殘念な事にその後貞永、亨徳、永祿年間の火災に會つて堂閣は灰燼に歸し、再營の機到らす、國家兵亂の折、如何とも手のつけやうがなかつた。

羽柴秀吉が長濱城主となつた時、再建を願つて承知はしたが、存命中意を果さず、秀頼の時になつて故太閤の遺志を繼ぎ、慶長七年桃山殿の一部を寄贈して改築したのが現在の觀音堂と。都久夫須麻神社でいづれも特別保護建造物になつてゐる。

棧橋から寺院を見上げると相當高い。空地といつても山の層を切り拓いた事故、堂塔伽藍は欝蒼たる樹間に隱見し、森の緑に照應して古典建築の美を一層落つかせてゐる。樹は杉、楓、樫、椎、楠、松、梅、櫻等、殊に頂上の竹籔は島の名物で、島から出るものは筍位だと云ふ、他はおして知る可しだ。

六十段程昇つて、二の鳥居をくゞると本邦最大の木犀だ、これには一寸驚く。先づこの木につぐものはないと本多博士の折紙つきだとの事を聞いてゐる。

支納所、役の行者堂の前を過ぎて苔むした石段を上つた所が有名な西國三十三所の內、第三十番の觀音樣である。

月も日も波間に浮ぶ竹生島
船に寶を積む心ちして。

御堂と云ひ、背景と云ひ全くの誂へむき、湖面を前にして、會々順禮の本格的な詠歌の節が香煙に咽ぶ時、心から身につまされて敬禮の氣を禁じ得ない。

本尊は十一面千手觀世音大菩薩、建築は唐門、本堂、渡廊で純桃山期の代表作、總體の臙色塗は褪せ終つたが、剝落した隨所の極彩色に、その昔豪華なりし面影をとゞめ、工人が心血を注いだ透彫りや鍍金の技に、桃山の匂ひは十分に溢れてゐる。唯近來風雨にまかせて、天井の空間から空さへ見え兼ねないのは誠に遺憾千萬だ。

唐門內外の大蟆股の透彫もよい。殊に兩端の獅子の木鼻の優れた刀の冴えは未だに記憶に殘つてゐる。本堂の内陣の欄間彫刻もよく、畫は狩野永德、蒔繪は高大寺と云はれてゐる。

本堂及び廻廊を過ぎて都久布須麻神社の社殿前に出る。祭神は淺井姫命で社格は郷社、一に航海の神とも云ひ、後ち本地垂跡によつて辨財天と同一に祈つたとの說も有る。この社殿こそ、舊辨才天の本殿として秀頼が日暮らし御殿を寄進したものであるが、明治初年、神佛分離の節、辨才天を山頂の舊砂覺院跡に移轉した。いはゞ千年の島の守護佛を冷遇したわけで、今となつては取りかへしがつかないと寺僧はこぼしてゐる。

竹生島觀音堂

建築は觀音堂と同じく純桃山、堂は五間四面で一間の向拜を付し、家根は檜皮葺、重層の入母屋造が殊に珍らしく、上部の前後の軒は唐破風付きで、良く時代の舊態をそのまゝ反映してゐる。隅柱、向拜、隅木、棰、內部長押の毛彫金具など、仔細に見來れば飽く事を知らない。

都久夫須麻神社（舊辨財天の本殿）

專門家に云はせると外部、小天井の組子菱組が良い中古建築の模範ださうである。浮彫りの牡丹、菊唐草も技が大きい。長押や上段框は黒漆蒔繪の逸品で、上部に鳳凰、下部に海草を配した機智は、湖上の神社にふさはしく誠に獨創的だ。

左右の狛犬も相當古いが時代を知るに苦しむ。

天井桝組の四季の草花及び襖繪は共に幽かしい永德の重厚さで有る。

社殿を後に石壇を下りると廣前に出る。前面に湖を控へて晴々とした拜殿が有る。

都良香が三千世界眼前に盡す、と詠んで對句に惱んでゐると、堂の內から、十二因緣心裏空し、とつけられたと云ふ場所も、經正の琵琶を彈いた所もこゝだ。

三千世界の句は白樂天の作ださうで、後世の附會で有らうが、それにしても、景色はこの詩の趣き以上だ。欄によつて眼を放つと、右端は今津の灣を抱いて舟木崎が突出し、白髭山が重り合ふて、上から比良がのぞいてゐる。その奧が比叡で有らう。

舟木崎の突端をよぎつて一直線、湖水を縱に南西に視線を放つと、大津に到る間は十六里、渺茫として湖心滿滿の碧水を堪へ、まことに悠大な感が有る。

やゝ南に正面は沖之島、そのバックが奧島の半島だ、左によつて白石島が黑い影を曳く。

拜殿より正面に向つて地平に一孤島を見る。これが多景島だ。周圍四町餘、島中に日蓮宗見塔寺、誓の御柱が有る由。岩石巍然、風趣掬す可く、川合玉堂氏が嘗てそのバックを繪にして讃嘆したことを憶へてゐる。

北陸線に入ると長濱、下坂濱邊から湖上に見えるのはこの島である。

それからずつと左が彥根、その後が有名な伊吹山である。湖邊は姉川尻を尖端として、景色愈々平坦、明媚なる水鄕の感が深い。やがて緩やかな丘の傾斜に續いて起るのが、淺井三代に緣の有る小谷山の城趾、左端に最も近いのは朝日山で有る。

拜殿に立つて眺めてゐるといつまでも飽きない。下は崖になつて湖面迄數丈もあらう。厄除けの土器をなげると碧い海にヒラ〳〵と落ちてゆく。小禽が驚いてパット立つ。仲々捨て難い情趣だ。小鳥と云へば鶯も仲々よく囁く。

又この場所は奏樂を聞くにふさはしい。夏ならば甲高い篳篥の音に笙の和音が湖面を渡る時、蟬時雨が風に送られて來るのを欄によつて聽くのは、全く胸の透く思ひがする。

拜殿の下を宮崎といふ。更にその下方に一つの石塔がある。毎年四月、この供養塔の祭りに、舟と陸から、寺僧が讀經し「御帝無し〳〵」と云ひつゝ松明にて湖中を探ぐるが如き奇なる式を擧げると云ふ。

辨才天へ昇るには廻廊の裏手から開山堂、天狗堂の前を通つてもよし、或ひは元の道に引返へして、正面の階段を眞直に上つても良い。

天狗堂と云へば、此島には隨分澤山居つたとの事だ。寺の雇婆さんに問ふと、眞面目になつて、

「この島や多景島にはなシ、魔王さんがたんと見えますぞな、一晩も、何どすぞな、風もないのに、枯葉をたんと島一ぱいふらいてな」

私はすつかり喜んだものだ。先代の住職、峯覺以方丈から聞いた話だが、この老師は殆ど山から出られなかつたし、魚を知らなかつた。それだけに眞言の瑜伽三密に通じた、戒律正しい高僧で、顏を見てゐると實に溫なしいが心の底迄見拔かれるやうだつた。

ある年、多數の參詣者が有つて本坊に宿つたが、一晩中、怪しいものが家根の上を騷ぎ廻つて、誰一人寢たものとてはなかつた。

方丈がそれを聞かれると、默つて小僧を連れ、天狗堂の前を水で清めて、祈禱されたさうだ。するとその夜から何事もなかつた。參詣者の一人大いに恥ぢて曰く、實は先日あの御堂の前で小便をしたのでと云つて詫びたとの事である。

辨才天の堂は假堂に過ぎないが內陣は仲々立派だ。島の頂きだけに、簡素な建築が反つて清淨さをあたへる。

本尊は梵名、薩羅沙縛底（Sarasavati）で、妙音天又は妙音樂天とも申し上げる。

釋尊一日弟子達を連れて、サラサヴァチー河ほとりを逍遙したまふに、河中に燦爛と光りを發する物有り。釋

尊、讃嘆、禮拜して斯る所に妙音天は常住せられると云はれた。

辨才天に水と島は附物だが、この話に起因してをるのであつて、本尊の名は今も滔々と流れてゐるサラサヴァチー河の名に寄るのである。

金光明最勝王經第七にその偉徳を崇めて、

面貌容儀人樂觀　種々妙徳以嚴身
目如脩廣青蓮葉　福智光明名稱滿

と有り又容姿を形容して

常以八臂自莊嚴　各持弓箭刀矟斧
長杵鐵輪並羂索　端正樂觀如滿月
言詞無滯出和音　若有衆生心願求

の句があるが實に詩的な表現と思ふ。

音樂を司り又福徳の大聖者であるが、後世辨才天の才。を財と書いて直ちに財寶の司神として崇めた。

形像は二臂、八臂の別有り、竹生島のは後者に屬する。

祭禮は八月十五日、神社、寺院も同日で、蓮華會法會が有り、前後二人の頭を撰んで、その頭人の家から辨才天の佛像を奉納する。舟に裝飾をこらし、音樂を奏で、兒の舞或ひは古式の舞樂等を行ふ。

辨才天堂（舊砂覺院趾）

御開帳は六十一年目で拜觀も困難だが、幾度びか祝融に見舞はれた事故、唯今のは徳川期の御佛像で有らうと考へられる。

4

私が島詣をした最初は大正七年の十月十二日だつたと思ふ。父俊宣から光崎撿挍の故事を聞いて痛く感動した事にはじまる。又この話は古今の名曲、秋風曲に關して、作詩者及び、作曲者の晩年が、私の故鄕越前に緣のある所から、師走の最中に參籠を思ひ立ち、長濱に汽車を乘り捨て、直ちに船の便をとつた。

今から考へると誠に亂暴な話で寺へ何の案內もせずに訪つれたわけだが、直ぐ寺の快諾を得て、三週間の勤行を無事終了した。今でもその心境が忘れられない。冬は島の風物も事かはり、時に便船も杜絕へ、荒れ狂ふ湖を前にして唯法燈を守る靜かな寺の趣き、殊に夜の世界は全く孤獨の別天地であつた。最後に竹生島辨才天と秋風の曲の因緣話を書いて稿を閉ぢたいと思ふ。

秋　風　曲（鼓村著耳の趣味より）

天保のころ、京の光崎撿挍は高向山人の所作、唐詩「長恨歌」和譯の一篇を得て、末代に貽さんほどの大曲の料となし、これが作曲を思ひ立つた。

撿挍つら〳〵惟ふに、かばかりの大作は一遍に神の冥護に據るの他はないと、琵琶湖上の仙島とも稱へられる、かの竹生島の社に百夜の參籠を心掛けた。軈て滿願の當夜のこと、拜終つて、まさに社殿を辭して廣前にかゝると、何處ともなく妙なる爪音の神垣を漏れて聽えて來る。心ある身は思はずも步を停めてそれに聽き入つた。

曲は益々佳境に入つて絃の上に波立つて來る、日頃當代一の名家と人もゆるし自らも任じてゐた撿挍も何人の手ずさみかは知らねど、この靈妙な技を聽いては思はずも背の汗を禁じ得なかつたので有つた。中略

ポタリと一雫、葉末の露の襟元に落ちたと思ふと、こは如何なこと、身は勾欄に轉寢してゐてこれぞ假寢の一夢であつた。撿挍は身に泌みて感じた。あゝ天女の御告げであると隨喜の涙とゞめあへず、京にかへつて秋風の曲の大作を完成した。

光崎撿挍は德川末期の箏曲大家、箏曲が三絃と提携して益々俗に墮し、氣品を缺いて本質的で無くなつた事を慨して、まづ三絃との絕緣を期し、專ら曲形 form《フォーム》 に重きを於いて、scale《スケール》 の大きさを主眼とし、八橋の調物に倣ひて序樂を置き、歌物を體として大曲を作り上げた。

作詩者蒔田雲所に量つて上梓したのは天保八年で有る。然るに兼ねて撿挍の腕に嫉妬する職屋敷の頑迷なる徒輩の讒に會ひ、板木を燒かれて、折角の大曲も當時世

に出ず、京を追はれて越前に來り、晩年不遇に終つた由傳へられてゐる。

　この曲の序曲を竹生島辨才天の御夢想の曲と云ふ。げに人力以上の神品として今に尊ばれるのは尤もの次第である。

　雲所は雁門の子、雁門の墓は福井橋北光明寺に有るが、光崎撿校の墓は未だに知るに由ない。

　私はその昔、唯三冊を残して燒かれたと云ふ名曲の原本を秘藏して、時々竹生島に緣のある、この偉大なりし樂人の終生を思ひ起こして見るのである。

禁酒して港灣修築　八丈島三根村では十數年來の念願である同村神港を修築する爲め、村民が絕對禁酒を誓つて修築期成會をつくつた。即ち修築費豫算三十萬圓の中七萬五千圓は、この禁酒によつて醸出しようといふ意氣込。八月二十六日代表者村長小宮山德太郎氏外十一名が、村民四百六十名の記名調印した陳情書を携えて、內務省や東京府に諒解を求める爲め上京した。

島の鍋かけず

大鳥居　金一郎

唄で有名な、潮來《いたこ》出島から、北利根川を一里ほど南へ下ると、附洲《つきす》、沖《をき》の洲《す》といふ部落へ着く。

　部落といつても、市和田湖と、北利根川のなかにある小さな島で、どちらも戸數三十戸ばかりである。

　ここは、千葉縣と茨城縣の境であつて、通常、氣樂島、又は香氣島といはれるほど、とてもくらしの樂なところである。

　米はとれる、川魚はなんでもとれる。住んでゐる人たちは、全部百姓であつて、ことの外、外來者を歡迎して吳れる。

　風景のよいことは、くらしよいこと以上であつて、岸のポプラ、蒲の穗、眞菰のそよぎ、牛をのせた舟、山茶花等々、いつ行つても失望せぬ所で、ほんとの水鄉らしさの素朴を、すこしも失つてをらぬ所である。

この島に「鍋かけず」といふ奇習がある。これは、米のとれる所だけに、春の植付時に、島の人たちは共同耕作をする。そして、二町歩とか、三町歩（年によつて違ふ）とかといふ田を植付けて、秋の日を待つのである。秋になると、稲穗が黄金の波と變る。すると、これを刈り取つて、こきおとした上、摺臼にかけ、さうして俵にして賣り出すのである。

かうして得た金は、年番があつて、その年の番にあつた人が保管をする。そして、初冬の日が、葭原を照らすようになると「鍋かけず」の日を定めて、島はもとより、近郷近在へも沙汰をする。

それ、島の鍋かけずだ、といふことになると、少くも近郷近在の老若男女は、仕事をおつぽり出して、島に向つて舟を走らせる。

島はと見ると、年番の百姓の家では、家中をすつかりあけひろげて、客を迎える。この日だけは、天下晴れての無禮御免で、喰放題、呑放題、さわぎ放題であつて、年番の家以外は、絶對に鍋はかけない、つまり煮炊きはしないといふのである。そして、二日二夜の底ぬけさわぎで、その年の共同耕作の收入を、一文ものこらぬやう、消費してしまふのである。

初冬といつても、このあたりは決して寒くないので、皺《しわ》くちやの婆さん連までが、赤い手拭の鉢巻で踊り出し、土手のあちこちでは、若い男女が大漁節に、夜の明けるのも忘れてしまひ、なかには疲れたままの雑魚寝から、數々のロマンスを生むことも、決して少くは無い。鍋かけずは、一度行つて見たものでなければ、いくら書いたとて、書ききれぬ面白いならはしである。

鯉のうま煮、白魚の汁、鯉のあらひ、鯰の煮くづし、公魚《わかさぎ》の汁などを、大皿や大きな鍋で出され、一人では持ち上らぬような白鳥徳利に入れた酒を、眼の前につきつけられて、芋粥を所望した公卿《くげ》が大釜で芋粥を出された時のように、すつかり面喰つて、眼をパチクリさせた某文士もあるが、その人の名譽のために、名だけはあづかつて置くこととする。

肥前五島日記（下）

橋浦泰雄

二月六日（曇、後雨）

大津八幡神社の正月祭を見に行く。蹴鞠の行事が著名である。十五歳から二十歳までの若者が、赤裸になつて、式場の廣場を海水をくみ上げて泥濘とし、同じく海水で身を淨めて、徑七八寸の藁製の鞠を、その泥の中で、紅白二組に別れて蹴合ひ、果ては取組合をし泥の中でねぢ伏せ合ふ。力盡きた方が負けである。勝敗が決すると、再び海水で身を淨めて赤裸のまゝ神前に詣でる。豊作占の行事であると云はれてゐる。

――七日（曇）

今日は長手郷で綱引の行事があるとの事で、藤原君と見物に行つたが、既に終つた後で、少年等が散々に引き切れた大藁綱を擔いで、氏神の境内へ運び入れてゐる處だつた。綱は徑一尺程度の太さのものである。

此處の神社の狛犬は、唐獅子型だが、雄の方の頭の中央にかなり高い一圓角がある。大津の五社神社のものも同型であるが此の地方の狛犬の一特長である。

五島馬（福江町にて）昭和三年二月寫

五島特産の五島馬と稱ぶ小馬が町へ時々牽かれて來る。驢馬のやうに小さいが驢馬ではないのださうだ。五島牛と云ふものもあるが、これも内地の牛よりは小軀である。

——九日（晴）

戸樂の岬の石切山に登つて見た。「グミ」が早くも實つて、ぼつ〳〵と熟しかけてゐる。小供等がそれを採つて食つてゐる。

歸途磯邊を通ると、恰度引汐時で、丸木の女房や娘等が、青海苔を採りに出てゐた。

磯端の丸木の墓地を通り拔けてゐると、丸木の女房が、新墓の前に屈んで、大聲に何か口說きつゝ、しきりに哀號してゐるのを見受けた。涙は出してゐなかつたやうだが、まるで滿洲や朝鮮の泣き女のやうだ。

その又すぐ上手の方で、少年等が凧を揚げてゐた。『山ん風吹け吹け』と唄ひながら。

兎角漁人部落は不潔なものだが、丸木の不潔振りは又一入のものだ。宅地の狹いのが主原因だが、便所も臺所も座敷も通路もまるでむき出しでごちや〳〵だ。通行するにさへ惡臭で呼吸もつけぬ思ひがする。

——十日（曇）

福江の人々が景色自慢にする大圓寺の附近に行つて見

る。さしたる事はない。見晴しが好いわけでもなく、只寺の前を大圓寺川が少し深かく淵をなして流てゐるだけの事である。此の淵端には水神が祀つてあり、淵には河童《ガータロー》が棲んでゐると云はれてゐる。水神前の河ぶちの石の上には、その河童に供へたのだと云ふ赤飯や、洗米や、線香などが置いてあつた。大圓寺は藩主の菩提寺で清潔な整頓した寺であるが、境内には高さ四五間もあるビロオ樹が一本聳立つてゐた。

——十五日（晴）

好晴に乘じて奥浦方面へと出掛ける。山中の平藏には切支丹の居着《ゐつき》部落があつて、その墓地が見晴らしの好い小山の上に整然と營まれてゐる。此の切支丹の居着部落の人々は、他の佛教徒とは殆ど交際せず、極端な個人主義的生活をしてゐる。狹い土地へと轉住して來た人々であるから、生活程度も極めて貧しく低いが、然し信敎の爲めには生命さへ惜しまなかつた人々の末裔だけに、現在でも神父の命令は絕對的なもので、その爲めには何物をも辭さないと云はれてゐる。佛敎徒等は此の犧牲的な

五島奥浦堂崎、財團法人奥浦慈惠院、院長以下保姆、嬰兒は養育せる孤兒、その面容風丰の異なれるは切支丹宗徒獨特のものなりと。

生活態度に一種の敬意を拂つてはゐるが、然しこれ等の人々を「ゐつきもん」と呼んで、一種侮蔑視してゐる。子供等までが、同じ學校に通つてゐながら口もきかぬさうだ。或る雨の日のこと、佛教徒の小學生等が、小石で道路一杯の十字架を築いて、附近の叢に隠れてゐた。と切支丹の小學生等が登校して來たが、十字架があるので、道路を通行する事が出來ず、泥の深かい畑の中を迂回して行つた。佛教徒の學生等はこれを見て一齊に手を叩いて笑つたと云ふ。こんな悪戯をする。

奥浦から戸岐《とん》へは入江沿ひで頗る風色に富んでゐる。特に奥浦灣頭堂崎の教會（これは五島のカトリック教會の總本山である）のある附近は、規模こそ狭いが遠望もあり、島々の交錯、海の色、筆紙に盡し難い美しさだ。此の邊も切支丹の居住地で、それ等の茅屋が、椿、梅、橙、棕梠、松等の木立と共に、急斜面の段々畑の其處彼處に散在してゐる。折から椿の花の散る木蔭で、のどかな牛の鳴聲が靜かな午後の空氣を搖つてゐる。此處の人々は海を目の下に眺めてはゐるが、殆ど漁をするでもなく、專ら農作で、他との交捗も極めて少ないから、浮世を他所に昔ながらの自給自足的な生活ださうだ。然し最近、軍隊生活を經て來た青年が、その浮世の新らしい文化、思想を脊負つて歸つて來て、兎角物議を醸してゐると云ふことだ。而も此の異端の文化や思想は、此處の青年達に取つても大きな魅力であるらしいとのことだ。

——十九日（晴）

城山神社の片山氏が立寄られて、今日五社神社の正月祭で、神樂がある由を知らされる。藤原君と共に行く。

神樂は午後一時頃から始まつて、夕刻五時過ぎまでに二十五番行はれた。元來は四十八番ある由だが、時間がなく、用具も損失し、演法も旣に滅却したものもあつて、全部を行ふ事は出來ないとのことだ。且つ今日行はれたものの內には、原文に照し合せて見てゐると、甚だしい削除があつたり、他との混同があつたり、原意を失つて不明の個所が多々あつたり、此のまゝだと、全部が滅亡するのも遠くはあるまいと感じられた。演出法は、何分かうした方面への智識がないので判らないが、二十五番の內半數にはかなり近代味が加へられてゐるやうだが、殘半數はかなり原始的なものゝ如くに見受けられた。

神樂が終つた後、たつてとの勸めに從つて、神職の月川氏邸で、宮子の人々と同席で祭の馳走になつた。酒が一順廻つて、流行歌などが唄はれた。

御馳走の獻立は、鰯ぬた、酢牡蠣、白さゝげ煮付、汁（はんぺん、里芋、鳥肉等）大皿（椎茸、凍こんにやく、はんぺん、羊かん、其他）、五目飯（糸昆布、燒卵子等の味つけ飯）、酒。

——二十一日（晴）

發動船で久賀《ひさか》島《じま》に渡る。南岸の濱脇に上陸して、北海岸の蕨《わらべ》まで行き、高麗《かうらい》ぞねの傳説を持つてゐる石地藏を見る。首の長い丈け三尺前後の素朴な刻像である。暮近くなつたので他は見殘して引返し、久賀の旅宿に宿る。

久賀島は馬蹄形の地形をしてゐるが、北に口を持つてゐる久賀灣は、飯笸のやうに內廣く、湖水のやうに靜かで、小島が點々とあつて景色が好い。山あり畑あり、土地は砂礫土だが肥沃で、人家に比し面積が廣いので島人は豊かに自給自足的な生活にいそしんでゐる。人情も從つて敦厚で、客にすゝめる食事の如き、久賀《ひさか》盛《もり》と云つて飯の盛方が他村よりも多量で有名である。

　その久賀盛の夕食を漸く二杯平げてゐると、村の學校の先生と他に二三の人々が訪ねて來た。先生は考古學に興味を持つてゐる先生なので、話の市が榮えて二時近くまで話し更した。特に興味の深かつたのは、極最近火の玉を見た先生の實見談であつた。一體此の久賀には火の玉が非常に多くて、一年の内には何回となく現れるので、土地の人で見ない者は無い程で、同席のY君なども幾回となく實見してゐると。特に多く出る處は、此の久賀の村から東にあたる灣の向側の、小丘の附近で、此處は昔切支丹が惨殺された處だと云ふ。火の玉はいろ〳〵行動するさうだが、先生とY君との實見した處によると、ぽかつと一つの火の玉が現はれたと見るまに二つに分れ、又合し、又離れて何回となく繰返す場合。又二つに分れて、その小山を入れ違ひに登り降りする場合。二つにも三つにも分れて海岸線を走り廻る場合等。先生は一ケ月ばかり前に、校長先生と共に蕨に行き、夜遲くなつて久賀に歸つて來たが、路を歩くと大迂回になるので、途中で小舟を借りて、灣を漕いでゐた。と此の夜はどうしたものか、かなりの時間を漕いだ筈だのになか〳〵村へは着かなかつた。そのうちふと例の小丘の方を見ると出てゐるのだ。で校長先生に低聲で『あれ〳〵……』と指差して見せると、校長先生も魂消て仕舞つて手を振つて『聲を出すな！』と云つた。それから眠氣もさめて仕舞つて一生懸命漕いでやうやく村へ歸つた。此の時の火の玉は最初は澤山に分れて海岸線を駈け廻つてゐたが、後には例の丘を激しく登つたり降つたりしたさうだ。

　――二十二日（晴）

　九時頃村を出發して、灣内に面した深浦へ行く。同部落は海草の共同採取によつて、裕福な生計を立てゝゐると云ふので、その實地調査を志して來たのだが、折から部落の鹽濱神社（明治前は鹽釜神社と稱し、神佛混交であつたが、明治維新後神佛相分れて以來鹽濱神社と稱するに至つた由。）の祭典で、それの調査をする事は出來なかつた。で神社を訪れたが、其處では幸に平常は見る事を得ない神社の御神體や寶物を見る事が出來た。御神體と云ふのは、其處等の海からでも揚げたらしい、さして變奇でもない三個の自然石であつたが、これは元部落で鹽を煮た節、その釜の蓋の重しにした石であるとの話であつた。村正の銘刀と云ふのは、元同部落藤原氏の家寶であつたのを奉納したのださうであるが、無銘で、芒尖が長くとがり、大きく反つて恰も細身の薙刀のやうな形で、地金はやゝ黒ずんで凄味があり、尺五六寸の小刀であつた。

此の寶物などを見たのが機會となつて、部落中の甲乙が家々の寶物を持寄つて鑑定を乞はれた。南蠻鐵で鍊へた强刀が一振あつたゞけで、他には刀劍にも書畫にも、その他の骨董類にもさしたるものはなく、がらくた計りであつた。

北端の切支丹部落細石《さざれ》流を訪ねる豫定であつたが、お蔭で時間がなくなつたので、もと來た路を引返し、途中から猪の木を經て田の浦へ出た。此の間標高四五百尺もあるらしい險峻な峠を越したが、此處等あたりの山々は

全山殆ど椿に覆はれてゐて、さすが椿油の名産地にふさはしい壯觀であつた。

此の峠の中腹から見た田の浦の景は、天の橋立を小さくしたやうで、而も遠景に福江島の山々、鬼嶽、火嶽、箕嶽さへも眺め得て、五島名景の一つであることを想はせた。

田の浦で、小供等が木の根をうまさうに嚙んでゐるのを見た。「かんねんかんだ」の根つこだと云ふ。かんだはかづらの謂の由。そのかぢりかけのものを貰つて、私も嚙んで見たが、殆ど味らしい味とてもないもので聊かあきれた。

夕刻程近い濱脇へ歸り、乘船して福江へ歸着した。

――二十四日（晴）

昨日變な靄が、海岸から吹き寄せてゐると思つたら、中國からの黃沙が風に吹かれて來たのださうだ。今日もまだそれが漾つてゐる。

――二十六日（晴）

正午乘合自動車で大濱まで行き、同村から發動船で富《とん》

江に渡り、黒瀨に小西氏を訪れる。幸に在宿、石器類の見事な蒐集を見る。石斧、石鑿、石鋸、石簇、石錘、火

物賣り女（富江町にて）山我醫師寫

富江の町でも、福江と同樣に、街の最も繁華な處で、附近の漁婦や農婦が僅かばかりの苑のもの、を路傍に並べて賣つてゐる。

切石、土器類等數百個丹念に採集し保存されてある。貴重な資料である。

——二十八日（晴）

今日は歸福する豫定だつたが、急に變更して玉の浦へ行くことにする。

　發動船に乘つて、一昨年の夏暴風雨中を小娘と共に難澁した海沿の山々を右へ眺めつゝ大寶《たいほう》に着、更らに玉の浦の入江を發動船で玉の浦に着いて、島人が五島第一の絶景と自慢する大瀨崎の燈臺へ登つて見る。

　此の日天氣晴朗で、微かに南風がそよめき、急峻を登るのに上服を脫いで、頻りに汗を拭く。山路に菫、あざみなどが咲いて居り、鶯の啼き聲も朗らかだ。

　頂上からは玉の浦灣の碧水をたゝえた七浦を脚下に見降し、福江島の諸連峯も指呼の內にあり、南方は一面の大海原で、折からの春光に水天一色で果しも知られぬ雄大な眺めである。菊池幽芳氏は此の眺めを曾つて天下の絶勝であると激賞されたさうであるが、私の見る處では、七浦を圍む急峻な山々に、古樹が少なくなつて、山肌が荒されてゐるのが玉に瑕である。

　下山の路を切支丹部落の井持《ゐもち》ケ浦へ選び同所の由緒古

るしと云はれる教會を見る。庭園に溶岩で巖窟をつくり、石膏のマリア像を安置した處などは案外に俗ぽいが、建築は中世紀風な清楚な品を備へてゐる。內部は閉されてゐるので見るを得なかつたが、外部から覗つただけでも、裝飾硝子などが甚だ美しいようだ。一體に五島では、一般の文化の度が低く、殊に切支丹の人家などは貧弱であるが、然しそれに反比例して、教會のみは斷然一頭地を抜いてゐて立派な建築である。島內を步るいてゐると、思ひも設けぬ邊鄙な地に、素晴らしい洋建築に出會することがある。これが教會である。この建築の材料は、概ね伊太利から直輸したもので、煉瓦に至るまで取寄せたものがあると云ふ程だから、かうした建物が異國情緒に富んだ特異なものである事は當然のことである。

――二十九日（雨）

五島唯一の溫泉場（近年發見されたもの、海水とすれすれの巖の間から湧出してゐる）荒川を廻つて歸福する豫定だつたが、雨になつたので對岸灣內の中須へ渡つて、時には泥濘路を乘合自動車の後押しなんどしつゝ、福江へ歸着。

三月七日（晴）

梅は既に盛りを過ぎた。

彼岸櫻の滿開したのを見る。

――十二日（曇、時々霰）

昨日も霰が降つたが今日も時々はら〱と霰が散る。こんな季節にこのような寒さは五島には全く珍らしいとの事だ。

五島では「二三虱」と云つて、二月三月は虱のわく季節だそうだが、錢湯からでも貰つたのか、毛織りの胴卷に虱がついて、先日から捕れども獲れどもつきない。

――十六日（晴）

T氏が福江島北岸の中心部落岐《き》宿《しつ》へ同行せぬかと、誘つて吳れられたので、早速出掛ける。同村長の息貞方權兵衞氏も歸村されるとて同行。大曲峠を越えつゝいろいろと岐宿の土俗を訊く。貞方氏は同村の鄉族だが、奥州安倍貞任の後裔で、貞任自身が此の地に遁れ來たつて隱棲したのだとの話である。貞方氏の先代は維新前藩主五島家へ勤仕したが、夜分此の大曲峠を歸村すると、或る日此の峠に棲む白犬が送つて來たと云ふ。五島では、白犬とか、白猫とか、白い獸類は、內地の狼のやうに、或は白鹿、白狐のやうに、魔性のもの神性のものとして恐れられてゐる。

招かるゝまゝに貞方氏の世話になる。同家は近々一家を擧げてブラジルへ移住の計畫とかで活氣に滿ちてゐる。私の次兄も先年同地へ移住して鳥取村を建設してゐるので、いろ〳〵と話がはづむ。

――十七日（晴）

同村の金福寺、アマ崎等の貝塚を見に出掛ける。處々歩いて見ると、同村內並びに附近一體は一大貝塚で、貝は主として牡蠣で、ニナ、ニシなども交つてゐる。アマ崎の麥畑中には黑燿石が散亂してゐて、石器類が製造された地である事が判る。石簇を十個許り拾ふ。

昔城が築かれたと云ふ城岳に登つて、水の浦の勝景に感歎する。五島の風光中、男性的な方面の景色を玉の浦の大瀨崎が代表するならば、女性的な方面の景色は此の城岳が代表するであらう。一體に五島は至る處海景に優れてゐる。

夕刻貞方氏邸へ歸つて爐邊で話を訊いてゐると、盲目の琵琶法師が來て、神前で琵琶を掻き鳴らし讀經した。そしてお布施の膳の白米を袋に收めて歸つた。これは福江某寺の法師で年春秋二回全島をかうして廻るのだと。

貞方氏の當主は甚だ記憶が強く、又探究心にも富んでゐらるゝので、土俗資料の方面でも、一つの寶庫のやうなものである。夜更くるまで爐邊で倦むことも知らずに話を聽いた。年中行事、怪物、傳說などいろ〳〵。岐宿は起原が古いだけに資料も又甚だ豊富である。

此の日村端れの宮小島の附近で拾つたとて、半打製の石斧を三個屆けてくれた村の青年があつた。

――十八日（晴）

午前中、村內の見殘した個所を見て、貞方氏方を辭し、T氏と二人で、唐船浦《とうせんな》、戸岐首《とんのくび》、戸岐、堂崎を經て夕刻歸福。途中、湖水のやうに入込んだ入江、日の溜つた谷合等の村々には、浮世の風波も訪れぬ氣で、自給自足の生活程度こそ低けれ、全く俗世を離れた桃源の世界らしく、ひどく心に魅せられた。

――二十一日（晴）

五島の日島「土井の浦キリシタン部落」
高所にあるは教會堂、昭和三年三月寫

連日の好晴にシャツを脱ぎ、羽織を脱ぐ。梅去つて櫻の季となる。麥の稈も目に見えて伸びた。食膳に蕗がのぼる

久保、藤原の兩君と共に大濱へ行く。此處の海岸の貝塚と稱せられる處は果して貝塚か疑はしく、恐らく自然

の沖積層だらうと思はれるが、土器類、人骨、獸骨、石器類等が出土してゐる。土器の破片や獸牙等を採集して夕方歸宿。

――二十七日（晴）

二十五日急に便船があつたので、奈留《なる》島へ渡り、二十六日には若松島へ渡り、今日は若松から日の島へ廻り、同村土井《どえ》ノ浦から乘船して夕方歸福した。

奈留島の船廻《ふなまはり》では、二十艘ばかりの家船《えぶね》が舫つてゐるのを見た。そしてこれは奥浦在籍のものである事、即ち五島にも家船人が住む事を知つた。

一昨年中通島の奈良尾の港口で、十艘ばかりの家船が、陣形をつくつて、巻網の中へ魚を追ひ込み漁獵してゐるのを見たが、家船の漁人達は、かうした網漁の外に、長い竹の柄のほこ（鉾）で魚を突いて獲る。そんな時には現在では箱鏡を使用するが、以前は油を流して海中の魚を見たものださうだ。夏季になると、一間ばかりの短いほこを持つて海中に潜り、魚を追つて突いて獲るさうだ。家船の漁人に狙はれたら、どんな魚も逃げる事が出來ぬと云はれてゐる。尤もこれは家船人に限らず、五島人でも潜つて魚を捕へる事は巧妙で、藤原君のやうなきやしやな體軀の持主でも、夏になると三分位は海中に潜つて、魚を手づかみにして來ると云ふのだから驚く。

永くて一ケ月か四十日の旅行と約して出たのだが、既に二ケ月を過ぎた。あらまし資料蒐集の目鼻もついたので、近々歸京することゝして手廻りを片着ける。（終）

肥前五島岐宿の凧

橋浦泰雄

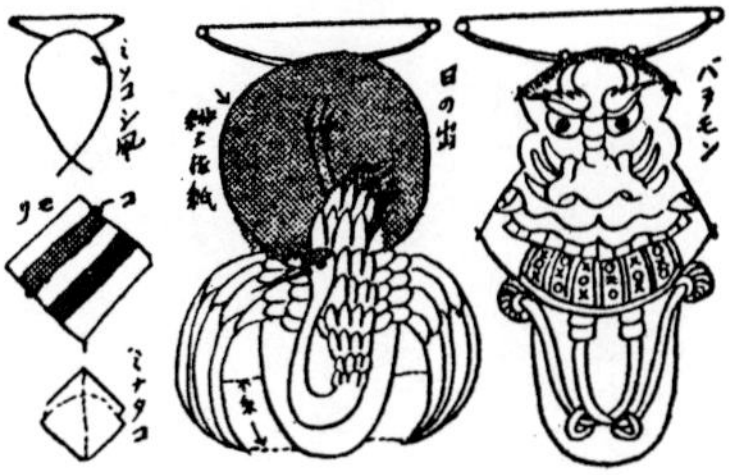

長崎・福江などと同様に凧揚げが盛んである。凧の種類は圖のやうなものが主であるが、用紙は百田《モヽダ》紙を使用し、概ね手製である。大きさは「バラモン」が八枚乃至二十枚、「日の出」が四枚半乃至八枚、「コーモリ」一枚半乃至十六枚、「ミソコシ」一枚、「ミナダコ」半紙一枚等である。上部の弓には籐皮又は棕梠の葉等を張る。「コーモリ」は合戰用で、種々な色紙を張り合せる。

小供等が風を呼ぶのに口笛を吹くが、尚「カーラッショイ（烏よ）〳〵ウンガ（汝が）子ノシンダラ、ショウジンアゲシテクルッテ、風バビッシヤッ（澤山）デヤッテクレ、」と唄ふ。

肥前五島の福江の町

橋浦泰雄

此の地方の地面は鬼獄《おんたけ》から噴き出した熔岩でうまつてゐる。だから村々の家でも、畑でも皆此の熔岩の石垣で圍まれてゐる。福江の町も、中心の町筋を一二除いては、各戸が皆此の石垣で圍まれてゐる。その石垣の中の前庭から、枇杷、みかん、椿、梅、柳、楠、棕梠、柿等の木々が花をつけ、實をつけて差し覗いてゐる。そしてその石垣の間を縫つてゐる町の道を、丸木《まるー》の漁婦が『きびなんごはいらんかなあ…』と賣り歩るく。

此の丸木の漁婦達は幼兒をおんぶする事をしない、皆着物の前をひろげて懐《ふところ》へ内側へ向けてだつこしてゐる。婦ばかりでなく、おやぢさん達も同様にだつこする。小便されたら嘸かし自分でもらしたも同樣であらう。又椿の葉を袂に萏へてそれを丸めて中に刻莨を詰め、さながら葉卷のやうにくゆらす。此のモダンな姿は、丸木《まるー》ばかりでなく島の至る處の村々で散見する事が出來る。味が特別に良いのださうな。

佐渡が島（下）

ロバート・ホール
矢澤大二（譯）

人口と土地

佐渡に居る總人口は數年間といふものは幾らも變らなかつた。平均一年千二百以上の自然增加は、全體として日本一般の傾向と匹敵するものである。佐渡に於けるこの自然增加もよそへ移住するために相殺せられてしまふ。一九二八年には一三二、三七九人の人が屆けられてゐたが、實際には一〇〇、九七四人丈しかこの島には住つてゐなかつた。これは全登記人口の一六%に當る人々が北海道に、日本の工業都市に、そしてブラジルに新しい家庭を作つたためである。佐渡のもう一層かけ離れた部分がこの移住といふことに對してあまり貢獻してゐないことは面白いことである。しかし北岸のタカイシ村は全人口の〇・七%丈しか外に住つてゐない。內海府及び岩首（共に矢張り北岸にあつて）は夫々二・三及び五%丈移住してゐる。これは多きな家族にも影響せられてゐる。平均して一家族前者は六・九後者は六・五人である。

相川及び西海川（共に鑛山であるが）にては移住は大である。相川には一三、三七〇人の移住人口があるが、しかし町には七、一四八人すまつてゐる丈である。つまり四六%丈ないわけである。普通の家には平均四・〇人家に住まつてゐる。ニシミガでは四二・六%の人口がなくなつてゐる。港であり漁場である小木は屆け出になつてゐる人口よりも一二五人丈多くの人がすまつてゐる。これは近年の港の發達と工業の發達により經濟力が刺戟せられたるためである。一般に云へばより近づきやすい部分程その部分の人口の大部分を失つてしまひ、これに反してより隔離してゐる部分程その人口を外に出す機會がないのである。現今の經濟制度の下に於ては佐渡は人口飽和の一點に達してしまつてゐる。

佐渡の耕地は全體では約十四萬町步あるが、その四分の三は水田である。所有權の分布は、佐渡附近の本州のそれとは異つてかなり一様である。唯二十一人丈が十町歩以上を、一〇三人が五町歩以上を、四・〇一六人は三乃至五反歩を、八二一四人が五反歩以下の農場を有してゐる。その他の富の分布も同様に均一であつて、したがつて類似な文化景觀をなしてゐる。

道路と運搬機關

典型的な小島に於ける如くに、海岸道路が島をぐるりとすつかり覆ふてゐる。所々ではこの道は分れてゐて、今では自動車が通つてゐる。だが外の場所に於ては單なる踏付道である。北岸のトギとトチウとの間に於ては二五〇呎の崖が海から立つてゐる。ある距離の間砂濱を縫ふてゐる海岸道路はこゝでは滿潮の時にはつまつてしまふことがある。逆潮の時は人々は退きつゝある波の上をば、崖の下の所でぬれた砂地を走つて渡らねばならない。この點より向ふ北岸は最もかけはなれてゐて、この島の最も後の所である。傴僂病、眼病、肉體的、精神的不具は人口増加の罰である。貧困、非衞生狀態が多い。

鞍狀の路が北西の半島を切斷して居り、相川及びその近傍と中央低地とを連結する道が通つてゐる。もうこれ以上は大佐渡の山脈を切斷してゐる道は一つもない。だがしかし、それより低い南方の山脈は大きな道に依つて三箇所で切斷せられてゐる。

牛は佐渡に於ては重用なる運搬機關である。馬や輪のついた車は少ししかない。人が荷をかつぐことは本州の大概の部分よりも更に普通である。乘合自動車は今では中央低地と行き易い海岸地點との間を往復してゐるが、殆んど旅客運搬のために使はれる。

相　川

相川の金鑛のために佐渡は最も有名になつた。金の採掘はこの島の古い工業である、最初發見されたる鑛山は一五四二年サワネツルコで相川の東方にある。しかし砂金を精洗することが相川の發見を促進した。相川の最初の鑛山は一六〇一年に發見され、そして今の鑛山は一六〇六年から始められた。たつた一人ぽつちの獵師が或晩月の光が金塊の上を照輝して居るのを見てからつゞいて發見がなされたのである。現在の相川鑛山が開らかれてから非常な繁榮を來してゐる。

　鑛山は德川家康の所有となり、重要な收入の道となつた。三百の竪孔が掘られ、金の產出は著しく增加した。鑛夫や職人や勞働者をはじめ、多くの階級の人々が本州から流れ込んだ。一六一三年には約十二萬の人々が相川町に住つてゐた。彼等は現在の町の背後にある谷の上の方へずつとひろがつていたし、その附近のもつと低い臺地を越して擴りさへもした。一六二六年に產額はその極限に達し、それより後は次第に減少しはじめた。產額が減少すると共に、今までよりももつと効果的の採鑛法が行はれたために相川の人口は現在の七一八四人まで徐々に減少したのである。一六九四年から現在に至るまでのこの減少は連續した圖上の記錄に依つてもわかる。昔の町の殘りはどちらの側にも見られる。昔の銀山町の位置は既に見分けられる。相川はこの町を含んでそこから海に向つて擴がつたのである。神社寺格はその異つた周圍をはつきりさせてゐる。家々の密な集團がこゝ彼所にかつて占められてゐた場所の上にひろがつてゐる。これは以前の町の殘りである。かつて鑛石の倉庫を保護してゐた石壁の跡が今でもなほ見つけられる。

　余は實地踏査と古地圖とに依つて鑛山聚落消長圖を作つた。一六九四年及び一六九五年の地圖は海から銀山町へと築き上げられたがつちりした谷溝を示してゐる。がしかし海岸に沿ふては現在住むために使はれてゐるよりももつとせまい土地によつて占められてゐるのが地圖上に表はされてゐる。

　海に於いて利益が增したることは鑛山に對する信賴の減少と相關聯してゐる。一八九〇年の地圖は海に沿ふて占められた幅の廣い目立つた場所を示してゐるが、現在の町の端までは示してゐない。この地圖に依れば今日見られるよりももつと多くの昔の町の殘りが表はれてゐる。約百戶の家を持つ村が銀山町の位置に表はされる。一九一一年の地圖をみれば、その場所には僅かに十二戶そこいらの家しか表はれてゐない。これは昔の町の殘りがその大さに於ても又數に於ても減少してゐることを示してゐる。しかし海岸に沿ふて占められてゐる長い一つゞきのひろがりをば示してゐる。現存ではもはや古の銀山町の位置を表はしてゐる家は一軒もない、そして海岸の村落は昔の町の大多數の擴がりに對して直角に交つてゐる長い曲りくねつた家々を示してゐる。

王政復古の後鑛山の財は明治天皇の御統制となり、内務省に轉ぜられた。日本が海外貿易を開始したことは相川にとつては大なる苦しみを持ち來らしたのである。それは金が幼稚な方法で採られて居つたよりももつと安價に輸入せられ得たからである。それで一時的に中央政府より救助を受け、新しい採鑛法が應用せられた。明治天皇のあの災因當時の大御心を紀念するために相川には毎年一度大きな御祭りが行はれる。一八九六年に鑛山は三菱會社に讓渡せられ、その手で今なほ營まれゐる。それで三二八年間といふものは、相川に於ては金がいつも採られてゐたのである。日本の他のどんな鑛山といへどもこんなレコードを主張することは出來ない。帝國に於ては今では産出高からいへば相川鑛山よりも多い鑛山は八ツ程ある。しかしいつたいどれかの鑛山がその全産額に於て相川と匹敵できるか否かは疑はしいものである。一九二九年に於ては五十年間平均一月當り四萬瓦、二七六年の間一月當り平均一萬瓦の産出があつたと推定せられた。これによれば一九二九年に於ては全産額五七一二萬瓦の金を算したわけであらう。それで昔は最もよい鑛石一噸當り五千瓦にも及んだけれども今ではいくらよくても五百瓦を越えることは出來ず、平均では五瓦位と思はれる。

現今では二つの主要なる竪孔があつてどちらも約一千呎の深さに及んでゐる。現今、四百の男女の狀態は英國の炭坑に於けるデツケンスの叙述を思ひ出さしめてゐるけれども、近代的な機械がどんどん用ひられてゐる。今では平均一月當り一萬噸の鑛石が採掘せられてゐる。現在の増加しつゝある割合に於て、完全なる採掘が十から十五年位たてば行はれるであらうと考へられてゐる。銀や銅も金と一緒に産出する。銀は今では量から云へば金の十五倍も出る。毎月約七百瓩の銅が産出せられる。含水鐵粘土も鑛石と一緒に出、相川の磁器工業の基礎をなしてゐる。より高度のアマルガムになつゐるのは大阪に運ばれるが金と銀との製錬は鑛山で行はれる。上等の銅は岡山縣の直島に送られるが含有量の極めて少い鑛石は地方的に處理せらる。

工業及び對外貿易

佐渡に於ける最も重要なる産物は日本一般のそれと同じく米である。年平均十七萬石の米がとれ、その中約五萬石は他所へつみ出される。乾田の主なる穀物は大麥であつて、これは殆んど島内消費である。野菜は新潟へつみ出されるために砂丘に作られる。桑の木はほんの僅かしかなく、僅か六百の人達が養蠶をやつてゐるに過ぎない。牛を飼ふことはかなりに重要さを有してゐて、佐渡はその牛のために西部本州の市場に於ては有名である。森は材木を供給し木炭は他所に送り出さる。六萬五千町歩がこのやうな目的のために用ひられてゐる。

次にこの島の組合の仕事に對しては漁業が一番額が多い。變つた魚や多量の海草が本州に送り出される。沖釣に出る帆船に依り、タスラは日本で一番おめでたい魚である鯛の産地として有名である。北夷は食用海草の中心である。南海岸はイカや earshell（耳貝?）のために有名である。このやうな魚の串がどこの漁師の家の前にも干してあるのが見られる。それらは輸出の重要なものである。タコは佐渡の名産である。北岸の向ふの海は岩だらけである、それで漁業は主に糸と魚扠とで行はれる。多くの種類の魚が地方的の消費並に輸出の爲に捕獲せられる。佐渡の魚商人は新潟縣の至る所の市場にその姿を見せてゐる。

佐渡には特筆すべき製造工業が少い。南海岸では至る所で竹製品、特に籠とか花瓶などが家庭の副業として行はれてゐる。相川には今でも銅器製造人は少しは居るが、その仕事はかすかなものである。あまり外へは出ないが佐渡の磁器は相川で作られる。

五つの小さな水力電氣の設けがあるが、あんまりかけ離れすぎてゐて今でもなほ電氣の恩惠を受けない村落も少しある。

味噌の製造は最も著名な製造工業である。ハモチには二つの工場があつて共に約二百人の人を使つてゐて、年に七萬或は八萬貫の樽づめを作つてゐる。この工業は佐渡にはその安い賃銀のためにできたのである。どんな階級の勞働者にとつても一日につき七十五錢が平均の賃銀である。原料品は皆輸入せられたものである。蠶豆は朝鮮から、米は越後平野の北部から、そして鹽は內海の備後からやつて來るのである。外へ出るものは主に東京、樺太及び北海道へ行く。この島にはなほ二つのそれより小さな味噌工場がある、一つは大石に他のも一つは眞野にある。醬油の工場も亦小さいのが五つから六つある、その中二つはハモチにある。

結論

佐渡は日本本土の屬島ではあるけれどもその文化が明確な地方色を保有する點は他の屬島たる小さな島々に大

變よく似てゐる。この島全體に渡つて言語に、風習にそして一般的な文化に著しい普遍性を有してゐる。富が平均に分布せられてゐることゝ共に、これは民家に、乘物に、野原にそして實に文化景觀のあらゆる型の類似性に及んでゐる。

佐渡は人口といふことに關してはその飽和點に達してしまつてゐる。そのことは人口の傾向や生活の一般的な標準からみて明である。何か途方もない文化的若返りが起らない限り佐渡は相變らず出稼ぎの國であり、隨つて生活標準の低い國であるだらう。（終）

（附記）新聞紙は八月上旬ホールの三度目の來朝を報じてゐる。尙我々の觀察によれば佐渡が島はホールの如く南と北とに比較せらるべきでなく、風上風下即ち西北と東南とに分けと考へらるべきものである。

肥前宇久島

福田茂郎

宇久島は九州の西北海所謂五島列島の最北端に位し、面積約四方里、東西二里九町南北二里、沿海線約七里の島である。郡政時代交通上より南島の小値賀島と共に、北松浦郡管轄に屬してゐた。

一、沿革

七百餘年前即ち源平合戰が壇浦に於て結末を付け、平家の一門が衰滅の底へ沈み入つた時、清盛の弟家盛（忠盛の次男、清盛に後るゝ事六年母は池禪尼、平治物語抄）は之まで隱遁してゐたが、安住の地を九州に求め、一族を引具して山城の國を出發、松浦黨の渡邊公を賴つて平戶に來り、遂に宇久島に上着する事になつた。

當時島には二三の豪族割據して居たが、渡邊公の後援と島民一部の歡迎によつて、勢を振つてゐた豪族久保氏一族を亡ぼし領主となつた譯である。其後近隣の島々を平げ遂に五島列島一帶の領主となり源氏を名乘り當時鎌倉總追捕使賴朝の下へ天下平定の祝儀として使を遣り從五位下肥前守に任ぜられた。後八代目より政治上の關係から當時の大値賀今の福江島に移り本城を築いてゐる。兎に角八代目迄は五島藩の中心地となつてゐた。居城の跡は島の中央の約二七〇米の山に城ケ岳の名を殘してゐる。尙又家盛が山城國より渡り來つた當時從つて來た家臣の子孫が此の島に殘つてゐる。中にも家盛の守護神八幡宮（島の西端宮ノ首に鎭座）の社掌宮崎氏など二十三代歷として今日に至つて

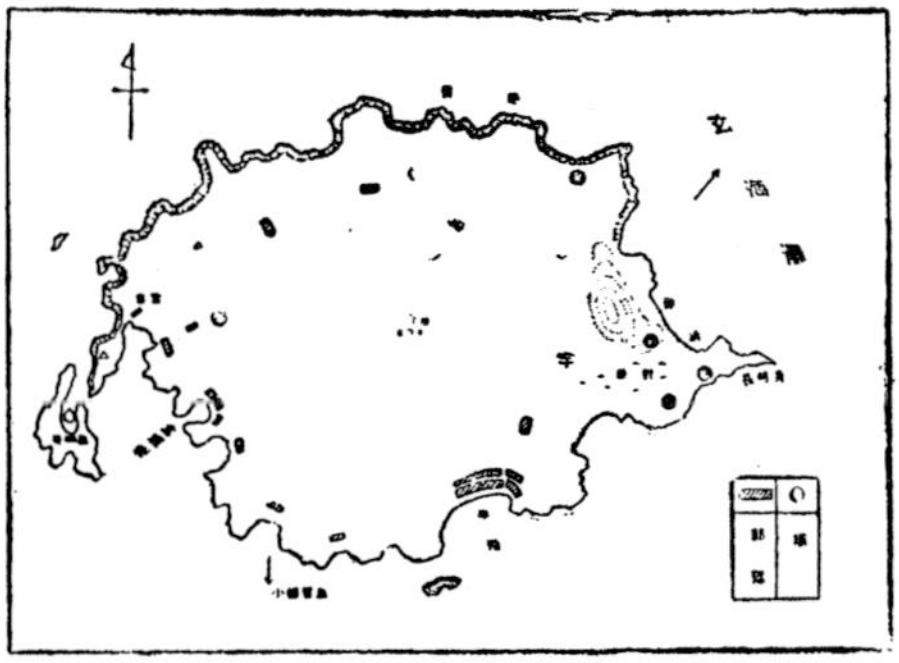

ゐる。

二、島民の生活状況

島民の七割は農業で漁業が約三割、後は商業其の他である。此處では農民生活を主として記する事にする。

(A) 食　物

農業經營は未だ近代文明の洗禮に十分浴しないでゐる。作物は主として甘藷、米、麥であるが、米は輸入額も少くない。農民の食物の大部分は甘藷である。

冬期甘藷《いも》掘《ほり》を行ふと大概家の入口から土間に入つた左側の間の疊をめくり床板を剝《は》ぐと眞下に、甘藷《いも》釜《かま》と稱する方一間半位深さ四尺程の穴を土中に堀り、其の中に砂或は藁を敷いて、其の上に畑より牛に荷負せて來た甘藷を蓄へるのである。

その甘藷釜のいもを平常は小出《こだし》にして、俵に入れて置いて朝夕の食物となす。

又此の甘藷を薄切りにして乾かし「かんころ」と稱する物を作り俵に入れて置く。之を煮て食用とするのである。之がむしろ甘藷よりも常用されてゐる。麥も右の甘藷、かんころと並用されてゐる。

甘藷の不作といふ事は餘りない。從つて島民は穀價の社會的高低に、其の日常生活を極度に脅かされるといふ樣な事は餘り無い。

つまり生活程度の低いだけ餘力があるのである。他の生活需用品としては砂糖、鹽等の重要物は、勿論輸入されてゐるが、七割程度の自給自足生活がなされてゐる。

(B) 住　家

家屋は麥藁屋根であつたのが、近來は殆ど瓦屋根と化してゐる。又以前は人畜同居が多く見受けられたが、之も近來は母屋と離して牛小屋を建てゝ居る。疊など「しつと」と稱する植物で手製し盆正月に表換を行ふ。概して住家には特異な點は無い。

(C) 衣　服

以前は手織の紺色の物を夏冬用ひて居たが、近來都會商業の影響を多分に受けてゐる。

履物《はきもの》は「足なか」と稱し稻藁にて編みたるもの。緒《を》は同じ藁を精選した物にて編み、指當の所にて結んで居る。大きさは足の踵《かかと》に及ばぬ範圍である。足なかの名稱も此處に出たのではあるまいか。

三、言　語

島内に主要部落が七・八あるとして殆ど部落によつて言語を異にしてゐる。アクセント語尾が部落特有のものを持つてゐる。

此の内海港部落は、稍々都會地方の言葉の加味されたるものもあるが、農民部落に至つては正に頑固な程純粋である。

然も交通不便な北部の部落に入つては、同じ僅か四方里の島内に住み乍ら、他部落の者が解し難き言葉が一つの會話の中に五割方含まれてゐる程である。而して北部の邊鄙な部落の言語になるに從つて語尾を長くし、アクセントがひどい。而して此のアクセントによつて半ば感情を表現してゐる。之は表現す可き言葉を知らない場合、せめてアクセントによつて自己の氣持を表現してゐるのである。

島の方言の中には、往々古語乃至古語に通ずるものがある。

四、宗　教

一般の例に漏れず土俗信仰が根強い、從つて迷信の人心を左右することが甚だしくある。

寺院を中心として、つまり先祖代々の宗派による寺院を中心としての宗教生活は甚だ貧弱である。最近は殊に弘法大師に對す信仰が旺盛を極めてゐる。此の島から六海里程離れた野崎島及以南の諸島には、舊教信者が可成り居るが、此の島には殆ど一人の信者も居ないことはむしろ不思議な位である。

五、年中行事

年中行事に於ては種々樣々あるが、此處に一つ特異な盆踊がある。此の盆踊を念佛踊と稱してゐる。

筆者寫生の圖に見る如き扮裝をして、舊十三日より十五日迄三日間踊り抜くのである。

此の踊は舊藩五島民の先祖が此の島に土着した際、島

民が歡迎の祝として踊つて見せたと郷土史にあるを見れば、優に七百年は傳はつてゐる譯である。然もそれ以前より此の島に在つたことは理解される。

此の踊の唄の文句が甚だ不可解である。此の島の方言

も全く含まれて居ない。此の不可解な文句を唱へて今日まで踊られてゐるのだから面白い。即ち左の文句である。

扮裝の踊手が勢揃へすると先づ鉦敲が一番の歌を唱へる。

『オオノ・モンドイー』

すると「ジャーフリ」と稱する饅頭傘の一團が

『ンノブ・シノブノヤー』

と唱へる。と大鼓敲がそれに付けて

『ヤー』

と唱へトントンと大鼓を兩手の撥《ばち》で打ち鳴らし乍ら

『ウイー』

と叫ぶ。

以上が一番の踊で、二番目三番目は同じ型で大鼓敲、ジャーフリの文句も同じだが只鉦打の文句が二番目に

『イヤナ・モンドイー』

と唱へ三番目に

『ヘエロ・モンドイー』

と唱へ唄ふのである。

右の文句を唱へつつ鉦打、大鼓敲、ジャーフリの三組が手を振り上げ、大地を蹴り跳び、腰部を巧に捻つて亂舞するのである。

大鼓打の扮裝が最も目を引く。頭の飾には鳥の毛などを付け、腰には「しつと」(疊表を作る植物)で作つた物を付けてゐる。

此の大鼓打が縱横無盡に、兩手の撥を大鼓に打ち付けて、腰を捻りなどして踊るさまは、南洋土人の踊を聯想せしめる。

此の踊の由來。踊の文句の意味など何とかして究明したきものである。

六、舊　跡

島の東北岸、日本海と東支那海の潮の相打つ所の磯邊に圖の如き塚がある。

餘程の歳月を經たものと見へて、築いた石には青ごけを生じ、直徑十センチ米の葛《かずら》が、蛇の如く卷きはびこつてゐる。

平地に十四五米位の直徑の圓形に盛り上げ、その上に高さ二米位の石垣を直徑六米程に築き、中央は饅頭形に盛り上げてある。

中央に對して一方乃至二方より、幅一米半程の石段をしつらへてある。塚の石垣は大概元のまゝをしてゐるが、石段はなかば崩壊してゐる。

土地の者は沿岸にての難破船の死靈など此處に祭つたり、或は五穀の神として「御札」を奉つたりなぞして、信仰してゐる。然し此の塚の由來は全くさだかでない。波打ぎはから數間しか離れてゐない。波荒き時なぞ、しぶきが塚を被ふ事さへある。

　此の島には一帶に直徑三米程の塚が到る處に散在してゐる。然し構造の餘りに大なものは島の東北端、地名長崎鼻に在る此の二箇の塚である。

　無數に在る塚の中には、色々傳說を持つ塚もある。或る塚には刀劍や鎧が埋つてゐて、其の塚に非禮な事をなすと祟《たゝり》があるなど、部落民に言はれてゐるのがある。

　吾人は此の由來不名の塚に對して專門研究家の敎示を切に望むものである。

　次に、古代使用したと言はれる所謂「矢《や》尻《じり》」と稱する石器が、右の塚のある附近から往々發見される事も附記して置く。

◉**ゆーむー齒と我齒**　子供の乳齒が拔ける時「ゆーむー齒《ハー》と我齒《ワーハー》と生早《ミーベー》く」と唱へ下齒は上に向けて、上齒は下に向けて投げろ、すると早く齒が生えるものと云ふ俗信が沖繩にある。このゆーむーと云ふのは何でも猿のやうな動物であるらしく、今はゐないけれども、昔居たと云ひ傳へがあつて、顔の細く尖つて猿のやうな人を稱して、ゆーむーと渾名をつけることもある。又昔は猿（サールーと稱す）も沖繩地方に居て、ゆーむーとは仲間同志であつたと云ふことである。而して猿は狡猾な奴であるけれども、ゆーむーは寧ろ馬鹿正直な可愛らしい動物であつたと。猿とゆーむーと一緒に楊梅狩に行つた時、猿は狡猾な奴だから、自分の籠には熟した楊梅の實を下に一杯入れて上には態と熟し切れぬ生物を蔽ひ、ゆーむーの籠は反對に生な奴を下に一杯盛りてほんの僅に上に熟した實をふりかけて胡麻化してやつた。それでもゆーむーは馬鹿正直だから猿の親切を謝した。後其の狡猾手段が發覺した時、ゆーむーは口惜くて耐らず、天帝にこの事を訴訟したら、猿は其の狡智を御叱りになり、ひどく罰せられた云々と云ふ話もある。上の咒ひは其のゆーむーの齒と自分齒と誰のが先きに生えるか、どうか自分の齒が先に生えますやうにと云ふ意味である。（末吉安恭・遺稿）

放牧牛馬の耳印

眞野恒雄

隱岐島には、古來より牧場に於て自他の牛馬を鑑別し、或は入會牧に於て、他部落の牛馬との識別に便せんが爲め、耳印を切るの習慣あり。されど何時代より何人に依り考案せられしか文獻の徵すべきものなし。

耳印は、各村に依り多少異るものあるも、大體基本になる型は十六——二十あり。之れを種々組合せて各自の印となす。亦部落の印を定め、之れに依りて他部落牛馬との鑑別をなすものもあり。之れなき所も同一部落は略似たる印を用ひ居れば、何部落の牛馬なるかは、凡そ識別し得らる。

古は新たに牛馬を所有するものは、本家或は親方家より其家の耳印を貰らひ、之れを牧司（牧場取締人）に屆出て、耳印帳に記帳して各自の印となせるものにして、一族子方は皆同一耳印を使用し、恰も家紋の如くなりしも、現今は牧司に屆出で、牧司より耳印を授くる事となれり。浦江村にては、此の場合耳印料として金一圓宛徵收して牧司の收入となす。

知夫村の分

ハズ

耳の縱線に平行に即ち水平に耳尖を切込む

ハンダイ

耳の上緣中央部を半月形に切り取る

尾《を》印《じるし》

耳の下緣中央部を半月形に切り取る

ソ毛《げ》

耳尖上緣を斜にソギ取る

タブラ

耳の下緣中央部を耳の縱線に直角に即ち垂直に切り込む

突割《つきわり》ハズ

（又は矢ハズ）耳尖を楔形に切り取る

上《うへ》曲尺《まがりかね》

耳尖上縁を直角に切り曲尺形に切り取る

桁《けた》

耳尖を垂直に切り取る

上《うは》毛《げ》成《なり》

耳の上縁尖三分の一の部を斜下に耳根に向ひ切り込む

メ　ド

耳の中央部を圓形に切り取る

大《だい》印《じるし》

耳尖を垂直に切り取り更に楔形に切り取る

下《した》毛《げ》成《なり》

耳の下縁尖三分一の部を斜上耳根に向ひ切り込む

切《きり》込《こみ》

耳の上縁中央部を耳縦線に直角に即ち垂直に切り込む

下《しも》曲尺《まがりかね》

耳尖下縁を曲尺型に切り取る

カ　ギ

耳の下縁尖三分一の部を斜上に耳尖に向ひ切り込む

元《もと》カギ

耳の下縁根三分一の部を斜上に耳尖に向ひ切り込む

浦江村の分

廻《まは》利《り》（知夫村のハズに同じ）

タビラ（知夫村のタブラに同じ）

切《きり》小《こ》又《また》（知夫村の切込に同じ）

マド（知夫村のメドに同じ）

下カギ（知夫の元カギに同じ）

貫《くわん》原《はら》（知夫村の上毛成に同じ）

ケタ（知夫村と同じ）

下毛成（知夫村と同じ）

上曲カネ（知夫村に同じ）

才《さい》口《ぐお》（知夫村の突割ハズに同じ）

ソ毛（知夫村と同じ）

下曲カネ（知夫村と同じ）

タジンジヤ
耳の上縁中央部と耳先部との中間を半月形に切り取る

元切《もとぎ》り小《こ》
耳の上縁耳根部を垂直に切り込む

臺《せい》
耳尖を垂直に切り取り更に水平に切り込む

上《うは》カギ
耳上縁耳根部を斜下に耳尖に向ひ切り込む

ツネゴ
耳の上下縁共中央部を半月形に切り取る

元タビラ
耳の下縁耳根部を垂直に切り込む

イボ
耳の下縁中央部を二ケ所垂直に切り込む

鼻《はな》形《がた》
耳の下縁中央部と耳尖部との中間を半月形に切り取る

ソリゴ
耳の上縁中央部より耳尖に向ひ曲尺形に切り取る

上《うは》元《もと》
耳の上縁耳根部を半月形に切り取る

下《した》元《もと》
耳の下縁耳根部を半月形に切り取る

以上の型を組合せ、各自の耳印となすものにして、例へば、知夫村の現在耳印を載ぐれば左の如し。

薄毛（部落名）　里印　左尾印

一、左尾印。一、左尾印、切込。一、左尾印、桁。一、左尾印、左右桁。一、左右尾印。

多澤　里印　左切込

一、左切込、右元カギ。一、左右切込。一、左切込、メド、右ケタ、メド。一、左切込、ケタ、右ケタ。一、左切込、右桁。一、左切込、ケタ。一、左右切込左メド。

郡　　　　里印　右切込

一、右切込、下毛成、左ソ毛。一、右切込、上毛成、左ソ毛。一、右切込、タブラ、左桁。一、右切込、左右桁。一、右切込、左下毛成。一、右切込、メド。一、右切込、左突割ハズ。一、右切込、左タブラ。一、右切込、左突割ハズ 下毛成。一、右切込、左元カギ。一、右切込、左ソ毛。一右切込、下毛成。一、右切込、左桁。一、右切込、左メド。一右切込、ハズ。左桁。一、右切込 ハズ左桁。一、右切込、左突割ハズ。一、右切込、左桁。

來居　　　　里印　右ハズ

一、右ハズ。一、右ハズ タブラ 元カギ　一、右ハズ　左桁 下毛成　一、右ハズ、左桁。一、右ハズ、左下毛成。一、右ハズ、左上毛成。一、右ハズ 大印

大江　　　　里印　左下曲尺

一、左下曲尺。一、左下曲尺、右突割ハズ。一、左下曲尺、右大印。一、左下曲尺、右メド。一、左下曲尺、右切込 突割ハズ　一、左下曲尺、右元カギ。一、左下曲尺、右タブラ。一、左右下曲尺。一、左下曲尺、右下毛成。一、左下曲尺、右ソ毛。一、左下曲尺右上毛成。一、左下曲尺、右上曲尺。

仁夫　　　　里印　左ハズ

一、左ハズ、右上曲尺。一、左ハズ メド　一、左ハズ、右元カギ。一、左ハズ、左右元カギ。一、左ハズ、右メド。一、左ハズ 上毛成　一、左ハズ 元カギ　右元カギ。一、左ハズ 上曲尺 右上曲尺。一、左ツネゴ、右元カギ＝浦江村より買入。一、左ハズ、右突割ハズ。

古海　　　　里印　右尾印

一、右尾印。一、右尾印、右タブラ。一、右尾印、右上曲尺、一、右尾印 桁　一、右尾印、左下毛成。一、右尾印、左切込。一、右尾印 メド　一、右尾印、右元カギ。

以上、耳印も流通經濟機構の發達につれ、家畜の如き

價値判定の難き、且幼畜の如く將來に對する夢の潜み易きものに於ては、産地の如き抽象的一般的條件の、價格を左右すること大にして、本島産犢の如きも近畿方面向きの優良牝牛は但馬牛と稱し、廣島、岡山方面向きの優良牡犢は千屋牛、神石牛と稱し販出するが、牛馬商の常套手段なるを以て、耳印ありては之のカムフラージが出來ざる爲めか、牛馬商人の之れを忌み嫌ふ爲め、近時漸次用ひざるに到れり。

耳印の起原に關しては、前述の如く文獻の徴すべきものなきも、只『タビラ』（知夫村にてはタブラ）につき、左の如き文獻を得たり。

永祿年間、海士郡崎村の内多井里（現在の海士村大字多井）に住せる田平庄五郎なる卿士の用ひし耳印なりと傳へらる。

田平庄五郎は、永祿十三年七月、村上右京亮等同志の輩と、因屋城に籠り（因屋城は村上助九郎邸を中心とする附近一帶の要地）丹但兩州の賊徒襲來の時、力戰せる勇士なり。村上右京亮は時の領主小早川隆景、喜んで之を感賞す。村上助九郎藏する所の感狀に詳かなり。

肥前五島岐宿の舟

橋浦泰雄

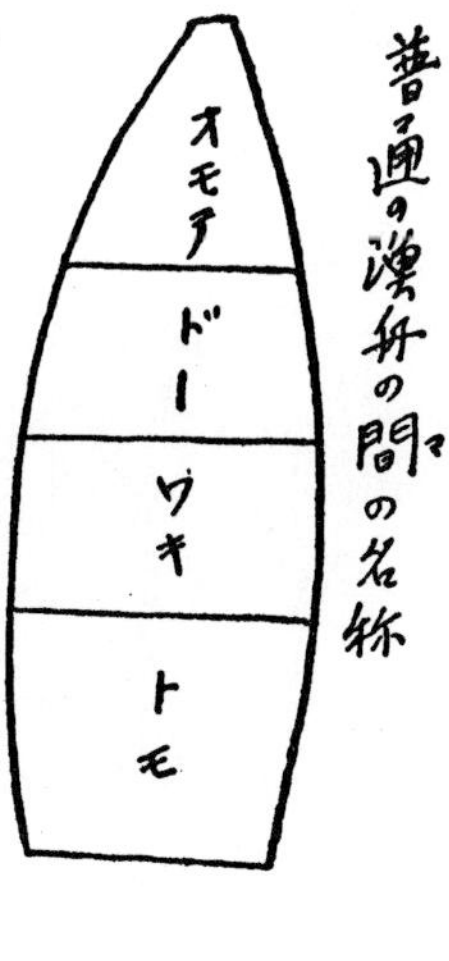

此の外に「ゴロッップネ」「アトノコ」「ヤマトブネ」「クロフネ」「テンマ」「ナワフネ」等各種類がある。

伊豫大三島大山祇神社の御田植祭

（口繪解說參照）

二人相撲

（小林正熊氏撮影）

神輿丁たち

石垣島の陰膳

喜舍場永珣

八重山石垣島では「陰膳《カゲセン》」のことをトクヌジン（徳の膳）或はカリユシジン（嘉例吉の膳）とも言つてゐる。この陰膳を供へるわけは、「旅行者の魂が來て其のお膳を戴くために、旅行中饑じくなく健やかに、幸福と嘉例ばかりで、自ら徳を賜はるやうになる」といふ信仰からで、其の由來を調べて見ると「昔或人が見も知らぬ國に漂着して、異國人の手厚き救助をうけ一二年の間暮してゐたが、或時洞穴からの土掘りを命ぜられたので、行つて働いてゐたところ、土砂が崩れ落ちて生埋になつてしまつた。幸にも大石が中に支へ、命は漸く助かつたが出る事が叶はず、噫！ 神よと合掌してゐるときに、不思議にも頭の頂上の欠げた異形のものが現はれてぱつと消へてしまつた。空腹だのに其の變化が現はれる度毎に饑じさがなくなる。二三日の後に漸く救ひ出され、後浦傳へ島傳へに數年の後、懐かしい郷里の土を踏むことが出來た。家では既に死んだものと思ひ、早くも位牌を立て、燒香などしてをつた。その間毎日三度宛膳を供へてゐた。不思議な事にはその位牌の頂上が板の節穴のために少し欠けてゐた事と、彼に現はれた變化の頭頂が欠けてゐた事とが符節を合すやうであつた。それから旅行者の家では必ずこの徳の膳を供へるやうになつた」といひ傳へてゐる。

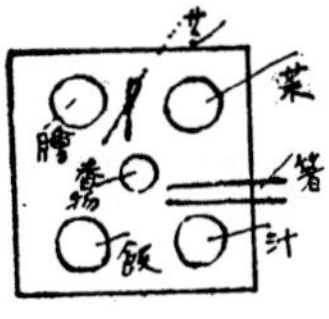

サンは藁で結びたるもので魔除け或は禁止などに用ひらる

徳の膳は上圖の通りにするのが本式だそうだ。が家の生活程度によつて略式で膾や香物を省たりしたのである。卽ち毎日家族が食べるあり合せのものを日に三度宛供へてゐたのである。注意すべき事は箸の位置で、圖の如く中央に置く。お膳を供へる場所も二通りあつて、旅に行つて消息のない者に對しては大黑柱の西方に東に向けて置く。或は膳ばかりでなく煙草盆も茶も供へたのであつた。そして消息がはつきりしてゐる者に對しては、旅行者が日常坐つてゐた所に置くのが常例であるが、狭い室になると飯臺の上か或は戸棚の上などに置いたりした。中には三四年も消息が絶えた者は死んだ者として、徳の膳には上から風呂敷を被ふたといふ事もある。

この御膳に用ひる食器類も日用の陶器ではなく、黒塗りの木腕（俗に六十椀）の蓋附きのものを用ひた。最も注意すべき事は、徳の膳によつて生死を占つた事である。其の占法は冷へきつた御飯を、木椀に入れ蓋をして置くと、旅行者が生きてゐれば、蓋の内面に滴が附いてをる、さもない時には死んだものと諦めたと云ふことである。

それから冬至、正月、シチ（昔の新年）などの御節句には、家族同様に振舞（御馳走）を陰膳として供へた。雛祭（三月三日）、種子取、十五夜の月見、盆祭、十六日祭などには、當日作る餅や御菓子其他を供へる。

この徳の膳の後始末はどうするか、即ち御下りは第一に母が箸を押し戴いて「どうか徳のあるやうに、旅中は幸あるやうに、常に健かに無難であるやうに」と神に祈つて後に頂戴して、其次には姉妹妻子等といふ順に戴くのが本式である。現時《いま》でもこの徳の膳の風習は殘つてやつてゐるが、以前のように嚴格でなく至つて簡略で、食器の如きも木椀に限らず燒物碗で御初を入れて食堂の片隅に置いてをる。

本誌第一卷第二號南島談話會筆記中に「宮良　石垣では之れをヤーブルマイと云つてゐる」云々との記事があるが、八重山で陰膳の事を「ヤーブルマイ」といふ語は全然ないことである。思ふに何かの記憶違ひではなからうか。私の臆測では多分ヤーブルマイのヤーは家のことでブルマイは印刷の誤りでフルマイ（振舞）御馳走の意、即ち「家振舞」となる。普通の御馳走を振舞といひ、陰膳を家振舞と區別してあるやうに考へられる。前に述べた如く、冬至新年シチ等に振舞を陰膳として供へたのを、誤認されたのか將又誤傳させられたのではなからうか、陰膳即ち徳の膳は御馳走を供へる性質のものでなく、日常の食事其儘を食器を木椀に替へたまゝであつて、決して振舞ではなかつた。（一九三三、六、二六）

喜界島昔話（四）

岩倉市郎

三人の法螺

男三人、連れ合つて見ちヤ處が、一人の男が言ふには、我牛は一町歩の溜池の水を一引きに引いてしまう――と。すると二番目の男が、吾は一町廻りの大鼓を張る牛の皮を持つてゐる――と言ふ。それを聞いて一番目の男が、世《ユ》ン中に一町廻りの大鼓を張る牛の皮が有ンもんナと言つたので、二番目の男が一町歩の水を引く牛の皮ぢやと答へた。それで一番目の男は口を詰められた。

今度は三番目の男が言ふた。我山には一町の長い蔓《ハンダー》がある――。そこで二番目の男が、世ン中にそんな長い蔓の有ンもんナ――と言ふと、三番目の男が、一町廻りの大鼓を諦める蔓よ、と言つたので、二番目の男も又口を詰められてしまつた。

身守りの手拭

或る男が大和旅に上つたら、途中の海で荒れに逢つて船覆《フナクフ》りした。他の人達は皆溺れて死んだが、男丈は命助つた。それは何故かと言へば、男は島を出る時、三人のウナリ（男から姉妹を指していふ語）から手拭を片見に貰つてあつたからである。陸へ泳ぎ上つて見たら、姉の手拭は額に、二番目の手拭は腹に、三番目の手拭は下帶になつてゐた。それが力になつて男は助つた。それから旅に出る時は、必ずウナリから手拭を貰ふやうになつたといふことである。

▽ウシワカの話

ウシワカの母は大變美しい女であつた。惡い男が母を忍んで、ウシワカの父を熱湯に入れて茹で殺した。そして母を忍んだが、母は今日は夫の忌日だとか、今日は日が惡いとか言つて、どうしても忍ばれなかつた。有たる日、母はウシワカを抱いて家から遁げ出した。惡い男が後を追つて來たので、ウシワカは母に向つて、足駄を反對に穿けと言つた。その通りしたので、男は足駄の向いてゐる方角を追つて行つた。それで、母子は危い處を助かつた。——以下失念。

ウシワカは大きくなつて、母を探して方々歩いて、或る日山の中に入つた。處が山の中に一軒の立派な家があつて、宿を頼むと出て來たのは懐しい母であつた。ウシワカは母に抱かれて寢た。處が明朝起きてみると、母と思つたのは一本の石塔で、其處には家の影も見へなかつた。石塔を見ると母の名前が書いてあるので、此處で母が惡い男に殺されたのだと知つた。其處へ惡い者共が來て、ウシワカを殺そうとしたが、寢て居て一方の目は閉ぢてゐるが一方の目は開いてゐるので、皆怖れて近寄る事が出來ない。却つて惡い者共はウシワカに殺される。

蛸の骨なし

昔根屋（niya 龍宮に相當する）の神様の一人娘が病氣になつたので、占者《ホーシャ》に占つて貰つた。——やつぱり根屋にも占者はあつたと見へます。占者は法をして、此の病《ヤンメー》は是非共猿の生肝取つて來て召上《ミショー》らさんば、治る見込はありませんと言ふことであつた。それで根屋の神様は、犬

を遣つて、遠い國へ猿を探しにやつた。

犬は遠くの島へ行つて、やつと猿を見付けた。猿殿猿殿、汝は根屋と言ふ處へ見物に行《イ》かと思つた事はないか、と訊くと猿は、一度は見物し度《テ》ェ物だと思つてゐるがと言ふので、それありば連れて行つて上げよう。一時の間我腰を抱いて居れば、根屋迄はミツシ（目ばたき）する間ぢや——と言はれて、猿は喜んで犬の腰に抱きついた。そして海端へ行つて、犬が水際の平石を一踏み踏んだと思つたら、二人はいつの間にか根屋へ來てゐた。

暫くの間猿を遊ばして置いた處が、或る日蛸と針河豚（針鼠の様に全身針のある河豚。ニーブクー）がそれを見て、コレ〳〵お前は大變だぞ。實は神様の一人娘に、汝の生肝を召上らす事になつてゐるから、汝の命は長ごうはあるまいぞ——と言ふので、猿はいつぱい心配したが、何とかして逃げやうと思つて、つまらん事をした。肝を島に忘れて來たと言ひ出した。根屋の神様もそれを聞いて、仕方がないから早く行つて肝取つて來いと言つて、犬と一緒に還へしてやつた。島に着くと猿は一生懸

命に遁げて、今度はもうどうしても摑まらなかつた。

後で蛸と針河豚がダンス（告け口）した事が分つて、その罰として蛸は骨を打抜がれ、針河豚は骨を打ち亂《ミ》ぢヤされて、とう／＼骨が外へバラ／＼になつて飛び出したので、今の様に針だらきになつた。

死んだ娘

ツヒュー者（づぼら）の男があつて、博奕をしてさんざん負けて、着物から帶迄スツコイ剝がれて歸つて來た。途中で夜暮《ユンク》らして、其上ジバン一枚しか着てゐないものだから、寒くて歩きもならない。これではどうにも續からんと思つてゐると、良いアンベーに向ふの方に火が見へるので、火にでも溫まつて行こうかなと近寄つて見りば、それは新墓《アラハカ》の燈明であつた。燈明か――と言つて行こうとすると、墓の中でゴト／＼音がする。ヤイヤ（さては）と思つて、注意すると、間違ひなく墓の中だから、あさり出して棺を明けて見たら、中に娘が生きてゐた。男は早速水の初を取つて娘に呑ませ、目を開けたのを見て、名は何と言ふかと訊くと、私は何と言ふ者で家は何處々々であるから、どうか送つて下さいと言ふ。男は其の女を負ぶつて親の家へ行つた。行つて見ると其家は村の大家殿で、立派な構ィである。男は娘をヤンメー（家の前卽ち庭）に立たせて、先づ家人に其事を話すと、家の娘は近頃死にはしたが、死んだ者が生きるといふ事はない――と言つて男を叱り付けた。然し本當の娘を見せたので、家では大喜びをした。

其後生き返つた娘は遠方へ嫁に行く事になつた。立派な大家殿の娘の事であるから、山駕籠に載せて送る事になつて、澤山の駕籠擔ぎを賴んだ。其中に、娘を墓から助け出した男も交つて雇はれた。駕籠が家を出て、例へば浦原から阿傳の濱の様な處迄來た處が、其男がイト（勞働歌）を歌つた。

墓からスビ出ち
石の磨り屑
呑ましてヨイサ／＼

と言つた處が中の娘が、今一度イトをして吳れと言ふので、男は又同じ様に歌つた。すると娘は、此の駕籠を戻して呉れと言つて、何と言つても肯かない。仕方なく駕籠を家へ還へすと、娘は助けた男に向つて、今私が生きて居れるのはあなたのお蔭であるから、私はどうしてもあなたの妻になり度い。今迄大分探したが見付ける事が出來なかつたので、仕方なし遠方へ嫁に行く事になつたが、もう見付つた上はどうか私を妻にして下さい、と言ふので二人夫婦になつた。男は娘の親の身代を讓つて貰つて、一生樂な暮しをする事が出來たといふ事である。

神様の申子

子無しの夫婦があつた。子供は欲しいが、何たる事にしても賜《タボ》うらゝん子は出來るものでもなく、仕方がないから神信心をする事にしてみた。夫婦が熱心に信心したので、眞心が叶つて、神様のお告げがあつた。夫婦寢る時は手斧《シューヌ》を枕にして寢れば子供が出來る――との仰せである。

神様の仰せの通り、子供は出來るには出來た。處が其

子は片手は當り前の手であるが、片手は手斧であつた。折角賜うた子供だが、困つた事になつたものだと心配してゐると、子供はだん〳〵大きくなつて、外で遊ばせて置くと朋輩と喧嘩ばかりして、其度に手斧で相手を怪我させて來る。二親もいよ〳〵心配して神様に信心して出來た子供ではあるが、これでは仕方無らんから山へ連れて行つて捨てる事にしよう、と相談決めた。

有たる日父親は、子供を連れて山へ行つた。山には、ナローサー（桑の實）が赤く熟んでゐた。父親は子供に向つて、お前は桑の木に上つてナローサーを取つて食《カ》ミ居れ、父は其邊へユージン（はゞかり）に行つて來るからと言つた。子供が喜こんで木に登つたので、父親は其隙に遁げて家へ歸つた。――この後は、鬼が出て來て子供を食はうとして、却つて子供に殺されれる事になるが、失念。

▽死人が子を產した話

孕み女が死んだ。處が毎晩菓子屋へ飴を買ひに來る女が

あるので、主人が不思議に思つて、或る夜女の後を跟けて行つたら、女は地葬場の新墓の中に入つた。明日行つて墓をあけてみたら、立派な男の子を產してあつた。菓子屋の主人が育てたら、後にツキモチソウノシンといふ偉い侍になつた。

▽小豆飯のお蔭

役人をしてゐる男が、お上の金を使ひ込んで、身體が持たらず、何日々々に何處へ行つて死なねばならんと親に相談した。其の日になると、親は小豆飯を炊いて男に食はせた。死ぬ場所へ行つたら、誰かゞ先に來て死んでゐたので、男はもう死なゝくても良い事になつた。小豆飯のお蔭である。

あまやくの孝行

昔あまやくは、少しも親の言ひ付けを聞かない子であつた。親が水持《ム》つち來《ク》うと言へば海水を持つて行き、海水を持つち來うと言へば水を持つて行くといふ鹽梅に、反對ばつかいしてゐた。それで親は死ぬ時になつて、此の子は今迄親の言ふ事を聞かないで、反對ばつかいしてゐたが、自分の寺場所(墓場)も、良い場所を好《クヌ》みば（好むは要求する又は建設する)、きつと又反對に悪い場所を好むに違ひ無い、と思つて遺言には、我死なば川《ハーラ》の端に骨を埋めて吳りヨと言つて、わざと悪い場所を好んだ。

親が死んだ處が、子供は始めて親ちゆう物ヌ有難ェ事がわかつて、今迄親に反對したのは自分の間違ぢやた、せめて親のイヤネ（言遺り卽ち遺言）でも其の通りにして上げらんばならん――とて寺（墓 tira）を川の傍に建てた。處が雨の降る度に水が溢《ア》んびて、寺が流れそうになるので、子は其事ばかり心配してゐるうちに、あまやくになつて、雨の降る前には必ず鳴くのであると言ふ事である。

▽約束の草履

朝戶朝川といふ處は、水を汲む泉であつたが、深い橫穴になつてゐて、夜晝も分らぬ暗い處であつた。有たる男が女と約束をした。男は女に手製の草履を吳れて、此の草履が朝川の口に在る時は忍んで行く――といふ事にしたのである。或る日男は朝川の入口に自分の作つた草履があるので、中へ入つて女を忍んだ。出て來て見たら、それは意外に自分の妹だつたので、思ひ掛けない道に外れた事をして生きて居られず、首を縊つて死んだといふ事である。

▽ミチヤウチコモリ

大島の山奥にコモリ（一種の沼）があつて、人を取つて喰ふ鰻が棲んでゐた。其のコモリには水禽さへも止らなかつた。それで役人が島中の人間に、一掴み宛の蒜を出させその汁を搗き出して沼に入れたら、三日目に鰻は出て來て退治された。それで三日打コモリといふと。

煙草の起り

昔母《アンャー》と娘の二人暮しがあつて、その一人娘が死んだので、母親はあんまり惜《アタラ》さに過ぎらゝず、墓の前に毎日毎日泣いて暮してゐた。處が有たる日、娘の腹の上から見た事もない一本の草が生えて來て、見ン見る裡に伸びて大きい葉を澤山出した。母は其草に心を取られて、それを娘の様に思つて、それからは毎日其の草で氣《チ》慰《ナガ》ミしてゐた。

四六六

或る日母親は、ふと思ひ付いて草を持つて歸つて、煮て食べて見た。けれども苦くて食べられない。茹でゝ食べて見たが、やつぱり食べられない。そうしてゐる間に葉が枯れてしまつた。——それをどう思ひ付いたか、竹の管につめて、火を點けて吸つて見た。何とも言へない良い味で、どんな悲しい事にも氣慰めになる。それがだんだん流行つて、誰も彼も呑む様になつた。煙草は、元はと言へば一人娘が母を慰める爲に生やしたものだといふ事である。

阿傳の東オメトの話では、阿傳と蒲生の間にあるシルマといふ原の大岩の上に、一人娘の墓があつて、母が毎日其處で泣いてゐたら、煙草が生えたとなつてゐる。

山彦（其の一）

山彦《ヤンヘー》が山の神になつたのはどう言ふわけかチ言ヒば、有たる事に男の子が母に死なれて繼母を見て、其繼母がいつぱい男の子を憎《ネタ》サして、毎日々々妙な仕事を言ひ付ける。チン〳〵蔓といふ蔓を探して來い——と言つては男の子を山へ追ひ出すのである。子供がチン〳〵蔓を取つて來りばや、それはチン〳〵蔓アあらん、と言つて又山へ追ひ出すので、有たる日子供はいつもの様に山へ行つて、いくら本當のチン〳〵蔓を持つて行つても、これはあらん〳〵と母は言ふが、どうしたらよいものか——と哀れ泣してゐると、白髮の爺が出て來て、汝は何故に泣くと訊ねた。詳しくわけを話すと爺は、この蔓はたしかにチン〳〵蔓である。今一度持つて行つて見よ、今度迄母がこれはあらんと言イば、汝は又此の場所へ戻つて來い——と言ふのであつた。子供が蔓を持つて歸つたら、母は又これはあらんと言つて山へ追ひ出した。山へ來て見ると白髮の爺が待つてゐた。母は何と言ふたか、と訊いたので、母はあらんと言ひましたと答へると、汝は毎日母にいぢめられて可愛想だから、山の神にしてやる——とて男の子を山彦にした。

　山彦は子供であるから、人の言ふ事を眞似たり、時々一人遊びしてゐる處を人に見られたりする。ヤマサ（樵夫）が木を伐つてゐるといたづらして、他の木をばらばらと倒す様な音をさせて驚かせる。そんな時に

ヤマバ〳〵
彼の木切りば此の木
此の木切りば彼の木
……………
元の次第說カバ聞ちユミ（聞くか）
汝《ダー》は繼母《マンマー》見チ
山の神から神にされて……

と言へば山彦は昔の事を想ひ出して、悲しくなつていたづらを廢めるといふ事である。

横　穴

　一人の男童（yingā：rabi）が繼母を見た。この繼母も子供を憎んで、殺してしまはうと思ふて、有たる日の事童に、明日二人でハー（井戸）を浚へようや——と言つた。童が其話を近所の爺に話した處が、お前は金を持つてゐるかと訊くので、少しばかり持つて居りますと言ふと、うりありば（然らば）其の金を持つて井戸に下りて、オ

ーダー（畚）に土を入れる度に金を一つ宛載せてやれ、お前は其金がなくなる迄に横穴を堀つて遁げて居らんば、命は明日のうちになくなるぞ——と教へて呉れた。

明日の日になつて、童は爺に教へられた通り、井戸へ下りると土を上げる度に金を一つ宛土の上に載せた。繼母はそれを見付けて、此の井戸には金が澤山あると喜こんで、オーダーを下したり上げたりしてゐた。その間に子供は横穴を堀つて、金がなくなるとすぐ穴の中に匿れ込んだ。繼母は金が出なくなつたから、もうよかろうと思つて、上からどん〳〵石を投げこんだ。然し童はちやんと横穴に匿れてゐたので少しも怪我がなく、危い命を助かつたといふ事である。

▽繼子に毒藥を飲ませようとして、發覺して繼母は見世物にされたといふ話。

▽雷と稲妻

女は入つてならないといふお寺があつた。クムンタイマンといふ女があつて、女があてど世の中は出來たる、と言つて其のお寺に入らうとしたら、坊主が待て〳〵と言つて追ひかけた。女は一生懸命に走つてゐるうちに、稲妻になつた。處が坊主は又雷になつて女を追つた。（話者は此の話をしながら、次の和尚と小僧の話を想ひ出した。）

和尚と小僧

坊主と妻が寢てゐて、毎晩こんな事を話し合つてゐる。坊主が妻の頭を摑んで、これは何《ヌー》ヨと訊くと、それは大山ヨと妻が答へる。目《ミ》眉《マユ》を摑んで、これは何ヨと訊くと、それは山小《ヤマンカー》と答へる。目を訊くと、それはギラ〳〵、鼻を訊くと、それはムク〳〵（以下二三語失念の由）、後つまりにほとを摑んで、これは何ヨと訊くと、それは黑口、赤穴《アーガマー》、口を訊くと、それはハンドー（大なる甕）ヨ——と答へる。毎晩これをやるので、或る夜小僧が、ヨトリ床下に忍び込んで、すつかり話を聞いてしまつた。

翌日小僧（小僧は kudu）は坊主に向つて、旦那様々々、昨夜いつぱい藝ナ（面白き）夢を見ましたといふ。坊主が、どんな夢か語て見リ——と言ふので、一番上に大山があつて、其下に小山があつて、其下にギラ〱があつて、其下に赤穴があつて、其下にムク〱があつて………一番下に黒ロハンドーのある妙な夢でしたと答へると、坊主は怒つて、馬鹿な事をいふなと言つた。

それから有たる日の事、坊主は馬に乗つて小僧を伴させて遠方へ出張つた。處が何處で落したものか馬ン鞍に敷いてあつた座蒲團が落ちてないので、坊主は小僧に向つて、お前は馬の尻《マリ》追うて來ながら、座蒲團の落ちた事を知らんちゆう事があるか。馬から落ちる物は何でも受けんばいかん、と叱つた。

歸る時坊主は又馬に乗つて、小僧を尻追はして來た處が、馬が糞をまり出したので、小僧はすぐ樣持つて居た坊主の被イ物を馬の尻に當てがつた。家へ歸つて坊主が、デー（どれ）小僧被イ物は——と言ふと、コネ（差上げますの意）と言つて差出したものを見れば、馬ン糞がヅンバイである。坊主怒つて、これは何の理窟よ——と言ふと、馬から落ちる物は何でも受きりと言はれたから、この通り受けましたと言つたので、坊主は又遣イ込《ク》ミられた。

坊主は暇々に粟を作つた。ショー肥（人糞尿）を掛けて丁寧したので、澤山粟が取れた。有たる日粟の初を食べようと思つて、小僧に粟ン飯を炊かした處が、ゴロ〱煮へて來た時分に、小僧は摑《カ》ン屁《ピー》をしてヤリ〱釜の中に投げ込んだ。出來た飯は屁の臭ひがしてヌスカーイもならん（寄り付きもならん）。それを坊主に食マした處が、坊主は鼻を握つて、コレ小僧此の粟ン飯はワザイ（隨分）臭い樣ぢやがどうしたのだ——と聞くと、旦那樣はあんまいショー肥を掛けたからでせうと言つた——ち。

新著紹介

○對馬の土地鬮替制度（弘長務）　對馬に現存する一定年限毎に、抽籤又は其他の方法に依る、土地の耕作者交替の制度に關する研究で、緒言、本制度の名稱、その分布、その起原、籤替地、籤替權利者及び持分、籤替の更新年限及季節、籤替の方法、配當地の用役、廢滅及び存續、緒言の十一項より成る。（農業經濟研究、第九卷第三號）

○牛馬體烙印に關する調査（長崎渉・辰巳盛太郎共著）　牛馬の體軀に押捺せる烙印は、該牛馬の産地を知り、其價値を察知するに重要なる材料なるを以て、畜産奬勵當業者の利用に資する爲め日本內地及び朝鮮に於ける牛馬烙印を調査し編述したるもの著者は廣島縣在職中。（菊判四十四頁、烙印圖入、定價三十錢、廣島縣御調郡吉和村尾道常設家畜市場）

○口永良部島新嶽の噴火（圓岡平太郎）　昭和六年四月鹿兒島縣熊毛郡上尾久村口永良部島新岳爆發し同島本村及向江濱部落民は殆んど全部屋久島一湊及永田に避難したることあり、本書は當時の鹿兒島測候所長たる著者の視察調査の記錄。（菊版十頁、地圖及寫眞、鹿兒島測候所發行）

○沖の島學術調査報告（一）　竹内亮氏「沖の島の植物生育相（豫報）」、池田隼人・安元幸一郎兩氏の「沖の島の動物」、堀浩氏の「沖の島の昆蟲類」、鳥山武雄氏の「沖の島の地質」の四篇を收む。（昭和八年七月福岡博物學雜誌第一卷第二號所載）

○伊豆諸島植物調査報告　一、三宅島植物知見第一報（昭和八年三月科學の農業第十四卷第三號所載）、二、神津島の植物第一報（同年五月同誌第十四卷第五號所載）（以上、常谷幸雄氏）外に昨昭和七年の報告に係るもの、一、伊豆大島植物目錄（科學の農業第十二卷第十二號及第十四卷第一號所載）八丈島産植物に就て（常谷幸雄・馬場篤兩氏）（科學の農業第十三卷第二號第五號所載）

○中世琉球に於ける錢貨の流通に就いて—特に其日本內地との交渉（小葉田淳）　三山統一の前後から錢貨流通の見るべきものがあり、その初期には支那より銅錢が渡來されたが、明朝になつて禁止されてから、日本內地との交渉一層頻繁になり、銅錢の齎さるゝもの多く、ことに日本內地の惡貨の流通が熾んになると共に多量に流入した。それが島津氏の征伐によつて政治的勢力が及ぶと共に寬永錢が多く流入した。琉球錢貨の流通の發達は日本內地渡來のものによつて補はれた。（歷史と地理、三一ノ三、昭和八年二月）

○海路記考（藤田元春）　慶長元和頃の御朱印船渡海時代の海上地理で支那人の手になる海路記によつて日本地名を考證してゐる。天堂（天堂山といふのは野間崎のことであるが天堂は或ひは甑島の山かも知れない）珂子松浦（珂子は、唐津の海上にある神集島《カンワシマ》）その他支那の港の記事がある。（歷史と地理、三一ノ五、昭和八年五月）

尙同氏には元和航海記航路の研究（小川博士還曆記念史學地理學論叢、昭和五年）があり、長崎より天川への航路のことが記されてあり、伊王島、黑順馬（めしま）、男女群島のこと）が見えてゐる。

○伊豆大島概觀（井上春雄）　漁業權をもつた元村と山林權を持つた若木地、間伏、泉津の村の變遷、民家、家の屋號、自然林などにつき興味深き記事がある。東京文理大、地理學敎室內（大塚地理學會論文集第一報昭和八年五月）

○能登半島の民家（島之夫）　その中に能登島、半ノ浦の民家の記事がある。こゝには二つの型があつて一は草葺平入で他は瓦葺妻入である。後者には必ず納屋が附屬してゐる。寫眞三葉あり。（京都帝大地理學敎室編輯地理論叢第一報）

南島談話會筆記

本篇は南島談話會第十一回例會の談話大要で、當日は對島の日野清三郎氏の陶山鈍翁の猪狩の話を中心に隱岐の松浦靜暦氏と御藏島の栗本惣吉氏の談話があつた。例により行文を簡略にする爲め、談話體は凡て口語式文章體に變へたことを御斷りする。（金城朝永）

柳田　五月の初め、隱岐に旅行して六日ばかり滯在した爲め、前に渡つた對馬と比較する機會を與へられた。二つながら同じく日本海の島であるが、島の文化の成長は甚だ違つてゐる。古い昔は隱岐が大陸と日本との交通路で從つて文化傳播の仲介の役割を演じてゐたが後には對馬などが之に代つた樣である。……今晩は幸にしてこの二島出身の日野氏（對島）と松浦氏（隱岐）の兩氏が見えてゐるので、これらの島々に關する話を承ることにしたい。最初に『對馬島誌』の著者日野氏から對馬の猪狩の話でもやつて戴きたい。

日野　猪狩の話をする前に、この大業を元祿十四年から寶永六年に渉る八年有餘の間に成しとげた陶山鈍翁に就いて述べて置きたい。翁は本名存《ながらう》、字は士通、鈍翁の外に訥庵、西丘老人、海隅小生等の別號があり、通稱は庄右衛門、その先は豫州大洲の人である。鈍翁は明暦三年對馬に生れた。その生れる前に、朝鮮から人が來て、山の形を見て、此の島には聖人が生れると云つた話があるが、この聖人とは即ち後に對馬聖人の名を得た陶山鈍翁のことである。鈍翁は寛文七年、初て國を出て京師に遊び、木下順庵の門に入り、幾もなく順庵に從ひ江戸に遊學し、當時室鳩巢、雨森芳洲等と同門で、後寛文十一年江戸を去て大和に赴き、心學を學び、延寶元年對馬に還り、翌年、年十八歲藩主宗氏に仕へ、尋で復た京師に學び、延寶五年歸島、以後鈍翁は經濟を以て自ら任じ、藩主宗氏の爲めに大に獻策する所あり、殊に對馬は當時日韓交涉の關門であつたので、事ある每に、之が難局に當り、江戸及び朝鮮の間を奔走した。然し鈍翁の功績の顯著なるものは、對馬の農政に關する事柄で、就中最も著明なるものはこれから御話する猪狩の事績である。

從來對馬には野猪が多く棲み、農民は猪害に苦む事この上もなかつた。鈍翁は兼々之を憂ひ、御郡奉行となるに及び、同僚平田類右衛門喬信と計り、猪害を一掃せんことを企て、最初は四年半程で全島の猪を一匹も殘さず退治する計畫を立てた。しかし實際に於ては九年の長年月を要してゐる。實にこの事業たるや、一大難事であるのみならず、最初から之に反對する人も多かつた。鈍翁がこの計畫を立てた頃、或日先輩賀島兵助を訪ねてその意を漏した所、生類も天の與へる所で之を絕つのは子孫の爲めに宜しくないと忠告したので、鈍翁は、天の定める所といへども國の爲め宜しき事でなければ、唯自の子孫の事のみ計つて之を止めるのは無用であると答へたと云ふ。當時は、德川五代將軍綱吉の時代で、生類の殺生を嚴禁された頃であつた。從つて猪狩の件は全く鈍翁決死の覺悟を以て斷行されたもので「萬々一御咎之あり候はば、郡奉行私の仕方を以て、兩人死罪に處せられ候樣云云」と言上したと傳へられてゐる。

先づ翁はその計畫を立てるや元祿十三年九月に「猪鹿追詰覺書」なるものを草した。之によると鹿も一緒に狩る積りであつたが、後猪のみに止める事に變更された。之を讀むとその計畫の如何に精密を極めたものであつたかを窺ひ知る事が出來る。その方法としては、全島を五つに仕切り、大垣及び内垣なるものを立て、大垣は二十七里、人夫三萬八千八百八十人を用ひ、内垣は百二十三里、人夫八萬五百六十人、この陣形で猪鹿を追詰めて狩り絕やす計畫で、最初北の方から始めた。

猪狩は十一月から翌年二月頃まで約七十日間に之を行ひ、農民の外に犬八百餘頭を用ひ、鄉士の子孫で八十三の浦に住む給人が指揮して之に當り、賞罰を嚴重にした。——給人は所謂士族で。平民とは言葉まで異つてゐる。

賞としては、最も勝れたる者は、鳥目二十疋を與へ、次のは十疋、罰として不精なる者は縛つて其村に一日さらし、輕いものは其日の飯米を與へなかつた。最も甚だしき一例として次の樣な嚴格な話が傳へられてゐる。ある時猪狩に用ふる荷物を積んだ馬から、百姓が過つて行李を落してその角を損したので役場前に三日もさらしたと云ふ事などがあつた。

この猪狩に際して最も困難を感じたのは、神山《かみやま》に於ける狩であつだ。古來島には神聖な山があつてその中から薪一本さへ採らない位であつた。島民の神山を畏れ敬ふ事かくの如くであつたので、鈍翁は前以て「猪鹿追詰之節、神山にて神主え讀せる書付之案」なる一文を草し、この祝禱を神主にあげさせてから、神主を先に立て腹がシク(痛い)と云つてしりごみする農民を追ひ立てゝ狩をさせた。

斯の如くにして前後九年にして島内の猪を狩り盡したが、最後に牝牡二頭を朝鮮の絶影島に移してやつた。この猪狩を始める前に書いた「猪鹿追詰覺書」にも既にその點は留意してゐて、その中に「御國中の猪鹿を殘らず逐詰めたる時に至らば、猪兒、鹿兒各十ばかりを生ながら執へて箱に入れ、朝鮮國の絶影島に送り放つべし。(中略)若し許すまじきとの儀ならば、肥前之内之御領分基肆、養父之山に送り放つべし」と書き添えてある。

この猪狩の大事業に要した人員は三十萬を數へ、莫大な費用を要した事は容易に察せらるゝが、この入費の大部は、山林から切り出した薪材を賣り、或は鹿の皮を賣つて當てた事が、鈍翁の著「受益談東語」の中に見えてゐる。

狩り捕つた猪の肉は勿論食用に當てゝゐた。

この大事業完成後は、島の人口が増えた事によつても島が榮へたのを知ることが出來るが、それでも尚反對論者はゐた。或る者は、猪が居なくなつた爲めに、雉やヒラロ(蛇の一種)が殖えて農作物を害する様になつて反つて困つたと云つてゐる。雉の卵とヒラロは猪の食ふものであつたが、しかし之は單に反對せん爲のみの反對に過ぎなかつた。或は、猪がゐなくなつた爲めに、農民が安心して怠けて農作に意を用ひず、却つて惡い結果を招いたに過ぎぬと譏ふる者もゐたが、之等は總て取るに足らぬ非難であつた。

この猪狩は勿論農作保護の見地から計畫斷行されたものであつたが、鈍翁は又一面國防上から之を行つた。對馬はその地理的位置からも判る様に朝鮮から九州、本州への通路に當り前後三十回、大きいのは七回程も敵に見舞れて其處に慘劇が演じられてゐる。それで島の爲政者は常にこの方面にも意を用ひねばならなかつた。それで猪狩は一方では、鐵砲を各人に持たせる機會を與へ萬一の時は之を以て國を守るに使用せしめんとした。以て鈍翁の計略の如何に遠大なる國策に基いてゐたかゞ判る。

柳田　この猪狩に就いては、渡瀨庄三郎氏が「元祿寶永年間に於ける對馬殲猪の事蹟」と題して動物學雜誌（二一四巻二八一號、明治四十五年三月二五日發行）にも紹介された事があつた。又鈍翁の著述は「日本經濟叢書」（巻四・巻一三。瀧本誠一監修。大正三、四年刊行に）收められてゐる。

鈍翁は享保十七年六月二十四日、七十六歳で歿してゐる。この命日には雨が降ると傳へられ、其日を四月に改めてもやはり降る。丁度私が對馬に渡つた時もその二百回忌に當つてゐたが、誠に話の如く雨に降られた。……對馬には鈍翁の猪狩後は猪はゐなくなつた筈であるが、「津島記事」の豆酘《つゝ》村の條に、野猪稀に之を見ると出てゐる。或は遠く朝鮮の絶影島から泳いで來たかも知れぬが、たしかに全部は狩り絶やしてはゐなかつた樣に思ふ。私は前から猪が泳ぐか疑問にしてゐたが、泳ぐ事は確である。島に猪の死體が漂着した時、或人は死んでから流れて來たものだと云ひ、或人は海に入る時は生きてゐたが途中死んだ等と云ひ合つてゐた。（一同笑ふ）……次に松浦氏に隱岐の話をして貰つたらどうか。

松浦　島にゐると島の事は何一つ珍しい樣に思はぬが、日頃から島の流人に興味を持つてその材料を少しばかし集めつゝあるので、この方から少し話して見たい。隱岐は不思議に薩摩と似た所がある樣に思ふ。それは或は流人の持つて來た文化が影響してゐるのではないかと考へられる。流人と云つても隱岐に流された流人の方は餘り困らなかつたらしい。多くは「村やしなひ」と云つて村の有力な家で養つてゐて至極のんきであつた。叔父から聞いた話によると、一年に二度程、流人五六十人が島前《だうぜん》を經て島後《だうご》に送られて來た。それを濱の別府《べつぷ》で村の有力者十三人の名を書いて鬮《くぢ》を引き、それ〴〵流人を引き受ける慣例になつてゐたさうである。流人は都の者が多く至極おとなしく且美しかつたので島の娘は興味を持つてゐたであらう。中には娘を娶つて土着した者もゐて、その子孫が隱岐には多い樣に思ふ。この詳しい事は何れ隱岐流人傳を草する事にしてゐるのでこれ位にして置く。

隱岐には祭りや田樂の方にも珍らしいのが遺つてゐる。トツギ祭なども其の一例であるが田樂は本土にない樣な古い形があると思ふ。

柳田　この外に今度の旅で氣が付いた事は、今は遺つてゐないが、港々に於ける遊女は古い頃の「うかれめ」の生活を思はしめるものがあつた。是は研究して見る必要がある。それから今一つ甚だ興味のある神樂が一つ遺つてゐる。出雲の佐陀の神能などに似てゐるが、或はもつと古い頃のものではないかと思はれる、之は神樂が決して目出度い時のみに演ぜられたものではなくて、死んだ者を弔ふ時にもやつたやうである。夜どほし樂を奏し眞中に竹を立て、夜の明方にこの竹を切る。其竹の上には靈火が燃え立つとも謂つて居る。奥州地方の「ケンバイ」と同樣に、祖先の靈を弔ふ色彩がある。此神樂の曲は八重垣といふのであつた。

本山　只今御藏島の栗本惣吉氏が來會されましたので御紹介して、早速ながら同氏の御話を聞きたいと思ふ。

栗本　御藏島が何時獨立したかは判明しないが、以前は三宅島の屬島で、同島は古くから黄楊《つげ》の良材を産する所から注目されてゐて、或は最初は無人島で、この黄楊材を採取する人のみが渡つてゐたのではないかと思ふ。この島名御藏島の語原も、天産物の豊富なのに由來するのではないかと思つてゐる。島が獨立する樣になる迄には種々こみ入つた話があるが、之は折を見て書く事にして隱岐の流人の話の出た序に流人の話でもして見たい。御藏島は今でも相當不便な島であるが江戸時代は一層ひどかつた。それでこゝには餘程兇惡な重罪人が流された。慶長年間には日奥上人等も一度はこの島に流されてゐるが、以前は「島ガイ」と稱し、例へば八丈島などに流された罪人が、その島で又罪を犯して手におへなくなると一層不便な島へ流し替へられたもので、御藏島には左樣な者が來た樣である。その一人に八丈島から來た近藤啓次郎なる者がゐた。近藤は文字が判つたので最初は島でも重寶がられ、幕府その他への文書係みた樣な仕事をさせてゐたが、之を利用して、東京に藥を買ひに船を出し島民を鏖殺せんとした事が發覺して、島民の怒を買つた。事の現れたのを知つた啓次郎は村役場の者を殺害して山に逃げ、永く行衛不明になつてゐたが、遂に逃れ得ぬを悟りお堂中で自殺して死體となつて發見された。

流人でも國元の暮しのよいものは島に來てもかなり贅澤であつた。中には船頭をそゝのかして脫走する者もゐたらしい。

流人の中にお瀧なる女がゐたが、國元からの仕送りで甚だ贅澤を極め、夏などは、川上から素麵を流して川下でその冷え切つたのを掬つて食べてゐた等と傳へられてゐる。

伊波　冷素麵の話は沖繩にも似た話がある。川ではなくて桶から素麵を流し之を待ち受けて掬つて食べてゐた。

日野　これは壹岐にも矢張りある。

四七六

金城　御藏島には爲朝の傳說はないか。

栗本　八郎畑と云ふのがあつて、其處に大きな矢が落ちてゐたと云ひ、又島の端八丈向の方にトラマサと云ふ岩がある。

柳田　トラマサは八丈では爲朝の兒の名である。

栗本　御藏島にはキノヒの明神の話があつて、この明神は赤い帆を擧げて島に來るが之を見てはいかぬと云ひ、又その上陸する地から女が船に乘る事は禁じられてゐる。それで女はわざ〳〵遠廻りして別の船着場から來る。しかし今では神主に祝禱を擧げさせてからなら乘つてもよいとしてゐる。

諸島文獻目錄（五）

大藤時彥

隱岐島（附竹島）

言葉（隱岐島の言葉）　井伏　鱒二（桂月　九）
隱岐島の動詞形容詞に就て　大田榮太郎（國學院雜誌三七ノ一二）
島根縣方言區劃に就いて　同　人（同　三九ノ四—六）
隱岐國正稅帖の研究　澤田　吾一（史學雜誌三四ノ八）
隱岐島常綠濶葉樹林に就て　竹中　要（史蹟名勝二ノ八）
大正天皇と隱岐の島　河上　祐信（同　二ノ一〇）
隱岐の牧畑　石田龍次郎（島　一ノ一）
隱岐島採集紀行　三宅　驥一（植物學雜誌三ノ三三、二）
隱岐島の植物　三宅　驥一（同　二ノ　三九、一四二）
隱岐國海士郡海士村地方涅齒習俗　高山　青幃（人類學雜誌一八ノ二〇二）

隱岐島　田山　花袋（太陽　二九ノ一二）
隱岐の島　井伏　鱒二（旅と傳說一ノ一二）
隱岐の鬪牛の話　清水　兵三（同　三ノ一二）
隱岐を一廻りして　大田榮太郎（同　四ノ九）
隱岐國（婚姻習俗）　千代延尚壽（同　六ノ一）
隱岐國（葬禮習俗）　水島　亮（同　六ノ七）
隱岐群島　三成文一郎（地學雜誌四ノ四七、五ノ五九）
隱岐の黑島及び白島（同　七ノ七四）
隱岐國波嘉島冷泉（同　八ノ八七）
隱岐國竹島に關する舊記　田中阿歌麿（同一七ノ二〇〇—二）
帝國新領土竹島（同　一七ノ一九六）
隱岐國竹島の探險（同　一七ノ二〇〇）
隱岐國竹島に關する地理學上の智識　田中阿歌麿（同　一八ノ二一〇）
竹島の位置新測（同　二〇ノ二三九）
隱岐の硅藻土　佐藤　傳藏（同　三四ノ四〇〇）
隱岐島後東北海岸火山岩の風景　春木　篤夫（地球　五ノ一）
隱岐島後の火山岩に就て　同　人（同六ノ六、七ノ一、二）

隠岐の牧畑　下間　忠夫(同　六ノ六)
隠岐島前群島に於けるアルカリ粗面岩々脈に就きて　同　人(同九ノ五、六　一〇ノ一)
隠岐島後産アルカリ流紋岩中の斑晶石英のエステレル双晶に就きて　富田　達(地質學雜誌三五ノ四一九)
隠岐島後の地質學的並びに岩石學的研究　同　人(同　三四ノ四〇七、四一〇　三五ノ四二〇—二　三六ノ四二八、四三〇　三七ノ四三九、四四六　三八ノ四五一—二、四五五—六、四五八—九　三九ノ四六三—四、四六七。四六九、四七〇)
隠岐島前の牧畑　石田龍次郎(地理學評論五ノ二)
隠岐の牧畑組織の持續　同　人(同　五ノ六)
隠岐美田八幡宮の田樂祭り　松浦　靜麿(民俗藝術　三ノ一二)
隠岐美田八幡宮の獅子舞　同　人(同　三ノ一)
隠岐と朝鮮との民族的思想の類似の二三　横地　滿治(民族と歴史三ノ六)
隠岐の福神午頭天皇外六項　同　人(同　三ノ六)
山陰西部地方の狐持に關する報告　(同　八ノ一)
隠岐日記　呦々子(歴史地理七ノ二、四)
隠岐の闘牛　柄川　卓志(旅　九ノ二)
隠岐のどつさり節　同　人(同　九ノ一一)
唯一品の驛鈴　相　似　生(日本及日本人　六六五)
隠岐案内　木島　高濤(文藝倶樂部　一〇ノ一五)
新古今和歌集の異本に就いて　武田　祐吉(水甕一七ノ一)
遠島御歌合　山崎　敏夫(同　一七ノ一)

飛　島(山形縣飽海郡)

兩羽沿岸の海流と動物分布　飯塚　啓(太陽　一九ノ一〇)
島の生活——再び羽後飛島に渡つて——　早川孝太郎(旅と傳説四ノ一〇)
羽後の飛島　東條平二郎(地學雜誌四ノ四五)
飛島の地理及地質　村山　賢一(同　四四ノ五一八)
飛島の地質概要　安齋　徹(地球　七ノ四)
飛島の隆起陸塊と其平面形　大橋　良一(同　七ノ四)
羽後飽海郡飛島の石器時代遺蹟並に石壘　阿部　正巳(東北文化研究　一ノ三)
阿部君の飛島石壘報告の後に　喜田　貞吉(同　一ノ三)
山形異聞飛島の鮹穴　河名　文助(風俗畫報　三八七)

漁村語彙（五）

柳田國男

コクウダイコ　周防國大島瀬戸のあたりでいふ一種の海上の怪。虚空太鼓である。舊六月の頃此音を聽く。其所在を知ることが出來ぬ。宮島から來た輕わざ師が、難船して死んでから此怪があるといふ（郷、一巻五號）

コクリ　備後の山村に於て用ゐらるゝ漁具の名。手網又はすくひ網のことであるといふ。

ゴサイ　長門の大浦の蜑の部落で、大船頭即ち蜑の親方が収める得分をゴサイと謂ふ。どんな字を使つてよいかを知らない。鮑三つ毎に其中の最も小さいのを一つ取る。同國仙崎の男蜑の群では、五つの鮑の中の眞中のを一つ、又は金にして賣り上げの二割を収得する。但しゴサイといふ語は使つて居ない。對州曲の蜑の話では、昔安徳天皇樣に百匁の大さの鮑をさし上げ、それをゴセイと謂つた。それが今船頭取前の名となつたのだといふ。

ゴシンヲイレル　是が船玉樣の靈を付ける式であることは、前にクラノトの條で述べて置いた。船ばかりで無く家の棟上げの日にも之を行ふ土地がある。肥前の江の島では船下しの日、船大工の棟梁は米八合鹽八合を持つて、取舵の側から船の中に入り、それで御心を入れるといふ。土地毎に作法は色々と變り、其肝要の部は深秘に屬する。

コトリブネ　駿河の用宗邊で、地引網の時に網を見まはる舟をさういふ（内田君）

コバ　蒲葵といふ木を今はビリヨウ又はビロウと謂つて居るが、日本の古名はコバであつて。薩摩大隅の南端には保存せられて居る。沖繩諸島ではクバと謂ふ。棕櫚に似て用途の廣い木である。日向の青島、北松浦の美良島を始め、此木の群生する島は西國には多い。海南小記、阿遲麻佐の島參照。

コバシ　八丈島では魚を釣るに餌を蒔くことをコバシと

謂ふ（八丈實記）。長崎縣のカブシヅリは、明かに是と同じ語である。

コヒイジ　筑前の姫島などで、四挺櫓の船の終りの櫓。ミナヲの船梁の取舵側に立てるを普通とする。とも櫓脇櫓前櫓コヒイジの順序に立てる。友櫓が取舵側なればば同上おも舵側に立てる。

コヒダキ　鯉抱き。冬の川漁の一つの方法で、淀川捕鯉者のことは古く是を記録した人があつた。筑後川でも三潴郡安武村などでコユウダキと謂つて之を業とする者がある。ウダクは抱くの方音、最も勇壮な作業である（民族と歴史八巻二號）。

コマイツリ　是も極寒中の漁法で、根室では一つの名物行事に算へられて居る。夜中海の氷の上に穴をあけて、火を焚いて魚を誘き寄せて釣る方法である（ホトトギズ八巻六號）。

コマシ　伊豆の伊東で、釣の餌用にする鰯の白子のことを謂ふ。八丈島のコバシと同じ語である。主として老人や小兒が捕りに出る。其舟をコマシ舟、網をコマシ網と謂つて居る（鄕、四巻三號）。

コマメウリ　信州の松本地方へ、越後から鹽魚を賣りに來る行商婦人のことをさう謂ふ。持つて來る商品は勿論ゴマメのみに限らない（鄕土、一巻二號）。

コミ　肥前福島の鹽田では、中國四國でヌイと謂ふ鹽水溜のことをコミと謂つて居る。

ゴメ　奥羽地方から北海道で、鷗をゴメと謂ふのは普通である。カモメがカゴメとなり。後に上の音が落ちて斯うなつたらしい。下北半島突角の左井濱の沖に、地圖に權部島とある島も鷗島である。北の方の音ではゴンべと聞えるから、誰かゞそんな字を宛てたものらしい（奥の浦々）。

ゴロウジ　肥前の江ノ島では、海の水死人をさう謂ひ、五郎次といふ人の名でもあるらしく感じて居る。昔水死人の腕に入墨で其名が有つたなどゝ謂ふが、實は御靈神であるかと思ふ。橫死者の靈を御靈と名付けて祀る風は昔は普通で、それから又何の五郎といふ祭神の名を多く傳へて居る。江ノ島でいふゴロウジにも物凄い口碑が多い。島にはゴロウジの金を取つて安樂に暮らして居る家があり、其家の裏の木には今でも火がともるといふ話もある。又ゴロウジの流れ方は非常に速く、とても恐ろしくて一人では連れて還られぬ。今に村の衆を喚んで來るから一時待つて居よといふと、ちやんと同じ處に浮いて待つて居るなど丶も謂ふ。

サイツト　安房で女の魚賣りのことを謂ふ。之に對して男の方はボウテフリと謂つた（安房志）。

ザイククリ　雪國のみに行はる丶一種の漁法。多量の雪を池の水に投込み、杁を以て之を掻きまはすと、魚が居處を失つて水面に出て來る。それを捕るのである（越後三條南郷談）。ザイとは半ば凍つた水のことをいひ、又流氷をもいふ。

サイシブネ　肥州日高郡の一部で渡し舟のことを謂ふ（南紀土俗資料）。サイシはサイメと同樣に、堺のことでば無いか思ふ。

サイバチ　駿河の海岸で、漁夫が辨當の菜を入れて、メンパと共に持つて行く飯櫃のやうな器で、菜鉢の義か

と思ふが。今では是に皿茶碗などの食器を入れて持つて出る（内田君）。

サカミ　熊野下里村あたりでいふ一種の漁船の名。サエラ漁にはオブネ（大船）とサカミ各一艘、サツパ二隻を以て組を作る。オブネより少し小さく、長さ六間幅六尺五寸位、オブネを助けて網を曳く船である。オブネは網船である。約八九噸の大さ（民族一卷四號）。

サガリ　安藝の倉橋島などで、舟の舳先に附ける總をいふ。

サクリ　馬入川上流などで、鮎の友釣りのことをいふ（鈴木重光君）。

サケザラク　津輕地方で。川に鮭の上る頃に起る雷鳴を謂ふ。南部では彼岸ジャラク、秋田でもハタハタジャルギといふ語がある（齋藤吉彦君）。ハタハタは主として寒中に捕れる海魚だが、其魚期にも最も雷鳴が多い。其魚の名もハタタ神から出て居るらしい。

サゴシ　肥前名護屋地方で、秋刀魚即ちサンマのことをサゴシと謂ふ。熊野でサエリ、近畿中國でもサイラ。

サザエブクロ　筑前鐘ケ崎、對馬の曲などの蜑女が、首から掛けて居る袋の名、榮螺袋である、オダブクロも同じものか。之を用ゐぬ土地では磯捕を使つて居る。

ササビテ　常陸行方地方などに行はるゝ一つの川漁法、笹漬と書く。夕方笹の束を流れに沈め下し、翌朝之を引上げて鰻を捕る（風、四五三號）。古くふしづけと謂つたものも同じ系統であらう。

サザムシ　信州千曲川の川筋で、川の石に巣くふ黒色の小虫、之を捕つて釣の餌にする（上田附近方言集）。上伊那の天龍川流域でザザムシといふのも同じらしいが、こゝでは食用に供し罐詰の製品さへある。ザザとは速瀬のこと、即ち瀬虫である。但し上田邊では瀬は今ではザラと謂つて居る。

サナゲカジカ　同じ千曲の川筋で、夏の夜川に出て、石の下に潜む魚を探つて手捕りにする漁法、但し鰍のみとは限らず（同上）。サナゲルとは探るを意味する方言。

サブリ　同じく天龍川筋に於て、魚を捕る待網をサブリと謂ふ（風、三五五號）。

サンバ　又サッパは小舟の名として弘く行はれて居る。相模馬入川の上流でも漁船をサンバ。名前も舟と共に曳き上つたものであらう。

サヤシバマ　周防の三田尻附近で、鹹砂を乾燥しつゝある時、即ち準備濱のことをサヤシバマといふ。雨後の鹽田の作業に着手するのをシイシバマと謂ふ（鹽業全書）。

サワヅリ　長門の相ノ島で、船のえり板をいふ。エンコといふ水の怪が、此サワヅリより手を伸ばして魚を盗まうとして、手を折られた說話なども傳はつて居る。

シガ　福岡山口の二縣にかけて、女の魚行商をシガと謂ふ。前に揭げたカネリ、カベリと別の者では無いらしい。以前は女は皆容器を頭に載せてあるいたが、現在では大柢新しい運搬法に變つた。シガは又女には限らず、長門の北海岸では女蜑を只アマ、男蜑をヲジカとも謂つて居る。此頃は汽車に乘つて遠くへ出るシガも出來たが、以前は鄰接した農村との間に物々交換の組織が定まり、其得意先は相續贈與の目的物であり得た。

シガバラ　長門の黄波戸浦などのシガは、魚の籠をバラと謂ひ。之を六尺棒で擔ひあるいて賣る。筑前野北のシカも同様で、其籠をこゝではホウヅキメゴと謂ふ。メゴは目籠で酸漿の形をして居る。

ジカン　北海道の濱方では、古く寒明けて後の三十日を餘寒と謂ひ、餘寒の後三十日をジカンと謂つた。是が過ぎて鯡の群來があるのであつた（千島の磯）。時寒と書いて居るが次寒かも知れない。

シキ　駿州の海岸などでは海の底をシキと謂ふ（内田君）。

シギ　釣針を釣糸に結び付ける部分。筑前糸島郡で。

シキボトケ　同國波津あたりでは、次にいふシキ幽靈をシキボトケとも謂ふ。是が現はれるとやはり船は動かなくなるといふ。

シキユウレイ　東部日本で船幽靈といふのと、地方的に稍違ふ所もあるが、是も今は海で死んだ者の亡靈のわざと信じ、從うて柄杓を貸せと謂つたなどゝいふ話がある。九州は殆ど全島此名が行はれ、沖繩にもシチモウレェ又はシチマジムン等の語がある。北風の夜苦潮が來て海の面を蔽ふなどゝいふが、兎に角何かの原因で海が眞白に見えることがあると、之をシキが付く又はシキかけて來るなどゝ謂つて、船の者は非常に畏れる。薩摩の甑島などではシキが立つともいふから、シキは獨立して海のあやかしであつたのである、但し此地方でも魚の亡靈とも又亡靈が魚になつて來るともいひ、その眞白な海に入ると船が動かなくなるといふ。肥前の西海には又ソコユウレイといふ名もあるから、或は前に掲げた海底のシキと關係があるのかも知れぬが、日本ではシキといふ魔障の力は可なり古くから認められて居た。

シジウ　佐渡の小木あたりで「あいなめ」といふ魚をシジウと謂ふ。四十物と書いてアイノモノと謂つた語と、何等かの關係が有るのでは無からうか。

シシクラヒ　南伊豆の住民の海で働く者は、一般に獸肉を食ふことを忌んだ。村々で野猪を山に追ひあげて捕るが、之を食ふ者は獨り大瀬といふ村の住民のみであつて、以前は大瀬宍喰ひと稱して、煙草の火を借すのさへ厭がつて居たが、後に長津呂の者も追々食ふやうになつた（南崎風土誌）。

シシジマ　島に鹿が住んで居て鹿島と謂つた例は幾つもある。薩摩の東長島村の獅子島なども、以前鹿が多いので此名が出來たので、獅子はたゞ宛字である（出水風土記）。鹿をシシといふのは九州でも一般であつた。或はカノシシ又はカワシシと謂つて、野猪のヰノシシと區別する地方もある。

シタモリ　船の帆柱を立てるヌキの穴を、シタモリといふ例は九州には多い。是に對しウハモリがあつて帆柱を通して居る。薩摩の上甑島では後者を只モリと謂ひ、こゝを船玉樣の神座とする。同中甑の小島では是をツチと謂つて居る。

シチホンアシ　筑前脇田捕の漁民なども、蛇が磯の石垣に頭を打付けて、蛸に化するといふ口碑を傳へて居る。但し其蛸は必ず七本足で、夏になると此邊にも多く居るが、臭くて食はれぬといふ、是とは關係が無いかも知らぬが、蛸の足を一本づゝ切つて來て食つて居た男又は婆が、七本目まで食つて八本目の足に捲き込まれたといふ說話は全國的に多い。或は心學の道話にも利用せられ、又は笑話化して、其手は食はぬと言つた猿の話などにもなつて居る。

シチマジムン　沖繩のシキマジモノは必ずしも海中の恠では無い。姿は見えずして節穴からも家に入り、人を取隱すと信ぜられ、是に取られることをシキに持たるると謂ふ。男女の腰布を振ると遁げ去るといふ。又ヒチマジムンともいふ（山原の土俗）。

シトネ　長門の阿武郡で漁夫の勞働者をいふ（郡誌）。東京でいふサシコ、他の地方では多くドンザ、ボト又はボツコと謂ふ。

シナイ　壹岐で漁夫と資本主との使用關係の一種。總水揚高から雜費を引き、殘額を兩分して双方半分づゝ取る契約である。但し此場合は舟だけは漁夫持ちである（方言集）。

シナダアミ　秋田の仙北郡で、シナの木の皮を剝ぎ、之を絲にしてすいた網。又シナ網ともいふ。紡績網よりは水きれもよく、現在では相當の値がある（武藤鐵城君）。シナ卽ち級の木は此地方で普通マダの木といふのだが、一部にはシナといふ語も行はれて居る。昔は此絲で蚊帳も作り、又馬の腹掛などにも用ゐて居る。

シノ　靑森縣下北半島で、漁民たちの物忌する期間をシノと謂つて居る。たとへば家に產婦があると、出漁前一週間は必ず別居する。是がシノである。忌の終ることをシノが明けると謂ひ、又中シノを越えなければ燒魚は食へないなどゝも謂ふ（むつ二號）。

シバムシ　下總海上郡などで、下級の漁夫の海岸に住むものを謂ふさうである。上總の濱でエンゾッポと謂ふのも同じものらしいが、どうしてさういふ漁夫があるのかまだ判らない。

シホイイシ　海近く住む村人の多くは、今でもオシホイと稱して潮を汲み、又は海草や眞砂を採り還つて、家と神の庭を淨める。筑前海岸の神社には、社頭に潮齋石といふ石を置いたものが多い。參詣者が手に〳〵砂や藻を取つて來て此石の上に置くのである。通例は月の朔日と十五日、三月には三浦七浦のシホイを取る旅があり、又社日のオシホイは年中の用に立つと謂つて、此日行く例もある。オシホイの條參照。

シホガシラ　三河吉田附近の鹽濱語、釜で熬られた鹽の結晶が出來始めるのを鹽頭が出たと謂ひ、漸く釜底に沈澱し始めるのを小煮と謂ふ（鹽業全書）。

シホガヘシ　筑前姬島などで、上げ汐卽ち西行きの引汐の際に、潮流が登るやうな時を潮返しといふ。

シホケ　沖繩本島の北部で、葬式の終つた後には滿潮の刻限をまつて海又は河へ行き身を淸める。之を潮蹴と謂ひ、シューキ又はシューヒと發音する。ゲーン卽ち萱を切り尖を門のやうに結んだもの二つを作り立て、其一つを潜つて出で他の一つを潜つて還る風もある。女は男と反對の門から出入りする（山原の土俗）。

シホツクリ　備中の北木島で、潮の滿干を候する裝置。其詳細は故島村知章君が報告して居る（民俗學、二卷四號）。

シホノナホリ　薩摩の谷山などでは、漁人等は滿潮の前のことを、シオンナオイ又シオンナオシと謂つて居る（山下重秋君）。

シホバナ　伊豆の神津島の人は神祭の際に、濱に行つて丸い小石を拾ひ、其前に淸い砂を盛つて是を祠前又は鳥居の根に供へる。之をシホバナと謂ふ（民俗學四卷七號）。駿河の興津などにも同じ語があつて、其作法は西國のシホイとよく似て居る。朔日十五日に多く行はれ、元旦が最も盛んであるが。之を毎朝行ふ人もある。潮を掬む時には神々の名を唱へる。市街地の客商賣の家の鹽花といふ風習も、是から導かれたらしきことが想像せられる。

シホマツリ　志州和具の漁村で、舊六月一日の海神祭をさう謂つて居る。村の對岸の大島に渡つて其祭を行ふのだが、其島に自生した濱牛蒡を採つて繩に貫き、之を鰹に擬して鰹釣りのわざをまねる。それから其鰹に水を掛けつゝ村々をまはり、村でも又互ひに水を掛け合ふのを潮祭だとして居る。乾し物に掛けられても怒ることが出來ない（風、一八八號）。

シマアゲ　駿河の麻機池などに行はれた漁法。寒中浪の中に魚の寄場を作つて置き、之を島と名づけ、それを圍うて魚を捕る。客に一つづゝの島を賣つて捕らせる（風、二四五號）。

シマギ　陸中の大槌あたりで、海水が大風に吹かれて飛ばす飛沫を謂ふ（大槌郷土資料）。

シマノメ　石見の波根東村などで、磯巾着のことを謂ふ。

シンガエ　上總の富津地方でいふ。地曳網のあとに、目の細かい網をもう一度曳いて、小さいこぼれ魚を捕る仕事のことである。農家の家族下人などの餘得を、近畿から北國へかけて、シンガイといふのと同じ語であらう。自分は新開で自由耕作の意と思つて居る。

シンゴイモ　千葉附近で、是も磯巾着のことをさう謂つて居る。或は新小芋で戯稱であらうか。

八丈島に渡るには

八丈島は東京から海上百七十里にある。此島に渡るには近海郵船株式會社の小笠原島航路によるか、又は東京灣汽船株式會社の三宅、八丈島航路によることが出來る。直航する時には午後五時に出帆の船が翌朝の七時頃着くから、約十六時間の航程である。

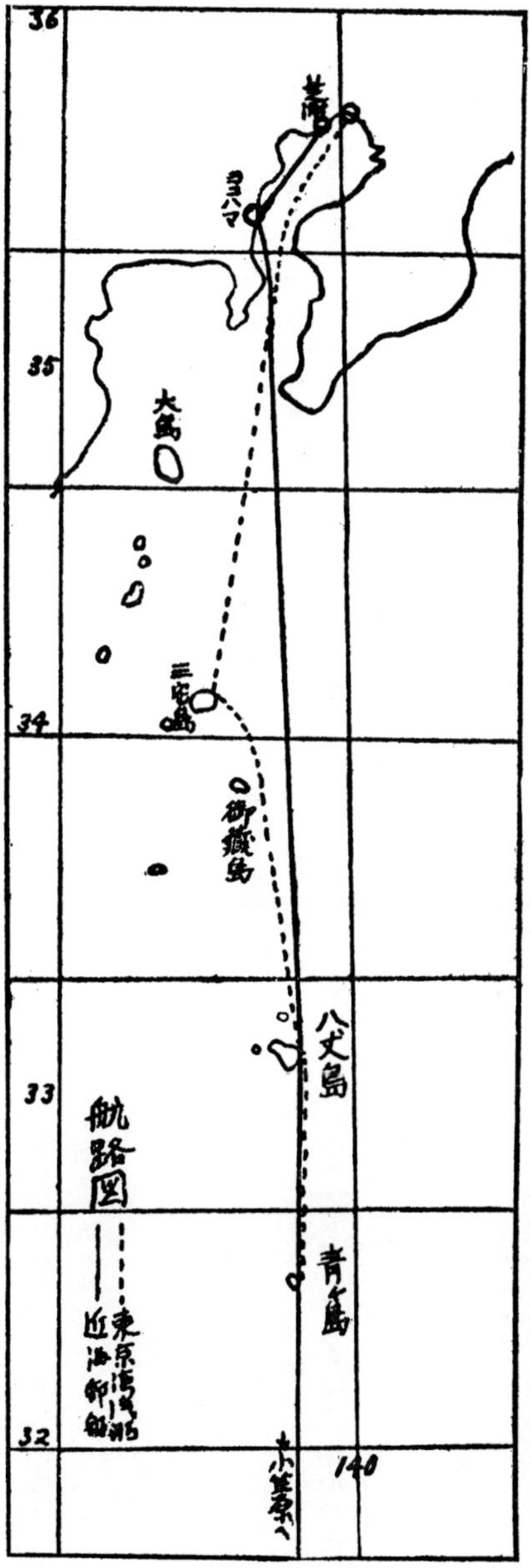

近海郵船によると、二週又は三週に一回東京芝浦及び横濱が乗船地である。この九月には二日と二十八日に出帆する。船は芝罘丸(二千噸)で一等二十名、二等十九名、三等三十名の定員、運賃は一等二十圓八十錢、二等十四圓五十錢、三等八圓三十錢、往復にすれば一二等は二割の割引がある。食事は各等とも和食付。他に島での艀賃が二十錢かゝる。以上は定期船だがこの他に臨時就航もある。

東京灣汽船によると、毎月三の日と八の日に定期船が出る。途中三宅島に寄るのがあつて、午後六時靈岸島から出帆して、翌日の正午に着く。運賃は五圓である。

どの會社の船も時に青ケ島にも寄る。近海郵船の方は南硫黄島まで行つて引返し、東京灣汽船の方は八丈島止まりであるが、其復航までの期間を利用して長短それ〴〵滞在が出來る。

同人寄語

◎一の四號の五島渡りの外に、未だ此島へは二通りの渡り方がある。一は毎朝確か八時半には博多を出帆して、午後の六時頃に小値賀島へ着くもの、船は二百噸位かと思はれるディゼルエンヂン船、寄港地は博多から行くと東松浦の呼子、平戸大島の神《かう》の浦、平戸の御城下、同島津吉、宇久島平《たひら》、同島神《かう》の湊、小値賀島前方《まへかた》、同島笛吹の順もう一は佐世保を出帆、崎戸島に寄つて江を訪ひ、平《ひら》島湊に達するもの、之は極く船は小さいが、それだけ港々で手間どらぬ。平島まで行つてをれば、「五島へ渡るには」にしるされてゐた汽船が隔日にやつてくるし、又有川までなら小船がちよく／＼往復してゐる。

◎今は無いさうだが、風波ない日の瀬戸内海の湊の中に、帆綱に砂俵をぶら下げて、それを絶えずブラ／＼と搖り乍ら、碇泊してゐる船が在つたといふ。之は生きた魚を運ぶ船で、穏かな日にはイケマの水がかはらぬ爲め、かく船を搖って水を新鮮にしてゐたのだといふ。しかし之は神戸で聞いた事で之以上の事はしれなかつた。一體こんな悠長な事をして、何處から何處まで生きた魚を運搬してゐたのだらう。因みに生口島の瀬戸田では、生魚商が舟の中に魚を生かして持つてゐるため、イケフネヤと呼ばれてゐた。

◎之もやはり神戸で聞いた事、確か瀬戸内の大三島の宮浦かを根據地として、小さい耶蘇教傳道船を造り、自らその船長となつて、永年淋さに内海の島々を傳道してゐた西洋人がゐたといふ。此人數年前神戸市外御影に寓居を構へ、時折内海の旅から歸つて來た。此一行は何時も船長夫妻と一匹の犬だけだつたといふ。あまり不在勝ちなので、それを覗つた盗人がゆつくりと此家に起居してゐた事もあつたさうだが、その内此人は何處かへ轉住したか、姿をみせぬやうになつたといふ事だ。（櫻田生）

×

再び隠岐の牧畑に就て石田氏の御參考になればと思ひ左記の記録を御知らせいたします。

○「慶長四年隠州別府御検地帳」に

石畠馬木《イシバタケマヰ》

中馬木

大谷馬木

相《アイ》馬木

四牧あります。慶長十八年の検地帳にも四牧同じ名であります。

○慶長十八年

美田村、大牧御検地帳

同　上　いざなぎ牧御検地帳

同　上　仁具《ニタ》牧御検地帳

同　上　日余《ヒヨ》牧御検地帳

美田村（今黒木村大字美田）の四牧で牧畑です。

○慶長十八年

宇賀村、崎牧名寄帳

同　上　西牧名寄帳

同　上　尾和《ヒワ》牧御検地帳

同　上　小宇賀《ヨウカ》賀御検地帳

宇賀村（現黒木村大字宇賀）の四牧で牧畑です、（宇賀村田畑四牧名寄帳）には、尾和《ヒワ》牧は枇杷牧とあります。何等かの御參考に

なれば結構です。（隱岐、松浦靜麿）

×

括樓根　寛政五年三月江川太郎左衞門から御藏島の地役人に次の如きお達があつた。

其島方ニ左ノ通リ藥種有之候ハヾ御入用ノ旨於御勘定所仰渡候間御書付寫左ノ通リ差遣申候

一括樓實　殼ノ儘三百程

一括樓根　生ノ儘二貫目

右ハ「マカラスウリ」ト申候物ニテ常ノカラスウリト違ヒ實ノ色黃ニシテ大ブリ核ノ形王章ニ無之西瓜ノ核ノ樣成品其島ニ有之候ニ付取寄可差出旨被仰渡候間早々穿鑿イタシ差出可申候

御藏島で之をカジウリと云つた。ウリ科のキカラスウリであらう。澱粉に製した物を「イノシタ」と稱し、島では之を年々の定納品としてゐた。下痢どめや解熱劑になるといふ。其澱粉は卽天瓜粉だつた。

（本山桂川）

×

島から來てゐるもの　島とは殆んど全く關係のない私の周圍にも、一つ二つ島から來てゐるものがある。

先づ目に付くのが朱と漆塗の四角な枕である。これは父が沖繩に居る時ある貿易商から貰つたもので、「甲寅年」と書いてある。何時だつたか「甲寅年」を調べて見たら、確か安政元年だつたと記憶してゐる。それがまだ役に立つてゐるのだから恐しく堅固なものである。これと一緒に朱塗の盆も貰つた相で、この盆もいまだに使用に耐へてゐる。しかしこれは本當に沖繩から來たのではなくて、支那で出來たものであらう。

それから古い四六判の琉歌集が一册ある。これは父が沖繩を去る時あちらで手に入れたものゝ由。

最後に印材がある。これは私の祖父が沖繩縣廳に居た頃求めた印度の名木とか言ふものを原料として縣廳に出入の彫刻師に刻ませたもの。もとは澤山あつたのが今ではたつた一本になつてしまつてゐる。この印材の頭に刻まれた唐獅子に、私は何時も祖父、父、その他の人々の沖繩時代の生活を夢みるのである。（酒井豐治）

×

拜啓、此度は「島」三號御贈被下御禮申上候。中々面白く拜見致し候。顧れば、大正二年一月、小生は一雜誌を發行し、定價十錢として賣り出し候處、初より二百五十部は賣れしも、その後讀者增加せず。加ふるに雜誌の內容思ふに任せず、終に七號を以て廢刊し、爾來自身として雜誌發行を斷念致居候。從つて種々の新雜誌現はるゝ每に、特殊の興味を感じ候同時に中々の御骨折と推察致す次第に御座候。（田中茂穗）

×

德島市に參りました序を以て、鳴門島に立寄りました。島はいま馬鈴薯と甘藷と水瓜の畑で長々と水田が乾いてゐます。矢張水に困つてゐるらしく、道ばたには釣瓶で水を汲んで田に入れてゐるところもあります。道の樹蔭に婆さんが荒い目の削り氷を一錢で賣つてゐるところに、赤銅色の子供達が寄つて買つてゐます。一風景です。

（熊谷辰治郎）

編輯後記

○最近の報道によると、遞信省では本土と交通不便な離島との間を電話に依つて繋ぐ計畫を進め、佐渡、壹岐、對島、隱岐等は旣に海底電話が通じ、伊豆大島、五島列島等も近く開通の豫定だし、飛島には世界に誇るに足る超短波七メートルを使用して酒田と無線電話連絡が出來ることになつたとの事である。島の生活がだん／＼と便利になつて行くのは嬉しい事である。

○交通通信機關の發達、例へば發動機船やラヂオの普及が、特に島の生活にどれ位變化を與へたかは、實に想像以上で、この交通通信機關の急速の發展によつて、島々は僅かの機緣で、直ちに現代文化の本流に乘り込むことも出來る。今日島々の生活は、帆船時代と違ひ、急激な變遷があり發展があり從つて希望がある。島の生活を記錄する本誌は、現在に於ては、それ／″＼相互の參考にもなり、將來に於ては貴重な史料となる事を期してゐます。

○同人各位からの御寄稿がだん／″＼と多くなり、よい資料が集まりますことは感謝に堪えません。誌面の都合上、二三ヶ月前に頂いてゐて、未だその儘の分もあります。これ等は追々と掲載いたしますから、しばらく御宥恕を願ひます。

○集まつた資料を見ますと、どうしても地域的に偏した樣に思はれます。卽ち西南諸島に多く、北の方殊に千島方面など皆無といつてもよい位。此缺點除去には編輯者は大いに努力致してはゐますが、更に同人諸賢の御援助を御願ひいたします。

○それから水產農林其他產業方面の記事や、交通通信機關の變遷發展等に關する記事も、もつと載せたいと存じます。それぞれの島の方々からの御報告を期待いたします。

○寄稿の御願ひばかりで濟みませんが、今一つ、此の夏の旅行期に島に渡つた同人の方々に、その觀察硏究、見聞記等の御寄稿を願ひます。（比嘉）

月刊 島 毎月一回發行

定價
一部 金三拾錢 送料二錢
半年 金一圓八拾錢 送料共
一年 金三圓五十錢 送料共

廣告料 一頁
表紙四、金七拾圓。表紙二、金五拾圓。表紙三、金參拾圓。普通頁、金貳拾圓。

注意
誌代は必ず前金のこと。御送金は振替東京七五九七六番を御利用下さい。

昭和八年九月一日印刷
昭和八年九月五日發行

編輯兼發行者 東京市麴町區九段四丁目八 足助たつ

印刷者 東京市本鄕區駒込神明町三六〇 高山信吉

發行所 東京市麴町區九段四丁目八 一誠社
電話九段 二五六八
振替東京七五九七六

大賣捌所 東京堂。東海堂
大東館。北隆館

生田耕一（最新刊）

萬葉集難語難訓攷

・佐佐木・吉澤・澤瀉三先生序文・
・菊判総クロース裝函入・本文六七六頁・
・定價金五圓・送料・二十二錢・

五百部限定出版

萬葉集所載の四千幾百首のうち難訓難解歌の解釋はこれまでも幾多の先人によつて試みられてきたところであつたがまだ未解決のまゝに殘されてゐる歌も極めて多いのである。生田耕一氏がその一生をあげて萬葉集研究に沒頭された人であることは學界の周知のことである。而して氏の研究の態度と方法が精密無類のものであることも亦有名なことであつた。かくしてその殘された研究には實に先人未到の新發見が多い。本論攷に收めたる二十六篇の研究こそ斯道に研讚される人々の必讀の文字である。

萬葉集
講座（全六卷）

第一卷　作者研究篇　　第四卷　史的研究篇
第二卷　研究方法篇　　第五卷　萬葉美論篇
第三卷　言語研究篇　　第六卷　編纂研究篇

定價　各冊金貳圓
送料　各冊金廿一錢

發行所

東京・日本橋　通三丁目

春陽堂

電話　日本橋　一五
振替　東京　一六一七

ファブルの名著『昆蟲記』全十巻の完譯！

大杉榮譯　昆蟲記　第一卷　定價一圓　送料十錢

一、糞蟲スカラベサクレ　二、玉蟲殺しのセルセリス　三、象鼻蟲狩りのセルセリス　四、黄色い羽の穴蜂　五、ラングドクの穴蜂　六、青虫狩りのアモフイラ　七、ベンベクス　八、蠅狩り　九、寄生蠅―その繭　十、佐官蜂カリコドマ　十一、巣の交換

椎名其二譯　昆蟲記　第二卷　定價一圓　送料十錢

一、アルマ　二、毛深のじが蜂　三、とつくり蜂　四、ひめどろ蜂　五、左官蜂に關する新研究　六、赤蟻　七、腹黑の毒蜘蛛　八、鼈甲蜂　九、茨の住者　一〇、シタリス

椎名其二譯　昆蟲記　第三卷　定價一圓　送料十錢

一、あかすぢ蜂　二、はなむぐりの幼蟲　三、あかすぢ蜂の難問題　四、寄生蟲　五、佐官蜂の惱み　六、裘服のアントラツグス　七、鍼師のルウコスピス　八、もう一人の鍼師　九、ばつた好きのタキテス　一〇、セロコマ、ミラブリス及びソニテス

椎名其二譯　昆蟲記　第四卷　定價一圓　送料十錢

一、陶器工のペロペウス　二、姫鼈甲蜂――ペロペウスの食物　三、葉切り蜂　四、綿の蜜蜂　五、松脂の蜜蜂　六、壁屋のオデネルス　七、蜜蜂殺しのふしだか蜂　八、じか蜂の方法　九、あかすぢ蜂の方法　一〇、鼈甲蜂の方法　一一、天牛　一二、獨脚蜂の問題

鷲尾猛譯　昆蟲記　第五卷　定價一圓　送料十錢

一、聖大玉押こがね　二、大玉押こがね　三、廣頸大玉押こがね――玉押こがね　四、西班牙だいこくこがね　五、くろまるこがね――つのこがね　六、せんちこがね　七、蟬と蟻との寓話　八、蟬　九、アンピユーズ

發行所　叢文閣　東京麹町區九段四ノ八　振替東京四二八八九番

鷲尾猛譯

昆蟲記　第六卷

定價一圓　送料十錢

一、シシフ——父性の本能　二、月形だいこくこがね——オニティス・ピソン　三、南米大草原の糞蟲　四、埋葬蟲　五、額白デクチック　六、青きりぎりす　七、蟋蟀　八、蝗蟲類　九、松の行列毛蟲　一〇、揚梅の毛蟲　一一、昆蟲の毒

木下半治譯

昆蟲記　第七卷

定價一圓　送料十錢

一、おほへんたんごみむし　二、大古のこくざうむし　三、各種ざうむし　四、その他の葉卷蟲　五、くびながはむし　六、あはふきこせみ　七、ろりばむし　八、水溜　九、かわげら　一〇、みのむし　一一、大くじやくが　一二、おびのさうが

木下半治譯

昆蟲記　第八卷

定價一圓　送料十錢

一、はなむぐり　二、ゑんどうざうむし　三、いんげんまめざうむし　四、ひめはなばち　五、テレビン樹のきじらみ　六、きじらみ喰ひ　七、きんばへ　八、えんまむし　九、しんじゆのこぶこがれ　一〇、すずめばち　一一、だいみやうぐも

小牧近江譯

昆蟲記　第九卷

定價一圓　送料十錢

一、蜘蛛の移住　二、ナルボンヌのどくぐも　三、かにぐも　四、黃金蜘蛛類　五、數學の想ひ出——ニユートンの二項式——私の小テーブル　五、しろさそり　六、たかとうだいきむし　七、かしのきたまごむし　八、クロトぐも

土井逸雄譯

昆蟲記　第十卷

定價一圓　送料十錢

ミノトオル・テイフエ、木食蟲、オントフアーヂユ・トオロオ、松黃金蟲、沼菖蒲の穀象蟲、菜食蟲、黃金甲蟲、くろばい、蛆の寄生蟲、昆蟲と茸、螢、玉菜の毛蟲

ヂエ・ヴエ・ルグロ著
椎名其二譯

フアブルの一生（科學の詩人）

定價一圓　送料十錢

自然の直感、小學教員、コルシカ滯在、アヴイニヨンのフアブル、偉大な教育家、隱者の生活、自然の解決、本能の不思議、進化論、道德の幻影、均整、矛盾、調和、自然の再現、昆蟲の詩、類型の人人、セリニヤンの集ひ、黃昏時、光榮の晒棄、小祕密後の大祕密

發行所　東京麹町區九段四ノ八　振替東京二四八九番　叢文閣

小西久遠著　四六版舶來總クロース製箱入

圖解手相學

定價貳圓錢
送料十五錢

運命學の權威たる著者が二十年間の修業研究の結果、これまで玄妙なる神の知識として來た手相、如何に運命を豫賣するかといふことを怖ろしい程極開放したのが本書である。而して今まで難解とせられた此の月日を要したのやうにその一生の良き友人極

法術を立派な學術として、如何に人生を觀破し、

のいほど極意開放したのが本書である。而して今までに「こんなものであるか」と判るやうに失望した友人極

しの學問が實に簡單に、實に直截的に一讀直ちに奧義を極めんとする人は勿論、從來諸氏の

意としてある、初めて此學術を完全に知るべきである。實に本書は諸氏の一生の良き友人

とを本書によつて是非一讀して止まない。となるであらう。

目次總説一、手相學の起源とその發達、手相術はどう研究すべきか　第一編　手の形狀に關する研究

節　六、爪　七、掌と手の大小

一、手の形狀とその分類とその意味　一、七つの型　三、拇指　四、指　五、指の關

二、線の性質　三、運勢線　九、健康線　十、金星帶線　第二編　線條紋理に關する研究　一、掌上各部の意義

角形、土星、土星島、ソロモン環、三角形紋、二、直観線　四、生命線　五、智能線　六、感情線　七、頭

十三、星形紋、流年法及び氣色血色に於ける二十四、手相學として立つ上に。

運命線、その他、主要なる線と左右の意味　十四、支線及び其他の記號　十九、黒點、白點及び指に於ける記號　二二、法術體得の道

十、方庭線、十一、結婚線、十二、十字形紋、十三、手頸二二四頭

二十一、圓環及び格子形紋

發兌　一誠社

東京市麴町區四番町九
振替　東京　七五九七六
電話　九段　二五六八

綿貫勇彦著

（新刊）

瀬戸内百圖誌

郷土科學叢刊

四六判百四十頁
寫眞八十四圖
定價一圓五十錢
送料　十　錢

日本の中で最も青い空と、最も白い濱をもつた瀬戸内の沿岸、その中に浮いてゐる島々、潮の速い瀬戸、それ等の中に村々の生活が營まれてゐる。牧歌的な情景も展開されてゐるが、近代的な苦惱も深刻である。その中にあつて水の生活者と陸の生活者とは、違つた歴史と違つた地理とを生活してゐる。桃の花咲く村。蜜柑の熟れる村。煙草の村。芋の村。一本釣の村。底曳網の村。鹽田の村。石材の村。海賊の村。航海の村。行商の村。造船の村。その他のさまざまの村を一つ一つ訪ねて、その自然と社會に科學の眼が向けられてゐる。地理學は今や一つの轉向をなしつつありと云はれてゐる折柄、著者によつて瀬戸内が紹介された。海と島の地理が世に出ることは時を得たといふべきである。

東京・神田
聖橋通

刀江書院

電話神田七三一一八
振替東京三二七一
三一八九

島創刊號（昭和八年五月）

島第一卷第二號（昭和八年六月）

島第一卷第三號（昭和八年七月）

島 第一巻 第四號（昭和八年八月）

肥前五島日記（上）……橋浦泰雄

流人生活と御藏島……栗本惣吉

佐渡が島（中）……ロバート・ホール

青ヶ島還住記（上）……柳田國男

瀨戸内の海……櫻田勝德

針突圖誌……小原一夫

阿波伊島素描……山口吉一

島の船着場……本山桂川

奄美大島一夕話……………………………

讃州伊吹島の習俗……横田實

喜界島昔話……岩倉市郎

諸島文獻目錄（四）……青柳秀夫

漁村語彙（四）……柳田國男

琉球に於ける血液の土俗……學生調査隊の千島探檢……新著紹介……正月二十四日行事補……孤島に移住して自力更生……五島に渡るには……來信二件―漁村語彙に就て……同人寄語

口繪青ヶ島……今村學郎

竹越與三郎著

四六判總布裝
木版手刷廿枚
定價貳圓一拾錢
送料拾貳錢

西園寺公望傳

陶庵公

逐鹿場裡小閑を倫んで
斯翁の高風を學ばずや

四朝に歴任して純忠識見の卓拔、常に時流の尖端を歩み少壯新思想の急先鋒となり老來「憲政の常道」を確立す。風俗高朗、曾つて寸毫の汚染を許さず、政界溷濁廉恥地を拂ふの秋、秀麗富嶽を偲ばしめるもの、實にわが陶庵西園寺公望公である。蓋し公の正傳としては此書の外にあり得ない。本書公を主とするも、水戸烈公以下幕末より大正に至る俊豪偉傑、若しくは處士野人の面目を緯として絶好の錦繡を織り成し、逸話佳話、奇談の未だ世に傳はらざるものを傳へてゐる。敢て江湖の愛讀を望む。卷頭を飾る印譜二十枚は公愛藏の印章中より拔萃。

發兌　東京麴町區四番町九
振替東京四二八八九
電話九段二五六八
叢文閣

海水浴は船に乗って
房州・下田・三崎へ
新造遊覧船 + 葵丸 + 就航
（案内書進呈）
京橋越前堀…電話・京橋・3101番
東京湾汽船

日本民俗學辭典

中山太郎著

四六版八ポイント二段組
八百餘頁背皮箱入堅牢

本書は中山太郎氏が卅年に渉つて蒐集されたカードを骨子とし、昭和六年より編纂に着手し、漸く今日完成をみたもので、著者として人を得たばかりでなく、日本に於ける最初にして唯一の民俗學辭典であり、今後の民俗學界に於ける羅針盤である。學校、圖書館、民俗學研究者、郷土研究者は勿論、新しく民俗學を研究せんとするものも本書に依つて正しき第一歩を踏み出さねばならない。

折口信夫氏

日本民俗學界の金字塔より

中山氏を除いては、之に當る人のある譯はない。中山氏は、深い精力と、非常に雄健な筆力と、其上、無盡藏と言ふに近いほどの拔き書きかーとを備へて居る。今の處、先生を於いて止むを得ない以上、此人の辛勞に俟つのが、本道である。實は今少し、時機をためて居てもよいと謂つた氣もするが、急に出ることになつたのは、出版上の理由があつた爲らしく察しられる。其ならば亦結構な事である。一時早くば其だけ早く、此學問の爲によい指導力がはたらきかける事になる譯だ。（中略）愈、此書物が開版になつた時、私の期待以上の利益が續々と發見せられることだらうと言ふ斷言は出來ると思ふ。ともかく、指導者のない地方研究家は、民俗學的研究の第一歩を、此書から踏み出す樣にならなければ本道でないと信じる。

内容見本御希望の方は御申込次第送呈

九月下旬發賣

定價五圓五拾錢

一千部限り

特價四圓八拾錢

書留送料　市内十二錢　内地三十三錢　朝鮮、滿洲、臺灣、樺太　六十二錢
豫定部數に達した場合は即時特價を〆切りますから至急御申込下さい。

東京市神田區今川小路三ノ二（際橋爼）

昭和書房

振替東京一六一七一六番

昭和八年八月八日第三種郵便物認可

嶋

昭和八年九月五日發行

第一卷 第六號

記事要目

- 伊豆諸島の背負籠
- 上五島漁村語彙
- 青ケ島還住記
- 肥前江の島記
- 天草島記事
- 母の話
- 初島
- 貉の島
- 篠島史話
- 喜界島昔話
- 俚談防長征伐
- 諸島文獻目錄
- 長崎港外伊王島村

編輯　柳田國男
　　　比嘉春潮

東京　一誠社　發行

三元社刊行書目

東京市神田區鍛冶町一ノ一
振替東京七七七五三番
電話神田二四〇四番

柳田國男校訂 奧の手振 高橋勝利著

有名なる慣澄遊覽記の一部であつて其中でも最も學問的價値のある下北半島の紀行である佐竹の藏本をその儘複刻せる和本を添へてある。

四六版、校訂本八十二頁、複刻本十二頁三十一頁
定價一圓三十錢
送料二十錢

栗山の話 加藤嘉一著

栃木縣芳賀郡栗山の昔話をふせるもの、炬燵の話、うどんの話、やくねぎの話等十九話を收む。

四六版布製四十六頁
定價五十錢
送料四錢

高橋勝利著 芳賀郡童謠集

栃木縣芳賀郡にて、謠はれる、手毬唄、御手玉唄、羽子唄等の童謠二百六十六歌を收む。

菊版二十七頁
定價五十錢
送料四錢

喜納綠村著 琉球昔噺集

旅と傳說の琉球昔噺の特輯號にて全國の童謠、神の裁き、蛭と虱、オケラの嘆き、クガニー、鬼女石、猿と龜、アカナー、牛の嫁入、白鳥等琉球昔噺十六話を收む。

菊版八ポ二段組百余頁
定價一圓
送料二錢

婚姻俗號

中川博士の婚姻形式論、折口博士の婚姻史の構成、中山氏の婚姻相、柳田先生の婚姻と傳說の特輯號で全國の婚姻習俗形相が滿載さる。

菊版八ポ二段組
定價一圓
送料二錢

誕生と葬禮號

同じく旅と傳說の誕生と葬禮の特輯號である。この物の居る沿革、喜、伊波氏の琉球古代の墳墓の命名法の論說がある。

菊半載列六〇頁
定價三百二十錢
送料三錢

明治講道館柔道五段 藤井常芳著 婦人護身術

身近に必要な護身術を親切に講述してある、男子の護身にも必要の書である。

定價四十錢
送料二錢

日下承二著

新刊 人間は二也

四六版百十頁　定價二十五錢　送料四錢

日は世界を照す、吾れ天に仰ひて人生を、觀じ、即ち知る人間二也と、筆に任せて思ふまゝを識したり是書也とは、著者の卷頭言である。

目次 一、社會改造の根幹　二、綜合哲學の時代　三、新興哲學の基調　四、實生活に需むる哲學　五、人間二也　六、二の概念　七、宇宙と人生　八、社會學的考案　九、國家觀　十、人間二也の辨證　十一、現代人の要務　十二、主張と反省　十三、主張に囚はれた現代人　十四、貧富論　十五、自然と人生　十六、人間上品論　十七、教育片談　十八、現代青年訓　十九、現代女性觀　二十、危險思想の顛倒　二十一、宇宙進化と社會組織　二十二、大宇宙の心　二十三、人間二也の要訣　二十四、記憶と愉快　二十五、乾坤一如　二十六、宇宙と産業　二十七、鄉里に寄す。二十八、結論　以上

月刊 旅と傳說

一部　五十錢　郵一錢半
半年　二圓九十錢
一年　五圓八十錢

本邦最大の鄉土研究並に紹介誌である毎號各地の報告と大家の論說を滿載す廣く江湖の御滿讀ぞを乞ふ。

法學博士　林　毅陸著

歐洲近世外交史

菊判三七二頁箱入
金文字クロース裝
【最新刊】定價參圓五拾錢　送料二十二錢

●待望の近世外交史上巻愈々出版さる！

今や國際關係は複雑となり、外交史研究の必要は愈々切實の問題となつた。本書は再版以後絶版し、其後全く品切となり、讀書界の要求に背いてゐたが、玆に大方の要望の聲に勵まされ增補訂正し、新版として上梓。

本書は十八世紀に於ける形勢の概觀を以て始め、フランス革命より以後に及んで記事を精細にす。上巻は一八四一年エヂプト半獨立問題の落着を以て筆を結ぶ。（下巻はヴェルサイユ會議まで。十一月刊行の豫定。）

本書一讀、列强折衝の跡を探ると共に、外交なるものに對する理解を增し、國際關係に處するに於ての識見を養ふに資する所多大なるものあることを信ずる。また、高等試驗外交科受驗參考書として最適。敢て一讀を薦めて止まない。

中山太郎著

日本民俗學論考

菊判布クロース裝箱入三百三十頁・定價三圓　書留送料二十二錢

從來の文化諸科學に對して慊焉たる諸彥は此の新興の學問によりて、記錄にも無く遺物にも無き事象から光輝ある日本精神の傳統的脉搏を感じ、併せて遠き祖先の無韻の聲に耳を傾けよ。

柳田國男序　佐々木喜善著

新版・聽耳草紙

菊判六百二十頁　定價三圓五十錢　送料二〇錢

困難なる昔話研究道を獨りこの老大家のみは孜々として採集に專念され、その結果がこゝに見るやうな源隆國の「今昔物語」以來の大說話集となつて出現したのである。一讀興味津々。

發行所　東京市麴町區九段町四丁目八番地　振替口座東京七五九七六番　電話九段二五六八番　圖書出版　一誠社

第一卷　第六號　（昭和八年十月）

母の話……島袋盛敏（一）
伊豆諸島の脊負籠……辻村太郎（九）
長崎港外伊王島村……永見徳太郎（一三）
青ヶ島還住記（下）……柳田國男（一九）
上五島漁村語彙……穎原謙三（三三）
天草島記事……竹内亮（四四）
初島……彌富破摩雄（五九）
肥前江の島記……櫻内勝徳（六三）
俚談防長征伐……宮本常一（七三）
喜界島昔話……岩倉市郎（八一）
諸島文献目錄（六）……大藤時彦（九〇）

同年者を呼ぶ特別の語（六）……僧の化石（八）……鳥島の思ひ出（三二）……小豆島へ渡るには（三二）……新著紹介（六二）……季節早く來る（九一）……同人寄語（九二）……

口繪　鍋島燈臺……日本航空輸送會社撮影
表紙繪　雲仙嶽より見たる天草洋……山口蓬春

鍋島燈臺（口繪解說）

『日本燈臺表』に依れば、鍋島燈臺は、北緯三十四度二十三分、東徑百十三度四十九分の鍋島（香川縣仲多度郡與島村與島の內）にあり、明治五年十一月の初點で、建物は白色圓形石造、燈は第四等、紅綠互光（各八秒）、燈高水面上二七・九米、光達距離十五浬とある。

鍋島と村とは約一丁位の距離で備船で通ふ。每日平均六十隻位の內外汽船が、直ぐ眼下を通過する。郵船會社の秩父丸などは、双眼鏡も使はずに、はつきりと乘客の顏が見える位。通過船が近所で事故など起した事はこれまでにないが、春期鯛釣りの時期、數百隻の漁船が出る時には、汽船はその間を通る爲めに可なり困るとのことである。

（日本航空輸送會社航空寫眞）

鍋島燈台（香川縣仲多度郡與島村）

母の話

島袋盛敏

一、ヤシキノオグヮン

私の母は今年六十六歳になるが、至つて昔風で、東京に來ても、沖縄に居た時の様に、季節々々のオグヮン（御願）をして居る。

　オグヮンの時には、何かお供へがあつて、従つてウサンデー（お下り）があつたので、子供の時には、いつオグヮンがあるかと待ちかねたものである。

　處が、東京に來てから、母がヤシキノオグヮン（屋敷の御願）をするのを見なくなつた。

「近頃は、ヤシキノオグヮンをなさらぬやうだが、どうしたのですか」

　と、子供の時の事を思ひ出して、問うて見たことがある。すると、

「ヤシキノオグヮンは、家屋敷を所有して居る者がするので、借家住ひをして居る時は、別段しなくても好い。早く家屋敷を所有する身分になつておくれ、さうしたらまたするから」

　と云ふことであつた。人の家を借りて居て、母にヤシキオグヮンをさせる事が出來ないのは、不孝の様に思はれて、私は目下、早く自分の家屋敷を求めたいものだと念願して居る。自分の家屋敷が出來て、母がヤシキノオグヮンをするやうになつたら、柳田先生や比嘉さん、島の同人などにも、參觀させて上げようかな等と空想にふけつたりする。

　このヤシキノオグヮンは、舊暦二月と八月との吉日を卜《ぼく》して行ふのであるが、屋敷の四隅と不動の神とには、酒と花米《はなこめ》とを供へて拜み、ナカジン（屋敷の中心）と門とには、二つのお重《じゆう》を供へて拜む。そのお重は、一つは握り飯を詰め、他の一つには、肉類や揚げ物の類などの御馳走が盛られる。

オグヮンをする者は、必ず女で、その女も今日では六十歳以上の者が知つて居るので、若い女は、何と云つてオグヮンをするのか、わからなくなつて居る。たとへわからせても、そんな事は、迷信めいた馬鹿らしい事の様に考へて、しなくなり、やがて絶えてしまふであらうと思はれる。

何と云つて拝むかと云ふと、

『うーとうと、今日《けふ》のよかる日《ひ》、今日《けふ》のまさる日《ひ》（あーとうと、今日のよい日に、今日のまさる日に）、お屋敷《やしき》のぐるお願《ぐわん》、うんにゆきやびーん（お屋敷の御願を申上げます）。十二本《ほん》のおむちりにゆうこうしぢ、んぱなお酒《さけ》、うさぎやびて、（十二本の一束にしたお線香と、お花米にお酒を、お供へ致しまして）寅手相男《とらでーそうをとこ》、おむすび辰手相女《たちでーそうをんな》からの（寅歳の男と其つれあひの辰歳の女からの）お願《ぐわん》しぢ、うんにゆきやびらは、（御願ひの趣旨を申上げましたら）うんにゆかいぢゆらさ、みしようち、うたびみしようり（御聞き下さいまし）。お屋敷《やしき》の御神《おかみ》、四《よ》隅《すみ》八《や》隅《すみ》、おなかじんにゆうしぢ、おぢようおまもり、ふどうおしぢめー、（屋敷の神様、四隅八隅、中央の神様、門の守り神、不動（便所）の神様）おゐちゝぢゆらく、うたびみしようち、（やすくおはしまして、下さいまして）、やなかぜも、したなかぜも、筋《すぢ》ならぬものも、道《みち》ならぬものも、（悪風も、穢れ風も、筋ならぬ者も、道ならぬ者も）千里《せんり》ほか、おしのけみしようち、うたびみしようち（千里の外に、押し退けて、下さいまして）やひろぐん、とひろうち、何ことさびも、ねーらんこど、（八尋、十尋の家に、何の異變もないやうに）おかくゐぢゆらしや、うたびみしようち、（お守護下さいまして）、寅手相《とらでーさう》のおやしき、おまもりぢゆらく、みしようちうたびみしようり。（寅歳のものの屋敷を、お守下さいまし）。男親《をとこおや》の〔八月には女親、男親は天、女親は地を指す」ごおん、かみあぎとうやびーん。（天の御恩を有り難く頂いてゐます）、おやしきぐんなかい、おそだちぐん、とてをやびーし、（御屋敷に、住はせて頂いてゐる者）をとこをんな、おまもりぢゆらく、うたびみしようち（男女、お守り下さいまして）今年《ことし》よかるどし、ちゆと一年《いちねん》（今年のよい年、一年の間）、ぬうこととさびも、ねーやびらんごと、すゑさかえ、おひるぎ、しみらちうたびみしようち、（何の故障もないやうに、末榮へ、子孫繁昌させて下さいまして）千代萬代《せんだいまんだい》、おひかりおたちみしようち、うたびみしようち、（千代萬代、御光を現はして下さいまして）ごいしよぶすこう、おながみうとんしようち、うたびみしようち（言葉の足りないところは、お見ゆるし下さいまして）おもんじて、ごねんじほどたてゝをやびーこと、（おろそかに致さず、お祈願いたして居りますから）。うーとうと。』

母のするお願の言葉は、右のやうな短かいものであるが、專門家にやらせると、これが二倍も三倍もある長いものらしい。けれども專門家に賴んで、千言萬言するよりも、簡單でも自分で心を込めてするお願がよく通ると母は云つて居る。

八月の屋敷のお願は、大體二月の拜みと似て居るが、八月は特別惡い月で、八日以後には、タマガイと云つて、異變があつたりするので、八日前にお願をして、「やひろぐん、とひろうち、何の異變《ことさび》もないらぬごと、お守りぢゆらしや、うたびみしようり」と云ふ言葉が、特につけ加へられる。

やひろぐん、とひろうち、と云ふのは昔の家の廣さを云ひ傳へて來た言葉であらう。

タマガイと云ふのは、八月から翌年の七月までに、不幸な事が起る家に、この月の八日から十五日までの間の夜更に現れる不吉のしらせで、或は靑い火が見えたり、或は棺桶を造る音が聞えたり、樣々な怪しい現象の起るのを云ふのである。

このタマガイは、今は非常に少くなつて、殆どあるかないかと云ふ程になつたが、昔は盛にあつたもので、私達の子供の時までは、方々に「ヤックヮ」と云ふ棧敷を高い所に造つて、夜更しゝてタマガイを見物したものである。

それで、此月はやしきのおぐわんも極めて熱心丁寧に行はれ、自分の屋敷からタマガイが出ないやうにと祈つたものである。

二、タマガイ

母の話に、

「今は世の中が開けて、何處の家にタマガイがあつたと云ふことも聞かなくなつたが、昔は澤山あつた。人間が多くなつたので、タマガイも出るすきがなくなつたのだらうね」

と云ふ。

それでは、どんなタマガイがあつたかと聞くと、母が若い時に見聞したと云ふ話は、材料が中々豊富である。以下その思出話である。

タマガイは、不幸のある家ばかりに起つたものではなく、祝ひ事のある家でも起つた。

祝ひ事では、先づ結婚のあるべき家には、提灯が、門につるされたり、玄關につるされたりしたものが見えた。

さう云ふ祝ひのある家では、往々イキマブイ（生靈）が現れることがあつた。或年の八月に、或家の下男が、主家の知人の家に來て、盛に出入りをして、水を汲んだりして居る姿までタマガイに見えたが、結婚の當日には、果してその男が來て、色々働いて、タマガイに見た時と同様の恰好をして、水を汲んで居たとのことである。

出産のある家では、炭火が現れるさうである。出産の時に、何故炭火が現れるかと云ふと、昔は、出産後一週間、産婦の部屋に地爐《じーる》を用意して、冬は勿論、夏でも火にあたらしたものである。それで炭火が現れたのであらう。

私が産れた頃までは、母もこの地爐の火にあたつたさうであるが、今の産婦は、醫藥を呑んですますから、炭火の必要もなくなつたものと思はれる。

不幸のある時のタマガイは、青いユーワービー（硫黄火）が現れる。或はチグトと云つて、念佛鉦《ねんぶつがね》が聞こえたり、人の泣き聲が聞えたりした。

月もすつかり沈み果てゝ、草木もねむる丑滿つ時に現れるのだから、その物凄さは格別である。ヤックヮの上で見物して居る連中は、こわくなると、ヒョウチャク（花火の類）をならして、まぢなひをしたり、氣勢を添へたりした。

しかしヒョウチャクを鳴らすと、タマガイが出なくなつてしまふと云ふので、なるべく鳴らさずに我慢した。

タマガイが見えると、イヂャー（强膽者）は、何處の家か見極めるために前に出るし、シカー（臆病者）は、ぶる／＼震へたり、ヤックヮの上から落ちて、死ぬ者があつたりした

タマガイのあつた家には、竿入れと云ふことをする。タマガイを見たものが、その家に行つて、竿の先に線香の束を結び付けて立てると、ヤックヮの上からも指揮して、その竿を右とか左とか云つて動かさせて、位置が定まると、その家にオグヮンをさせるのである。

オグヮンをしたために、厄がはらはれる場合があるし、またその効き目がなく人が死ぬ場合もあつた。

老人の死ぬ場合には、タマガイの火の勢があまり盛ではないが、若者が死ぬ時には、遺念が強くて、タマガイの火が、上つては落ち、落ちては上りして、あきらめてもあきらめられぬやうに、安んじても安んじられぬもののやうに、盛に狂ひ廻るさうである。

さう云ふ風にして死んだ者は、家族が巫女《ゆた》の家に行つて見ると、その靈が巫女に乘りうつつて、思ひを殘して逝つた悲しさや、やり殘した種々樣々のことを一々告げ訴へる。訴へることを聞けば、すべて一つも殘らず符節を合したやうに、事實に合致するので、只々驚嘆の外はなかつた。

三、冥土との通信法

母の話は、次から次へと面白く展開する。沖繩では、冥土は十萬億土の遠方だと云ふ思想はなくて、目には見えぬが近い處に、恰度この世と同じ樣なあの世があると思つてゐる。

これは勿論、母と同じ樣に六十以上の女の人の考へであるが、あの世に行つても、始終行き通ひをして、毎日家族と共に暮して居る氣持ちである。

喜び事があつても、心配事があつても、すぐ祖先に申し上げねば、氣が濟まない。

私が俸給を貰つて來ると、母は第一番にまづ祖先の靈

前に供へてお目にかける。祖先はそれを見て、喜んでいらつしやると固く信じて居る。若し會費か何か差し引かれて、俸給がいつもより少いと、物足らぬやうな不機嫌の風がある。それで私も氣をつけて、いつも一旦母に渡して、祖先のお目にかけてから使ふのである。

祖先を重んずる念が、一般に非常に强いから、祖先に對する祭りが非常に多い。

若し祭りを忘れたりすると、早速祖先の方から催促の通信が來る。その通信はどう云ふ風にして來るかと云ふと色々變つたものがあるが、家族の中に、醫者にもわけのわからぬ病人が出來たり、小鳥が家の中に入つたり、めんどりが鳴いたり、をんどりでも曉に鳴くべきものが晩に鳴いたり、何か普通とかはつたことのある場合が、それである。

さう云ふ時、何事だらうと占ひをして見ると、大概祭りを怠つた場合のおしらせである。時には祭りの催促でなくて、家に心配事の起らうとする場合の警告であることもある。

祭りをした場合、その祭りが祖先によくうけいれられたか、或は何か祖先に願ひ事をして、聞き屆けられるかどうかと、この世からあの世に通信をして、返信を待つ場合がある。

重病の場合、どうか祖先の加護でなほして下さいと願つたり、事業を起した場合、成功させて下さるやうにと願つたり、旅に出る時、無事息災を願つたり、その他色色のことを願つたり、または祭りを行つた場合、その効果をたしかめる時には、まづ靈前に、米を入れた盆を供へて、オグヮンをする。卽ち祖先への通信を發するのである。

間もなく返信が來る。願ひ事が聞き屆けられた場合、祭りが通つた場合には、上げた線香の火が眞赤にきれいによく燃える。若し線香の火が消えて、よく燃えない時は、願ひ事は聞き屆けられない、祭りは通らないと云ふしらせである。

線香の通信がわかつたら、第二段として上げた米を、三本の指で摑んで、盆の上の三方に置き、三方ともみな偶數であれば、上首尾の返信である。若し一方でも奇數が出たら、不完全の證據で、何度でもオグヮンをして、三方ともみな偶數になるまで、即ち滿足の返信があらはれるまで、やりかへしくりかへしするのである。

通つた時の喜ばしさうな顏、通らない時の心配さうな顏、それは傍で見て居ても、はらはらさせられるものがある。

四、淸明祭

祖先に對する祭りは色々あるが、中でも一番愉快なものは、三月の淸明祭である。

季節はよし、野も山も百合の花盛りではあり、人の心も何となく浮き立つ時にあたつて、一家總出で、祖先の墓地に行き、盛大な祭りを營むのである。

沖繩の婦人は、年中殆ど家の中に、とぢこもつて居る風習であつたから、淸明祭には、まるで花見にでも行くが如く、色々の御馳走を作つて美しく着飾つて行く。誠によき祭りが考へ出されたものである。

墓地は、沖繩獨特の廣大な構造で、龜甲式があり、破風式があり、何れも千金を投じて造つた美事なもので、

沖繩の墓地（永井龍一氏撮影）

その上大槪見晴らしがよい。

一家族は勿論、親類緣者も呼び、甚しきに至つては、

隣人友人なども誘ひ合せて行くのだから、この季節は、あちらの墓地でも、こちらの墓地でも大賑ひを呈して、まるで墓地の上の園遊會である。

祖先の祭りをするのであるが、花見遊山をする以上に樂しいものである。

墓地には廣い庭があつて、祭りの時には、この芝生の庭に席を敷いて、男達は右側に並び、女達は左側に並んで坐る。

祭りは、女の年寄が、例の如く「うーとうと」から始まつて「おせいめいのおまつり、うしやぎやびらは、おまつりぢゆらく、みしようち、おたびみしようり云々」と云ふオグヮンがあり、それがすむと、男達が揃つて、オニフェーと云ふ禮拜を行ひ、女はオニフェーはせず、一人々々香を上げ、それからオサンデーの御馳走を前にして、酒が巡り、祖先の追懷談から子孫の繁榮振り、一族の評判から、各自の希望談、それからそれへと話ははづみ、イヒー、アハーの笑聲が湧き、祖先もこの樣を眺めて御愉快であらうと思ひやられる。

かくて、日が西に傾きかける頃、張り渡した天幕を取り、御馳走の道具をかたづけ、充ち足りた喜びの心を一杯にして家に歸る。遠く東京に來ても、三月になるとあのおもかげがしのばれる。

○僧の化石　那覇の西北三十海里の、周圍僅かに三里といふ粟國《アグニ》島に、一つの洞窟がある。昔一人の僧が、此島に漂着し、件の洞中に、自然に削り立つた佛像の樣な、三個の岩石を發見した。僧は之を以て、彌陀、藥師、觀音の三佛だ、と信仰して供養し、自らも此洞窟内に寓つた。後、僧は、此洞内にて往生を遂げたが、頭首を西に向けて臥した儘に、其頭だけ化石してしまつた。そして西邊の石壁には、今尙、形がありくと殘つてゐる。其餘の骨は化せずして、其儘に朽ちた。又其用ゐた鼈石三個、螺貝及び鍋一箇も、化石して、石壁に附着し、形を存してゐる。今尙ほ洞をば島民は寺と云ひ、毎年正月、五月、九月に島民の參詣があると。右は慶安の頃の著遺老說傳に載せた通りの事實だが、今日も尙、件の洞窟及び佛像といふ石と、僧の頭の化石なるものは現存してゐる、と同地の人より聞いた。（末吉安恭・遺稿）

伊豆諸島の背負籠

辻村太郎

大正三年の五月に初めて三宅島に行つた時から、伊豆七島の各島に於ける竹籠の形に興味を覺え、主なものを集めて共の形を比較して見た事がある、餘りに正確な觀察に基いては居ないが、取り敢えず報告して置いたら、何かの參考にもならうかと思ふ。大島を初めとして八丈島まで荷物を頭に載せて運ぶ風俗がある事は誰も知つて居る。島の人に聞いて見ると三宅島などでは、坂道が多いからかうするのだと云ふし、新島では土地が平だからだとまるで反對な事を云つて居る。平坦な道路が極めてよく發達して居れば車が使用されるから、此のやうな運搬法は行はれまい。また坂路が非常に急な所でも、頭上運搬は不可能であらうと思ふ、土地の形狀のみで云へば坂道が多い小さな島に此の風俗が起り易く傳り易い事は容易に推測される。

頭上運搬の風習は大陸地方にも方々にあるし、寒冷な土地にも乾燥した地域にも現れて居るから、此れを氣候要素などに結び付けて說明するのは適當でない。人類學雜誌で見たと記憶するが、外敵に對する用意などと考へる必要もないであらう。要するに運搬が專業になるやうな場合には、此の方法が行はれ易いのである。七島の地方や京都の大原村のやうに、運搬が婦人の專業になつた時に限つて、此の風俗が特に顯著である事も、外國の例などと比較して首肯されるやうである。

重力を眞直に延びた脊柱によつて支へるのが最も効率の多い運搬法である事は云ふまでもなく、ルックサックが背嚢より便利であり、背負梯子が、天秤棒より能率の大きいのを見ても此の關係は知れる。歐洲戰爭の當時に或る國の陸軍將校が案出したやうに、背嚢の上部に輪形の紐をつけて、共の上部を頭上に懸ける方法が提議された事もある。果して此れが採用されたか否かは知らないが、此所に記す背負籠は多くの場合に紐で額に吊られ、男が使用する場合に限つて胸の上部から腕にかけて懸けられる。此の運搬法が熱帯地でまゝ見られる現象は、如何に解釋すべきであらうか。

　大島の竹籠は手許に無いので簡單に記すと、大きさは概して小形であつたかと思ふ。平面形は底部に於て矩形であつて、上部は小く四角になつた楕圓に近く、口に近い所で四箇所に短い紐を垂直に通し、背負紐を潜らせるやうにした點に於て、次の新島及び神津島の例に類似して居る。新島では神津島と同じく細かく裂いた竹で編んであるが、神津島の方が細工は丁寧である。底の部分が四角な平面形を示して居る事は、構造の上から必然的であつて各島に共通であると云つて宜い。

　新島では四隅の紐が紺色の麻糸であるし、神津島では紫に染められて居る。籠の口の所を見ると新島でも神津島でも兩側から重ねてあるが、手際は神津島の方がずつと上である。大島、新島、神津島を通じて籠の形狀は同系統に屬して居る。一般に小形であつて手提げのやうな役をして居ると見て差支へない。細工の技術は大島から神津島に向つて、地理學的に云へば、流紋岩火山島列に沿つて遠い所ほど優れて居る。此の事實は次の三宅、御藏及び八丈の關係に就ても云へる。

　三宅島の籠は大形と小形と三種位あり、編み方は最も粗末である。口の所が少しく外に突出して居る點は他の島と違ひ、上部の所で竹の肉を表面に出し、筋違ひに編んだ所も特色である。紐をかける所は上部に二箇所と中央に一箇所あつて、あけびの蔓を何れも垂直に取り付けてある。背負紐には新島のやうに色の美しい布などを用ゐず、太く編んだ藁繩を使用するのが一般である。然し坪田村に限つて、極めて念入りに作つた數條の麻糸を紺色に染めたのが娘達の自慢であるらしい。椿の實や辨當にする里芋などが此んな籠に入れて運ばれるのである。

　御藏島の竹籠は、八丈のに酷似して居るが、三宅島のものに似て居る點もある。籠の上部が開き口が大きいのも特性の一つである。細工は可なり細かく外觀も綺麗だけれども、口の所は、神津島や八丈のやうに二重に編んではなく、三宅島や新島のやうに一重である。紐を通す場所は二つであつて、口の所に一箇所と反對の側の中央より下部に一箇所、水平になつて居て、あけびの蔓を使用した點は三宅島と同樣である。昭和七年の夏に此れを手に入れた時には、桑の實を入れた痕が殘つて居た。大きさは中位であつて、底部の平面形は新島のやうに、正方形ではなく、神津島や三宅島のやうに長方形であるが、御藏島のが最も細長く、全體の恰好は甚だ見事である。

　八丈島の背負籠は最も巧妙に出來て居て、神津島のに比べて更に立派であり、三宅及び御藏の二島と比較すると安山岩火山岩列の中で遠いものほど技巧が優秀であると云ふ事が出來る。大きさには大形と中形があり、口は御藏島のに比べて更に大きく、従つて側面上部の曲率は極小である。著しい特徵は底面が細長い矩形であるのみで無く、口の形が長楕圓形な事である。紐を通す所は上部に二箇所と反對の下部に接近して二箇所あり、それぞれ兩側から細かく組み上げた竹で出來て居て、竹細工としては他の何れよりも美麗である。

　以上の粗雜な記載によつても伊豆七島の一部に分布する一つの道具にすら、類似と差違の系統的な變化がある事實も認められる。生物の分布や變化の法則——其れ自身が未だよく判つて居ないのであるが——を人間生活の現象に適用する事の可否は一應の吟味を要するのである。然し薩南の諸島などでも順序を立てて觀察した事實を分類し、一般化し解釋して見る事が、必ずしも科學者の遊戯に終らないであらうと思はれる。

　伊豆諸島の背負籠分布の場合には、如何なる變遷と傳播の經路が考へられるであらうか。例へば、大島のやうな最も近い所にプロトタイプがあつて、一方には新島と式根及び神津の島列に、他方には三宅と御藏及び八丈に向つて、漸次に傳來し次第に變化したと考へるのも一つの方法である。然し實際は隣の島を飛び越して先に傳る事もあらうし、前の形が消滅して新しい形を模倣する場合も起り得るのであるから、事實は可なりに複雜であるに違ひない。

　云ふまでも無く遠く離れた土地で、同じやうな材料を用ゐて類似の形をもつた品物が作られる場合も多いであらう。二十年も前に小笠原で知つたパンダーヌスの葉で編んだ小箱は、後にジャヴァで見た檳榔子入れに似て居たし、更に巴里郊外の植民博覧會場で求めたタヒチ島土人の製品にも似通つて居た。然し此のやうな場合にすら阿旦の葉を此んな目的に利用する風が、様々の道を通り長い年月の間に意外な遠方まで傳はらなかつたと誰が断言し得るだらう。

鳥島の思ひ出

山口貞夫

八丈島の南百餘里にある鳥島を訪れたのは昭和五年の夏でした。近海郵船の船が隔月に一回荷待の爲に立寄りますが、其の僅かな時間を利用して上陸して見ました。村と云つても人數は僅か五十四人、男の大人は十二人で此が漁をやつてゐる寂しい島です。從つて家族數は十二でありますが、住居は長屋三軒に同居してゐます。別に昔は氷倉であつたと云はれる小屋が熔岩の防風壁に包まれて二つ三つ見えましたが今は倉庫にしてゐるとのことでした。漁獲が少なくなつたのださうです。川もなければ湧泉もなく、天然水にのみ賴つてゐます。たゞ兵庫灣の奥に湧き出る温泉のおかげで風呂水の心配だけは無い様です。此は明治三十五年の島民を皆殺しにした大爆發の餘燼かと思へば空恐しい氣がしないでもありません。

島から賣出すものと云つては干物と鳥の羽毛です。信天翁はクロプと呼ばれ無數に飛來する外、コチウと云はれる鳥も澤山住んでゐます。これは晝は海へ出て魚を漁つてゐますが夜になると戻つて來て大變喧騒を極めると云ふ事です。畑作と云つては鳩麥、瓜、薩摩芋位のものだけです。丁度私の渡島した時之から試育するのだとて八丈島から牛を數頭買入れた所でした。

枯れ落ちた笹と松葉の爲にやたらに滑る山道を、僅かな時間を利用して駈け上つて見ました。頂から見ると深さ百五六十米もあらう巨大な爆裂火口があんぐりと口を開いて、ほんの僅か雑草が火口底に生えてゐる丈です。泥流が風化して眞赤な粘土の膚を表し荒涼たる景色でした。底には多少水が溜つて居た様でしたが平生池になつてゐるのではない相です。

此島の住民は大抵八丈島出身で、大體が棄てゝも惜しい財産もなく新天地の開拓に未來を賭する様な人々が多いのです。それでも此島から私の船に同船して、更に小笠原へ落ちて行かうとする一家族があつたには考へさせられました。八丈から鳥島、小笠原、硫黄島、もつと遠くは南洋へと、どうにもならなくなつた者が、故郷に後髪を引かれつゝ南下して行くのです。そんな人々に取つては、何時起るか解らない火山爆發などを警戒してゐる餘裕はないに決つて居ます。更に鳥島を捨てようとする家族にとつては此の絶海の孤島もどれ程懐しいでせう。

長崎港外伊王島村

永見徳太郎

長崎港外口の南側に位置を占め、香焼島《かうきやしま》の北西に連なるのに、伊王島と沖の島が控へてゐる。是を伊王島村と言ふ。

長崎あたりの人でも、沖の島を伊王島と思つて居るのが多い。

島に立つて、振り返へると、香焼島、神の島を初め、美しい海の上に、幾多の島が點々と横たはり、女神《めがみ》や神《かう》崎《さき》の鼻まで、ボツト霞み、白帆が浮かぶのは、實に絶景でいゝ。

が、此島に渡るのには、夏でなければ便利が悪い。沖の方だから、盤紆が大きいので、漁船に乘込まうものなら、揺れかたがひどい。七、八の月には長崎市の大波止《おゝはと》海岸から小さい汽船に乘れば、一時間半もかゝつて、島に行けると思ふ。一日の行樂には面白いところである。

伊王島の地勢は凹凸起伏、最高三百五十二呎《フイート》で、頂上に上るのにも、さほど困難をしない。小山は公園になつてゐて、松聲を聞く廣場には、僧都俊寛の墓といふのがある。俊寛は、鬼介ケ島でなく、此處に流罪されたといふ傳説が殘つてゐる。成程、島流しにでも逢はれそうな土地柄であるが、その墓標は、寶暦六年、物好きが碑銘を記して建てた物だから、いゝかげんな遺蹟なのである。

西北角は伊王鼻と呼ばれてゐる。そこは、長崎港へ入る標準になつてゐて、樹木を伐除したあたりに、光達距離晴夜二十一里と言はれる燈臺が目立つ。それに旗竿をたて、船の來着を、長崎に信號する事になつて居る。昔は、船番所があつたのだから、遠くより長崎を目指して來た異國船が、此鼻を見た時には、ヤレ〳〵と安心したに違いあるまい。

島の裏側、つまり外海に面した方は、斷岩絶壁が多い。ドドドツとぶつかつて、散る浪の中を、くゞりぬける白い鳥が何十何百となく、パット飛ぶさまは、繪の力も及ぶまい。

疊何十枚數の廣さを持つ大岩の附近には、拳三つ程合せた位の榮螺が蠢いてゐる。

俊寛遺跡を訪ふ人は、部落を通拔けねばならぬ。漁師の家、風呂屋、郵便局等の、建築が、趣の變つた田舍々々してゐたことを、私は忘れない堀割になつたやうなところには、頑丈な橋が架かゝつてゐる。

荒天の日の怒濤の高さは、全く凄いのだから、漁船は皆、橋の下に逃げこむ譯である。

伊王島天主堂の祭壇

「靜かでヨカところですタイ。家を夏中借れば、いくらですか。」

村の人を捕へて、こんな事を私は聞いて見た。風光の好ましい事と、村人の素朴さが、氣に入つたのだから。

「へえ、三圓も出さつすと、太か家がある。」

「月三圓ノー。」

「いんにや、夏だけ借つても、一年中借つても、同じ値段。」

一年中三圓とすれば、月二十三四錢である。同行の大泉黒石君も眼を圓くする、家内達も吃驚して。

「どう、安かもんじやろか」と感心する。けれど、島に滯在して居た學生の話を聞くと、

「天氣のいゝ日には、お肴があつてョヵですかバッテン。時化《しけ》には、喰る物が何もなか上、野菜は惡かし。その上、岩や山が、打割れそうに思はれて、とても氣味が惡かですタイ。夜が閉口で、電氣がなかケン、カンテラをさげて歩かにやなりまつせん。」

何しても、孤島だから、生活するのには、不便なところであらう。

小舟を出して、沖の島へ行く。

船に乘つてみると、土用浪が高い。重吹がパッパッと頭から、かぶさつてくる。木の葉のやうに船は、スーッと持上げられ、スポーンと浪と浪の間に落される。

島には、小さな道が出來て居る。夏草の繁るところには、眞赤な着物をつけた村童が、大きな豚を追つ駈ける。

だらだら坂を、黒い蝙蝠傘をさし乍ら、上つて來る黒帽子を被り、眞黒な服をつけた男がハッキリ見へる。

長崎港外伊王島村　（永見）

船頭衆が「ョイショッ、ョイショッ。」と艪を漕ぐ。赤黒い丈夫な身體からは、汗が一パイ流れてゐる。

やっと、沖の島の濱につく。砂のこまやかさと、白さは珍らしい。藍を流しこんだやうな浪が、此處では、靜かに押し寄せて居た。

海水浴場の小旗は見へるが、客は無い。呑氣な村のことだから、その茶屋には、WCもない。

砂濱の上には、すぐ曲りくねつた細道が走つて居る。大きな熱帶樹のやうなのが、枝を張つてゐる。蟬がジーンジーンと鳴く。小高い丘には、古色を帶びた白堊の教會堂が聳へ、泰西名畫を眺めるやうな風景が、私達を喜ばしてくれた。

會堂には、クラシックな氣分が漂ふて居た。ヤソ様の像、祭壇、窓ガラス、机、椅子等々が。ガランとした中に、何んとなく頭のさがる神祕さが籠つて居た。

赤いカンナや黃いろいダリヤの花園を通つて、和洋折衷の家に立止まり、ガラス戸を叩いても返事がない。通りがゝりの老人は、

「宣教師さまは、出かけらした。」

と言ふ。船の中から見た黒裝束の人は、神父であつたのである。

此沖の島は、伊王島に比べると、人家もごく少なく、僅かな人達が、悉く切支丹信者なのである。伊王の方は又此反對に、全部が佛教徒であるから、先刻の橋をへだてゝ、對立してゐる譯に當る。

繁る樹蔭に、たたずみ、もう一度、教會堂を仰ぐと、放れ切支丹の昔が思い出される。迫害を受けながら、信仰を捨てなかつた信者達のこと、その子孫が代々教への前に額づく事、貧しくても滿足してゐる生活のことなど。

日曜の日には、仕事を休んだ村の人達は、ゴツ〳〵した木綿服を着て、此天主堂に入るのである。女は、一様に白い布を頭からかぶつて、そうして神父さまの教へを聽いたり、ヲラツシヨを口ずさんだりするのである。

『今にコンフエツソル（聽罪司祭）を乘せた大きな黒船が渡り來る。その時こそは吾等も毎日コンヒサン（告白）が出來るのだ。』

とセバスチヤン聖人の豫言を、信者達は、何時までも、信じてゐたのであつた。

時代の流れは、鎖國も過去の語り草となり、切支丹の自由も叫ばれるやうにさへなつて來た。そうして、佛蘭西のカトリツク連中が、相次いで、長崎に渡つて來たのである。

伊王島村の人達が、待ち受けたコンフエツソルを乘せた黒船が到來した譯で、島には、この天主堂が出來、彼等の歡喜は何に譬へやうもないのであつた。

大きな夏の雲が、崩れ初めると、蒸汽は、ボツーと、船出の合圖を長く響かせる。

やがて、錨をまくと、伊王と沖の島が、次第々々に遠ざかり、太陽は熱した金線を降らし、砂石爛れ海波沸くと言つた炎熱も、夕靄の中に消へ、涼風が、身體を撫でてくれる。教會堂のベルの音はガラン〳〵と海の上を傳はつて居る。

あとで聞いた事であつたが、島には、女部屋が有るとの話で、其處を尋ね得なかつたのは、今でも、殘念に思つてゐる。

女部屋は修道院なのである。此處に入つた彼女達は、禁慾生活で、たゞ神の力と愛にすがるばかりである。白髪になつた老女もあれば、若い處女もあつて、肩よりかけたコンタツ（珠數）には、小さなメダルがついてゐるとの事である。粗末な藁葺家の中で、身も心も神の爲めに盡す約束をしてゐる者が、二十人足らずであつて、夫に死に別れた人、結婚しない人のみで、惱みと淋しさを忘れ、神の御惠に浴してゐるのである。だから、不都合な行爲で離縁となつたり、身を持ち崩したりした者は、女部屋に入ることが許されないのであるから尊い。

伊王島村には、放れ切支丹といふのが殘つて居る。人跡稀な島嶼の一角、山奥の谷間などに、二十戸三十戸と集まつて部落をなす放れ切支丹達には、天主もなければ、教會もない。神父さへ居ないのである。

その部落を帳と稱してゐて、各帳には水方、帳方、聞方の役割がある。水方の手許には、常に御水帳を備へ、生地、死亡、出世の年月日、洗禮を受けた事等が、漏れなく記入されてゐる。

その一例を、あげて置かう。

一　御誕生以來一千八百七十六年三月六日　子の生所　大明寺　誕生二十六
二　男兒靈魂　女兒靈魂の名　またりな　肉身の名　おすゑ
三　實父靈魂の名　じわん　肉身の名　寅次郎　所　大明寺　父靈魂の名　十　肉身の名　淸藏　所　大明寺
　　母靈魂の名　いさべりな　肉身の名　おゆく　所　大明寺
四　此兩方實の婚姻の人
五　實母の靈魂　ずひな　肉身の名　おきよ　歳六十二　所　大明寺　父靈魂の名　ばすとろめ　肉身の名　與五郎　所　大明寺
　　母靈魂の名　またりな　肉身の名　おしを　所　大明寺

長崎港外伊王島村　（永見）

五〇七

六	抱親靈魂の名	まるいな	肉身の名	おゑみ	仕方		所	みどふ
七	子に水を授けたる水方の靈魂の名		肉身の名	さるもん	所			
八	子に水を授けたる人の靈魂の名			肉身の名	所			
九	帳方の靈魂の名	ぱうろ	肉身の名	重右衞門	所	大明寺		

千八百七十三

御水月日

大明寺は、伊王島の海邊であるから、昔は兩島に、切支丹が住んでゐたのであつた。長崎附近の島々は、切支丹流罪の地であつたから、當然信仰の跡はたへないのである。

同年者を呼ぶ特別の語　沖縄縣の宮古島では、同年の者を呼ぶ時に特別な呼び方がある。男同志は「アゴー」と云つて呼び、女同志は「トンガラー」と云つて呼ぶのである。

例へば、甲の男が、自分と同年の者を呼ぶ時、普通なら名を云つて呼ぶのを、宮古島では決して名は云はないで、「アゴー」と云つて呼ぶのである。すると必ずそれと同年の者がはいと云つて返事をする。人が澤山居る時でも、「アゴー」と呼ぶと、大勢の中から、その同年の者が返事する。部屋を隔てて遠くに居て呼んでも、その聲で、同年の者のみが答へる。それは實に面白いものである。同じ歳同志の間に、特別な親しみを持つて居て、我が黨の士よと呼ぶ感情が著しく感ぜられる。昔は年に依つて、階級が嚴然たるもので、一歳違ひでも、ちやんと差別が設けられて居たから、かう云ふ呼び方が生れたものであらうか。（島袋盛敏）

青ヶ島還住記（下）

柳田國男

一三

名主次郎太夫の名の始めて記錄に見えたのは、青ヶ島最後の噴火から三十二年目、文化十四年のことであつた。島人は故郷の土地を失ひ、鄰の島に寄食しつつも、尙自分たちの名主を推し戴いて居たのである。次郎太夫は島に還つて後嘉永の五年に、八十四歳の高齡を以て歿して居るから、明和四年の生れで此時が四十七歳、天明五年には僅か十五歳で八丈へは遁げて來て居るのである。青ヶ島から來た者はどし〳〵と死んで代が替り、たま〳〵老功の者が殘つて居ても、次第に衰弱して自然と恢復の志もくぢけ、此儘で歳月を過ぎて行くならば、後には故郷の島へ還る機會を、捉へることも出來なくなるであらうといふこと、是が次郎太夫を發奮せしめた、何よりも大きな動機であつたと言つて居る。今一つは八丈島も以前とちがつて、人間の數が追々と增加し、斯ういふ假住居では渡世にも難澁をする。かた〴〵何時迄も此まゝでは居られない。何としてゞも還つて行かねばならぬ、といふのが表裏の無い眞情であつたやうに思はれる。

何よりも不利なる狀況は、前の三九郎名主の時とはちがつて、政府の援助金の一文も豫期せられなかつたことである。其上高村氏の基金ももう無くなつて居たものと見えて、それをどう使つたといふことが一言も述べられて居ない。實に心細い孤立獨行であつたのである。仲間が其積りを以て餘分の勤勞をしたことゝ、新たな希望が出來てから、異常の忍耐をしたことゝだけが、可なり明瞭に記錄の端々から窺ひ得られる。さうして八丈の有力者たちの同情も、まだ幸ひにして衰へて居なかつたから、それが少なくとも無形の援助、即ち相談相手と激勵とにはなつたのである。何にしても名主次郎太夫の勇氣と細心とが、能く斯ういふ難事業を遂行するに適して居たことは、青ヶ島の爲に特筆大書すべきことに相違ない。文化十四年の願ひ書が取上げられて後、江戸表に出て下知を受け、兼て渡島の支度を取揃へに出國するに先だつて、仲間へ言ひ渡した規約どいふものを讀んで見ると、それは驚くべく行き屆いた、又誠意の籠つたものであつた。彼の計畫では、最初にまづ百七十七人の同島民の中から、二十七人を選拔して內七人を交通方に、他の二十人を先發隊として、島に渡らせて建設の仕事に就かしめようとして居るが、恐らく其通りに實行せられたものと思はれる。個々の職制には各其主任が指命せられて居る。船は大小の二艘を新造して、大形の渡海船には船頭に岩松、同親仁《おやぢ》に長吉を任じ、小船々頭は半右衛門、親仁は彥太夫であつた。殘り三人は水手となつて其下に附いたのである。先發隊の二十人の中では、第一に濱方普請棟梁に惣太郎、同じく手傳兼道普請棟梁に萬吉といふ者を任じて居る。濱と道路とを島開發の最初の要件としたのである。其次には伐開《きりひらき》棟梁に彥右衛門、其權能は單に荒地の開墾だけで無く、植付作物の選定から、伐倒した樹木の利用法の指圖までに及んで居た。其次には漁棟梁の職を設け、德右衛門なる者を是に當らしめた。耕地作物の充足する迄の間、魚類を以て食料を補ふだけで無く、是によつて働く人たちの精力を養ひ、兼て又魚油を夜の燈火の用に供せしめんとしたのである。しかも用意の周到なことは、更に一歩を進めて鰹節を貯藏に及び、他の漁獲物は勝手に處理してよいが、鰹節ばかりは向ふ三ヶ年の間、之を島內に圍つて置いて、一切隱し積み等をしてはならぬ。其禁を犯した者は罰を受け、且つ品物を取揚げると嚴命して居る。是は必ずしも食料の缺乏に備へるだけで無く、實は以前から是が青ヶ島の貨幣でもあつたからで、之を統制管理することが、自然に各人に私を營ませず、力を公共の目的に盡させる結果にもなつたのである。棟梁といふ々稱は、島に古くから行はれて居たものでも無いらしいが、單にカシラと呼ぶよりは印象が遙かに深いので、斯んな僅かな言葉の用方にも、尙人心を新たにしようとした企てのあつたことが窺はれる。太兵衛といふ者が右四人の棟梁の上に、取締役年寄として指命せられて居る。事實は島に於ける名主代理であつた。「太兵衛事は右の面々へ萬事差圖致し、且は相談等の節、年寄の權威を以て我意を申すまじく候。相互に親子兄弟の如く相睦み申すべき事」と謂ひ、又は「前書相定め候役役、何れも高下輕重無之候間、役好み等又は役儀の善惡を申さず急ぎ渡海の上は主役の通り出精相働き申すべく候。今般起し返し働きの儀は、銘々先祖代々住み來り候故郷へ還住の儀に候へば、名主は申すに及ばず、小役人及び此度相立て候役々の面々、小前一同、親子の如く相親しみ、喧嘩口論決して致すまじく候。且又名主小役人等に至るまで、小前へ對し無理非道を申し掛け、或は私慾を構へ依怙贔屓の沙汰決して仕るまじく候。夫食《ふじき》等割賦の節、正路に割り與へ、少しも疑はしき儀無之樣仕り云々」と述べて、部下を諭すと共に又自分たちを約束した態度などは、事は極めて小さいがその懇切の點に於て、昔の諸葛武侯が三軍に號令した物語をさへ聯想せしめる。

この最後の復興計畫は着々として進行し、名主次郎太夫の訓示は文字通り實現したものと思はれるが、その經過に關する中間の報告は傳はつて居ない。其中でたつた一つ、一つ話のやうになつて殘つて居るのは、島を荒らした野鼠の始末である。寛政度の移住以來、鼠の驅除には一同が力を盡して、しかも其效果は擧がらなかつた。折角今年は豐作だと思つて居ると、收穫近くになつて瞬く間に食はれてしまふ。其爲に島では天保の末になるまで、まだ麥粟は栽培することが出來なかつた。是は何でも地火に燒け死んだ人々の、怨魂の化して成るのであらうといふことになつて、施餓鬼供養を營んでねんごろにその菩提を弔つたところが、それから次第に野鼠の數は少なくなつて、自由に何でも耕作することが出來たと言つて居る。次郎太夫の開發事業は、最初から豫想したゞけでも十分に困難なものであつたが、尙其以上に斯ういふ意外な障碍をさへ、排除して進まなければならなかつたのである。

ところが是とは丁度正反對に、一方には又丸で思ひ掛けなかつた天祐もあつた。八丈年代記の傳ふる所に依れば、文明六年から享保四年までの二百四十六年間に、青ヶ島の貢船の無難に此島へ到達したのは、正徳六年のたつた一度きりであつた。其他は多くは國地へ漂流し、中には行衛知れずになつた船もある。享保以後とても事情は略同様で、漂泊延着は普通の例であり、或は日和の日が無くて、一年一度の渡海船も出せぬ事があつた。殊に天明五年の島燒け以來は、海難は連歳であつて、終に名主三九郎の悲痛なる最後となり、殆ど島の人の鋭氣を阻喪せしめて居たことは、前にも一通り述べて置いた通りである。それが此次郎太夫の計畫の始まつて以來、曾てたゞの一度も風波の妨げが無く、船は不思議なほどきちん〳〵と、豫定のまゝに往來して居た。是には八丈の同情者たちも驚いたらしく、取り分け全力を此事業に傾けて居た人々が、目に見えぬ神祕の導きを感じて、愈々希望ある者の勇敢を、養ひ得たことはよく察せられる。海で働く人々の運勢には、あまりにも顯著な禍福の境目があつた。だから假に彼等の宗教觀に、永く陸上に住む者との差異があつたとしても、私などは尙是を種族先天のものゝ如く、解する氣にはなれないのである。

　そんな問題は今は何れでもよいとして、爰で考へて見たくなるのは、青ヶ島起し返しに費された年數のことである。是が果して次郎太夫等の目算であつたか。乃至は又案外に長くかゝつたものか。最初からの計畫としたならば、如何にあの時代としても餘りにゆつくりとし過ぎて居る。彼が願書を提出した文化十四年には、日は不明であるが兎に角に船は成り、二十人の先發隊は島に渡つて居る。翌文政元年から算へて見ても、それが十七年目の天保五年に至つて、やつと一通りの開發を終つて、青ヶ島人の全部は故土に還り、次の天保六年に檢地竿入れを受けて居るのである。當初それ〴〵の役に任じた人々が、もし相應な年輩の者であつたら、その若干は死し又は衰へたことゝ思ふ。さういふ氣の永い企てゞ始からあつたのかどうか。勿論是がもし政府の補助金を、毎年給與せられる事業でゞもあつたならば、斯樣な施行案の認可せられる筈は無かつた。此點から見ると獨力經營といふことは、寧ろ自由なる手腕を揮はせるに便であつた。私の見る所では、年限は最初よりきめてかからず、出來次第に還つて行くといふことにしてあつたものかと思はれる。其爲には八丈に留つた同志の者が、常の通りに否それ以上にも働いて、先に渡つた人々に後顧の患ひ無からしめ、双方各々自活して行くやうな計畫が立つて居たらしいのである。尤もそれは必ずしも新しい案で無かつたらう。前の名主三九郎の一族移住なども、もしも海上無難に青ヶ島に渡つて居たならば、或は立派に自活の途を立てて、次々仲間の者を招き得たかも知れぬ。たゞあの方は女子供を連れて、人數の割には勞力が乏しく、又どうかすると孤立分裂の懸念があつたに反して、こちらは家々から働き手だけをすぐつて出したのだから、本據との聯絡は最もよく保たれて居たのである。

一五

兎にも角にも海上の往來に、故障の無かつたのは何よりの仕合せであつた。彼等はその毎年の船便によつて、幾度か交替し又補充したことと思はれるが、之に關する記錄は今保存せられて居ない。たゞ珍しく思はれることは、この辛苦艱難の十七年間に、青ヶ島人の總數が僅かながら殖えて居ることである。天明五年に島から脫出した二百二人が、文化末年には百七十七人に減じて居たことは前にも記したが、それが移住を完了した天保六年の調査書には、早又男百三十三人女百八人、合計二百四十一人になつて居るのである。（末吉村淺沼氏の舊記に、三十五戸百九十九人とあるのは、恐らくまだ全部が引移らぬ前の計數であらう）。故鄕獲得の幸福なる新刺戟は、目に見えぬ影響を人口の上に及ぼして居る。天保十一年の計算といふものには、是が更に增して二百八十八人となり、其增加率は略現代まで持續したやうに見える。近藤春夫の小笠原及八丈島記に依れば、それから七十五年後の大正四、五年にも、青ヶ島の人口は四百七十二人から六人に增して居る。

獨り島住民の戶數のみと言はず、青ヶ島の復興は何れの角度から眺めても、十分に近いものであつた。八丈の島では地役人の高橋長左衛門爲全《ためたけ》といふ者が、既に計畫の當初から、影になり表に立つて其實現を助けて居た。それが此度の成功を我事の様に悦んで、天保六年には進んで實地見分に出掛けて居る。竿取りとしては是も青ケ島と緣の深い大賀鄕の元年寄、多分此時はよほどの老人となつて居た忠次郎、それに名主の次郎太夫を同行して居る。四月の十六日に青ケ島の船に乘つて、翌十七日には早くも着船し、それから多くの日數を費して、全島の測定をした。此際の報告書、種々なる往復文書は皆保存せられて居るが、尙その以外に同じ高橋氏が代筆したといふ青ケ島大概書といふものが、是も亦近藤富藏の八丈實記、第八卷の中に採錄してある。此等の記述を綜合して見ると、島の還住後の生活狀態は、或點に於ては却つて災厄前よりは良くなつて居たかとさへは思れる。先づ民家の再建せられたものは唯一戸で、他の四十一軒は假小屋だとあるが、是は單に表向きの名義であつたらしく、三方を丁寧に石垣で圍ひ、暴風を防ぐ用意がしてあつた。其他に神社も出來、清受寺といふ寺も建ち、土藏も一棟は早くから作られた。水は五箇處の泉が四つまで潰れ、殘りの一箇處も人家より三十町餘りあり、旱の頃には細くなつてしまふので困ると謂つて居るが、それも以前に懲りて居るから、雨水を受け溜めて使ひ水だけは貯へる設備が有つたことと思ふ。新らしい事業の一つとしては二箇所の鹽釜があつた。鹽は元々どうして得て居たものか、古い文書の中には少しも見えて居ない。多分は主として海の水を用ゐたのであらう。それが今度は兎に角に鹽を煖く計畫を立てたのである。崖が崩れて來たり高浪が揚がつたりして、滿足に鹽の取れる年が少なく、已む無く魚類の鹽辛を貯へて、鹽氣の代用にしたこともあれば、よく〳〵必要な時には土の小鍋を以て、一合二合の鹽を得たとも謂つて居るから、不自由には相違なかつたのである。

部落は最初末吉《すゑし》に休戸《やすんど》、及び下澤の三つに分けて見ようといふ企てがあつたらしいが、是だけは實行に障りがあつたと見えて、後々の文書には此地名は現れず、始終一村として取扱はれて居る。僅かな家數だから別居を心細がり、いつと無く元の中心に移り集まつて來たかと思はれる。土地の配給に關しては、定めて色々の利害が抵觸したであらうが、少なくとも公の記錄に其問題は頭を出して居ない。名主年寄たちの手腕と信望で、大きな不滿は起させなかつたものと察せられる。何よりも幸ひであつたことは、檢地の使者が深い同情を有つて居たことで、代官所は素より彼等の報告に信賴したのだから、其結果は靑ヶ島の爲に、可なり我慢のし易いことになつて居る。靑ヶ島の有租地は、古來總反別八十三町四反餘といふことになつて居て、是に一定の率をかけて年貢の絹を納めさせて居たのであるが、高橋長左衞門はその恢復後の成績を檢して、實狀に由つて之を七級に分けた。第一が麥畑、是は國地の本畠に當るものである。第二が山畑成り、第三が山畑。山畑は多分伊豆大島などの例と同じく、所謂切替畑として十數年の間に二三回、林籔を薙いで物を作つた稅の安い土地であつたらう。第四以下は種々の荒地亡地で、是には勿論何等の賦課は無い。さうして結局の所災前の八十三町餘に對して、起し返しの地二十九町餘り、新開が五町三反と少しといふことに記帳して、是に在來の稅率を以て、貢絹の量を算出することにしたのである。靑ヶ島の住民に取つては、一年でも早く檢地をしてもらふことが、それ自身旣に大きな恩惠であつた。殘りの未開地が後の樂しみに殘るからである。其上に年貢の絹の納付は、丸四年後の天保十年からといふことに定められて、欣然として承諾書を出して居る。絹は桑を栽ゑる餘地がまだ無いから、八丈に賴んで織立てゝもらふことにした。其代償は恐らくは鰹節であつた。この慣例が後まで續いて居たかどうか。調べて見たいと思ふが私にはまだ判明しない。

一六

斯ういふ離れ島の貢租などといふものは、本來は官廳にとつて算盤にも何も合ふものでは無かつた。如何なる平和の年にも收入は支出に屆かず、結局は僅かばかりの精巧な絹を手に入れる爲に、巨額の經費を投じて居ることに歸するのだが、それでも尙無役の民として化外に放置することの出來なかつたのは、言はゞ大義名分のやうなものであつた。國防や外交の重要性を生じた今日とはちがつて、昔の貢物には別に又精神上の鏈鎖の如きものがあつた。島が獨立して再び課役を負ふやうになつたといふ怡悦などは、此當時ですら內陸の人々には解らなかつたらう。青ケ島の場合でいふと、斯樣な非常時の救濟や、是に備へた平生の圍ひ穀の手當の外に、古い仕來りとして意外なる下され物が種々あつた。たとへば島では金屬が得難いので、何年に一度づつかの鍋類の給與がある。土器を燒くべき手段が無いので、折々は擂鉢のやうなもの迄も送られて居る。年貢は公物だから是を運ぶ爲に公けの船が無くてはならず、又是を動かす人々にも一定の扶持米が出て居る。鄉船の建造には每回金二十兩を給與せられる。それが頻々と難破漂沒した以上に、島には粉虫といふ害虫が居て、揚げて置くうちに船に穴をあけ、平均三年と持つた船は無かつた。青ケ島の人々が八丈に避難して居る限り、此種の給與は一切停止せられる。島を無人の無租地として置くことを、格別幕府が苦にしなかつたわけは、斯ういふ所にも潛んで居るのである。それでは堪らぬと感ずる者は、島を故鄉として戀ひ慕ふ者の外には無かつた。橘南谿のやうな同情の無い批評をする人が、多かつたといふことも不思議でない。それには拘らず島の復興は着々と進み、天保十年には六十年近くも絕えて居た貢の絹が再び納められ、翌十一年には次郎太夫亡地新開の勳功を以て、愈々公船の免許が下がり、先規の如く助成の金子、御《ご》印《いん》浦手形が給付せられた。長さ六間と四尺橫幅一丈七尺と五寸、深さ五尺といふ一艘の補理舟は、恰かも佐野源左衞門の愛馬のやうに、青ケ島鄉船といふ標《しるし》の幟《のぼり》を立て、法螺貝を吹きつゝ堂々として、八丈の湊へ乘込んで來たのである。この法螺貝の響といふものには、リバースもエリオツト・スミスも既に耳を傾けて居る。南北太平洋の古い漂泊の生活に、心を引かれて居るほどの學者ならば、青ケ島人ならずとも胸を轟かし、泪を目に溜めてゞ無くては聽くことの出來ぬものであつた。ましてや此島に於ては、それが六十年以上も絕えて居て再び響いたのである。

青ヶ島復興の完了したのは、我々の最も欽慕する伊豆御代官羽倉外記の時代であつた。それが退職して又江川太郎左衛門の支配となつてから、愈々名主次郎太夫の表彰は行はれて居る。時は弘化と改元した天保十五年の六月、次郎太夫は齢すでに七十四であつた。此翁の長命の如きは誠に意義がある。兒孫は日に增し島の新たなる繁榮は眼前に在るのを、更に十年も見續けてから、死んでしかも神に祀られて居るのである。今ではもう只の墓となつたかも知らぬが、次郎太夫の祠といふのは島のテラノトンブといふ頂に在つた。永く吏長の兩人を青ヶ島の守護として勸請したとあるが、今一人は蹉跌した三九郎では無かつたらうか。その每年の祭の日には、島人は祠の前に參集して、次のやうな祝詞《のりと》を唱へたといふことである。祝詞とは言つても實は八丈島の高橋長左衞門が、青ヶ島の人たちを饗應の際に、作つて歌はせた口說節《くどきぶし》のやうなものであつた。それを後々まで島人が記憶して居たのである。今でも傳はつて居るかどうか。試みにこゝに全文を擧げて置かうと思ふ。

天保六年
五穀熟する乙《きのと》の未《ひつじ》
青ヶ島なる新造《しんぞ》を出す
卯月十三ぱつちり日和《びより》
九人乘組み八重根《やへね》に着いた
花の盛りの十六日に
波も平らに風靜かにて
御船《おふね》首尾よく湊へ來たる
新規開發御渡海さまよ
五六三十の年月日頃
御世話なされし庄屋どのゝ御蔭
檢地とゝのひ御用も濟みて
さても目出たい本望《ほんも》でござる
皐月《さつき》三六、日の大凪《おほなぎ》に
八丈八重根へ御船は着いた
青ヶ島から御年貢納め
御金賜うて御船は出來る
里は豐作、百姓は繁昌

目出た萬福《めでた》の次郎太夫様や
子孫榮えて八千代の椿
島は蓬萊萬代までも
燒けず崩れず南の海に
壽《ことぶき》祝ふやれおめでたや

一七

名主次郎太夫が前には卜部《うらべ》であつたといふことも、或は彼の事業の好成績を擧げた、一つの原因かと思ふがそれは詳かで無い。卜部は最初此島の首領、廣江氏に屬した職分の一つであつたのが、子孫故有つて之を他の家に委讓して居る。八丈の島も同樣に、後に神主といふものが上に立つて、其勢力は微々たるものになつた樣だが、本來は一村の指導者であつたに違ひない。それが尋常の住民に倘暗々裡の感化を持つて居て、いと容易に彼の開發意見に、人心を統一し得たのかとも思はれるのである。もしさうだつたとすれば死後は神となり、記念の中心となつた理由もよく解るが、それを現存の民間傳承の中から、立證することは恐らくは望み難からう。今日の青ケ島は全體に世間と遠くなつて居る。稀に此島へ上陸する人はあつても、胸の合ふ迄に語りかはす機會は無い。さうして島民が物を知るといふことは、やがては又この古い感覺を忘れてしまふことをも意味する。人間の歷史のともすれば埋もれ勝ちであることは、心ある者の嗟歎に値すると思ふ。

我々の耳に入る最近の島の消息は、如何にも不自由な島だといふことばかりである。定めし島の人たちも、同じやうに考へる傾きになつたことと思ふ。此島は所謂命令航路の寄航地で、月に一回かの郵便物だけは、必ず來て積むことになつて居るのだが、濱が惡い爲に船の方では早く出ようとし、島では少しでも產物を積込ませたくて、わざと郵便の袋を出すことをぐず〳〵するといふ話もある。私の一友人は島人の家に案內せられて、色々の食べ物を進めて引留められた。船へ歸ると船長が大いに憤つて、今度こんな事があると置いて出ますよと謂つたといふ。今度といつた所で二度行く人は先づ無いのである。

或は女の行商人があつて、空壜を多く携へて上陸したといふ話も聽いた。それが賣れるかどうかは知らぬが、島には粘土が無くて液體の容器に、不自由して居ることは事實らしい。昔鎭西八郎に教へて貰つたと謂つて、日に乾した土鍋のあつたことは舊記に出て居る。三十日乾すと三日使はれ、一年乾して置くと一月の間役に立つたといふ、うその樣な話もあるのである。今では交易によつて內地の物品の入つて居ることは確かであるが、それを買ふ爲にも斯んな荒磯の崖の上から、牛なり甘藷なりを船に運ばなければならぬのである。牛は天明度の度々の噴火に一旦絕えてしまつたのを、辛苦して再び二頭の牛の仔を入れ、其後の百年足らずに之を特徵ある物產として居る。甘藷も近世に入つて小笠原島といふ販路が開けたので、可なり重要なる輸出品の一つになつて居るさうだ。たゞ何と謂つても自分の船、自分の湊をもたぬといふ惱みが、外部と交通して生活する時世になると、御藏島も同じことだらうが、著しく島の幸福を割引して居る。當初廣江氏等の一行が遣つて來た頃には、二箇所の船着は共にまだ浪除けの岩を控へて居た。それが追々に海に沈んで行つて、噴火よりも前からもう只の沖になつてしまつた。そこへ山崩れが一層烈しくなつて、之を防ぐだけにも大分の土工を要し、八丈へ渡海の船を出すには波風の無い日でも、男女總掛りで七八百人の人足をかけた。ふだん其船を圍うて置くこと、是が又容易ならぬ骨折であつた。僅か十七八間しか無い丸石の濱に、四方石垣を築いて船を入れるのだが、崖が崩れたり波に拂はれたりして、流してしまふことが何度もあつた。現に天保六年の悅ばしい報告書の中にも、去年の秋の時化《しけ》吹まで渡海船の外、漁舟も三艘まで取られてしまつて、鰹漁にも出られぬといふ難澁を叙べて居る。さうして是が尙今日に至るまで、解決しきれない此島の問題である。

一八

但し此問題を詳しく說くことは、島に行つても見ない私は其任で無い。是は現實に島を知り、又島を愛する人人に托して、根本からもう一度考へてもらふことにして、終りに今少しく快活な舊話を談り添へて、永く青ヶ島を記憶する種にしようと思ふ。

此島人の漂流談といふものは、もう珍らくしないと言つては濟まないが、書き切れぬほど數多く傳はつて居る。其中でたつた一つ、不思議な話として八丈でも傳へて居るのがある。正徳五年の七月二十四日、青ヶ島から丸三年かゝつて、八丈へ渡つて來た船が、用を濟ませてもう歸つて行かうとして居る際に、ちようど江戸からも御用船が到着して、其船に三人の青ヶ島の青年が便乘して居た。年頃は何れも十六七歳、二人は兄弟で他の一人は從弟であつた。同じ七月の九日の晩、濱に繋いである漁舟に乘つて釣をして居るうちに、つひ三人とも眠り込んでしまつた。其間に引汐は強く舟の綱を引切り、夜が明けて眼を醒ますと、舟はもう大洋のまん中に出て居た。島へは歸れぬので風まかせに帆を揚げると、舟はどこへとも無く沖を走つて、丸十二日の間飲まず食はずに居たさうである。十三日目の朝、漸くに御藏島に乘付けたのを、島から見付け人が泳ぎ寄つて之を助け、あと十日の間此島で世話になつた。ところへ三宅島から所用の船が遣つて來たので、是に便船させて三宅島まで送り屆けた。さうして四五日も居るうちに、折よく八丈へ行く御用船が三宅の沖を通る。早速漁船に乘せて、漕付けて是に乘せて貰つた。此用船の八丈へ着いたのが九月九日、ちようど三年目に遣つて來た青ヶ島船が歸らうとして居るので、是に乘せて遣つたところが、同じ月の二十五日に無事に歸つたといふ便りがあつた。一方には三年かかつて漸く來た船もあるのに、此青年たちは拍子がよくて、命拾ひをしてたつた四十何日目に、親しの家に戻つたので、斯ういふ運のいゝ場合も珍らしいと噂せられた。

次にもう一つ、是も至つて珍らしい漂着の事實談がある。齋藤拙堂の無人島羽衣記と題する一文は、此事件の顚末を叙したものであるが、それよりも近藤富藏の書いて殘したものが、俗文であるだけに感覺をよく寫して居る。青ヶ島最後の噴火があつた天明五年の二月の半ば、土佐の沖から漂流して來た船の生殘者一人と、天明八年の正月晦日に、下總銚子の海から漂流した肥前船の十餘人と、翌々寛政二年のちようど又同じ日に、日向灘で難船した大隅志布志浦の船の六人とが、同じ一つの鳥島に落ち合うて、鳥を食ひ鳥の羽を衣に着つつ、更に七年の島の生活をした後に、千辛萬苦して一艘の船を仕立てて、青ヶ島に辿り着いたといふ一條の物語であるが、餘り詳しく其顛末が傳はつて居るので、却つて其大要を説くことが六つかしい。他日機會もあらばもう一度書いて見ようと思ふ。時は寛政九年の七月始の頃で、青ヶ島では先づ渡つて居た九人の島人が、既に三年も前から八丈との交通が絶えて、是も漂流人のやうな辛苦艱難を嘗め盡して居る際であつた。夜のしらしら明けに船を近寄せて見ると、島は周りが崖地であつて、其上端から濱へ楷子《はしこ》を掛けて居るのが白く思えた。それを傳つて島の者が降りて來て、海を泳いで船の中に乗移り、始めて双方の事情が明かになつた。島では此時には一隻の小舟も持たなかつた。小屋はあるけれども作物が殆ど無く、鼠が多く水が至つて乏しかつた。船道具一切を陸に揚げ、船も楷子によつて岡の上へ引揚げて、先づ暫くは休息せよと言つたが、眼の前に横たはつた八丈の島に、三年の間も渡るべき便宜が無いと聞いては、助かつて歸つた樣な心持はしなかつた。それでも凪を見定めてこの漂流者の船を卸し、兩日は鰹を釣つて久々の珍味を賞玩した。七月の八日は幸ひの順風であつたので、青ヶ島の人々が水先として同船し、恙なく八丈の八重根湊に着岸した。八丈の老若は岸に立出でて、何れも最初のうちは異國の船だらうと評定して居た。鳥島の新造船は流木の繼合せで、片枻《かたゝな》に百四十枚もの板を打つけてあつた。帆柱は二本であつたが其四反帆は難船の艀《はしけ》の帆の破れに、船頭の古着を縫合せたもので、彼等は衣類を帆に供した代りに、めいめいは海鳥の羽を集めて、こしらへた衣を着て居たのだから、さう思はれたのも無理は無かつた。悲壯なる青ヶ島の再興史には、又斯ういふ奇拔な一挿話さへ伴なつて居たのである。

小豆島へ渡るには

島外と小豆島との交通も、又島内の交通網も、現在では餘程便利になつて居る。

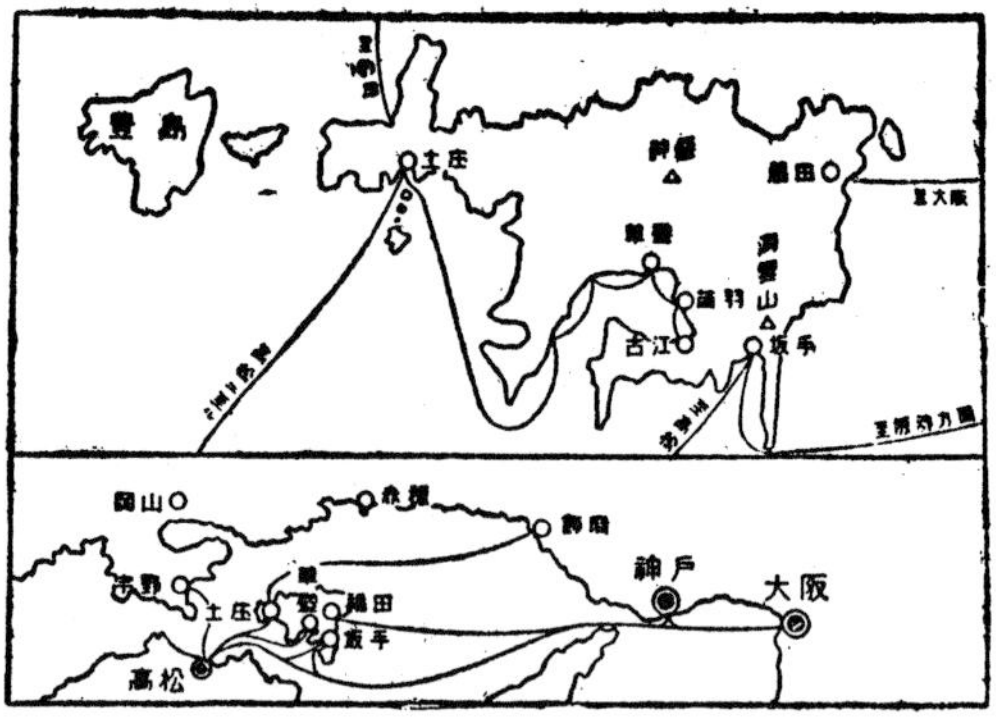

本島へ渡るには、大體に於て、**岡山以西より**の客は、宇野から連絡船で高松へ渡れば、（約一時間所要）、高松からは、尼崎汽船と内海汽船の共同配船による客船（二百噸）が、本島西部の土庄港へ午前七時・九時・十一時半・午後一時半・二時半・三時・六時と一日計七回出て、一時間半も掛ければ優に渡島する事が出來る。（料金三等三〇錢）

尚同上の客船で、本島東部の草壁港及び古江港へ午前八時半・午後二時半・四時二十分の三回、便があり、約三時間の航程（料金三等六十五錢）で渡れる。又、夜少し遲くなるが午後九時と午前零時とに、大阪商船、尼崎汽船共同の阪神行の客船（七・八百噸）が一時間半位の航程で東部坂手港へ着ける。（料金三等六〇錢）。

五二二

次に**阪神地方より**渡らうとすれば、大阪商船・尼崎汽船共同の關門行の客船（七・八百噸）が、日に二回阪手港へ寄る。それは大阪を午後五時十分に出る船が神戸へ着けて、同港を午後八時發で、坂手港へは午前零時に着け、又大阪を午後九時二十分に出る船が、神戸を午後十二時に出て坂手港へ午前四時半に着ける（料金阪・神何れよりも三等二圓四十錢、二等倍額）。少し時間の都合が良くないかも知れぬが、**阪神以東の人々**の選ぶ行程は、此の二船によるものが多い。**島内の乗合自動車**の時間表も此の方を標準として、發着して居るから便利である。

その外に、尼崎汽船の客船（二百噸）が播州飾磨から毎日一回、正午に出て約六時間の行程で土庄港へ着ける（料金三等一圓、二等倍額）。此の方は春季の島四國八十八ケ所巡りの播州邊よりの遍路さんに多く利用される。

次に毎年秋、神懸の紅葉時分（十一月初より十二月初迄）になると阪神より毎日一回、夜の九時頃に出て同山麓草壁港へ早朝に着く大阪商船の臨時船（七・八百噸）が紅葉狩の客を運び、充分な行樂の後、同日午後四時頃草壁港を出て、夜九時頃阪神着の豫定で配船される。（往復料金三等三圓位、二等倍額）

又本島北部へ渡るとすれば、福田港へ大阪から尼崎汽船の客船（六百噸）が直航する。それは大阪を午後六時に出て、午前二時過に福田港へ着ける（料金三等一圓、二等倍額）。が、特別の用事でもないと此の方よりは前の坂手へ渡つて、乗合自動車を利用するのが便利である。（川野正雄）

上五島漁村語彙

頴原謙三

予もと長崎縣五島に生れ、魚目・北魚目・青方等の鄕校に職を奉ずること三十餘年、其間地方の方言、訛語、風俗等見聞するに隨ひて之を筆錄せしが、元來識少見狹にして、學問的調査などゝいふべきにはあらず、只筆に任せて順序もなく、系統もなく錄せるにすぎず。されば人に示す事もなく、そのまゝ筐底に投じて今日に至れり。然るに、長子退藏京都に在り、予も亦老來職を辭し、來つて共に住す。此地は由來山紫水明、餘生を養ふには最も好適の地なれども、時に望鄕の念なき能はず。此頃雜誌「島」を讀み、其中に連載せる柳田國男先生の漁村語彙に至つて、頓に往事を追懷し、かつて筐底に投ぜし筆錄を出し見るに、同一の言語、風俗、其他語源の同一ならんと思ふもの等もありて、特に興味を感ずると共に、大に懷を慰むるものあり、每號喜んで之を讀めり。此頃比嘉春潮氏より同雜誌に投稿を求めらる。もとより不文淺才敢へて當らずといへども、平生柳田先生の造詣深くして、猶かつ調査研究して倦まざるを聞き、欽羨日久し。依つて刺に代へ、且つ責を塞がんが爲めに、かの筆錄中のもの二三を抄出せんとす。若し採るに足るものあらば幸甚也。

ソネ 魚族の集まる所を謂ふ、「高麗ゾネ」「横ゾネ」「イトヨリゾネ」の如し。

トヤ 灘を云ふ、「江の島ドヤ」「平島ドヤ」「さだ島ドヤ」などの如し共に其島の附近の海にて、又單に「ト」とも云ふ、「志自岐ド」の如し。

イロ 魚族の群集したる時は、水面に映じて赤紫色を呈す。最も多く密集したる場合也。「色になッて來た」（魚族が密集して寄せて來た）などと云ふ。

カチ 魚群を云ふ、魚が群集して來た時に「大ガチになつて來た」と云ひ、又鰤など大群の取れた時に「鰤の大ガチが取れた」など云ふ。

アバ 漁網を浮上させる爲めの浮木にて桐材を用ふ。

イワ 石、鉛、燒物等を用ふ。漁網を沈下させるおもり也。此「**イワ**」にて網の下端を沈め「アバ」にて上端を浮べる故に、網は水中に屛風を立てたるやうに張らるゝ也。

スッテ　烏賊を釣る道具にて、竹にて作り先端に六本乃至八本の鉤を附け、竹の部に餌を卷き附く。烏賊が餌に寄りたる時に鉤にかけて取る。

テグス
此處に餌をはさみ右に出て居る竹
にて抑へ竹は上の輪にて支へ止む。
長さ凡そ四寸位

ガンセキ　前項と同じく烏賊を釣る道具にて、前項の竹の部分を鉛にて作り、餌の代りに白布を以て鉛を卷く。前項のものは夜間に使用し、此は主に晝間深海に使用す。

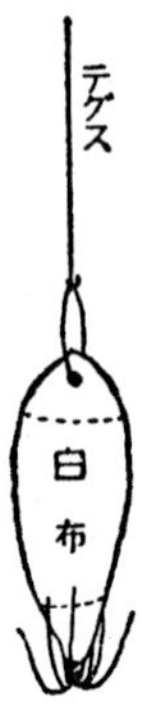
テグス
白
布

ビシ　釣糸を沈下させるおもりにて鉛にて作る。

エデ　魚を釣るに用ふる餌なり。

ヨマ　釣糸其他麻糸を云ふ。凧の糸、網を編む糸をも云ふ。

タブ　魚を掬ひ取るタマを云ふ。

アナゼ　西北風を謂ふ、極めて寒冷の風なれば「寒い北風、冷《ツメタ》いアナゼ、ハエの風でも吹きや寒い」と云ふ俚諺もあり。

アオギタ　秋十月頃吹く强き北風を云ふ、多く晴朗の日に吹きて浪高く、水の色青く見ゆ、故に云ふか。

オキバエ　南西風を云ふ。

オキバエサガリニシ　前項と稍同じ。それよりも少しく西に偏したる風なり。

オシシャナ　又**オシシャナバエ**　オシのシは促音の如くに發音す、東南風にて初秋に吹く野分の最も猛烈なる方位の風也。

サガル　風位が南に轉向するを云ふ。例へば東風が次第に南に轉ずるを「風が段々サガツテ來た」と云ひ、又南倚りの風を「サガリ風」と云ふ類なり。

タッカ　「タカイ」（高い）の訛、前項の反對にて風が次第に北轉したるを云ふ。「今の風はタッカ」（今の風は高い）とか「風が段々タカウなつて來た」など云ひ、北倚りの風を「タカ風」と云ふ。

ヤマゼ　冬季時雨に伴ひ、俄然襲來する風を云ふ。多くは西風にて、航海者の最も警戒する所なり。

キタゴチ　北東風を云ふ。

ハエ又**ハエンカゼ**（ハエのカゼの訛）南風を云ふ。

コチハエ　東南風を云ふ。

ヒウヲ　シイラ（鱰）を云ふ。地方の漁家にて鯐の字を用ふ。秋より冬の初まで取れる。之を捕るには「ヒウヲアミ舟」（鯐網舟）といふ五挺櫓の極めて輕快なる舟に網を積み、其の高く積みたる網の上に一人立ち、又艫部の「マタギ」と云ふ臺の上に一人立ちて、共に鯐の來るを監視す。此魚は性質能く水面に浮游し、脊鰭が波間に現はるゝ事あり、故に靜かなる日よりも、北風強く浪の多少高き日を宜しとす。監視者魚を發見すれば魚の居る方向を指して「オセ」（櫓を漕げの意也漕ぐをオスと云ふ。）と號令し直に追ひ至る。艫部の監視人は始終臺の上に在りて監視を怠らず、其の指揮によりて網を張りまはし、之を捕る。捕りたる魚は三枚に割きて腸を去り鹽に漬け乾す、之を「マンビキ」と云ふ。初期に捕れるものは、長さ四五尺の大形にして、之を「カラヤマ」又は「カナヤマ」と云ふ。中頃のは中形にして之を「ナカブクラ」と云ひ、最後に捕れるものは小さく一尺乃至一尺五寸位にて之を「デバ」と云ふ。皆肉白く脂少なく、味淡白にして、刺身に宜し。小形の盛漁期は十一月石蕗《ツヘ》の花盛りの頃にて、俗に「石蕗の花盛りは小ビウヲの盛り」と云ふ。「マンビキ」は明治初年小學校の地理教科書日本國盡し（瓜生震著）といふ書に、能登の產物として擧げたり。同地方にても捕れるならん。

アラカブ　カサゴを云ふ。

セビ　檣の先端に附け、帆を捲き揚ぐる轆轤を仕かけたるものにて必ず桑の木を用ふ。桑の木は雷を避くると云ふを信じ、檣に落雷を防ぐ爲に此の木を用ふる也。

マク　帆を揚ぐるを云ふ、捲き揚ぐるの略なり。「帆をマク」（帆をマキ揚ぐる）「帆をマケ」（帆を捲き揚げよ）など〻云ふ。

ズル　揚げたる帆を少しく下ぐるを云ふ。風が強くなつた時に「ちツとズル」（些帆を下ぐる。）「ちツとズレ」（少しく帆を下げよ)などゝ云ふ。帆の必要がなくなりて全く卸し収むるの意には非ず。

サグル 帆を全くおろし収むること。サグル(卸ろす。)サガレ(卸ろせ。)サガツタ(卸ろした。)などゝ云ふ。

タツル 網を海中に張り設くるを云ふ。タツル(網を張る。)タテタ(網を張つた。)タテレ(網を張れ。)などゝ云ひ、此の種の網をタテアミ(立網)と云ふ。

クサビ ベラと云ふ四五寸位の魚を云ふ。鱗大きく柔かなり。故に鱗を剝がずして食ふ。

ゴシ コシ(越し)の意ならん。立網にて鰤を漁するに、漁獲百尾を越ゆれば、百ゴシ、二百尾を越ゆれば二百ゴシ(以上百を越ゆる毎に何百ゴシと云ふ。)と云ひて、網主の家には、叶大漁(ダイリヤウカナフと訓む。)の三大文字及び自家の紋章を染め抜きたる大幟を立て、酒食を用意し、網子及び近親者など招きて祝宴を張る。此時網子は太皷を打ち鮪網歌《シビアミウタ》と稱する歌を歌ふ。歌は必ず三ツ五ツ七ツと奇數に限り、鄭重なる祝宴ほど歌の數は多くなる。歌ふ間は客は皆

容を正し終れば皆一禮す。

ゴシ 前項とは異なり。是はダニに似たる淡白色の小虫なり。海中にて魚の屍體(腐爛せる屍體にあらず、死したるまゝのものなり。)に生ず。主に鰤の立網にかゝりたるものに附着せり。晩景に張りたる網は、翌朝之を引き揚ぐる例なるが、昨夜網にかゝりたる鰤が此の虫の爲めに食ひ荒され、一夜の中に往々骨と皮とのみ殘れるものあり。たとひ肉の殘れるものあるも、此虫一たび附たるものは味大に劣る也。ゴシが魚の屍體に附きたるを見るに恰も蛆を生じたる如し。

マギル 斜又は横に風を受けて舟を走らするを云ふ。例へば、北又は南風を横に受けて、東より西に、西より東に走るをも云ひ、主として逆風に向ひて舟を行らんとする時に行はる、逆風に向つて舟を行るには頻繁にマギリ少しづゝ位置を進むるなり。

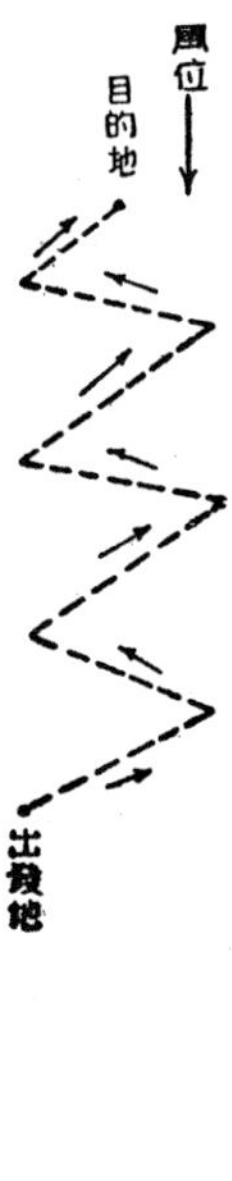

圖の如く數回同型に旋回往復して少しづゝ位置を進むる故に多くの時間を要する也。

ザ　前項の如く、マギル時に方向を轉換する處、卽ち角の尖端を云ふ。「ザがサガル」と云へば、角度が次第に狹ぐなり、「ザがアガル」と云へば角度が次第に開きて位置進むなり。

コギル　風位正しからぬ時に舟の方向を可成風上に向くるを云ふ。風位が次第に逆位に轉向せんとする模樣あれば、針路は可成風上に置かねば前途の帆走不便なり。

オイヨカ　「ヨカ」は良いの訛にて「追ヒ良イ」の意。帆走するに風位が稍々順にして、舟の方向を目的地に向け易きを云ふ。「今の風はオヨイカ」などゝ云ふ。

オイニッカ　「ニッカ」は「難《ニク》イ」の訛にて、前項と全く反對なるに云ふ。

ナバル　是も烏賊を釣る道具にて、鐵にて長さ一尺五寸乃至二尺中央の幅五六分上下に至るに隨ひ細く〳〵の字形に造り、上端に釣糸下端にテグスに鉤を結びたるを附く。

スジ　「テグス」を云ふ。

タテビ又ミヨシ　舟の舳部に突き出たる所を云ふ。下部は底板に取り付けて斜に立ち、兩側の板は總て此ミヨシに釘にて打ち付け留むる也。

ウハダナ　上棚か、舟の上の部分なり。

カヂキ　「ウワダナ」の下部なり。

カワラ　舟の底板にて「トモガワラ」（艫部の底板にて稍短かし。）と「オモテガワラ」（舳部の底にて長し。）との二枚より成る。二枚の「カワラ」は接ぎ合はせたる部分より少しく上方に屈折す）の如し。

オモテ　舳を云ふ。

トダテ　艫部を塞ぎたる竪の板なり。

トコ　「トダテ」と幷んで横にわたせる太き梁なり。中央に  の如き穴あり舵をはめる處なり。

フナバリ　舟梁なるべし。左右兩舷にわたせる梁にて、舟の大小により數異なる。兩舷にて支へ、ヌキにかけて緊束す。艪杭は此のフナバリに取り付く。

ヌキ　前出のカヂキに嵌めたる梁にて、舟の胴の弓形を外に張り出、又外壓を防ぎて弓形を保つ。

ダケ　舟の板を接ぎ合はせたる釘を隱す爲めに設くるもの。

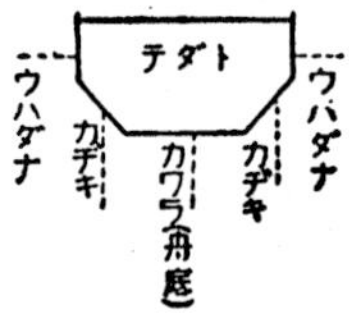

ダブシ　船內に入りたる水を排泄する穴なり。

アビキ　舟の通過する時に生じ、八方に擴がる大波紋なり。

ツシ　海岸の小高き山の上に設くる魚見小屋なり。

セイロ　敷網の傍に浮べ設けたる望樓にて、大竹數十本を以て筏の如く組み合はせたる浮臺を作り、其上に高さ三丈位の櫓を組み立て、櫓は下部廣く、上部は次第に狹くなり、上に一人の座席を設く。此處に魚見の人居て監視し、魚が網に入りたるを見れば紙の釆を揮りつゝ「引ケー」と號令す。此時不斷網の口に待ち構へたる「ヒコブネ」と稱する四艘の舟は、一齊に網の口を取り切りて、魚の脫出を防ぐ。此「セイロ」は主として前項の「ツシ」を設く可らざる所に設くるを常とすれども、所により、季節により、海陸兩方共に設くることあり。

ヒコブネ　ヒキコブネ(引小舟)の訛か。鮪《シビ》網と稱する敷網の入口に在りて、「セイロ」又は「ツシ」よりの號令を待ち、網を繰り揚げて魚を捕る。總て四艘、左右各二艘づゝ、一艘に漁夫三人づゝ乘込む。漁獲物は、左右隔日交代に積む。

モムル　前項の「ヒコブネ」が網の口より奥に向つて次第に網を繰り寄するを云ふ。「モムル」(繰り寄する。)「モメタ」(繰り寄せた。)「モメレ」(繰り寄せよ。)など云ふ。

サグル　前項の反對にて、繰り寄せつゝある網を、中止することなり。「サゲタ」(中止した。)「サゲレ」(中止せよ。)「サグル」(中止する。)など云ふ。

アバ　前出浮木の「アバ」とは異なり。是は網を繰り揚ぐる度數の名なり。「一トアバモメタ」（一回繰り揚げた。）「二タアバモムル」（二回繰り揚ぐる。）など〻云ふ。

ガワ　整網即ち常住定設の網を浮べ支持する爲めの物にて、大竹長さ二間乃至二間半のもの五本或は七本を筏に組み、之に網の一端を結び付けて浮べるなり。

シビアミ　鮪《シビ》網なり。又大敷《オホジキ》とも云ふ。主目的は初め鮪《シビ》（マグロ）を漁するにあり、故に鮪網と云ふ。されど今は鮪少なきを以て、專ら雜魚を漁する也。網は全部藁繩にて編む、入口は網目甚だ大きく、奧は次第に細くなる。

オリコ　織子なるべし。藁繩を經緯とし織物を織る如き要領にて織る。鮪網の最も奧に用ふる細目のものなり。

コシ　麻繩にて作りたる網なり。鮪の大群など網に入りたる時は、藁繩の網は破損する故、網の入口より八合目位の處を引き揚げ、魚は入口の方に游がせ置きて、其部分より奧の方を「コシ」と急に切り代へて用ふる也。漁獲終れば又元の如く繩網と取り代ふるなり。網の入口より半分位の處迄は網目甚だ大きく、大鮪にても自由に出入される位なれども、決して脫出することなし、時としては鯨の入ることもあり、藁繩の網なれば鮪の鰭が觸れても、鯨の鼻息にても破れる位なれども、魚は網を恐れて決して網に觸れず、鯨も大きなる體を屈折して網を避け游ぐ樣、可笑しき位にて全く魚の恐怖性を利用せしものなり。

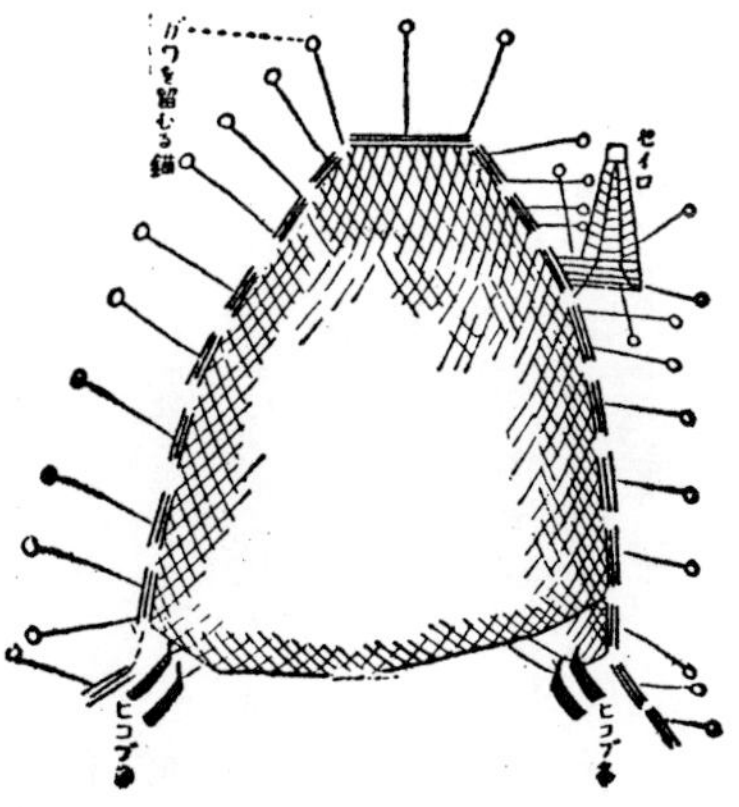

シビアミの圖

テシロ　主として鮪や鰹などの頭部の皮或は鰭の皮などを云ふ。昔豊漁の時には常雇の漁夫のみにては到底漁獲することも、整理することも出來ず、故に里人は無關係の者にても自ら來りて助力す。而して別に報酬などはなく、此「テシロ」や臟腑や、其他肥料となるものを勝手に取りて、それを所得とする習慣也。思ふに「テシロ」は「テマシロ」（手間代）か。

ウツ　漁業用又舟の網を作るを云ふ。幾筋もの小繩を撚り合はせるなり。「網をウツ」（網を作る。）「明日は網ウチぢや」（明日は網作りだ。）などゝ云ふ。

ソ　網を編む糸を作る麻苧を云ふ。

フナオロシ　所謂進水式なり。新造船竣工すれば、親戚知友より贈りたる色々の手拭を葉附の青竹に結びさげて船首に立て、其外旗幟を飾り、船臺より卸ろす。里中の男の子供が數十人乘込み、艪手は全速力にて舟を進め、氏神社の前海に至る。此處にて速力を緩むれば子供は歡呼しつゝ、兩舷にすがり付て、舟を左右に搖り傾けながら三回圓を畫きて旋回し、衆人環視の中に又全速力にて歸る。此舟を搖り傾く事をヂョーナイヂョーナイと云ふ。一方舟主の家にては酒食を用意し、關係の大工、親戚知友を招きて祝宴を張る。

シンヲイルヽ　神又は心を入るゝの意か。舟を新造したる時に、船魂様《フナダマサマ》と稱する船の神を勸請するを云ふ。檣を立つる所即ち胴《ドウ》の間《マ》のヌキに檣を支へ持つ所あり、其處に穴を穿ちて神體を祭り込み、木の蓋にて固く封塞す。神體は男女一對の紙雛と穴明き一文錢五六枚（可成永樂錢を擇ぶ習慣なり。）と、柳の木にて作れる賽《サイ》にて、此紙雛は必ず兩親の現存する女子に賴みて作らしむ。式は全く神官に依らず、棟梁大工が米八合鹽八合を神に供へ槌を持ち、祭文を唱へて行ひ、終りて餅を撒くなり。

シオハリャ　シホハラヒ（潮拂）の訛か。裏も表も手ごはき手織木綿を濃紺に染めたる着物にて、多く漁業者之を用ひたり。今は殆ど見ることとなし。潮水の飛沫をはぢき拂ふ程に手ごはき着物の意か。

シガワ　シヒガハ（椎皮）の訛。椎の木の皮を石の臺にて横槌を以て打碎き、之を大釜にて煎ず。之を「シガワをたく」と云ふ。此煎汁にて網を染む。此煎汁にて染むれば、澁染などの如く糸硬直せずして、魚のかゝり宜しく、且つ椎皮にはタンニーネを含有せる故に、能く收斂して耐久の効もあり。此椎皮は多く鹿兒島縣產の物を用ふ。

シガワヂバン　シヒガハジユバン（椎皮襦袢）の訛。前項の椎皮の煎汁にて染めたる木綿の襦袢なり。椎皮の煎汁にて染むれば地質丈夫になり防水に堪ふ。漁夫多く勞作中に之を着用す。

オーゴ　一の漁業主の下に働く乘組の一團を云ふ、又アミコ（網子）とも云ふ。オーゴもアミコの訛ならん。

ミヅナ　漁獲物の水揚したるまゝ、未だ加工せざるものを云ふ。

オトシ　颪なり。突然吹き來る風を云ふ。山上より吹きおろす風なり。

オシコム　漁船が漁業を止めて港に歸るを云ふ。オシコム（歸る。）オシコメ（歸れ。）オシコダ（オシコンダにて止めて歸つた也。）オシコモヤ（止めて歸りませうにて他を誘ふ也。）などと云ふ。

ヘタ　沖に對して陸地近き處を云ふ。

クロハエ　梅雨季に吹く南風を云ふ。

シロハエ　梅雨後に吹く南風を云ふ、共に一週間位吹くを通例とす、季節風なり。

クロムシ　魚の餌に用ふ。鯛など釣るに最も良し。紫黑色の長さ一寸位、初めて見る者には頭尾判明せず。肥大せる虫にて泥沙中に棲むを掘り採りて用ふ。

カンダラ　主として昔の捕鯨漁場の言葉なり。昔は捕鯨業は村民一般多少の權益を有せしが、後次第に個人の私有營業に歸せり。然れども、村民は尚舊慣によりて、捕鯨は當事者のみならず村を潤すものとの考へにより、當事者以外の者も鯨が捕るれば皆海濱に出て、之を解剖する時、肉を切り取りて逃ぐるなり。之を「カンダラする」と云ふ。切り取るに巧拙あり、巧みなる者は一度に五斤乃至十斤を切り取る。カンダラは白晝公然監視者の目前にて之を行ひ、たとひ監視者に見付けられ追はれても其肉を取り戻されざる限りは、それが自己の所得となる。總て現場限りにて、其後追究することなし。村民は之を罪惡と思はず、自己の權益を履行する位に考へ、カンダラする事の出來ぬ位の者は無能者として子弟を叱責する位なりしが、捕鯨業も時勢に伴ひて萬事緊縮せられ、隨つて村民との關係も漸次薄くなりて、當業者が村民を使役すれば相當の勞銀を仕拂ふやうになり、村民もカンダラを遠慮せねばならぬ事になり、カンダラも自ら止みたり、捕鯨以外の漁業にも比較的大規模のものには多少盜み取る習慣ありたれども、此場合はカンダラと云はず、矢張盜むとか、取るとか云ひ、カンダラは捕鯨場に限られたるやうなり。今は全く無くなりたり。語義全く考へ得ず、或はカンダラはガンダウ即ち强盜の訛なりとの說あれど從ひ難し。

ナイショモン　ナイシヨウモノ（內證物）の訛。地方漁業者の習慣として漁夫の勞銀は甚だ低廉なり。是は漁夫等が必ず漁獲物を多少盜む事を豫期せるが爲なり。漁夫は漁獲物を舟より陸揚げする時に、必ず其幾分かを船底に隱して陸揚げせず、營業者は之を察知しても敢へて追窮せず、漁夫等は夜に入り密かに之を取り出して他の商人に賣る。時としては、營業主も之を知らずして賣買する事あり。此盜みたる物を「ナイショモン」と云ひ、普通よりも安價なれば、商人の中には豫め漁夫と約束し互に便益を計り、必ず其商人と賣買するの例なり。

營業主が「ナイショモン」を禁止せざるはまた一の手段にて、漁夫は漁獲物が多ければ自分等の所得も隨つて多くなる故に、自然被雇人根性を捨て、自分の事業の如く思ひ、非常に精勵して漁獲の多からんことを計るに由る。

初より相當の勞銀を給するか、又は最後に利益分配をなして、此の「ナショモン」を禁止して宜しきやうなれども、漁夫は之を好まず、彼等は利益を外にして、又「ナイショモン」の一部を以て、親戚知友間の音物ともなし、或は家に携へ歸りて、家族を喜ばしむる等の事もあれば、從來の慣習を脫するを欲せざるなり。是は實に不德の事のやうなれども、邊鄙の漁村にては、村民相互の交際も一般生活も極めて簡易單純にて、理窟や勘定やの繁縟を厭ひ、何事も人情習慣にて支配せられ、一村の平和もそれで維持せらるゝ風なれば、如此の風習も行はるゝ也。されど、時勢の變遷に伴ひ、漸次消滅の傾向にあり。

ヒヤシ　「ヒアシ」（日脚）又は「ヒザシ」（日差シ）の訛か、水面より光線の反射する工合によりて、水面より水底を窺ひ見ることの出來ぬことあり、之を云ふ、能く見えぬ時に「ヒヤシのワルカ」などと云ふ。

トラシ　水面より水底を窺ひ見んとするに、軟風の爲めに小波立ちて、明瞭ならざることあり、其時に用意せる魚油少許を水面に撒布すれば、小波消えて水底能く見ゆ。此油を「トラシ」と云ふ「トラシ」に用ふる油は海鰩《エヒ》又赤鱏《アカエヒ》の肝臟の脂を最も良しとすれども、普通何にても用ふ。長崎縣西彼杵郡瀬戸村附近の「エフネ」（家船か）と稱する水上生活の漁民は、雜魚の肝臟を其のまゝ大なる空樽に貯へて「トラシ」に用ふ。

「トラシ」は「タラシ」（垂ラシ）の訛にて、垂らし即ち滴らすの意か。

コモリ　漁夫が不漁の時に氏神社に參籠するを云ふ、又「ミヤゴモリ」（宮籠）とも云ふ。極めて簡單なる酒肴を携へて神社に參詣し、先づ神官に請うて神酒を供へ祈禱をなし、終れば酒肴を取出して宴を催し、神社の大鼓を打つて「シビアミウタ」（鮪網歌）を歌ひ、深更まで籠る。斯くして神慮を慰め、漁獲を祈るなるべし。

ムラゲン　魚見（水中の魚の運動を見て網に入り來るを監視する人、水面に生ずる微かなる波紋、水の動揺、水面に映ずる色等によりて、魚の游ぐ方向、及び數の多少を鑑識すと云ふ。）を云ふ。漁夫中にて、最も重要の任務に服する故に一般に重んぜられ「ムラゲンドン」と敬稱を添へていふ。「ドン」は殿なり。「ムラゲン」はムラギミの訛にて、和名抄に「漁父、一云漁翁、無良岐美」とあるものなるべし。なほ近頃式亭三馬の『阿古義物語』をよむに、漁夫にムラギミと振假名せり。これ古語を用ひたるか、或は阿漕浦地方にて今も用ふる言葉ならんか。

天草島記事

─特に交通・地勢・植物界の概記─

竹内　亮

天草島は大小六十有餘の島々から成ると云ふが主なるものは上島と下島の二大島で、他の島々は結局この二大島の屬島に過ぎないとも云へる。

天草島のことについてはすでに本誌第二號に於て八木三二氏の興味深き記述があるが、筆者は主に植物學的興味から昭和六年の夏から秋にかけて三回、本年は夏に一回渡島の機會を得、極めて大體ではあるが上島と下島の地勢、植物其他に就いて見聞する處があつたので、今回は主として概觀的に交通、地勢、植物界等について少しく記して見たいと思ふ。

一

先づ天草への極く一般的なコースに就いて記して見る。

第一に長崎方面からは同市郊外の茂木港から一日二回（午前九時、午後四時）下島の富岡への定期直行船が出

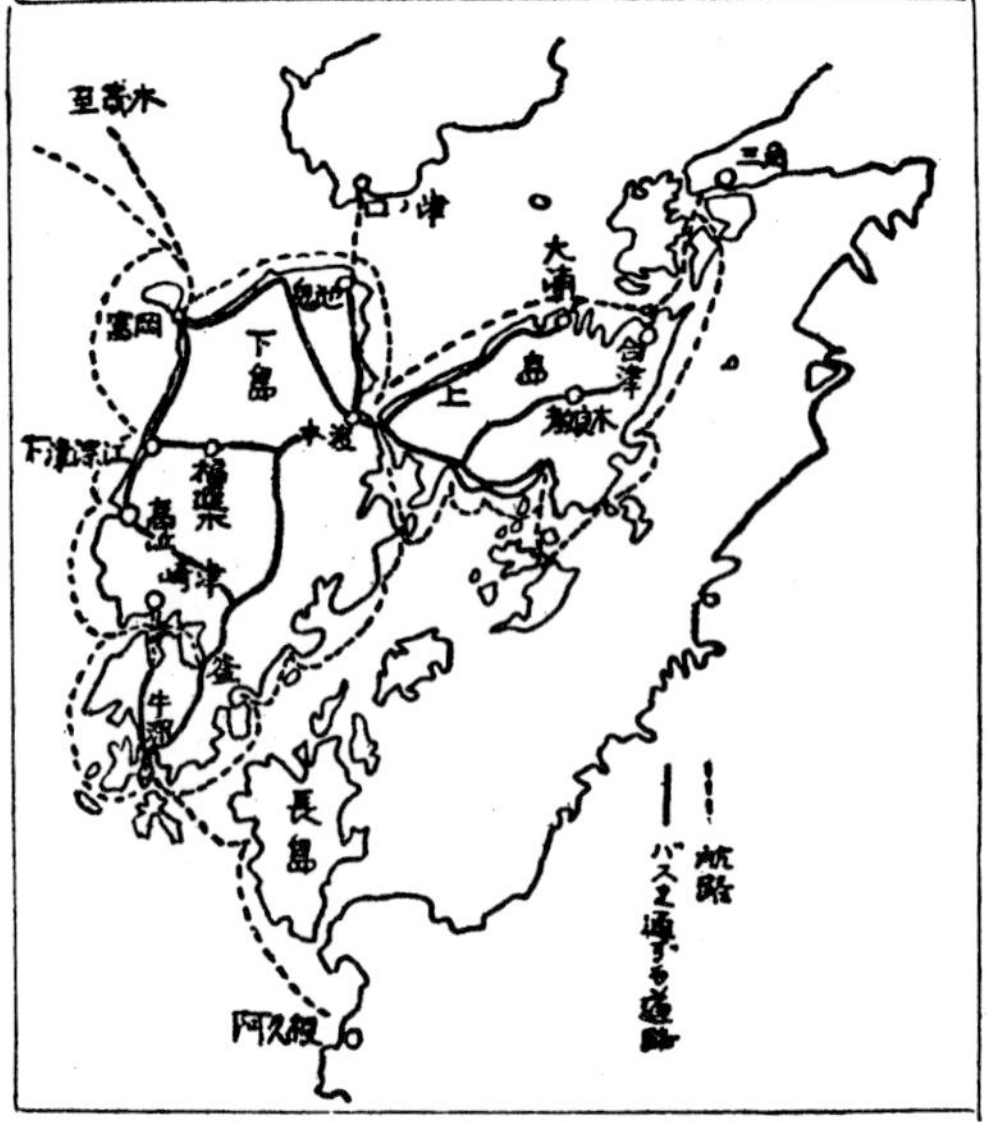

天草島交通概念圖

る。この船は優秀なデーゼル船で船足も速く約一時間半で達することが出來る。此の航路は海上より常に溫泉嶽の全客を望み風光甚だ佳なるものがあり、又屢々舷側に

イルカの游泳を見ることがある。第二に島原方面からは牛島の南端ロノ津港から下島の鬼池へ定期の發動機船が一日數回往復して居り所要時間約三十分である。第三に熊本方面は三角港から發動機船が一日數回上島の合津又は大浦との間を往復して居るが所要時間約一時間乃至二時間である。この方面からは今一つ茂木富岡間のデーゼル船が一日一回丈三角迄延長して居るので、その復航路により上島の北岸を通つて下島の本渡に達することが出來る。いづれにしても此のコースは所謂天草松島の稱ある多島海を通つて行くので觀光航路として上乘のものであらう。第四に鹿兒島縣方面からは阿久根から汽船によつて牛深に達するものがある他、米ノ津、水股等からも牛深又は本渡へ發動機船の往復がある。ここに記した阿久根牛深間の汽船便は元來長崎を起點として甑島へ達する航路を利用するもので隔日の就航である。

以上は天草島へ渡る主要なコースであるがその他沿岸航路として前記の長崎、牛深、阿久根、甑島線の汽船は隔日ではあるが上島西岸の主要地に寄港し、又三角から上島及び下島の東岸各地を經て牛深への航路がある。特に此の後者のコースは上島及び下島の地形を概觀するに最も好都合なものであると云へる。

筆者は沿岸航路を除きここに記した第一、第二、第三の三角、合津線及び牛深阿久根線に乘つたことがあるが、船旅としては第一が往復共に快適且つ便利の様に思つたが、景色としてはやはり三角合津線に止めをさす様である。第二及び第四は特別な場合に利用し得べきもので一般の渡島者向ではない。

次に島內の交通について概要を記して見る。上島も下島も道路が比較的良好で縱橫にバス網が張られ又下島南部の羊角灣では近距離の發動機船路が盛んに利用されて居つて交通は比較的便利である。

天草のバス網の發達は地形が高原性であつてしかも縱橫に地溝線が走つて居るので山地の路線選定に便利であること、地質が古第三紀の堅固な地盤から出來て居るので路面が比較的安定であること等に負ふ處が多い様である。

而して此のバス網は殆んど天草の政治的及教育的中心地である本渡町を中心として放射狀に張られて居る樣に見える。先づ本渡、富岡線は長崎方面との連絡に重要な路線であつて、本渡から二江川の地溝線に沿つて二江に出で通詞島を北に近く望みつゝ志岐を經て富岡の船着場迄達し三十分乃至一時間毎に往復して居る。本渡鬼池線は島原方面の連絡路として重要なもので鬼池の機船の發着毎にバスが運轉して居る。本渡合津線は上島の中央を通ずる地溝線を連ねて同島を縱斷して合津に達するもので一日五回往復して居るが、熊本への重要な連絡路である。熊本方面との連絡として今一つ本渡大浦線がある。本渡から上島の北岸を通るもので前者に比して風光に惠まれる點で勝るものがある。本渡牛深線は下島の中央部を南北に走る地溝線に沿つたもので、天草に於けるバス線としては最長のものである。本渡より平床、一町田を經て牛深に達するが所要時間約二時間である。本渡下津深江線は下島の殆んど中心に位置する角山（五二六米）の北に近い三〇〇餘米の峠を越して福連木を經て西岸にあつて天草唯一の溫泉場である下津深江に達するもので一日四回、所要時間一時間二十分最長の橫斷路線である。以上は天草の陸上交通の大動脈とも云ふべき重要線であるが、その他本渡を中心として十粁内外の小運轉區間が數線ある外、富岡より下島西岸を高濱へ達するもの、高濱より下島の脊梁山地を橫斷して一町田に出るもの、牛深より一町田を經て羊角灣岸の釜に達するもの、牛深より魚貫を經て龜ノ浦に至るもの等連絡路として重要なものがある。羊角灣内には釜崎津及び崎津、龜ノ浦を連ねる發動機船の往復がありいづれも三〇分内外の小區間であるが風光絶佳な灣内を行く印象深いコースである。

それから上島と下島とは元來本渡瀬戸なる狹い水道によつて分かれては居るが、現今は本渡附近で開閉橋によつて交通上連絡されて居る。この水道は昔から非常に淺く干潮時には大部分底を露はして居るので渡涉も困難ではない。有名な「歸りや本戸瀬戸徒歩渡り」の俗謠の文句はその邊の消息を傳へたものである。

旅館の設備の整つたものは上島には殆んど見られない

が、下島では本渡、富岡、牛深、崎津にはそれ〴〵可成な旅館がある。その内で設備では本渡が最良で、牛深が最悪であつた。崎津は新鮮な魚料理が良い。崎津名物の八木氏もすでに記して居られる村の娘のサーヴィス問題は勿論客の希望有無によるもので强要ではない。かつて所謂「シンギントリ」八十餘人もあつたと云ふが昭和六年秋の話では總數十三人であるとのことであつた。下津深江には溫泉宿が數軒あるが、ずゐ分田舍々々して居た。槪して天草は全體的に民度が低く、本渡、富岡、牛深を除いては之れといふ大聚落はない。

二

次に地勢の槪觀をして見よう。上島も下島も共に地勢高原性で平均高度二三百米の臺地狀を呈しその間に多數の地溝線があつて前記の如く交通路は屢々その地溝線から地溝線を連ねて居る。

沿岸は多くは急斜した丘端が迫り平地は極めて少なく、又河流の著しいものが殆んどなくいづれも水量が非常に少ない。上、下の兩島共に北及び西寄りの海岸は出入が少なく單調な地形を呈し富岡以外に良錨地を見ないが、反對側は甚しく出入が多いにもかゝはらず、牛深港を除いては良港に乏しい。又海岸に遠淺な砂濱が極めて稀であるが

富岡港

下島西岸の高濱には珍らしく河口に砂丘の發達があつて高濱灣に臨んだ美しい砂濱が見られ近年北方の富岡をし

のぐ良好な海水浴場として認められるに至つた。

　上島の南海岸の棚底、宮田の沖合御所浦島にかけては大小の島島が美しく布置して若い沈降海岸としての標式的な景觀を呈して居るが宮田の直上に聳ゆる天草第一の高峯倉ヶ岳（六八九米）の頂上からそれを下瞰した美しい印象は筆者の忘る可からざるものである。下島の南部の羊角灣の風光も美しいものである。靜かに澄み切つた海水は沿岸の峻削な山々の影を映して正に山湖の趣がある。又魚貫の海岸に廣く發達する海蝕棚の干潮時に於ける露出も美事な眺めであつた。

高濱灣

　山の主なるものは上島では休火山の倉ヶ岳（六八二米）を最高として、老嶽（五八〇米）、念珠岳（五〇三米）、動鳴山（四九五米）、龍ヶ岳（四七〇米）、次郎丸嶽（三九七米）、白岳（三七三米）、鋸嶽（三〇〇米）等があり、下島には天竺（五三八米）を最高として角山（五二六米）、柱岳（五一八米）、帽子山（五〇二米）、行人岳（四七七米）、髮の水山（四一六米）、六郎山（四〇五米　、權現山（四〇三米）、染岳（三八〇米）、矢筈岳（三八〇米）等が主なるものであらう。

　概して上島の山は高度が高くもあり個立性な處が可成あるが、下島の山々は全體として高原狀でその上に五〇米乃至百米未滿の比高で聳えるものが多く、特に中央部を南北に著しい脊梁山地が連つて、天竺、角山、行人岳等はその間に聳える山峯である。下島のこの著しい高原

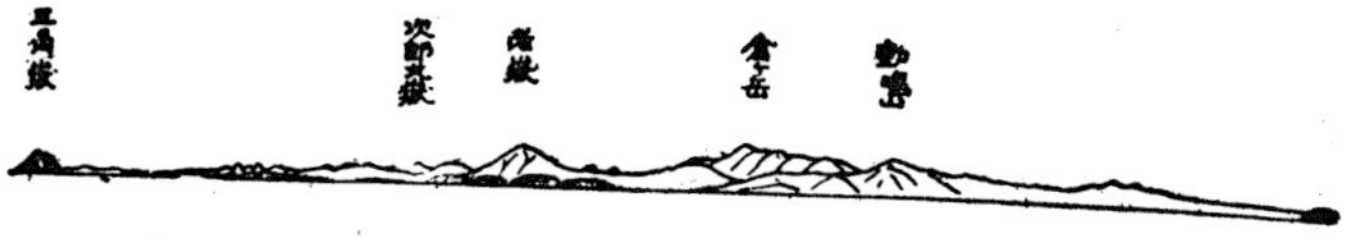

北方海上より望める天草上島

性の地形は人家耕地を殆んど脊梁線附近迄上昇させて居り、又脊梁線に平坦な徑路を縦横に通じて居る。

三

倉ヶ岳は安山岩よる成り山勢東西に長く、最高峯は略金字塔狀をなして稍東偏して聳えて居り、その南側は傾斜稍急であるが、北側は比較的に緩漫である。この山は宮田、栖本、浦の三箇村に跨り、それ等の村々の鎭護の山として崇敬されて居る。現今山頂には小石祠及び石佛數體を安置すれども、古來より山頂には神祠を置かず山麓に遙拜所を置くのみであるとは古老の話であつた。筆者はかつて教良木よりザザリキを經て浦村に山道を越し、西に谷を登つて荒平に至り北側の尾根を登つた。細徑は山の約七合目の斷崖の附近で消失し、それよりイヌツゲ、ヒサカキ、ツバキ、サザンクワ、タブその他の常綠濶葉樹の灌木狀の密叢を苦心慘澹して潛行し、シヤツもヅボンもボロボロになつてやつと頂上の小草地に達しホツと一息ついた。一隅に小石祠があつて石佛を安置し、祠前には小さな石舟が數個奉納してあつたが、蓋し南麓宮田村では毎年三月頃より十月頃迄一家擧つて大連、元山方面に出漁の風がある由で、恐らくその航海安全を祈願して奉納したものであらうと思はれた。最高點はこの石祠の東にある露岩地で一等三角點の石標があり、數體の石佛が

高近、一町田間の道路

高近 峠峰間の矢筈峠より北東望

立つて居る。眺望が非常によく南に御所浦島を下瞰し、又念珠岳、次郎丸岳一帶の觀望臺としても絕好の位置にある。降りは西に平坦な尾根を通ずる廣い路によつた。山頂より約二粁の矢筈岳を眼前に見る處で右に折れて栖本村に下つた。下山の途中北西方に動鳴山が悠然と聳ゆるのを望んだが、全山常綠濶葉樹林に包まれて山容稍雄大なるものがあり、上島西部第一の雄峯と認められた。

　天草第二の高峯の老嶽は上島の略中心に位置する古第三紀の解析山地で遠くから見ると山形稍富士型を呈して居る。その山頂は南北の二峯に分かれ最高點は北にあつて、南峯は少しく劣るが眺望は遙かに佳なるものがある。南峯の南面約九合目の常綠濶葉樹叢の中に老嶽神社の社殿がある。小さいが中々立派に出來て居て後に行者堂も附屬して居る。登路は四方からあるが、筆者は南麓敎良木よりの路をとつた。敎良木から山浦、後平を經て約二時間餘で南岳の頂上に登つたが、北岳へは時間の都合で行くことが出來なかつた。南岳の頂上からは北東方に所謂天草松島の多島海を望み、東より南西に亘り念珠岳山脈の全容、さては倉ケ岳の悠々迫らざる偉容を望むことが出來た。

次郎丸嶽は山容甚だ魅惑的で山頂直下に南東面する約百米の斷崖は斷然觀者を威壓する。

　筆者は山の南西に續く小鳥越から崖錐に茂るブッシュを分けて斷崖にとりつき、山頂直下約五十米邊迄攀ぢたが、降りの困難を思つてこ

南麓より仰げる次郎丸嶽岩

の邊で斷念して引返へした。斷崖は粗礫を混在する堅緻な砂岩でホールドも悪い方ではないから岩登りには恰好であると思つた。しかしこの山も反對側から登れば細徑もあつて左程困難な登りではない。

次郎丸嶽の高處から東方を望むと鋸嶽の鋸歯狀の山稜が間近く望まれ、山の八合目邊りには斷層崖を思はせる三角形の末端面がいくつも列んで美しく望まれた。

下島の最高峯の天竺は脊梁山脈の中心より少しく北に偏して福連木の北に位置する山座の大きい鈍い隆起である。角山に登つて北方を望むと茶屋峠（四八九米）、柱岳等が目立つて望まれるが天竺の方は高い割合に振はないのを認めたが、これは山容の然らしむる處であらう。

角山は福連木から谷沿ひの路を登つたが、上部には立派な樹林があつて、さすが古くから有名な禁伐林の面影をしのぶことが出來る。頂上は草原で眺望がいゝ。そこから見ると下島は山又山で、しかも同じ様な高さで續き高原性なる地勢がよく看取された。

柱嶽には本渡から約七粁本村に至つて福岡、平床等の小字を經て富岡に通ずる茶屋峠の路にかゝり、矢筈岳を經て登つた。一帶の地勢は極めて緩漫で約四〇〇米の高度迄人家と耕地が登つて居る。尾根に達すると平坦な細徑が通じて居て、易々と矢筈嶽（約五〇〇米）に達する。矢筈嶽は柱嶽への途中の一峯でシヒの老樹叢の下に小さな御堂があり、背後の露岩に立つと富岡のトムボロが直下に望まれる。それから一度少し下つて又平坦な尾根路を辿り、しばらく行くと柱嶽の急斜にとりつく。矢筈嶽から約三十分で頂上に達する。頂上には二等三角點の石標があつた。ここから見る天竺は角山から望むものよりはるかに堂々たるものであつた。ここからも角山と同様に下島の高原性な地勢をよく觀察出來る。下りは南に都呂々川の谷に細徑を辿つた。途中で無烟炭を採掘して居る小炭坑を見たが實に舊式な方法で極少量づゝ掘出し、羊腸の山路を駄送して居るのを見た。都呂々川の谷は兩岸迫つてU字型又はV字型の斷面を有し河口に出る迄可成著しい嵌入蛇行をして居り、峽谷が終るとすぐ海岸で殆んど下流といふものを有つて居ないのが見られたが、下島の西海岸の河流は多くはこの形式をとつて居る。殊に下津深江から高濱附近へかけての海岸は斷崖直ちに海に臨み河流は處々に吊り懸け谷をなし海に落ちて居り、奇巖濤に碎けるの絶景に富んで居た。(筆者、「天草の山々」山岳第二十七年二號參照)。

下津深江、小田床間の海岸景

四

山地は概して乾燥性でかつ地味瘦惡であるらしく畑作も餘り良好でなく樹木の繁茂も不良であつてやせた赤松林が多く、間々杉の造林地も介在するが生長が惡い。地表水の少ないのは一はこの森林の荒廢に原因するかも知れぬが、山地の農家が飲料水に不足する有様は見る眼も氣の毒なものがある。斯様な處ではどの家にも僅かな溪水を筧で引いて巨大な陶器の瓶に貯えて飲用兼雜用に供して居るが、いづれもコロイド性の微細な浮游物に白濁し、一種の泥臭さを持つて居て慣れないと一寸飲む氣になれないのが多い。しかるに地層中の一定の深部に達すると驚く程多量の地下水があるらしく處々に露出する岩層の間から屢々多量な清冽な湧水を見る處が少なくない。富岡の簡易水道はこの地下水を利用したものである。この地下水は斷層の多い事と共に下島の各地に散在する所謂天草無烟炭の採掘に對する大なる障害である山である。元來この天草無烟炭と云ふのは古第三紀の地層中に埋藏さるゝものであるが、地層中への火山岩の迸入による接觸變質によるものださうで先年好景氣時代には可成大阪方面への販路を獲得した由であるが今では採算がとれずに殆んど皆休坑の姿である。鑛產としては石炭の他に砥石があつたが八木氏も報告して居られる樣に今では殆んど觀られない。しかし陶石と稱せらるゝ白色流紋岩の採掘は有田の陶器製造地に大なる需要があり中々に盛んであつて下島西岸の下津深江、小田床附近が中心であるがかつては富岡でも俗に白岩と稱せらるゝ邊で採掘されたことがあつた。いづれも採掘地から直ちに帆船に積み込んで運送して居る。

五

天草の植物界を概觀すると水平的には勿論暖帶に入るが、垂直的にも最高峯の倉ヶ岳でさへ七百米に達して居ないので溫帶に達するものはない。(九州中部の溫帶的植物分布相は大凡海拔八百米內外から以上に始まるものと考へられる)。

全體を通じて便宜上植物界を海岸帶と丘陵帶とに分けて見る。前者は海岸に沿つた狹長な區域で海洋の影響を直接受ける地帶であり、後者はそれ以外の丘陵地帶を一括したものである

海岸帶の植物群落の自然狀態は今では殆んど全く破壞されて居て標式的な生育相を見ることは容易でないが、筆者が下島の富岡半島での觀察によると、富岡灣を圍む美しい砂嘴の曲り崎には稍その傷けられない相を見

富岡半島海岸のハマオモト

ることが出來る様である。

即ちこの砂嘴は圓礫の堆積によつて形成され砂の部分は殆んどない。植物群落は潮線から高等植物の生じない區域、海岸草本或は灌木を生ずる區域、常綠濶葉樹林の區域といふ様な帶狀の推移を示して居る。この第二帶に生ずる植物はハマエンドウ、ハマウド、ハマグルマ、ハマヒルガホ、ボタンニンジン、ハマナタマメ、ノアサガホ等の草本が主で又ハマオモトも多い。灌木としてはハマゴウが主でテリハノイバラが少しく混ずる。第三帶はクロキ、ヒチノキ、トベラ、アラカシ、タマツバキ、マルバシヤリンバイ、ハマビハ、ハマヒサキ、サンゴジユ、スクテンギ等の常綠濶葉樹が主でアカメカシハ、ネムノキ等の落葉樹を混生して居り又クロマツが點生する。これは曲り崎の外海側で一般的な植物生育相を示したのであるが、曲り崎の內海側は特殊な相ではあるがそれ丈に興味が多い。この內海側の如く直接波浪の影響を受けることが少なく廣い細礫の濱が展開してそこに潮線から內側に向つて第一帶にはハマサジ、ハママツナ、ホソバノハマアカザ、ハマヨモギ、オニシバ、シチンサウ等の鹽生草本を生じて居るのでこれを鹽生草本帶と稱すべく又ハマサジが特徵的であるのでハマサジ帶と云ふことも出來よう。第二帶はハマヂンチヨウ、ハマバウ、ハマゴウ等の耐鹽性灌木とハマエンドウ、ハマウド、ハマオモト、オニシバ等を生ずる帶で前記灌木は密叢を形成しその下蔭に草本

ハマヂンチヨウ

を生じて居るが滿潮の際にはここ迄海水が侵入しその際灣內に浮游する多量の塵芥特に麥稈を運び來つて退潮の際はそれ等をその灌木叢下に殘留堆積し、そのためにその部分に稍厚い腐埴土を形成して居り、浮游性の强いハマオモトの巨大なる種子は屢々その塵芥中に捕捉せられて發芽するものが多いことが觀察された。この帶はかくの如く耐鹽性の灌木を生ずるので鹽生灌木帶と稱することが出來ると共にハマオモトが多いのでハマオモト帶とも云ふことが出來よう。

ここに生ずるハマヂンチョウについては少しく詳記するの要があるかと思ふ。ハマヂンチョウはハマヂンチョウ科に屬する灌木で熱又は亞熱帶の海岸に生ずるものであるが、樹勢ヂンチョウゲに類似するにより前記の和名が與へられたものであらう。晩冬より早春に亘り葉脈に一二個の淡紅紫色の芳香ある美花を開き、夏秋の候に徑四五分の肉質の球果を生ずる。本邦に於ては臺灣、琉球に生ずるがその產量多からず、九州では鹿兒島縣の一部と長崎縣の五島に產するを知られたのみであつたのであるが、ここに九州での本種の新產地を加えたわけである。（大島博士「天草臨海實驗所の記」昭和六年及び筆者「科學」第二卷、第六號、昭和七年）。

又海岸の岩壁にはクロマツを混じたマルバシャリンバイ、コクテンギ、ハマヒサカキ、トベラ等の密叢を見、フヂナデシコ、ボタンニンジン、ホソバワダン、タマシダ等が生じ又屢々喫地性のアコウが生ずる。

富岡海岸の丘側に於けるアコウ

富岡附近では觀察されなかつたが牛深の下須島では鹿兒島以南の海岸に多いキキヨウランの多生するのを見た。これを要するに海岸帶の植物要素には熱帶又は亞熱帶的要素を可成混在して居ることに吾人の興味を引くものがある。

丘陵帶の植物生育相は略森林と草原とに二大別出來る上島と下島とを通じて最も普通なる森林は丘地の比較的低部を蔽ふアカマツ林である。樹下にはシヤシヤンボ、クロキ、ポロポロノキ、ヒサカキ等を生じ又屢々ウラジロ　コシダの大群落の繁茂を見ることが出來る。常綠濶葉樹林の美事な繁茂はその例甚だ稀である。筆者の觀察したものでは富岡半島の城山の森林は小面積ではあるが美麗なるものの一であつた。その森林は代表的な暖帶林相を示すものでクロマツの外にアラカシ、シヒノキを主としカクレミノ、タブノキ、クスノキ、ヤブニクケイ、ヒチノキ、ミミヅバイ、ハクサンボク、トベラ、サヾンクワ、ヤマツバキ等の常綠濶葉樹並びにイヌビハ、ハマクサギ、ムラサキシキブ、アカメガシハ、ハゼ、ポロポロノキ等の落葉樹を混生し、樹上にはヒトツバ、オホバヤドリギ等が着生又は寄生して居る。樹下は比較的乾燥して居て陰地植物は多くないがアリドウシ、ツハブキ、オホカグマ、ベニシダ等が見られる。

又下島の略中央に聳ゆる角山の森林は昔から福連木の官山と云つて有名なものである。八木氏も同山の槍柄の白樫に就いて記して居られるが、大日本植物帶調査報告(明治十八年)百九頁によると「シラカシハ他種ニ比スレバ野生較々少シ。古來肥後天草郡ニ産スル者甚ダ有名ナリ。此樹彈力アルヲ以テ之ヲ撓メテ折レズ故ニ槍柄ニ用ヒテ最モ妙ナリト云。該郡福連木村官林ハ此樹最モ多シ。故ニ舊幕府ノ禁伐林タリシ。林中老木森欝、其樹ハ皆幹身端直ニシテ針葉樹ノ如シ、喬大ナルモノハ拱圍七八尺枝下十間ニ至ルモノアリ、實ニ多ク得ベカラサルノ良樹ニシテ他地方復如此櫧樹ノ良材アルヲ見ズ。是レ往時ハ舊幕府ノ命ニヨリ槍柄ヲ出セシモノナリト云。」とある。今はしかし可成伐採して點々老樹を殘し所謂天然下種の方法によりシラカシ林の更新を策し相當の成績をあげて居るとのことであつた。

福蓮木の盆地から溪流沿ひに約三粁にして角山の國有林に入ると、可成伐採されては居るが猶尾根近くには美事な常綠濶葉樹の原生林が殘つて居る。卽ちアカガシ、シラカシ、シヒノキ、タブ、アラカシ、ヤマモモ、アカマツ、サヽンクワ等の混淆林で樹下にはアセビ、カクレミノ、ミツバツヽジ等が見られる。昔はこの原生林にフウランが多生したといふが今は濫採のため殆んど見られない。又本渡郊外の染岳には野生の橘が産する由である。

角山の頂上は草原でスヽキ、トダシバ、ヲカルカヤ、メカルカヤ、ワラビ、シラヤマギク、オミナヘシ、オトコヘシ、ヒメルリトラノヲ、ゼンマイ、ヤマハギ等が一面に生じ又ヤマヤナギ、ヒメヤナギ等の小灌木が點生する。かくの如き草原は上島と下島とを通じ可成廣大な汎布を見せて居り丘陵帶での重要なる植物群落相である。

倉ヶ岳の頂上附近には非常に密な常綠濶葉樹叢が繁茂して居るが、該林叢は高さ一乃至二米でイヌツゲを主としヒサカキ、ヤマツバキ、サヽンクワ、タブノキ、ムベ、アカマツ等であつたが風當りの強いしかも比較的濕度の高い高山頂附近の代表的林相を示すものであらう。又倉ヶ岳では九州本島の中部南部の千米以上の高地の草原に稀に生ずるキヲンの生ずるを見、又好んで火山性の高山の中腹以上の露地に生ずる小灌木シモツケを見たことは特筆すべき收獲であつた。

倉ヶ岳山頂附近（中央の圓錐は頂上）

上島の山地には高處に屢々岩壁を見るが、その岩壁にはイハヒバ、カタヒバの群落を主としてセキコク、シノブ、ノキシノブ、イハギバウシ等の生ずるのを見た。

最近（一九三一年）上島の念珠岳に於て熱帶性の石松科の一種ヒモヅルが發見せられ、內地に於ける最初の產地として記錄された（上妻博之氏天草郡植物採集便覽）ことは分布上注意さるべきことであつた。もつともヒモヅルはその發見に先立つ數年前更に北に位置する福岡縣京都郡內の其處に於ても立石敏雄氏によつて採集せられて居たものであるが、そが天草での發見の報告さるゝ迄九州に普通なるミヅスギと誤認されて居たのは甚だお氣の毒であつた。

猶天草の植物界に關する文献として斷片的な報告を除いて次の様なものがある。

西紀　一八九七―九九、中川久知、熊本縣內採集植物目録（英文）、植物學雜誌一一卷
一九〇四、村上万次郎、肥後國天草郡普通植物目録（第一）、同右誌一八卷
一九一六、上妻博之、熊本縣內採收植物目錄 增訂）
一九三一、前原勘次郎、南肥植物誌
一九三一、大島廣、九州帝國大學天草臨海實驗所の記
一九三二、竹內亮、天草富岡附近の植物生育相、科學第二卷
一九三二、上妻博之、天草郡植物採集便覽

猶上妻氏によると富田貞氏の「天草植物目錄」と云ふのがあるといふことであるが筆者未だ見るの機會を得て居ない。（八・八・一五稿）

初島

彌富破摩雄

源實朝が

箱根路をわが越え來れば伊豆の海や
沖の小島になみのよる見ゆ

の歌は「箱根の山をうち出て見れば、浪のよる小島あり、供のものに、此の海の名は知るやと尋ねしかば、伊豆の海となん申すと、答へ侍りしを聞きて」詠んだものであることが、其の家集に見えてゐる。此の沖の小島なるものは、卽ち伊豆の海の遙かな沖に、さながら軍艦の碇泊してゐる俤に浮んで見える初島であることは、何の疑もない所である。一體「箱根の山をうち出て見」たとは、何處の邊からであらう。此れに關しては、從來好事家が諸說を出して、見える見えないを爭つてゐる所であるが、筆者の蹈査では、元箱根から伊豆山權現の方に向ふべく、十國峠の方に打ち出た所からである事を確信する。路傍の萱原に踞して、吹き來る海風に息づくと、白く浪のよる沖の小島は、呼ばゞ答へむばかりに、高く盛り上つた水平線上の手前に、少し斜に浮いてゐる。其の右手に當つて烟を立ててゐる大島は、夢のやうに眠つてゐる。心を惹くには、大島は餘りに幽かである。此の時から一度初島には、渡つて見たい希望を抱くに至つた。

大正二年三月十一日、當時熱海に御滯在中の、時の皇太子、兩皇子殿下は、驅逐艦に召されて、初島に御見學あらせられた。幸に筆者も、供奉の一員となつて、永年あこがれを持つてゐた此の島の土を蹈むことを得た。三殿下は、元より學習院の生徒の御資格で、御微行であれば、島民も寛ろぎ安らかに、奉迎申し上げたので、殿下方も御自由に御見學あり、供奉員一同も、心ゆく迄初島の氣分を滿喫することが出來たのは、畏い極みであつた。

浪あらき沖の小島ものどかなる
御代のはるをば今日ぞ知るらむ

と思はず口に出たことを記憶する。

ここかしこと御心やすく、御散策になる殿下方の御後影を見守りながら、御供する島民の重立つたものどもと、會話して聞き得た珍らしい風俗習慣どもの中に、かういふこともあつた。

此の島には戸數が三十六戸だけあつて、より以上に增加する時は、都合をつけて、それだけを島から出して、陸に住はせることに、昔から申し合せてある。それは東西八町南北四町の此の島の生產物が、それ等に應ずるには、不足を來たすからである。自給自足が破れるからだ。

　妙なものです、此の不自由な、狹い島であるが、ここに生れたものは、賑はしい、廣い陸—熱海とか、國府津とか—に出ることは、泣きの涙です。島流がしでなく、陸送りを嫌がります。

といふ。如何にも善しとか惡しとかは、相對的だ。元を忘れないは、動物の本性、絕對的である。況んや自然にも、人事にも絡みついた情緒を多分に持つ人間だもの、成程「陸送り」はつらいことであらう、—など思ひつゞけて歩く間に、いつしか急に展望が開けた。椿まじりの雜林の道を上り盡して、今や阜上に出たのであつた。

阜上は見渡しのつく程度の、一面の麥畑である。三月といへば、東京邊では、櫻の蕾は固く、漸く梅がちらほら、見え初める時分、それに此の麥畑は、殿下方の御姿の半ばだけ、見上げられる程度に、最早莖立つてゐる。今思ふと共有地ではあるまいか、いづこにも見られるやうに、畑を種々な形に仕切る畔路などは無かつた。此の麥が限られた戸數の人々を養ふ糧であるのであらう。元より水田はないのであれば、麥粟の類が作られるのであらう。恐らく二度、或は三度も刈られるのではあるまいか。御後影を追ひて舞ふ胡蝶の翩々たるのも、思ひなしか頗る長閑かである。

島の南岸の根上り松の下蔭に、小さき三つの御椅子は据ゑられた。御學友十二名と、筆者等一同は、其の左右に侍し、御陪食を賜つた。今日は風もないらしい。例の大島は一條の烟を、垂直に天に冲してゐる。今し潮は滿ちてゐるのであらう。海面には些の皺もない。只時々思ひ出したやうに、脚下の岩礁に、のたり〳〵と白い泡を嚙んでゐる。實朝を惹きつけたのも、此の浪であつたのであらう。

手織木綿の筒袖を、今日を晴れと着飾つた島の童の三四人が、此れ見よがしに、青い杖のやうなものを、吹いて曲げたり延ばしたりしてゐる。何ぞと寄りて見ると、水仙の葉である。何處にと問ふに、指した所を見ると、薄のやうに、五六尺もある大水仙の叢が、到る處に群がつてゐる。此の葉を取つて、柔かく揉んで吹いてゐる。如何にも珍らしい。正月都人の机を飾る支那水仙は、葉は羊の角のやうに、短く曲つてゐるが、此の島に心の儘に生ひ育つ水仙は、此の如くも延び立つてゐる。珍しいものである。殿下方も御取りになつた。彼れ等が直ほな御もてなしは、實に純なもので、飾りなきものであつた。

或時或川に鮎がりに御出でになつた時、前夜より鮎を淺い所に、捕つて入れて置いたり、茸狩に成らせられると、茸を植ゑて置いたり、網を御覽になると、大魚小魚を網の目に指して置いたりして、御興を惹かうとしたのが、隨分あつた。其の衷情は汲むべきであるが、其れ等よりも優るとも劣らない御興が、何の僞りもない此の水仙の葉にはあらせられた樣に拜して、蔭ながら頗る嬉しかつた。

椿は南國の名物、八丈島の椿油は餘りにも名高い。併し北緯四十一度の青森縣の椿山、それは天然自然林である點に於て、南島のと毫も異なる所はない。只花がやゝ小さいだけの差があるのみ。つる〳〵と光る常綠葉の間から、羞らふ色の紅の花をほの見せる椿は、素朴な人間の生活には、最もふさはしい情趣がある。初島の林といへば、此の椿の自然林が多い。疎に並ぶ家々の間を巡つて出ると、崖の上から欝蒼と繁り垂れてゐる椿林の下に停む島少女の三四人がある。滾々と湧き出る清水を汲まんためである。元より此れも此の島唯一つの共同井戸で、汲むに先きを爭はず悠々としてゐるも、さすがに島の風情である。頭の手拭だけ取つて畏まる前から、淸らかな水よと、仰せられつつ、御上陸地點の海岸の方へ成らせられた。島民の重立つもののみ、御見送り申し上げ、島は至極平和な、靜かな、しかも至純至誠な氣に包まれたのも、「神ながら」のすがたであらう。

かくて初島御見學の一日は、早春の霞と共に暮れた。筆者に取つては、特に陪遊の光榮を擔つた上に、更に年來の憧れを癒し得て、記念すべき有り難い日であつた。二十年後の今日「島」の一頁に、彼の追憶を蘇らせるのも、畏き御蔭の片影である。（昭和七、七）

新著紹介

○漁村經濟の研究（東京帝國大學農學部農政學研究室）　本研究は三部より成り、其の第三編、農漁混淆の村の例として佐渡加茂村字椿及び北五十里《イカリ》の詳細な研究が發表されて居る。議論よりも統計資料を主として揭げてあるから、後の研究家に取つて便宜の多いものとならう。前半には人口の靜態動態を精密に分析し、後半には農業と漁業の關係なる項目の下に、本業、副業、職業の年齡別、漁具漁船、耕地面積等の動產不動產、更に生產及販賣の諸資料が示されてゐる。（昭和八年八月刊

○佐渡の市に就いて（德重英助）　今回古今書院より新たに地理學なる雜誌が生れた。約百五十頁で賣價は五拾錢。主として地理學の普及發達に盡力するのが目的であるらしい。こゝに紹介する德重理學士の論文などは極めて貴重な研究である。本論文では市を張場の上から野天市と町市、又商品の上から牛市と雜貨市、開市の時間の上から月市と年市に分つて述べられてゐる。後半では市の分布に關して論ぜられ、其等と人文區や米田分布等との比較考察が成されてゐる。（地理學第一卷一號）

○琉球國先島列島を訪ねて（蒼天生）　宮古及八重山群島に就いて地勢、人口、產業、氣候、交通、衞生、住民七項目に亘り極めて概括的な瞥見記が書かれてゐる。地質調査の餘暇で致し方ないとするも、もう少し突込んだ觀察記が望ましい。（地球、第二十卷第三號）

肥前江の島記

櫻田勝徳

一

平戸島志々岐崎から南方を眺めると、青々とした極めて美しい小島が、ぽつんと碧海に浮いてゐるのが見える。之が江の島だ。先日崎戸炭坑落磐の惨事のあつた蠣の浦から、西方凡そ五里足らずの海上に漂ふてゐる、長崎本土と五島の間に在る小島で、まづ此界隈では一番陸地からかけ離れてゐる島だと云へよう。此處へ渡るのはわけは無い。佐世保の波止場へぶらりと出掛けてみれば、船は此島へ連れて行つてくれる。又五島からでも平島《ひらしま》へ渡つてをけば、便船は直ぐ得られる。至極便利な島である。唯小生が島渡りしたのは丁度二百十日のあれの頃であつたので、大船は却て缺航してをり、まさか死にはしまいなど云ひ乍ら、島人が些か無理に出させた郵便船に乗じたから心細い次第だつたが、あの出船の光景は頗る興味の深いものだつた。併し之は無駄咄になりさうだからやめにして、扨此島に着いてみると、小石の濱は白く廣々としてをり、その背後には青いアコノキの茂みに取圍まれた人家が在り、其後ろはなだらかに波打つ青丘の續きで、誠に朗かなのんびりとした有難い土地であつた。

二

島周三里といふが、まづ當つてをらう。北方に少し高い草刈山があるだけで、大概は綺麗に耕やされてゐる。勿論麥や大豆や唐芋を主に作つてゐるに相異はないが、あれでも田が十五町歩位はあるさうだ。島の共同漁であるきびの網代の漁網の藁繩位は、他處から購入しなくても、此田の稻だけで恐らく事足りるだらうと思ふ。どうしても買はにやならぬ大物はまづ薪木だ。もと此地の薪木島だつたといふ、今でも燈臺があるだけの大立島は、お上に召あげられてしまつたとかで、薪木は乏しい上にも乏しく、殆ど五島の中通島から買つてゐる。そのくせアコギの樹蔭にくらしてゐるのに、眞夏の晝でも圍爐裏をとざゝず、火をほろ〳〵と焚いて茶釜を沸してゐるのは、頑固で嬉しいが、之では薪木が隨分いらう。此島を開拓した平家の落人二十人の末裔と稱せられて、此島の田地をすつかり握りしめてゐる本百姓《ほんびやくしやう》達の譜代の子方らを、カロウと呼んでゐるのは、此人達が五島から積んで來た薪木を、濱邊から親方の家まで背負ひ運んでゆく役目を受持つてゐるからで、恐らくカルウといふ意だらうと思ふ。瀬戸内の島ではさうも云へんが、まづ薪木の乏しいやうな島は、山が低くてなだらかで、何と云つても氣持がよい。さういふ點で東松浦の小川島や北松浦の青島と、此島は似てゐるが、松浦の島のやうに家が狭苦しくたて込んでゐないので、一層のび〳〵としてゐる。

家は何軒あるか數字を知らぬが、部落は濱、東、西の三つに分れてゐて、小ぢんまりと一村を爲してゐる。その内濱と東とは接續してゐて、濱は名の如く海に近いが、家をむき出しに海風に曝してゐる所は一軒も無い。アコノキや石垣に包まれてゐるのだ。何しろ此濱はハエの風を眞正面に受ける土地で、野分の吹荒む頃は雄大なうねりが濱に打揚げる。それに波をよける蔭も殆ど無いから、普通の磯だつたら船は頗るよせ難いが、有難い事には此廣い濱はなだらかな斜面を爲し、しかも物騒な瀬などは少しも無い。此處にある石はどれも皆藁打つ石に直ぐ用ゐられる、波にもまれた圓滿な奴ばかりなので、安心して傳馬を汀にのり上げる事が出來るわけだ。

此濱部落のうしろは直ぐ東だ。濱から東へ行く路は、狭い水田の脇の小川の縁を通つてゐる。夜提燈をつけて此路を通つたら、蛙がけろ〳〵と鳴いてゐた。何でも此蛙の祖先は今から凡そ四十年前に、隣りの平島から田の苗について御座つた由で、渡島したのはまだ蛙になりきらぬハラビッチョンであつたといふが、之が大いに繁榮して、それと共に昔から此島に跋扈してゐた鼬が、段々と姿を消し遂に今日では殆ど之を見ぬやうになつたといふ。何でも咄によれば、鼬と蛙はガッショクで（性が合はぬ）、蛙が鼬を睨むと鼬に血がつくとかで、鼬が負けてしまふ。それで恐らく鼬はゐなくなつたのだらうといふ事だつた。

西といふ處は島の西に少し離れてゐる。此地もせゝこましくなく、田を前に畑を後に悠然と農家らしく並んでゐる。此西の濱は北、西の風にはよせにくいが、東や南の風には避難するによい浦曲である。一體此島には船を寄せる處が、三ケ所ばかりにある。そのいづれもが何の風でも安心してをられる濱ではなく、風次第で適當な場所に船をつけねばならぬだらう。だから家の前までさつさと曳上げ得られる船ならよいが、大きな機械漁船などは置けぬ所だ。此西には六つの組、東と濱には五つ宛の組、合せて十六の組合が此島には在る。組中は凡そ十軒餘位、之が葬式其他の行事の單位になる團體だといふから、之から推してあらましの軒數も察せられるわけだ。

三

井戸は方々にあるし水は豐富だといふが、水朸《みつおこ》でイニア（桶）を擔ぐ仕事は目につく。又棟の大きい家では屋根の樋を引いて、雨水をシェゴに貯藏してゐる。風呂の水なんかは之を用ゐてゐる。家は瓦葺だが、之は極く近年に賴母子を造つてやつたんださうで、此無理は今に響いてをり、外形だけはよいが內作事の方は誠に貧弱なものだといふ。

家の間取りは大體圖の如しだ。爐は昔ゴゼンに在つたといふが、今は凡そ勝手に在る。庭の天井の棚を此處で

トーラダナは俵つむ場所、今はシエゴがをいてある。
ゴゼンは多く縱六疊。
カツテは八疊。
ザシキは大抵横六疊、中には八疊の所もある。

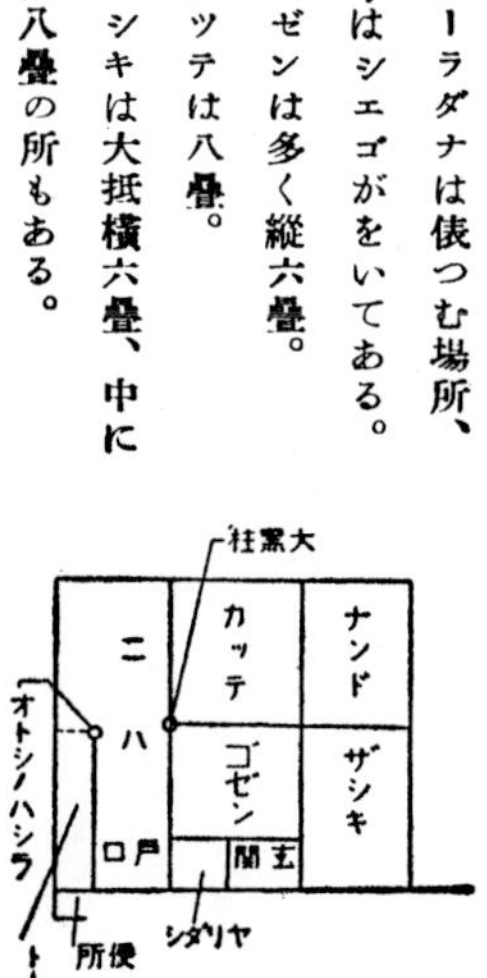

キヅモを猫の座敷ともいふ
自在鍵のコザルをウチといふ。

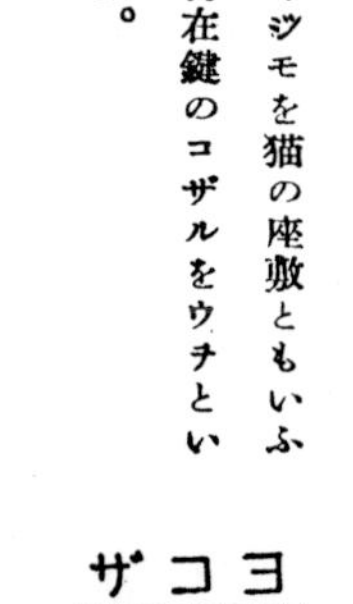

もツシといふてゐる。玄關やヤリダシはどうせゴゼン戸口から成上つたものだらうが、之が大概の家には在る。さうして玄關から他人の家に入るものは、僧だけだといふから、玄關なんかなくたつてよい代物だ。何でも此地では他家を訪れた時には、まづ最初に佛壇を拜し、次にヨコザの主人公、それからタンモトの主婦、最後に同坐の客にといふ順序で、挨拶するのが極りだといふが、くだけた平常の日までさうするかは怪しい。

　しかし一寸した茶呑みといふ寄合が盛んに行はれるらしい。只の日でも一人の客に茶を二三度も新しくとりかへて出すほど、茶をよくたしなむ所だといふが、偶々私の泊つた家で晝飯時、茶呑みといふ事が行はれた。ゴゼンに大勢の男女が集つて晝飯をよばれてゐる。食つてさつさと出てゆく者があるかと思ふと、未だ次々に馳走になりに入つてくる者もある。之が一時間ばかり續いたらう。何だと聞くと、之でも茶呑みだといふ。さうして今日の此家の茶呑は、主人の命日に當るからで、毎月此日には人々を招いてさゝやかな馳走をすると云つてゐたが、どうしてさゝやかどころでは無い。豆腐だつて厚燒みたいなものだつて皆手製なのだから、臺所の大釜は朝から盛んに焚きつけられてゐた。中々容易な事ぢやない。此命日の茶呑をアゲマイといふ由である。此外しば〳〵婦人連の茶呑があるさうだ。今はなくなつたといふ正五九月の十七日の婦人達の觀音待も、やはり茶呑の一だつたのかもしれぬ。

四

咄が妙に曲つてしまつた。どうも海の方から咄をもつて廻らぬと工合が惡い。此處にはどんな船が燕や鴨の如く季節風によつて訪れて來たかを知らぬが、酒盛女といふ一夜妻がもとゐたのは、前記した如く只の濱だけの土地故に意外だつた。此地方の湊々には殆ど何處でも此酒盛女がゐたのだつたが、湊もない此島に依來るものゝあつたのは、かけ離れた小島であつた故であらう。尤も此島も此邊りの浦々の如く、明治の初期までは捕鯨業が盛んに行はれ、他人も色々と入りこんで來たらしいが、此地の鯨組も明治二十九年にはすでに廢業明《あき》浦になつてをるので、鯨組だけの事なら今だつて明白に知り得るが、酒盛女との事になるとうやむやだ。

　とにかく此島は遊女もゐたし、鯨組もあつたし、海と緣故のないくらしの土地ではなかつた。しかし今は兩者ともないので、それに代るべきどんな事が行はれてゐるかをしらぬが、私の行つた時分は丁度あの地方では專ら建網で伊勢蝦を捕る時期で、何處でも蝦を捕つては生簀の中に圍つてゐた。あの邊りは陸地の市場から少しかけ離れてゐるから、打瀨を曳くのは却て骨が折れて不便なのであらう。まして江島の濱は前記の通り故、打瀨船を泛べては始末が惡い。海老捕り網といふ古風めいた建網を用ゐてゐたわけだ。捕つた蝦を江島では生簀に貯へてをくと、平島の魚仲買がやつて來て、何十貫いくらで買ひ、海老をイケマにぶちあけて歸つてゆく。だから漁師はあはてず急がず、生簀に蝦を溜めてをきさへすれば良いといふ觀があつた。此漁はあまり季節に關係はないらしいし、伊勢蝦は正月前になるとよい値になるし、直ぐに弱つてしまふものでも無いから、まづ恰好の獲物だと云つてよいだらう。此外島では縫切り網といふ八田網のやうな相當大きい鰮の夜焚き漁もやる由である。それよりも面白かつたのは"きびの網代といふ確か定置漁業で、恐らく之は大敷網であらうと思はれる。

五

　丁度島へついた翌日、島內を歩いてゐるとそこでも此處でも木蔭や井戸の周りなどに男女二三十人が集つて、どん／＼どん／＼藁を打つてゐた。藁打つ石は濱邊にいくらでも轉つてゐるから、何百人でも一度に藁をうてる。どうも此樣子が頗る愉快なので、すつかり羨しくなつてしまひ、何だと聞くと、きびの網代の繩綯ひだといふ。愈々何の事やら判らずにゐると、きびの網代とは村共同の網代の名で、此漁網は稻藁で造る故、年に一度、一戸から一人づゝ人が出て、此網の繩をうち網をつくる。つまり毎年此網代の網を新しく造るわけで、大敷網にはかういふ式がある。丁度此日はその繩なひ日であつたのだ。

此網代はもと村中のものではなく、村の有力なる一部の人の所有に歸してゐたといふ。此例の事は長門六島村記にも書いたが、恐らく以前はゆうしか(此語は筑前でも飯島でも使用してゐる)か本百姓の手に屬してゐたのであらう。それで例の如く之が問題になり、遂に地下中と有力者の間で數ヶ年に亘る訴訟をつゞけ、隨分金を費つた。それで今でもその時の借金に苦んでゐるといふが、その結果此網代は島人全部の所有に歸したといふ事だ。此處では一戸から一人づゝ繩うちに出る事をも公役と稱してゐるが、之はまた愉快な公役で、夕方にはそこゝで長さ四五間の太い綱が、すでに出來上りつゝあつた。此後もう一度公役の日があり、その時漁網が完成するらしい。

公役といふと、ふのり採集も今はさうであるといふ。昔もふのり採集の時期は定つてゐたらしいが、之は採り勝ち、早いもん勝ちであつたので、老いも若きも家を空にして我先きに爭ひ出掛け、學校などに行くものはなかつた。それで之はいかんといふので、一戸から二人づゝ採集に出かける事にきめ、採つた草は等分に分配する事に改めた。磯物採りには所々でかういふ類のきめが多いやうだ。確か隣りの平島では、ふのりを以て税金に充てゝゐたやうに思つてゐるが、或は平島の事ではなかつたかもしれぬ。

六

誠によい島だが唯一つ氣になつたのは、夜濱邊に出て見ると、遠い海の彼方に松島の灯が極く微かに見える事だつた。豊前藍島などは對岸諸都市の電燈の影が、蜒蜿として果てなく續いてゐるので、餘り刺戟が强すぎるが、此濱に夕涼みしてゐると、闇に殆ど消えてしまひさうな僅かの灯影に、とかく人の顔が向き勝ちらしい。尤もほかを見廻してみても、星と闇と波の音ばかり、ランプはアコギの樹の下を通りすぎてから、始めて目に入るさゝやかな光だつた。此地も出稼が盛んだといふ。青年よりも處女の方が餘計出てゐるといふ。それが製絲へゆくか町奉公に出るかを聞かなかつた。お婆さん達は素裸に三巾前掛や四巾前掛をしめて、昔ながらに働いてゐた。

さて逐次年中行事から記してゆくと、正月には雜煮を祝ふ事を直會《のうらひ》といふ。

若水を汲む時には、米、蜜柑、鹽、串柿らを白紙に包み、之を川の神に献げる。

福の神は年の夜にござる。それで正月に箒で部屋を掃《はは》く時には、埃をはき出してしまはず、部屋の隅によせてをく。福の神を塵と一緒にはき出してしまはぬためだ。又正月にはなるべく音をたてぬ。音をたてる事を福の神は嫌はれるからだ。

元朝最先に男の子達が他家を訪れる。之をトアケといふ。子供がトアケと言ふて訪れるらしい。一番はじめに來た子に十錢から一圓までの祝儀をやる。

白紙を眞二つに折り、之を圖の如く折疊んで、それに新藁を三本挿したゴメイといふものを、年の晩から神棚にあげてをき、年かざりを十五日に下す時に一緒に下し、之を此日もぐらを打つて各戸を巡る子供達に渡してやる。以前もぐら打ちには、子供達は土で面を造り、それを被つたといふ事だ。ゴメイは正月二日のうち初めに持つてゆき畑の中に立てた。

ゴメイの圖

元日から三日までの法事を收正會《シュショーエ》といふ。此時佛壇に鏡餅を供へ、屠蘇酒も供へる。

伊勢参りに行つた者だけが、正月十一日に集り祭をした。之を十一日祭といつた。

正月十一日か十五日に年まはりの悪い人（九才十九才二十九才など）が、年とり餅をつき年をとる。此餅を若餅ともいふた。

二月二日と八月二日に子供に灸をすえた。之を二日灸と云つた。

昔二月二十四日と八月二十四日に大宰府天滿宮の祭をしたが、今は此事がない。

三月の節句を花見といふ。雛祭はせぬ。村民全部が野外で食事をし、その翌日を花ちらしといふ、此兩日間に角力や運動會を行ふ。花ちらしとは花見の翌日だからさういふのだ。

四月一日を降誕會《かうたんえ》といふ。親鸞上人の誕生日で此日は仕事を休み馳走をくふ。此地は全部眞宗だ。二月十五日や四月八日には何ら平常とは變りない。

田植は何處の本百姓の家でも、一日の中にきまつてしまふ。此晩はサナボリとて植ドウド（田植に傭はれた人）を招いて祝ふ。昔は此日田植酒をのんだ。尚田植には卯の日をきらふ。卯の日の米はでたちの米になるといふからだ。でたちとは無論葬ひの事だ。

麥を採り田を植え芋を挿してしまふと、にごり祭を行ふ。之を足洗ひともいふ。此時に組毎に宿を設けて、此處に組内の家内中が集り、喰ひたいだけくひ、その擧句持つてゆきたいだけ馳走を家に持つて歸つた。又此祭の準備の爲めの漁を數日間も行つた。それほど澤山の魚が此時喰はれた。しかし之が廢止になつてから十年になる。

五月の節句には粽をつくる。粽は竹の葉と藁苞《スボ》で造る。此地方の地方《ちかた》ではよくダンチクの葉を用ゐるが、毒になるとて使はぬ。スボの粽には米の粉を入れて造る。

氏神である八幡宮の祭禮は舊八月十五日のオクンチである。此八幡宮は鎌倉の鶴岡八幡宮を勸請したものだといふ。江島の人は此島を開拓した平家の落人が、鎌倉から來たのだといふ。又此島を江島といふのは鎌倉の江島に地形が似てゐるからで、地名も多くは似通つてゐるさうだといふが、江島に地形が似てゐぬのは幸だ。此地の氏神も子供好きで、社内は子供の遊び場になつてゐる。

十月十日の金比羅さまも亥の子まつりも、もうすたれてしまつた。

神無月に氏神が出雲に行かれ、やがて歸つてみえる。是をおのぼり、おくだりといふ。氏神待の御籠りは若者の仕事である。

七

あとは例によつてアイウエオ順にかく。

アシモトドリ　鶉

アタマナオシ　祝宴の翌日にまた寄つて酒をのむ事。嫁入りの翌日の頭直しなどは隨分盛んだといふ。

イシナゲンジョ　海邊の怪音、漁村語彙に出てゐる。

イタグラメ　胡坐する事。

ウーエ　本家。

牛の味噌　此島の牛も殆ど黒い。牛の病の時、何かの味噌汁をのませる事があるが、日に一度は大概水に味噌をといてのませる。それで別に牛の味噌をつくる。此味噌も豆と麹でつくるが鹽を澤山に入れるといふ。別の事だが、味噌醬油は申の日に造る事を忌む。

オゴ　網子の事、船方ともいふ。運搬船の舸子みたいなもの。

オビ親　三才に帶とき祝といふ事をする。此時の親を帶親といふ。

カナ親　鐵漿親、多く十五才の時鐵漿をつけたらしい。

郷はづし　島の仲間はづしの事、どういふ事をしたかよく判らぬ。

ゴシンサマ　神が急にのり移つて豫言する人をゴシンサマといふ。此御神様にうかゞひをたてる時には、七種の菓子を三つづゝ二十一個へる。

ゴヘイダズミ　石炭の事。

コモゲタ　薦を編む四足の臺。

ゴロウジ　海に流れてゐる死人の事、此島に始めて寄つた水死人の腕にゴロウジと入墨してあつた故、かく稱へるといふ。ゴロウジの流れ方は非常に速い。しかし連れて戻つてやるから待つてゐろといふと、ゴロウジはちやんと共處で待つてゐるといふ。之は江の島ばかりでいふ事ではない。中には、荒磯の岩の間などに水死體があつて、どうにも曳揚げられぬやうな時には、こつちへ來いといふと、死體はすい〳〵と手近までやつてくるとさへいふ、ゴロウジはとにかく魂があると思はれてゐる。水死人といふものは祀れば漁の神になるし、でなければ船幽靈その他の元になるらしい。

シェゴ　穀櫃をも天水貯桶をもシェゴといふ。

シキユーレイ　唯幽靈ともいふ。之は此地では海の幽靈だ。ウグメといふ語もしられてゐるが、土地で使用される語かどうか怪しい。

シヤアコンヅチ　　の形の槌。

ツヽロ　薦を編む時の繩を結びつける木片。

手打ガネ　手打を破約した時に出す金。

テギネ　形の杵、味噌をつく時に使ふ。

ボシ　海上の怪火。

ネリベイ　石垣の塀。

ネリベ小屋　山(畑)の小屋、多く石垣の壁で出來てゐる。

ハヤスケ　瀨戸ひきの藥罐。早くわくからかくいふと。

ハラアハセ　鰮の夜焚漁の始まる時には、その乘組員一同が集つて、腹合せといふ酒盛をやる。

船を練《ね》る　潮流に流されず、一定の位置に船がとゞまつてゐるやうに船を漕ぐ事。

ヘコ親　十一才のヘコ祝には兵兒親をたてる。

ベンザシ　オヤヂともいふ。鰮縫切網の火船に在つて、常にアテヨマを垂れ、鰮の群の多寡を測りつゝ、くち船網船に漁の指揮を爲す者。

ミコシ　幽靈の一種だが、武者修行の侍などに化けるものだといふ。何が化けるかは知れぬが、どうせ見越し入道の眷屬だらう。

見知り越し　此島へ來た寄留者らが、土地人を招いて馳走する事をいふらしいが、果して此語が此處でも通用するかどうかを斷言する事は出來ぬ。

ヤコヅキ　狐憑きの事。

ヤシナイ　草木の若葉らを採つて田の中へ入れる。此肥料をヤシナイといふ。

宿入り　若衆の組入り、仲間入りの事、年の晩の御籠りに行はれたといふ。若衆や婚禮の事は『旅と傳説』の婚姻習俗號に報告されてゐる。此地方では墓掘りは青年の仕事になつてゐるやうだ。

山の神　昔或船が西の濱に漂着し、その人達は水の流れを辿つて島内に入つたが、そこがゆきづまりになつてゐたので、遂に死んでしまつた。その人を祭つたのが山の神で、その標の石があるといふ。しかし格別山の神を祀る日はない。唯山の神や荒神様におこぜを献るがよいといふ。

俚談防長征伐

―大島口の戰―

宮本常一

記錄されたる征長記事と言ふものは、殆ど當時の知識階級によつてなされたものである。併しあの戰も農民から見ると、それが單に幕府との戰としての意義を見出すばかりでなく、農民が武士を壓して行く快い戰でもあつた樣だ。

　私の祖父などは死ぬる前まで、あの當時の話をして居た。その祖父も、外祖父も死んだ。聞いた私さへが、もうボツ〳〵記憶のおぼろになつた所がある。全く失念してしまはないうちに記錄して、人々のお目にかける事も無駄でない樣に思ふ。俚談であるから考證ではない。祖父や外祖父が見聞した話なので、誇張もあれば、間違もあるかも知れぬ、併しそのためにこの話の價値は傷つけられるものではないと思ふ。

　長州征伐の始まる少し前頃から、百姓も劍術の稽古をしてもよいと言ふ事になつて、祖父などは毎日竹刀をふりまはして居たものだと言ふ。そのうちに久賀（大島郡宰判の勘場のあつた町）の覺法寺の鐵然上人が眞武隊を作つた。之は農兵隊で僧侶も加はり、劍術の指南には上關の義勇隊の秋良と言ふ人が來た。

　島の各地では盛に劍術の練習が行はれ、女は長刀の稽古をした。眞武隊は間もなく柳井の奧の石城山にこもる南奇兵隊に合併された。

　ある年の春（記錄によれば元治元年四月）家老の益田樣（右衞門）が農兵を見に久賀へ來た。そこで久賀では劍術の大試合をした。祖父も祖母も見に行つたさうだ。ずゐぶん賑かな事だつたと言ふ。

　村の血の氣の多い若い者（主に大工）は家をぬけ出て石城山へ行つて皆奇兵隊の仲間に加つた。そのうちに倉敷騷動（南奇兵隊の銃隊々長立石孫一郎が隊士九十五人

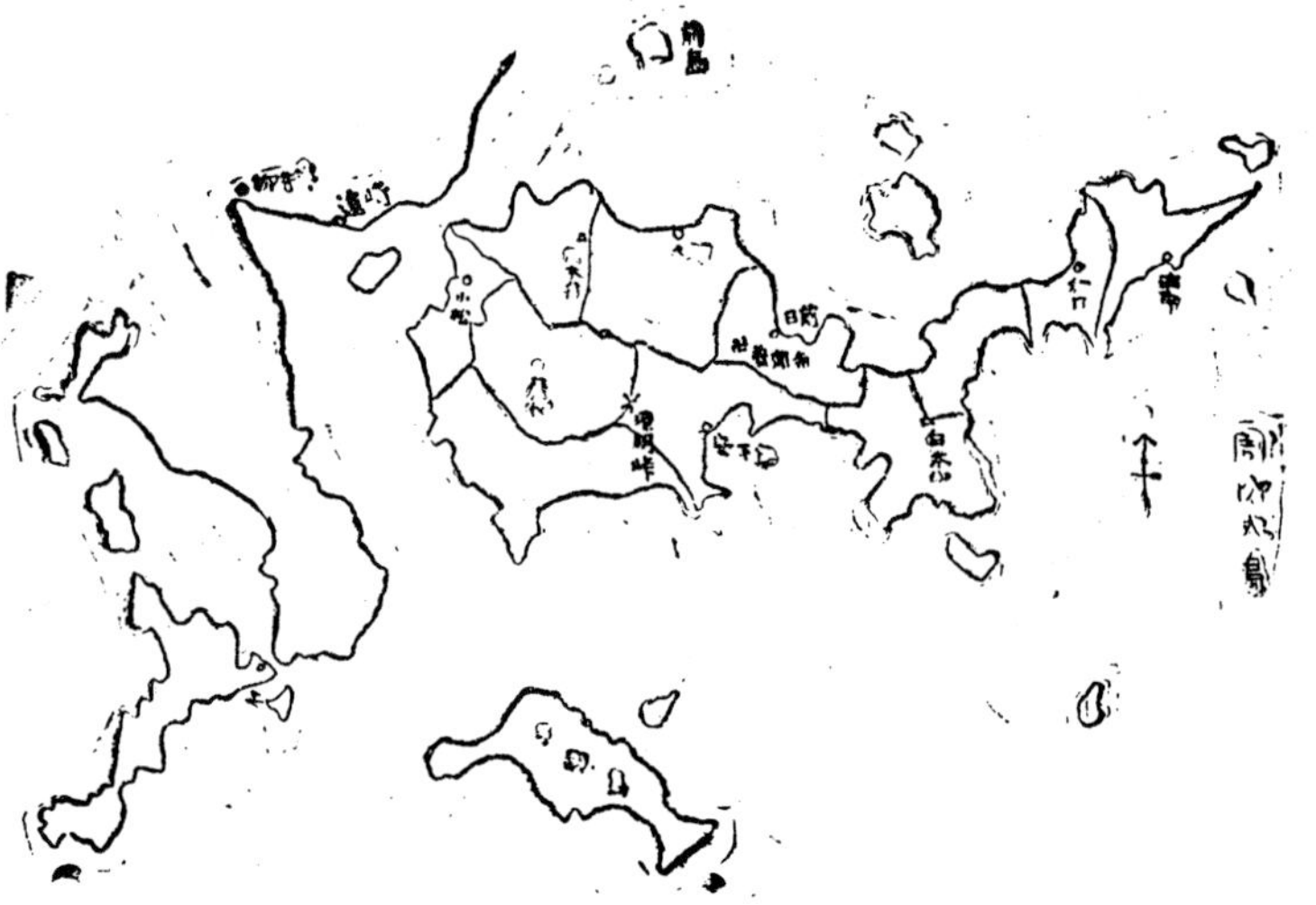

五六四

を率いて備中の倉敷代官所を焼いた）が起つて、島の者の中にも之に參加せるあり、何れも刑死した。

話はいよ〳〵本筋に入る。

慶應二年六月八日、この日外祖父は同僚の者と草を刈りに白木山へ登つて居た由である。白木山と言ふのは私の生れた家室西方村の中央に帝座する千尺餘の山で四圍の眺望まことによい山である。

扨山で草を刈つて居ると、東の方、油宇沖と思はれるあたりで、物恐しい大砲の音がする。それからかなりたつて、南の方伊豫灘を見ると、二はい（二隻の方言）の火車船（汽船）が西へ行く。それがやがて西の方安下庄灣へ這入たかと思ふと、安下庄の町へ向つて、突然ドーンと實彈をぶつ放した。外祖父は驚いたの何の。所が、之は又北の方から物々しい法螺貝の音がする。見れば岩國灘前島の沖を火車船三ばいと他に五はいの船が、堂々と久賀の沖の方へ駛つて行く。（久賀は白木山から北西へ三里、島の北海岸にある。）それが又ドドーンとやり出した。

之は一體どうした事であらう。惡い夢でも見てゐるのではないかと思つて、山へ鎌をすてたなり、荷も負はず一散にかへつて來た。

その翌日和田（私の家から東へ二里半）の領主村上河内樣が鍬形のかぶとに緋おどしの鎧を着、馬にまたがつて、久賀の方へ敵をせめに行つた。村人は之を救ひの神樣の樣に土下着して拜んだと言ふ。（この村上氏は伊豫の海賊村上義弘の直系で、長藩水軍の總帥、二千石を領して居た。）

村々では戰爭の噂でもちきりで、皆何れも村を捨てゝ谷深くかくれた。島には平野らしい平野がなく、多くは狹い谷に田があつて、田のそばには大抵小屋があつた。村人はその小屋へ假の住居を移した樣だ。中には俄かに小屋を造つたものも少くはなかつたと言ふ。さうして、見晴らしのいゝ所へあがつては、樣子を見てゐた。

それから二三日は靜かであつたが、十一日の日に俄然久賀の方面で物恐しい大砲のうなりが起つた。何でもその時久賀の人々は。

來たぞ〳〵前島の沖へ二本ぼろ〳〵蒸汽船

と唄ひながら逃げたと言ふ。敵は忽ち久賀の西、宗光の濱へ上陸した。猫の子一匹居らん村の中を一人の百姓が歩いて居る。幕兵は忽ちその男を捕へた。百姓は米を一俵負うて居た。山へ逃げ出しても食物がなくてはと、家へとりにかへつた所だつた。幕兵は百姓を引据えて、その米をどうするのか、ときくと百姓は「キヘェが食ひます」と答へた。「何奇兵隊が食ふ？」と言つて、幕兵は眼の色をかへて驚いた。幕府にとつて奇兵隊は恐しい强敵であつた。――併しその米は奇兵隊が食ふのではなく、その百姓が食ふ米であつた。その百姓は名を喜兵衞と言つた。

幕兵久賀砲擊に際して、村の人たちは相當抵抗する氣で居たと言ふ。（この久賀からは伊藤惣兵衞―贈從五位―、中原伊平などゝ言ふ勤王家が出て居る。）所が肝腎の大將たるべき代官の齋藤市郎兵衞、軍艦の石川幹之助、大砲の音をきくと、それとばかりに逃げ出して、大島の對岸で周防路なる遠崎へ行つてしまつた。之では百姓がいくら力んでも何にもならなかつた。唯敵の横行に任せるより外仕方がない。

實際當時の武士は力がなかつた。私の村でも、山縣樣と言ふ侍が居たが、「それ戰爭が始つた」ときくと、すぐ家をぬけ出し、ぼろを着込み、ほゝかむりをして、村人に「旦那樣つて言ふな、」と口止めしてまはつたさうな。

私の村ばかりではない、どの村でも武士と言ふ武士は屁にもならなかつた。百姓の手前武裝して出はしたが、敵の居ない樣な所へ、居ない樣な所へと逃げまはつた。和田の村上樣も震へながら普聞寺（日良居村にあり、久賀から南海岸の安下庄へ出る途中にある山寺で重要な地點である）を守つて居た。所が安下庄の方でドドーンと伊豫兵が大砲をうち始めたものだから、もう居たゝまらず、殆ど戰はずして、屋代（こゝにも村上家があり、その方が本家格になつてゐた）へ逃げた。

同じ普聞寺を守つて居た野原樣と言ふ侍は、之を恐しさのあまり、大小を藁で包んで、百姓兵を連れ、麓の日良居村へ下りて來た。之を見た村の畔頭が怒つたの何のつて……。丁度村民を督して、寺を守つて居る人々の爲にと言つて握飯を作らせてゐたのださうだが、そこに集ふて居る百姓等に命じて、この腰拔武士を竹槍でおどしつけた。侍は土下座して膏汗で詫び、再び山へのぼつたと言ふ。併し、かう言ふ階級を指揮者と仰いでゐる限り、戰は我の敗北である。島民は今只管に南奇兵隊の來援を待つた。普聞寺は間もなく敵の手におちた。村人は止むなく谷間にかくれた。日良居村日前《くま》の庄屋と畔頭は、敵が普聞寺を占領したと知るや、直ちに相携へて寺に登り敵將に逢うて、寺を占領するはよいが、村へ下りて村を燒く樣な事はして呉れるな。我々は唯單なる農民であるから、と憶せず嘆願したと言ふ。かくの如く氣概のあるのは武士ではなくて百姓であつた。

大島の危急を知るや小倉口に居た高杉晋作は急遽東して、大島口防備の計畫を策した。巷談によれば、晋作は玖珂郡柳井津村の宮本に來り、ある宿屋へかけ込んだ。亭主二階を貸せ、といきなり二階へ上つて何時までも下りて來ぬ。主人は變に思つて二階へそつと上つて隙見をすると、晋作は床柱へ倒立ちして居たさうな「頭をさかさにふつても知恵が出んと言ふが、本當にいゝ知恵を出すには倒立ちするのが一番えゝんぢや」と外祖父はよくこの話を例にひいて話してゐた。

かくて十二日夜晋作の乘つたオテントサマが突然久賀沖の敵艦の中に割つて入り、ドンドン撃ち散らして引あげ、敵の度膽をぬいた。

六月十五日林半七（今の滿鐵總裁林博太郎伯の父君）に率ひられた南奇兵隊が小松に上陸した。島民はそれとばかりに喜んで竹槍隊を組織し、この軍勢の後に從つた。奇兵隊員の中には多數の島民が居て、彼等は、敵にふみにぢられた故里を恢復せんとする、敵愾と熱情に燃えて居た。

この日敵は普聞寺を焼いた。一方久賀の西なる國木臺で激戰があり、味方は壓倒的な勝利を得た。――（大島郡大觀によると、國木臺では農民達が、下から攻めのぼつて來る敵兵に石をころがして苦しめたと見えてゐる。所がこの事は、その翌日の源明峠でも行はれたと見えて、私の祖父は、源明峠の戰の時だと話して呉れた）

十六日、島の人々は奇兵隊の勝利に狂喜し、此の日行はれる源明峠の戰を見んものと、山の上の見晴のいゝ所へ席をしめて待つて居た。すると、キラ〳〵槍の秀波を光らせながら夥しい敵軍が、長蛇の如く源明へのぼつて行くのが見える。山上ではコトリと音もしない。

その中に雨になつた。戰はこの暗雲の中で開始せられた。源明は安下庄より屋代へ越える海拔二千尺の峠で、島内では最も急峻なる坂路の一である。

敵はドン〳〵發砲する。味方も之に應ずる。百姓は石をころがす。やがて空が晴れると拔刀隊は猛烈な突撃を開始した。味方はかたびら一枚の輕裝、敵は鎖帷子を着て居る。この鎖帷子は刀で斬りあふ時にはよからうが、鐵砲で撃たれた時はかへつて具合が惡い。それに重たい。

敵は散々である。
　撃つのかと思たら、斬るのぢや〳〵と言つて敗走したと言ふ。敵のある一方の大將の如きは、丸をうけて負傷したものだから部下の者が、峠の民家から戸板を借りて來て、それにのせて坂路を下る。奇兵隊は追撃する。やれいそげ、そりやいそげで坂路を下るものだから、戸板の上の大將が時々ゴロ〳〵ころげ落ちる。それを拾ひあげて載せて走る。落ちる――。とうとう一里の道を海邊まで出た時は死んでゐたさうな。

　海岸へ出た敵兵は船へ乘り込む。早く逃げねば――と言ふのでさつさと漕ぎ出す、乘り遲れたのは刀も何も捨て、沖へ泳ぎ出る。泳ぎの出來ぬものは海岸で聲をあげて泣いて居たとか。泳げる連中も、やつと船まで行くと船へ引あげて貰つたものもあつたが、滿員になつてゐる船は、さう船舷にたくさんとりつかれては沈沒すると言ふので、とりついて居る人達の手を斬つて逃走したと言ふ。痛ましい敗陣だつたのである。而も、早く逃げ出した船はカラッポ同樣の小人數だつたと聞く。

五六八

　併し敵のすべてがかうだつたのではない。皆逃げ行く敵の中に唯一人床几に腰を下し端然として大磐石の如く、軍扇を手に、奇兵隊をにらみつけて居る敵將があつた。味方はこの一人のために少時たぢろいて、進む事が出來なかつた。この大將は味方の者がかなり落ちのびたと見ると、奇兵隊の者に、斬れと言つた。だが威にうたれて誰一人拔刀を振りあげるものがない。すると、大將は「お前斬れ」と言つて先頭に居た、安下庄の長尾八幡宮の神主で奇兵隊員だつた長尾氏に命じた。長尾氏は、その言葉に、退くにもひけず、返り討を豫想して、眼をつぶつてサツと斬つた。
　手應へがあつた。敵將は倒れた。よく見れば、その武士は背中に、すでに深い一刀を浴びてゐた。
　後年長尾氏はこの時ほど恐しかつた事も、又哀れを感じた事もなかつたと語つたとか。

　一方久賀の方の敵軍もその翌日の戰に敗れ、町を燒いて逃げた。この戰に祖父も外祖父も人夫として出た。祖父は當時二十三、外祖父は十四であつた。外祖父はその父が病弱だつたので代つて出たのであつたが、村の庄吉どんと二人で隣村との境なる牛まるぎを越へて居ると、上から一人の武士が下りて來る。庄吉どんはそれがどうやら敵兵らしいと言つたが眞正面から突きかゝる譯にも行かぬ。すれちがふ時血の匂がプンとした。一間ほどやりすごして「何處へ行く」と庄吉どんがきめつけた。すると武士は「八幡樣へまいるでござる」と丁寧に答へたさうな。慥かに敵だとは思ひつゝ、恐しさと何となく氣の毒さから、そのまゝ別れて行つたのだが、後から考へて、よくあれだけ、きめつける元氣があつたものだ、と庄吉どんが人に話した。實際島の百姓は元氣があつた。祖父なども屋代で侍と喧嘩したさうな。相手は二人、こちらは一人。無禮をしたとかせぬとかで喧嘩になつたものだが、竹槍一本の土百姓が、斬るなら斬れ相手にならう、と言つて喰つてかゝつた鼻息に、武士も當に拔く所であつたのを、通りあはせた先輩らしい武士が仲直りをさせたと言ふ。見て居た仲間に外祖父も庄吉どんも居たさうながら、之等から見ても百姓は武士の斬捨御免などに、甘じてなつてゐ〻樣な意氣地なしではなかつた。

あのおとなしい人のいゝ祖父に、よくそんな事が出來たものだと、外祖父に聞かされて變に思つた事がある。祖父は晩年高い崖から落ちて、手足が不自由になつて居たが、ある夏、村の若い連中の仲間へ這入て擊劍をやつた。平生は身體が不自由だと、言ひ言ひして居る八十近い老人が竹刀を持つて立つた時、腰のシャンとのびて居た事、聲の大きかつた事、見て居る私でもびつくりした。仕合がすんでから、平生自慢せぬ祖父が「天秤棒一本持つたら、島に恐しいものはないんだが、どうも息切れがして…」と言つた。百姓劍法ではあつても相當自信があつたのだらう。之を以てしても幕末の百姓が決して、蒙昧なる徒としてのみ見られないと思ふ。但し之は防長に於いての言葉ではあるが。

さうして武士の凋落がそこにはつきり見えたのであ

る。外祖父はよく言つて居た、侍なんて言ふ者は屁にもならん、あれは家柄と金が物を言はせるんだ、と。この戰爭に出て以來、侍は少しも恐しくなくなつたと祖父はいつも語つた。この戰の二年後、外祖父は木挽の弟子になつて伊豫の山奥へ行つて居たが、その年の夏、父の病氣が惡いと言ふ島からの傳言をきいて、急いで伊豫から歸へつて來た。その折何でも追剝の出ると言ふ大きな峠を夜越えたさうな。

　麓の村で越えるのはやめよと言ふのを、出かけて來たのだが、もし追剝に出逢つたら、と思つて途中手ごろな棒を二本拾つて腰にたばさみ、如何にも侍らしく仕立て山を越えた。山中で怪しい男に二人出あつたが、相手は何事も言はず行きすぎて行つたとか。

　十六の子供によくそんな事が出來たものだと、今でも私は私の十六の當時と思ひ比べて感心してゐる。兎に角幕末の百姓はたしかに偉かつた。この連中が背後に居たからこそ防長回天の事業も出來たんだと思ふ。

五七〇

話が傍道にそれたが、戰がすむと、生どりにした敵の武士十一人を小松で斬つた。「助けて吳れ」と哀願する顏、斬られた時の恐しい顏……その一人は首が胴にぶらさがり、目をむき口を開いた物凄い形相は、誠に惡鬼の樣であつた、と祖父は語つた。

　併し、斬つたのは武士だけで水夫人夫の十六人は、之を丁重に遇し、金子をあたへて松山へ送りとゞけたのであつた。

　かうして島へは平和な秋が來たのである。

喜界島昔話（五）

岩倉市郎

繼子の手

これも繼子の話であるが、これは女の子で、父親は遠い國へ旅に出る事になつた。一人の女の子と繼母を家に殘して置くに就ては何となく心配になるので、妻に向つて、此の子は決してスソー（粗相）しんなヨ——と堅く言ひ付けて家を出た。父親は旅に一二ケ年も居たらうか——。其の間繼母は毎日女の子をいぢめてばかりゐた。或る日繼母は何か考へた事があつて、猫を殺してユルイ（圍爐裏）の下の床《ゆか》に埋めて置いた。さて夫が歸つて來て、娘はどうだつた、何も變つた事はなかつたどらう——と訊くと、いやもうあなたの子はどうしても私などに引締ミらりる子はあらん、と答へる。いやそうではない、あの子に限《カヂ》てそんな事はない筈だ、と言ふと妻は夫をユルイの所へ連れて行つて、これを見なさい、誰の子とも知りらん子を産してこんな風にして——と言つて猫の骨を出して見した。父親も驚いて、そんな娘だとは思《ウム》はンたと言ふと、繼母は、こんな娘は家にも置からんから、片腕を切り落して家から追出してやらそうと言ふ。夫がそう迄しては無理ぢやと言ふのを、繼母はとう〳〵娘の片腕を切つて家を追出してしまつた。

女の子は大變美しい子で、又心も良い子であつた。家を出て何處ちゆう事も無く歩いて行くと、遠方の村で或る男に逢つて、ヤンチム（是非とも）自分の妻になつて呉れと頼まれた。自分はこんな片輪者だから、それ丈はどうしても出來らんと言ふのを、男が聞き入れずに頼むので、それなればと言つて夫婦の道で暮す事になつた。仲良く暮してゐたが、其夫が他國へ用事で行く事になつた。女は孕んでゐたので夫は、子供産さばすぐに狀を送れ——と言つて家を出た。やがて女の子供を産《ナ》したので、狀持《ヂョユチャー》を頼んで其事を夫に知らした。處が拍子惡い事には、女の追ひ出された親ン元（Uyanmutu）がちようど狀持の宿屋になつてゐて、狀持が其家に宿つてゐる間に繼母が其狀を見て、手の無い子供が產れましたと中味を書き替へてしまつた。夫は知らずに其手紙を見て、これは殘念な事をしたと思つたが、假令どんな子供が生れたにしても我子は我子、大事に育てれョ――と言ふ返事を書いて、狀持に持たせてやつた。狀持は又歸りに繼母の家に宿つて、中の手紙を書き替へられた。手切れ（titchā）の子は手切れ、馬曳（masutchā）の子は馬曳と書いたのである。それを見た妻は、繼母の仕事だとは少しも知らないから、いつぱい氣の毒して、そう言はれて見れば夫の家にも居られない、と言つて何處となく出て行つた。

だん〲歩いて川のある處へ來た。處が川のブチ端に白髮の爺が立つてゐて、煙草入れを川の中に落して、コレ〲女、其の煙草入れを取つて呉れと言ふた。女は片手に子供を抱いてゐたので、私はこの通り片手だから取る事が出來ませんと言ふと、かまはんから取れと言つて背かないので、仕方もなく切られた手で取らうとした處

五七二

が、今迄無かつた右の手が、いつの間に出來たかちやんと元の樣になつてゐる。女は手が元の樣になつたので、喜こんで先へ行つて、或る山の中で山暮しをしてゐた。處が旅から歸つて來た夫は、妻子が居ないので心配して、探し廻つてやつと此の山に來た。三人が喜び合つてゐると、女の父親も又娘を探して此の山へ來たが、見れば顏丈は自分の娘に違ひないが兩手があるので、不思議に思つてゐると娘が父を見付けて、わけを話して初めて親子といふ事が知れた。そこで皆んな仲良く暮す事が出來た。

そのうちに子供が七つの齡になつた。子供は探り矢といふものを造つた。此の矢は道の曲り〲でも進んで思ひ通りの所へ行く矢で、子供がそれを射つたら、矢はどん〲飛んで繼母に當つた。繼母はその矢に當つて、とう〲恨みを晴らされたといふ事である。

▽繼母淵

花良治の村に繼母があつて、繼子を憎んで、ある日アー

ムーといふヤツ（海邊の袋形の淵）に子供を押し落さうと連れて行つた。落す時になつて子供が、母よ私は落される事に何の異存はないが、私を向ひ合ひに抱いて投げ込んで下さいといふ。母は自分の子は背中に負ひ、繼子を前に抱いて押し落さうとしたら、抱き込まれて三人一緒に淵の底へ沈んだ。今でも底に三人の姿が見へるといふ。

アサナローの花

これも例《タト》イて見りば浦原に、全くの貧乏な夫婦があつて、其上二人の間には子供迄がない。これではいかんと夫は、有たる日金儲けに此處から羽里の村の樣な村に行つたら、見知らぬ一人の男に出逢つた。此の男は實は大盗人《ヌシト》である。盗人が、汝は何處の何といふ者かと言ふので、それとも知らぬ男は、私は浦原の何某と言ふ者だと答へた。盗人はそうかと言ふと其まゝ行つてしまつた。それから盗人は浦原へ來て、一人家《ヤ》ン番《バン》をしてゐる妻に向つて、汝の夫はもうとても汝に食はせる事が出來らんから、汝を連れて何處へでも行つて吳れと俺に頼んだ——とだまして、妻を連れ出して何處かへ行つてしまつた。

夫が家へ戻つて來て見ると妻がゐないので、何處へ行つたものかと心配して、イツペークツペー（諸々方々）探して、とう〳〵三年の間探してみたが見附ける事が出來なかつた。有たる日の事、いつもの樣に妻を探して大きな川の端へ來ると、其處に白髮の爺が居て、汝は何をしてゐる——と訊くから、私は妻を探して三年になるが、どうしても探し出す事が出來らんと答へると、汝はいくら難儀しても探し出す事は出來らんぢやらうと言ふ。それで男が、爺樣々々若し私の妻の居る所を知つて居られるなら、どうか禮拜（difé 三拜九拜）しますから敎へて下さいと頼むと爺は、汝の妻は大盗人に連れらつて何處何處の山の中に暮してゐる。その山に行くと大きな家屋敷があつて、門の片端《ヘタバシー》に鐵の棒が立てゝあるから、それで地《ヂダ》をドン〳〵三度叩け。そうすれば妻が出て來る——と敎へてくれた。男は喜んで其の山へ尋ねて行つた。大きな家屋敷があるので近寄つてみると、なるほど門の片端に鐵の棒が立てゝある。それを三度ドン〳〵〳〵と叩いたら、案の如く妻が出て來た。妻は大變喜こんで、夫を家の中へ連れて行つてうんと御馳走をした。よい酒が澤山甕に入れて並べてあつたが、あまり飲ませると醉ふから、これは一昨年の酒、これは去年の酒、これは今年の酒と段々（色々）の酒を一杯宛味《アヂ》させて、それから盗人の大切にしてある一番刀を取つて來て夫に持たせ、虎甕（口の大なる甕）の中に匿れさせて鍋で蓋をした。

盗人は夜になつて歸つて來た。處が此の家にはアサナローと言ふ不思議な花があつて、家の中に男が居れば男花が、女が居れば女花が其人數丈咲くやうになつてゐた。盗人が家の中に入ると、アサナローに男花が二つ咲いたので、盗人はそれを見て怒つて、お前は家の中に男を匿してあると言つて女を叱りつけた。女は立所のグン（機智）で、いや〳〵それは私の腹の中に男の子が出來たからだと答へた。盗人はそう聞いて大喜びで、そういふ事なりば今夜は大祝ぢや、酒は丼で飲まうか鉢で飲まうかと言ふので、女は鉢を持つて來て三年酒の強いのをウムサマ（存分に）飲まして、醉腐《ユーイッサ》りたのを見て、今度は用意してあつた熱風呂《イチャフルー》に入れた。盗人が風呂の中で息カァ〳〵してゐるので、女は今の裡だと夫を虎甕から出して、とう〳〵盗人を切殺してしまつた。

それから夫婦はアサナローの花を持つてシマ（郷里）に歸り、其花を王様に差上げると、王様の喜びは一通りでなく、我はもう世の中に何一つとして欲しい物はないとばかり思つてゐたのに、こんな寶物もあるものか、その褒美は何でも好み通り叶へてやるから言へ——との事であつた。それで二人が、人間千人に馬千匹の一日の暇を下さいと言ふと、王様も聞いて下さつたので、二人はその人達に馬一匹宛持たせて盗人の家のある山へ行き、有《ア》ツ丈の寶を積んで來て恐しい金持殿になつたといふ事である。

猫と蟹の駈競べ

マヤーとガニー（猫と蟹）が、我二人《ワッタイ》走ツクーしろやと言ふ事になつた。猫は蟹がいくら横走り走つた所で、我に叶ふもんかと心を緩してゐた。然し走ツクーを始めた處が、ガワ（狡猾）者の蟹はいきなり猫の尻尾に食ひ下つて、知らん振してゐた。猫は知らずに一生懸命走つて、約定の場所迄來た。蟹はどうなつたかと思つて、振返つてみる間に、蟹は猫の尻尾から下りて、マヤー〳〵汝は今ナー――と言つた。アイヤと言つて猫が振返ると、蟹はちやんと一足先になつてゐる。猫は負けて、どうしても汝にはナラン（叶はぬ）と言つた頭《びんた》を下げた。

此の話は筆者も幼時聞いてゐる。

力王の話

荒木王が志戸桶王の處へ力競べに出掛けて行つた。行つてみると志戸桶王は留守で、妻が一人家《ヤ》ン番《バヌー》してゐた。ふと見ると表座敷の緣側に、鐵の足駄《アッサ》と鐵のグサネィ（杖）が置いてある。志戸桶王は何程は强よからうか――と驗しに足駄を穿いてみた處が、重くて〳〵仲々動かさらん。コラ强《チユ》かど――と驚いてゐるうちに、急に庭の邊りが暗くなつた。どうしたのかと思つてゐると、志戸桶王が山の樣に薪を肩《ハタ》ミて歸つて歸つて來たから、其蔭で其處らが暗くなつたのである。これは當られるアンベーやあらぬ――と荒木王は一生懸命に逃げ出した。志戸桶王は妻から其話を聞いて、今來たか先來たかと尋ねると、ムヌ（ほんの）今ぢやつたと答へたので、これも追ひ連れて走り出した。

荒木王は、恰度鹽道のシラーと言ふ坂《ヒラ》を下りやうとしてゐた。どうしても追ひ付かんと見た志戸桶王は、雷の樣な聲で、シラーの坂崩《ク》んでれ――と叫んだ。すると其聲に高い坂がヒタツと崩れて、今の樣に低くなつた。荒木王はそれでもどん〳〵走つて、鹽道の村端れ迄行つたので、又志戸桶王が、大川出《イチ》れ――と叫ぶと、其聲に今度は大川が出來た。今の鹽道の川がそれである。荒木王も仲々逃げ足の早いもので、其の川を一跳びに跳び越へて、早町・白水・嘉鈍を走り拔けて阿傳のネィングル（情婦）の家へ遁げ込んだ。

志戸桶王も後から續いてやつて來て、荒木王と力競ビぢや、出《イチ》り〳〵――と喚《ア》び崩《クジ》ンだした。それを聞いてネィングルが出て來て、何を騷ぐかと言ふた。我は志戸桶王ちやが、汝の家に荒木王が匿れてゐる筈、力競びするから出し《イチャ》／＼と言ふと、汝位の奴なら我が相手してやる、と言つてネングルは庭へ出た。志戸桶王は腹を立てゝ、此の女一投げに投げ殺してやらうと、二人取り組んだ。先づネングルが屋ン平の高さも投げ飛ばかされた。處が此の女が又恐ろしい力者で、落ちて來ると大股《ウフマタク》踏ン張つて突立ち樣、志戸桶王を屋根越しに家の後ろへ投げ飛ばした。恰度此の家の後ろには大きな桑の木があつて、志戸桶王は其股に食はされてしまつた。一踏ん張りに踏ん張つて、身體を拔ごうとした處が、拍子惡い事には足の下にへうたんがごろ／＼なつてゐて、踏ん張りバヤ足を辷らし、踏ん張りバヤ足を辷らしして、どうしても身を拔く事が出來らん。そこで甕の中に匿れてゐた荒木王が出て來て、志戸桶王の首を取つた。

▽荒木王と山田王

昔荒木王と山田王が力競べをした。各々の村から相手の村へ大石を投げ合つた。荒木王の石は山田の村の手前に落ちた。山田王の石は荒木の村の中迄届いた。だが山田は高地で、荒木は低地であるから、結局それで勝負なしとなつた。山田王の投げた石は、今では荒木の力試し石となつてゐる。

▽月の中の人間

月の中には人間が居て、オーク（杉）で水を肩《カタ》めてゐる。

月と太陽

晝の太陽は、本當は夜の月であるべきで、夜の月は晝の太陽であるべきだつた。といふのは、有たる夜二人寢てゐて、今夜誰かの腹の上にシヤカナローの花が咲いたら、咲いた者が晝の太陽になり、咲かなかつた者は夜の月になる事にしやう——と約定した。處がシヤカナローは月の腹に咲いた。それを見た太陽は、自分が晝の太陽になり度いものだから、こつそり自分の腹に植へ替へてしまつた。だから太陽は晝に、月は夜に出る事になつたのである。それで太陽はあらぬ事をしたからまともに見られないが、月はいくらでもまともに見られるといふ事である。

▽謎かけ

或る男が、アガレ（東方）平島の岩に棲む者は何かと言つたら相手は答へが出來ず、友達に訊ねたら、ダンヌユ（人魚）と言へばよいと言つた。其の意味不明。

龍神と釣縄

昔有たン事に――

一人のイスシヤー（漁夫）があつて、一日友達から釣縄を借りて舟漁《フナス》に出掛けた。處が拍子惡く魚に釣縄（イスナー）を持たれて、仕方なく陸へ戻つて來た。そして友達の處へ行つて、お前から借りた縄を切らして來たが、同じ物を買ふて戻すから堪忍《カニー》して吳り――と詫ると、友達は大變怒つて、あの釣縄は良う魚の着く縄ぢやが、俺は是非元の物あらんば取らん、と言つて合點（承知）しなかつた。厄介な事になつた、元の釣縄と言へば海の底だから、行つて探して見るより外はあるまい――と言つて男は又舟を出した。そして縄を取られた場所へ來て、此の邊だつた樣だがと言つて、着物を脫いで水の底へ潜つた。ヅン〳〵ムリ潜で（muri-sudi　水中にもぐつて）行つたら、男はいつの間にやら根の島へ來てしまつた。根の島へ上つて、宛なしに町の中を歩いてゐると、一軒の家の庭に薄（dushichā）の垣があつて、其の垣の自分が取られた縄と全く同じ物が、きれいに洗つて乾してある。男は早速其の家へ行つて、事情を話した處が、根屋ン神が、お前の物なら返へして遣るが一時家へ上れと言はれるので、男が家へ上つた處が、神樣は色々な御馳走を出して取持して吳れた。取持受けながら男が庭などを眺めてゐると、いつぱい美しい赤い鳥や白い鳥が庭から天とうへ向つて飛び上つて行く。不思議に思つて、神樣あの鳥は何でせうと訊くと、あれは人間共が海の上から我等の魚を釣り上げてゐるのだ、と教へられた。男は大變御馳走になり、釣縄を貰つて、根屋ン神に御禮して歸つた。歸る時、神樣が一時待てと呼び止めて、卯の日子の日は日半凪《ド》れ（午迄は好天氣で、後急に荒れる天候）

ちゆうものド――と一言謂はれた。

男は島へ戻つて、釣縄は立派に友達に返へした。そして卯の日子の日は一切《イッシッ》舟を出さん事にしてゐた。處が友達はそんな事は少しも知らないから、有たる日俄か嵐しを受けて、舟覆れして死んでしまつた。

釣道具のイレームン（返却物）は取らんもんぢやッち。

阿傳の禰元常有爺の話では、釣縄でなく銛になつてゐる。龍神の言つた詞は、卯の日子の日は舟出すな。赤い鳥白い鳥の條はないが、他は殆んど同じ。

阿傳の平莊助氏は、幼時祖父から聞いた話に、根屋へ行つた男があつて、赤い鳥白い鳥が天とうへ上つて行くのは、人間が魚を釣つてゐる所だといふのがあつたが、他は失念したと言つてゐた。

朝戸瀬戸神

昔手久津久の、朝戸瀬戸といふ神様は、三十丁積みの大船に乗つて、度々根屋へ遊びに行つた。根屋の神様と親子（親密。ウヤッカ）して、酒盛りをしたり、アスビをしたりして、幾日も宿つて來た。

有たる日、朝戸瀬戸が根屋へ船を遣つてゐたら、荒木の漁船が澤山やつて來て、こちらの船のフイ切つた（先を切つた）。朝戸瀬戸は大變怒つて、自分の船を泊りに戻して、大風を吹かした。荒木の船は不意の荒れを食つて、一艘も殘らず沈んでしまつた。

首のない影

有りたる事ぬ――

まだ刀自（妻）を貰《ムラ》つたばつかいの若い男が、親戚の家で二十三夜様を拜んで、お月様も大分上つたので家へ歸つて來ると、地《ヂダ》に映つてゐる自分の影坊師に首がない。見間違はでないかと思つてよく見るが、どうしても首から上が切落した様になくなつてゐる。ハゴーカ（嫉な）事もあるものだ、何は兎もあれ占者《ホーシャ》の處へ行つて、わけを取ン出させて見なければならんと、家へは戻らず其足で占者を訪ねて、占をさせて見た處が、占者の言つた事には、汝の一番愛《カナ》さん者（愛する…連體形）に弓を張れ――と言ふ事であつた。男はいよ〳〵不思議に思ひながら、占者から借り受けた弓を持つて家へ歸つた。

家へ來て、庭で先づ家の樣子を窺つて見た。見れば美しい妻が半櫃に腰を掛けて、綛《カセ》を掛けてゐる。――片手に綛を操つて、紡錘《ツミ》の糸をガラ〳〵巻き取つてゐる。世《ユ》ん中で一番愛《カナ》さん者は我刀自ぢや、占者の言《イ》ゆん事に間違ヱは無かろう筈――と仕方無く妻に弓を張つた。矢は飛んで行つて妻の身體を射貫いて、腰掛けてゐる半櫃の中迄射ツ通した。男が行つて半櫃を開けて見た處が中には惡い男が匿れてゐて、妻と共謀（マグミ又はマグミー）で自分の首を取らうとしてゐた事が知れた。占者のお蔭で、男は自分の命が助かつた上に、惡い者二人を成敗《セーベー》する事が出來たと言ふ事である。

阿傳の勇ウメトの話では、男は家に妹と妻があつたので、誰を射るべきかに思ひ迷ふが、結局妹は一人の妹、妻は又求められる、といふので妻を射る。妻は床の前で綛を掛けてゐたが、矢は妻を射て床の後ろの小座に居る男をも射るとなつてゐる。

喜界島昔話（岩倉）

~~~~~~~~~~

▽言葉買ひ　後出「言葉買」附記參照

▽山　彥　後出「山彥―其の二」附記參照

▽尾長島

世の中の始りの人間は、男女の交りを知らなかつた。dūnagā（尾長島）が地面をくなぐのを見て、初めて交りの道を知つた。
~~~~~~~~~~

諸島文献目錄（六）

大藤時彦

粟島又は粟生島（新潟縣岩船郡）

粟生島の二聚落　赤堀英三（人類學雜誌四五ノ三）
兩羽沿岸の海流と動物分布　飯塚啓（太陽　一九ノ一〇）
越後國粟生島實測圖の附言　大川通久（地學雜誌三ノ一四）
粟島探訪錄　丸茂武重（方言誌　三）

舳倉島（石川縣鳳至郡）

能登舳倉島のあま（アサヒグラフ二〇ノ一四）
をとこ後生樂・舳倉島　獅重郎（週刊朝日　一八ノ六）
能登舳倉島見聞記　小堀喜三郎（旅と傳說　三ノ一二）
舳倉島の海人（雜報）（地學雜誌三三ノ三九〇）
舳倉島見聞錄　伊藤敬之助（地質學雜誌二〇ノ二三二）
能登の海士に就いて　上田三平（民族と歷史　九ノ五）
輪島の海士　鹿島山人（歷史地理　四三ノ五）

對馬島

對馬の古金石文　高田十郎（考古學雜誌二ノ一三、三ノ二）
世界に誇るアジアの雄　西村眞琴（サンデー毎日　三ノ一）
對島の奸策寬永の疑獄　中村德五郎（史學雜誌　八ノ一一）
正統癸亥條約に就て　瀨野馬熊（同　三六ノ九）
對馬植物誌　矢部吉禎（植物學雜誌一七ノ一九五、一九七、一九九・一八ノ二〇六）
對馬の牧畑　弘長務（島　一ノ一）
松村瞭氏の對馬に於ける體質調查（人類學雜誌三七ノ九）
對馬に於ける水產業調查　大日本水產會（水產界　五一一）
各地の婚姻習俗（對馬國）　小出滿二（旅と傳說　六ノ一）
舊對馬藩の式能　浪越鯱麿（太陽　九ノ五）
對馬の地貌及地質　佐藤傳藏（地學雜誌二五ノ三〇〇・二六ノ三〇二）
對馬島の方鉛鑛（雜報）（同　三ノ二七）
對馬の新溫泉　（同）（同　三ノ二九）
對馬峯村の噴煙（同）（同　三ノ二四三）
對馬の北端の斑糲岩は餅盤か（同）（同　三ノ二五一）
對馬海岸の火山噴出物に就て（雜報）（地學雜誌三ノ五二）

對馬盆地附近に發達せる中生紀火成岩に就て(英文)
加藤　武夫(地質學雜誌二七ノ三六、七)
對馬の Asyl　平泉　澄(東亞の光　一三ノ三)
對馬採集日記　波江　元吉
土田兎四三
(動物學雜誌三ノ三二、三三・四ノ四二、四八、四九、五〇・五ノ五一、五二、五六)
元祿寶永年間に於ける　對馬殲猪の事蹟　渡瀨庄三郎(同　二四ノ二八一)
對馬の蘭科植物　平田駒太郎(博物學雜誌　六)
對州方言　竹敷　漁史(風俗畫報　一六五)
對馬北端方言集　大浦　政臣(方言　三ノ二、三)
國語特に對馬方言に及ぼした朝鮮語彙の影響
小倉　進平(同　三ノ七)
對馬島豐崎村(新年習俗)　大浦　政臣(民族　三ノ二)
對馬島佐須奈村(婚姻習俗)　福地小夜子(同　三ノ三)
對馬豐崎村の盂蘭盆會　大浦　政臣(同　三ノ五)
九月九日の栗(對馬豐崎村)　同　人(同　三ノ六)
對馬城山の石門に就きて　伊東尾四郎(歷史地理一七ノ二)
對馬見聞談　藤井甚太郎(同　二六ノ四、五)
玄海のかなた—對馬の自然と人生　吉田絃二郎(太陽三ノ八)
雷臣命傳鹿
齋忌　丈人(日本及日本人　六六五)

今夏は季節の訪れが早かつた

沖繩氣象支臺の調査に依ると、同地での今夏は平年よりも季節の訪れが早かつた。即ち

ニイニイゼミ鳴く、勝連村六月二日、昨年より五日早し、知念村六月八日。

ギンヤンマを見る、勝連村六月十八日、平年より十一日早し。具志川村六月二十一日。鏡水(小祿村)六月二十八日、平年より十三日晩し。

クマゼミ鳴く、具志川村六月二十一日。勝連村六月二十四日、平年より十四日早し。表屋武村六月十九日。

福木開花す、金武村六月八日、平年より四日早し。

月橘開花す、勝連村六月九日、昨年に同じ。

針桐開花す、勝連村六月十日、昨年より九日早し。

シマハマボウ開花、勝連村六月十一日、昨年より二十日早し。東風平村六月二十日。

百日紅開花、東風平村六月二十二日、平年より五日早し。

稻收穫、糸滿町六月二十日、具志川村六月二十五日。勝連、恩納、金武の三村六月二十七日。

西瓜の走り、金武村六月八日。

桃收穫、金武村六月九日。

大豆收穫、勝連村六月十二日。

栗收穫、恩納村六月二十一日。

植物の開花、蟬類の發聲が平年より早く、又降水量極めて潤澤で植物類はその點惠まれてゐた。

(八月二十三日沖繩朝日新聞)

同人寄語

無鹽立て　先般帆綱に砂俵をぶら下げて、ぶら〳〵と搖つてゐる瀨戸內の船の事をお質ねしたが、あの類の船は不知火の海にも澤山ある。砂俵でぶら〳〵とはやつてゐぬが、無鹽立てといふ。無鹽と云つても生《なま》魚ではなく、生きた魚を運搬するので、此魚は八代とか水俣の魚市場へ出すといふ。

見る所無鹽立てにはチヨキ造りの發動船などを、今は多く使用してゐるかと思ふが、日奈久邊りのカンコといふミヨシのない船は、下手な發動船よりも速い位で、此無鹽立てに用ゐるといふ。無鹽立ては速くなければいかん。面白いのはゴロリといふ押し船で、之も細長く速い船だ。殊にネイタを立てゝ造つてあるので、船底が深く從つてイケマが廣いため、魚を生かすに都合がよろしいが、少しの事でも船がゴロリ〳〵と傾くから、無鹽立てには持つてこいです。船がぐらつくとイケマの水《あか》が新しく入替つてよい。明治二十九年長崎縣編纂の同縣漁業志バツシヤ網の條に北高來郡ではゴロリといふ丸木舟、南高來ではゴロリといふ普通の航海船といふ事がみえてゐるが、之が八代海のゴロリと同じかどうかは知らぬ。

とにかく無鹽立ての船頭をしてゐた人の咄に、湊に入つてゐる發動船でも無鹽立ならば、始終器械をとめずに船を動かしてゐねばならぬ。之が押し船だと艪を放す事が出來ず、飯をくふにも握り飯片手に船をまはしてゐねばならぬので、此船頭は辛いもんだと云つてゐる。（櫻田生）

「高麗島の傳說」を讀みて　柳田國男先生の「高麗島の傳說」は、甚だ興味深く拜見しました。高麗島を傳へる色々の物語は勿論ながら、この傳說を發足點として、更に傳說に携はる人々の心意を段々と說き進めて行かれる其點に、新たなる感激を覺えた事であります。さうした事から申しますと、恐らく採るに足らぬ事かと考へられますが最近になつて讀んだ書物の上で、高麗島なる文字に觸れましたので、其を玆に拔き書きしようと思ひます。此も「高麗島の傳說」を拜見したればこそ、眼についたものなのです。尋尊大僧正記（大乘院寺社雜事記）の文明五年六月十七日の條に、一、渡唐船巡風樣、天竺人西忍入道說者、兩度渡唐之間、巨細存知云々、日本國ヨリ大唐ハ相當未申方（明州津事也、惣ハ大國之間不知南北長）。春ハ肥前國大島小豆浦ヨリ船出之、五十七里北也、秋ハ同國後唐ノ島ヨリ船出之、五十里北也、其故ハ自八月至二月マテハ北風□、自三月至七月マテハ南風也、（秋風チハ野分トモカリワタシトモ云也、）歸朝ハ五月以後以申酉ノ風出船也、此風チハマセト云也、（此マセ南ニ成事在之、又左マワリトテ辰巳ニ成事在之、其時ハ高麗島ニ付事在之云々）春ノ歸朝ハ大ニ不可然云々、可嫌之、風北ヨリ吹故也、（下略）と見えて居ります。天竺人西忍入道といふ人はどう云ふ人か、私はまだ知りません。日本に來てゐても、兩度彼の地に渡つた（若し當時の人ならば、右に續く記事に依つて考へると、永享と寶德の兩度の渡明か）經驗のある人なのでありませう。此記事が甚突然に記されてゐます爲、詳しい事は訣りませんが、「日本國ヨり」から以後は西忍入道の說で、傍註も勿論、西忍の云ふ所を記したものに違ひありません。さうして此に依れば、五月以後の歸朝に際して、所謂左廻りといふ風になれば肥前に着く前に高麗島に着く事もあると云ふので、卯辰巳の風に逢うて高麗島に船を寄せたことのあつた事は、此で訣ります。さすれば高麗島のあつた事は事實で、美良島や本山村のある下五島を云うたものではないと考へられます。此は親しく島を見聞した者の知識から出てゐる記事であらねばならぬ筈で、前の「天竺人西忍入道說者」の詳しい解說が出來、同時に傍註が虛僞であると云ふ證據が擧らない限り、此島の嚴存した時代の一時を信ずる事が出來ると思ひます。然しながら、此から見ても、島陷沒以前の存在を考へる事は出來ると思ふのであります。

唯今までに眼に觸れた一事を、幾分の他効を豫期して御參考迄に記したに過ぎません。尙何らかの御敎示が得られゝば、望外の倖と存じます。（靑池竹次）

拜啓先頃は「島」二號御惠贈被下拜謝仕候未だに異域の浮浪を失念不被遊、御芳情を賜はり候事感佩の至りに候。島嶼研究の御思付至極珍重に存じ候。必ず離れ島には古き民俗が遺存すべく候間、何よりも忠實なる古日本の鏡なるべく候。小生は日本中世の法制を理會せんと努め居る者に候故、二册の論文に少なからず啓發を得候。益々法制、文化、民習俗の興味と素養とのある人々の論說を掲げられて有益の貢献を爲されんことを祈り候。此方よりは之に應ずべきものを呈せんとしても當分思ひ當らず候。其内に何か適當のものを發見候はゞ寄稿可仕候日本にて御目にかゝり候後、定めて不斷に斯道に御奮力被遊候御事と奉察上候。又御感化によりて幾多の同好の士を作られ候ならん。猶以て御多祥御貢献祈入候。小生は日と歐との中世法制史の自分研究及著作と歐法制の敎授とに沒頭致し居候へども、若干の學者と諸大學敎授との成育に助力したることの外に何も觀るべきものなく候。幸に未だ考朽不仕、往年と同じ樣に勵精致居候。（エール大學、朝河貫一）

「島」誌上の「靑ヶ島還住記」は何と云ふ血の出る樣な御記述でせう。之は立派な一篇の創作と存じます。燕などが、こゝに巢を作らうと決するや、何度その巢をこはされても、初一念を貫き、遂には人間が根まけをする樣なことを見るものですが、靑ヶ島々民は只歸りたい〳〵で、あんな難儀をするのでせうか、實に一讀淚數行下るの感があります。先生によつて大いに人間性を敎へていたゞきました。感謝に堪へませぬ。（野村傳四）

編輯後記

○本誌は今月を以て第六號に達しました。當初の企劃には未だ〃遠いのですが、それでも健全な途を進みました事は、偏へに同人諸賢の御援助に依ることゝ深く感謝いたします。本號を以て第一卷を終り、十一月以降を第二卷として改めてお目にかゝります。一層の御協力を御願ひします。

○第一卷の總目錄並に索引を作製して讀者に進呈する積りで目下準備中です。來月號に添付致します。

○各位から賞讃を受けてゐる小原氏の「針突圖誌」は筆者小原氏が旅行その他の爲め先月號は休戴、本月號は宮古島の點に關し原稿を寄せられたが、生憎と誌面の都合で今一回休戴することに附しました。小原氏並に讀者各位の御諒承を願ひます。

○紹介すべき新刊書や雜誌の寄贈を受けてゐますが、亦誌面の都合で次號に廻はす事に致しました。不惡御諒承下さい。

○都合により編輯事務所は左記通り移轉いたしました。原稿に關する件は同所へ御願ひいたします。

○いろ／＼の都合で本號は、發行が非常に遲延いたしました。深く御詫いたします。

東京市杉並區高圓寺一丁目四八四

「島」第一卷（自第一號至第六號）索引並に總目錄は、來月號に添附致しますから、合本になさる方々は製本をお待ち下さい。尚書店でお求めの方は、御請求によつて御送り到します。（送料二錢）

月刊 島 毎月一回發行

定價		
一部	金三拾錢	送料二錢
半年	金一圓八拾錢	送料共
一年	金三圓五十錢	送料共

廣告料 一頁 表紙四、金七拾圓。表紙二、金五拾圓。表紙三、金參拾圓。普通頁、金貳拾圓。

注意 誌代は必ず前金のこと。御送金は振替東京七五九七六番を御利用下さい。

昭和八年九月三十日印刷
昭和八年十月 五 日發行

編輯兼發行者 東京市麴町區九段四丁目八 西村豐吉

印刷者 東京市本鄕區駒込神明町三六〇 高山信吉

發行所 東京市麴町區九段四丁目八 一誠社 電話九段二五六八 振替東京七五九七六

大賣捌所 東京堂。東海堂 大東館。北隆館

小西久遠著

四六版舶來總クロース製箱入

圖解手相學

定價貳圓
送料十五錢

運命學の權威たる著者が二十年間の修業研究の結果、これまで玄妙な神の知識として來た手相の法術を立派な學術として、如何に人生を觀破し、如何に運命を豫言するかといふことを怖ろしいほど極意開放したのが本書である。而して今まで難解とせられ修業に多大の月日を要したこの學問が實に簡明に、實に直截的に一讀直ちに「こんなものであるか」と判るやうにその極意を說いてある。立派な手相家として奧義を極めんとする人は勿論、從來の書籍に失望した人々が本書によつて初めて此學術を完全に知るべきである。實に本書一卷は諸氏の一生の良き友となるであらう。是非一讀を薦めて止まない。

目次總說　一、手相學の起源とその發達　二、手相術はどう研究すべきか　第一編　手の形狀に關する研究　一、手の形狀の分類とその意味　二、七つの型　三、拇指　四、指　五、指の關節　六、爪　七、掌と手の大小　第二編　線條紋理に關する研究　一、掌上各部の意義　二、その性質　三、主要なる線と左右の意味　四、生命線　五、智能線　六、感情線　七、運命線　八、運勢線　九、健康線　十、直觀線　十一、放縱線　十二、結婚線　十三、手頸線、土星線、ソロモン環、金星帶　十四、方庭　十五、三角庭　十六、十字形紋　十七、四角形紋　十八、三角形紋、支線及び其他の記號　十九、黑點白點及び指に於ける記號　二十星形紋、島及び指に於ける記號　二十一、圓環及び格子形紋　二十二、法術體得の道　二十三、流年法と氣色血色　二十四、手相學として立つ上に。

發兌

東京市麴町區四番町九
振替東京七五九七六
電話九段二五六八

一誠社

柳宗悦著

宗教とその眞理

著者は眞理の宗教に奉仕する一個の篤い信徒である。既成の宗教は悉く排他の宗教であつた。既成教徒からすれば異端者であつたかも知れない。だが眞理の内に人々の愛を結ばうとし互の理解に共有の宗教を產うとする、眞の宗教に生きんと欲する者は本書を讀め。

定價一・七〇　送料・一五

柳宗悦著

宗教の理解（普及版）宗教的奇蹟 合本

本書は「宗教の理解」「宗教的奇蹟」の合本である。第一編 一、神の愛と吾々の存在との關係に就て、二、神の存在とその理解に就て、三 宗教哲學の諸問題に就て、第二編 一、奇蹟への非難と辯護、二、奇蹟の宗教的意味、三、四福音書に錄されたイエスの奇蹟等々である。

定價一・〇〇　送料・一二

高村光太郎編譯

ロダンの言葉

定價一・〇〇　送料・〇八

續ロダンの言葉

定價一・〇〇　送料・〇八

藝術による思想の傳導は生の傳導と同じく熱情と愛との仕事である。ロダンの藝術が語る言葉は素朴で平明だが、奥へ行けば行く程、何處までも人を奥へ〳〵と導く。底の知れない平明――これこそ我等の求めて止まざる所ではないか。吾々はこの偉大な藝術家を批評することは出來ない。譯者高村氏は熱烈なロダン崇拜者である。同氏によつてロダンが吾々の心に甦つて來るのを見る。藝術と人生とに關心を有する人々の愛讀を切に望む。

ロマンロラーン著　高田博厚譯

ベートオヹン

本書は大音樂家としてのベートヹンを記すのみに止まらず、こゝに新しき英雄の姿がある。我々は此書によつて眞のヒロイズムを解するであらう。譯文精麗にして平明、定譯版として名あり。

定價・六〇　送料・〇六

ジツク・ロンドン著　堺利彦譯

野性の呼聲

ジヤツク・ロンドンの最傑作と言はれてゐる野性の呼聲に就いては今更喋々する迄もあるまい。譯者はロンドンを最もよく知る堺利彦氏、名譯の定評は既に久しい。盜まれて北方の砂金採取地方に連れて行かれる强犬バツクの運命――一讀興味津々として卷を措くことが出來ない。

定價・五〇　送料・〇四

竹越與三郎著

西園寺公望公正傳 陶庵公

四朝に歷任して純忠識見の卓拔、常に時流の尖端を歩み少壯、新思想の急先鋒となり、老來「憲政の常道」を確立す。風格高朗、曾つて寸毫の汚染を許さず、政界混濁、廉恥地を拂ふの秋、秀麗富嶽を偲ばしめるもの、實にわが陶庵西園寺公望公である。蓋し公の正傳としては此書の外にあり得ない。本書公を主とするも、水戸烈公以下幕末より大正に至る俊豪偉傑、若しくは處士野人の面目を緯として絶好の錦繡を織り成し　逸話佳話、奇談の未だ世に傳はらざるものを傳へてゐる。敢て江湖の愛讀を望む。卷頭を飾る印譜二十枚は公愛藏の印章中より拔萃。

定價二・五〇　送料・一八

發行所　東京市麹町區九段四ノ八　振替東京四二八八九番　叢文閣

トウラージユ
ゴールドスミス共著
理學博士　小泉丹譯

進化學說

定價一・〇〇
送料・一〇

佛蘭西生物學界の最高權威になつた本書は、學說の採錄周到、諸說の肯定否定兩論者に公平、國民的感情に捉はれず、裁斷を下すに峻烈、しかも解決を將來に殘してゐるところ誠に斯界に於ける獨自の位置を占めるものである。

主要内容。――ダーウヰン以前の進化思想。ダーウヰン及び「種の起源」。ダーウヰン及び自然淘汰。雌雄淘汰。遺傳の學說。――スペンサーの「生理單位體」。ダーウヰン、ネーゲリー、ドウ・フリースの遺傳說、ワイスマンの學說。生殖質淘汰。―ワイスマン說の批判。ルウの說。ゴルトンの法則及びメンデルの法則。獲得形質の遺傳。―理論的の討議。觀察及び實驗の解說並に批判。「ラマルキズム」。「ラマルキズム」の近代の代表者。有機的淘汰。隔離直達發達。偶現變異。總活。結論。

ピエール・デルベ原著
理學博士　石原純　監修
理學博士　小泉丹
平林初之輔　譯

科學と實在

定價一・〇〇
送料・一〇

近世文化の基礎である科學が、如何なる法則に支配されてゐるかこれはひとり科學者のみならず、現代人の最も注意と興味とをひく問題でなければならない。

科學は人間的起源の痕跡を少しも保存してゐない。

本書内容。一、生物遷變說、變化の出現、變化の傳移　理知と記憶……二、抽象及び偉大なる抽象、空間、時間、エネルギー……三、一般性と敷衍、四、論證、發見並に偶然、五、科學の基礎、法則、原理、本質の構成及びエーテル

文學博士　鳥居龍藏著

人類學上より見たる我が上代の文化

定價三・八〇
送料・二三

本書は人類學の大家鳥居博士が、我が原史時代に於ける民衆の精神的、物質的生活、其の樣式　さてはその文化民族等を觀察研究された苦心の發表である。學者、宗敎家、學生は勿論のこと、我が祖先の民族的色彩を知らんとする者の、必讀すべき貴重な文獻である。

文學博士　久保良英著

兒童の心理

定價一・〇〇
送料・〇八

兒童を敎育するに當つて最も必要とするは兒童心理の硏究であるまた最も等閑にされてゐるのも兒童心理の硏究である。本書は心理學の大家久保博士が多年の蘊蓄を傾注して何人にも解りやすく論述されたものである。

内容。本性。非社會性。社會性。感情狀態。注意。感官知覺。智能。記憶。想像。思考。習慣。遊戲。道德並に宗敎心の發達。道德並に宗敎々育。異常兒童。子供の虛言。子供の雜誌に就て。不良少年の心理。兒童職業の選擇に就て。兒童遊園に就て。母性擁護の叫び。

發行所　東京市麴町區九段四ノ八　振替東京四二八八九番　叢文閣

島創刊號（昭和八年五月）

島第一卷第二號（昭和八年六月）

島第一卷第三號（昭和八年七月）

島第一巻第四號（昭和八年八月）

肥前五島日記（上）……橋浦泰雄
流人生活と御藏島……栗本惣吉
佐渡が島（中）……ロバート・ホール
青ヶ島還住記（上）……柳田國男
瀬戸内の海……櫻田勝德
針突圖誌……小原一夫
阿波伊島素描……山口吉一
島の船着場……本山桂川
奄美大島一夕話……
讃州伊吹島の習俗……横田實
喜界島昔話……岩倉市郎
諸島文獻目錄（四）……青柳秀夫
漁村語彙（四）……柳田國男
琉球に於ける血液の土俗……學生調査隊の千島探檢……新著紹介……正月二十四日行事補……孤島に移住して自力更生……五島に渡るには……來信二件―漁村語彙に就て……同人寄語
口繪青ヶ島……今村學郎

第一巻　第五號〔昭和八年九月〕

島つ島……川口孫治郎
相州江の島の話……小寺融吉
青ヶ島還住記（中）……柳田國男
竹生島詣……雨田光平
島の鍋かけず……大鳥居金一郎
肥前五島日記（下）……橋浦泰雄
佐渡が島（下）……ロバート・ホール
肥前宇久島……福田茂郎
放牧牛馬の耳印……眞野恒雄
八重山の陰膳……喜舍場永珣
喜界島昔話……岩倉市郎
南島談話會筆記……金城朝永
諸島文献目錄（五）……大藤時彦
漁村語彙（五）……柳田國男
豚の血料理〔一四〕…禁酒して港灣修築〔三五〕…五島スケッチ〔四七〕〔四八〕〔六五〕…ゆーむー歯と我歯〔六〇〕…伊豫大三島大山祇神社の御田植祭〔六六〕新著紹介〔七八〕…八丈島に渡るには〔九五〕…同人寄語〔八六〕
口繪、伊豫大三島大山祇神社の御田植祭……小林正熊

豫約募集　〆切十一月末日

斯界の權威を網羅して
祖國日本を語る講座

上代日本文學講座　全五卷

文學博士　佐佐木信綱
東京帝國大學教授文學博士　藤村作
京都帝國大學教授文學博士　吉澤義則
監修

第一卷　一般研究篇

上代文學研究法概說　垣内松三
上代文學概說（文學論的立場より）　次田潤
上代文學史概說　久松潜一
上代文學研究史概說　森本治吉
上代漢文學史概說　佐久節
上代文法史概說　岡澤鉦治
上代國語概說　吉澤義則

第二卷　特殊研究篇　上

日本文學の發生　德田淨
叙事詩と上代文學　高木市之助
叙情詩と上代文學　竹友藻風
劇と上代文學　近藤忠義
國史と上代文學　横山重
上代文學と漢文學　小野機太郎
上代文學と琉球文學　伊波普猷
上代文學とアイヌ文學　金田一京助
上代に於ける文體の研究　春日政治
上代に於ける漢字の用法　安藤正次
上代に於ける假名遣　安田喜代門
上代に於ける方言　東條操
外來語と上代國語　新村出

第三卷　特殊研究篇　下

上代文學と日本精神　藤村作
上代文學と神道思想　原田敏明
上代文學と佛教思想　清原貞雄
上代文學と儒教思想　山本信哉
上代文學と道教思想　齋藤清衞

第四卷　作品研究篇

上代に於ける民族信仰　折口信夫
上代文學と神話傳說　松村武雄
上代の風俗　石村貞吉
上代文學の社會性　西村眞次
法律より見たる上代文學　瀧川政次郎
經濟より見たる上代文學　西田直二郎
上代に於ける遺物遺跡　後藤守一
上代文學と道德　土田杏村
上代に於ける文學人の生活　高崎正秀
古事記　武田祐吉
日本書紀　次田潤
風土記　倉野憲司
古語拾遺　加藤玄智
續日本紀宣命　粂川定一
延喜式祝詞　西角井正慶
上宮聖德法王帝說　藤原猶雪
唐大和尙東征傳　高楠順次郎
懷風藻　山岸德平
日本靈異記歌經標式　齋藤清衞
上代歌謠　五十嵐力
琴歌譜　佐佐木信綱
佛足跡歌碑　遠藤嘉基
神樂催馬樂　高野辰之

第五卷　書目提要篇

古事記　倉野憲司
日本書紀　久松潜一
風土記　佐伯梅友
古語拾遺　鈴鹿三七
續日本紀宣命　植松安
延喜式祝詞　武田祐吉
上代歌謠　佐佐木信綱
神樂催馬樂　藤田德太郎

豫約規定

頒布方法　全五册。豫約者にのみ頒ちます。
刊行期日　昭和八年十月十五日より毎月一册づゝ刊行・九年二月十五日完結。
體裁　菊判。九ポイント縱一段組。每卷本均四百頁。裝幀安田靫彦畫伯。
申込方法　申込期限までに第一回分會費金貳圓に送料を添へて御申込下さい。
申込期限　昭和八年十一月末日・申込金不要。
配本　御申込みの順により十月二十日より配本を開始いたします。
會費　每月拂　金貳圓（左記書留送料を加ふ）
五册拂　金拾圓（送料全部本社で負擔）
送料　每月拂　（東京市内）拾貳錢　（内地）廿四錢　（臺・樺・朝鮮）四拾九錢
（五册分を一度にお拂込みの方には送料を本社にて負擔致します）

内容見本進呈

東京日本橋通三丁目
振替東京一六一七
春陽堂

島 第一巻 第六號 昭和八年八月八日第三種郵便物認可 昭和八年九月三十日印刷納本 昭和八年十月五日發行

島　上　（全二巻・覆刻版）

昭和五十四年十月二十五日発行

限定三百部

編　者　比嘉春潮
　　　　柳田国男
発行者　中村安孝
発行所　株式会社　名著出版
東京都文京区小石川三ノ十ノ五
電話　東京（八一五）一二七〇番㈹
振替　東京七―一〇七四九四番
印刷所　株式会社　伊藤印刷
製本所　辻本製本所

島　上巻　第一巻第一号　～　第一巻第六号　〈全 2 巻〉

2017 年（平成 29 年）9 月 20 日　新装版　第 1 刷

編　者　　比嘉　春潮／柳田　国男　共編　©

発行所　株式会社　名著出版

〒571-0002　大阪府門真市岸和田 2-21-8　電話 072-887-4551

発行者　中村　榮

印刷・製本　株式会社　デジタル・パブリッシング・サービス

ISBN978-4-626-01805-2　C3021